Forschungen der Denkmalpflege in Niedersachsen

Veröffentlichung des
Niedersächsischen Landesverwaltungsamtes
– Institut für Denkmalpflege –

Herausgegeben von
Hans-Herbert Möller

Forschungen der Denkmalpflege in Niedersachsen 3

41. 25,–

Hartmut Rötting

Stadtarchäologie in Braunschweig

Ein fachübergreifender Arbeitsbericht zu den Grabungen 1976–1984

mit Beiträgen von

Bert Bilzer (†), Angelika Burkhardt, Ralf Busch, Karl Dinklage, Rudolf Fricke (†), Hans Walter Hennicke, Bernd Herrmann, Ingrid Huismann, Karsten Kablitz, Kurt Köster, Maren Matthies, Eberhard May, Martin Okrusch, Christof Römer, Jürgen Ruge, Werner Schneider, Anneliese Streiter, Karl Thomas, Jürgen Völker, Günter Weimann, Leonie von Wilckens, Regina Wilke-Schiegries, Ulrich Willerding, Sibylle Wirth.

Zeichnungen von

Wolfgang Hau, Annelie Hornbostel und Maïe Triebel

Verlag CW Niemeyer Hameln

Titelseite:
Braunschweig, Teilansicht von 1492 aus der Sachsenchronik.
Kolorierter Holzschnitt des Monogrammisten Meister WB.
Stadtbibliothek Braunschweig.

Rückseite:
Braunschweig mit den mittelalterlichen
Weichbilden und Sonderbezirken um 1400,
nach dem überarbeiteten Plan von Sander 1930.

Druckkostenzuschüsse:
Antiquariat Klittich-Pfankuch
Braunschweigischer Vereinigter Kloster- und Studienfonds
Hartwig KG, Internationale Spedition, Braunschweig
Dipl.-Ing. Reinhold Schadt, Braunschweig
Dr. Artur Wiswedel, Braunschweig

CIP-Kurztitelaufnahme der Deutschen Bibliothek

Stadtarchäologie in Braunschweig: e. fachübergreifender Arbeitsbericht zu d. Grabungen 1976–1984 / Hartmut Rötting. [Hrsg. von Hans-Herbert Möller]. – Hameln: Niemeyer, 1985
(Forschungen der Denkmalpflege in Niedersachsen; 3)
ISBN 3-87585-055-6

NE: Rötting, Hartmut [Mitverf.]; Möller, Hans-Herbert [Hrsg.]; GT

Herausgegeben von
Hans-Herbert Möller, Landeskonservator

Redaktion der Reihe: Dietmar Vonend

Redaktion des Bandes: Hartmut Rötting

Gesamtherstellung: CW Niemeyer-Druck Hameln
Verlag: CW Niemeyer Hameln

Printed in Germany

ISBN 3-87585-055-6

Inhalt

Von Lüneburg bis zur Stadt Braunschweig sind es 16 Meilen. Diese Stadt übertrifft an Größe die vorhergehenden Städte, und Häuser mit ganz wunderbar gebauten Giebeln sind in ihr zu sehen. Auch ihre Bedachung ist sehr staunenswert, denn sie besteht aus Tafeln eines bläulichen Steines und ist kunstvoll und gut (regelmäßig) wie mit dem Pflug (gezogen) und mit Nägeln befestigt, unzerstörbar für viele Jahre. Weiter gibt es da große Kanäle, die durch die ganze Stadt geleitet werden, deren Ufer und Boden sind mit Steinen gepflastert. Und anderes Wasser wird in (Brunnen-)Säulen geleitet wie in den früher beschriebenen Städten. Und der ganze Bau dieser Stadt sieht so fest aus, daß man sich darüber wundern muß.

Aus dem Reisebericht eines unbekannten Russen, 1438
(nach *E. v. Ivánka* 1954, 158f.)

Vorwort

Vor- und Frühform der mittelalterlichen Stadt haben von den Historikern aufgrund mangelnder Quellen bisher nicht im notwendigen Umfang aufgeklärt werden können. Die während des Zweiten Weltkrieges angerichteten Zerstörungen, die auch zahlreiche Stadtzentren betrafen, boten daher die kaum wiederholbare Chance, durch archäologische Maßnahmen Stadtkernforschung systematisch zu betreiben.
In Braunschweig 1948 begonnene Untersuchungen blieben jedoch leider während der Nachkriegs- und Wiederaufbaujahre in den Ansätzen stecken und konnten erst in den 70er Jahren wieder aufgenommen werden.
Denn die Zerstörung der archäologisch-historischen Stratigraphie im Untergrund der Stadt durch Verkehrs-, Versorgungs- oder Hochbaumaßnahmen nahm fast überall in so radikaler Weise zu, daß absehbar sein würde und ist, zu welchem Zeitpunkt die archäologischen Quellen für immer verloren sein werden.
Die „Archäologische Kommission für Niedersachsen e.V." veranstaltete deshalb am 18. und 19. Oktober 1980 in der Jakobskapelle zu Braunschweig ein auch einer breiteren Öffentlichkeit zugängliches, wissenschaftliches Kolloquium, um auf die Problematik aufmerksam zu machen.
Die dort gehaltenen Referate und Diskussionsbeiträge waren der Ausgangspunkt für diese Veröffentlichung, die die Ergebnisse der stadtarchäologischen Maßnahmen der Jahre 1976 bis 1984 in Form eines fachübergreifenden Arbeitsberichtes zusammenfaßt. Er beschränkt sich auf eine Übersicht zu Fragestellung, Methode, Quellenlage und auf die gegenwärtigen Ergebnisse unter archäologisch-historischen wie naturwissenschaftlichen Aspekten denkmalpflegerischer Stadtarchäologie. Anhand einiger ausgewählter Funde und Befunde wird eine Teilauswertung vorgenommen, orientiert an einer umfassenden Begründung und Interpretation, die im einzelnen in der Folgezeit noch vorzulegen sein wird. So ist vor allem – auch um ein breiteres Publikum anzusprechen – Archäologisches in zusammenfassender Analyse, Wertung und Aussage verkürzt vorgetragen und nicht wie in der Fachliteratur üblich, die dokumentarische Quellenanalyse vorangestellt.

Zum gegenwärtigen Arbeitsstand ist eine thematische Isolierung einiger naturwissenschaftlicher Beiträge – etwa in Bezug zur Basisgrabung oder im Hinblick auf den historischen Kontext und die noch zu ziehenden stadthistorischen Schlüsse – nicht zu vermeiden gewesen. Etwas Unausgewogenheit hat sich auch in dem langen Herstellungsprozeß in die äußere Gestalt des Buches eingeschlichen, wofür ich Verständnis erhoffe.

Wissenschaftlicher Wegbereiter, Träger und unermüdlicher Motor war der Braunschweigische Bezirksarchäologe Hartmut Rötting M.A. Weit über die Grenzen beruflicher Verpflichtung hinaus hat er hier mit höchstem persönlichen Einsatz gewirkt und durch sein Engagement auch andere von der Notwendigkeit dieser Arbeiten überzeugt. Hierfür gebührt Herrn Rötting außerordentlich großer Dank. Viele schwierige Rettungsgrabungen waren nur möglich als ein Gemeinschaftswerk verständnisvoller Teilhaber; diesen allen ist deshalb herzlicher Dank abzustatten. Er gilt auch Leitern und technischen Mitarbeitern städtischer Ämter und Institutionen gleichermaßen wie kirchlichen Behörden, Bauherren, Architekten, Bauleitern und Baufirmen.

Für grundsätzliche Unterstützung in Braunschweig danke ich herzlich Herrn Ersten Bürgermeister Werner Steffens, Herrn Stadtbaurat Dr. Konrad Wiese und den Ratsherren Dipl.-Ing. Friedrich Theodor Kohl und Dr. Artur Wiswedel.

Das Braunschweigische Landesmuseum, das Städtische Museum, die Stadtbibliothek, das Stadtarchiv, das Staatshochbauamt I, das Stadtkirchenbauamt, die Stadtwerke und das Niedersächsische Staatsarchiv in Wolfenbüttel haben dankenswerterweise die Untersuchungen vielfältig unterstützt. Herrn Leitenden Museumsdirektor Dr. Rolf Hagen und Herrn Universitätsbibliotheksdirektor Prof. Dr. Josef Daum danke ich, daß sie Herrn Rötting in schwierigen Situationen geholfen haben.

Die Vorlage dieses Berichtes wäre nicht möglich gewesen, ohne daß die Mitarbeiter im Institut zu jedem notwendigen Einsatz unter schwierigsten Umständen bereit waren. So ist außer den Zeichnern, den Technikern und Grabungsmannschaften besonderer Dank zu sagen: Wolfgang Bentzer, Holger Dussberg, Doris Fraatz, Judith M. Grünberg, Wolfgang Hau, Gabriele Hesper, Annelie Hornbostel, Iris Janoschka, Karsten Kablitz, Heinz Kastner, Christine Kellner M.A., Jutta Kluge M.A., Helmut Luckner, Dipl.-Biol. Maren Matthies, Thomas Moritz, Elke Müller, Ursula Oelmann, Martin Oppermann, Lutz Pape, Robert Slawsky, Maïe Triebel.

Dem Niedersächsischen Ministerium für Wissenschaft und Kunst gebührt besonderer Dank für die Bereitstellung von Sondermitteln. Druckkostenzuschüsse gewährten in großzügiger Weise das Antiquariat Klittich-Pfankuch, der Braunschweigische Vereinigte Kloster- und Studienfonds, Herr Richard Hartwig, Herr Dipl.-Ing. Reinhold Schadt und Herr Dr. Artur Wiswedel.

Der Herausgeber ist sich bewußt, daß weitere Grabungen folgen werden und mit ihrer Auswertung das Netz fachlicher Informationen immer enger geknüpft werden wird. Ergänzende Ergebnisse, auch neue Erkenntnisse werden sich einstellen. Es war aber notwendig, dieses erste zusammenfassende neue Bild der Frühzeit Braunschweigs jetzt vorzulegen, nicht nur um Rechenschaft abzulegen, sondern auch um die Notwendigkeit denkmalpflegerischer Alltagsarbeit erneut zu begründen.

Prof. Dr. Hans-Herbert Möller
Landeskonservator

I

Das archäologische Quellenmaterial in Auswahl und Übersicht

Zum Arbeitsstand stadtarchäologischer Denkmalpflege in Braunschweig

Hartmut Rötting

1. Archäologisch-historische Befunde zu vor- und frühstädtischer Zeit im Überblick

Historische Grundfragen

Die schwierigen Kernfragen historischer Stadtforschung nach Stadtentstehung und Stadtausbau lassen sich auch in Braunschweig auf der Basis der überlieferten Schriftquellen nur sehr umrißhaft in Ansätzen und strukturell in größeren Zusammenhängen einer räumlich übergeordneten, historischen Bedingungslage beantworten. Gegenständlich bezogene Siedlungsfragen sind nicht zu klären[1].

Die Grundfragen gelten den Anfängen, der Funktion und den Entwicklungsstadien praeurbaner Siedlungsformen bis um 1130 und ihrer Bedeutung im Nordharzvorland. Sie beziehen sich aber auch in gleicher Weise auf Ausmaß und Ablauf des frühen Stadtausbaues zur geplanten Gruppenstadt Heinrichs des Löwen in der zweiten Hälfte des 12. Jahrhunderts.

In den älteren Versuchen zur geschichtlichen Klärung des Stadtentstehungsprozesses, der sich seit dem 8. Jahrhundert in längeren Etappen vollzogen haben soll, wurde im Grunde immer wieder die gleiche Frage nach Lage, Alter und Funktion *mehrteilig* auf beiden Seiten der Oker angenommener Siedlungskerne gestellt und ihr Verhältnis untereinander wie vor allem zu einem befestigten Herrensitz jeweils nur in unterschiedlicher Reihenfolge gewichtet und gruppiert[2].

Erst in jüngerer Zeit sind neue Wege beschritten worden, die sich der eigentümlichen Siedlungskonstellation am Unterlauf der Oker unter landesgeschichtlichem und quellenkritischem Aspekt wieder nähern[3].

Das überlieferte Siedlungsgefüge besteht einerseits in der „villa brunesguik" um St. Magni auf dem *rechten,* östlichen Okerufer im Bereich der Diözese Halberstadt, erstmals genannt in dem Weiheprotokoll von St. Magni, datiert 1031 (*Kamp* 1982, 21). Und es besteht andererseits im Dorf Dankwarderode wie in der Burg gleichen Namens *links* der Oker, auf dem westlichen, zur Diözese Hildesheim gehörenden Uferstreifen. Beide sind mittelbar für das Jahr 1067 in der ältesten Urkunde für das Burgstift zu belegen (*Last* 1982, 35).

Im Gegensatz zur Frühzeit der Siedlungsanfänge erstrahlte die seit dem ausgehenden Hochmittelalter politisch-wirtschaftlich erstarkende Stadt Heinrichs des Löwen – einer „Stadt der fünf Städte" (*Dürre* 1861, 671) – um so heller im Bewußtsein der Nachfahren. Sie hatte sich sehr zielstrebig zu einer handwerks- und handelsstrukturierten Großstadt eigener Macht und Freiheit entwickelt: zu einem Vorort des niedersächsischen Quartiers der Hanse mit über 18000 Einwohnern[4]. Die Frühzeit des Stadtausbaues aber blieb auch hier verborgen und war nach Umfang und Technik nur andeutungsweise zu umschreiben.

Erst in der Einbeziehung neuzeitlicher stadtkartographischer, ikonographischer und parzellengeschichtlicher Quellen in Verbindung mit einer schrittweisen topographischen Rückschreibung im methodischen Rahmen der vergleichenden Stadtforschung sind neue Kriterien und Fakten entwickelt und gewonnen worden[5].

Der Mangel an Schriftquellen und die methodischen Schwierigkeiten wurden in der quellenkritischen Stadtgeschichtsforschung seit 1948 in zunehmendem Maße hervorgehoben und verbanden sich mit dem Hinweis und der Hoffnung, „Spatenuntersuchungen" (*Stelzer* 1954, 74) wie „allein gezielte Stadtkernforschungen könn(t)en begründete Erkenntnisse über die Frühgeschichte Braunschweigs liefern" (*Garzmann* 1976, 17).

Archäologischer Arbeitsansatz

Stadtkernarchäologische Arbeit unterliegt in ihren Ergebnissen ebenfalls der qualitativen und quantitativen örtlichen Quellenlage, sie unterliegt aber auch den spezifisch begrenzten Aussagemöglichkeiten ihrer Funde und Befunde. Historische Vorgänge, wenn sie archäologisch wieder erschlossen werden sollen, müssen sich während der Entstehung mit ihren Realien förmlich in den Boden eingeschrieben haben. Nur unter dieser Bedingung sind sie ausgrabungsfähig. Mauern, Schichten, Gruben und Gegenstände, die sich in der Regel in einem sehr fragmentarischen Zustand befinden, der sich darüber hinaus infolge von Bodeneinwirkungen bis zur Unkenntlichkeit verändert und in Spuren verflüchtigt haben kann, bedürfen ferner zu ihrer methodischen Dechiffrierung aufwendiger, langwieriger und interdisziplinärer Arbeitsprozesse.

Abb. 1 Braunschweig. Stadtgrenzen 1220 bis 1974 (1985), Wachstumsphasen des Stadtgebiets von ca. 1 Quadratkilometer auf ca. 192 Quadratkilometer (nach Einzelplänen in *Mertens u. Moderhack* 1981 und dem Plan Sander et al. 1930, vgl. *Rötting* 1981, 706 f.). M. ca. 1:95 000.

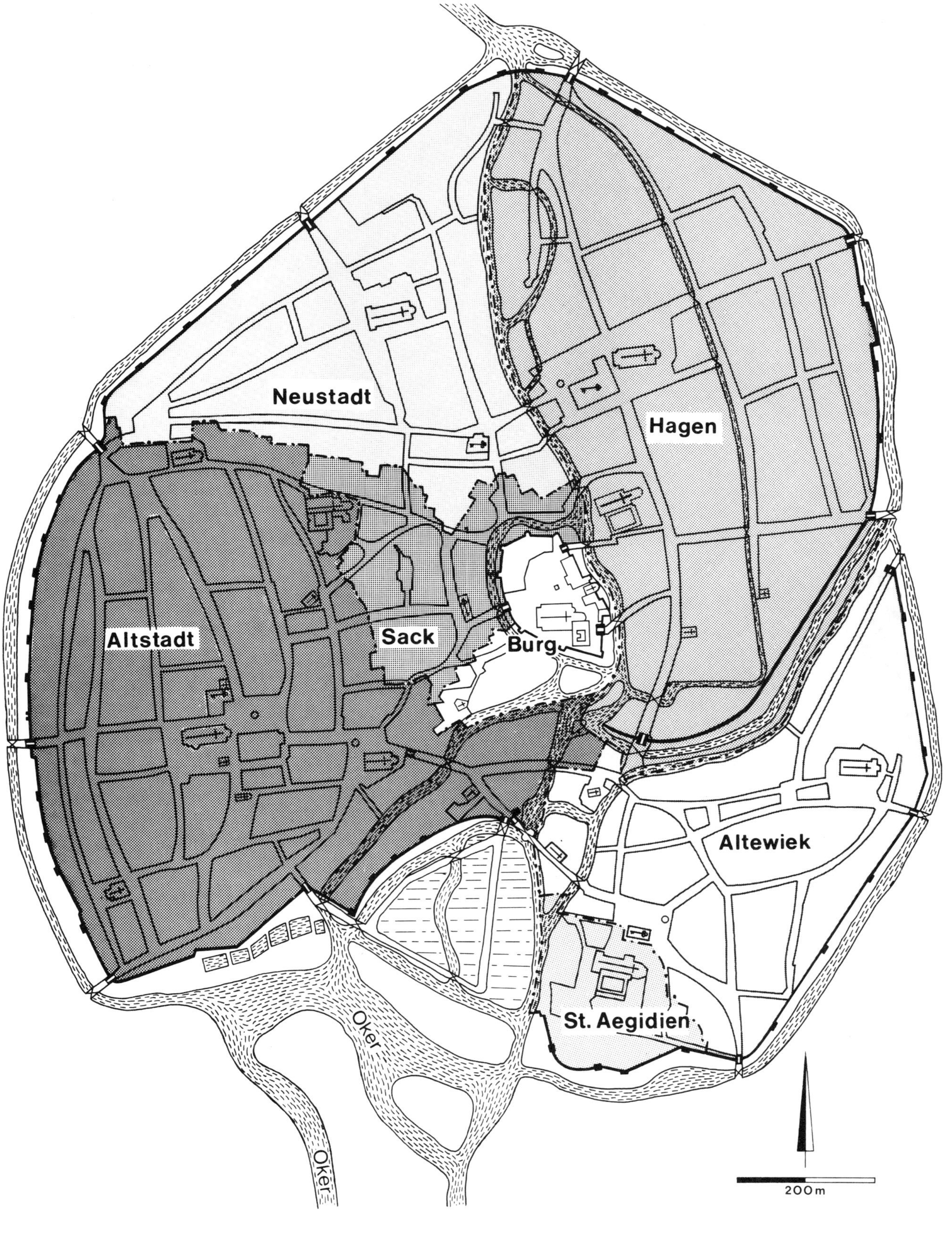

Abb. 2 Braunschweig. Topographie der mittelalterlichen Weichbilde und Sonderbezirke mit Kirchen und Rathäusern (nach dem Plan „Braunschweig um 1400" von Sander et al. 1930, überarbeitet 1984). M. ca. 1:8000.

Abb. 3 Braunschweig. Kugeltöpfe aus dem 13. Jahrhundert n. Chr. (obere Reihe) und Urnen der jüngeren vorrömischen Eisenzeit, 2. Jahrhundert v. Chr. (nach *Bethmann* 1861, 526).

Die kritische Rekonstruktion, im Versuch gleichsam die Schatten vergangenen Lebens zu lesen und zu deuten und nicht allein die Funde zu beschreiben und zu ordnen, muß mit lebendiger, historisch-konstruktiver Phantasie und Orientierung zu Werke gehen, will sie Anschaulichkeit gewinnen und wieder in gegenwärtiges Leben zurückwirken.

Wenn also der Versuch gewagt wurde, die stadtkernarchäologische Arbeit im Jahre 1976 wiederaufzunehmen und sie weitgehend unter systematischen Gesichtspunkten zu entwickeln, so verspricht diese Absicht nicht zugleich auch die Lösung der historischen Probleme, die sich möglicherweise niemals mit letzter Klarheit ergeben wird.

Die archäologischen Bemühungen in Braunschweig reichen bis in das 19. Jahrhundert zurück und sind seit 1948 vom Braunschweigischen Landesmuseum in neuerer Zeit eingeleitet worden (vgl. Beitrag *Busch,* Altstadtgrabungen, *S. 169).*

Von Alfred Tode wurde schon 1948 die hochmittelalterliche Nicolaikirche im Weichbild Altewiek ausgegraben. In einem ersten Grabenschnitt untersuchte er 1949/50 das Befestigungssystem der Stadtburg Dankwarderode. Ebenfalls 1948 entstand ein Merkblatt für Stadtkernforschung, das um Unterstützung und Verständnis der Bürger und Institutionen in einer Stadt warb, deren historischer Siedlungskern wenige Jahre zuvor im Krieg beinahe vollständig zerstört worden war[6].

Bereits 1877, während der Aufbauphase in der Gründerzeit des 19. Jahrhunderts, hatte der erste Stadtarchivar Ludwig Hänselmann die frühesten archäologischen Beobachtungen an „Knüppeldämmen und Aufschüttungen" in der Stadt gemacht und mittelalterliche Bautechniken der „Fußbodenisolierung" und Schallverbesserung mit Tongefäßen und keramische Bauopfer an Beispielen beschrieben. Als erster definierte er im archäologischen Befundzusammenhang mittelalterliche Keramik im Unterschied zu „heidnischen Urnen" nach ihrer Warenart, „blaugrauen" Farbe und Form der „Kugeltöpfe", nach Mündelkeramik und Stützbodengestaltung mit Standleisten[7].

Fundamente mittelalterlicher Stadtmauern und Gebäude bezog bereits C. W. Sack 1850 als historische Quelle ein. H. v. Strombeck diskutierte 1869 die von T. C. Bethmann 1861 noch als heidnische Urnen abgebildeten mittelalterlichen Kugeltöpfe *(Abb.3)* und fügte eine Liste mit achtzehn Fundorten von „Aschenurnen" an, darunter Voigtsdahlen (Voigtsdahlum, Ldkr. Wolfenbüttel) und Braunschweig-Hagenbrücke 1 im Weichbild der Neustadt mit den noch unerkannten Isolierbefunden[8].

Quellenlage

Für die grundsätzliche Beurteilung der heutigen archäologischen Quellenlage ist entscheidend, daß in Braunschweig weiterhin unmittelbare Nachkriegsarchäologie unternommen werden kann. Die Innenstadt wurde im Oktober 1944 durch Luftangriffe bis zu rund 90% zerstört und der Wiederaufbau dauert noch an.

Der Baulückenplan *(Farbtaf. 1)* auf dem Gebiet der fünf mittelalterlichen Weichbilde Altstadt, Neustadt, Hagen, Altewiek und Sack sowie der rechtlichen Sondergebiete Burg Dankwarderode und Kloster St. Aegidien *(Abb. 2)* wies nach dem Arbeitsstand am 30. 5. 1984 beispielsweise noch 96 Baulücken mit insgesamt 103282 m² Fläche auf, d. h. 9% der 114 ha umfassenden mittelalterlichen Stadtfläche um 1220 waren zu diesem Zeitpunkt noch archäologisch zu untersuchen *(Abb. 5)*. Zukünftige Großbauvorhaben, die altstädtische Quartiere in einer Größenordnung bis zu 15000 m² betreffen, wie die Stadtgrabung 33 im Areal Eiermarkt–Petersilienstraße–Güldenstraße und Heydenstraße sowie die sich voraussichtlich auf über 20 Jahre erstreckenden Sanierungsmaßnahmen schaffen ideale archäologische Untersuchungsmöglichkeiten.

Die Quellenlage vor Ort ist in der Regel gut: Der sandig-feinkiesige Untergrund bzw. die bis zu 4 m Mächtigkeit umfassenden sandigen Aufschüttungen in der Okerniederung bewahren reichlich Stratigraphie; sie gewähren dank einem seit dem Mittelalter im Durchschnitt gestiegenen Grundwasserspiegel und anderen Faktoren gute Erhaltungsbedingungen für organisches Fundmaterial. Auch die bau- wie kriegsbedingten Zerstörungen des Untergrundes und der Leitstratigraphie halten sich in Grenzen. Die älteren Fundamente wurden durchschnittlich flach eingebracht und mittelalterlich-frühneuzeitliche Fachwerkhäuser

überwiegend halbseitig und einräumig unterkellert. Spätere Kellererweiterung beseitigte häufig nicht die tieferen früh- bis hochmittelalterlichen Schichten, Kloaken oder Brunnen in deren untersten Bereichen sondern konservierte sie gleichsam. Trotz dichter Bebauungsweise haben sich größere Hofflächen in ihrer historischen Struktur erhalten.
Für die entscheidenden örtlichen Datierungsmöglichkeiten sind vor allem die in Leitstratigraphien eingebundenen Eichenhölzer und deren dendrochronologische Bestimmung heranzuziehen *(Tab. 9, S. 56)*. Sie stehen allerdings bisher für die zeitliche Klärung der Siedlungsanfänge, die auf den trockenen Niederterrassen liegen, nicht zur Verfügung.
Fünf große Flächenbrände der Jahre 1252, 1254, 1277, 1278 und 1290 *(Dürre* 1861, 102, 108, 111) haben ihren archäologischen Niederschlag in einem überörtlichen Leithorizont von Brandschuttgruben und Brandschuttschichten gefunden, dessen Fundobjekte in geschlossenen Funden greifbar und von ordnungschronologischem Gewicht sind *(Tab. 4, S. 33)*. Geschlossene Fundkomplexe relativ berechenbarer Zeiträume bieten auch die in einfachen Gruben oder in Holzbauweise errichteten Kloaken und Abfallgruben variabler Funktion, die nicht geleert wurden, sich häufig in komplexen Anlagen überschneiden und ihrer Bauweise nach vom 12. bis ins 16. Jahrhundert vorkommen (Typenschema *Abb. 23–25, S. 52ff.)*.
Archivalische Quellen, die zur archäologisch-historischen Erforschung der Straßen, Parzellen, Häuser und Bewohner, deren Mentalität und Lebensart komplementär heranzuziehen sind, haben sich in Braunschweig zunehmend seit dem ausgehenden 13. Jahrhundert überliefert. Sie stehen vor allem in Form der Degedingbücher, Zinsbücher, Schoßregister, Gedenkbücher und Nachlaßinventare – jeweils für die fünf Städte getrennt und in wechselnder Kontinuität – zur Verfügung (Beitrag *Kablitz, S. 244ff.)*. Eine erste Information liefern zudem die Straßen- und Häuserbücher *(Meier* 1904 u. a.).
Seit 1754 erfassen die Brandkataster der Landes-Brandversicherungsanstalt sämtliche Gebäude und Parzellen mit einem städtegetrennten, fortlaufenden Assekuranznummernsystem (ass. Nr. 1 ff.). Sie stellen zusammen mit den A.C. Haacke'schen Districtkarten der Stadt Braunschweig von 1764/66 (M. 1:1000) bzw. mit dem Plan der Stadt Braunschweig 1798 von F.W. Culemann (M. 1:2500) ein verwendungsfähiges Urkataster dar *(Mertens* 1981, 140. Bl. 35. 1–6 u. 154. Bl. 40).

Methode

Die Fülle der Arbeitsaufgaben hat einerseits zur Einteilung des in Frage kommenden Stadtgebiets in zwölf Untersuchungsbereiche mit abgestufter Dringlichkeit geführt, die auch förmlich im denkmalpflegerischen Konzept festgehalten ist *(Farbtaf. 1,* Übersicht

Abb. 4 Braunschweig-Altstadt, Vor dem alten Petritor 2. Mann mit Keulenglas, Gürteltasche und Dolch. Holzplastik auf Eckkonsole eines Fachwerkhauses von 1463 (nach *Stelzer* 1952, 52).

S. 60f.). Andererseits erfordern die Aufgaben den Einsatz eines Systems modifizierter Grabungsmethoden (Übersicht *S. 60f.)*, das in der jeweiligen Festlegung der anzuwendenden Methode das durchführbar Mögliche mit dem übergeordnet Notwendigen abstimmt und den qualitativen, wesentlichen Quellenwert zu sichern versucht. Dabei ist in Kauf zu nehmen, daß ggf. die tatsächlich vorhandenen archäologischen Möglichkeiten eingeschränkt werden müssen *(Abb. 5)*.
Die Grabungsarbeit wird aber nach Bedarf fachübergreifend, interdisziplinär geplant und durchgeführt.

Zur Rekonstruktion der Altlandschaft

Während der letzten neun Jahre sind im Siedlungsgebiet der fünf mittelalterlichen Weichbilde und der beiden Sonderbezirke 78 Stadtgrabungen auf etwa 60000 Quadratmeter, d. h. etwa auf 5 Prozent der mittelalterlichen Stadtfläche durchgeführt worden. Diese archäologischen Untersuchungen (Arbeitsstand 1. 4. 1985)[9] haben sich auch vorrangig mit dem Verhältnis von nacheiszeitlicher holozäner Okerniederung und beidseitiger weichseleiszeitlicher Niederterrasse des Stadtuntergrundes in ihrer Flächenausdehnung und Höhenschichtung beschäftigt. Bereits während der ersten Grabungen und besonders aufgrund der orohydrographischen Sedimentbefunde der Basisschichten im Gebiet der Stadtgrabungen 8 und 10 unter der Brüdernkirche und auf dem Packhof *(Farbtaf. 1 u. 2)* ist die grundsätzliche Bedeutung der Altlandschaftsstruktur für Siedlungsbeginn und Stadtausbau fortschreitend deutlicher zu erkennen gewesen (vgl. Beitrag *Schneider, S. 191f.*). Unter der Brüdernkirche im nordöstlichen Randgebiet der spätmittelalterlichen Ulrichs-Bauerschaft der Altstadt wurden Siedlungsbefunde ab dem 11. Jahrhundert offensichtlich am Rande eines Niederungsgebietes erfaßt. Dieses konnte erst in seiner eigentlichen Dimension und Funktion unter dem südlichsten Quartier der benachbarten spätmittelalterlichen Hagenbrücken-Bauerschaft der Neustadt erkannt werden. Es handelt sich um das Niederungsgebiet des sog. Rennelberg-Baches, der wahrscheinlich noch im vierten Viertel des 12. Jahrhunderts mit Uferpalisaden befestigt und mit einer Mauer ergänzt, in den Bering der Altstadt einbezogen worden war. In den Jahren nach 1200 wurde der Bachlauf im Rahmen der Baulandgewinnung für den Stadtausbau verkürzt und in den westlichen Wehrgraben des Gesamtberinges eingeleitet. Die vor ihrer Einmündung in die Oker noch breit ausgreifende Niederung ist dann mit Sandmaterial von über 2 m Mächtigkeit aufgeschüttet worden *(Abb. 8)*.
Diese Erfahrungen haben die Grabungsplanung der nachfolgenden Jahre methodisch und inhaltlich wesentlich mitbestimmt. In der „Befunderhebung" (Übersicht *S. 61*) für die Altlandschaftsstruktur wurde nun vorrangig technisches Großgerät weiträumig ein-

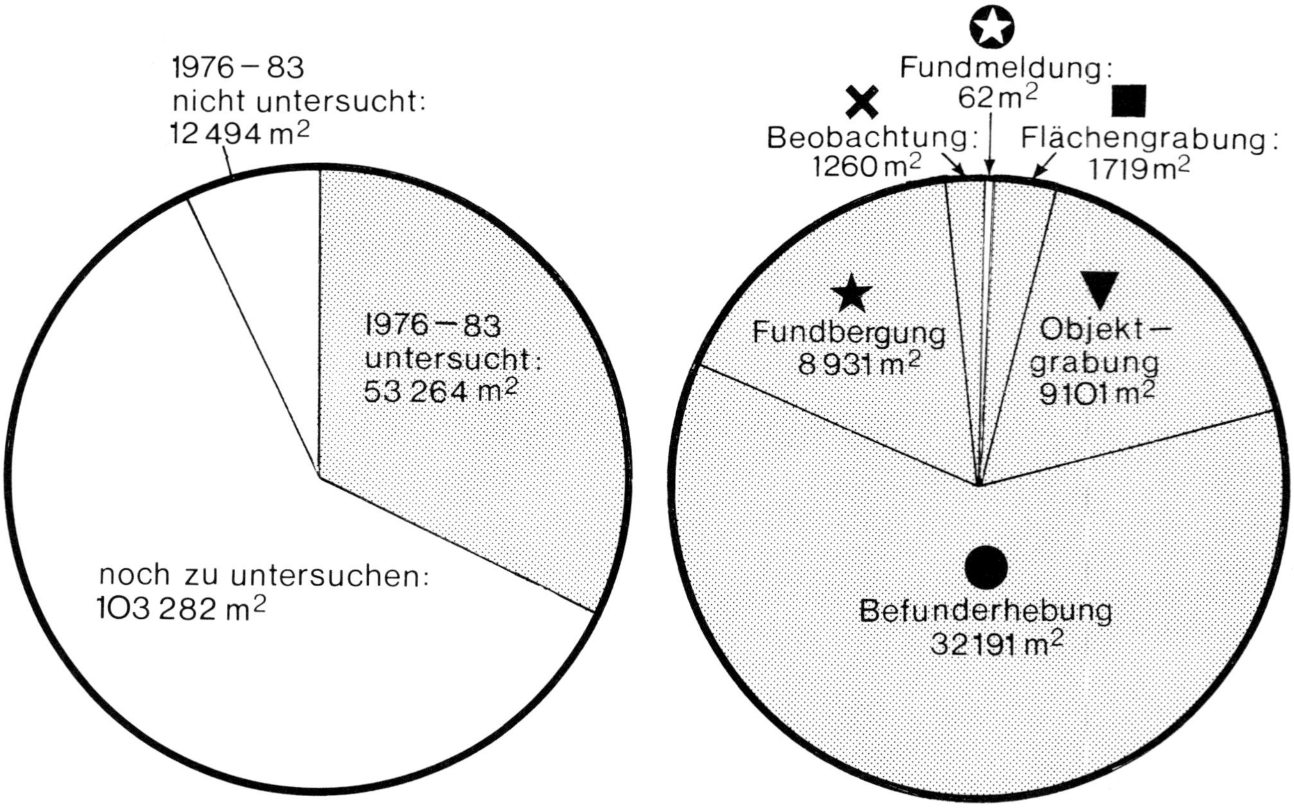

Abb. 5 Braunschweig. Die Grabungsflächen 1976 bis 1983 im Verhältnis zur verfügbaren Untersuchungsfläche (links) und in der Aufteilung nach Grabungsmethoden (rechts). Arbeitsstand 30. 5. 1984.

gesetzt und die Schichtanalyse und Probenentnahme nach sedimentgeologischen und paläo-ethnobotanischen Erfordernissen verstärkt vorgenommen.
Der ältere Forschungsstand vermittelte für diese Untersuchungen eine konstruktive Ausgangsbasis *(Abb. 6)*. Drei kartographische Veröffentlichungen zum Thema wurden als Arbeitsgrundlage zusammengefaßt. Es waren dies einmal die Karte über die „Älteste Besiedlung des Areals der Stadt Braunschweig" von Geometer *W. Schadt* aus dem Jahr 1903, veröffentlicht im Urkundenbuch 1905 (UB III, 3; Bl. 1, S. 726f.). Sie enthielt Eintragungen moderner Höhenlinien und der Niederungszone mit dem verzweigten Gewässernetz der Oker nach einer Kartierung von ca. 1720 (*Rötting* 1981, 706f.). Heranzuziehen war ferner die siedlungsgeographische Karte von *E. Hundertmark* nach dem Arbeitsstand von 1941 (Karte 2). Interdisziplinär wurde von W. Schneider schließlich die Baugrundkarte der Innenstadt mit sedimentgeologischen Befunden nach *N. Stegmann* aus dem Jahr 1969 eingebracht (Beitrag *Schneider, Abb. 2, S. 188*). In die Grundkartierung sind auch Vermutungen über die Lage des Jödebachs (*Stelzer* 1954, 90) auf der westlichen Niederterrasse und über die eines Bachlaufes vom Köppeberg (*Timme* 1963, 3) auf der östlichen Niederterrasse aufgenommen worden *(Abb. 6)*[10].

Die seit 1976 archäologisch gewonnenen Befunde und die zusätzliche Auswertung neuerer Bohrprofile[11] haben inzwischen den Arbeitsstand von 1941 *(Abb. 6)* bzw. von 1969 (Beitrag *Schneider,* s.o.) grundsätzlich erheblich verändern und konkretisieren können, wenn auch noch einige Einschränkungen zu beachten sind. Methodisch wurde so vorgegangen, daß die Festlegung des sedimentgeologischen Befundes nach fazieller und höhenmäßiger Bestimmung des modernen Grabungsbefundes erfolgte.[12] Dies bedeutet aber, daß die Angabe der Höhenwerte bzw. der Höhenschichten in der Niederung die historische Kompaktion des Schluffes durch die hier nachfolgende Bebauung zunächst noch einschließen muß. Das ursprüngliche Niederungsniveau ist also höher als kartiert anzunehmen, da Auflast die Porosität des Schluffes und damit dessen Mächtigkeit erheblich vermindert hat.[13]

Nach dem gegenwärtigen Arbeitsstand ist auch mit geringfügigen Korrekturen der örtlichen Begrenzung bzw. des kleinräumigen Verlaufs der Okertalaue und der Höhenschichten auf der Grundlage fortzuführender Grabungstätigkeit und eines ständig enger zu führenden Befundrasters zu rechnen.[14]

Die hier jedoch grundsätzlich zu ziehenden Schlüsse für die Verteilungsstruktur von Niederterrasse und Niederung nach dem Kartenbild der *Abbildung 7* und der *Farbtafel 2* beruhen auf der Sedimentverteilung von Sand, Kies, Schluff und ihren Mischformen einschließlich fluviatiler Auelehmanteile.[15] Die Zeitbestimmung ergibt sich aufgrund der ihnen zugeordneten anthropogenen Befunde wie beispielsweise Knüppeldecke oder Aufschüttung. Mit Ausnahme der Burghalbinsel gilt als verallgemeinerter Zeitbezug der Zustand vor Beginn des Stadtausbaues in den Jahren um 1160. Die Burghalbinsel ist vor Anlage eines Burggrabens und eines ersten Walles, die zeitlich vor der Jahrtausendwende erfolgte, dargestellt.[16]

Im Vergleich mit dem älteren Forschungsstand ergeben sich neue wesentliche Merkmale zu fünf Hauptkriterien einer Beschreibung der Altlandschaft (vgl. *Abb. 6 und 7 und Farbtaf. 2)*.

1. Dem geschlossenen Prallhang der östlichen Niederterrasse steht ein in tiefen Buchten und weitausgreifenden Halbinseln offener, zerklüfteter westlicher Gleithang gegenüber.

Legenden mit Quellenangaben für Abb. 6 und 7, folgende Seiten

-72- Höhenschichten und

Niederungsgebiet der Oker mit Ridderborn (nach *Schadt,* Urkundenbuch III, 3, 1903/1905, Blatt 1, Nordangabe korrigiert)

Grenze der Niederterrasse (nach *Hundertmark* 1941, Karte 2)

vermutete Quellbäche
vom Rennelberg (nach *Banse* 1936/*Hundertmark* 1941, Karte 2)
südlich des Rennelbergs (Jödebach nach *Stelzer* 1954, 90)
vom Köppeberg (nach *Timme* 1963, 3)

Grenzen der Weichbilde (nach Sander et al. 1930, vgl. *Rötting* 1981, Abb. 2)

Stadtmauer um 1220

Kirchen im 11. Jahrhundert

Niederterrasse, Insel (Sand/Kies)

Okerniederung mit Bachläufen (Schluff humos: fluviatiler Auelehm)

Teichgebiete (?) (Sand/Kies schluffreich, pleistozän)

Höhenrücken, Sandbank, Verlandung (Sand schluffreich/Schluff sandig)

Stadtbering/Weichbildgrenzen

67 Höhenschichten

Siedlungsbefunde ab 9. Jh. bzw. spätestens um 900

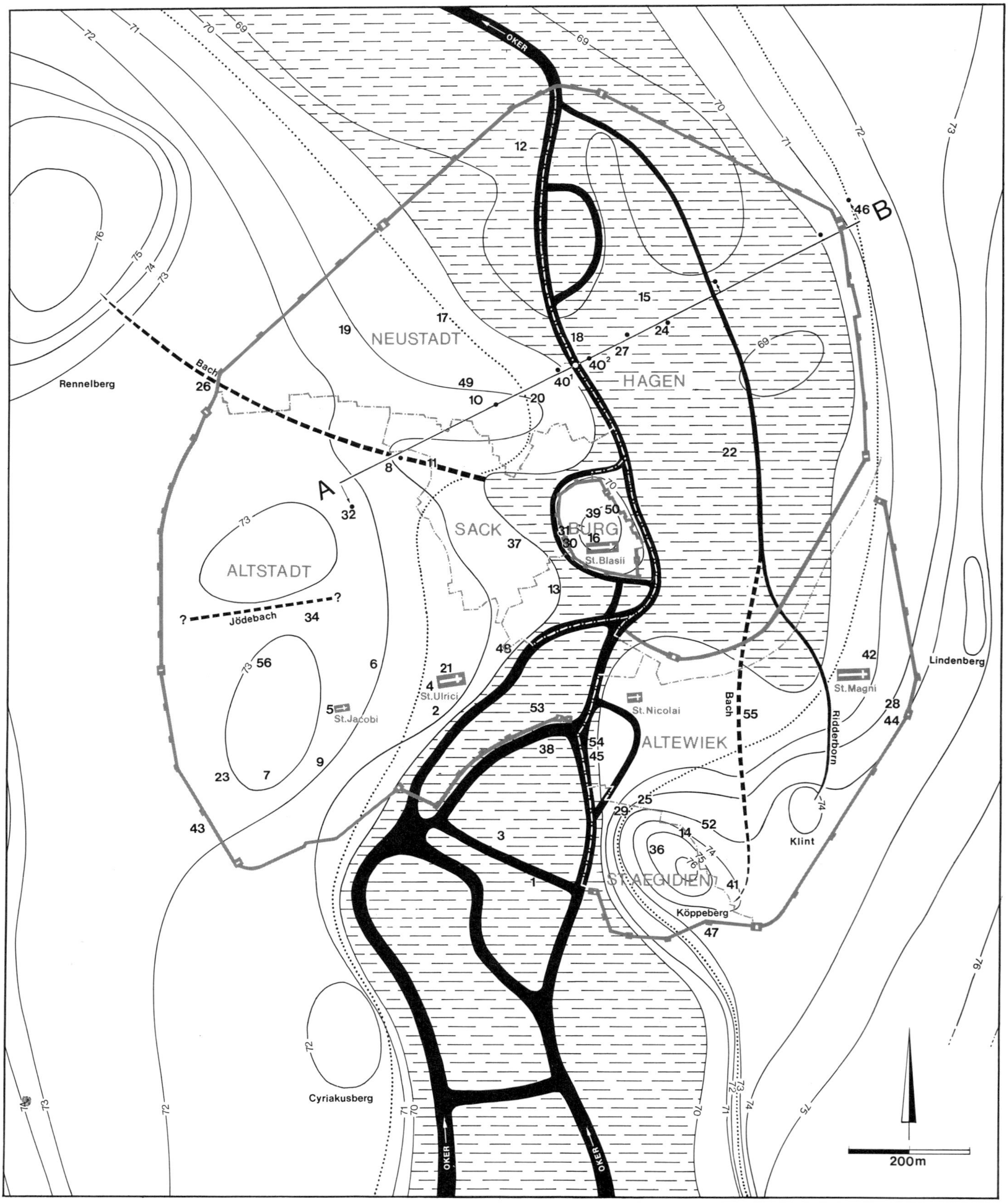

Abb. 6 Braunschweig. Rekonstruktionsversuch der orohydrographischen Struktur der Altlandschaft innerhalb des Stadtberings um 1220 vor Beginn des Stadtausbaus um 1160 nach einem älteren Forschungsstand von 1941. Eingetragen sind zusätzlich die Lage der Stadtgrabungen 1 bis 56 und des Höhenschnittes A–B auf 970 m Länge durch die ehemalige Okerniederung, vgl. *Abb. 13.* M. ca. 1:9000.

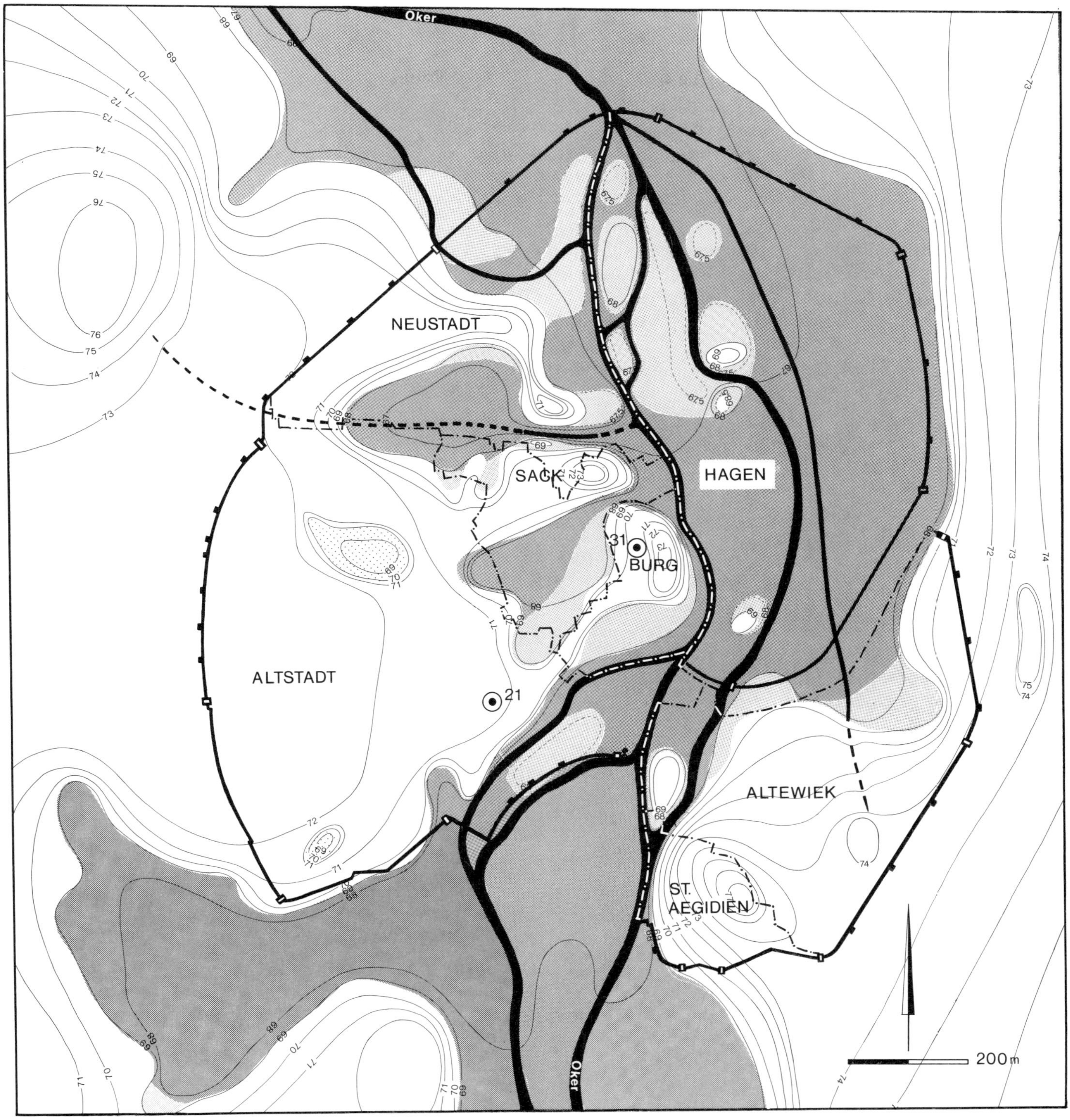

Abb. 7 Braunschweig. Rekonstruktionsversuch der orohydrographischen Struktur der Altlandschaft mit ihrer Sedimentverteilung vor Beginn des Stadtausbaus um 1160 bzw. vor Anlage des Burggrabens und des Burgwalles auf der Burghalbinsel vor der Jahrtausendwende. Die Darstellung der Höhenschichten nach den Grabungsbefunden 1976 bis 1984 schließt die historische Kompaktion infolge Bebauung ein. Innerhalb des Stadtberings um 1220 mit den spätmittelalterlichen Grenzen der Weichbilde sind die Stadtgrabungen 21 und 31 mit den bisher vorliegenden Siedlungsbefunden des 9./10. Jahrhunderts kartiert (Grundlage: Baugrundkarte von *N. Stegmann* 1969, Stadtgrabungen und Bohrprofile seit 1976, Schätzwerte. Entwurf H. Rötting. Mitarbeit W. Schneider, W. Hau. Arbeitsstand 30. 6. 1985). M. ca. 1:8500.

2. Die westliche Niederterrasse, die wie die östliche aus weichseleiszeitlichen Geschiebesanden und Kiesen besteht, ist infolge der Buchten und Halbinseln, Teiche und des der Oker zufließenden Gewässernetzes weitaus kleinräumiger strukturiert. Von den drei weit in die Niederung hineinragenden Halbinseln ist die südlichste ca. 350 m lang. Am Ende eines ausgestreckt schmalen Inselfußes (mit Breiten zwischen 15 bis 50 m) erweitert sie sich auf etwa 15000 m^2 Fläche.[17]

3. Die zwischen 300 bis 650 m breite, süd-nördlich orientierte Okerniederung ist mit einem dichten Netz von trockenfallenden, wandernden Schwemmsandbänken, fester gegründeten, aber überschwemmungsgefährdeten Höhenrücken und weitgehend hochwassersicheren Inseln besetzt, zwischen denen Fließ-, Trödel- und stehende Gewässer wie Sumpfgebiete die Unwegsamkeit bedingen.[18]

4. Die südlich des späteren Stadtraumes durch frühneuzeitliche Kartierung überlieferte mehrarmige, mäandrierende Flußstruktur der Oker findet sich folgerichtig auch nördlich davon in Höhe des späteren Stadtraumes. Zu rekonstruieren ist hier ein zweiter, *östlicher* Okerlauf.

Die nach dem älteren Forschungsstand bei Hochwasser aufgrund des spätneuzeitlichen Stromgefälles von ca. 4,70 m auf 3 km Länge in Höhe des Stadtraumes beobachtete starke Schubkraft des Harzflusses muß in frühmittelalterlicher Zeit auch faustgroße Gerölle transportiert haben.[19]

5. Ein erster Rekonstruktionsversuch der Höhenschichten deutet einerseits auf schärfere Kontraste in der Reliefbildung der Niederterrassen. Andererseits erscheint das Höhenverhältnis von Terrassenrand und Niederung streckenweise relativ ausgeglichen und flach.

So werden vermutlich die örtlichen dünenartigen Erhebungen auf den Halbinseln bis zu 73 m bzw. 77 m Höhe ü. NN erreicht haben. Die westliche Niederterrasse aber wird im Bereich des späteren Stadtraumes maximal nur auf 72 m ü. NN angestiegen sein. Andererseits ist die durchschnittliche Sedimenthöhe der Niederung mit Ausnahme der Flußarme kompaktionsfrei bei 68 bis 67 m ü. NN zu schätzen. Streckenweise betrug dagegen das Niveau des Terrassenrandes analog dem morphologischen Gefälle im Süden nur 69 m und im Norden nur 68 m ü. NN.[20]

Zum frühmittelalterlichen Siedlungsbeginn

Auf der Grundlage des bislang erarbeiteten archäologischen Quellenmaterials sind bereits auf der westlichen Niederterrasse einige Siedlungsfaktoren zu erkennen. Das sich andeutende Siedlungsgefüge ist jedoch wegen eines noch bestehenden grundsätzlichen quellenkritischen Vorbehalts zu relativieren und bedarf der weiteren Überprüfung. Die Vorbehalte liegen im relativ kleinen Flächenausmaß gegenwärtiger Untersuchungen, in der örtlich aufgeteilten, lückenhaften Stratigraphie und in der noch nicht eindeutig abgesicherten Datierung. Aber die Möglichkeit zu Grabungen besteht weiterhin in allen siedlungsrelevanten Räumen[21].

Die Ergebnisse beruhen bisher auf drei Flächengrabungen

– im Raum des späteren Kohlmarktes, unmittelbar im Uferbereich der Oker,
– im Keller sowie auf dem Hof des Vieweg-Hauses auf der ehemaligen südlichsten Halbinsel (Burghalbinsel)
– sowie in der mittelalterlichen Jakobskapelle am Eiermarkt, landeinwärts.

Die älteren Siedlungsbefunde sind in den Zeitraum des 9. bis 11. Jahrhunderts zu datieren und stehen möglicherweise untereinander in entwicklungsmäßiger Beziehung (vgl. Kurzberichte zu den Stadtgrabungen 21, 31, 5 und *Farbtaf. 1* sowie *Abb. 7*). Von grundlegender Bedeutung für die Beurteilung des Besiedlungsablaufs sind die stratigraphisch eingebundenen Befunde der Grubenhäuser *(Abb. 9)* und Brunnenstellen sowie des Metallhandwerks einer Siedlungsgründung und der

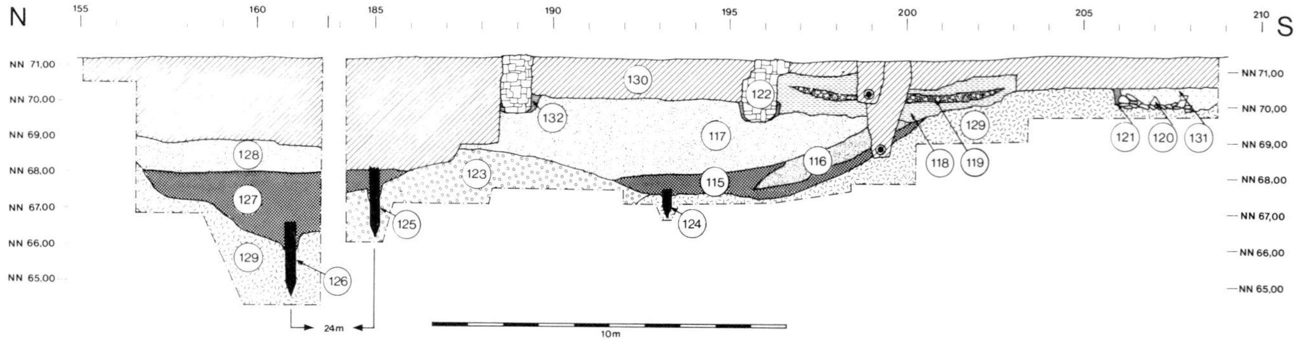

Abb. 8 Braunschweig, Neustadt-Süd, Jöddenstraße/Küchenstraße (Stadtgrabung 10). Nord-Süd-Leitprofil (vereinfacht) der „Rennelbergbach-Niederung" (Lage in *Abb. 37*). Sedimente 115, 127 des Bachlaufes und Schwemmsandinsel 123 mit Uferpalisaden 125, 126 und Stadtmauer 121, 120 (bzw. Ausbruch 131) aus dem 4. Viertel des 12. Jahrhunderts. Sandaufschüttungen 116, 117 und 128, um 1200. Sedimente 118 und Knüppeldecke 119 der Jöddenstraße, 13. Jahrhundert. Hausfundamente 122, 132 der Jöddenstraße 9, 14. Jahrhundert. M. 1:200.

nachfolgenden Kirchen- und Friedhofsstätte an gleicher Stelle *(Abb. 10)* der Stadtgrabung 21 auf dem Kohlmarkt, die einen kontinuierlichen Siedlungsablauf seit dem 9. Jahrhundert bis in die städtische Zeit belegen.

Die Keramik der „Kohlmarktsiedlung" verbindet die Basisbefunde auf der Burghalbinsel unter dem Vieweg-Haus. Dieser Grubenhorizont, der aus einer Reihe von Eintiefungen besteht, die der Sand- und Wasserentnahme, der Bevorratung, der Abfall- und Abwasserbeseitigung aber auch der Kalklöschung dienten, enthält in Sedimenten die gleichen Waren der Kohlmarkt-Keramik. *(Tab. 1–3, S. 30f., Farbtaf. 7–9).*

Für die Funktion der „Vieweg-Siedlung" und die hier abzuleitende Siedlungskonstellation sind aber die zusätzlichen Merkmale eines befestigten Herrensitzes entscheidend. Hierbei handelt es sich insbesondere um die Herstellung gelöschten Kalks, die auf Mörtelverwendung schließen läßt, wie um die nachfolgende zweimalige Oberflächenbefestigung des Grubenareals mit Rogenbruchsteinen und einer Sandplanierung in Verbindung mit der Errichtung eines Burgwalles und einer nachfolgenden Wehrmauer.

Als Indikatoren einer sozial und funktionell herausgehobenen Besiedlung sind auch die Sonderfunde eines zweilagig gearbeiteten Geweihstabes mit Tierkopf, von Sporen, rheinischer Importkeramik wie zahlreiche Bruchstücke bearbeiteter Sandsteine, Funde von Eisennägeln und Mauerhaken, ein Bleiplattenfragment und eine Schleuderkugel aus Ton anzusprechen, die in die geschlossene Vieweg-Stratigraphie eingebunden sind *(Abb. 70ff., S. 129ff., Tab. 3, S. 31)*. Für die funktionelle und chronologische Beurteilung der Be-

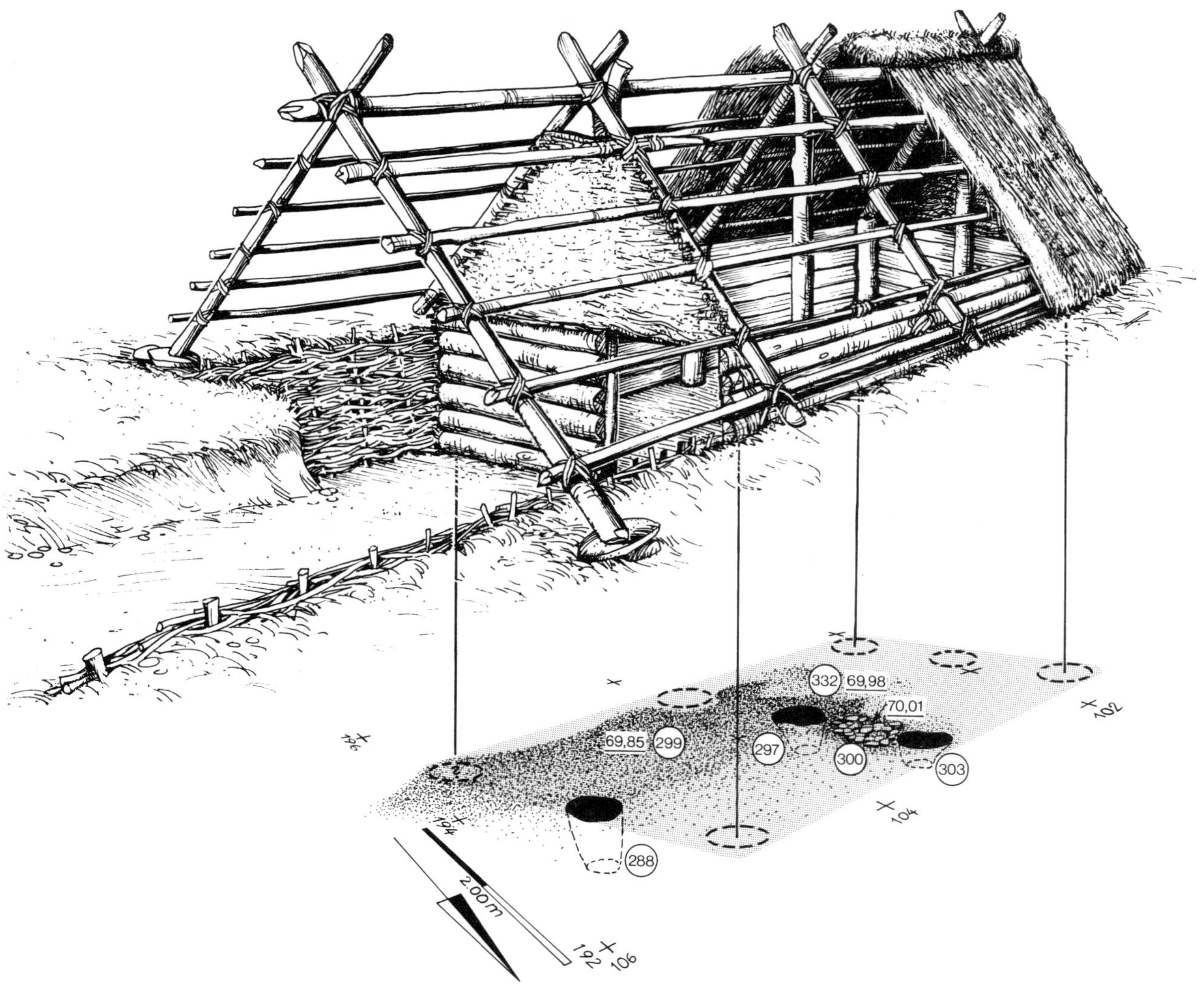

Abb. 9 Braunschweig, Altstadt-Südwest, Kohlmarkt (Stadtgrabung 21). Grabungsbefund und ein Rekonstruktionsversuch eines Grubenhauses mit Pfettendach, Firstsäule, Vorhalle und verkämmter Blockwand ohne Vorstoß, aus Halbhölzern und mit Flechtwandgiebel.
Befunde: Pfostengruben 288, 297, 303; Feuerstelle aus Granitbruch mit Kugeltopfmulde 300; Holzkohleschleier 299; Eintiefung von ca. 1 m (Oberflächenvergleich) u. a.

funde auf dem Kohlmarkt und unter dem Vieweghaus ist auch die siedlungsgeographische Lage heranzuziehen. Ihre Doppelfunktion läßt sich klar erkennen: eine günstige, freie Position am Ufer der Oker steht unmittelbar in Verbindung mit einer idealen Schutzlage für eine Niederungsburg.

Einwände gegen eine so direkt aufeinanderbezogene Siedlungseinheit von Anbeginn an bestehen vor allem in der Herleitung des Namens der Burg Dankwarderode, der bisher methodisch von einem älteren Dorf gleichen Namens des 10. Jhs. abgeleitet wurde[22].

Einwände bestehen aber auch von archäologischer Seite in Zusammenhang mit der offensichtlich längeren Gebrauchsdauer der Kohlmarkt-Keramik, die eben auch im Verhältnis zur Siedlung eine zeitliche Verschiebung in der Gründung des Herrensitzes zuläßt. Die Keramikware beginnt nach den bisherigen Grabungsbefunden in der späteren ersten Hälfte des 9. Jahrhunderts und reicht bis in die erste Hälfte des 10. Jahrhunderts.

Regional sind hier die bereits vorliegenden Funde von der hochmittelalterlichen Wüstung Honrode bei

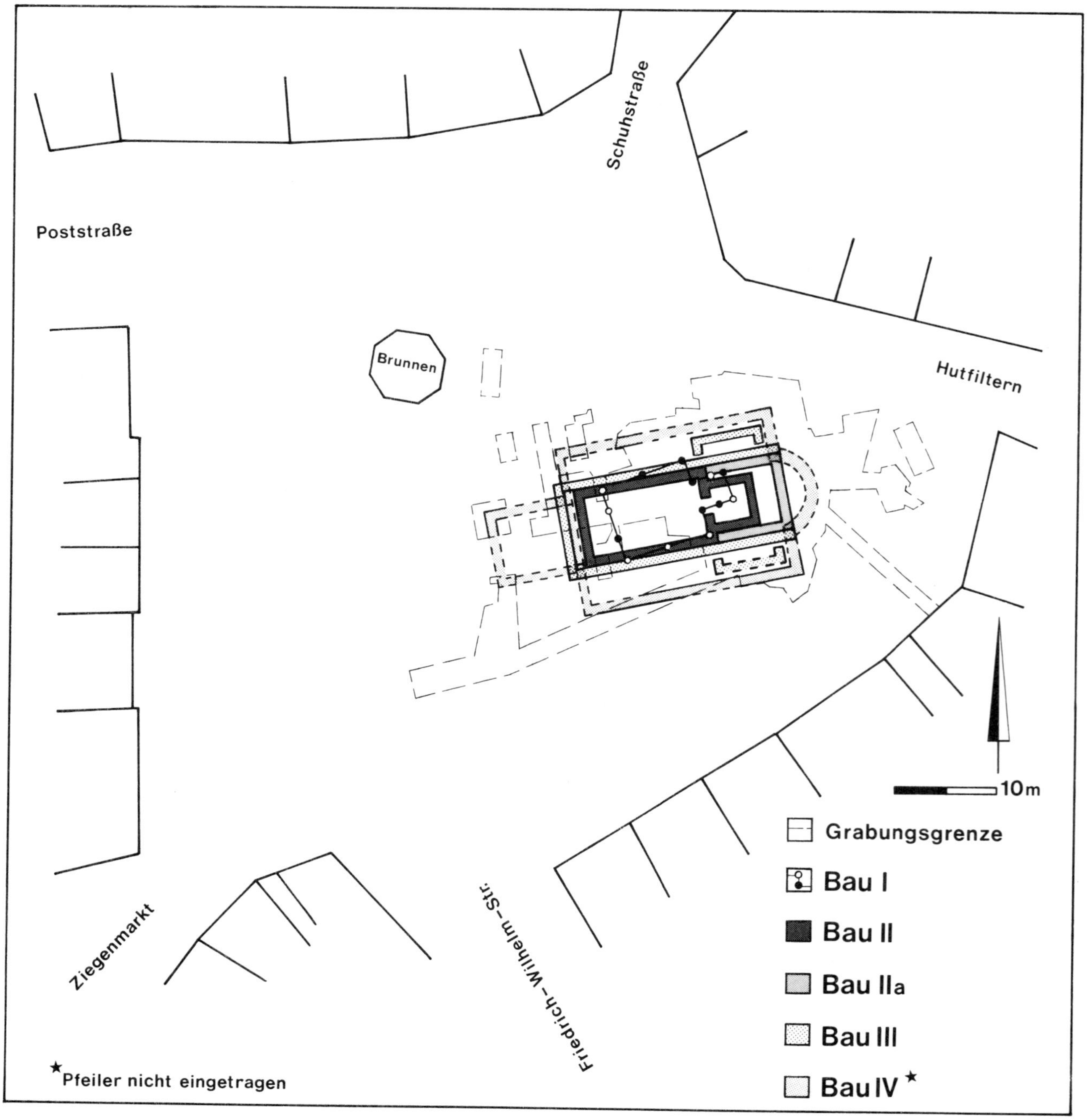

Abb. 10 Braunschweig, Altstadt-Südost, Kohlmarkt (Stadtgrabung 21). Lageplan mit ergänzten Pfostengruben der Holzkirche (Bau I) und mit ergänzten Fundamentgrundrissen der Saalkirchen II, IIa, III und der Pfleilerbasilika Bau IV des 9. bis 11. Jahrhunderts.

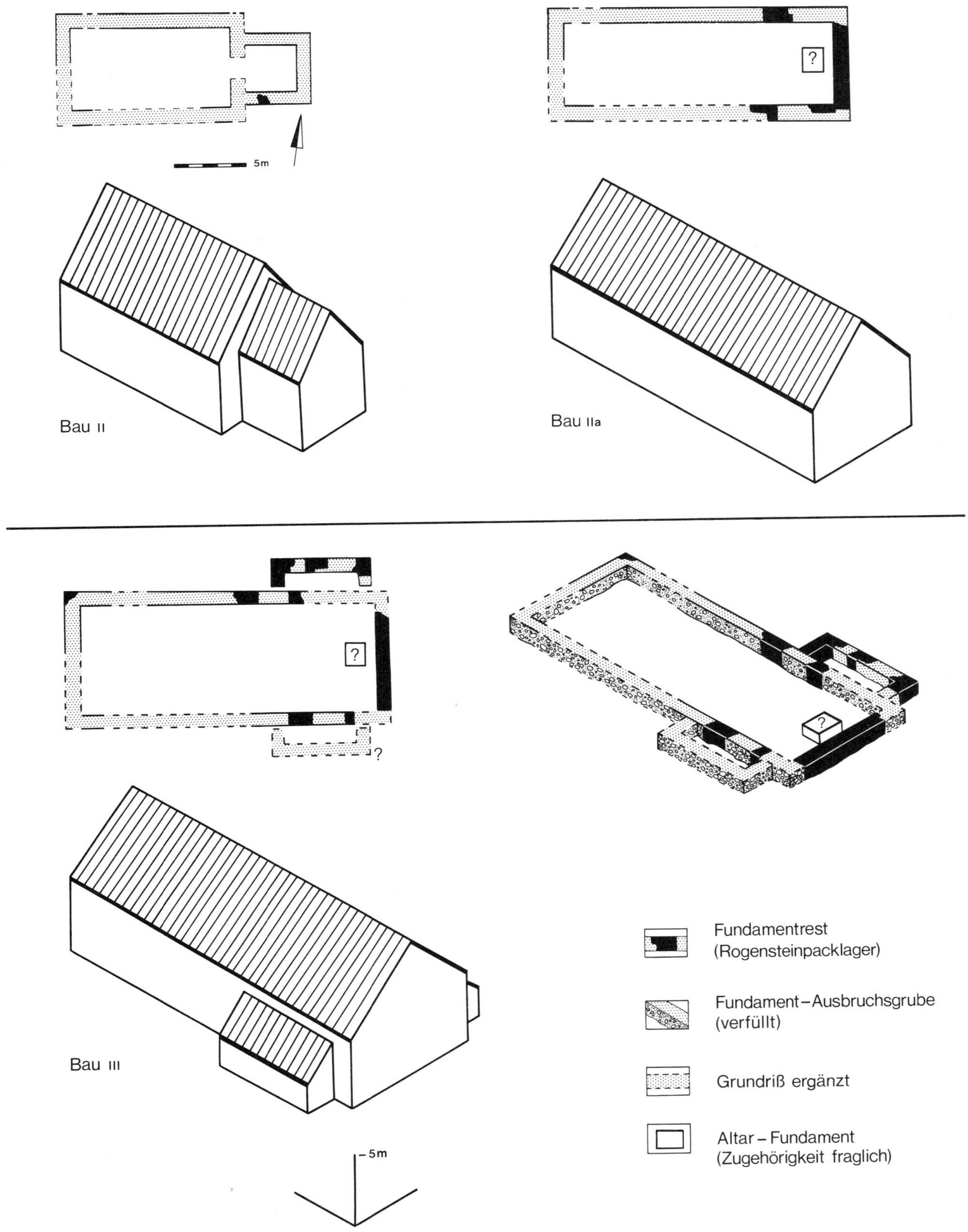

Abb. 11 Braunschweig, Altstadt-Südost, Kohlmarkt (Stadtgrabung 21). Isometrische Darstellung der in Fundamentbereichen nachgewiesenen Saalkirchen II, IIa und III.

Braunschweig-Veltenhof, nahe der Scheverlingenburg am Oker-Schunter-Zusammenfluß *(Abb. 15b, S. 32)*, von der Burgwall-, Siedlungs- und Gräberfeldstelle Braunschweig-Querum, der Niederungsburg Lüersburg bei Königslutter, Ldkr. Helmstedt, und von der Pfalz Werla bei Schladen, Ldkr. Wolfenbüttel, einzubeziehen[23].

Überregional steht die Keramikware in einem größeren Gesamtzusammenhang und ist einer Formengruppe zuzuweisen, deren Verbreitungsgebiet von Hamburg bis Magdeburg und in das Nordharzvorland reicht[24].

Die Braunschweiger Fundgruppe ist bislang durch einen *terminus ante quem* chronologisch festgelegt. Dieser wird durch drei aus Gräbern der ersten Kirchenperiode auf dem Kohlmarkt stammenden Emailscheibenfibeln und deren stratigraphische Einbindung und Datierung in die zweite Hälfte des 9. Jahrhunderts bestimmt (vgl. Beitrag *Dinklage, S. 271ff.*)[25].

Auf dem Kohlmarkt folgt dem Siedlungshorizont eine Kirchengründung. Spätestens dieser Funktionswandel in der Besiedlung ist dann zur Gründung eines (befestigten) Herrensitzes auf der nahen Okerhalbinsel in Beziehung zu bringen[26].

Wie sich das Siedlungsgefüge im Hinblick auf ggf. noch *ältere* Komponenten auf der westlichen Niederterrasse durch kommende Grabungsergebnisse am Ende auch darstellen wird, einige Faktoren der *jüngeren* Siedlungsentwicklung liegen bereits vor. Allerdings beziehen sie sich auf Kirchenbauten und noch nicht auf die eigentlichen Siedlungsbefunde.

Die Dynamik der Siedlungsentwicklung im 10. Jahrhundert ist in der zweimaligen Vergrößerung der dem ersten Holzbau auf dem Kohlmarkt nachfolgenden Steinkirche bereits ablesbar. Sie erfährt eine Steigerung mit der Errichtung einer weiteren Pfarrkirche oder Kaufmannskirche (?), dem Gründungsbau der späteren hochmittelalterlichen St.-Jakobs-Kapelle am neuzeitlichen Eiermarkt, rd. 250 m westlich der Kohlmarktkirchen gelegen[27].

Deutet sich aber in der Lage dieser Kirche bereits die räumliche Richtung der Wachstumsphase an, dann ist deren Begründung freilich – etwa gesteigerte Handwerks- und Handelsaktivität – archäologisch gegenwärtig noch nicht im mindesten faßbar.

Zum hochmittelalterlichen Stadtausbau

Im Vergleich der orohydrographischen Altlandschaftsstruktur mit der von den Weichbilden um 1220 eingenommenen Stadtfläche *(Abb. 7)* wird die Verdoppelung des ursprünglich besiedlungsfähigen Geländes und die offensichtlich ihr zugrundeliegende einheitliche Planung erkennbar. Nach dem augenblicklichen Arbeitsstand sind rd. 64 Hektar, d.h. 56 Prozent der 114 Hektar umfassenden Stadtfläche in die Maßnahmen zur Baulandgewinnung einbezogen worden. Trotz siedlungsungünstiger Bedingungen in der Niederung wurde die Burg Dankwarderode mit einem allseitig schützenden Stadtkörper umgeben und damit eine zentrale Lage der herzoglichen Residenz erreicht. Die auslösende Initiative hierzu wird von Heinrich dem Löwen ausgegangen sein, wie dies *Reinhard Liess* von einem anderen Ansatz her in Zusammenhang mit einer Analyse der topographischen Disposition der Gruppenstadt dargelegt hat (1980, 14f.).

Archäologisch ist hier vorerst zusammenfassend auf die Technik der Landgewinnung und Bebauung in der Niederung einzugehen, soweit sich diese schon aufgrund der Befunde beschreiben läßt[28]. Grundsätzlich muß davon ausgegangen werden, daß die quer durch die Niederung künstlich angelegte Straßenachse Damm–Langedammstraße südlich der Burg während der Trockenlegung des Hagenareals zugleich als Deich

Abb. 12 Braunschweig, Hagen-Mitte, Hagenmarkt (Stadtgrabung 27). Untere (li.) und obere Knüppeldecke mit Astwerk von Eichen und Erlen aus der Zeit um 1200 (vgl. *Farbtaf. 4a,* Befunde 93 und 127).

diente. Das Dammsystem beginnt in Anbindung an die westliche Niederterrasse in Höhe des Kohlmarktes in der Altstadt und zieht, mehrfach gering abbiegend, am Rand der östlichen Niederterrasse dem festen Grund folgend zur Magnikirche in der Altenwiek.

Der östliche Altarm der Oker *(Farbtaf. 2)* ist offensichtlich in den Mauergraben des Hagenberinges umgeleitet worden[29]. Nach der Trockenlegung großer Niederungsteile sind besonders auf dem süd-nördlich orientierten Höhenrücken, der sich zwischen den beiden Okeraltarmen entlangzieht, zur Anlage des späteren Bohlweges und der Wendenstraße des Weichbildes Hagen wie auch des Hagenmarktes zwei Knüppeldecken mit Astwerk von Erlen und Eichen ausgelegt worden, die sich nach zwischenzeitlichen geringmächtigen Aufsandungen überlagern *(Abb. 12a/b, Farbtaf. 4a)*[30]. *Knüppeldämme* wurden bisher nirgends beobachtet. Dicke Reisigdecken sind hingegen offensichtlich an besonders sumpfigen Stellen aufgebracht worden[31]. Die Aufschüttungen mit wohl vorwiegend auf den Halbinseln abplaniertem Sandmaterial erreichten anfangs nur die unbedingt notwendige Höhe, da die zusätzliche Verteilung des Okerwassers in die Mauergräben wohl ein relativ niedriges Siedlungsniveau in der Niederung schon bei 68 m ü. NN erlaubte[32].

Im Vergleich mit der Position bestimmter Wegesysteme, Plätze und Gebäude (beispielsweise Hagenmarkt mit Katharinenkirche und Rathaus) wird deutlich, daß für ihre Anlage die relativ günstigste Beschaffenheit des Untergrundes entscheidend war. Die Stadtmauer des Hagens ist jedoch nach den bisher vorliegenden Befunden auf den sandigen Schluff der Niederung gebaut worden. Leiterartig gerahmte Pfahlroste aus Eichenhölzern, die als Substruktion für Steinbauten dienten, sind bisher dendrochronologisch zwar erst für das Jahr 1365 nachweisbar, dürften aber von Anbeginn an verwendet worden sein[33]. Insgesamt hat jedoch die Bebauung in der Okertalaue eine Sackung des Untergrundes bewirkt, die durch weitere Aufschüttungen, auch aus Gründen des Hochwasserschutzes, ausgeglichen worden ist. Dies hat zu Aufschüttungsmächtigkeiten von stellenweise 4 m Höhe geführt. Flächenberechnungen auf der Grundlage systematischer Erhebungen (vgl. *Abb. 13*) unter Einbezie-

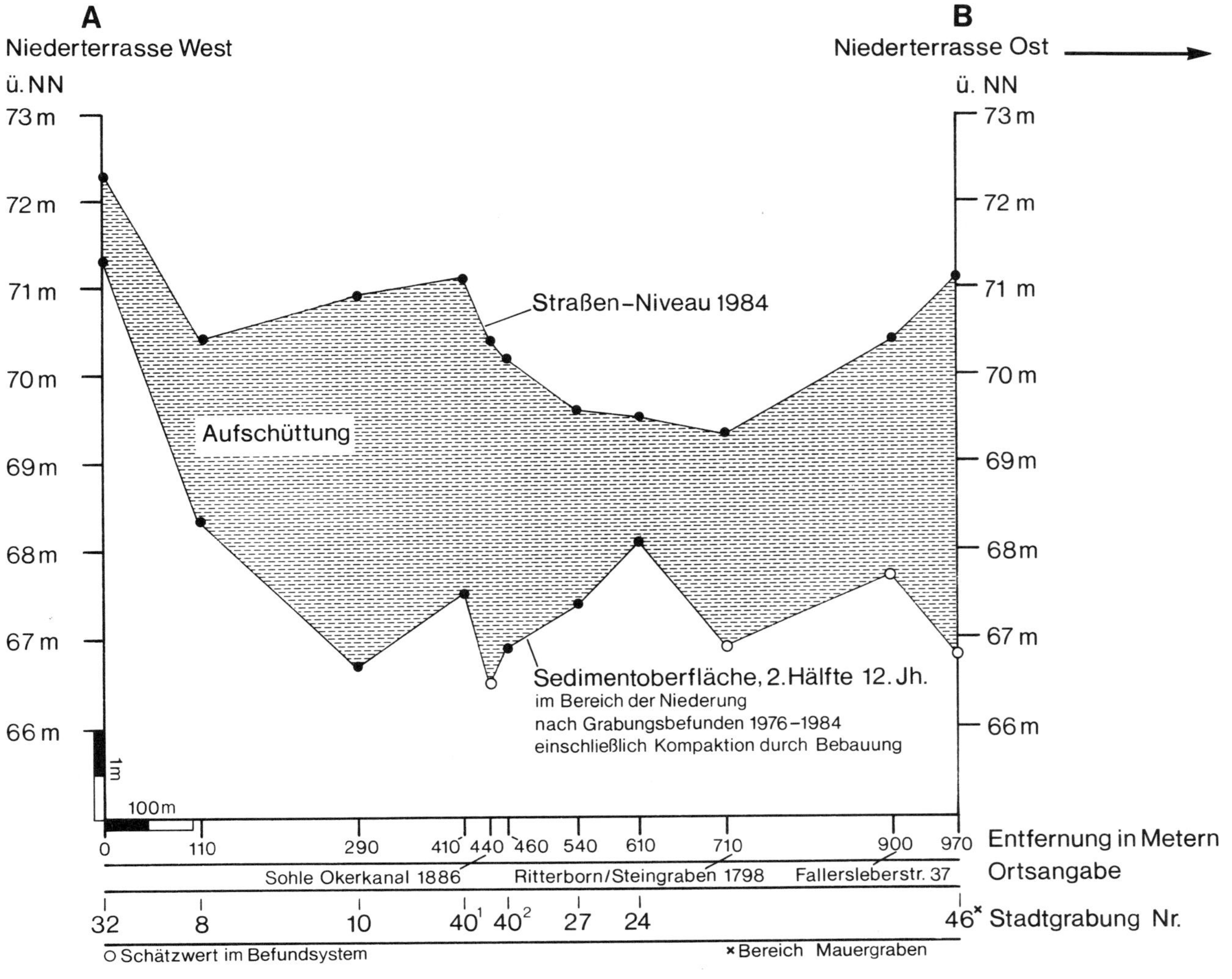

Abb. 13 Braunschweig. Höhendiagramm eines West-Ost-Schnittes A–B auf 970 m Länge im nördlichen mittelalterlichen Stadtbereich durch die Okerniederung (Lage in *Abb. 6* bzw. *Farbtaf. 2)*.

hung der abgelagerten Kulturschichten auf den Niederterrassen bis zu 1,50 m Höhe lassen den Schluß zu, daß bis zum Ende des 19. Jahrhunderts schätzungsweise über 2 Millionen Kubikmeter Sandmaterial eingebracht worden sind. Damit wird eine Größenordnung erreicht, die der Beseitigung von 2,3 Millionen Kubikmeter Trümmerschutt nach 1945 nahezu entspricht.

Das Niveau wurde stellenweise in der Okerniederung auf die Höhe der ehem. hochmittelalterlichen Niederterrasse angehoben (*Abb. 13,* Befund an der Hagenbrücke).

Hinsichtlich der Frage nach dem zeitlichen Ausbau der Neustadt im Verhältnis zum Hagen liegen erst wenige indirekte Baudaten vor[34]. Die Gründung und weit nach Norden reichende Anlage des Weichbildes Hagen wird jedoch kaum vorgenommen worden sein, wenn nicht auch zugleich schon eine Aufsiedlung der Neustadt konzipiert war und Siedlungsanfänge hier vorgelegen haben. Nach der Altlandschaftsstruktur kommt das Gebiet um den späteren Wollmarkt und die Andreaskirche bis zum Ende der Halbinsel in Höhe der Küchenstraße in Betracht. Die Besiedlung am Straßensystem der westlichen Neustadt (Beckenwerkerstraße, Weberstraße) setzt jedoch wie auch südlich davon erst nach Aufschüttung der „Rennelbergbach-Niederung" zu Anfang des 13. Jahrhunderts ein[35].

Die archäologischen Befunde in der Altenwiek weisen bisher auf eine Siedlungserweiterung im Raum Klint/Ritterstraße in der zweiten Hälfte des 12. Jahrhunderts hin.

Anmerkungen

1 Als älteste Schriftquelle ist die Weihenotiz für St. Magni aus dem Jahr 1031 überliefert. Die Pfarrkirche des späteren Weichbildes Altewiek liegt auf dem östlichen Okerufer in der Diözese Halberstadt. Die Siedlung heißt *brunesguik,* der Grundherr *Graf Liudolf,* der Bischof *Branthag* und die Stifter der Kirche *Hatheward* und seine Frau *Atta.* Es wird der Pfarrsprengel von *brunesguik* mit siebzehn Orten bestimmt, zwei Schenkungen von einigen Hufen Land werden mitgeteilt.

2 Vgl. hierzu *O. Stelzer* 1954, *F. Timme* 1963, *R. Moderhack* 1981 und *M. Last* 1982.

3 Grundlegend hierzu *M.R.W. Garzmann* 1976, 11–35; *N. Kamp* 1982 und *M. Last* 1982.

4 Vgl. hierzu *O. Fahlbusch* 1912, *M. Puhle* 1981 und 1985 sowie *W. Ehbrecht* 1982, 37.

5 Hierzu grundlegend *W. Meibeyer* 1966, *G. Spies* 1976, *R. Moderhack* 1978, *R. Liess* 1980, *J. Mertens* 1981 und *H.W. Schüpp* 1984.

6 Grabung Nicolaikirche: *A. Tode* 1958. Grabung Dankwarderode auf ass. 2832: *A. Tode* 1949; *F. Niquet* 1954, 131. Merkblatt: *A. Tode* 1948.

7 *L. Hänselmann* in der Erstveröffentlichung 1877, 394ff.; dann in den Jahren 1887 und 1898 wiederholt.

8 Vgl. *C.W. Sack* 1850, 13f., 21, 27; *T.C. Bethmann* 1861, 525f.; *H. v. Strombeck* 1869, 24–26. Zu Aktivitäten des „Ausschusses für Denkmalpflege im Herzogtum Braunschweig" in den Jahren 1903–1907, vgl. *H.-H. Möller* 1983, 83–94.

9 In den Kurzberichten werden aufgrund des Arbeitsstandes vom 30. 6.1984 insgesamt 68 Stadtgrabungen behandelt. Ihre Anzahl hat sich inzwischen auf 82 erhöht (30. 4.1985).

10 In *Abb. 6* sind die Sedimentbefunde der Baugrundkarte von N. Stegmann aus dem Jahr 1969 nicht eingetragen worden (vgl. Beitrag *Schneider* in diesem Band; *Rötting* 1981, Abb. 2, S. 710f.).

11 Unterlagen stellten dankenswerterweise zur Verfügung: Dr.-Ing. H. Kielbassa, Ingenieurbüro für Grundbau, Braunschweig, sowie das Leichtweiß-Institut für Wasserbau der Technischen Universität Braunschweig.

12 Befundaufnahme auf Oberkante Sediment oder Schilfhorizont bzw. Unterkante erste anthropogene Schicht wie Knüppeldecke, Reisiglage, Aufschüttung oder Kirchenestrich.

13 Nach Angaben von Dipl.-Ing. V. Feeser, TU Braunschweig, findet eine Porositätsschwindung von 70% auf 50% statt (allgemeiner Richtwert), d.h. eine Schichtmächtigkeit von 1 m Schluff wird pauschal auf 0,71 m Höhe verdichtet. Örtlich wirksame Faktoren wie Auflastgewicht, Mächtigkeit des Sediments, Entwässerungsumfang und Grundwasseranstieg sind jeweils einzubeziehen. Diesen Vorgängen und Fragen soll zukünftig aufgrund der Grabungsbefunde („durchhängende" Schichten, Mächtigkeit des Schluffs) interdisziplinär verstärkt nachgegangen werden.

14 Gegenwärtig ca. 500 Befunde; die Vorlage in Katalogform mit Kartierung erfolgt nach Abschluß der wesentlichen Grabungen.

15 Archäologische Befunde über Moorboden konnten bisher nicht aufgedeckt werden. Die westlich der Altstadt in Höhe der allgemeinen Lößgrenze auftretende Lößinsel liegt hier durchschnittlich 3 km vom Talrand der Okeraue entfernt (*Kloos* 1897, Karte).

16 Vgl. Stadtgrabung 31; mit der Errichtung eines Walles wird auch die schmale Landbrücke durch einen Graben unterbrochen worden sein, jedoch liegen Grabungsbefunde hierüber noch nicht vor.

17 *N. Stegmann* (1969) definiert die räumlich geschlossenen, kiesigen bis schluffigen Sedimentbefunde auf der westlichen Niederterrasse als pleistozän (vgl. Beitrag *Schneider* in diesem Band). Sie könnten aber als Grundwasserteiche noch in hochmittelalterlicher Zeit unter Wasser gestanden haben. Grabungen konnten bisher ihren Flächenumfang reduzieren, aber noch nicht die Sedimente selbst erfassen.

18 Die paläo-ethnobotanischen Untersuchungen werden auch zur Klärung der Vegetation und ihrer Veränderungen beitragen können. Nach *M. Matthies* (1984, 86ff.) wurden besonders für die hochmittelalterliche Zeit bereits „recht häufig Arten aus Sumpf und Röhrichtbeständen erfaßt. Sie bilden zusammen mit Arten des Feuchtgrünlandes, der Schlammufer, Flutrasen, Erlenbrüche und Auenwälder eine große Gruppe (47 Arten). Das zeigt, daß Feuchtstandorte im Bereich der Stadt noch sehr verbreitet waren. Laubwald- und Gebüschgesellschaften sind insgesamt ziemlich selten vertreten".

19 Vgl. *P.J. Meier* 1922, 13. Im Grabenfundament zu Bau I (vorläufige Datierung in das 10. Jh.) der späteren Jakobskapelle (Stadtgrabung 5) fanden sich Flußgerölle.

20 Die Rekonstruktion der Altlandschaft erschließt für die Siedlungsentwicklung neue Grundlagen. Das beispielsweise in der älteren Stadtforschung angenommene günstigere, höhergelegene Siedlungsniveau von 73 m ü. NN für die ufereinwärts sich entwickelnde sog. Eiermarktsiedlung im Umfeld der Jakobskapelle gegenüber der sog. Kohlmarktsiedlung (am überschwemmungsgefährdeten Okerufer) bestand nicht. Beide Siedlungsareale liegen auf Höhenschichten zwischen ca. 70 bis 71 m ü. NN.

21 Es handelt sich beispielsweise um zeitlich bereits absehbare Untersuchungen auf ass. 2832 auf der Burghalbinsel und im Umfeld der St.-Magni-Kirche in der Altenwiek. Die großflächigen Maßnahmen der Stadtgrabung 33 im „Eiermarktareal" beginnen bereits im Mai 1985.

22 Vgl. *W. Flechsig* 1953, 104–106 und 1954, 106–112 über die archivalische Quellenlage zur Altersbestimmung der Ortsnamen auf -rode. „Sie scheinen (...) während der Entstehungszeit der Traditiones (Corbeienses) erst allmählich in Mode gekommen zu sein, und zwar nicht vor dem 10. Jahrhundert, da sie im älteren Teile unserer Quelle noch völlig fehlen. Damit steht im Einklang die Tatsache, daß in Einzelurkunden auf ostfälischem Boden die ersten Ortsnamen auf -rode 953 und 973 auftreten. Es gibt keinen Anhaltspunkt dafür, daß schon im 9. Jahrhundert Neusiedlungen Namen mit dem Grundwort -rode erhalten haben" (1954, 108).

23 Vgl. *Abb. 15a und b mit Farbtaf. 8 und 9.* Außer Braunschweiger Grabungsergebnissen liegen auch solche von Honrode (*Hanroth* der Weihenotiz von St. Magni, 1031) nahe der Scheverlingenburg an der Einmündung der Schunter in die Oker vor sowie von der Lüersburg in der Schunter-Aue. Entsprechende Scherbenfunde systematischer Feldbegehungen der ehem. insularen frühmittelalterlichen Siedlungskammer bei Querum in der Schunterniederung konnte *R. Siebert* vorlegen (Fundmeldungen 1983/85). Vom Gräberfeld in benachbarter Lage stammt die nächstliegende Parallele zur Emailscheibenfibel aus Grab 97 vom Kohlmarkt (*Busch* 1976, 56f.).
Ein ältester, möglicherweise zeitlich differenzierter Siedlungshorizont mit Kohlmarkt-Keramik bzw. Emailscheibenfibeln verbindet offensichtlich diese drei Schunterburgen bzw. Siedlungen mit den Braunschweiger Kohlmarkt- und Burgfunden sowie mit den entsprechenden Werlafunden an der Oker (Hinweis auf die Werlakeramik durch E. Ring).
Ein regionaler und konstruktiver Ansatz für weitere Untersuchungen zur Frage der Datierung und Funktion der Burgen und Siedlungen an Oker und Schunter ist hiermit gegeben.

24 Hierzu *P. Grimm* 1959, Sichelränder in Abb. 4; *R. Schindler* 1959, Abb. 1–3; *E. Nickel* 1964, Abb. 27 und 29; *J. Schneider* 1980, Abb. 2.

25 Es handelt sich um Emailscheibenfibeln mit Kreuzdekor in Grubenschmelztechnik aus den Frauengräbern 42, 48 und 97 der Periode Kirchenbau I (vgl. *Rötting* 1981, S. 701f., Abb. 5 u. 6). Sie stammen wie in Braunschweig-Querum und Tangeln, Kr. Klötze (DDR) von einem Gräberfeld, dessen Belegungshorizonte nicht wie in Ketzendorf, Ldkr. Stade, und Wulfsen, Ldkr. Harburg, in heidnische Zeiten zurückreichen. Der Stuttgarter Bilderpsalter, in den Jahren zwischen 820 und 830 entstanden, belegt ihre Trageweise an Umhängen (S. 77, 95, 98, 116; vgl. *H. Vierck* 1980, Abb. 6).
„Daß eine Datierung der betreffenden (Braunschweiger) Fibeln in das 9. Jh. zutrifft, sei unbestritten" (*J. Giesler,* briefl. Mitteilung v. 9. 2. 1983).

26 Der Datierungszeitraum der 2. Hälfte des 9. Jhs. nach K. Dinklage für die Emailscheibenfibeln erlaubt auch eine Zeitstellung gegen bzw. um das Ende dieser Periode.

27 Vgl. Stadtgrabung 5, vorläufige Datierung.

28 Vgl. Stadtgrabungen 27, 59, 63.

29 Der kartographisch 1720 (*Mertens* 1981, S. 99, Blatt 22) erstmalig überlieferte unnatürlich nach Osten abbiegende Okerlauf in Höhe unmittelbar nördlich des Aegidienklosters deutet ebenfalls noch auf eine künstliche Umleitung.

30 Vgl. bes. Stadtgrabung 27.

32 Vgl. Stadtgrabungen 18, 24, 27, 51.

33 Vgl. Stadtgrabung 63.

34 Sie beziehen sich auf eine Uferrandsicherung im Weichbild Hagen (Stadtgrabung 18:1180 ± 2) und auf zwei hölzerne Brunnen im Weichbild Neustadt (Stadtgrabung 10, Kastenbrunnen Typ Ib, Stelle 51:1226 ± 6; Stadtgrabung 19, Baumstammbrunnen Typ II, Stelle 1:1225), vgl. Tab. 9 nach *H.-H. Leuschner* 1984.

35 Vgl. Brunnendatierungen unter Anm. 34.

Abb. 14 Braunschweig, Altstadt-Südost, Ecke Poststraße/ Altstadtmarkt (Stadtgrabung 69). Samariter-Schnelle mit Reliefauflagen von F. Trac. Grauweißtoniger Steinzeug-Humpen; Siegburg 1559–1568. Höhe 22,5 cm.

2. Zur Gliederung und Datierung des Fundstoffes

Für das mittelalterlich-neuzeitlich definierte archäologische Arbeitsgebiet *Stadt,* einer Siedlungskammer vergleichbar, kann infolge denkmalpflegerisch bedingter hoher jährlicher Grabungsquoten relativ kurzfristig die notwendige breite statistische Materialbasis zur Verfügung stehen, von der aus generalisierende Schlüsse möglich werden. Konstruktiv vorgegeben sind nicht allein die Grabungsflächen in der Form der Parzellen, Straßen und Plätze – auch die ereignisgeschichtlichen Fakten der Stadthistorie, die strukturierte und praktizierte Ordnung oder die soziale Schichtung sind weitgehend bekannt, lokalisierbar und zielorientiert in die Grabungsarbeit einzuplanen.
Die archäologisch-kritische Rekonstruktion und ihre Auswertungssysteme können inhaltlich reicher und schärfer differenziert sein, wenn überprüfbare und ergänzende Vergleichsmöglichkeiten aus anderen Quellengattungen heranzuziehen sind, wie dies bei den noch existierenden historischen Stadträumen, Bauten, Bebauungsstrukturen, Bildern, Schriften oder museal bewahrten Gegenständen gegeben ist. Dann ist auch das Normative, Typische vom Singulären, Besonderen der wechselnden Gebrauchsformen und Bauformen, äußeren Einwirkungen, Arbeitstechniken oder Verhaltensweisen der Bürger – und möglichst nach traditioneller oder progressiver Strömung – sicherer zu trennen und zu benennen.
Überlieferte Abbildungen von zeitlich wechselnden Aufbauten eines nicht mehr vorhandenen Brunnens, dessen gleichgebliebener Unterbau bzw. veränderte Fördertechnik nun archäologisch erschlossen ist, ermöglichen eben differenziertere Auswertungen und Zuordnungen seiner Bauform und seiner baulichen Veränderungen.
Die am gegenständlichen Fund zu beobachtende variable, eben handwerklich-individuell gearbeitete Gebrauchsform und ihr entschlüsselter technischer Herstellungsprozeß bewirken eine realistischere Nähe und dinglichere Beurteilungsmöglichkeit als das in der typischen Form überlieferte Abbild eines Keulenglases. Der Holzschnitt allerdings, dessen Komposition das Keulenglas enthält, kann im Unterschied zum Fund absolut datiert sein und dann für die Beurteilung der Zeitstellung der Gebrauchsform einen erheblichen Gewinn bedeuten (vgl. Stadtgrabung 12).

Für den gegenwärtigen Arbeitsstand sind ganz unterschiedliche Fundmengen in den einzelnen Materialgruppen und Zeitabschnitten kennzeichnend. Die Quellenlage ist hinsichtlich der breiten statistischen Basis gleicher und komplementärer Quellentypen, die historisch für relevante Schlüsse unerläßlich ist, noch erheblich heterogen und zufällig sortiert und teilweise als unterrepräsentiert zu bewerten.
Liegen zu den Fragen nach Konstanz und Wandel der funktionellen Parzellentopographie praktisch erst Einstiegsergebnisse vor, ist das statistische Material zur Entwicklung der Tiefbauformen von Brunnen und Kloaken bereits geeigneter, hierauf zumindest ein vorläufiges Typenschema aufzustellen.
Zur Typologie und Datierung der Gebrauchsformen ist es möglich, erste tabellarische Übersichten mit einfachen kombinationsstatistischen Arbeitsschritten vorzulegen, wie dies hier in drei Beispielen zu Entwicklungsstadien der Keramik erfolgt. Andererseits geben die aufgenommenen Fundangaben in den Kurzberichten zu den Stadtgrabungen auch zu weiteren Materialgruppen wie Hohlglas, Holz und Leder einen zeitlich begrenzten Überblick.
Der nun überproportional zunehmenden Fülle des Fundmaterials werden in Zukunft nur elektronische Datenverarbeitung und die Spezialisierung mehrerer wissenschaftlicher Bearbeiter gerecht werden können. Die Vorbereitungen hierzu sind aufgenommen worden.

Zu ausgewählten Entwicklungsstadien der Keramik

Zur Typologie und Chronologie der Keramik aus vorbis frühstädtischer Zeit des 9. bis 13. Jhs. konnte aufgrund der teilweise noch lückenhaften und mit Datierungsfragen belasteten Quellenlage (vgl. *S. 20, 113, 116*) zunächst nur eine vorläufige, grobstrukturierte Übersicht erarbeitet werden, deren hypothetische Teile vor allem an den Ergebnissen der Stadtgrabung 33 noch zu überprüfen und hinsichtlich des 11./12. Jhs. hoffentlich zu differenzieren und zu ergänzen sein werden.
Das Gliederungssystem nach Warenarten, Warengruppen und Einzelwaren beruht auf den gebräuchlichen quellentypischen, chronologischen, technologischen und formalen Kriterien, zeitlich untergliedert in ältere, jüngere und jüngste Stadien bzw. ab Hochmittelalter nach den üblichen Zeitbegriffen.
Die graue, gelbe oder bleiglasierte Irdenware ist im Arbeitsbericht nicht nach Einzelwaren untergliedert worden, da gegenwärtig noch nicht alle notwendigen und quantitativ abgesicherten keramiktechnologischen Angaben vorliegen (vgl. Beiträge *Okrusch, S. 249ff.* und *Hennicke, S. 257ff.* sowie mitgeteilte erste Arbeitsergebnisse zur Kohlmarkt-Keramik, siehe w.u.).
Die *graue* Irdenware (so genannt nach Begriffsmustern des Schleswiger Arbeitskreises), deren Bezeichnung alle Grauwerte und kombinierte Farbtönungen umfaßt, also auch die sog. blaugraue Irdenware, ist aufgrund technologischer Kriterien wie Magerungsart, Brandfarbe, Gefüge in eine *ältere graue* Irdenware (Warengruppe K, vgl. Fundangaben zu den Stadtgrabungen 19, 23, 52) und eine *jüngere graue* Irdenware zu

periodisieren (Warengruppe L, vgl. Fundangaben zu den Stadtgrabungen 10, 18, 19, 23, 55). Die Bezeichnung *grautonige* Irdenware (wie sie im Beitrag Hennicke verwandt wird, wie die Bezeichnung *gelbtonige* Irdenware im Beitrag Okrusch) ist auf einen zwischenzeitlichen Arbeitsbegriff zurückzuführen, der nach H.-G. Stephan gewählt wurde.

Die *gelbe* Irdenware (Warengruppe J, vgl. bes. Fundangaben zur Stadtgrabung 19 und Beitrag Okrusch) umfaßt alle Farbschattierungen von weißgelb bis ockerfarben.

Die im Rahmen des Arbeitsberichtes ausgewählten tabellarischen Arbeitsergebnisse werden in drei keramischen Stadien gruppiert, die aufgrund typologischer, erster keramiktechnologischer, funktioneller, produktionstechnischer und handelsstruktureller Merkmale unterschieden sind.

Kohlmarkt-Keramik des 9./1. Hälfte des 10. Jhs. *(Tab. 1–3, Farbtaf. 7–9, Abb. 15 a/b,* Fundangaben *S. 118f.)*

Aufgrund einer auch regional bereits breiteren Materialbasis von rd. 4000 Scherben, die grundlegend in Serien aus funktionell geschlossenen Schichtfolgen vorliegen *(Tab. 1–3)* und einer ersten keramiktechnologischen Durchmusterung von *M. Okrusch* (briefliche Mitteilung 1984), sind fünf Waren (W) bzw. Warengruppen (WG) zu unterscheiden:

A *Rauhe graubräunliche Granitgrusware* (Standbodenware/WG)
Dünn- bis wenig dickwandiger Scherben. Oberfläche außen wie innen graubräunlich, hellrotbraun gefleckt; außen glatt bis rauh, innen rauh bis körnig, unterhalb des Randes teilweise sehr feine Drehrillen; im Bruch graubräunlich. Gemischte mittlere bis grobe (3,3 mm) Magerung mit eckigen bis gerundeten Granitbruchstücken, teilweise überwiegend Quarz. Oxydierend-reduzierend weich bis hart gebrannt.

B *Glatte grau-hellbraune Granitgrusware* (Standbodenware?/W)
Dickwandiger Scherben. Oberfläche außen graubräunlich bis hellbräunlich, überschlämmt bzw. verstrichen; innen grau-hellbräunlich, körnig bis rauh; im Bruch grauer Kern, teilweise hellbräunlich gemantelt. Matrix mikroskopisch glimmerig, erkennbar Quarz- und Feldspatkörner, Hellglimmer. Gemischte, überwiegend grobe (3,6 mm) Magerung mit eckigen Granitbruchstücken: überwiegend Quarz, Mikroklinmikroperthit (Kalifeldspat), Plagioklas, zurücktretend Biotit, Hellglimmer. Weich gebrannt.

C *Rotbraune Kalkgrusware* (älteste Kugeltopfware/W)
Dickwandiger Scherben. Oberfläche außen wie innen rotbraun, graugefleckt, glatt bis körnig; Fingerspuren; im Bruch grauer Kern, schwach rotbraun gemantelt. Matrix glimmerig, erkennbar Quarz- und Feldspatkörner. Gemischte, gerundet bis eckige, mittlere bis sehr grobe (8 mm) Magerung mit überwiegend Kalkstein (mit Fossilresten und gerundeten Quarzkörnern), Quarzaggregaten, untergeordnet Mikroklinmikroperthit. Weich gebrannt.

D *Ältere graue Granitgrusware* (älteste Kugeltopfware, auch Standboden?/WG)
Dick- bis dünnwandiger Scherben. Oberfläche außen wie innen dunkel-hellgrau, hellbräunlich gefleckt; außen glatt bis rauh, innen rauh bis körnig; im Bruch grau. Matrix glimmerig mit Quarz-, Feldspat-, Hellglimmerkörnern. Gemischte, grobe (5 mm), meist eckige Magerung mit Granitbruchstücken: überwiegend Verwachsungen aus Quarz, Mikroklinmikroperthit, Plagioklas, untergeordnet Glimmer (Biotit, Muscovit). Überwiegend weich reduzierend gebrannt.

E *Ältere grau-hellrotbraune Granitgrusware* (älteste Kugeltopfware, auch Standboden ?/WG)
Dick- bis dünnwandiger Scherben. Oberfläche außen wie innen grau-hellrotbräunlich gefleckt, außen glatt bis rauh, innen rauh bis körnig; im Bruch grau, teilweise hellrotbräunlich gemantelt. Matrix glimmerig bis kaum auflösbar. Gemischte, überwiegend grobe (5 mm), gerundet bis eckige Magerung mit Granitbruchstücken: Quarz, Mikroklinmikroperthit, Plagioklas, wenig Epidot. Überwiegend weich oxydierend gebrannt.

Die älteren Granitgruswarengruppen D und E sind als jeweils *jüngere* Granitgruswaren (Kugeltopfwaren, Warengruppen F, G) mit Knick-, Kragen-, Lippen- oder Kehlrand (vgl. *Abb. 82f., S. 152f.)* hartgebrannt, gefügedichter und dünnwandiger bis in das 12. Jh., in der Ware N (vgl. *Tab. 4, S. 38)* als *jüngste* grau-hellrotbraune Granitgrusware schließlich noch im 13. Jh. in Gebrauch.

Typische Kennzeichen der Kohlmarkt-Keramik sind:
1. die Vergesellschaftung der Standbodenware mit (wohl) Kümpfen, konischen Näpfen mit Steilrand und ältesten Kugeltopfwaren mit Sichelrand (Randwurzel verdickt, teilweise dünn ausgezogene Randlippe), vereinzelt Lippenrand;
2. das Nebeneinander von überwiegend reduzierend und oxydierend weich gebrannten Granitgruswaren;
3. die nicht spezialisierten Grundformen, ferner die örtliche Herstellung auch unter Verwendung der Drehscheibe und (wohl) kein Import.

Keramik aus dem 13. Jh. *(Tab. 4* mit ausgewählten Fundangaben *S. 108ff., 121f., 150)*

Typische Kennzeichen sind:
1. das Nebeneinander von Warenarten der Granitgrusware, älterer und jüngerer grauer Irdenware, gelber Irdenware, (hochmittelalterlicher) bleiglasierter Irdenware (bislang seit 1200 im kontinuierlichen Gebrauch bis in die Neuzeit nachzuweisen), Faststeinzeug (seit um 1250) und älterer Mündelkeramik (Vierpaßmündung, spätestens seit um 1250);
2. die vergesellschafteten Leitformen (für die 2. Jahrhunderthälfte) des Kugeltopfes mit spezialisiertem Lippenrand der jüngeren grauen Irdenware, des Bechers auf Standleisten mit Vierpaßrand der älteren Mündelkeramik und der Winkelhenkelgrapen der jüngeren grauen Irdenware; ferner die Gefäßtypen der Kugelkanne, des Kruges mit Steilrand und Standleisten sowie der Standbodengefäße vornehmlich der gelben Irdenware; schließlich Stempeldekore und das zeitliche Nebeneinander von mit Drehrillen besetzten und glatten Halszonen an Kugeltöpfen;
3. die weitgehend spezialisierte Keramik, die Vielfalt der Warenarten (u. a. der hohe Anteil der bleiglasierten Irdenware in den Fundkomplexen mit Mittelwerten um 9 %) und die kleinräumig verbreitete Herstellung mit Sonderformen sowie der Import besonders der bleiglasierten Irdenware für gehobenen Bedarf.

Fortsetzung auf Seite 48

Tab. 1 Braunschweig, Altstadt-Südost, Kohlmarkt (Stadtgrabung 21). Die Gruppen A–E der „Kohlmarkt-Keramik" des 9. Jahrhunderts in ihrer quantitativen Verteilung nach Schichtbefunden (vgl. *Farbtaf. 4b, 7–9*).

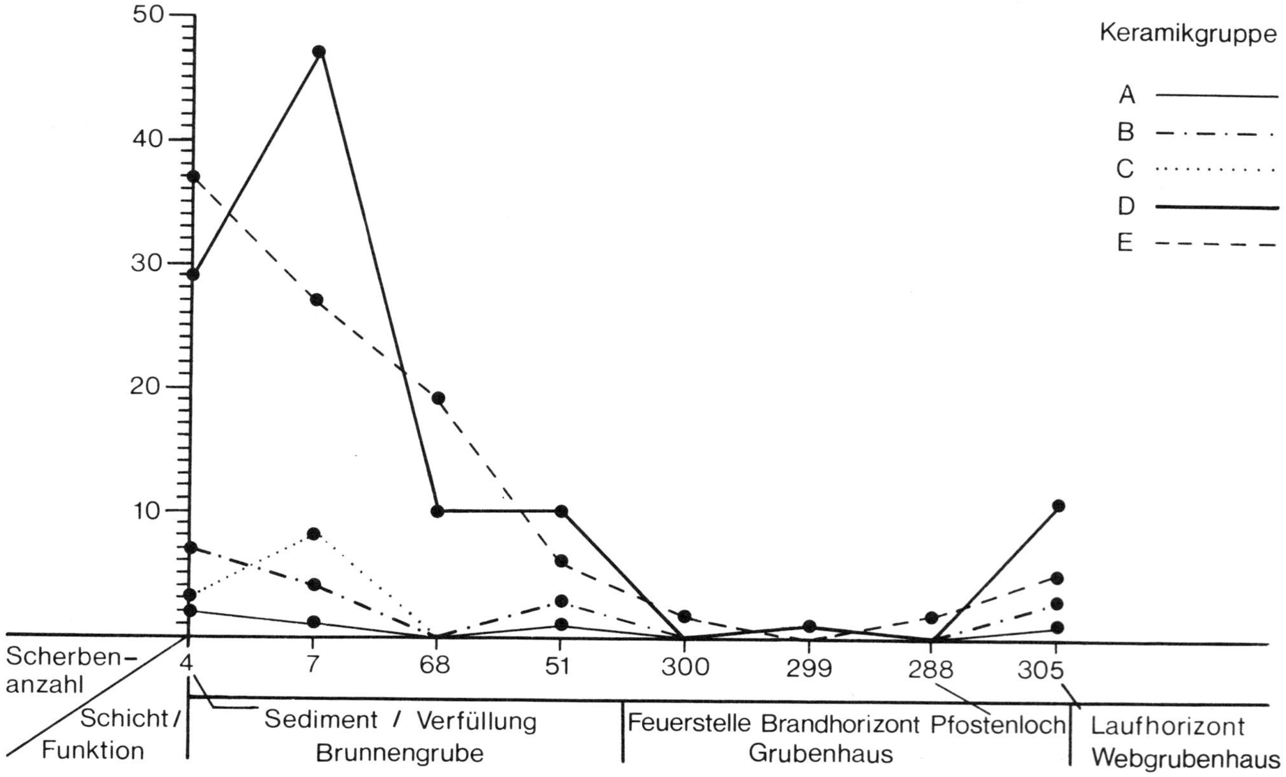

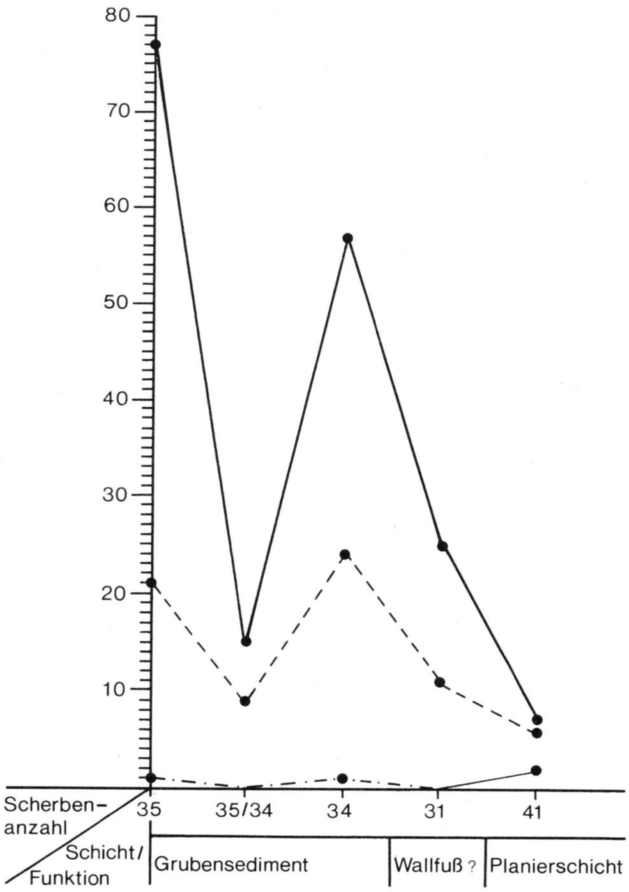

Tab. 2 Braunschweig-Burgbezirk, Vieweg-Haus (Stadtgrabung 31). Die Gruppen A–E der „Kohlmarkt-Keramik" des 9./1. Hälfte 10. Jahrhunderts in ihrer quantitativen Verteilung nach Schichtbefunden (vgl. *Tab. 3, Farbtaf. 5, 7–9*).

Tab. 3 Burgbezirk, Vieweg-Haus (Stadtgrabung 31). Signifikante Funde der Leitprofilschichten der Fläche 1 und der funktions- und zeitgleichen Schichten der Fläche 3 in chronologischer Ordnung (vgl. LP 1, Farbtaf. 5). M. 1 : 5.

Fl 1 / LP 1 Schicht	Keramik Sonderfunde	Keramik Sonderfunde	Fl 3 Schicht	Phase	Zeit
32	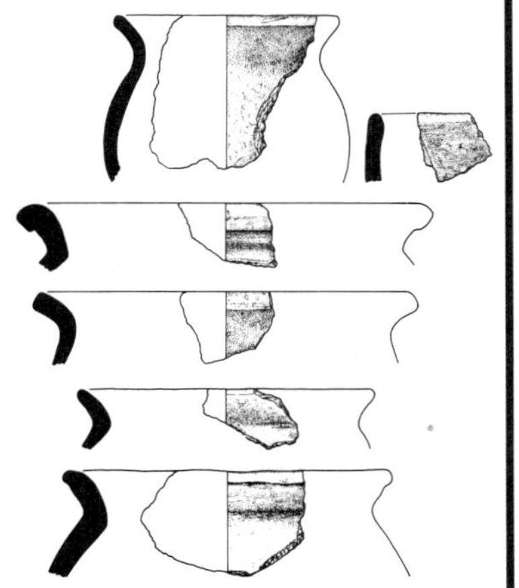	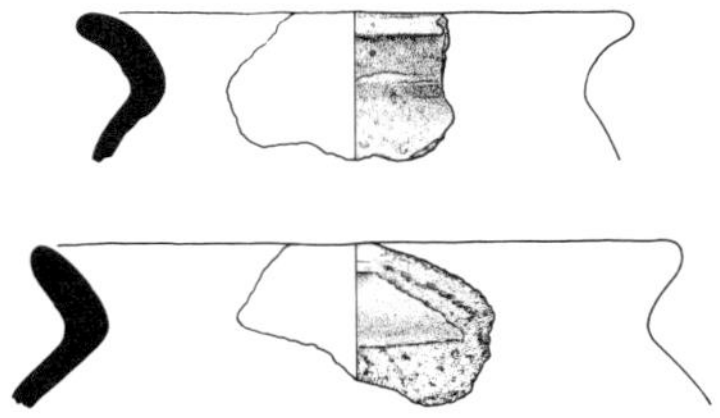	78	5	bis in die 2. Hälfte 11. Jh.
39/36	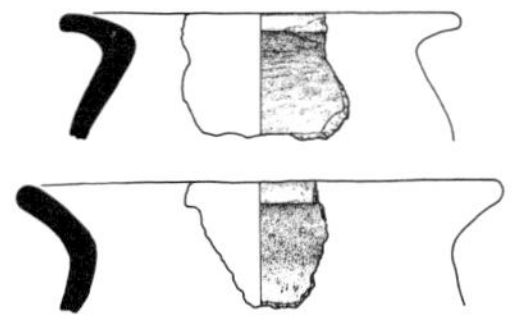		80	4	
42	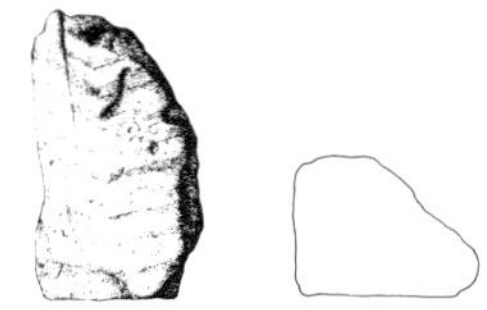 5	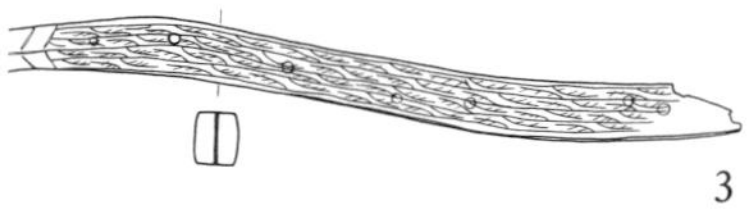 3			
			85/130	3	spätestens um 900 bis um 1000
183	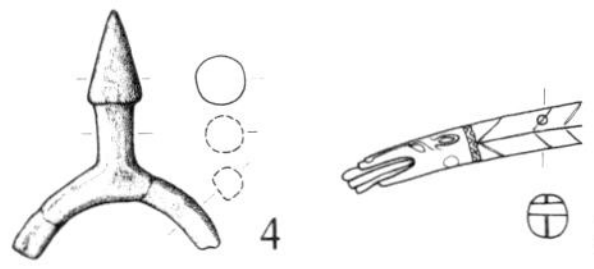 4 3	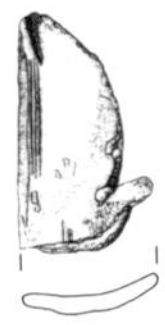 2			
31/41	 1		140		
34	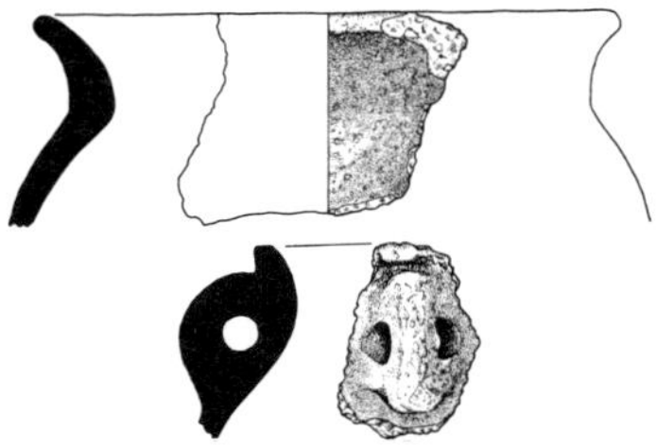			2	
35	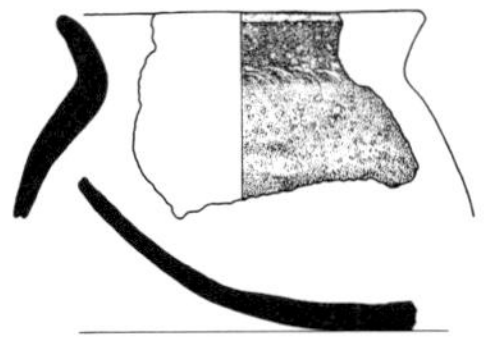				

1: Schleuderkugel (Ton) 2: Bleiplattenrest 3: Möbelteil 4: Sporenfragment 5: Sandsteinreste (bearbeitet)

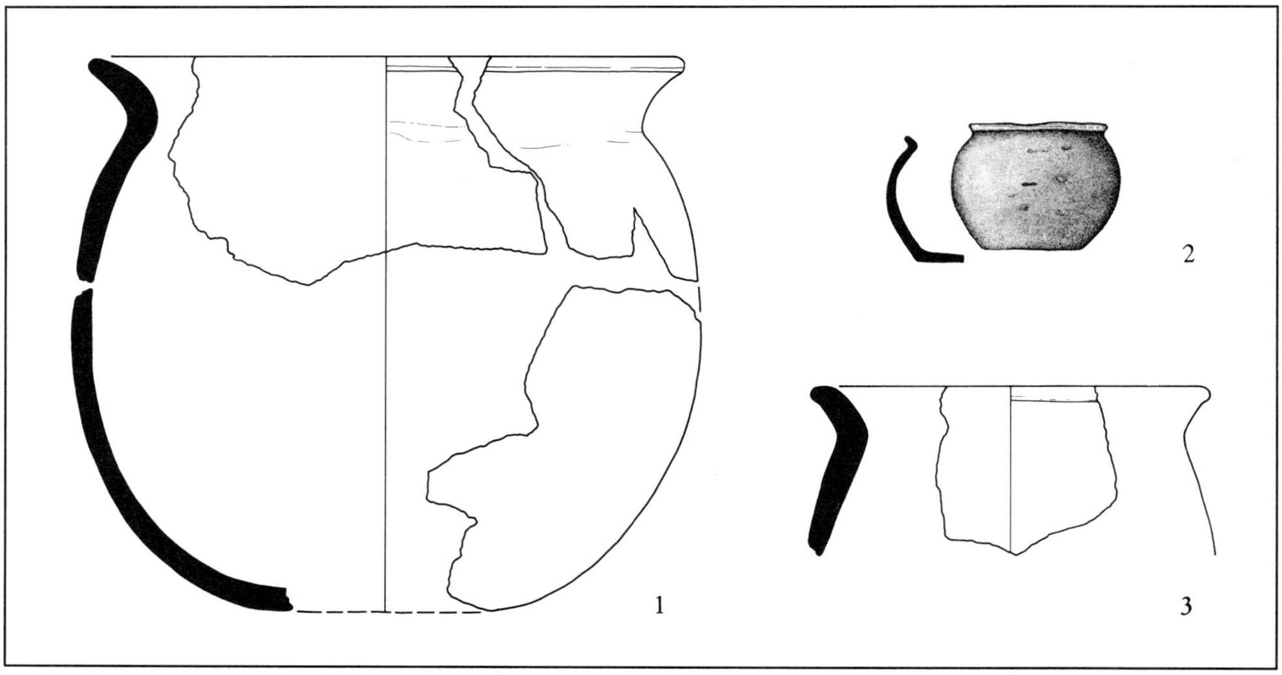

Abb. 15a Regionale Siedlungskeramik um 900 n. Chr. von der Lüersburg an der Schunter, Königslutter-Rieseberg, Ldkr. Helmstedt (Nr. 1, 3). Regionale Grabkeramik um 800 n. Chr. vom frühmittelalterlichen Gräberfeld „Am Heidberg“, Schöppenstedt-Küblingen, Ldkr. Wolfenbüttel, aus West-Ost-Grab 1 (Nr. 2). Fundangaben unter Stadtgrabung 21. M. 1:3.

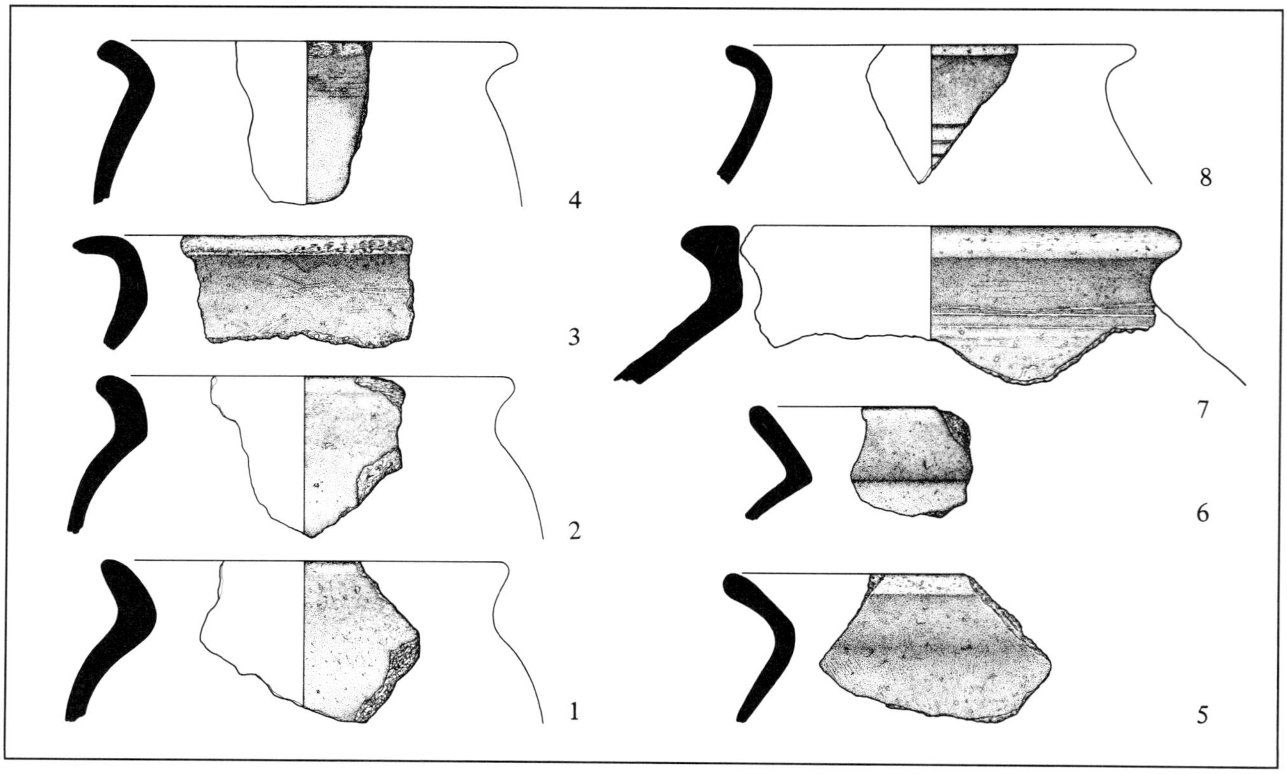

Abb. 15b Regionale Siedlungskeramik um 900 bis um 1200 aus der hochmittelalterlichen Dorfwüstung Honrode südlich der Scheverlingenburg an der Oker, Braunschweig-Veltenhof, Flur Kirchenkuhle, Bezirksgrabung 79:10. Auswahl: Ältere graue Granitgrusware mit Sichelrand, um 900 (Nr. 1, 2); jüngere graue Granitgrusware mit horizontal ausbiegendem Lippenrand, um 1000 (Nr. 3); jüngere grau-hellrotbraune Granitgrusware mit Knick- bzw. Kragenrand, 11. Jh. (Nr. 4–6); ältere graue Irdenware mit Stempelrand, um 1150 (Nr. 7); jüngere graue Irdenware mit horizontal ausbiegendem Lippenrand, um 1200/13. Jh. (Nr. 8). M. 1:3.

Tab. 4 Vergleichende Tabelle keramischer Warenarten/Waren und Gefäßtypen für das 13. Jh. in Braunschweig nach Sammelfunden und geschlossenen Funden unterschiedlicher Quellentypen, funktionell und chronologisch geordnet. Varianten der Gefäßtypen, Randformen sowie Größen nicht berücksichtigt. Jeweilige Mengenanteile der Warenarten/Waren in Prozent (%) bzw. der Gefäßtypen/Scherben in Stückzahlen auf den Fundkomplex bezogen. Arbeitsstand 31.07.1984. Abb. im M. 1:10.

Stadtgrabung:	27	55	32	10	19	66	61	19	66	23	7	25
Stelle (Schicht):	(92)	20	6 A-F	19/23	3	2	(44)	5	1	1	1	5
Funktion:			Kloaken					Brandschutt				
	Laufschicht auf Knüppeldecke	Brunnen Typ III Schichten A–G	Typ I	Typen I, II	Typ I	Typ III	Bauopfer					
Gefäßzahl:	2	38*	42	8	28	16	1	41*	28*	14*	32	44
Datierung:	erste Hälfte 13. Jh.							zweite Hälfte 13. Jh.				
	um 1200	ab 1210 – 2. H. 13. Jh.						1254	1254	1278	1278	1278 oder 1290
Warenart/Ware Gefäßtyp												
Gelbe Irdenware (J)	50 %	18 %	17 %	25 %	3,5 %	12,5 %		26 %	52,5 %		6 %	9 %
Kugeltopf mit Lippenrand 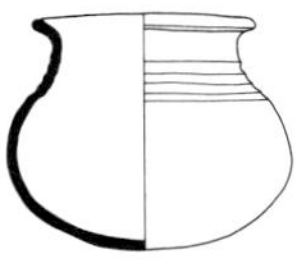 J1	1	2	4					3	5			
Kugeltopf mit Kehlrand  J2			1						2		1	
Kugeltopf mit gestuftem Kehlrand[1]  J3									2			
Kugeltopf, gehenkelt  J4			1									

* Fundangaben im Anhang

Stadtgrabung: Stelle (Schicht):	27 (92)	55 20	32 6A-F	10 19/23	19 3	66 2	61 (44)	19 5	66 1	23 1	7 1	25 5
Warenart/Ware Gefäßtyp												
Deckel 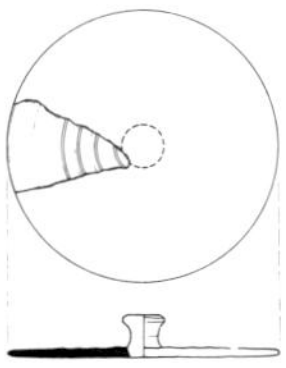 J5					1							
Krug mit Standleisten 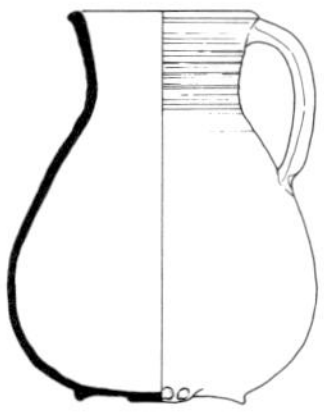 J6		1		2				2	5			
Kl. Krug mit Standboden  J7									1			
Kugelkanne  J8						2						
Tüllenkännchen mit Standboden  J9		1										
Fußschale 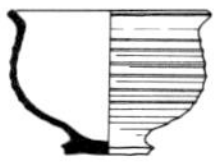 J10								1				
Schale 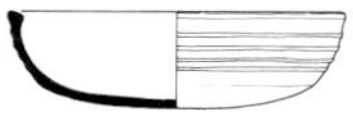 J11												1
Becher mit Standboden  J12								1				

Stadtgrabung: Stelle (Schicht):	27 (92)	55 20	32 6 A-F	10 19/23	19 3	66 2	61 (44)	19 5	66 1	23 1	7 1	25 5
Warenart/Ware Gefäßtyp												
Ältere graue **Irdenware (K)**		29 %	17 %	25 %		44 %		5 %		14 %		
Kugeltopf mit Lippenrand  K1		4	3	1		4		2				
Kugeltopf mit Kehlrand[1]  K2		1				1				2		
Kugeltopf mit Stempelrand[1]  K3		1	4									
Kugeltopf, gehenkelt  K4				1		1						
Kugelkanne  K5						1						
Kanne mit Standleisten  K6		2										

Stadtgrabung: Stelle (Schicht):	27 (92)	55 20	32 6 A-F	10 19/23	19 3	66 2	61 (44)	19 5	66 1	23 1	7 1	25 5
Warenart/Ware Gefäßtyp												
Jüngere graue Irdenware (L)	50 %	36 %	58 %	37,5 %	57,5 %	44 %	100 %	43 %	28 %	64 %	84 %	71 %
Kugeltopf mit Lippenrand 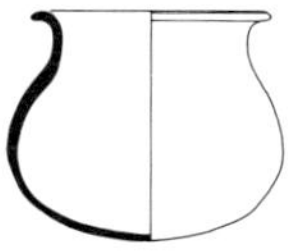 L1	1	2	15	2	8	4	1	3	3	7	6	4
Kugeltopf mit Kehlrand  L 2					6	3			1		5	5
Kugeltopf, gehenkelt  L3			2					1	1			2
Grapen mit Winkelhenkel  L4					2						1	5
Krug mit Steilrand, Standleisten 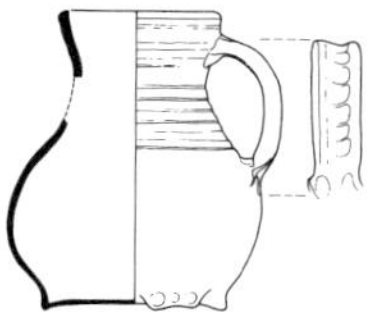 L5			1						3	2		
Krug (gerieft) mit Dornrand, Wellenboden 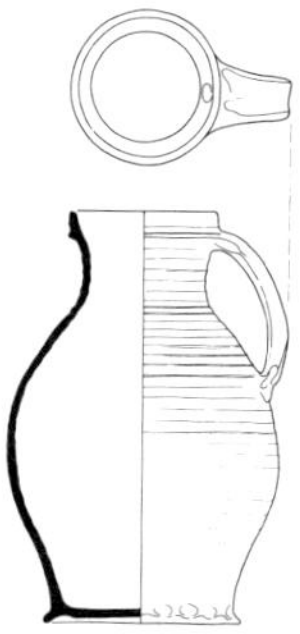 L6		2										

Stadtgrabung:	27	55	32	10	19	66	61	19	66	23	7	25
Stelle (Schicht):	(92)	20	6 A-F	19/23	3	2	(44)	5	1	1	1	5
Warenart/Ware Gefäßtyp												
Krug (gerieft) mit Dornrand, Standboden[1] 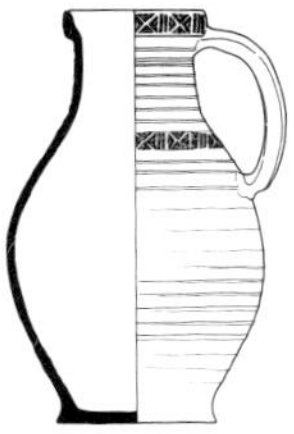 L7		3										
Kugelkanne[1]  L 8		1										
Schälchen 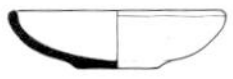 L 9											11	
Hochmittelalterliche bleiglasierte Irdenware (M)		8 %	10 %					12 %	10,5 %	14 %	3 %	2 %
Krug/Kanne mit Standleisten 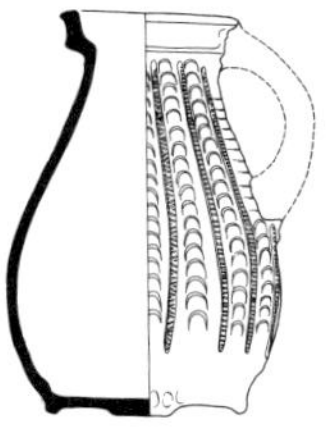 M 1								2				
Deckel  M 2								1				
Pilgerflasche 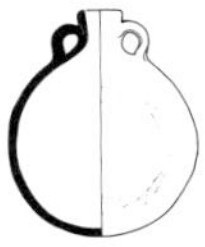 M 3									1			
Fettpfanne[1] 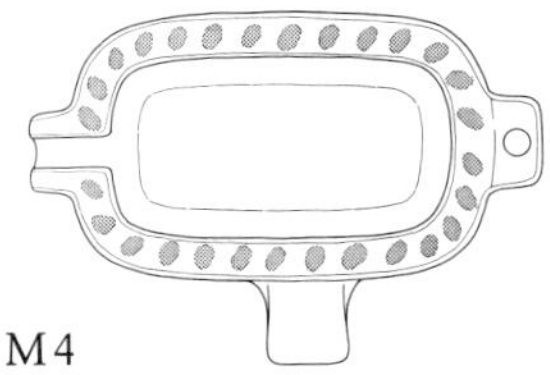 M 4										1		

Stadtgrabung:	27	55	32	10	19	66	61	19	66	23	7	25
Stelle (Schicht):	(92)	20	6A-F	19/23	3	2	(44)	5	1	1	1	5
Warenart/Ware Gefäßtyp												
Krug oder Becher mit Wellenboden  M5									2			
Miniaturgefäß (Becher mit Standboden, Doppelhenkel)  M6		2						1				
Miniaturgefäß (Becher mit Standboden ohne Henkel)  M7			1							1		
Jüngste grau-hellrotbraune Granitgrusware (N)		3 %			7 %			7 %	3,5 %			2 %
Kugeltopf mit Kehlrand 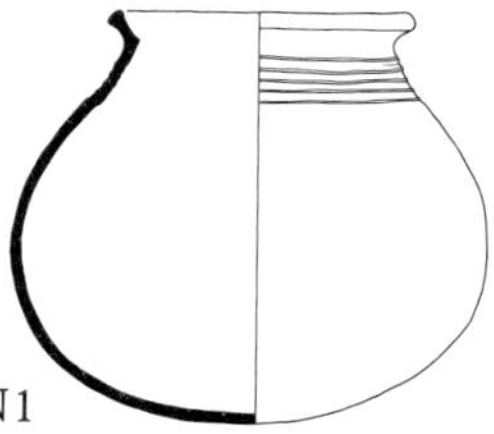 N1								3	1			1
Kernmodel (für Metalldeckel) 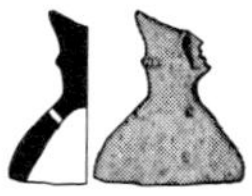 N2					2							
Ältere Mündelkeramik der jüng. grauen Irdenware (P)		5 %			3,5 %			5 %	3,5 %	7 %	3 %	13 %
Vierpaßbecher mit Standleisten 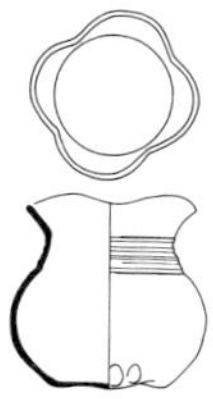 P1		2			1			2	1	1	1	6*

Stadtgrabung:	27	55	32	10	19	66	61	19	66	23	7	25
Stelle (Schicht):	(92)	20	6A-F	19/23	3	2	(44)	5	1	1	1	5
Warenart/Ware Gefäßtyp												
Faststeinzeug (Q)				12,5 %	28,5 %						3 %	2 %
Krug (manganrot-grauer Scherben) mit Steilrand, Wellenboden[1] 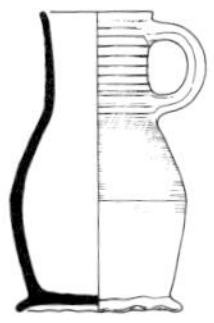 Q1											1	1
Krug (gelber Scherben) mit Steilrand, braune Bemalung 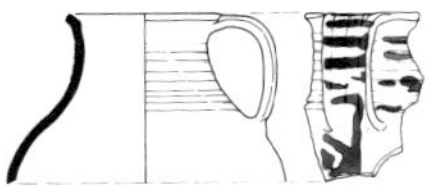 Q2				1								
Schmelztopf (grauer Scherben) 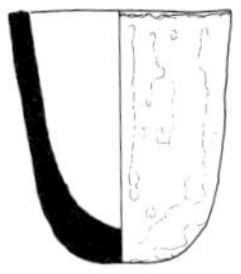 Q3					8							
Gefäßtyp nicht sicher bestimmbar, jedoch Warenart/Ware**	Scherbengrus von J, L	3 J 3 K 6 L 1 M 1 N	1 J 6 L 3 M	1 L				4 J 14 L 1 M			1 J 4 L 1 M	3 J 15 L 1 M

* darunter 1 Krug-Scherbe
** mit Angabe der Scherbenmenge

[1] Typ-Rekonstruktion nach Vergleichsbefund

Tab. 5 Braunschweig-Altstadt, Stadtgrabung 32, Inventar der Stelle 1 (Kloake Typ VIa). 116 Teile Tisch- und Küchengeschirr, Topfkacheln, Schuhwerk, quantitativ geordnet nach Warengattung, Warenart und Gebrauchsform

Ort: BS-Gördelingerstraße 41, ass. 81
Archival. Quellen: 1353 Isaacke (Eigentümer)
1414 steynhus.
Archäol. Quellen: Objektgrabung, hier St. 1, Kloake Typ VI a;
2,1 cbm Füllgut, Höhe der Bodenschicht 0,25 m, wohl ungestört.
Deponierung in 2–4 Jahren.
Datierung: 1. Viertel 14. Jh. Abb. M 1:10

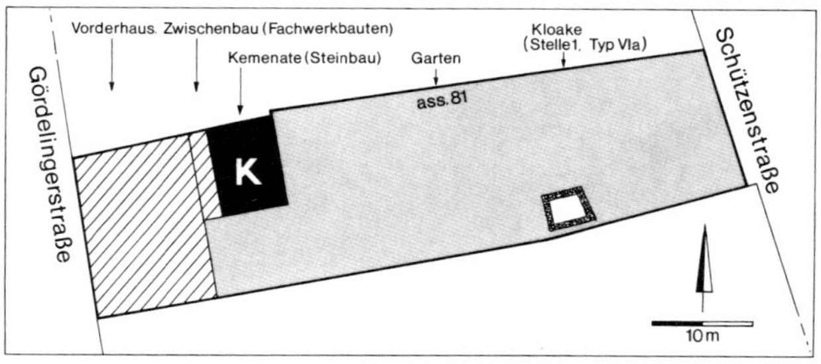

Keramik: 61 % der Warengattungen

Jüngere graue Irdenware (L), 67 % der Keramik

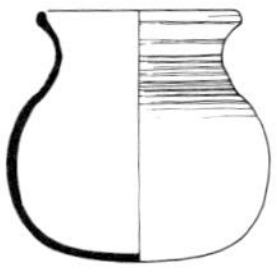
14 Kugeltöpfe (Kehlrand, außen voll abgerundet)[1]

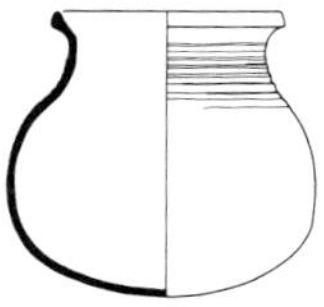
13 Kugeltöpfe (Kehlrand, außen unterschnitten)[1]

2 Kugeltöpfe (gehenkelt)

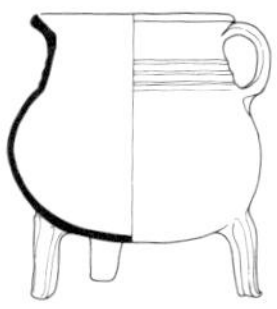
11 Grapen

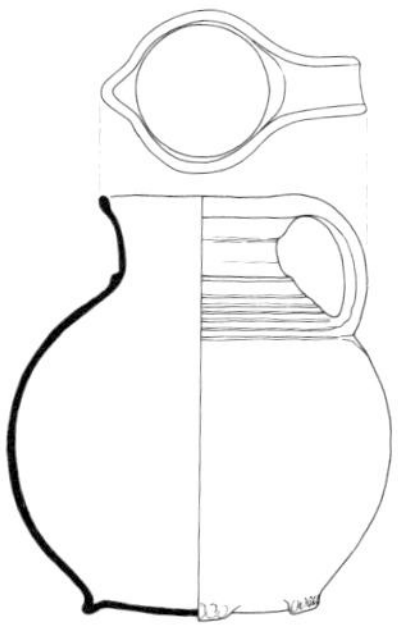
4 Kannen (Standleisten)

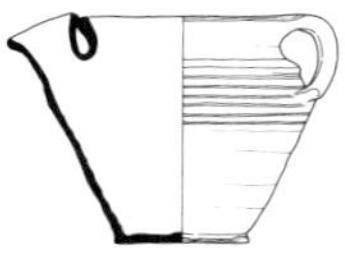
1 Tüllenkanne (Standboden)

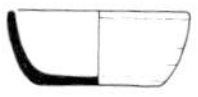
2 flache Schalen

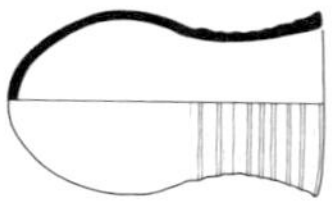
1 Topfkachel (Spitzboden)

Ältere Mündelkeramik der jüngeren grauen Irdenware (P), 14 %

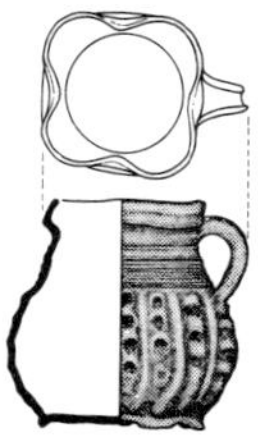
10 Vierpaßkrüge (flacher Stollenfuß)

[1] vgl. RF 2 bez. 8 der Stgr. 18, Tab. 6 ff.

Südniedersächsisches Faststeinzeug und Frühsteinzeug (Q), 7 %

3 bauchige Krüge[2]
(Wellenboden; graublauer Scherben, teilw. braun engobiert)

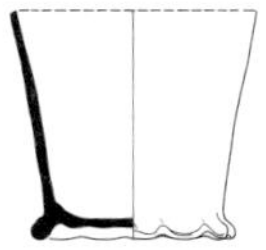

1 Krug
(Wellenboden; grauer Scherben, Form nicht bestimmbar)

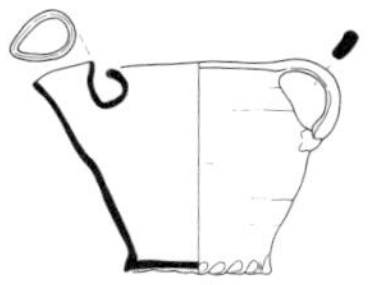

1 Tüllenkanne
(Wellenboden; grauer Scherben, manganrot engobiert, Frühsteinzeug)

Siegburger Steinzeug (geflammt) (R), 11 %

2 bauchige Krüge
(Steilrand, Wellenboden)

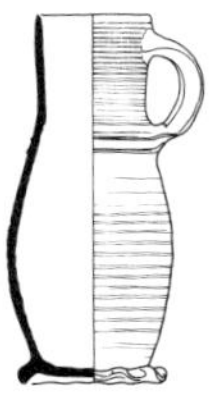

4 Zylinderhalskrüge
(Wellenboden)

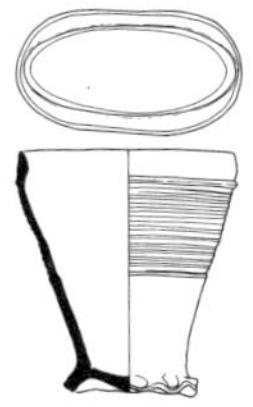

2 Trichterbecher
(Wellenboden)

Hohlglas: 9,5 % der Warengattungen

3 Achtkantbecher[2]
(grüne Glasmasse)

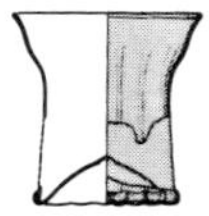

3 Mehrkantbecher
(zweifach ausbiegender Kragenrand, Randfaden-Auflage, grüne Glasmasse)

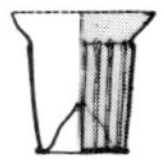

3 Rippenbecher
(Kragenrand, weiße Glasmasse)

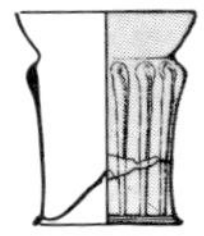

1 Rüsselbecher
(Kragenrand, grüne Glasmasse)

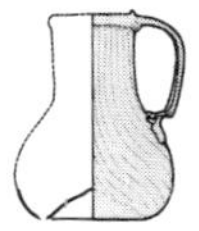

1 Henkelgefäß[2]
(grüne Glasmasse)

Holzgeschirr: 21 %

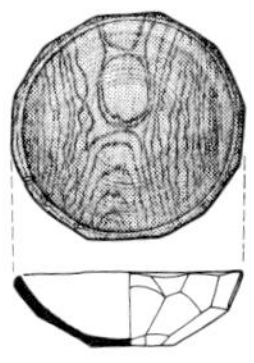

9 Schalen
(innen ausgedreht, außen behauen)

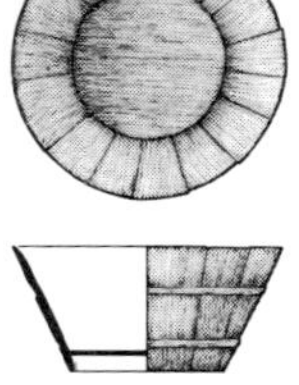

ca. 15 (2)[3] Daubenschälchen
(zweifach gebunden)

Schuhwerk: 8 %

ca. 10 (1)[3] Halbschuhe
(V-förmig ausgeschnitten, Fesselbindung)

[2] Typ-Rekonstruktion nach Vergleichsbefund

[3] davon geborgen

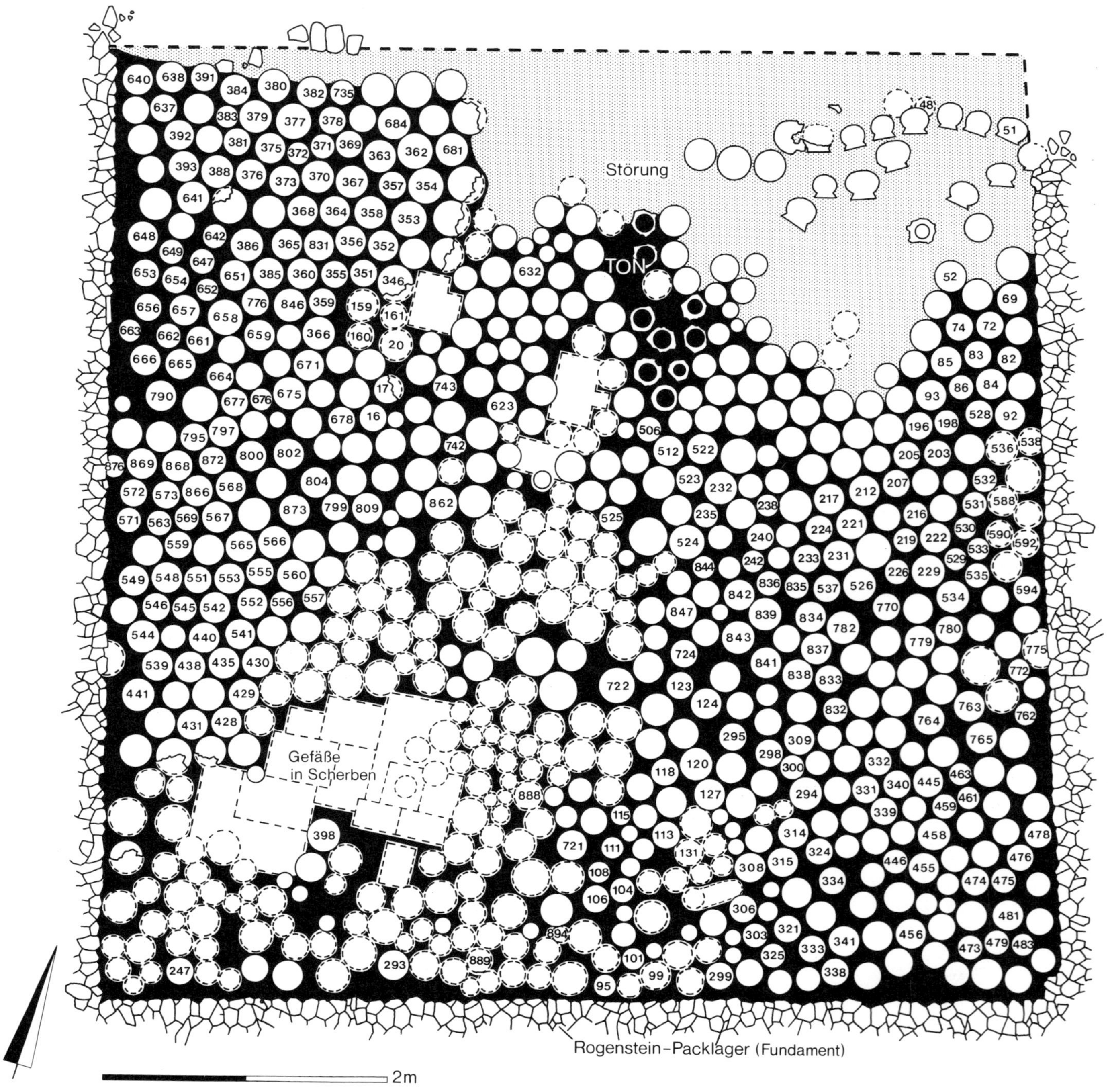

Abb. 16 Braunschweig, Hagen-Mitte, Hagenmarkt 13 (Stadtgrabung 18). Plan des Topfpflasters der Fußbodenisolierung mit den eingetragenen Fundnummern von 271 Kugeltöpfen, die bei einer ersten Durchmusterung nach Randformen unter den insgesamt 804 Gefäßen berücksichtigt wurden. M. 1:40.

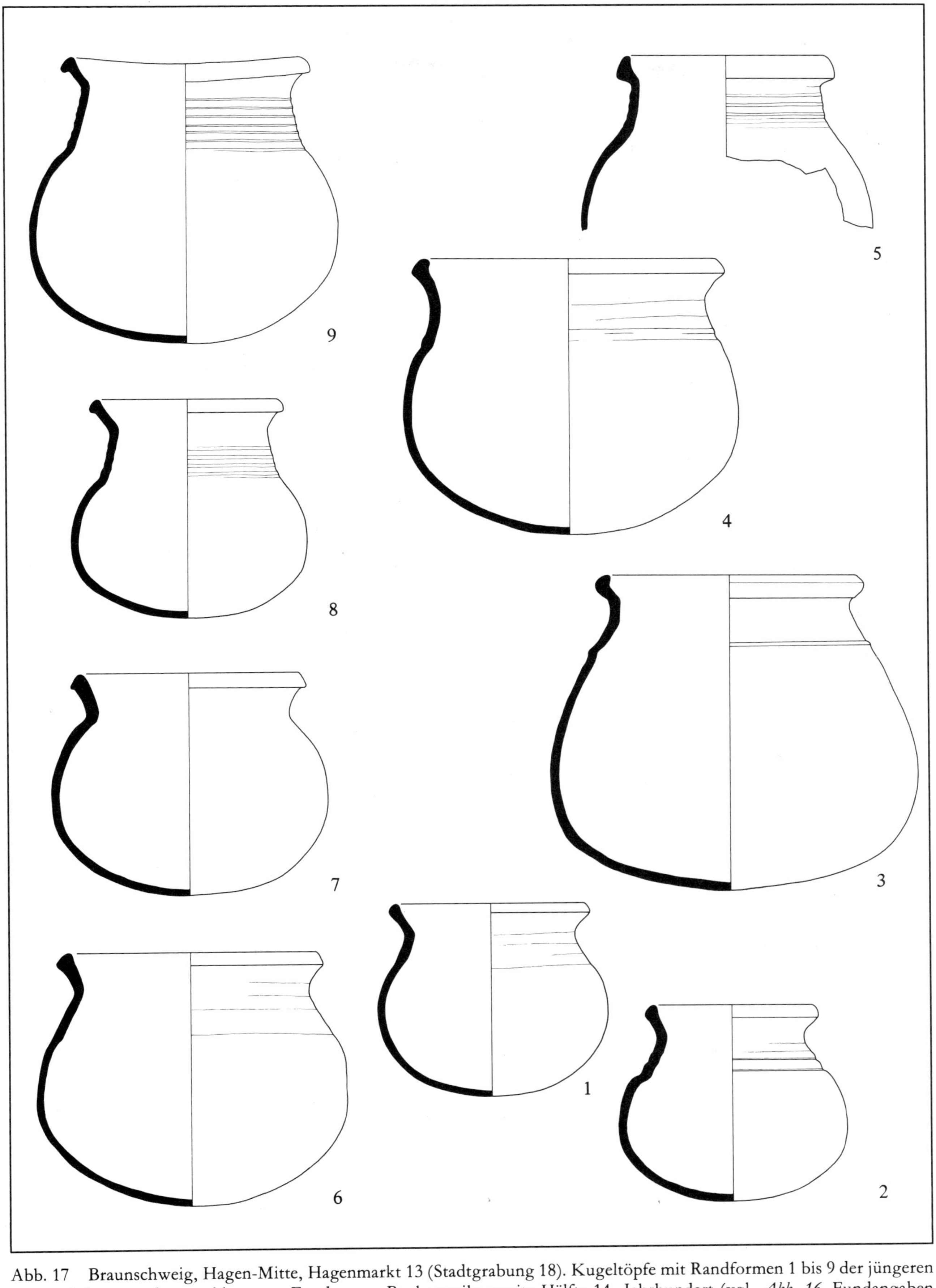

Abb. 17 Braunschweig, Hagen-Mitte, Hagenmarkt 13 (Stadtgrabung 18). Kugeltöpfe mit Randformen 1 bis 9 der jüngeren grauen Irdenware des geschlossenen Fundes von Baukeramik; zweite Hälfte 14. Jahrhundert (vgl. *Abb. 16,* Fundangaben *S. 104*). M. 1:4.

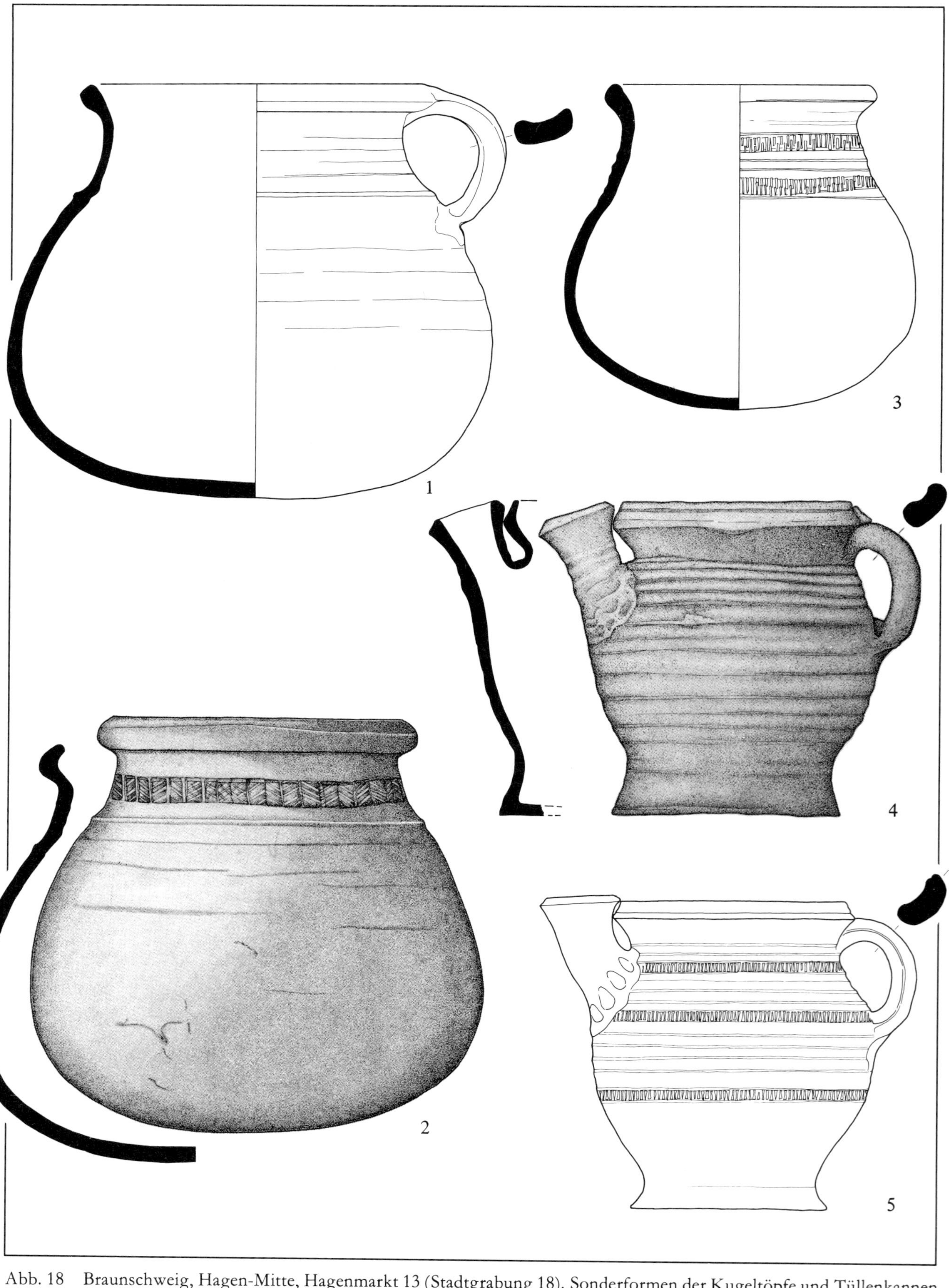

Abb. 18 Braunschweig, Hagen-Mitte, Hagenmarkt 13 (Stadtgrabung 18). Sonderformen der Kugeltöpfe und Tüllenkannen des geschlossenen Fundes, jüngere graue Irdenware; zweite Hälfte 14. Jahrhundert (vgl. *Abb. 16,* Fundangaben *S. 104ff.*). M. 1:4.

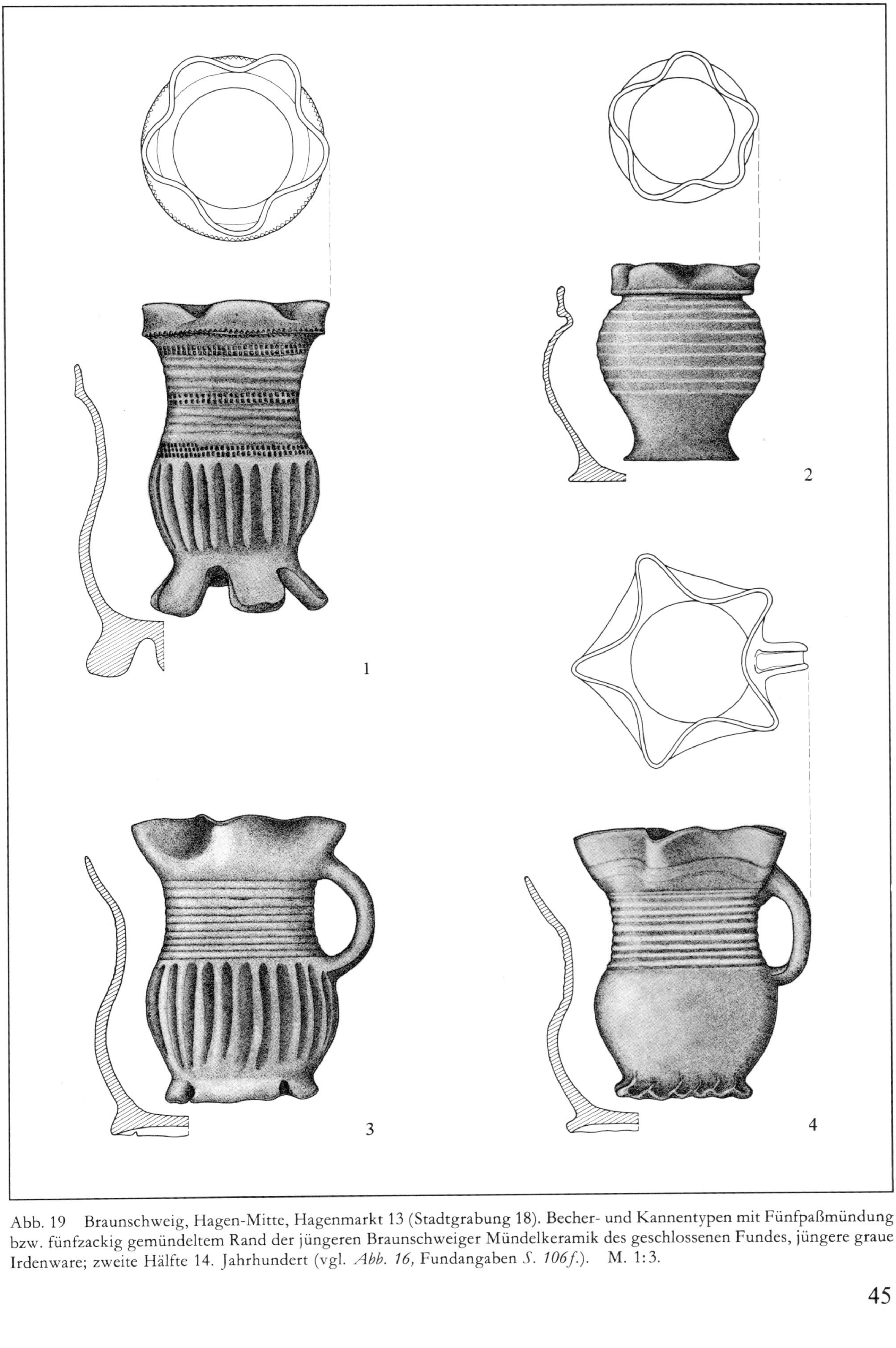

Abb. 19 Braunschweig, Hagen-Mitte, Hagenmarkt 13 (Stadtgrabung 18). Becher- und Kannentypen mit Fünfpaßmündung bzw. fünfzackig gemündeltem Rand der jüngeren Braunschweiger Mündelkeramik des geschlossenen Fundes, jüngere graue Irdenware; zweite Hälfte 14. Jahrhundert (vgl. *Abb. 16,* Fundangaben *S. 106f.*). M. 1:3.

Tab. 6 Braunschweig-Hagen, Hagenmarkt 13 (Stadtgrabung 18). Geschlossener Fund mit Kugeltöpfen. Vorläufige Kombinationsstatistik mit 271 Gefäßen, hier: Kombination der Randformen 1–9 mit Gefäßhöhen von 13,3 bis 23,2 cm.

Randform / Höhe in cm	 1	 2	 3	 4	 5	 6	 7	 8	 9	Quersumme
13,3 - 13,7						1				1
13,8 - 14,2	1	1				1				3
14,3 - 14,7		6								6
14,8 - 15,2		1					2	2		5
15,3 - 15,7	1	4				6				11
15,8 - 16,2		4				3	1	3		11
16,3 - 16,7		11				7		1		19
16,8 - 17,2	1	13		1		9		1		25
17,3 - 17,7		10				11				21
17,8 - 18,2	2	14				20		1		37
18,3 - 18,7	2	13				9		2		26
18,8 - 19,2	1	15				8		1		25
19,3 - 19,7	1	11		1		2				15
19,8 - 20,2	2	9				10		1		22
20,3 - 20,7		9		1	1	4			2	17
20,8 - 21,2		9	1					1		11
21,3 - 21,7		2				2				4
21,8 - 22,2		1	4			1				6
22,3 - 22,7		1	2				2			5
22,8 - 23,2			1							1
Summe	11	134	8	3	1	94	5	13	2	271

Tab. 7 Braunschweig-Hagen, Hagenmarkt 13 (Stadtgrabung 18). Geschlossener Fund mit Kugeltöpfen. Vorläufige Kombinationsstatistik mit 271 Gefäßen, hier: Kombination der Randformen 1 – 9 mit fünf Gefäßformen.

Randform / Gefäßform	1	2	3	4	5	6	7	8	9	Quersumme
kugelförmig ohne ausgepr. Schulter u. Hals		15		1		12	1	1		30
kugelförmig mit ausgeprägter Schulter	6	84		1		64		4		159
gedrückt kugelförmig mit kegelförm. Hals	5	31		1		18		1	1	57
kugelförmig mit zylindrischem Hals		4			1		3	7	1	16
birnenförmig			8				1			9
Summe	11	134	8	3	1	94	5	13	2	271

Tab. 8 Braunschweig-Hagen, Hagenmarkt 13 (Stadtgrabung 18). Vgl. *Tabelle 7,* hier: Kombination der Randformen 1 – 9 mit vier Dekorarten.

Randform / Dekor	1	2	3	4	5	6	7	8	9	Quersumme
Glatt	7	57		1		39	1	2		107
Garnier/Treibgrat	2	16	6	1		20	1	1		47
Drehrillen	2	55	2	1		33		6	1	100
Gurtfurchen		7			1	1	3	4	1	17
Rollstempel		1	3							4
Summe	11	136	11	3	1	93	5	13	2	275

Keramik aus dem 14. Jh. *(Tab. 5–8, Abb. 16–19* mit Fundangaben *S. 104ff.)*

Typische Kennzeichen sind:

1. die Leitformen des Siegburger Steinzeugs (seit um 1300), des Vierpaßkrugtyps der älteren Mündelkeramik für die 1. Jahrhunderthälfte und für die 2. die Kannen und Becher mit fünfpaß- oder sternförmiger Mündung der jüngeren Mündelkeramik; ferner Tüllenkanne, Grapen und Kugeltopf mit variantenreichen Kehlrandformen der jüngeren grauen Irdenware;
2. die gotische Gefäßgestaltung und die technische Normung des Fassungsvermögens der jüngeren Mündelkeramik;
3. die großräumige Überformung des Gebrauchsgutes infolge wachsenden Imports aus spezialisierten Produktionszentren (u. a. südniedersächsisch-nordhessisches Pottland, Rheinland).

Die vorläufige Auswertung von 271 Kugeltöpfen (d. h. 35 % von 779 Gefäßen) der laufenden Produktion aus der 2. Hälfte des 14. Jhs., die aus einem insgesamt 804 Gefäße zählenden geschlossenen Fund von Baukeramik stammen (Stadtgrabung 18), hat vor allem ergeben, daß *neun* unterschiedliche Randformen gleichzeitig hergestellt wurden. Dem Typ (Randformen 3 und 9) nach überwiegen mengenmäßig weit die jeweils nicht voll ausgeprägten Randformen 2 und 6 *(Tab. 6)*. Die Randform 3 *(Tab. 6–8)*, ein nach innen überkrempender Kehlrand, ist in acht von neun Fällen an einen birnenförmigen Gefäßkörper mit Höhen zwischen 20,8–23,2 cm gebunden, dessen Hals- und Schulterpartie mit Drehrillen bzw. einem Garnier- oder Treibgrat und in drei von vier Fällen zusätzlich mit einem Rollstempeldekor verziert ist. Es handelt sich um den weitgehend standardisierten Typ wohl eines Vorratsgefäßes.

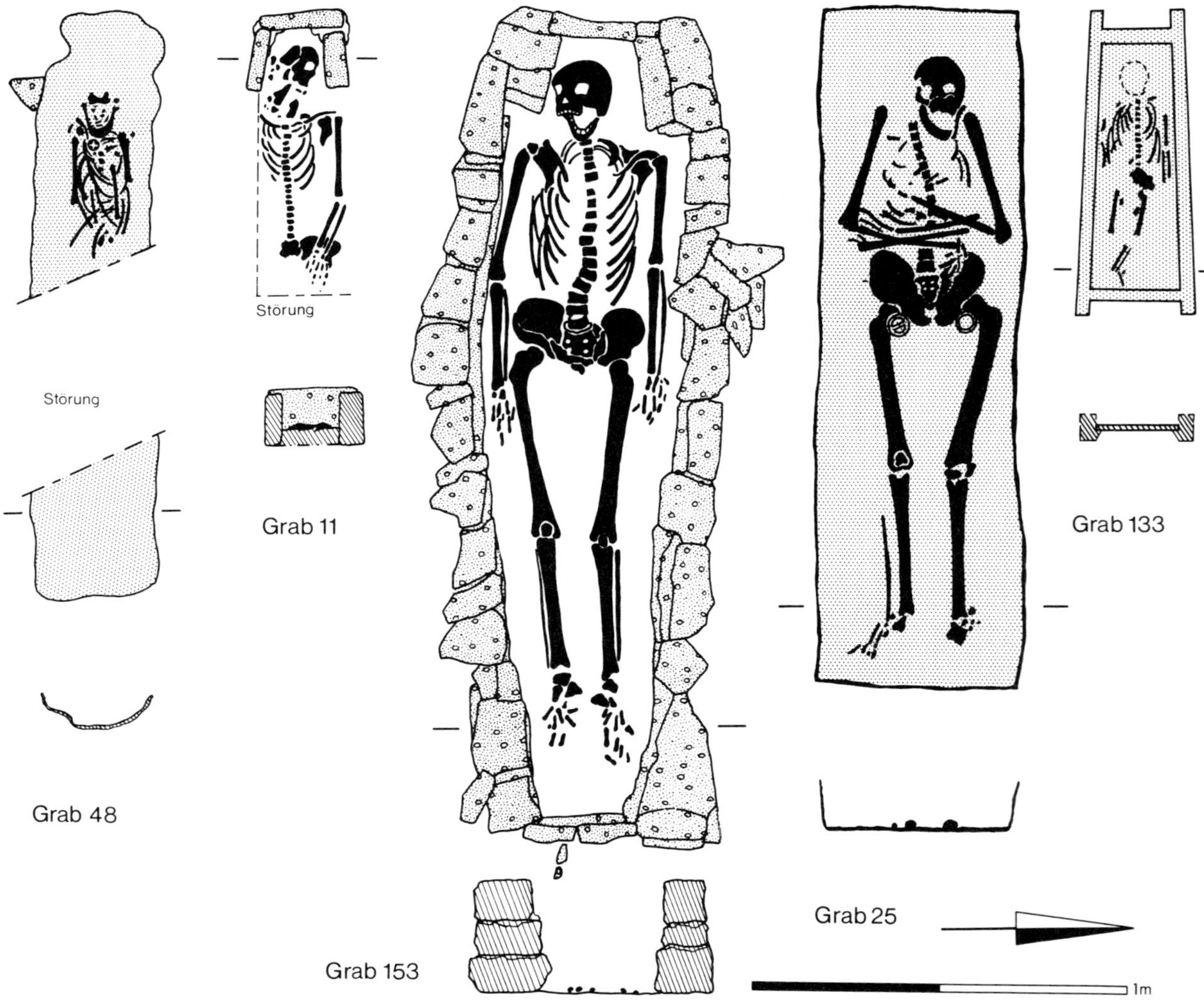

Abb. 20 Braunschweig, Altstadt-Südost, Kohlmarkt (Stadtgrabung 21). Typische Bestattungsformen auf dem Friedhof bzw. im Kirchenraum der Kirchenbauperioden I–V in Beispielen. Grab 48: Baumsarg mit Keilsteinen und Bestattung mit Emailscheibenfibel, zu Bau I; 2. Hälfte 9. Jh. Grab 11: mit Kopfschutz aus Rogenbruchsteinen in Geschiebelehmbindung, zu Bau II/IIa; 10. Jh. Grab 153: mit doppelttrapezförmigem Steinschutz und rechteckiger Kopfnische, Rogensteine in Sandmörtel, Bestattung mit gestreckter Armhaltung, zu Bau IV (Innenbestattung); 2. Hälfte 12. Jh. Grab 25: Kastensarg aus Fichtenholz, Bestattung mit Ringschnallengarnitur, Unterarme auf der Brust, zu Bau IV/V (?) (Innenbestattung), 13./14. Jh. Grab 133: trapezförmiger Kufensarg, zu Bau V (Innenbestattung); 15. Jh. M. 1:20.

Brunnen- und Kloakentypen *(Abb. 21–26; Tab. 9)*

Nach Baumaterial und Konstruktion lassen sich für den Brunnen- und Kloakenbau auf einer Materialbasis von etwa 60 zu 90 Fundobjekten (vgl. Stadtgrabungen 2, 9, 10, 12, 13, 18, 19, 20, 22, 23, 28, 32, 41, 51, 55, 60, 61, 63, 66; Arbeitsstand 30. 6. 1984), die auf alle fünf Weichbilde relativ gleichmäßig verteilt sind, vorläufig jeweils sieben Grundtypen bestimmen. Ihre Datierung reicht kontinuierlich von der zweiten Hälfte des 12. Jhs. bis in die Zeit um 1800. Ein Brunnentyp ist nach *Niquet* (1973, 355ff.) in das 10. Jh. zu datieren. Aus dem 9. Jh. stammen Gruben, die der Wasserversorgung oder Abwasserbeseitigung gedient haben und wohl keinen Holz- oder Steineinbau führten (vgl. Stadtgrabungen 21, 31). Es ist anzunehmen, daß auch die Oker direkt zur Trinkwasserversorgung und Fäkalentsorgung benutzt worden ist.

Im braunschweigischen Typenschema des Schachtbrunnens finden sich drei Holzbauformen und vier Holz-Stein-Mischbauformen. Es ist dies einmal der aus Spalthölzern bzw. aus Bohlen errichtete Kastenbrunnen, Typ I. Charakteristisch ist hier für die Frühform des 10. Jhs. der Blockbau mit verkämmtem bzw. verschränktem Eckvorstoß *(Abb. 21:I)*. Die ebenfalls im Radialschnitt hergestellten Bohlen haben – wie ein Dendrodatum um 1226 belegt (*Tab. 9,* Stadtgrabung 10, Stelle 51) – in der Spätform eine einfach verzinkte Eckverbindung mit eingeblatteten Kopfbändern und Holznagelsicherung. Zu den ursprünglichen Holzbautypen zählen ferner die aus ein oder zwei Baumstammteilen (Typ II) bzw. Fässern (Typ IV a; *Abb. 21*) gebildete Brunnenröhre. Sie ist bisher dendrochronologisch im Typ des Baumstammbrunnens im 13. Jh. (*Tab. 9,* Stadtgrabung 19:1225) bzw. im Typ des Faßbrunnens für das 14. bis 16. Jh. belegt. Im Mischbau mit jeweils einem hölzernen Schwellrahmen als Fundament der Röhre sind Bruchsteinmauerung bei Typ III ab zweite Hälfte 12. Jh. *(Abb. 22),* Quader- oder Backsteinmauerung bei den Typen V ab 15. Jh. und VII ab 17. Jh. *(Abb. 21)* charakteristisch. Der aus Sandsteinplatten erbaute Brunnen des Typs VI *(Abb. 21)* ist wiederum ein Schachtbrunnen und um 1800 zu datieren.

Das ursprünglich hochmittelalterliche Schling mit an den Ecken übereinandergelegten oder verkämmten, holznagelgesicherten Spaltbohlen (*Abb. 22,* Befund 8) verändert sich in spätmittelalterlicher Zeit zum Kranz aus verblatteten, holznagelgesicherten Bogenstücken bzw. zu einem rechteckigen oder viereckigen Schwellrahmen aus Bohlen in gleicher Eckverbindung *(Abb. 21: V, VII)*.

Der runde Grundriß des ausgehöhlten Baumstammes wird auch für den Holz-Stein-Mischbau normativ, der bereits in der zweiten Hälfte des 12. Jhs. erstmalig auftritt. Reine Holzbauten wie Faßbrunnen sind noch im 16. Jh. belegt.

Die Tiefenmaße betragen allgemein ab OK Oberfläche unter Ausschluß der Steinbrüstung durchschnittlich 2,50 m bei Holzbau und bis zu 4,80 m bei Mischbau. Der Durchmesser liegt entsprechend zwischen 0,70 bis 1,70 m.

Jeweils nach dem Fördersystem ist der obertägige Brunnenaufbau bei den Mischbautypen unterschiedlich gestaltet. Für den Schöpfbrunnen liegen archäologische Befunde der Standgrube des Gabel- bzw. Standbaumes vor (*Abb. 22,* Befund 18). Der Ziehbrunnen war nach Bildquellen mit Walmdach, Haspel oder Welle versehen, der Pumpbrunnen bereits seit der zweiten Hälfte des 16. Jhs. (*Tab. 9,* Stadtgrabung 10, ohne Stellennummer: 1558 ± 6) mit einer sog. Schuckepumpe in Gebrauch. Sein Überbau konnte spätestens seit dem 18. Jh. aus einer allseitig geschlossenen hölzernen Brunnenhütte bestehen, einer Nurdachbauform in einfacher Verbretterung.

Im Kloakenbau stehen eine häufig reine Erdbauform und vier Holzbautypen zwei Steinbauformen gegenüber.

Daß in Braunschweig über lange Zeit der Holzbau dominierte, ist anscheinend auf den bautechnisch günstigen sandig-schluffigen Untergrund der Niederterrassen bzw. der besiedelten Okerniederung zurückzuführen.

Als Typ I überwiegt in der Zeit um 1200 die einfache, zuweilen leicht verbretterte Grube (*Abb. 23:I;* vgl. auch Stadtgrabung 32). Sie ist auch noch später primär als Grube für Gartenabfälle in Gebrauch (vgl. *Abb. 27,* Stadtgrabung 55).

Im Holzbau des 13./14. Jhs. kommen vor: Typ II mit Flechtwandgefüge bei langovalem Grundriß; Typ III mit Palisadenwänden bei vorwiegend trapezoidem Grundriß, ausgesteift mit einem Rähm in einfacher Steckverbindung und schließlich Typ V, eine kastenförmige Bauform mit auf Stoß gelegten Bohlen- bzw. Rundholzwänden vor eingestellten Pfosten, deren Köpfe auch durch einen eingezapften Rähm verspannt sein konnten *(Abb. 23–25)*. Die Bohlen wurden in spätmittelalterlicher Zeit häufig mit Nut und Feder versehen bzw. mit Eisennägeln gehalten.

Als vierte Holzbauform, auch in sekundärer Verwendung der Brunnenbauform, ist im 14. bis 16. Jh. die Daubenkloake anzutreffen, teilweise mit Bohlen- oder Palisadenmantel versehen und mit einer Tonwanne abgedichtet *(Abb. 23:IV a und b)*.

Normativ wird im Lauf der Entwicklung vor allem der rechteckige Grundriß der kastenförmigen Holzkloake des Typs V – auch für den Steinbau der Typen VI a und b (bruchsteingemauert) ab 1300 und VII (backsteingemauert) ab 17. Jh. Steinbau *(Abb. 25)* an Kloaken setzt um 1300 ein, aber noch im 16. Jh. werden Holzkloaken errichtet.

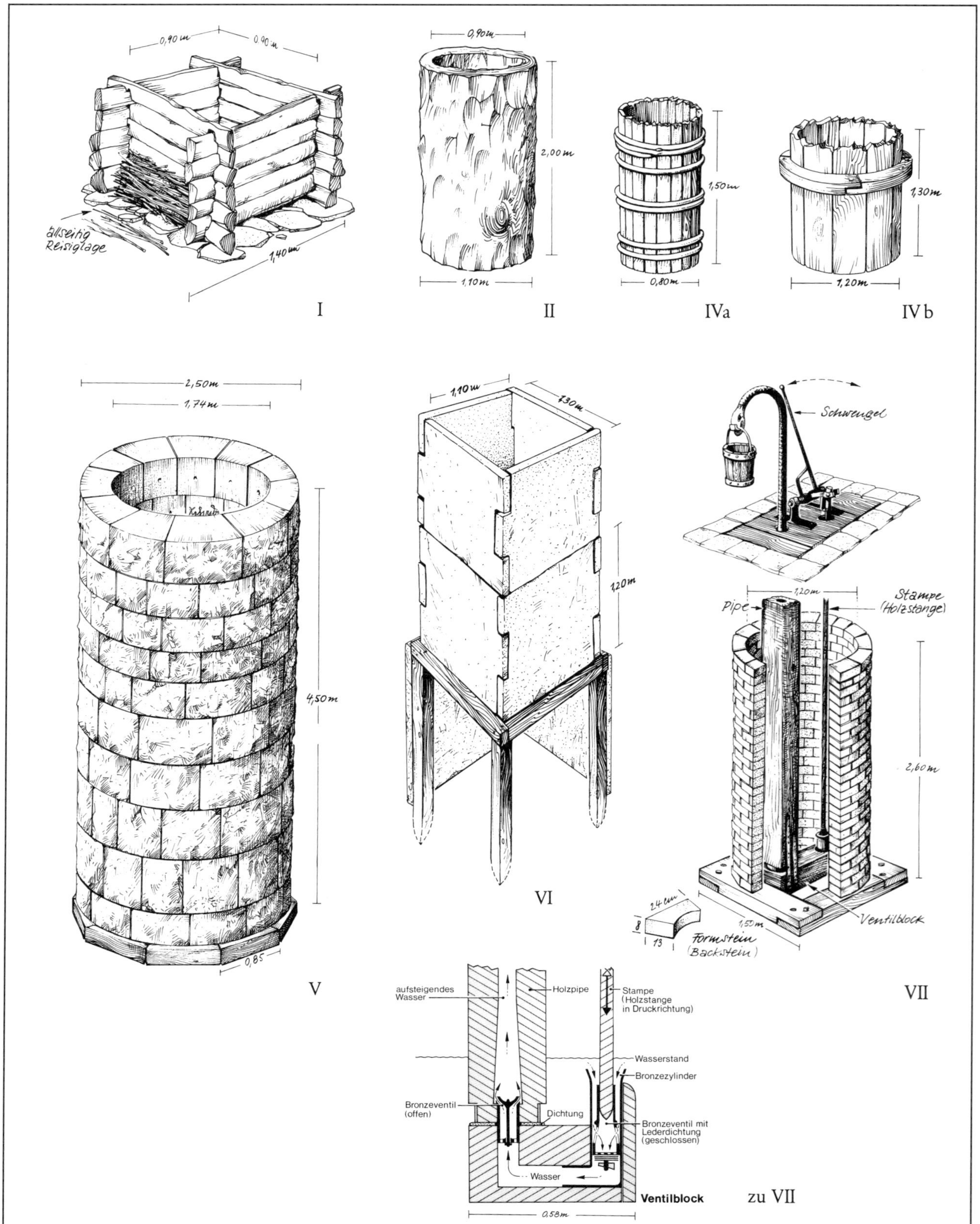

Abb. 21 Braunschweig. Mittelalterlich-neuzeitliche Brunnentypen in Beispielen. I: Kastenbrunnen mit Spalthölzern; 10. Jh. (nach *Niquet* 1973, Taf. 24). II: Baumstammbrunnen; 13. Jh. (Stadtgrabung 55, Stelle 4). IV a: Daubenbrunnen aus einem Faß; 14. Jh. (Stadtgrabung 51, Stelle 1). IV b: Daubenbrunnen, Variante mit eigens angefertigten Bauteilen; 18. Jh. (Stadtgrabung 55, Stelle 23). V: Röhrenbrunnen mit Kalksteinquadern über Schwellenkranz; wohl 15. Jh. (Stadtgrabung 20). VI: Kastenbrunnen mit Sandsteinplatten und Kantholzverspannung; 1. Hälfte 19. Jh. (Stadtgrabung 28). VII: Röhrenbrunnen mit Backsteinen über Bohlenschling mit Schuckepumpe; 17. Jh. (Stadtgrabung 63, unter 3.).

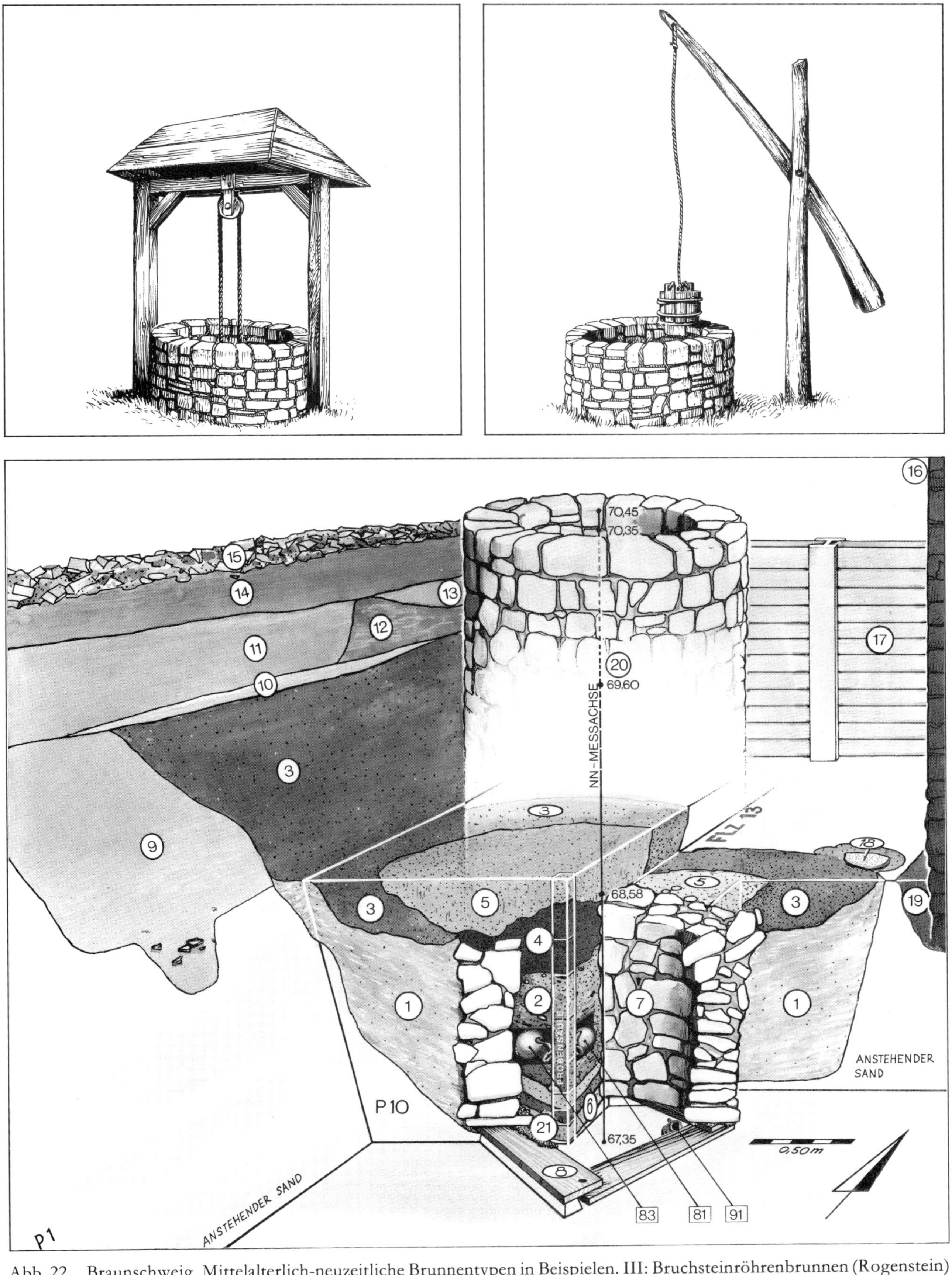

Abb. 22 Braunschweig. Mittelalterlich-neuzeitliche Brunnentypen in Beispielen. III: Bruchsteinröhrenbrunnen (Rogenstein) über Bohlenschling, 1210 (vgl. *Tab. 9;* Stadtgrabung 55, Stelle 20, Fundangaben). Rekonstruierter Grabungsbefund als Schöpfbrunnen (rechts) und Ziehbrunnen: über Brunnensedimenten 6, 2 und Baugrube 1, 3 sowie Fäkalschicht 4 liegt Ausbruchsgrube 5; Pfostengrube mit Keilstein des Standbaumes 18 und ursprüngliche Oberfläche 10. M. ca. 1:25.

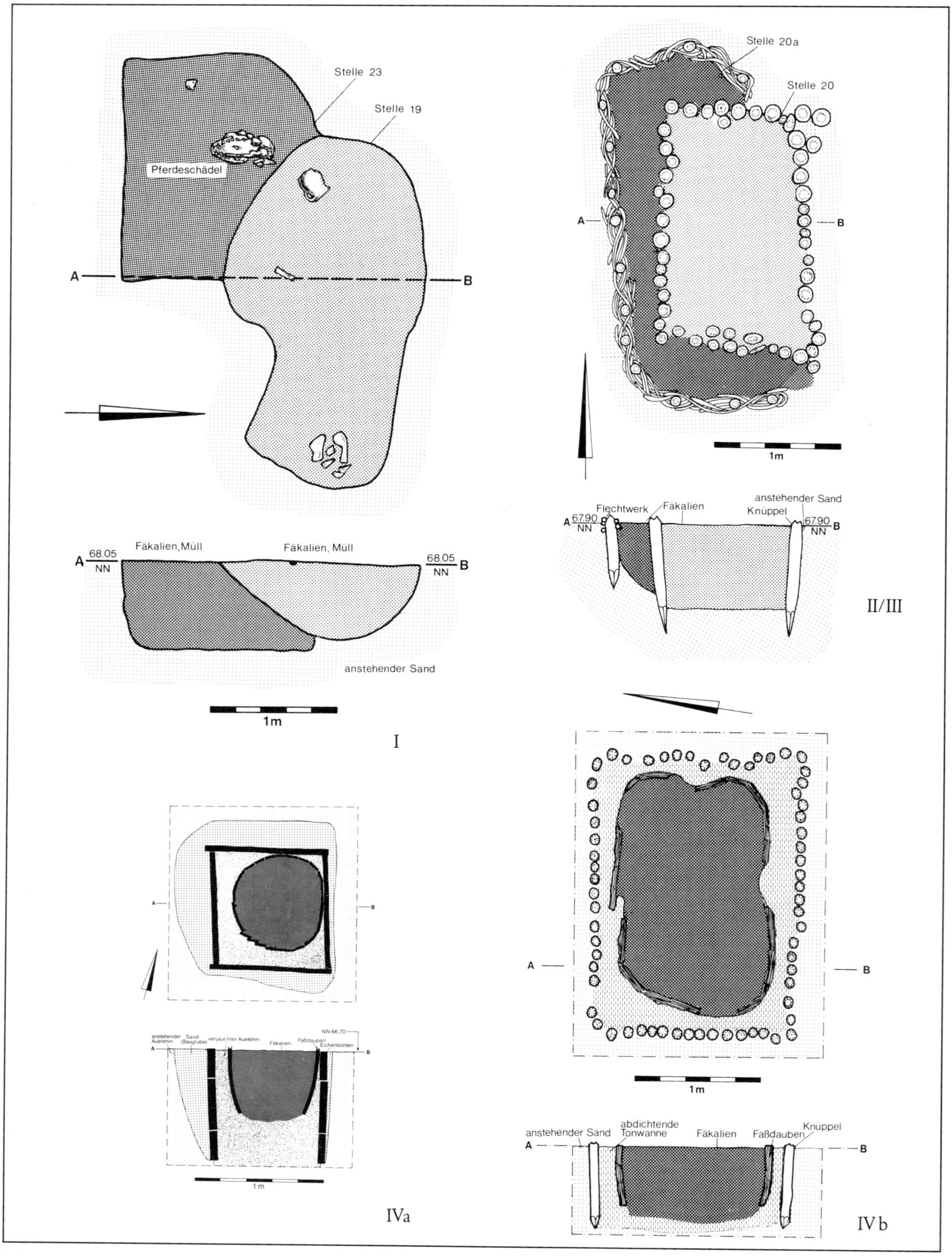

Abb. 23 Braunschweig. Mittelalterliche Kloakentypen in Beispielen. I: Erdgrube teilweise brettausgesteift; um 1200 (Stadtgrabung 10). II: Flechtwandgrube überschnitten von III: Palisadenwandgrube; 13. Jh. (Stadtgrabung 10). IVa: Faßkloake mit Bohlenfassung; 15. Jh. (Stadtgrabung 12, Stelle 3). IVb: Faßkloake, Variante mit Faßteilen, Tonwanne und Palisadenspundung; 14. Jh. (Stadtgrabung 13, Stelle 5). M. ca. 1:50.

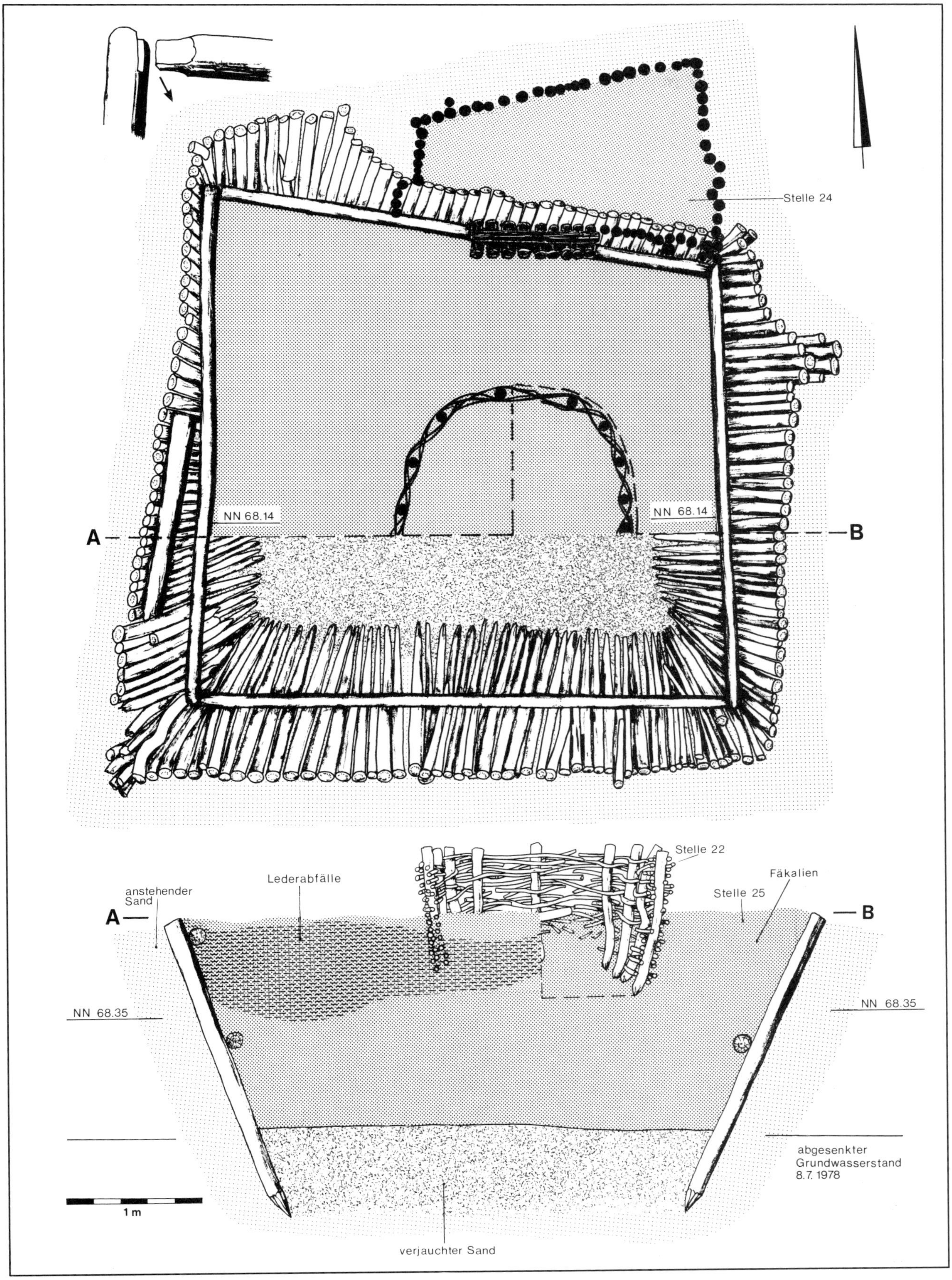

Abb. 24 Braunschweig. Mittelalterliche Kloakentypen in Beispielen. III: trapezförmige Kloake mit schräg gesetzter Palisadenwand und Rähm in einfacher Steckverbindung; 13. Jh.; überschnitten von Flechtwand- und weiterer Palisadenwand-Kloake (Stadtgrabung 10). M. 1:40.

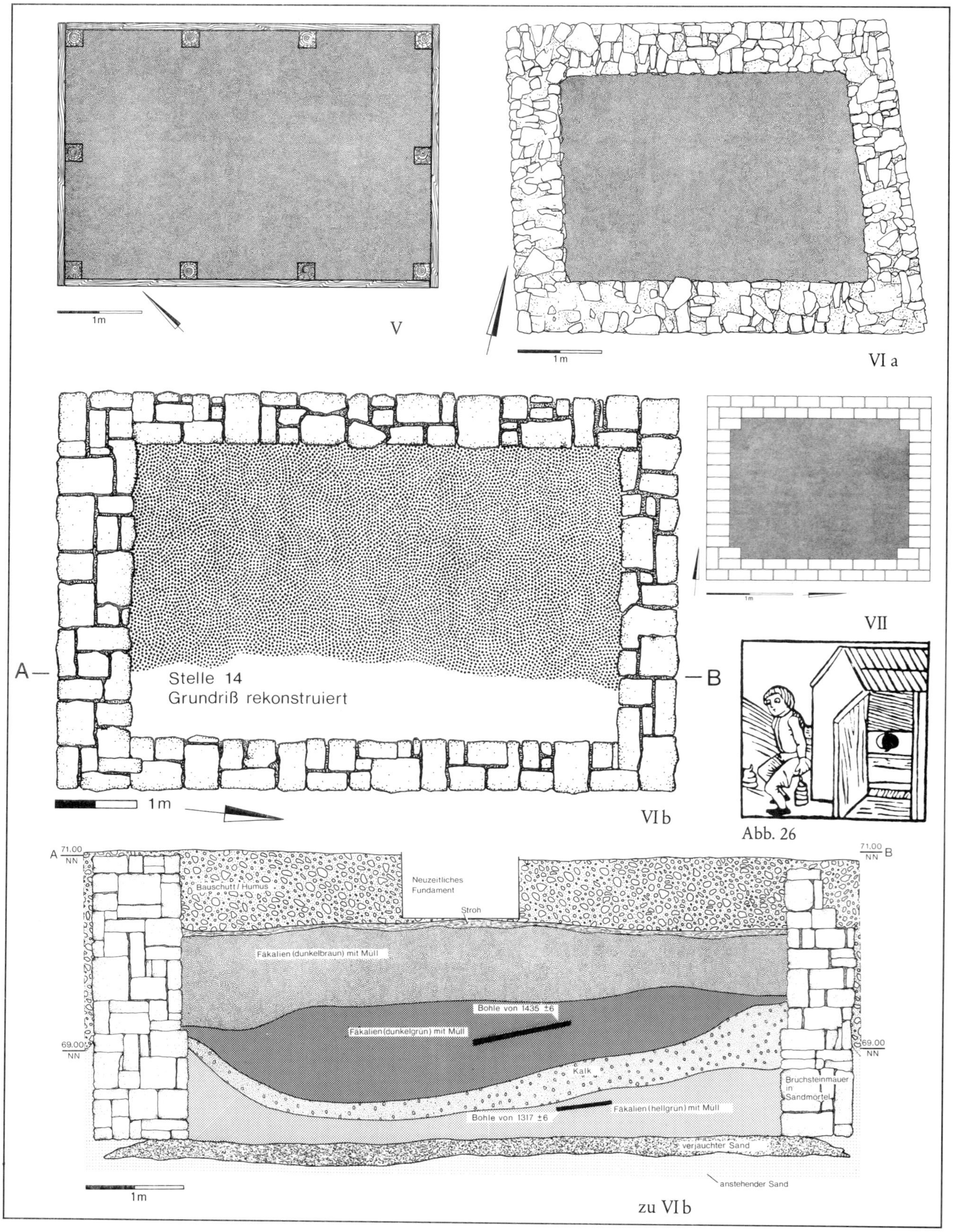

Abb. 25 Braunschweig. Mittelalterlich-neuzeitliche Kloakentypen in Beispielen. V: Kastenkloake mit Innenpfosten; 14./15. Jh. (Stadtgrabung 12, Stelle 10). VI a: bruchsteingemauerte Kloake mit einer spitzwinkligen Ecke; Anfang 14. Jh. (Stadtgrabung 32, Stelle 1 bzw. *Tab. 5*). VI b: rechteckige, bruchsteingemauerte Kloake; Anfang 14. Jh. (Stadtgrabung 10, Stelle 14). VII: rechteckige, backsteingemauerte Kloake; 17. Jh. (Stadtgrabung 19, Stelle 6).
Eingeschaltet: Abb. 26 Kloakenhäuschen um 1470 (nach *Feldhaus* 1931, Abb. 393).

Abb. 27 Braunschweig. Parzellentopographie mit Brunnen und Kloaken in chronologischer Ordnung. Beispiel Weichbild Altewiek, Langedammstraße 14–16/Ölschlägern 5–8 (Stadtgrabung 55).

Tab. 9 Braunschweig, dendrochronologische Befunde und Daten, zeitlich geordnet.
(H.-H. Leuschner 1984, Folge I)

Proben-Nr. Labor-Grabung	Anzahl der Jahresringe	Datierung des jüngsten Ringes	Abgeleitetes Fällungsjahr	Gegenstand, archäologischer Befund	Stadtgrabung, Stelle
G101–79 : 5/930	110	1178	1180 ± 2	Pfahl der Uferpalisade, unter Fundament der Kemenate	18; 17
G 92–82 : 8/124	96	1192	1207 ± 6	Fundamentrahmen, erste Bohle, Brunnen, Typ III	55; 20
G 93–82 : 8/126	168	1210	1210	Fundamentrahmen, zweite Bohle, Brunnen, Typ III	55; 20
G115–82 : 8/74	124	1199	1212 ± 6	Fundamentrahmen, dritte Bohle, Brunnen, Typ III	55; 20
G116–82 : 8/125	160	1204	1216 ± 6	Fundamentrahmen, vierte Bohle, Brunnen, Typ III	55; 20
G364–78 : 3/975	169	1205	nach 1217 (1217–1237)	erste Bohle, Kastenbrunnen, Typ Ib	10; 51
G492–78 : 3/981	168	1206	1226 ± 6	zweite Bohle, Kastenbrunnen, Typ Ib	10; 51
G184–79 : 8/10	82	1211	1225	Baumstammfragment, Brunnen, Typ II	19; 1
G185–79 : 8/10	73	1225	1225	Baumstammfragment, Brunnen, Typ II	19; 1
G111–79 : 5/906	74	1284	nach 1292 (1292–1312)	Faßdaube, Brunnen, Typ IVa, äußeres Faß	18; 16b
G103–82 : 8/128	116	1288	nach 1300 (1300–1320)	ein Eckpfosten, Kloake, Typ V	55; 10
G186–78 : 3/277	118	1305	1317 ± 6	Bohle unter Kalkschicht (30 cm ü. UK), Kloake, Typ VIb	10; 14
G109–79 : 5/907	156	1307	nach 1322 (1322–1342)	Faßdaube, Brunnen, Typ IVa	18; 16a
G376–83 : 15/25	90	1365	1365	Pfahl eines Pfahlrostes, Fundament Klostergebäude	63; 4
G368–78 : 14/3	106	1420	1426 ± 6	Brunnenkranz, Brunnen, Typ V	15; 1
G108–78 : 3/381	79	1423	1435 ± 6	Bohle (mit Feder) über Kalkschicht, Kloake, Typ VIb	10; 14
G369–78 : 3/979	130	1543	1558 ± 6	Zylinderblock einer Schuckepumpe, Brunnen, Typ VII	10 –

( ): Zeitraum-Datierung des Fällungsjahres unter der Annahme, daß bei den untersuchten Hölzern neben Splint nur geringe Kernholzanteile abgebeilt worden sind.

Die Holzbaumaße betragen durchschnittlich in der Tiefe nur um 2m, häufig sogar nur bis ca. 1,70m; in der Fläche um 2 x 1,70m bis zu 4,60 x 4,20m. Steinbaumaße dagegen erreichen 3m Tiefe bzw. ein Flächenmaß von 6 x 3,50m.
Bildquellen belegen allgemein überregional einen wohl verbretterten Überbau beispielsweise in Giebelbauweise (Abb. 26, in *Abb. 25* eingeschaltet). Nach archäologischen Brandschuttbefunden ist Fachwerkbau und harte Dacheindeckung mit Hohlziegeln und Schiefer ab zweite Hälfte des 13. Jhs. belegt. Zumindest die holzausgesteiften Gruben sind offensichtlich nur teilüberbaut worden, der Sitz lag wohl bei trapezoiden Kloaken über der spitzwinklig herausgestellten Ecke *(Abb. 24, 25: VIa)*.

Zu Fragen der Parzellentopographie *(Abb. 27–29)*

Erste Ergebnisse zu den Fragen nach Konstanz und Wandel von Flächengröße und Abstandsnormen der Parzellen und ihrer funktionellen Bebauung und Nutzung liegen bisher auf drei Arbeitsfeldern vor.
Dabei können bekannte, in das Siedlungsgefüge einschneidend eingreifende Umgestaltungsfaktoren übergeordneter Bedingungslagen, wie sie politisch-wirtschaftliche Strukturbrüche beispielsweise nach 1671 (herzogliche Übernahme der Stadtgewalt), im vierten Viertel des 19. Jhs. (Gründerzeit) oder nach 1944/45 (Kriegszerstörung, Wiederaufbau) mitsichbrachten, in der Erörterung vorerst am Rande bleiben.
Auf die radikalen Umgestaltungen der Straßenbreite, der Platzräume, der Parzellengröße, Bebauungsstruktur und Bauflucht, wie sie seit 1945 erfolgt sind bzw. noch vorsichgehen (und die archäologischen Untersuchungen erheblich erschweren), sei jedoch hingewiesen *(Abb. 28 und 29)*.
Differenzierung und Veränderung sind ja zunächst auch grundsätzlich in den unterschiedlichen Siedlungsbedingungen vorgegeben, die auf den älterbewohnten Niederterrassen im Gegensatz zu dem der Okerniederung abgewonnenen, jünger besiedelten Neuland der Stadtfläche bestanden. Befunde der Stadtgrabungen u.a. 18, 52, 55, 61 *(Abb. 27–29)* geben konkrete Hinweise auf die ganz unterschiedlichen Parzellengrößen im Hochmittelalter des 12./13. Jhs. zu denen spätmittelalterlicher Zeit. Der Parzellenumfang konnte in der Altenwiek selbst von 200 m² noch auf weniger als die Hälfte zurückgehen (Stadtgrabung 52, *Abb. 28*). Die Grundstücksgröße im Kerngebiet der Altstadt mit wohl durchschnittlich über 1000 m² anzunehmen, ist ebenfalls Austeilungsprozessen unterworfen gewesen, wie sie offensichtlich auch als Folge der Flächenbrände in der zweiten Hälfte des 13. Jhs. auftreten konnten (Stadtgrabung 61). Andererseits ließ sich im Niederungsgebiet des Hagens durch Einbeziehung einer Okerschwemmsandinsel in die nordwestliche Randbebauung des Hagenmarktes Ende 12./13. Jh. noch eine Parzelle mit etwa 2700 m² Flächenumfang festlegen (Stadtgrabung 18, *Abb. 29*).
Ergebnisse auf dem zweiten Arbeitsfeld, das der Bebauungsstruktur mit Wohn- und Arbeitsraum in Stein- und Holzbauweise bzw. der Bauflucht gilt, beziehen sich vor allem drei Befunde eines frühen Steinbauhorizontes um 1100, die in der Altstadt an der Knochenhauerstraße wie gegenwärtig an der Turnierstraße und in der Altenwiek am Aegidienmarkt entdeckt werden konnten (Stadtgrabungen 61, 33, 52; *Abb. 28*). Es handelt sich um eine giebelständige Bauweise an einer Langseite der Parzelle mit wohl gering zurückgenommener Bauflucht. Zahlreiche Befunde flankierender Traufengräben stützen inzwischen eine generell anzunehmende giebelständige Bebauung der Parzelle zumindest bis in die hochmittelalterliche Zeit (Stadtgrabungen u.a. 2, 7, 61).
Hinsichtlich der funktionellen Bebauung der Grundstücke mit Brunnen und Kloaken und deren Abstände untereinander wie zu Wohnhaus und zu Parzellengrenze ist hier zusammenfassend und beispielhaft auf die Ergebnisse der Stadtgrabung 55 in der Altenwiek einzugehen *(Abb. 27)*. Demnach veränderten sich die Abstände bei Kloaken zur Parzellengrenze von durchschnittlich ca. 3m im 13. Jh. auf durchschnittlich ca. 1m im 14./15. Jh. Die Abstände zwischen Brunnen und Kloaken betrugen im 13. Jh. durchschnittlich ca. 3,50m oder sogar um 9m. Bisher konnten nur geringfügige Veränderungen dieser Distanzen im Laufe der Zeit beobachtet werden.

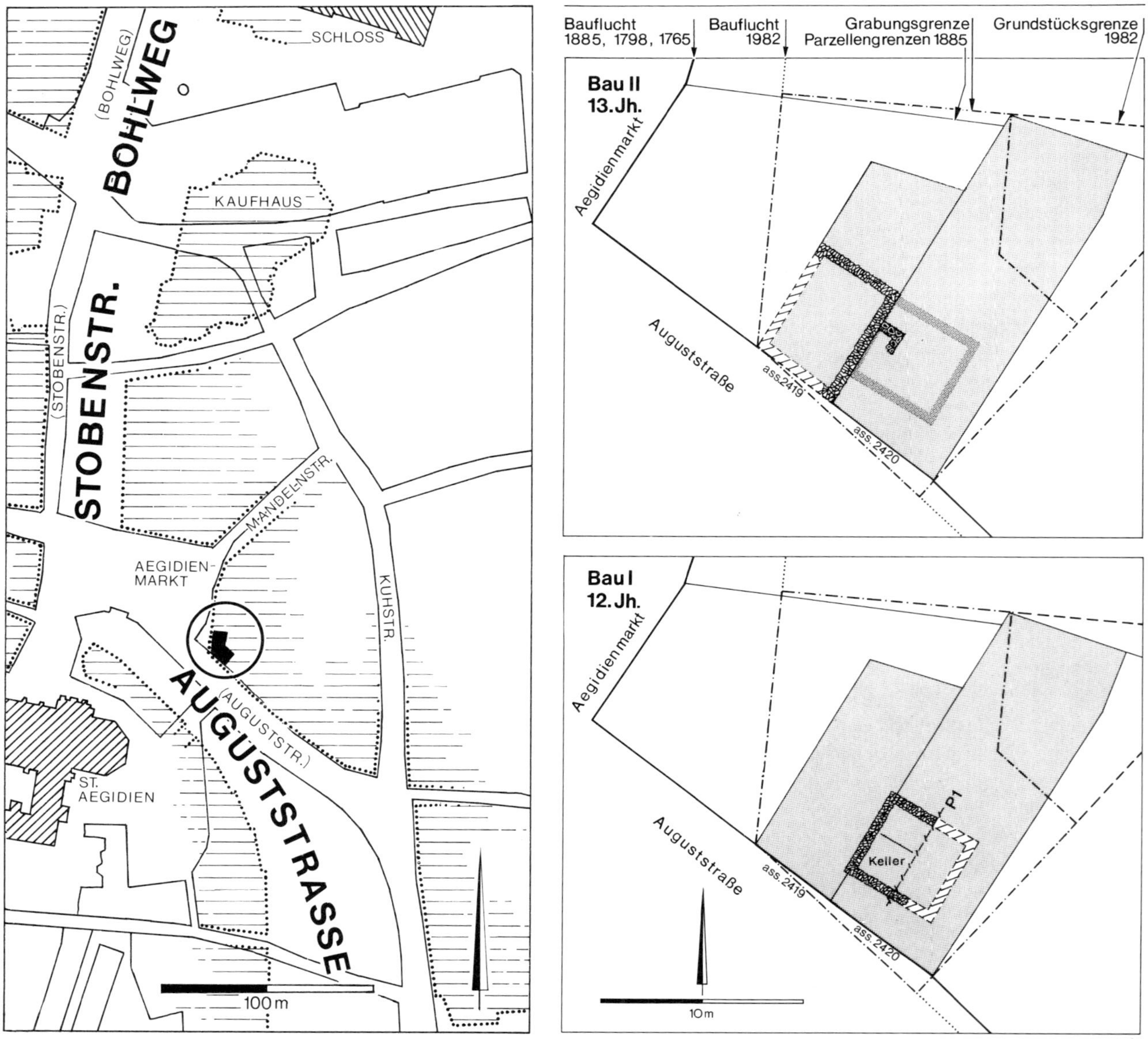

Abb. 28 Braunschweig. Parzellentopographie mit Steinbebauung in chronologischer Ordnung. Beispiel Weichbild Altewiek, Auguststraße 1 (Stadtgrabung 52, ass. Nr. 2419 f.).

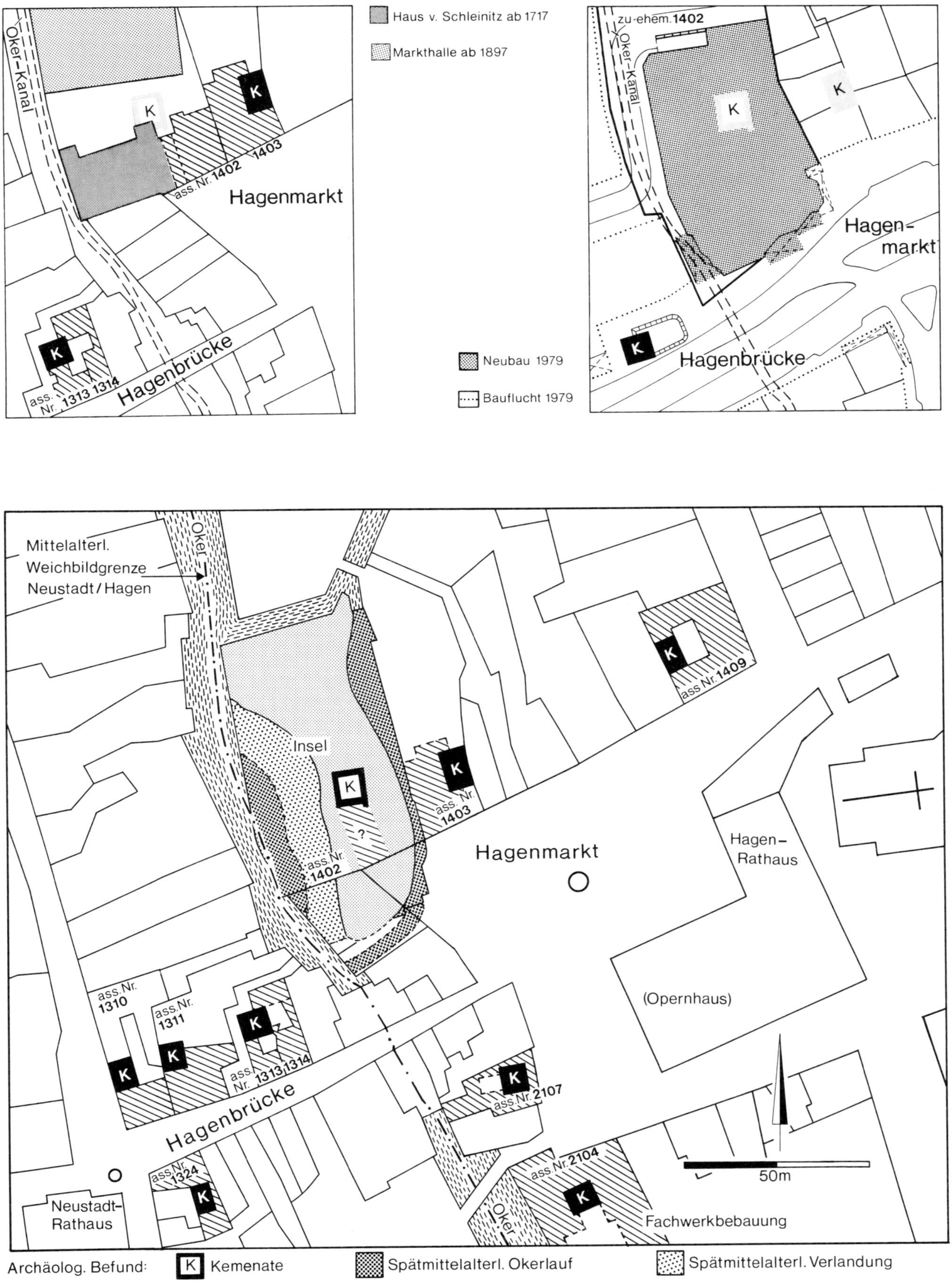

Abb. 29 Braunschweig. Parzellentopographie mit Steinbebauung in chronologischer Ordnung. Beispiel Weichbild Hagen, Hagenmarkt 13 (Stadtgrabung 18, ass. Nr. 1402).

3. Stadtgrabungen der Jahre 1976 bis 1984 in Kurzberichten mit Fundangaben

Vorbemerkung

Die Mitteilungsform der Kurzberichte verfolgt das Ziel einer Bestandsaufnahme des archäologischen Fundstoffs im Hinblick auf die Hauptfragestellungen unter Einschluß grabungsmethodischer Gesichtspunkte.
Abgeschlossene Auswertungsergebnisse können erst vereinzelt vorgelegt werden. In den meisten Fällen ist das Grabungsergebnis in einer grobstrukturierten Auswertung aufgearbeitet worden. Im Auswertungsstadium befinden sich Schlüsselgrabungen zur Frage der Siedlungsanfänge wie die Untersuchungen in der Jakobskapelle (Stadtgrabung 5), auf dem Kohlmarkt (Stadtgrabung 21) und im Vieweghaus auf dem ehem. Burggelände (Stadtgrabung 31).
Die Fundangaben umfassen Beschreibung, Gruppierung, Parallelen und Zeitstellung des Fundgutes, das jedoch zunächst nur in einer Auswahl unter Kriterien des geschlossenen Fundes, der typischen Gebrauchsform, der Leitform oder der regionalen Sonderform – besonders unter chronologischen Gesichtspunkten – vorgestellt wird.
Zeitliche Schwerpunkte in der Erörterung der Entwicklung der Keramik liegen vorerst im 9. bis erste Hälfte 10. Jahrhundert und im 13. bis 14. Jahrhundert, des Hohlglases im 13. bis 15. Jahrhundert und der Gebrauchsformen aus Holz und Leder im 14. bis 15. Jahrhundert.

Arbeitsstand 30. 6. 1984

Die räumliche Aufteilung der Gemarkung Innenstadt in 12 Untersuchungsbereiche (vgl. *Farbtaf. 1)*

I	Weichbild Altstadt – Südost
II	Weichbild Altstadt – Südwest
III	Burgbezirk
IV	Weichbild Altewiek
V	Klosterfreiheit St. Aegidien
VI	Weichbild Altstadt – Nord
VII	Weichbild Neustadt
VIII	Weichbild Hagen
IX	Weichbild Sack
X	Oker – Bruch
XI	Weichbilde Neustadt – Süd / Sack – Nord
XII	Weichbild Hagen – Mitte

Ordnungsangaben zu den Stadtgrabungen

Erste Kennziffer:
fortlaufende Numerierung der Stadtgrabungen

UB Iff.:
der entsprechende Untersuchungsbereich

Zweite Kennziffer:
jährlich neu fortlaufende Numerierung der Grabungen im Regierungsbezirk Braunschweig, zugleich künftige Inventarnummer des Braunschweigischen Landesmuseums, Abteilung Archäologie, Wolfenbüttel, nach Übernahme des Fundgutes

Straße und Hausnummer:
zum Zeitpunkt der Grabung bzw. im Jahre 1944 vor Kriegszerstörung (entspr. Hinweis)

Flur- und Flurstücknummer:
der modernen Gemarkung Innenstadt nach der kartographischen Angabe, nicht im Computer-Ziffernsystem

Assekuranznummer:
fortlaufende Numerierung der Parzellen in den Weichbilden der Stadt, wie sie die Herzogl. Landes-Brandversicherungsanstalt 1754 eingeführt hat. Die Angabe erfolgt nach den Eintragungen auf den Districtkarten von Haacke 1764–1766 bzw. dem Stadtplan von Culemann 1798, in Einzelfällen nach dem Stadtplan von Allers 1885 (vgl. *Mertens* u. *Moderhack* 1981, 140ff. u.a.)

Mittelalterliche Straßenangaben:
nach *H. Meier* (1904)

Grabungsmethode:
jeweils angewandte Methode

Grabungsmethode

Flächengrabung:
vollständige Abtragung, Analyse und Dokumentation nach natürlichen, anthropogenen oder künstlichen Schichten mit Leit- und Zwischenprofilen, Suchschnitten etc.

Objektgrabung:
wie Flächengrabung, jedoch inhaltlich eingeschränkt z.B. auf ausgewählte Haus-, Brunnen- oder Kloakenstellen unter Vernachlässigung der materiellen, funktionellen und chronologischen Schichtanalyse in der Fläche, soweit diese nicht mit den Objekten selbst direkt in Zusammenhang steht.

Befunderhebung:
inhaltlich wie grabungsmethodisch eingeschränkt auf übergreifende Fragestellungen und raumgreifende archäologische Arbeitsschritte bzw. Arbeitsmethoden; auch normale Tiefbaumaßnahmen können mit einbezogen werden. Vorrang haben Bohrstrecken, Baggerschnitte vor Abgrabungen, grobstrukturierte Profil- und Flächendokumentation mit gezielter Tiefenschichtanalyse und Probenentnahme. Als Arbeitsaufgabe steht die Rekonstruktion der Altlandschaft im Vordergrund.

Fundbergung:
basiert zumindest auf schichtgemäßen Testgrabungen oder entsprechenden Abgrabungen in Kloaken, schließt aber auch abgestufte Aufsammlungen bei Baggereinsatz in Baugruben oder bei anderen Tiefbaumaßnahmen mit ein.

Beobachtung:
erstellt zumindest ein Fachprotokoll über Vorgänge und Befundermittlungen bei Tiefbauarbeiten, sofern sie material- oder flächenbezogen von Bedeutung sind.

Fundmeldung:
erfaßt Angaben und Funde von dritter Seite, die nicht mehr fachlich überprüft werden können – deren Bedeutung aber für die Sachgutforschung oder für die flächenbezogene Information gegeben ist.

Seit 1976 erfolgt weitgehend ein Einsatz der maschinellen Dokumentation nach dem Feldpantographen-System Eichstaedt in Profil und Fläche im Maßstab 1:10 oder 1:20, unter zeitlich extrem befristeten Arbeitsbedingungen ein Einsatz der Photogrammetrie (vgl. Beitrag *Weimann, S. 181*).

Zur Beschreibung der Keramik

Erklärung der verwendeten Warenbegriffe auf *S. 29f.*
Einstufungsschema der Magerung nach Korngröße:

sehr fein	0,02 mm – 0,1 mm
fein	0,1 mm – 1,0 mm
mittel	1,0 mm – 2,5 mm
grob	2,5 mm – 5,0 mm
sehr grob	über 5,0 mm

Eine einheitliche Korngröße wird mit „klassiert" bezeichnet, eine uneinheitliche mit „gemischt".
Die Oberfläche wird als „körnig" beschrieben, wenn die Magerung durchbricht, als „rauh" (feinrauh, grobrauh), wenn sie durchdrückt.

Brennarten:

weich	(Granitgrusware)	unter 900° C
hart	(Irdenware)	über 900° C
sehr hart	(Irdenware)	über 1000° C
klingend hart	(Steinzeug)	über 1150° C

Rasterschema der graphischen Dokumentation:

- grüne Bleiglasur (außen)
- gelblich-braune Bleiglasur (innen)
  gelb bemalte Irdenware, glasiert
- grüne Bleiglasur (innen)
- braun bemalte Irdenware, bleiglasiert
  rotbraune Bemalung auf gelber Irdenware
- grün bemalte Irdenware, bleiglasiert

Historische Zeitbegriffe

Frühmittelalter:	bis einschl. 10. Jahrhundert
Hochmittelalter:	11. bis 13. Jahrhundert
Spätmittelalter:	14. bis 15. Jahrhundert
Frühe Neuzeit:	16. bis 17. Jahrhundert
Hohe Neuzeit:	18. bis 19. Jahrhundert

Abkürzungen

Grabungsplanung:

BS	Braunschweig
FNr.	Fundnummer
Stgr.	Stadtgrabung
St.	Stelle
UB	Untersuchungsbereich

Fundbeschreibung:

Br.	Breite
BS	Bodenscherbe
Bst.	Bodenstärke
Dm.	Durchmesser
Dmax.	größter Durchmesser
H.	Höhe
L.	Länge
li.	links
Mst.	Materialstärke
Rdm.	Randdurchmesser
re.	rechts
Rf.	Randform
RS	Randscherbe
T.	Tiefe
WS	Wandscherbe
Wst.	Wandungsstärke

1

UB X / 76:4 / *Bruchtorwall 12, Ecke Leopoldstraße* (1976) / Fl. 3, Flst. 105 / ass. 401–403 / Nähe Brokwech. *Fundbergung* auf 400 m² vom 28. 4. bis 3. 5. 1976 und 4 Tage Ende Mai/Anfang Juni ds. J.

Eine Probegrabung auf 12 m² Fläche in der Nordwestecke der Baugrube traf in Tiefen von 2,80 bis 4 m auf umfangreichen Hausgeschirrbruch, der hier offensichtlich in einem Okerarm im Gebiet des ehemaligen Oker-Bruchs über längere Zeit hin abgeladen worden war. Die Funde konzentrierten sich in einer zuoberst liegenden Faulschlammschicht (Straten I–II, Abbau in künstlichen Schichten zu je 30 cm Mächtigkeit) und einer darunter befindlichen dunkelgrau-grünlichen, feinsandig-tonigen Schluffschicht (Straten III–IV, s.o.), die infolge von Überflutungen mit kräftig-groben Sandadern durchzogen war. Der Fundanfall war hier um 50 % geringer.
Im Zuge des Bauvorhabens fand später bis zu einer Tiefe von teilweise 8 m eine ergänzende Fundaufsammlung statt.
Insgesamt sind Scherbenreste von mindestens 1600 Küchen-, Keller- und Tafelgeschirrteilen geborgen worden: einfarbig glasierte und unglasierte sowie bemalte Irdenware (61 %), Steinzeug – vorwiegend Mineralwasserflaschen – (16 %), Fayence (13 %), Hohlglas (8 %), Porzellan (2 %). Daneben fanden sich Ofenkacheln, Geräte aus Holz und Metall sowie Lederwaren, Fensterglas, Flaschenkorken, Eierschalen, Austernschalen, Kastanien, Tierknochen und unzählige Bruchstücke von weißtonigen Tabakspfeifen.
Fabrikmarken auf Porzellan (überwiegend Fürstenberg und Meißen) und Fayence-Geschirr (überwiegend Braunschweigische Manufakturen), deren Gebrauchszeit festliegt, weisen einheitlich in die 2. Hälfte des 18. Jhs. und geben einen allgemeinen Datierungshinweis für das umfangreiche Gebrauchsgut (*Rötting* 1977, 20–23, Abb. 33–37). Die Benutzung des Müllabwurfes, nach dem Sediment- und Datierungsbefund über einen längeren Zeitraum hin erfolgt, kann nicht allein parzellengebunden gewesen, sondern muß im Zuge geregelter Abfalldeponierung überörtlich geplant worden sein. Der Müllabwurf hat offensichtlich durch Zuschütten von Okergewässern zugleich Landgewinnungsmaßnahmen gedient. Dies ist aus vergleichbaren Grabungsbefunden andernorts wie u.a. vom Hagenmarkt (Stgr. 18, 27) und Hinter Liebfrauen 7–8 (Stgr. 45) zu schließen.

2

UB I / 76:9 / *Ziegenmarkt 1–2* (1976) / Fl. 3, Flst. 326, 325 / ass. 282, 283 / Sutstrate, by dem ame stegen. *Befunderhebung* auf 30 m² vom 21. bis 26. 7. 1976.

Infolge von Umbaumaßnahmen der Fa. Carlson an einem frühneuzeitlichen Häuserkomplex konnte u.a. ein von der Straße aus durch das Erdgeschoß und über den Hinterhof führender ca. 6 m langer Rohrgraben abgetieft und soweit archäologisch untersucht werden, daß sich ein verwertbares, örtliches Siedlungsprofil ergab. Angeschnitten wurden neben Bauschuttschichten, Lehm- und Mörtelestrichen, Backsteinfußböden und Sandbettungsschichten vor allem als wichtigster ältester Befund eine ehemals ca. 0,80 m tiefe und 2,50 m lange, auf der Sohle abgestufte, steilwandig-geböschte Eingrabung in den anstehenden tonigen Sand, die zur Aufnahme von Oberflächenwasser gedient hatte. Dieser Traufengraben – offensichtlich über einen längeren Zeitraum hin mit feinsandigem, schluffigem Sand- und Humusmaterial aufsedimentiert – enthielt nur wenige Tierknochen und Scherben.
Ein aus Feldsteinen erbauter runder Brunnenschacht von ca. 3,50 m Tiefe und 0,95 m innerem Durchmesser (Mauerstärke ca. 0,45 m; äußerer Aufbau ca. 0,75 m) war ausgeräumt und fundleer. Aufgrund vergleichbarer Brunnenfunde ist dieser Zieh- oder Schöpfbrunnen (Typ III, vgl. Stgr. 55) in seinen untersten, ältesten Teilen frühneuzeitlich und hier in das 16. Jh. zu datieren. Aufgehende Teile gehören vermutlich dem 18. Jh. an.
Scherben grauer Irdenware, Steinzeug und grüngelb glasierte Keramik aus den Schichten des Haus- bzw. Siedlungsprofils stammen neben jüngeren Scherbenfunden hauptsächlich aus dem 13.–15. Jh.
Scherben grau-rotbräunlicher, granitgrusgemagerter, dickwandiger Keramik aus den untersten Schichten sind in das 9./10. Jh. zu datieren (Kohlmarkt-Keramik, Gruppe E).

3

UB X / 76:8 / *Wallstraße 8* (1976), Parkhaus Wallstraße (1980) / Fl. 3, Flst. 188/4 / ass. 396 / Brokwech. *Befunderhebung* auf 3700 m² vom 5. bis 11. 7. 1976, *Beobachtung* im 1. Halbjahr 1977.

Auf dem als Teilfläche eines größeren Baugeländes für einen Parkhaus-Neubau ausgewiesenen Grundstück des abgetragenen Leisewitzhauses (vgl. Stgr. 14) wurde mit einem Suchgraben ermittelt, daß die Grundmauern des hochneuzeitlichen Hauses mittels mächtiger, vermörtelter Korbbögen-Fundamente aus Bruchsteinen errichtet worden waren. Sie wurden nicht in den gewachsenen Boden eingetieft, sondern gleichsam schwimmend in einer mächtigen, nassen Faulschlammschicht errichtet, die vom Gewässernetz des mittelalterlichen Oker-Bruches herrührte. Die relativ flachen Bogenfüße standen mit der vollen Höhe von ca. 60 cm zum Zeitpunkt der Befunderhebung im Grundwasser. Dem Probeschnitt wurde aus oberen Schichtbereichen charakteristisches neuzeitliches Fundmaterial entnom-

men. Die mächtige Faulschlammschicht enthielt relativ zahlreich Hausratsabfall, darunter Scherben von grauer Irdenware (13.–15. Jh.), Siegburger und Duinger Steinzeug und grüngelb- bzw. braungelb glasierter Keramik aus dem 15./16. Jh.
Die im Frühjahr 1977 anläßlich des Einbringens der Pfahlbetonfundamente für den Parkhausneubau erfolgte archäologische Kontrolle bei den Bohrarbeiten hat die allgemeinen Siedlungsbefunde und Funde weiträumig bestätigt:
Die Besiedlung des „Bruches" setzt nach den schriftlichen Quellen nicht vor 1433 ein und beginnt vorzugsweise mit der Nutzung von Gartengrundstücken und Budenbebauung.
Beidseitig einer situationsgemäß im Dreieck verlaufenden Wegestruktur – ab Mitte 19. Jh. Leopoldstraße/Wallstraße/Bruchstraße genannt – entwickelt sich die Aufsiedlung mit Häusern, anfänglich in Fachwerkbauweise, nur sehr zögernd, ist aber im Verlauf des 17. Jhs. weitgehend abgeschlossen.

4

UB I/77:5 / *Kohlmarkt* im Bereich der Einmündung der Friedrich-Wilhelm-Straße, Jakobstraße, Ziegenmarkt / Fl. 3, Flst. 547/10 / (St.-Ulrici-Kirchhof). *Fundbergung* auf 54 m² vom 22. 3. bis 1. 4. 1977, sporadisch.

Aus einem breit angelegten Rohrleitungsgraben konnten Skelettfragmente von mindestens 14 Bestattungen vom ehemaligen St.-Ulrici-Kirchhof geborgen werden, die nach den Befunden aus der spätmittelalterlichen Belegungsperiode vor 1544 (Auflassung des Friedhofes, Abbruch der Kirche) stammen.
Die Bestattungen in der Südwestecke des späteren Kohlmarktes belegen hier die großflächige Ausdehnung des Kirchhofes (vgl. Stgr. 21).

5

UB II/77:13 / *Eiermarkt 2, Gemeindehaus St. Martini II*, ehem. St.-Jakobs-Kapelle / Fl. 3; Flst. 365 / ass. 452 / uppe den stenmarkede (1346), Eiermarkt (seit 1479). *Flächengrabung* auf 114 m² vom 6. 9. 1977 bis 3. 4. 1978; sechs Wochen Mai/Juli 1978.

Die Grabungstätigkeit ging auf die Planungen von Dr. A. Wiswedel und Prof. Dr.-Ing. R. Dorn (†) zurück, im Rahmen des Wiederaufbaues der ehem. Jakobskapelle als Gemeindehaus ein archäologisches Untergeschoß einrichten zu lassen, wenn dies vom Grabungsergebnis her vertretbar schien *(Abb. 34)*.
Die Grabung konnte eine vorhergehende Untersuchung von H.-A. Schultz aus dem Jahre 1954 (*Schultz* u. *Stelzer* 1955, 5–23) wieder aufnehmen und sie systematisch zum Abschluß führen. Das aufgrund der zeitlich und technisch eingeschränkten Bedingungen damals erreichte vorläufige Ergebnis wurde hinsichtlich der Vorgängerbauten der spätmittelalterlichen Jakobskapelle (Bau III) um eine Saalkirche mit eingerücktem Rechteckchor als Gründungsbau (Bau I) vermehrt und in Befunden zu den nachfolgenden, schon im September 1954 aufgedeckten drei oder vier Neu- und Umbauten ergänzt. Dies führte zu Veränderungen in Grundriß und Datierung, wenn sich auch bisher die Schwierigkeiten für eine sichere Datierung von Bau I und II nicht ausräumen ließen.
H.-A. Schultz hatte bereits 1966 die von *O. Stelzer* 1955 (a.a.O., 17ff.) vertretene spätkarolingerzeitliche Gründung in das 9. Jh. der damals als Bau I aufgedeckten Kirche (nunmehr Bau II) korrigiert in die Zeit „um 1100/besonders 12. Jh." (*Schultz* 1966, 74). Die Gründe lagen – wie im Prinzip bereits erkannt – im fortgeschrittenen Arbeitsstand der Keramikdatierung.
Bedenken hinsichtlich der Methode, Steinbauten aufgrund von Keramikscherben im Fundament bzw. in dessen Ausbruchsresten gezielt zu datieren, wenn der Forschungsstand nur eine Zeitraumdatierung von 200 Jahren zuläßt, hatte auch *F. Timme* geäußert (1963, 23f.). *E. Lehmann* wandte sich im Grunde schon 1957 gegen die frühe Datierung der Kirche aufgrund von Parallelen des Bautyps („Saalkirche mit Westwerk" und apsidialem Chor) und besonders des Westbaues, die bis in das 11. Jh. wiesen (*Lehmann* 1956/57, S. 218f., Taf. If., XII). *L. Schaefer* machte schließlich auch Einwände gegen die Rekonstruktion des Grundrisses des damaligen Baues I geltend in Hinblick auf die Führung der Umfassungsmauern und der Ostpartie und eines hier nicht integrierten Mauerbefundes vor dem – mit einem Spannfundament(!) versehenen – apsidialen Chor *(Oswald, Schaefer* u. *Sennhauser* 1966, 43).
Nach dem fortgeschrittenen Auswertungsstand der Untersuchungen 1977/78 in Zusammenhang mit den Stadtgrabungen 21 und 31 ergibt sich zur Zeit folgende Übersicht:

Zur Quellenkritik

Obgleich innerhalb der Umfassungsmauern *(Abb. 30)* und in zwei Positionen auch außerhalb im Straßenbereich eine Flächengrabung durchgeführt werden konnte und die 1954 aufgedeckten Fundamentbefunde sich nach ihrer Wiederfreilegung weitgehend in situ befanden und damit integrierbar blieben, ließen sich neben dreißig Profilen (u.a. WO-Leitprofil unter Einbindung der Straße) nur noch sieben neue Teilflächen erfassen, die nicht von Grabgruben und den massiven Einbauten des 18. bis 20. Jhs. gestört worden waren. Die in relativ konstruktiver Lage verteilten Schichtblöcke und Profile mit ihren stratigraphisch und höhenmäßig gut geordneten Fundamentresten, Ausbruchsgruben- und Baugrubenbefunden sowie Estri-

chen *(Abb. 31)* ließen sich aber räumlich in Beziehung setzen und ermöglichten eine hinlänglich gesicherte Rekonstruktion. Erschwerend wirkte sich auch die charakteristische Unregelmäßigkeit der Grundrisse/ Bauten hinsichtlich ihrer nach Tiefen verspringenden Fundamente und mehrteilig abknickenden Bauachsen aus (Turm-Saal-Disposition u.a., vgl. *Abb. 33*).
Nach wie vor besteht jedoch eine Datierungsproblematik für die Bauten I, II und ggf. IIa, die sich relativchronologisch bestimmen, aber vom Typ her eben nicht zeitlich absolut festlegen lassen. Der Versuch einer paläo-magnetischen Datierung für den Zeitpunkt der Brandzerstörung von Bau I wurde gemacht.
Die Kirchen sind über eisenzeitlichen Siedlungsspuren mit zahlreichen Keramikresten erbaut worden. Keramik ab 10./11. Jh. ist erst nachträglich in die Kirchen hereingetragen worden (wohl in Zusammenhang mit Kleingefäßen, Lampen, Vergrabungen), andererseits zufällig in Fundamente und Ausbruchsgruben bzw. Estriche gelangt, wie auch Münzen, die nur in einem Fall (Bau III) einen terminus post quem liefern. Die Keramik mit etwa 500 Scherben stammt aus allen Schichten einschließlich der Störungen und wurde noch zusätzlich aus rd. 300 cbm Bodenmaterial des Kirchengrundes ausgesiebt.
Abzuwarten ist daher das Ergebnis der Flächengrabungen 1985/86 im westlichen Vorfeld der Kirche (vgl. Stgr. 33) in Hinblick auf die Siedlungsbefunde und deren Datierung unter Beurteilung der Siedlungsentwicklung Kohlmarkt – (Burg) – Eiermarkt. Die Vorgängerbauten der späteren Jakobskapelle können offensichtlich nur durch die Zeitstellung der sie umgebenden Siedlung sicherer datiert werden.

Zu Bau I

Saalbau mit eingezogenem Rechteckchor und einspringenden Chormauern. Fundamentgrundriß rekonstruiert nach Resten eines bis zu 0,60 m hohen Packlagers mit Rogensteinbruch und Flußkieseln *(Abb. 32/33:* Befunde 74, 204, 191) als Grabenfundament ohne Baugrube in Verbindung mit Ausbruchsgrubenteilen und Profilen (Befunde 91, auch 53; Westprofil in Höhe Chor zwischen 204 und 74). UK Fundament allgemein höher als Bau II, unvermörteltes Packlager, teilweise schräg geschichtet, im Gegensatz zu Bau II Steine ohne Mörtelspuren und Brandschuttreste nur in Ausbruchsbefunden, stratigraphisch überschnitten vom Turmfundament des Baues II; streckenweise Tonestrich in Höhe um NN 71,30 m (wie vergleichbares Straßen-

Abb. 30 Altstadt-Südwest (Stadtgrabung 5). Jakobskapelle 1979 (li.), Ausgrabungsbefund im Chorbereich, Blick nach Osten (oben re.) und Grabungsfläche mit Profilsteg im Kirchenschiff, Blick nach Westen (unten re.).

niveau) erhalten, mit Brandschutt und starker Brandverziegelung.
Sonderbefunde: Wohl Ofenrest in der NW-Ecke mit drei kleinen Pfostengruben und stark rötlich verziegelter Tonmulde *(Abb. 31)*; in der NO-Ecke durch Estrich hindurch im Sand angelegte Grube 187 mit kästchenförmiger grauer, humos-sandiger Verfärbung auf der Sohle, darin wahrscheinlich Mörtelreste (*Herrmann* 1980), rundes Eisenteil; in der Grubenverfüllung Keramikscherben der älteren Drehscheibenware des 11. Jhs., Granitbruchstück, Holzkohlepartikel. Paläomagnetische Datierung (*Pucher* 1980) „brandbeeinflußter Estrichproben“ ergab eine Bestätigung der archäologisch vorgegebenen Datierung in das 9.–11. Jh. mit einem terminus ante quem „nicht später als etwa 1100 n. Chr.“. Im engeren Umkreis der Grube sieben kleine, spitz auslaufende Pfostengruben, durch den Estrich in den Sand greifend, teilweise mit Holzkohle angereichert. Dm. 6 cm, T. 12 cm.
Maße der Kirche: ca. 14,50 x 5,50 m (Br. Chor 4 m); lichte L. Saal 9,50 m; Br. 3,90 m; Chor 2,60 x 2,70 m; Mauerst. 0,70–0,80 m.
Vorläufige Datierung: 10. Jh.

Zu Bau II

Saalbau mit Halbkreisapsis und einspringenden Apsismauern in Verbindung mit kemenatenartigem, massiven Turmbau im Westen, der wohl zum Saal hin nicht sehr weit geöffnet war. Nach Fundamentresten (einschließlich aufgehendem Turmmauerwerk) (*Abb. 32/33:* Befunde 203, 202, 201, 75, 143/144) und Ausbruchsgrabenrest 53 rekonstruiert; unvermörteltes Packlager mit Rogensteinbruch liegend und im Turmfundament auch hochkant geschichtet mit Abtreppung, hier bis zu Höhen von 1,60 m erhalten; UK Fundament tiefer als Bau I, in Tiefe stark verspringend, mit Steinen, die im Gegensatz zu Bau I sporadisch Mörtelspuren tragen und teilweise über Brandschuttresten liegen. Im Turmbereich über Abtreppung vermörtelte Lagen des aufgehenden kleinquaderförmigen Mauerwerks erhalten. Fragmentarischer Mörtelestrich in Höhe um NN 71,50 m.
Sonderbefunde: Schalenreste mehrerer Eier eines Bauopfers im westlichen Turmfundament.
Maße: L. ca. 20,50 m; lichte Br. des lang-trapezoiden Saals von 4,70 m im Westen auf 4,20 m im Osten

Abb. 31 Altstadt-Südwest, Jakobskapelle (Stadtgrabung 5). Schichtenblock mit Mörtelestrich zu Bau III, davor wohl Ofenrest und Ausbruchsbefund des Fundamentes zu Bau I, innerhalb des Turmfundamentes bzw. der aufgehenden Mauer zu Bau II, Blick nach Norden (li.). Unterste Rogensteinlage 203 (oben re.) des Fundamentes zu Bau II in Höhe Baunaht 206 (Bau III, vgl. Abb. 32), Blick nach Norden. Schichtenblock mit Verfüllung 53 bzw. 61 der Fundament-Ausbruchsgruben zu Bau I bzw. II an der südlichen Innenwand des Schiffes, Blick nach Westen (unten re.).

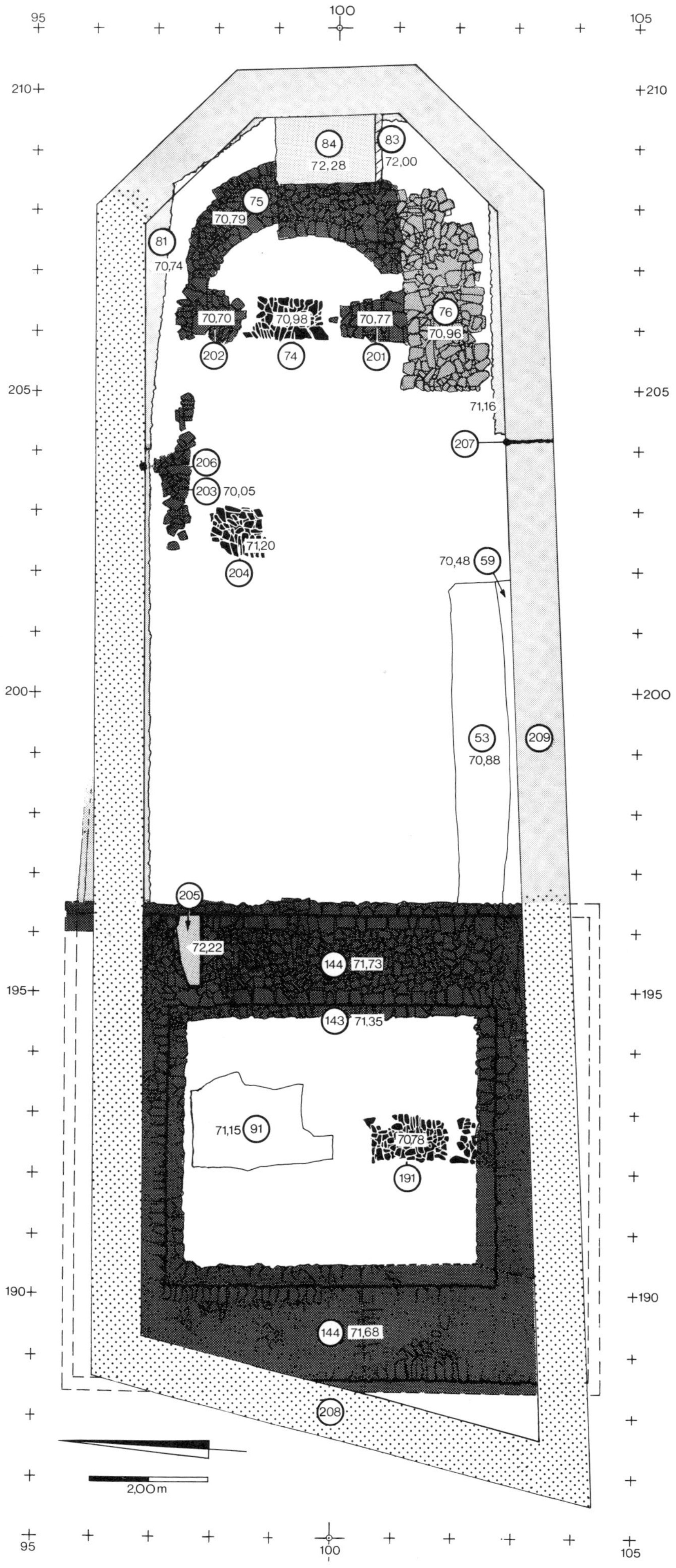

Bau I, 10. Jh. (vorläufige Datierung)

Bau II, um 1100 (vorläufige Datierung)

Bau IIa?, hochmittelalterlich

Bau III, 2. Hälfte 15. Jh.

Bau IV, 1794/95

Abb. 33 Altstadt-Südwest, Jakobskapelle (Stadtgrabung 5). Rekonstruktion der Fundamentgrundrisse zu Bau I und II, Grundrisse der Bauten III und IV. M. 1:150. →

Abb. 32 Altstadt-Südwest, Jakobskapelle (Stadtgrabung 5). Befundplan zu Bau I–IV. M. 1:100.

I

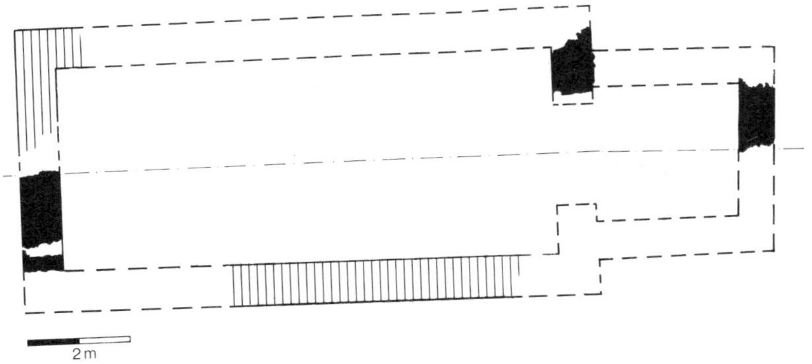

II

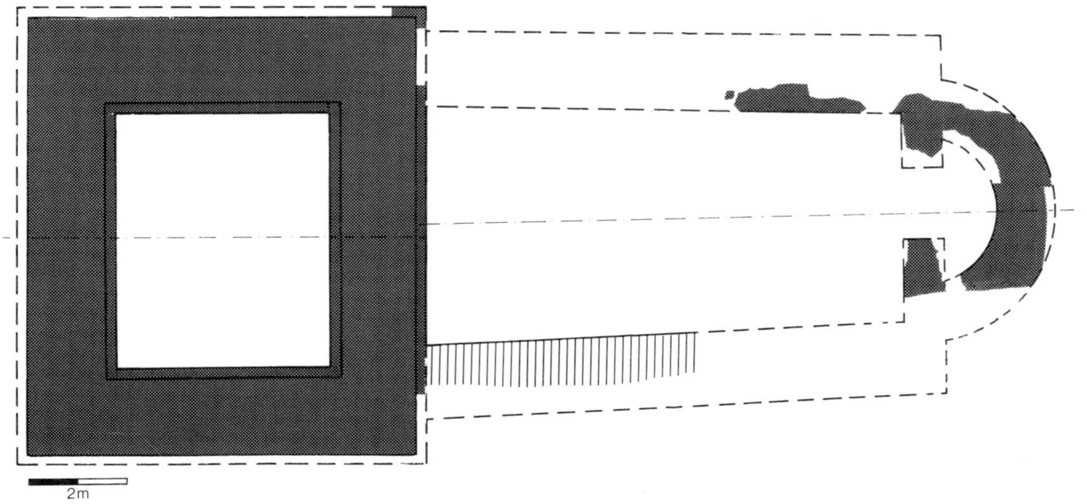

III

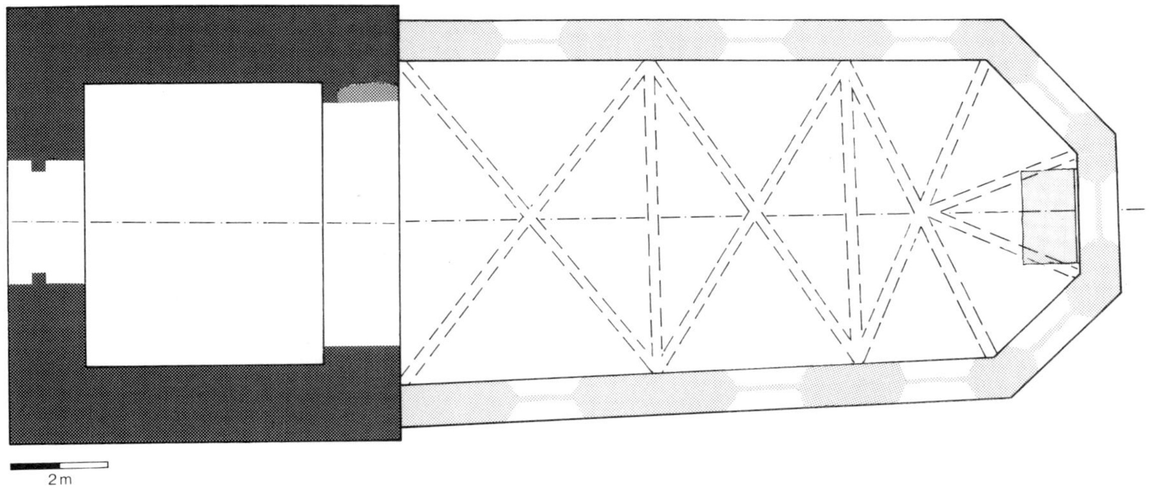

IV

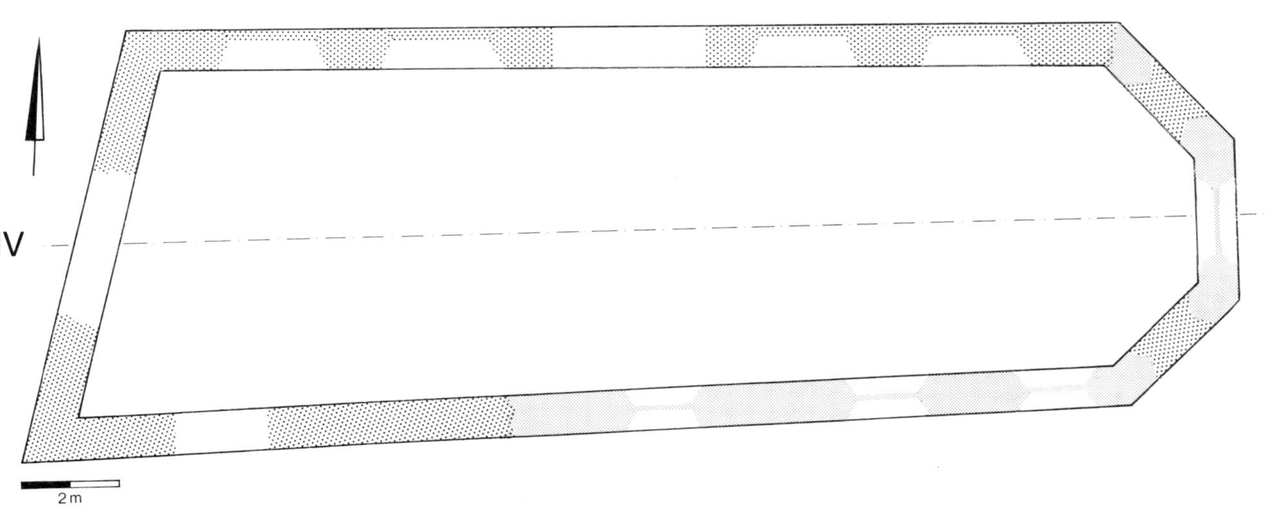

zurückgehend; Mauerst. Apsis ca. 1 m; Außenmaße Turm im Aufgehenden 7,70 x 8,70 m; lichte Maße 4,30 x 5,40 m; Mauerst. im Fundament 1,80–1,90 m, aufgehend 1,50 m.
Vorläufige Datierung: um 1100, nach dem Brand.

Zu Bau IIa

Nach widersprüchlichen, vor allem nur einseitig entlang der Südmauer *(Abb. 32)* auftretenden Befunden 76 (Rogenstein-Fundamentrest im Chor, „zweischalig" gepackt), 59 (wohl Rest der verfüllten Ausbruchsgrube) und dem Estrichfragment 56 *(Abb. 31)* ist nicht mehr zu entscheiden, ob eine einseitige Reparatur des Saales oder ein Umbau mit einem Rechteckchor und gering verbreitertem Schiff vorgenommen wurde. Der Chor könnte dann auch innen halbrund gestaltet worden sein wie in St. Peter, Rommerskirchen, Kr. Grevenbroich, oder wie in St. Clemens in Oslo im frühen 12. Jh. (*Böhner* 1955/56, 509f.; *Binding* 1967, Abb. 15:28; *Molaug* 1975, Abb. 3). Diese Grundrißform käme der Befundlage noch am nächsten. Rekonstruktionsversuche nicht abgebildet.
Datierung: 12. Jh.

Zu Bau III

Saalbau mit Rippenwölbung, 3/8-Chorschluß und umgebautem Westturm. Rekonstruktion des Grundrisses mit Fenstern, Rippenwölbung, nördlichem Schwellenstein eines nun zum Saal weit geöffneten Turmbogens und Altarfundament nach archäologischen und am Bauwerk noch vorhandenen Befunden bzw. nach *Dorn* (1978, 249f.). Für eine zweiphasige Errichtung des Saalbaues sprechen jeweils zwei Baunähte östlich vor dem Chor und westlich vor dem Turm (*Abb. 32,* Befunde 207 und 206 im Osten; Fugen am Turm nicht eingetragen). Der Umbau des Turmes mit Wendeltreppe (Fundamentbefund) könnte ggf. schon mit Bau IIa erfolgt sein, jedoch ist die Mauertechnik für Bau III typisch. Auffällig ist auch die Verwendung unterschiedlichen Steinmaterials: große Rogensteinquader für die Chormauer bis Höhe Baunaht, vorwiegend Bruchsteine für die anschließende Schiffsmauer. Im Estrich zu Bau III fand sich in Höhe NN 72 m im Turmbereich ein Braunschweiger Löwenpfennig aus der Zeit 1378–1386 (vgl. Beitrag *Bilzer S. 291* unter FNr. 77:13/311).
Maße: L. ca. 22 m; lichte Br. von 6,40 m im Osten auf 5,90 m im Westen zurückgehend. Raumvergrößerung zu Bau II: Br. 1,60 m; L. ca. 2 m, Mauerst. unregelmäßig bis 1,20 m; UK Fundament NN 70,50 m.
Datierung: 2. Hälfte 15. Jh. (nach R. Dorn).

Zu Bau IV

Umbau zu einem zweigeschossigen kleinen Tuchhaus mit fünfachsiger nördlicher Fensterfront nach Profanierung 1794/95; Abbruch des Turmes, der Gewölbe und der nördlichen Außenmauer und spitzwinklige Herausnahme der Westfront in Angleichung an die Bauflucht; Grundriß, Aufriß und Querschnitt in Entwurfszeichnungen von *I. G. Renner* (nach Langwagens?) vorhanden (*Rautterberg* 1971, S. 82f., Abb. 45) bzw. Umbau ablesbar im Vergleich des Districtplanes D aus dem Jahre 1766 von *Haacke* mit dem Plan von *Culemann* 1798. Weiterer Umbau 1861 im Inneren zur Getreide- und Produktenbörse.
Datierung: 1794/95.

Abb. 34 Altstadt-Südwest, Jakobskapelle, Eiermarkt 2. Archäologisches Untergeschoß, Raum innerhalb des Turmfundamentes mit Fundamentrest zu Bau I (im Vordergrund li.), Blick nach Nordwest.

Fundangaben zu *Abb. 35*

Ältere Drehscheibenware

1 RS eines Standbodengefäßes mit rund umbiegendem, kantig abgedrehtem Rand, oberhalb und unterhalb des scharfen Umbruchs enggestellte, unregelmäßige, feine Drehrillen, Standboden rekonstruiert; hartgebrannter, kreidig-feinrauher, hellgrau-dunkelgrau gefleckter Scherben, im Bruch grau-bräunlich; wohl Granitgrusmagerung von mittlerer Korngröße, Quarz zurücktretend.
Rekonstr. H. ca. 6,5 cm; Rdm. ca. 9,5 cm. FNr. 77:13/5, Stgr. 5, A 1, Fundtiefe 1,10 m OK modern in sekundärer Lagerung.
Datierung: 10./11. Jh.

Kommentar

Die bisher vereinzelte Scherbe im stadtkernarchäologischen Fundgut hat Vergleichsfunde im Hamburger Fundmaterial der älteren Domgrabung von *R. Schindler* (vgl. Hbg. Inv.-Nr. 50:217, Schnitt G), wie eine erste gemeinsame Durchmusterung des Scherbenmaterials mit *H.-W. Heine,* Hannover, anläßlich des zweiten Keramikkolloquiums im Landesmuseum Schleswig im November 1983 ergab. Der Einblick in das Material wird *Frau G. Gregor* und *Frau U. Bracker* verdankt. Da sich an den Scherben die Ränder nicht erhalten hatten, sind sie offensichtlich von R. Schindler nicht in die systematische Tabelle der Hamburger Geestkeramik einbezogen worden. Datierung nach Schindler aufgrund der Schichtzugehörigkeit: Anfang 9. Jh. und älter (*Schindler* 1951/52, Tab. I, S. 116ff.). Datierung nach H.-G. Stephans typologischen Befunden in Höxter: Mitte 11. Jh. (*Stephan* 1973, S. 54, Taf. 3:10).

2 RS mit hohem, trichterförmig gestelltem, verdickten Lippenrand; auf dem Randumbruch wulstiger Grat; beidseitig deutliche Drehrillen; dünnwandiger, hartgebrannter und rauher, außen rotbrauner, innen hellgrauer Scherben, geschichtet, im Bruch dunkelgrau; weit überwiegend Quarzmagerung von mittlerer Korngröße; Brandspuren infolge sekundärer Brandeinwirkung.
Rdm. ca. 15 cm. FNr. 77:13/385, Stgr. 5, aus Schichten 174/179, Baugrubenverfüllung für Backsteingruft des 18. Jhs., in sekundärer Lagerung.
Datierung: 11. Jh.
3 RS, dreiteilig, mit leicht ausbiegendem Lippenrand, nach innen deutlich abgestrichen; auf der Außenwandung feine, enggestellte Drehrillen; kreidig-körniger Scherben, außen hellrötlich, innen hellbräunlich-beigefarben, im Bruch geschichtet mit hellblau-grauem Kern. Nach einer ersten Durchmusterung von *M. Okrusch:* Matrix mikroskopisch kaum auflösbar, überwiegend Quarzmagerung, mittlere Korngröße von max. 2 mm Dm., meist gut gerundet, nicht klassiert.
Rdm. ca. 17 cm. FNr. 81:17/483, -442, Stgr. 31, Fl. 3, aus sandiger Füll- und Planierschicht 158.
Datierung: 10. Jh.
4 RS eines überaus stark nach außen verdickten, vollrunden Randes mit deutlichen Drehrillen; feinrauher, dickwandiger rotbrauner Scherben, im Bruch grau, rotbraun gemantelt, wohl engobiert; grobe Granitgrusmagerung; Brandspuren.
Rdm. ca. 21 cm. FNr. 77:13/330, Stgr. 5, aus Schicht 91 in spätmittelalterlicher sekundärer Lagerung.
Es liegen Vergleichsscherben der Grabung *H. A. Schultz* aus dem Jahre 1954 sowie der Stgr. 55, St. 19 (FNr. 82:8/45) in sekundärer Streulage vor.
Datierung: 2. Hälfte 11. Jh. (bis um 1100).

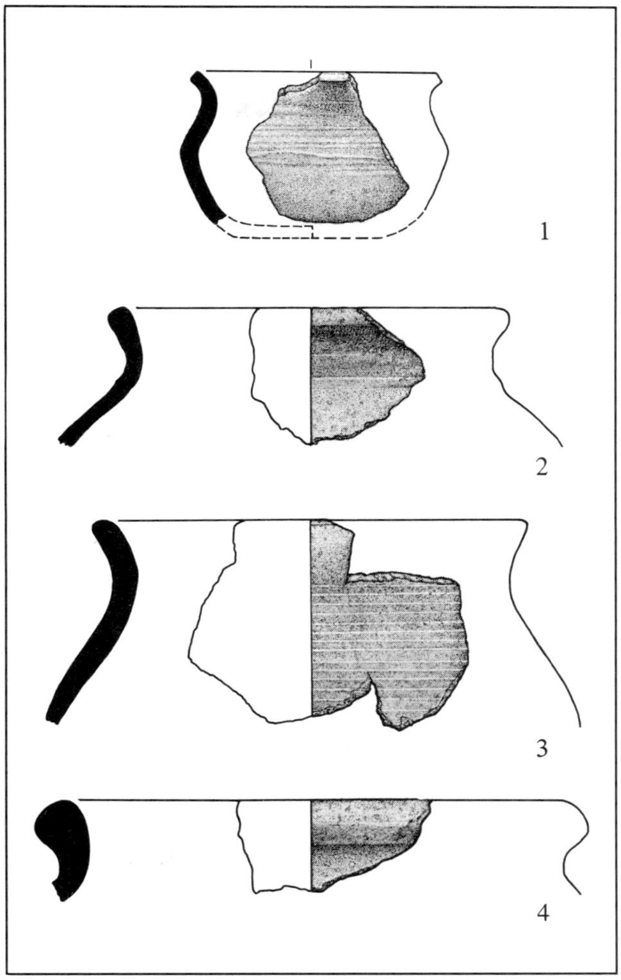

Abb. 35 Altstadt-Südwest, Jakobskapelle (Stadtgrabung 5). Ältere Drehscheibenware; 10./11. Jahrhundert M. 1:3.

6

UB I / 77:15 / *Poststraße* und im Kreuzungsbereich der Brabantstraße und Poststraße vor dem Ostgiebel des Gewandhauses / vor der wessele (1405).
Befunderhebung auf 10 m² vom 13.–20. 9.1977.

Im Verlauf systematischer Kanalisationsarbeiten auf der Poststraße/Brabantstraße mit bis zu 3 m breiten Längsaufschlüssen und Querschlägen konnte die Straßenstratigraphie in zerstörungsfreien Abschnitten beobachtet, untersucht und ausschnittweise dokumentiert werden.
Aufgrund der Keramikfunde ist die älteste Kulturschicht vor dem Ostgiebel des Gewandhauses in das 11. bis 13. Jh. zu datieren. Auf der Poststraße, die vom Kohlmarkt nach Westen abzweigt, stammt die älteste grau-sandige Straßenschlammschicht über einem typischen graugrünen, verhärteten Infiltrationshorizont (Regenwasser) des anstehenden Sandes erst aus der Zeit um 1200. Eine Kulturschicht mit Kohlmarkt-

Keramik des 9./10. Jhs. ließ sich nicht feststellen. Sie kann aber während des hochmittelalterlichen Stadtausbaues (Sandgewinnung) abgetragen worden sein. Für den Ziegenmarkt, der den Kohlmarkt in südlicher Richtung verläßt, ist inzwischen auf einen vergleichbaren Straßenbefund zu verweisen (Stgr. 82, April 1985).
Das heutige Straßenniveau liegt um 0,95–1,10 m höher. Eine kontinuierlich-ablagernde Straßenstratigraphie bis in das 20. Jh. hinein, wie sie andernorts etwa auf der Jöddenstraße beobachtet werden konnte (Stgr. 10), ließ sich nicht (mehr?) erfassen. Der hochmittelalterlichen Straßenschicht folgt eine 40–50 cm mächtige Sandaufschüttung unbekannter Zeitstellung, die von einem modernen Schichtenpaket (Sandauftrag, Bauschutt, Sandbettung, Straßenbelagreste, Beton) überlagert wird.
Der 1938 auf der Poststraße ungefähr ab Höhe Schützenstraße beobachtete und durch die Rohrverlegung damals offensichtlich beseitigte massive Knüppeldamm aus Eichenrundhölzern (*Flechsig* 1938, 30f.) konnte nicht noch einmal angeschnitten werden. Er lag etwa 1 m unter Straßenniveau (1938), verlief unmittelbar vor der neuzeitlichen, nördlichen Bauflucht und bog etwa ab Mitte Poststraße in Richtung NW (zum Altstadtmarkt?) um.
Die These *P. J. Meiers* (vgl. *Stelzer* 1954, 76), in der Poststraße sei für die Anfänge Braunschweigs als Wikort topographisch die typische Einstraßenanlage zu erkennen, läßt sich nach den vorliegenden Befunden nicht stützen.

7

UB II / 77:18 / *Petersilienstraße 6,7 (1944)* / Fl. 3, Flst. 436, 437 / ass. 545, 635 / pettersillienstrate (1541).
Befunderhebung auf 10 m² vom 23. 9. bis 4. 10. 1977.

Das West-Ost orientierte Schichtprofil eines Kanalisationsgrabens im Zuge der Verbreiterung der Petersilienstraße konnte archäologisch ausgearbeitet und auf 14 m Länge bis zu 4,50 m Tiefe ab OK dokumentiert werden. Der Graben durchschnitt den Hofbereich der 1944 kriegszerstörten Bebauung. Straßenseitig waren die Häuser vollständig unterkellert.
Im Profil wurden in einem östlichen Teilbereich im Abstand von ca. 2 m eine steilmuldenförmige und eine sohlgrabenartige Eintiefung erfaßt (T. ca. 1 m), die in frühmittelalterliche Kulturschichten eingriffen und deren Grabenauffüllungen sich über einen längeren Zeitraum hin subaquatisch feinschluffig gebildet hatten. Es handelte sich um traufenseitige Abwassergräben einer (zur Straße hin) giebelständigen Grundstücksbebauung (*Thomsen* 1937, 87ff.). Ein solcher „ovesval" wurde auch in Stgr. 2 und 61 erfaßt. Der Grabenverlauf wurde auf 2 m Länge beobachtet. Er wird in der Fläche der Stgr. 33 weiterverfolgt werden können. Aufgrund der Streuscherben sind die Traufengräben wohl in das 13. Jh. zu datieren.
Im westlichen Profilbereich, in einer erweiterten kleinen Fläche von ca. 2x5 m, konnte ein offensichtlich ursprünglich gerade im Ausbau befindlicher Brunnenschacht bis in eine Tiefe von ca. 3,50 m ab OK mittelalterlicher Bauhorizont teiluntersucht werden.
Der Brunnen ist nicht fertiggestellt worden. Die steilmuldenförmige Baugrube, die sich von 4 auf 1,20 m verjüngte, wurde durch Brandschutt aufgefüllt. Dieser bestand hauptsächlich aus verziegeltem Gefachelehm mit Strohmagerung, verkohltem Holz, Gefäßbruch und einer großen Vorratsmenge verkohlten Getreides (vgl. Beitrag *Willerding, S. 207*).
Vierpaßbecher, Schälchen, Winkelhenkelgrapen der jüngeren grauen Irdenware datieren den Fundkomplex in Verbindung mit überlieferten Stadtbränden der Jahre Oktober 1277 / Mai 1278 *(Dürre* 1861, 108/111*)* in das späte 13. Jh. *(Tab. 4, S. 36ff.)*.

8

UB VI / 77:19 / *Brüdern – St. Ulrici* / Fl. 2, Flst. 381 / 1 / ass. 126 / –.
Befunderhebung auf 57 m² vom 10. 10. bis 15. 11. 1977.

In Verbindung mit Restaurierungs- und Bauarbeiten in der Brüdernkirche wurden Baugruben archäologisch genutzt und vier ergänzende Profilschächte angelegt, soweit dies zeitlich möglich war. Eine flächenmäßig ausgreifende Befundsicherung zur Grundrißgestaltung und Datierung des Gründungsbaues der Franziskaner, der für das 2. Viertel des 13. Jhs. angenommen wird *(Berndt* 1978, B 1ff.), konnte nicht durchgeführt werden.
Das realisierbare Suchschnittsystem hat die erhofften schnellen, eindeutigen Befunde nicht erbracht. Es hat hingegen widersprüchliche, lückenhafte Fluchten von Grundmauerresten, Ausbruchsgruben und Estrichen aufgedeckt, die ohne spekulative Ergänzungen nicht zu interpretieren sind und zudem zwei unterschiedliche Rekonstruktionssysteme zulassen: eine breite, einschiffige Saalkirche mit eingezogenem Rechteckchor oder einen dreischiffigen Bau ggf. mit ⅜ Chor *(Rötting* 1978a, R 1ff.).
Die ermittelten Befunde zur hochmittelalterlichen Altlandschaft und zu den Besiedlungsvorgängen sind von wesentlicher Bedeutung.
Zwei nördliche, getrennte Bereiche des Baugrundes der ab Mitte 14. Jh. bis Mitte 15. Jh. vergrößerten Brüdernkirche *(Dorn* 1978, 209ff.) haben bis in die Zeit um 1200 zur „Rennelbergbach-Niederung" gehört (Stgr. 10, 60; *Farbtaf. 2)*. Am Rand der Niederterrasse, aus der eine kleinere Halbinsel nach Norden ragte (vgl. Stgr. 21), hat eine intensive Siedlungstätigkeit seit dem 11. Jh. stattgefunden, wie dies Grubenhausbefunde, Keramikscherben, verziegelter Flechtwandlehm und Tierknochen belegen.

9

UB II / 77:20 / *Im Straßenbereich An der Martinikirche; Eiermarkt; Steinstraße; Knochenhauerstraße* / Fl. 3; Flst. 563/1, 564, 566 / – / by sunte Mertens kerkhove (1358); Eiermarkt (seit 1479), uppe den stenmarkede (1346); Steinstraße: uppe dem steynmarkede (1300); Knokenhowerstrate (1341), Alte Knochenhauerstraße (seit 1858).
Befunderhebung auf 240 m² vom 31. 10. 1977 bis 10. 1. 1978 mit Unterbrechungen.

Mit großzügiger Unterstützung der Stadtwerke konnte eine systematische Befunderhebung auf 200 m Straßenlänge durchgeführt werden. Die ungewöhnliche archäologische Maßnahme in einem Kanalisationsgraben wurde anläßlich der Verlegung des Hauptwasserrohres ermöglicht.
Herauszustellen sind unter zehn aussagekräftigen Stellen besonders zwei Ergebnisse:
Erstens Stelle 5, Eiermarkt 2, vor der St.-Jakobs-Kapelle. Hier wurde ein hochmittelalterliches Straßenpflaster aufgenommen, das mit faustgroßen, häufig dreikantig (oben plan, unten spitz) zugerichteten Rogenbruchsteinen und Flußgeröll in den gewachsenen Sand verlegt worden ist (Straßendecke ca. 1,10 m unter OK Kopfsteinpflaster/Grabungszeit, d. h. in Höhe NN 71,30 m). In der 0,30–0,40 m mächtigen schwarzgrauen, sandig-schluffigen Straßenschlammschicht befand sich ein zweites, höherliegendes Bruchsteinpflaster und reiches Fundmaterial des 13. Jhs. Die Pflasterung beginnt jeweils in Höhe Jakobskapelle und erstreckt sich in Richtung Steinstraße, deren Name seit 1300 als „uppe dem steynmarkede" überliefert ist, nach Süden.

Zweitens Stelle 2, im Straßenbereich An der Martinikirche vor ass. 425. Hier konnte eine bruchsteingemauerte Kloake mit trapezoidem Grundriß und einer spitz ausgezogenen Ecke des Typs VIa untersucht werden. Die Kloake ist einer ehem. Parzelle südöstlich der Martinikirche zuzuweisen und aufgrund des Baumaterials wie technischer und formaler Baumerkmale in das 14./15. Jh. zu datieren (Innenmaße: L. 1,35 m; Br. ca. 0,90 und 1,10 m; T. 1,55 m; gemessen ab Fundhorizont, 25 cm unter OK Straßenpflaster/Grabungszeit; Mauer in Sandmörtelbindung, 0,45 m stark; Steinplattenboden).

Der gemauerte Schacht ist nach den Restbefunden offensichtlich mehrfach geleert worden. Das ergrabene jüngste Füllgut bestand ausnahmslos aus Hausmüll.

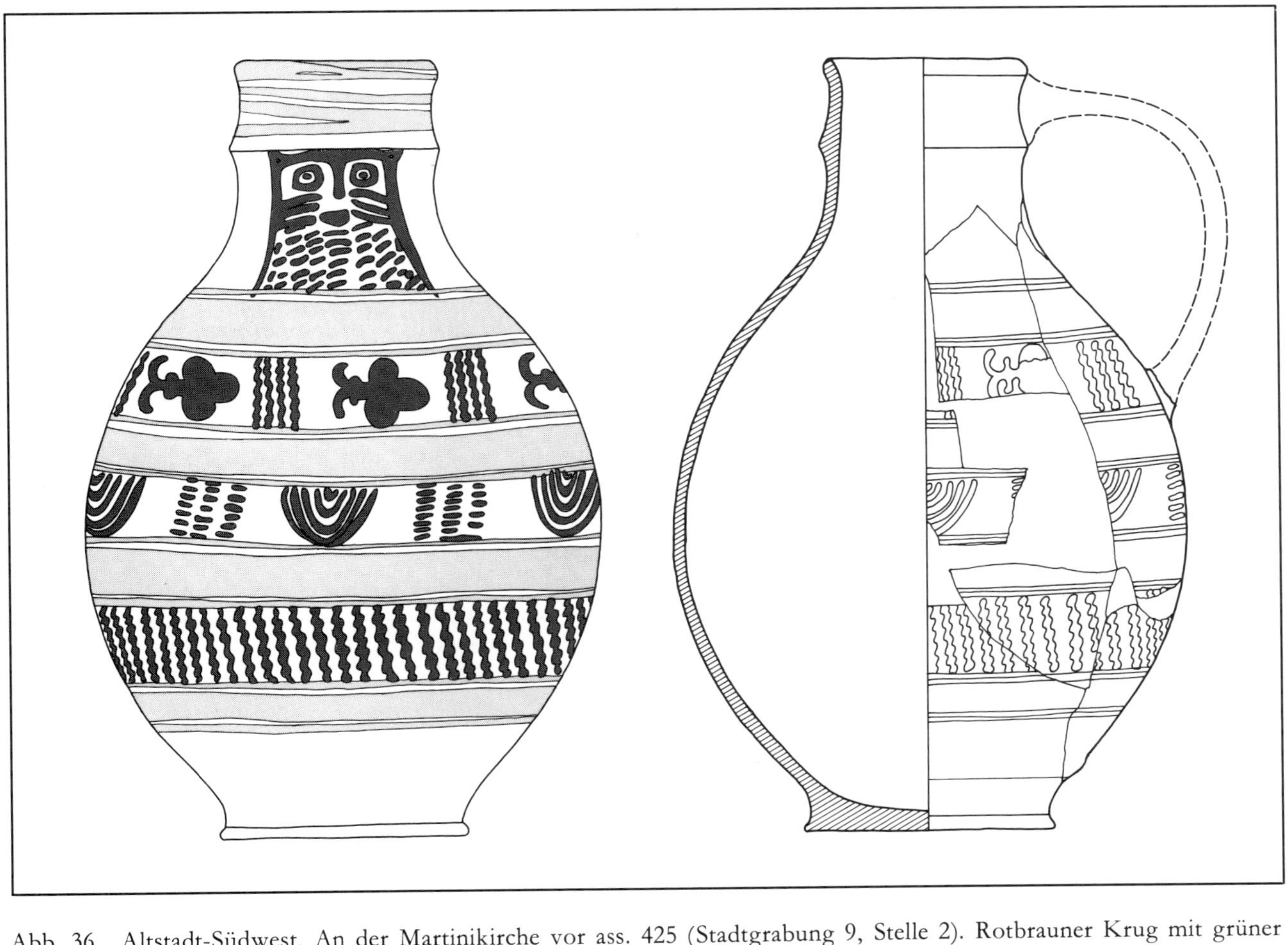

Abb. 36 Altstadt-Südwest, An der Martinikirche vor ass. 425 (Stadtgrabung 9, Stelle 2). Rotbrauner Krug mit grüner Eulenmaske und geometrisch-vegetabilem Malhorndekor, bemalte Irdenware; Mitte 16. Jh. M. 1:3.

Der Geschirrbruch enthielt neben einfarbig bleiglasierter Irdenware in großer Menge vor allem qualitätvolle Funde der Weserware *(Abb. 36)*, des Steinzeugs (Bartmannkrug rheinischer Herkunft), des Hohlglases (mit Nuppen besetzte zylinderförmige und optisch gemusterte, achtkantige Stangengläser) sowie Münzen. Die Deponierung stammt aus der Mitte bis 2. Hälfte des 16. Jhs.

Fundangaben zu *Abb. 36*

Beidseitig transparent bleiglasierter, hellrotbraun-grundiger Krug mit grüner Eulenmaske und geometrisch-vegetabilem Malhorndekor. Eiförmiger Gefäßkörper auf einziehendem flachen, wenig profiliertem Fuß; besonders auf der Innenwandung starke Drehriefentextur; zweifach leicht einschwingender Zylinderhals mit gratigem Wulst und nach außen leicht verdicktem, unterschnittenem Steilrand; wohl ausgreifender, unterrand-schulterständiger Bandhenkel (rekonstruiert).
Hellrotbrennender, pinkfarbener, dichter, schiefriger Scherben; sehr feine, klassierte Quarzmagerung; sehr hart gebrannt. Auf dem Gefäßkörper vier horizontal umlaufende, ca. 1,5 cm breite „gelbe" Malstreifen, jeweils flankiert von Malstrichen, alternierend mit Zwischenzonen grüner Bemalung: vertikal gestellte, gereihte Schlängel; ineinandergestellte bogenförmige und kurze, horizontal abgesetzte Strichgruppen; Dreiknollenmotive mit ankerförmigem Keimling; auf Schulter und Hals eine 5,5 cm hohe Eulenmaske; zwischen Halswulst und Rand ein Spiralband.
Eine nach dem Schrühbrand aufgebrachte transparente Bleiglasur läßt das mit weißgrauem Tonschlicker aufgetragene Malhorndekor gelb erscheinen, versehen mit einem Zusatz von Kupferoxyd entsprechend grün. Gefäßkörper und Dekor ergänzt.
Erh. H. 30,8 cm; Dmax. 20,7 cm; Rdm. 8,2 cm. FNr. 77:20/2.
Datierung: Mitte 16. Jh.

Kommentar

Aufgrund der Machart und des geometrisch-vegetabilen Dekors gehört der Krug der Weserware an und ist seiner Herkunft nach dem südniedersächsischen „Pottland" zuzuschreiben (*Stephan* 1975, Abb. 5f.; 1981a, 55ff.; 1981b, 84f. *Löbert* 1982, 19f.). Obgleich in der Gesichtsmaske ein adaptierter Stil der rheinischen Bartmannkrüge auftritt, liegt doch offensichtlich ikonographisch eine Eulendarstellung vor, wie bisher bekannt gewordene Parallelen von Bartmannkrügen der Weserware zeigen (*Löbert* 1982, Abb. 17f.). Es handelt sich um einen singulären Fund, vergleichbar mit dem 1601 datierten Krug des Bremer Schmiedeamtes, der stilistisch der Werrakeramik angehört (*Stephan* 1981b, 81).
Das zeitlich um die Mitte bis in die 2. Hälfte des 16. Jhs. konzentrierte Inventar der Abfallgrube der St. 2 enthält auch Münzfunde, wie u.a. einen Körtling von 1497 der Stadt Göttingen und einen Nürnberger oder Harzer Rechenpfennig aus der 2. Hälfte des 16./1. Hälfte des 17. Jhs. (vgl. Beitrag *Bilzer, S. 293*).
Die Scherben des Kruges fanden sich im ältesten Schichtbereich zwischen 1,20 m und 1,55 m unter OK Fundhorizont. Danach ist eine relativ frühe Datierung des Kruges um die Mitte des 16. Jhs. anzunehmen.

10

UB XI/78:3 / *Jöddenstraße 7, 8, 9* (1944); ferner Straßenbereiche *Jöddenstraße und Meinhardshof* sowie ausgewählte angrenzende Parzellen und flächenweise das umliegende *Packhof-Areal* (1944), begrenzt durch *Lange Straße, Küchenstraße, Neustadtrathaus, Höhe, Schild* (1978) / Fl. 15; Flst. 137/1 u.a. / ass. 1371, 1372, 1373 u.a. / Jodenstrate (1320), Hern Emberns hof, Membernshof (1320).
Flächengrabung auf 447 m², *Befunderhebung* auf 12815 m², *Fundbergung* auf 1995 m² vom 1. 3. bis 15. 7. 1978.

Auf dem ehemaligen südlichsten Wohnquartier der Hagenbrücken-Bauerschaft der Neustadt im Umfeld des Rathauses, randlich begrenzt vom Weichbild Sack, mußte vor Grabungsbeginn zunächst das Straßen- und Parzellensystem vor Ort rekonstruiert werden, wie es Ende 1944 noch bestanden hatte. Infolge völliger Kriegszerstörung und der nachfolgenden Nutzung des Geländes als Parkplatz war eine Stadtteilwüstung entstanden. Es gelang, mit Unterstützung des Vermessungsamtes unter Verwendung der Allersschen Vermessungslinien, die im 19. Jh. auch kartographisch festgelegt wurden, rd. 15300 m² Fläche wieder historisch-topographisch und planmäßig zu strukturieren. Das Grabungsgebiet ist dann in vier unterschiedlich große und grabungsmethodisch wie aufgabenmäßig abgestufte Grabungszonen aufgeteilt worden *(Abb. 37)*.

Zone I

Mit einer Flächengrabung auf 447 m² wurde die Entwicklung der Bebauung und Nutzung der nördlichen Kleinparzellierung auf ass. 1371, 1372 und 1373 an der Jöddenstraße im Kreuzungsbereich mit dem Meinhardshof untersucht. Miteinbezogen waren die Straßenbereiche und die nach Norden anschließenden Teile der Parzellen. So gelang es, den Ablauf der Besiedlung flächenbezogen zu klären. In Höhe der südlichen Bauflucht der Jöddenstraße gegenüber den genannten Kleinparzellen wurde als ältester Befund ein Teil der Stadtmauer erfaßt (*Abb. 37,* St. 31), die ursprünglich wohl spätestens ab viertes Viertel des 12. Jhs. die Altstadt hier nach Norden zu schützte (vgl. hierzu die älteren Ansichten von *H. Meier* 1911, 15f.).
Als Leitprofil wurde das Profil an der Ostkante der Grabungsfläche dokumentiert. Es ist wegen der überraschend aufgedeckten Altlandschaftsstruktur in der Zone IV abschnittsweise und in der Flucht teilweise verspringend nach Norden bis zur Baugrubenkante verlängert worden *(Abb. 8, S. 20)*.
Mit diesem Basisbefund wurde zugleich überraschend festgestellt, daß die Grundstücke Jöddenstraße 7, 8 und 9 wie in gleicher Weise auch die anderen Parzellen in der entsprechenden West-Ost-Flucht über einer ehem. Niederung liegen, die vorläufig als Rennelberg-

Abb. 37 Neustadt-Süd/Sack-Nord, Jöddenstraße 7–9, Meinhardshof 12–16 u.a. (Stadtgrabung 10). Grabungsplan der Zonen I–IV mit ausgewählten Hauptbefunden. M. 1:1250.

bachniederung zu bezeichnen ist und die in den westlichen Okeraltlauf, wohl in Höhe Hagenmarkt, einmündete (vgl. *Abb. 7, S. 19* bzw. *Farbtaf. 2*).

Nach einer großflächigen Aufschüttung der Talaue (vgl. Beitrag *Schneider, S. 191*) in den Jahren nach 1200 ist die ältere Stadtmauer abgebrochen, die Jöddenstraße angelegt (vgl. Oberflächenbefund aus der 1. Hälfte des 13. Jhs. mit Ausbruch der Stadtmauer auf *Farbtaf. 10a)* und zunächst eine Großparzellierung in Richtung Küchenstraße mit von dort ausgehender Bebauung (frühneuzeitlich genannt ass. 1384 und 1383) vorgenommen worden. Nach *K. Kablitz* (Beitrag *S. 237f.*) erfolgte die Aufteilung der Kleinparzellen ass. 1371–1373 aufgrund der archivalischen Quellen spätestens 1320.

Die archäologischen Quellen, die flächenmäßig auf ass. 1372 bis in das 17. Jh. erfaßt werden konnten, belegen vorwiegend seit Ende 14. Jh. und bis in das 16. Jh. die Anwesenheit von hier wohnenden und arbeitenden Metallhandwerkern, über die die archivalischen Quellen keine Auskunft geben.

Zonen II und III

Vorrangig wurden die Kloaken und Brunnen auf den südlichen Parzellen an der Jöddenstraße durch eine Fundbergung untersucht (vgl. *Abb. 37;* Zone III in Höhe Neustadt-Rathaus, Zone II zugleich im Parzellenbereich ass. 2759–2761 am Meinhardshof 14–16).

Zur Beurteilung einer möglichen nachträglichen Entstehung der Parzellen ass. 2758–2761 am Meinhardshof vermutlich zu Beginn des 15. Jhs. zuungunsten der entsprechenden südlichen Parzellen ass. 1364–1366 an der Jöddenstraße, wie sich nach *K. Kablitz* (1983) aufgrund der kartographisch-archivalischen Quellenlage folgern läßt, sind auch die Kloakenbefunde heranzuziehen, die aber lagemäßig auf den ersten Blick diese These nicht zu stützen vermögen (vgl. *Abb. 37*). Im Rahmen der zukünftigen Grabungsauswertung werden auch in diesem Zusammenhang Zeitstellung und Fragen einer möglichen gemeinsamen Benutzung von Kloaken zu diskutieren sein.

Vorwiegend stammen die überwiegend in Bruchstücken aufgenommenen schätzungsweise 5000 Gegenstände der Sachgutbergung aus den zwölf Kloaken der Zone II (vgl. Fundangaben *Abb. 38–51*), besonders aus der St. 14, einer Steinkloake mit ca. 67 cbm Fassungsvermögen des Typs VIb (vgl. *Abb. 25, S. 54* und Kommentar zu den Holzfunden der *Abb. 38–41*). Brunnen und Kloaken wurden aber auch in Zone IV untersucht (vgl. Beitrag *Busch,* Fayencescherben aus St. 32, *S. 265ff.*).

Zone IV

Von weittragender Bedeutung für die stadtarchäologische Arbeit waren hier die Ergebnisse im Hinblick auf die Fragen nach der orohydrographischen Rekonstruktion der Altlandschaft und der Beziehung zum hochmittelalterlichen Stadtausbau der Zeit 1160–1220, die schlaglichtartig 1978 die besondere Notwendigkeit dieser Untersuchungen bewußt machten.

Es gelang, den seit *E. Hundertmark* (1941, 16) bzw. *Banse* (1940, Abb. 1) weiter südlich in Richtung Burg vermuteten Quellbach vom Rennelberg (*Abb. 6, S. 18*), der 1969 von Stegmann aufgrund der ihm zur Verfügung stehenden methodischen Möglichkeiten praktisch schon als isoliertes Teichgebiet in richtiger Lage erfaßt wurde, aber als Wasserlauf unerkannt blieb, archäologisch zu lokalisieren, ihn als Niederung zur Oker hin zu öffnen und den Bach mit einem späteren Wehrgraben zu identifizieren, zu dem er, mit Uferpalisaden befestigt, wahrscheinlich im vierten Viertel des 12. Jhs. umgebaut worden war (gesicherte dendrochronologische Bestimmungen sind abzuwarten).

Dieser Wehrgraben hatte in Verbindung mit der Stadtmauer (vgl. Zone I) als wirkungsvoller Schutz im Norden der Altstadt gedient. Nach der schrittweisen Trockenlegung und Aufschüttung mit Sandmaterial wohl in den Jahren nach 1200 entstand das Neubaugebiet mit dem erstmals archivalisch 1299 erwähnten Rathaus der Neustadt.

Fundangaben zu den *Abb. 38–41*

Holzgeschirr, Holzspielzeug
Kurzstielige Löffel

38:3 Spatelförmige Grundform; langovale, flache Mulde mit feinen senkrechten Drehrillen; Stiel leicht facettenartig geschnitzt, auf seiner Oberseite eingeschnittenes Pfeilmuster; Tanne. Wenig beschädigt.
L. 11,4 cm; nach Restaurierung 11 cm. FNr. 78:3/864, St. 37.
Datierung: 14. Jh.

38:2 Geschwungene Grundform mit steil abknickend ausgedrehter Mulde und abgekantet geschnitztem Stiel; Nadelholz. Unbeschädigt.
L. 14,1 cm; nach Restaurierung 13,8 cm. FNr. 78:3/233.2, St. 14, oberhalb Kalkschicht.
Datierung: 15. Jh.

Näpfe

38:4 Steilmuldenförmiger Gefäßkörper, Standboden; innen abgedreht, außen flächig-facettenartig grob behauen (geschnitten); Esche. Rand gering beschädigt.
H. 5 cm; Rdm. 14,5 cm. FNr. 78:3/237, St. 14, unterhalb Kalkschicht.
Vgl. Lübecker Typ nach *Neugebauer* (1975, Abb. 16a).
Datierung: 14. Jh.

39:2 Steilmuldenförmiger Gefäßkörper, abgesetzter Standboden; beidseitig abgedreht, auf der äußeren Wandung feine Drehrillen. Unbeschädigt.
H. 6 cm; Rdm. 12,1 cm. FNr. 78:3/727, St. 17.
Datierung: 15. Jh.

39:3 Abgesetzt steilmuldenförmiger Gefäßkörper, Steilrand; profilierter Standboden; an der Außenwandung markiert eine Drehrille den Umbruch zum Steigbord; quadratischer Blattgriff, vierteilig tiefer angesetzt und abgedreht; Ahorn. In zwei Teilen erhalten, Rand teilweise beschädigt.
H. 4,8 cm; Rdm. 9,8 cm. FNr. 78:3/729, St. 15.
Vgl. Varianten in Lübeck und Höxter (*Neugebauer* 1975, Abb. 20; *Stephan* 1972, Abb. 135:5).
Datierung: 15. Jh.

41:2 Steilmuldenförmiger Gefäßkörper; leicht abgesetzter Standboden; beidseitig abgedreht, auf der Außenwandung nach Drehwulst jeweils leicht abknickende Kontur; Ulme. In zwei Teile zerbrochen, Wandung mit Rand zu dreiviertel erhalten.
H. 8,4 cm; Rdm. 20,2 cm. FNr. 78:3/240/237, St. 14, unterhalb Kalkschicht.
Datierung: um 1400.

39:1 Daubenschälchen in konischer Grundform; aus 16 Dauben geböttchert, mit zweifachem Weidenreif gebunden, Boden in Nut höher eingesetzt; Fichte. Gefäß rekonstruiert.
H. 8 cm; Rdm. 18 cm. FNr. 78:3/352 I, St. 14, unterhalb Kalkschicht.
Typ allgemein überregional verbreitet.
Datierung: 14. Jh.

Teller

38:1 Flachmuldenförmige Grundform, Fahne innen vom Steigbord mit Grat abgesetzt, außen Rille; schwach abgesetzter Standboden; beidseitig abgedreht, auf der Wandung innen und außen feine Drehrillen; dreifache bzw. vierfache gegenständige Randkerbung; Ahorn. Leicht verzogen, mit einer Randbruchstelle.
H. 3,1 cm; Rdm. 18,3 cm; nach Restaurierung 17–17,4 cm. FNr. 78:3/279, St. 14, unterhalb Kalkschicht.
Datierung: um 1400.

39:4 Flachmuldenförmige Grundform mit glattem Spiegel, abgesetztem Steigbord, besonders an der Außenwandung markiert durch abgedrehten Grat, abgesetzt ausschwingende Fahne mit Lippenrand; auf Spiegel und teilweise auf Steigbord sekundäre, eckige und rundliche Durchlochungen; beidseitig abgedreht, Rand unregelmäßig gekerbt. Gefäß zur Milchverarbeitung. Fragmentarisch erhalten.
H. 4,6 cm; rekonstr. Rdm. 26,8 cm. FNr. 78:3/250, St. 17.
Datierung: 15. Jh.

39:5 Flachmuldenförmige Grundform; Spiegel durch zwei starke Drehrillen angedeutet; steiler, abknickender Steigbord mit Drehrillen und horizontal ausbiegender, gewölbter Fahne; Lippenrand; abgesetzter Standboden; beidseitig abgedreht; Innenfläche teilweise poliert, außen Drehrillen bis in 2 cm Höhe; Rand in regelmäßigen Abständen (6–7 cm) mehrfach leicht gekerbt. Starke Gebrauchsspuren vom Messer. Fragmentarisch erhalten.
H. 5,5 cm; Rdm. 30,7 cm. FNr. 78:3/250, St. 17.
Vgl. Lübecker Typ nach *Neugebauer* (1954, Abb. 5B).
Datierung: 15. Jh.

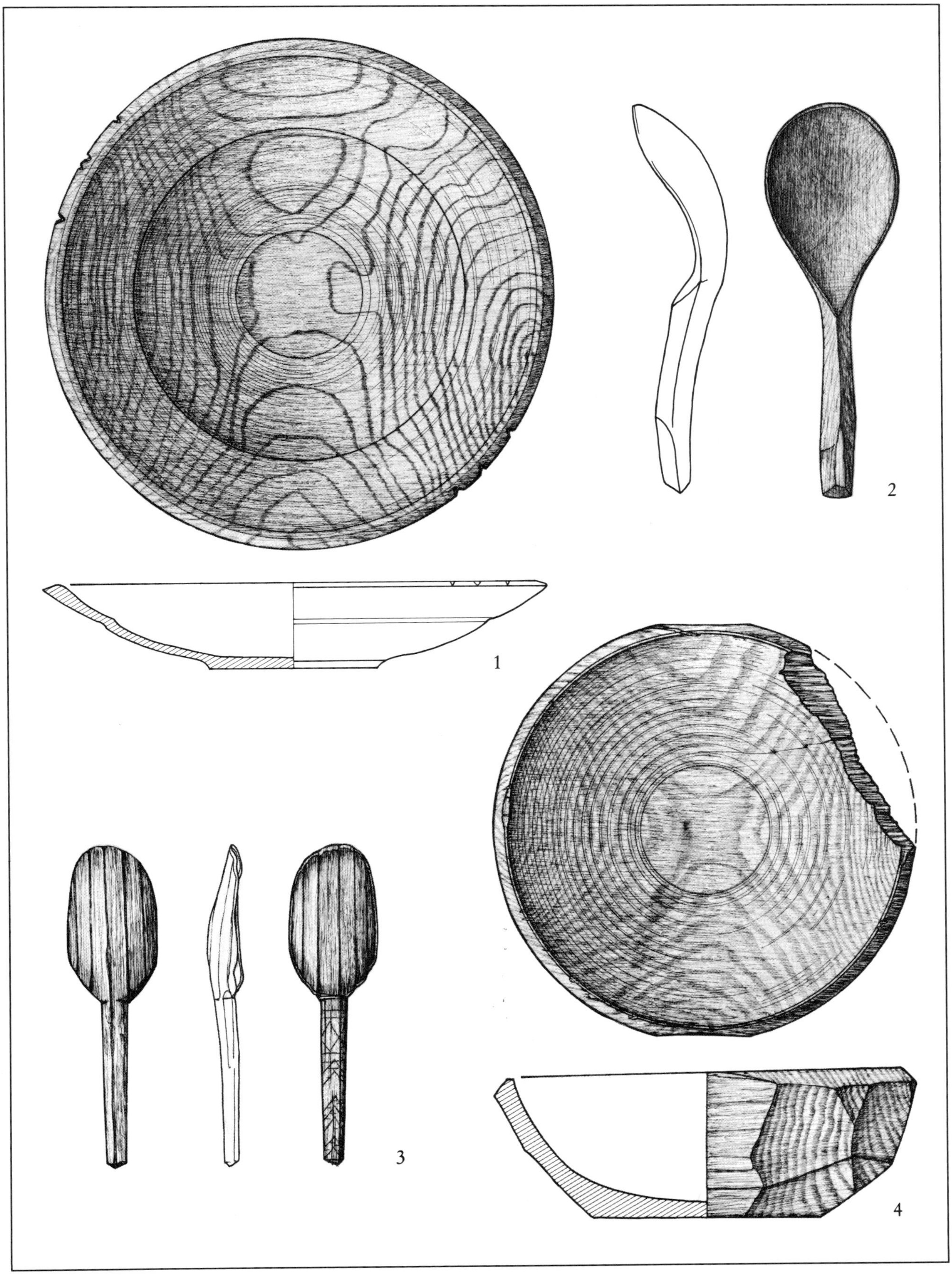

Abb. 38 Stadtgrabung 10; Holzgeschirr-Typen; Teller, Napf, Löffel; 14./15. Jh. M. 1:2.

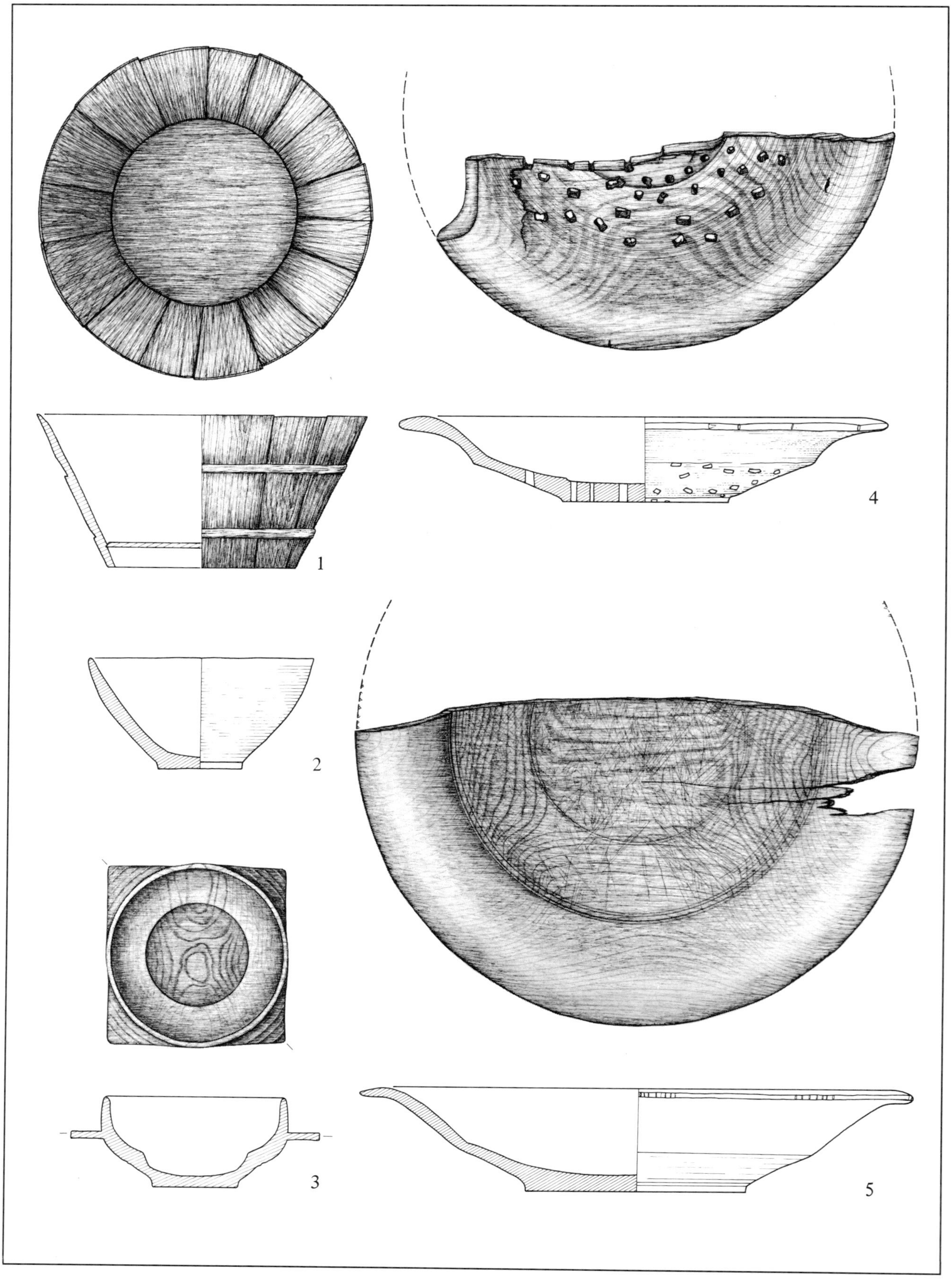

Abb. 39 Stadtgrabung 10; Holzgeschirr-Typen; Daubenschälchen, Näpfe, Teller; 14./15. Jh. M. 1:3.

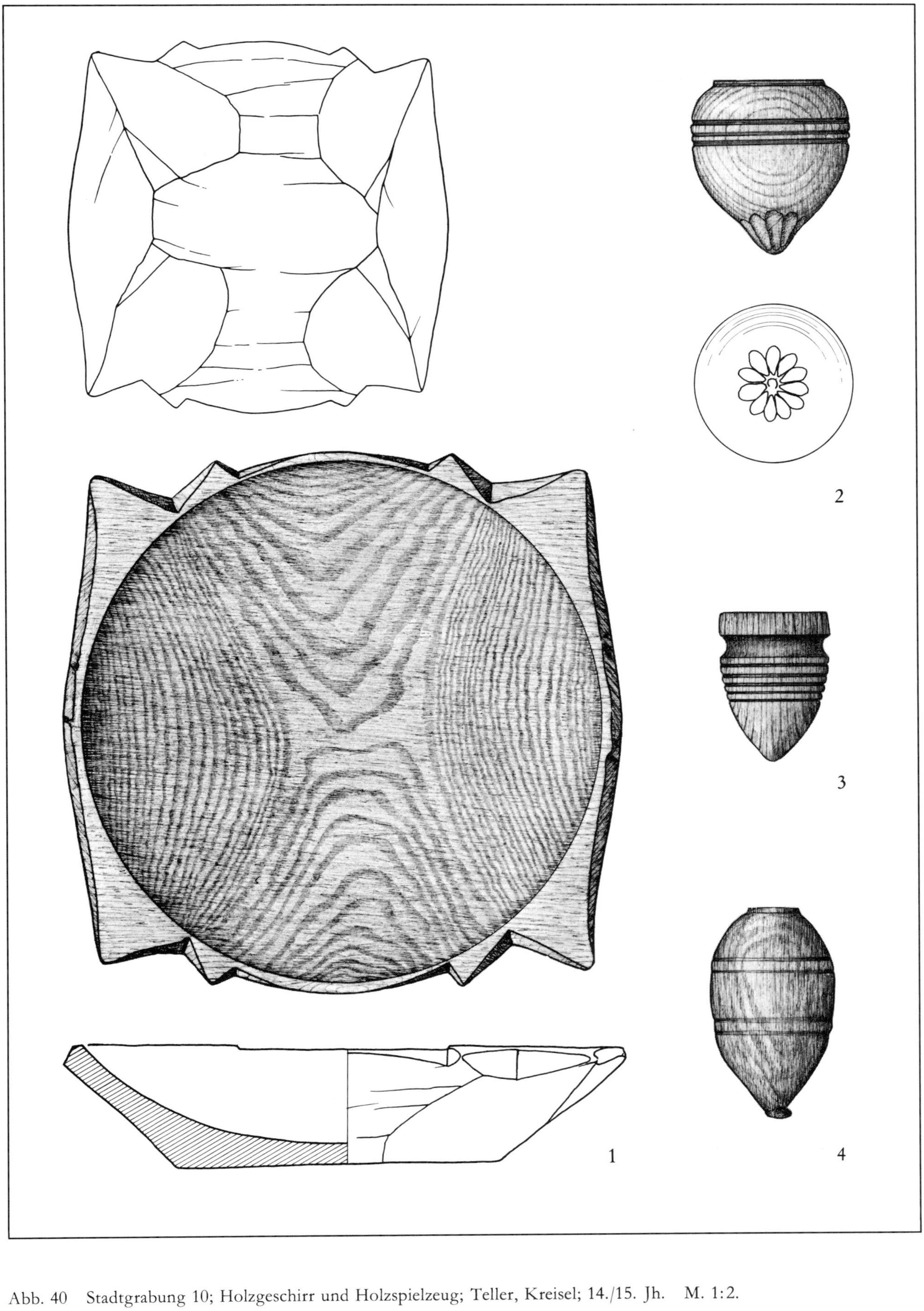

Abb. 40 Stadtgrabung 10; Holzgeschirr und Holzspielzeug; Teller, Kreisel; 14./15. Jh. M. 1:2.

40:1 Flachmuldenförmige Grundform ohne abgesetzten Steigbord; unregelmäßig gezackte Fahne, Rand abgeschrägt, Standboden; innen abgedreht, außen grobflächig-facettenartig abgekantet behauen; Esche. Zwei Teile, leicht verworfen und beschädigt, in der Abb. ergänzt.
H. 4,5 cm; Rdm. 20,1 cm. FNr. 78:3/382, St. 14, oberhalb Kalkschicht.
Vgl. Magdeburger Gegenstück des Typs (*Nickel* 1980, Abb. 12).
Datierung: 15. Jh.

41:1 Tiefe Grundform mit flachmuldenförmigem Spiegel und randlichen Drehrillen; abgesetzt steilmuldenförmiger Steigbord; abknickende, tiefer angesetzte, sternförmig zwölffach gezackte Fahne; abgesetzter Standboden; beidseitig abgedreht, außen in Höhe Steigbord-Umbruch abgedrehter Wulst; Ulme. Am Rand teilweise beschädigt.
H. 5,5 cm; Rdm. 19,6 cm. FNr. 78:3/307, St. 14, oberhalb Kalkschicht.
Vgl. Magdeburger Gegenstück des Typs und Lübecker Varianten (*Nickel* 1980, Abb. 12; *Neugebauer* 1954, Abb. 4).
Datierung: 15. Jh.

Kreisel

40:2 Kegelförmig abgedrehter Holzkörper mit drei Rillen; abgesetzt breiter planer Nacken; Spitze rosettenförmig zugeschnitzt; Ahorn. Unbeschädigt.
H. 6,4 cm. FNr. 78:3/264, St. 14, unterhalb Kalkschicht.
Datierung: 14. Jh.

40:4 Eiförmig abgedrehter Holzkörper mit jeweils zwei Drehrillen; in der Spitze breiter eiserner Nagelkopf; schmaler planer Nacken leicht abgesetzt. Unbeschädigt.
H. 7,2 cm. FNr. 78:3/240/237, St. 14, unterhalb Kalkschicht.
Es liegen u. a. weitere Braunschweiger, Lübecker und Magdeburger Vergleichsfunde vor (vgl. Beitrag *Busch,* Altstadtgrabungen, Abb. 4:4; *S. 173,* und ein weiterer Fund der Stgr. 10, St. 14; *Falk* 1982, S. 57,9; *Nickel* 1959, Abb. 17e).
Datierung: 14. Jh.

40:3 Kegelförmig abgedrehter Holzkörper mit fünf flachen und einer breiten tiefen Rille; breiter planer Nacken. Unbeschädigt.
H. 5,5 cm. FNr. 78:3/969, St. 53.
Vergleichbar in der Form mit einem Magdeburger Fund (*Nickel* 1959, Abb. 17f.).
Datierung: 15. Jh.

Kommentar

Die für diese Veröffentlichung zusammengestellte Auswahl von 15 Holzgegenständen umfaßt die wesentlichen Typen an Holzgeschirr der Stgr. 10, die etwa 80 Holzgeräte bzw. Teile erbrachte. Nach der nur grob feststellbaren Stratigraphie der Kloake vom Typ VIb der Stgr. 10, St. 14 *(Abb. 25, S. 54)* und ihren dendrochronologischen Datierungshilfen (*Tab. 9, S. 56,* unter G 186: 1317 ± 6, Bohle unterhalb Kalkschicht; unter G 108: 1435 ± 6, Bohle oberhalb Kalkschicht) verteilen sich die Holzfunde aus dieser Kloake grobstrukturiert auf das 14. und 15. Jh. Da vor Einbringung der Schicht mit gelöschtem Kalk (*Priesemann* 1984) aufgrund der teilweise unter der Kalkschicht angetroffenen Fundvergesellschaftungen (u. a. mit Keulengläsern, die ins 15. Jh. zu datieren sind) hier offensichtlich mit einer Teilentleerung und Auffüllung mit Deponierungen aus dem 15. Jh. zu rechnen ist, können Holzfunde unterhalb der Kalkschicht, wenn ihre Lage nicht festgehalten wurde, auch dem frühen 15. Jh. angehören. Deshalb erfolgte die Zeitstellung für die Holzgefäße *Abb. 41:2 u. 38:1* um 1400. Daubenschälchen befinden sich nach den bisher vorliegenden Braunschweiger Befunden durchgehend im Fundgut des 13. bis frühen 16. Jhs.
Typen mit zwei- bzw. dreifacher Bindung sind bereits im 13. Jh. in Gebrauch. Teller mit sternförmig gezacktem Rand, der 1. Hälfte des 15. Jhs. zuzuweisen, lassen einen Formenbezug zur jüngeren Mündelkeramik erkennen. Innen ausgedrehte und außen mit dem Schnitzmesser flächig-facettenartig abgekantete Näpfe des 14. Jhs. (vgl. auch *Tab. 5, S. 41*) sind offensichtlich auf Grundformen des 13. Jhs. zurückzuführen (vgl. Beitrag *Busch,* Altstadtgrabungen, *Abb. 4 u. 5, S. 173f.*). Bemerkenswert ist die Flächenmusterung der aus Esche und Ahorn ausgedrehten Teller, die aufgrund der räumlich unterschiedlich angeschnittenen Jahresringe des Früh- und Spätholzes zustandekommt. Sie wirkt gleichsam als lineares, symmetrisches Spiegelmuster. Der Rohling mußte aus der mit Tangentialschnitt dem Stamm entnommenen Bohle herausgearbeitet werden.
Festzuhalten ist ferner, daß auf dem Holzgeschirr der Stgr. 10 keine Bodenmarken festzustellen sind (vgl. Beitrag *Busch, Abb. 4 u. 5, S. 173f.,* Bodenmarken auf Holzgeschirr des 13. Jhs.), hingegen Randkerbung – im 14./15. Jh.? – häufig vorkommt.
Die Holzartenbestimmung ist nach *U. Willerding* mitgeteilt (vgl. Beitrag *S. 213*).

Fundangaben zu *Abb. 42*

Degenscheiden und Messerhüllen aus Leder

1 Vorderblatt einer Degenscheide mit zwei aufgetriebenen Messerhüllen; fragmentarisch. Dekor: Blattranke mit grotesker Mondmaske, Strahlen- und Strichbündel; Lederschnitt, Punzung; Rindsleder.
Erh. L. 32,5 cm; Mst. um 1 mm. FNr. 78:3/359, St. 14, oberhalb Kalkschicht.
Datierung: 15. Jh.

2 Vorderblatt einer Degenscheide; fragmentarisch. Dekor: viersprossige Akanthusblattranken, lineares Rautenmuster; Lederschnitt, Punzung; wohl Rindsleder.
Erh. L. 45,5 cm. FNr. 78:3/229, St. 14.
Datierung: 15. Jh.

3 Messerhülle mit flächendeckendem linear-geometrischen Dekor: alternierend schmale und breite Felder, gefüllt mit horizontal gereihten Einschnitten, Kreuzmuster auf den Stegen; Preßarbeit, Lederschnitt; Rindsleder. Heft- und Ortband abgerissen, Längsnaht aufgelöst, stark abgetragen.
L. 18 cm; Mst. um 1 mm. FNr. 78:3/291, St. 14, oberhalb Kalkschicht.
Datierung: 15. Jh.

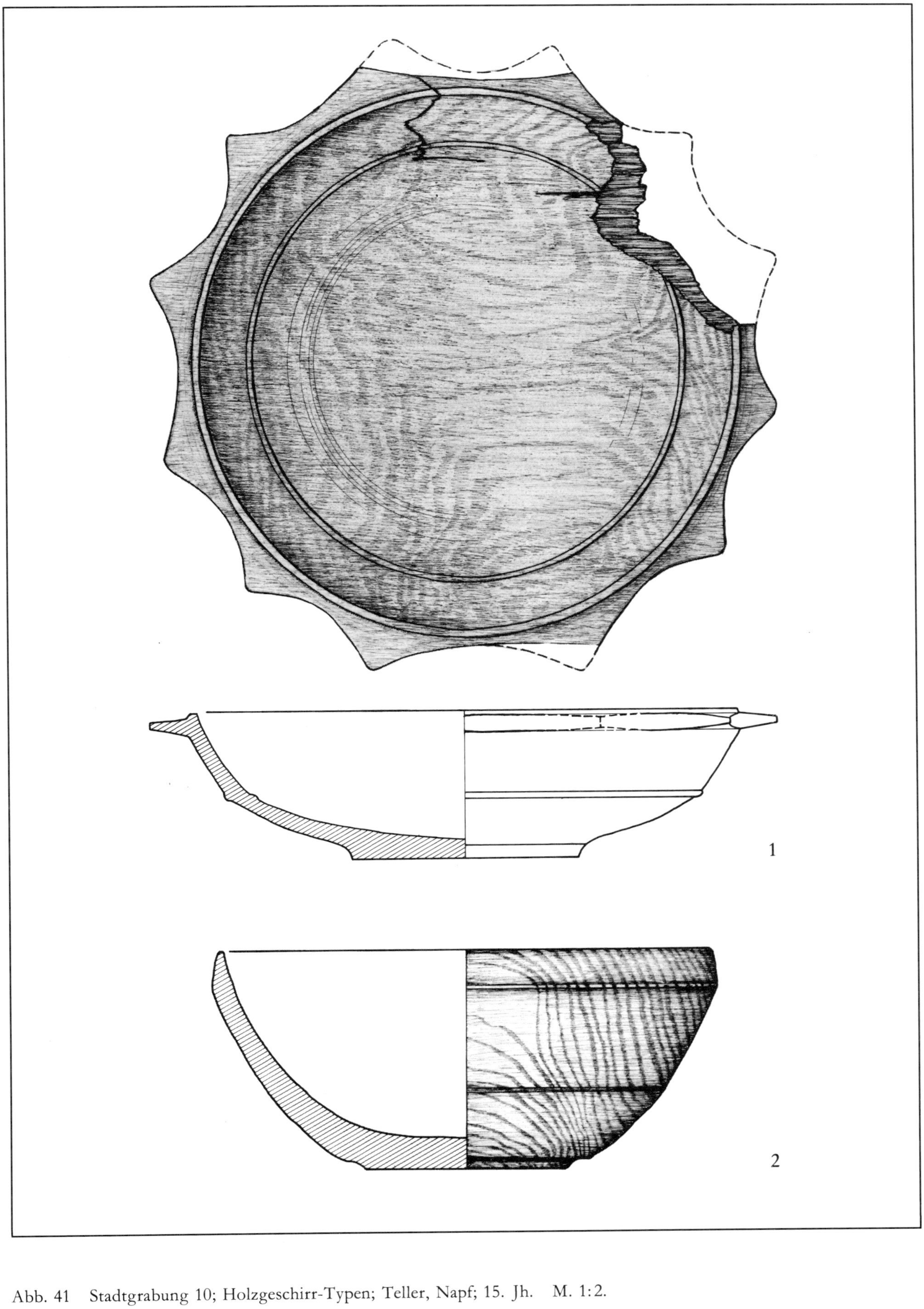

Abb. 41 Stadtgrabung 10; Holzgeschirr-Typen; Teller, Napf; 15. Jh. M. 1:2.

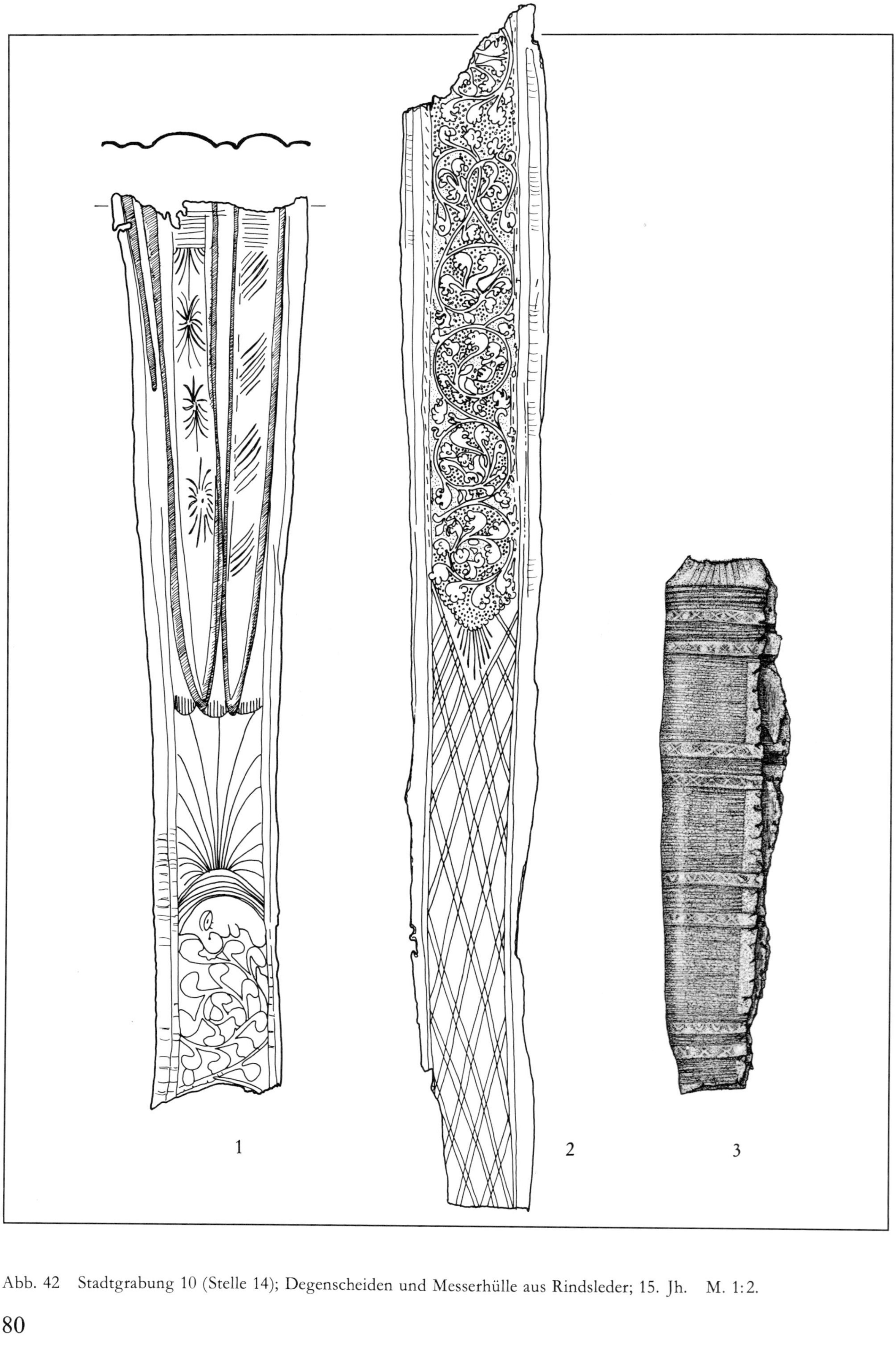

Abb. 42 Stadtgrabung 10 (Stelle 14); Degenscheiden und Messerhülle aus Rindsleder; 15. Jh. M. 1:2.

Kommentar

Die Zeitstellung erfolgt aufgrund stilistischer Kriterien und der Fundvergesellschaftung in der Fäkalschicht der Kloake 14 oberhalb der aufgebrachten Kalkschicht (vgl. *Abb. 25,* Typ VIb, *S. 54),* in der sich u.a. auch eine auf 1435 ± 6 dendrochronologisch bestimmte Holzbohle befand (vgl. *Tab. 9, S. 56,* unter G 108).

Fundangaben zu *Abb. 43*

Gürteltaschen aus Leder

1 Gürteltasche in schlichter rechteckiger Form mit abgerundeten Ecken; Durchzug eines Lederbandes als Verschluß unterhalb der Gürtelschlaufe, fragmentarisch.
H. 15,8 cm. FNr. 78:3/337.2, UA IV, P. 11.
Datierung: 14. Jh.

2 Gürteltasche; einteilig geschnitten, dreiseitig vernäht; quadratische Grundform mit herzförmigem Boden und dreipaßförmiger Öffnung, die ein durchziehbares Lederband verschloß. Stark abgetragenes Vorderblatt mit Gürtelschlaufenteil und Lederbanddurchzug erhalten; nicht voll ausgegerbtes Rindsleder.
H. 22,5 cm; Br. 22,5 cm; Mst. 1–2 mm. FNr. 78:3/356, St. 14, oberhalb Kalkschicht.
Datierung: 15. Jh.

3 Gürteltasche mit herzförmigem, gezipfelten Boden und aufgenähten, schmalen Lederbändchen, von denen die mittleren herabhängen (li. erhalten); wohl Rindsleder. Vorderblatt ohne Gürtelschlaufe erhalten.
H. 20 cm. FNr. 78:3/369, St. 22.
Datierung: 15. Jh.

Fundangaben zu den *Abb. 44–46*

Schuhe für Erwachsene, Abb. 44

2 Halbhoher Schnürstiefel (re.); Oberleder weitgehend erhalten, ohne Schachtstück und Sohle.
L. ca. 27 cm; Mst. 2,8 mm. FNr. 78:3/240.2, St. 14, unterhalb Kalkschicht.

4 Schlupfschuh mit zungenförmiger Ristlasche (li.). Weitgehend erhalten.
L. ca. 26 cm. FNr. 78:3/234, St. 15.

5 Halbschuh mit Ristverschluß, wohl Senkelschnürung, V-förmiger Ausschnitt (li.). Schachtstück und Sohle nicht erhalten.
L. ca. 27,5 cm; Mst. 4 mm. FNr. 78:3/242.1, St. 14.
Datierung zu Nr. 2, 4f.: 14. Jh.

6 Halbschuh mit Seitenverschluß, wohl Senkelschnürung (re). Oberes Schachtstück fehlt.
L. ca. 25 cm; Mst. 2–2,5 mm. FNr. 78:3/240.3, St. 14, unterhalb Kalkschicht.
Datierung: um 1400.

1 Knöpfstiefel mit hohem Schaft (li. Schuh). Oberleder weitgehend erhalten, ohne Sohle.
Rekonstr. L. ca. 25 cm; H. ca. 28,5 cm; Mst. Vorderblatt 2,8–3 mm; Schaft 2–2,5 mm. FNr. 78:3/250, St. 17.

3 Halbschuh mit Ristverschluß, wohl Senkelschnürung (re.). Oberleder weitgehend erhalten.
L. ca. 25,5 cm. FNr. 78:2/59.11, Stgr. 12, St. 10.

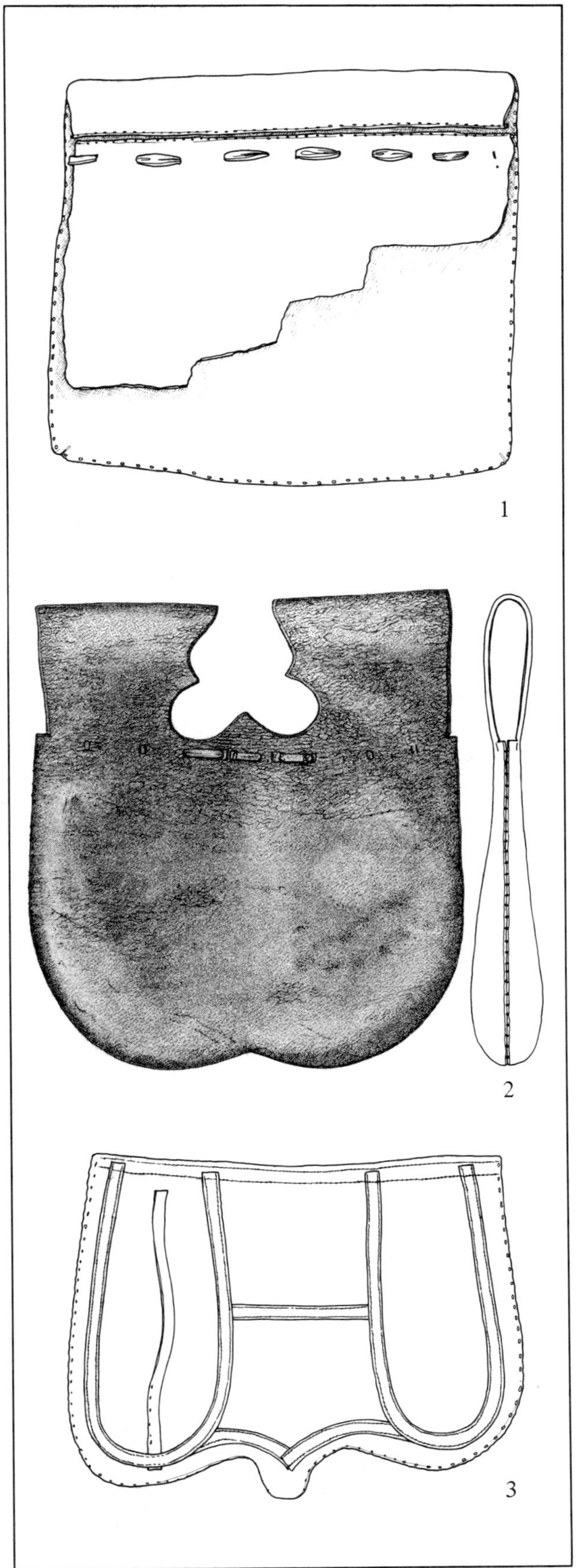

Abb. 43 Stadtgrabung 10; Gürteltaschen aus Rindsleder; 14./15. Jh. M. ca. 1:3.

7 Halbhoher Schnallenschuh mit zusätzlicher Senkelschnürung, am Schaftrand Stufenzinnenfries (li.). Am Rist teilweise eingerissen, ohne Sohle.
L. ca. 28,5 cm. FNr. 78:2/59.1, Stgr. 12, St. 10.

8 Halbschuh mit doppelten Ristschnallen und Schaftumschlag, hier hochgeklappt (re.). Gut erhalten.
L. ca. 26,5 cm. FNr. 78:3/837.3, St. 37.
Datierung zu Nr. 1, 3, 7f.: 15. Jh.

Schuhe für Kinder (1–3), Abb. 45

1 Knöpfstiefelchen mit halbhohem Schaft, am Schaftrand zweireihige Verzierung mit ausgestanzten Kreisen und Kreuzen (re. Schuh); Schafleder. Teilweise eingerissen, ohne Sohle und Schachtstück.
L. 13 cm; H. ca. 11,5 cm; Mst. 2,5 mm. FNr. 78:3/240.1, St. 14, unterhalb Kalkschicht.
Datierung: 2. Hälfte 14. Jh.

2 Halbhoher Knöpfschuh, Fersenblatt durch Faltung verstärkt (re.). Weitgehend erhalten.
L. ca. 14,5 cm; Mst. 1,8 mm. FNr. 78:3/235, St. 15.
Datierung: wohl 14. Jh.

3 Stiefel mit halbhohem Schaft (li.), Knöchelschnürung (?); fragmentarisch.
L. ca. 16 cm. FNr. 78:3/310, St. 14, oberhalb Kalkschicht.
Datierung: 15. Jh.

4 Halbschuh mit Knöpfverschluß auf dem Rist (re.). Weitgehend erhalten.
L. ca. 19 cm. FNr. 78:3/337.3, UA IV, P 11.
Datierung: wohl 15. Jh.

Holzpantinen mit Oberblatt aus Leder, Abb. 46

1 Holzpantine mit zweiteiligem Oberblatt und zwei Stollen (re.), fragmentarisch; Holzsohle mit hohen, rechteckigen eisenbeschlagenen Stollen; Oberblätter am Rand der Sohle mit Nägeln befestigt; Weidenholz, Rindsleder.
L. ca. 22,8 cm; H. der Holzsohle 5 cm. FNr. 78:3/237.1, St. 14, unterhalb Kalkschicht.

2–3 Einteilige Oberblätter, relativ spitz zulaufend; Rand am Rist zackenförmig oder asymmetrisch geschwungen. Holzsohle nicht erhalten, rekonstruiert (re.).
Rekonstr. L. 24 cm bzw. 25,7 cm. FNr. 78:3/283.1 u. 2, St. 14, oberhalb Kalkschicht.

4 Einteiliges Oberblatt aus Rindsleder mit Ristschnalle, versilbert. Holzsohle nicht erhalten, jedoch Reste des Holzes und der Nagelung vorhanden (re.).
L. des Oberblattes 24 cm. FNr. 78:3/237.2, St. 14, unterhalb Kalkschicht.
Datierung zu Nr. 1, 4: 14. Jh.
Datierung zu Nr. 2f.: 15. Jh.

Kommentar

Aus bislang über 200 Funden an Schuhen, Oberleder, Sohlen und deren Fragmenten und großen Mengen von Schuh- und Rohlederverschnitt sind Schuhtypen ausgewählt worden, die jeweils zahlreicher vertreten sind, soweit sich das z. Z. überblicken läßt. Gemessen am Verbrauch – Hinweise auf vier bis zwölf Paar Schuhe pro Jahr sind bekannt – finden sich in den Braunschweiger Kloaken nicht die entsprechend großen Mengen. Reparaturen durch Altflicker haben die Benutzungsdauer der Schuhe wohl erheblich verlängert. *K. Kablitz* (1984) hat die Tätigkeit der Altflicker mit örtlichen archivalischen Quellen (Ratsentscheid aus dem Jahre 1337) und archäologischen Quellen (Stgr. 10, St. 25) belegen können.

Wie auch anderenorts beobachtet, ist bis auf wenige Ausnahmen lohgar gegerbtes Rinds- und Kalbsleder verwendet worden (*Nickel* 1980, 43f., lohgar: Grubengerbung mit Eichen- oder Fichtenrinde; weißgar: mit Salz und Alaun). Der Zuschnitt erfolgte in der Regel mit einem einheitlichen Stück und mit einem zusätzlichen Schachtstück (vgl. *Abb. 45:1*). Zu Nähtechnik wie Nähmaterial sind an den Braunschweiger Funden erste Erhebungen durchgeführt worden (*Kablitz* 1984), aber eine Unterscheidung in Männer- und Frauenschuhe bzw. eine Schuhgrößenstatistik steht noch aus (vgl. *Groenman-van Waateringe* 1975a, 97f.).

Das vorwiegend spätmittelalterliche Schuhwerk besonders im Fundgut der Stadtgrabung 10 ist aufgrund der Fundvergesellschaftungen und der Stratigraphie in der Kloake der Stelle 14 (vgl. Kommentar zu den Holzfunden, *Abb. 38–41*) dem 14. und 15. Jh. zuzuweisen.

Die von *W. Groenman-van Waateringe* (1975a) aufgrund archäologischer Funde in Amsterdam im Vergleich mit ikonographischen Befunden herausgestellten spätmittelalterlichen Schuhtypen des 14. und 15. Jhs. finden sich auch zum Teil im Braunschweiger Material.

Nachgewiesen werden kann beispielsweise
- der Halbschuh mit V-förmigem Ausschnitt, der auch in Magdeburg vertreten ist (*Nickel* 1980, Abb. 24), des 14. Jhs.;
- der Halbschuh mit Seitenverschluß und
- der auch eindeutig mit umgeschlagenem Schaft getragene Schnallenschuh, letzterer für das 15. Jh. belegt.

Daß der Knöpfverschluß für Kinderschuhe überwiegt (1975a, 104), kann auch an den Braunschweiger Funden beobachtet werden *(Abb. 45)*. Verzierung am Schuhwerk ist für das 14. und 15. Jh. belegt *(Abb. 44 u. 45)*.

Regionale Formen hingegen, die auch im Göttinger und/oder Magdeburger Material vorkommen, liegen mit dem Typ der
- Holzpantinen vor (*Abb. 46;* vgl. *Schütte* 1978, Abb. 20 und 1979, 52; *Nickel* 1959, S. 149, Abb. 18, sowie *Moderhack* 1961, Abb. 43: Braunschweiger Druck v. *A. Goldbeck,* 1539),
- ferner mit dem des Schlupfschuhes (*Abb. 44:4;* vgl. *Nickel* 1980, Abb. 23)
- und möglicherweise mit dem des halbhohen Schuhes, der wie im 13. Jh. wieder mit Knöchelschnürung im 15. Jh. getragen wurde (*Abb. 45:3,* vgl. *Groenman-van Waateringe* 1980, Abb. 28:5, Lübeck; *Kablitz* 1984, St. 25 der Stgr. 10).

Die *Abb. 46:1* zeigt eine Form der Holzpantine mit Stollen des 14. Jhs., wie sie an Holztrippen (Überschuhen) auftreten, die bisher allgemein ins 15. Jh. datiert werden.

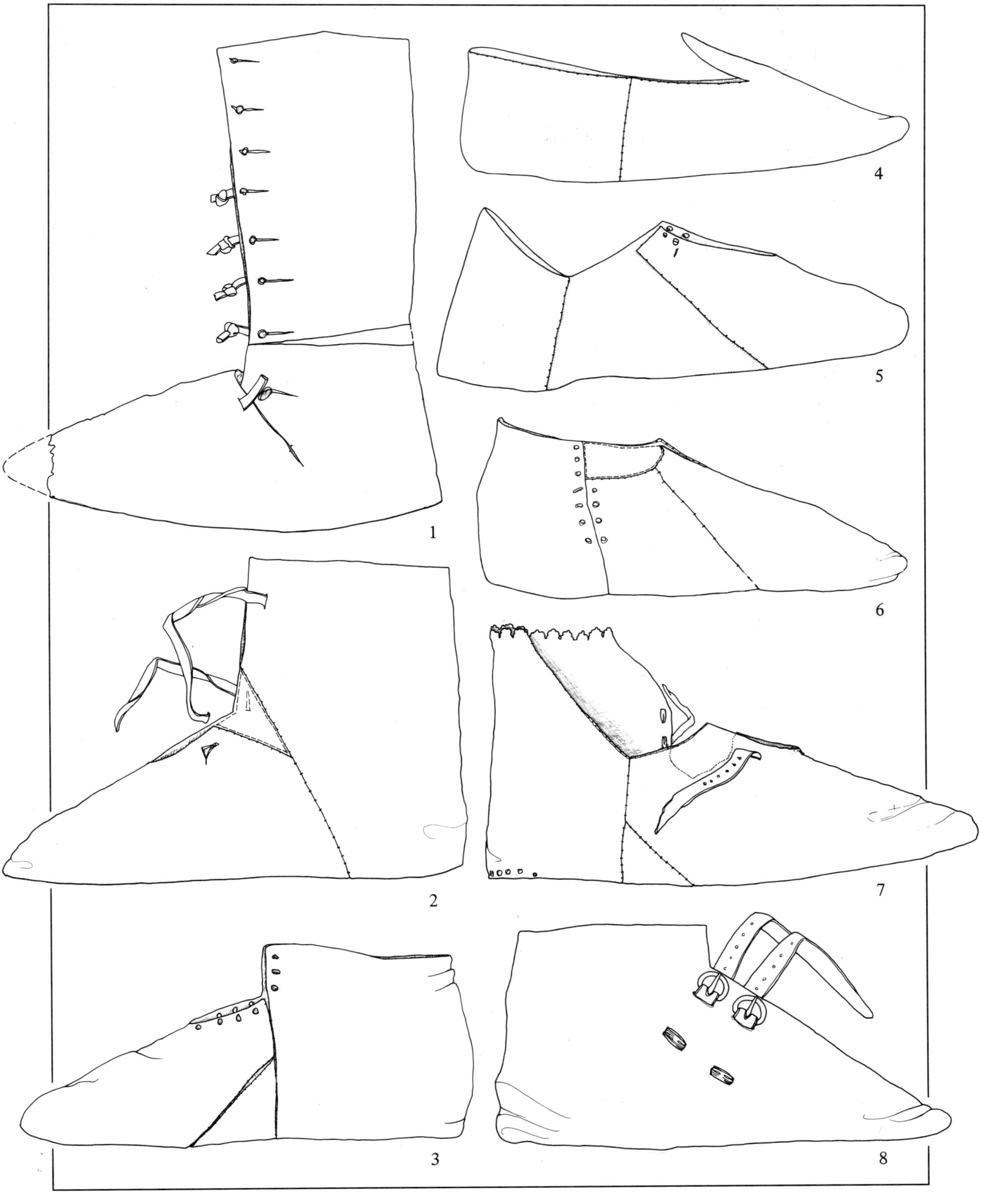

Abb. 44 Stadtgrabung 10; Schuhtypen; 14./15. Jh. M. 1:3.

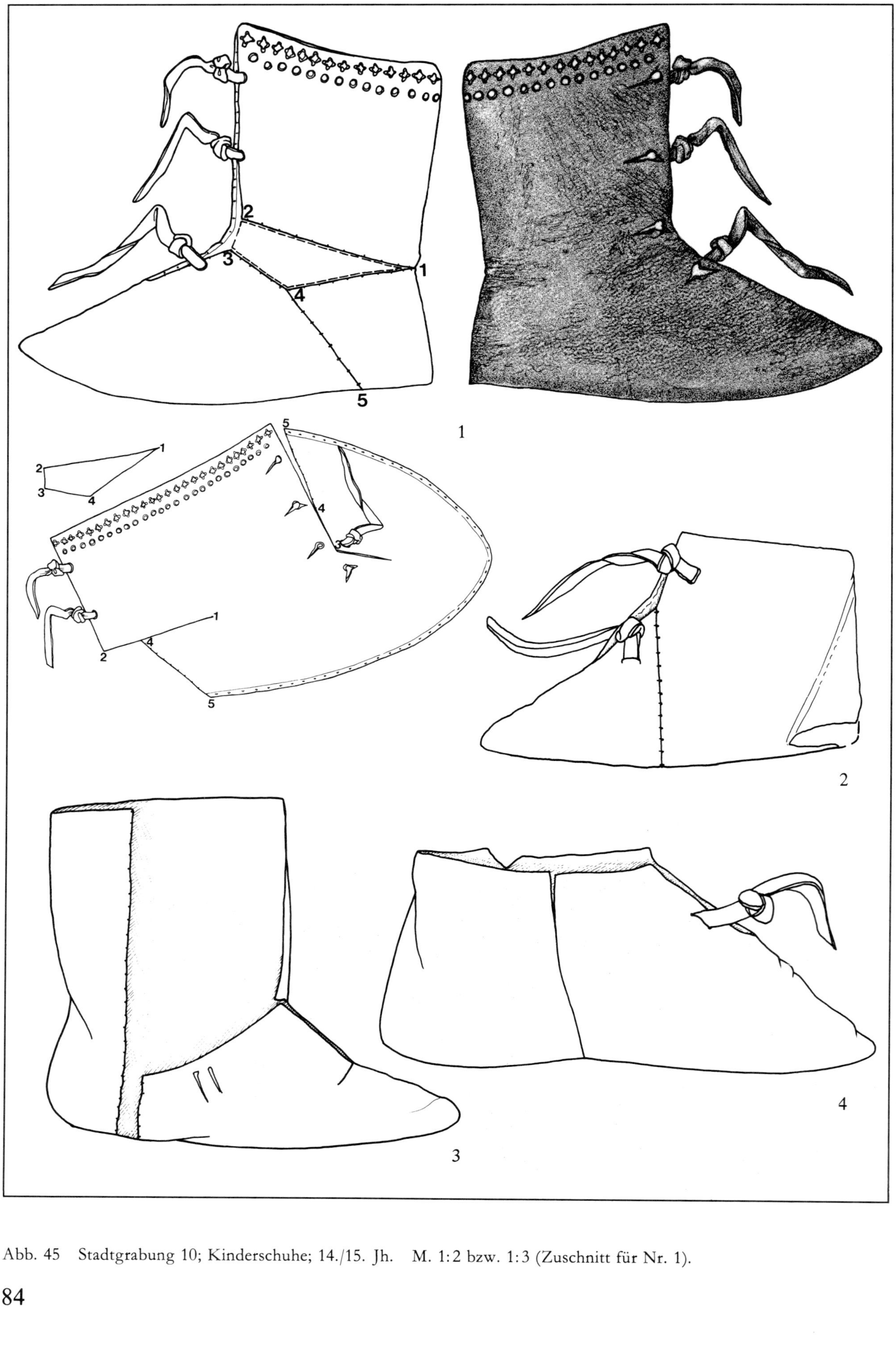

Abb. 45 Stadtgrabung 10; Kinderschuhe; 14./15. Jh. M. 1:2 bzw. 1:3 (Zuschnitt für Nr. 1).

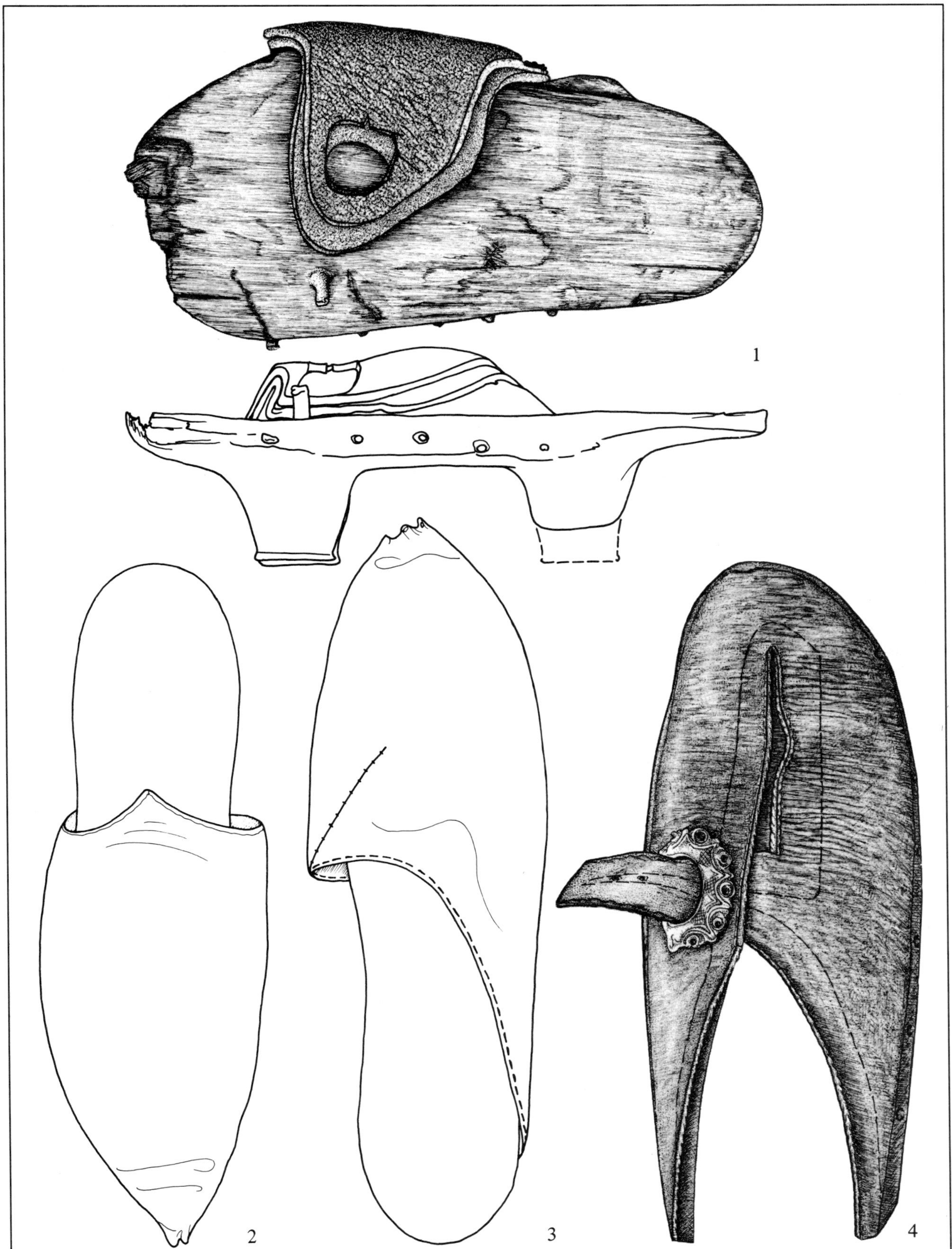

Abb. 46 Stadtgrabung 10; Holzpantinen mit Oberblatt aus Rindsleder; 14./15. Jh. M. ca. 1:2.

Fundangaben zu *Abb. 47*

Spätmittelalterliche bleiglasierte Irdenware

1 Grapenkännchen mit fünfzackig sternförmig gefaltetem Lippenrand; zwiebelförmiger, geriefter Gefäßkörper auf drei fingerartigen Grapenfüßen (nach Vergleichsbefund 78:3/422 ergänzt, vgl. *Rötting* 1985a 2.), Fingerdelle jeweils in Höhe Garnierstelle; Hals stark einziehend; Mündelrand trichterförmig ausgestellt; unterrandständiger Bandhenkel gekehlt. Oxydierend hellgelb-rötlich, sehr hart gebrannter Scherben, kreidig-körnig, im Bruch hellgrau; überwiegend fein bis mittelkörnige Quarzmagerung; grüne flächendeckende Bleiglasur (stumpf korrodiert) auf der Innenwandung, über den Mündelrand nach außen greifend und auf dem Hals noch fleckig.
Rekonstr. H. um 14 cm. Inhalt 0,35 l (Höhenmarke Ansatz Steilrand). FNr. 78:3/418, A 5 PG 8, aus Brunnengruben-Verfüllung 36.
Sonderform der jüngeren Mündelkeramik (vgl. *Abb. 19,* Stgr. 18, Fundangaben *S. 106f.).*
Datierung: Ende 14. / Anfang 15. Jh.

3 Fußbecher auf flachem, breiten Standring; bauchiger Gefäßkörper, zum Rand hin leicht einziehend; mit wulstförmigem Grat betont abgesetzter Lippenrand, wenig verdickt und nach innen abgestrichen; auf der Wandung drei horizontal umlaufende Reihen flachovaler, nuppenartiger Tonplättchen, versetzt aufgelegt. Grauer, rauhwandiger, im Bruch weißgrauer Scherben; weit überwiegend feinkörnige Quarzmagerung; beidseitig flächendeckend, ursprünglich wohl olivgrüne Bleiglasur mit dunklerer Tönung auf den Nuppen, jetzt dunkelgrüngrau korrodiert, weitgehend abgeplatzt. Gefäß aus Scherben rekonstruiert.
H. 12,3 cm. FNr. 78:3/373, A 2 P 20 aus Schicht 11.
Datierung: um 1300.

4 Fußbecher, wohl auf breitem Standring (rekonstruiert); konisch-steilwandiger Gefäßkörper mit Lippenrand (wenig verdickt, nach innen abgestrichen) trägt ein waagerecht umlaufendes zweireihiges Riffelband-Muster (Rollstempel) auf bandartiger Wandprofilierung. Kreidig-rauher, dünnwandiger, auch im Bruch weißgrauer Scherben; weit überwiegend feinkörnige Quarzmagerung; beidseitig flächendeckend, ursprünglich wohl olivgrüne Bleiglasur, jetzt dunkelgrüngrau stumpf korrodiert, weitgehend abgeplatzt. Oberteil des Gefäßes aus Scherben zusammengesetzt.
Rekonstr. H. 12,6 cm. FNr. 78:3/443, St. 22/25 (nicht sicher beobachtet).
Datierung: um 1300 (und später).

Kommentar

Der Typ des Fußbechers ist auch als Sonderform im Magdeburger Fundgut vertreten (*Nickel* 1959, Abb. 9d, leicht doppelkonischer Becher auf abgesetztem Standring, trichterförmiger Lippenrand, Rollstempeldekor; Datierung ins 14. Jh.), wie bisher vor allem aus Süd- und Westdeutschland bekannt (vgl. *R. Koch* 1979, S. 53ff., Typ 3 mit hohem, abgesetzten Standfuß; Datierung ins 13. Jh.). „Kopfförmige", mehr oder minder kugelbauchige Becher auf flachem Wellenfuß mit mehr oder minder einziehendem, stets nach innen abgestrichenem Rand der mittelrheinischen gelben, rotbemalten Irdenware sind seit der Zeit um 1200 bekannt (*Reineking – von Bock* 1971, Abb. 59; *Die Zeit der Staufer,* Katalog II, 1977, Abb. 144). In das 13. Jh. werden vergleichbare Holzbecherformen des Typs „Scheuer" mit flach oder hoch ausgedrehtem Standfuß datiert (vgl. Braunschweiger Fund bei *Busch,* Beitrag Altstadtgrabungen, *Abb. 4:8, S. 173;* vgl. Würzburger Fund bei *R. Koch* a.a.O., 54).

Im Braunschweiger Fundkomplex der Stgr. 23, St. 1 (vgl. *Abb. 68:2*) sind ebenfalls Stil und Technik der Tonauflage für das 13. Jh. belegt. Die Gestaltung der zeitgenössischen Glasnuppenbecher (Typ des weißen Perlnuppenglases) kann hierbei als Vorbild gedient haben. Der riffelbandartige Rollstempeldekor ist im Braunschweiger Fundmaterial ab 2. Hälfte 13. Jh. / 14. Jh. gut belegt (u.a. *Abb. 18,* Stgr. 18).

Ältere und jüngere Mündelkeramik

5 Vierpaßbecher; S-förmig geschweifter Gefäßkörper auf wellenfußartigem Standring, vierpaßförmig gefalteter Lippenrand; Halszone durch Gurtfurchen betont, unterhalb davon auf der Schulter eine Reihe hängender Steilbögen mit zentraler Delle, abgesetzt und in die Gefäßwandung eingedrückt. Weißgrauer Scherben mit Ascheanflug-Glanz. Sonderform der älteren Mündelkeramik (vgl. *Tab. 4,* P 1, *S. 38).* Gefäß bis auf Randbruch gut erhalten.
H. 13,4 cm. FNr. 78:3/965, St. 52.
Datierung: um 1300.

2 Kännchen mit fünfpaßförmig gemündeltem Dornrand; auf stumpf kegelförmig-planem Standfuß (Boden exzentrisch gerillt), gestreckt bauchiger, geriefter Gefäßkörper; Gurtfurchen auf der gedrungenen Schulter; unterrandständiger Bandhenkel, gekehlt. Hartgebrannter, feinkörniger, auch im Bruch dunkelgrauer Scherben; feinkörnige Sandmagerung (?), untergeordnet Quarz, der stellenweise weiß-grau an die Oberfläche tritt. Gefäß nahezu vollständig erhalten, Speisereste auf der Innenwandung.
H. 14,2 cm. FNr. 79:12/1, Stgr. 22, St. 2.
Ein von der Form her vergleichbarer Becher fand sich im Fundkomplex der Baukeramik Stgr. 18 (vgl. *Abb. 19:2*).
Datierung: 2. Hälfte 14. Jh.

Jüngere graue Irdenware

6 Standfußbecher (Vase?); zylindrischer, mehrfach ausladender und wieder einziehender Gefäßkörper mit geweitetem Kragenrand; Gurtfurchen auf dem Oberteil des Gefäßes, jeweils zwei unregelmäßig umlaufende Reihen eines keilförmigen riffelbandartigen Rollstempeldekors auf Ober- und Unterteil; wellenfußartig profilierter Standfuß. Jüngere graue Irdenware.
H. 13,6 cm. FNr. 78:3/852, St. 25.
Datierung: 1. Hälfte 14. Jh.

Fundangaben zu *Abb. 48*

Gefäßtypen und Glasuren der bleiglasierten Irdenwaren aus dem Fundmaterial der St. 14, Kloake Typ VI b (Ausnahme Nr. 1).

Spätmittelalterliche bleiglasierte Irdenware.

2 Stielgrapen; leicht gebauchter, rundbodiger, geriefter Gefäßkörper auf drei rundstabigen, stelzenartig geraden Beinen ohne Kehlung (fragmentarisch); abgerundeter, schräggestellter Kehlrand; fragmentarische Grifftülle mit deutlichen Garnierspuren, Tülle jedoch nach inzwischen vorliegenden Vergleichsfunden zur Mündung hin schlicht konisch geweitet und nicht profiliert zu rekonstruieren wie in der Abbildung. Homogen rotbrauner Scherben, dickwandig, starke, feine bis mittlere Quarzmagerung. Der dicht gebrannte Scherben gleicht in Tonqualität, Farbe und Magerungstyp weitgehend dem Kannenfragment der hellgrün-dunkel gefleckten bleiglasierten Ware aus dem Brandschutt-Fundkomplex St. 5 der Stgr. 19 *(Abb. 62:14).* Dicke, glänzende, transparente Bleiglasur: auf der Innenwandung über weißgrauem Tonschlicker gelb-bräunlich schimmernd, auf der Außenwandung intensiv rotbraun mit olivgrünlichen Flecken. Die Glasur ist auf der Außenwandung unter Einschluß des Gefäßbodens flächendeckend angebracht mit Aus-

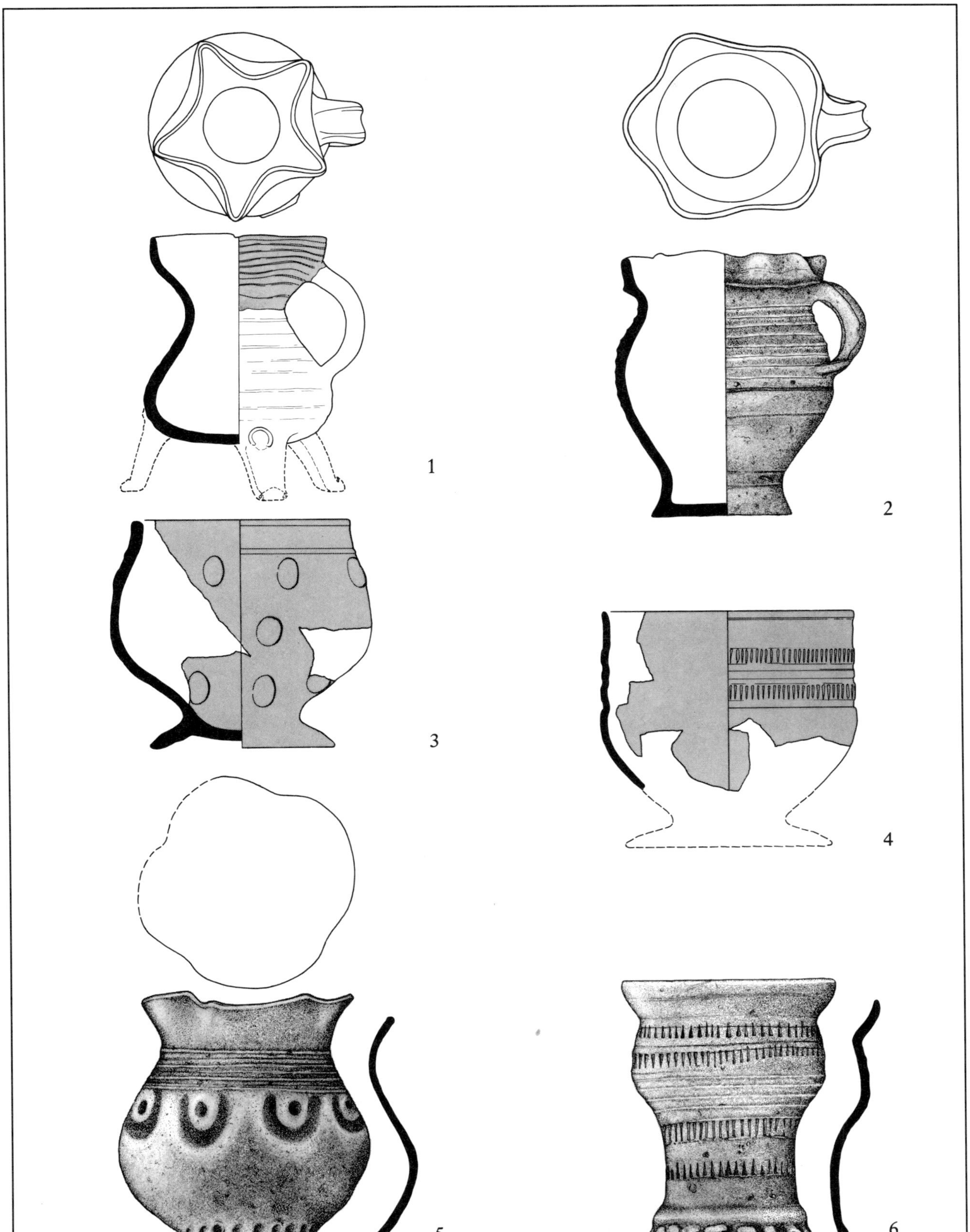

Abb. 47 Stadtgrabung 10; Becher und Kännchen der spätmittelalterlichen bleiglasierten Irdenware (Nr. 1, 3, 4), der älteren und jüngeren Mündelkeramik (Nr. 2, 5) und der jüngeren grauen Irdenware (Nr. 6). M. 1:3.

nahme der Grapenbeine und zweier schmaler senkrechter Wandungszonen oberhalb zweier Grapenbeine bzw. der Grifftülle. Gefäß mit Ausnahme der Beine und Grifftülle unbeschädigt, Rußspuren auf den nicht glasierten Außenzonen, Innenglasur mit deutlichem Krakelee; eingeschmolzene größere und kleinere Tonsplitter auf der Außenglasur.
H. ohne Grapenbeine 10 cm; rekonstr. H. insges. ca. 13 cm. FNr. 78:3/240.1, unterhalb Kalkschicht.

4 Gehenkelter Standbodentopf; in Schulterhöhe leicht ausbauchender, geriefter Gefäßkörper auf glattem Standboden; schwach ausgebildeter, abgerundeter Kehlrand, schräggestellt; ösenartiger, randständiger Bandhenkel, flach gekehlt. Rotbrauner, kreidiger Scherben von gleicher Art wie Nr. 2. Transparente, rotbraun schimmernde Bleiglasur mit Gelbstich auf der Innenwandung, leicht über den Rand nach außen greifend; Glasurreste in einer Zone auf der Außenwandung unterhalb des Ösenhenkels, teilweise auf den Gefäßboden übergreifend. Gefäß mehrfach gerissen, außen starke Rußspuren, Glasur teilweise blind korrodiert oder abgesprungen.
H. 12,3 cm. FNr. 78:3/239.2, unterhalb Kalkschicht.
Datierung zu Nr. 2, 4: 14. Jh.

6–7 Große gehenkelte Grapen; kugelbauchig geriefter rundbodiger Gefäßkörper mit kragenförmig geweitetem Kehlrand; drei stelzenartig gerade Beine, auf der Außenseite flach gekehlt; randständiger Bandhenkel, flach gekehlt. Auch im Bruch hellgrau-bräunlicher kreidiger Scherben, dünnwandig; starke, feine bis mittlere Quarzmagerung. Innenglasur auf äußeren Rand und Oberseite des Henkels übergreifend; Nr. 6: dunkelgrün, leicht fleckig hellgrün, dick, wohl auf weißgrauem Tonschlicker; Nr. 7: dunkelbraun gesprenkelt, dünn. Gefäße aus Scherben zusammengesetzt und gering ergänzt. Glasur überwiegend stumpf, grau korrodiert oder abgesprungen. Außen starke Rußspuren.
Nr. 6: Rekonstr. H. um 18,5 cm. FNr. 78:3/312.1, oberhalb Kalkschicht.
Nr. 7: H. 19,3 cm. FNr. 78:3/312.2, oberhalb Kalkschicht.

1 Kleiner gehenkelter Grapen; geriefter, schwach gerundeter Gefäßkörper, rundbodig; Lippenrand mit Innenkehle schräggestellt; drei stelzenartig gerade Beine mit flacher Kehlung (fragmentarisch), randständiger Bandhenkel, gerillt. Gelber, hellbräunlicher kreidiger Scherben, im Bruch hellgrau, dickwandig. Überwiegend mittelkörnige Quarzmagerung. Transparente Bleiglasur dunkelgelbtonig schimmernd mit bräunlichen Schlieren auf der Innenwandung, stellenweise über den Rand und auf den Henkel greifend, Tonschlicker nicht zu beobachten. Gefäß mit Ausnahme der Beine unbeschädigt, außen starke Rußspuren.
H. ohne Beine 8,2 cm; rekonstr. H. 11,2 cm. FNr. 78:2/51, Stgr. 12, St. 9, Südhälfte der Kloake, in T. 0,80 m ab OK Fundhorizont.
Datierung zu Nr. 1, 6f.: 15. Jh.

Kommentar

Die aus anderen städtischen Fundstellen bisher in wenigen Einzelscherben bekannt gewordene Ware ist hier in Gefäßtypen der *Abb. 48:2, 4* faßbar, die aufgrund der stratigraphischen Lage und der Fundvergesellschaftung in der Kloake in das 14. Jh. datiert werden müssen. Bemerkenswert ist die Übereinstimmung einiger Befunde mit denen der hochmittelalterlichen Warenart der Stgr. 19, *Abb. 62a:14,* deren skandinavische oder niederländische Herkunft zunächst festzustellen, aber noch eingehender zu überprüfen sein wird. Allein an der leicht gelblich-hellroten Scherbenfarbe unterscheiden sich weitere hochmittelalterliche Funde an Miniaturgefäßen, die man an sich grundsätzlich dieser Ware anschließen möchte (vgl. Stgr. 19, *Abb. 62a:12;* Stgr. 23, *Abb. 68:1*).

Mit Henkelgrapen *(Abb. 48:1, 6f.),* Stielgrapen *(Abb. 48:2),* Standbodentopf *(Abb. 48:4)* sowie Grapentiegel mit Tüllengriff (Stgr. 10, St. 14, hier nicht abgebildet), ferner mit Fußbecher (Stgr. 10, *Abb. 47:3f.*), Grapenkännchen der Mündelkeramik (Stgr. 10, *Abb. 47:1*) und Zylinderhalskrug mit Raubvogel-Applikationen (Stgr. 22, *Farbtaf. 13b)* liegt für die Gruppe der spätmittelalterlichen bleiglasierten Irdenware Ende 13. bis Ende 15. Jh. bislang schon ein bemerkenswert vielgestaltiges Fundgut an Gefäßformen vor. Gleichzeitig belegt sie die mittelalterliche Kontinuität dieser Warenart seit der Zeit um 1200 (*Tab. 4, S. 38,* Stgr. 32) und stellt die Verbindung zu ihren neuzeitlichen Warengruppen her.
Hier ist kurz zu verweisen auf die Ausführungen von H.-J. Stoll hinsichtlich des zeitlichen Vorkommens der bleiglasierten Irdenware und ihrer Gefäßtypen in Magdeburg (*Stoll* 1980, S. 252ff., bes. Abb. 6a, b u. 7c–g).

Frühneuzeitliche bleiglasierte Irdenware des frühen 16. Jhs.

5 Gehenkelte Schüssel; steilmuldenförmiger geriefter Gefäßkörper mit Rollrand, scharfkantig unterschnitten; Standboden; Bandhenkel flachgekehlt. Ocker-orangefarbener Scherben, kreidig-rauh, im Bruch grauweißlich; überwiegend mit mittlerer Quarzmagerung. Auf Innenwandung und Rand dicke grasgrüne Glasur. Gefäß zur Hälfte aus Scherben zusammengesetzt, Glasur geringfügig abgesprungen.
H. 11 cm. FNr. 78:3/233.3, oberhalb Kalkschicht.

3 Gehenkelter Standbodentopf; gestreckt eiförmiger, gerillter Gefäßkörper mit schräggestelltem Kehlrand, nach außen konvex verdickt; Standboden; Henkel rekonstruiert. Scherben wie Nr. 5. Hellbraungelbliche Glasur, dunkelbraun gestreift, glänzend. Gefäß zur Hälfte aus Scherben zusammengesetzt; außen starke Rußspuren, Glasur gut erhalten.
H. 13,9 cm. FNr. 78:3/233.2, oberhalb Kalkschicht.

Kommentar

Die einheitlichen Merkmale des ocker-orangefarbenen Scherbens, der um die Schüssel vermehrten Gefäßtypen – hier nicht abgebildet Henkelgrapen mit schwach hornförmig gebogenen, gekehlten Grapenbeinen und kragenförmig geweitetem Kehlrand – sowie vor allem die Randformen des Rollrandes und stark konvex verdickten Kehlrandes (typologisch eine Frühform des Schildrandes, vgl. *Abb. 49*) stellen diese Gruppe bleiglasierter Irdenware, die zu den wenigen jüngsten Funden aus der Kloake St. 14 gehört, in das frühe 16. Jh.
Die Glasurfarben, auch die „farblos" transparent verwendete Glasur, sind rein und ungebrochen und vermehrt worden um neue grüne, braune wie gelbe Farbtönungen.
Eindeutig ist diese Warengruppe auch von der farbig bleiglasierten Irdenware aus dem späteren 16. Jh./1. Hälfte 17. Jh. abzugrenzen, wie sie aus St. 32 der Stgr. 10 vorliegt bzw. in Frühformen aus St. 2 der Stgr. 9. Hier handelt es sich um gerillte kugelbauchige, sehr dünnwandige Gebrauchsformen, teilweise in Übergrö-

Abb. 48 Stadtgrabung 10 (Stelle 14); Gefäßtypen der spätmittelalterlichen (Nr. 1, 2, 4, 6, 7) und der frühneuzeitlichen (Nr. 3, 5) bleiglasierten Irdenware. M. 1:3.

ßen, mit vier charakteristischen Merkmalen: die hellfarbenen Glasurtöne erscheinen dünn und matt, sind auch häufig wieder farblos; der Scherben ist sehr hart gebrannt; als Randform überwiegt der steil-ausbiegende Lippenrand mit schwacher Kehlung; die Grapenbeine sind extrem hornförmig ausgebogen und spitz auslaufend mit vorne geschnitten-gefalteter Kehlung.
Daß auch zu dieser Zeit und in dieser Warenart stark regional geprägte Varianten und Überformungen vorherrschen können, zeigt ein Vergleich mit der von H. Löbert aus Göttingen vorgestellten Ware aus der zweiten Hälfte des 16. Jhs. (*Löbert* 1980, 22ff.).

Fundangaben zu *Abb. 49*

Mehrfach zusammengesetzte RS und BS einer Schüssel mit farbigem Figurendekor der Werrakeramik, bemalte Irdenware. Wohl Derivat aus dem Umfeld des engeren Herstellungsgebietes (nach *H.-G. Stephan*).

Auf Spiegel und Steigbord eine – soweit erkennbar – wohl frühbarocke Diana-Darstellung mit Brünne, Köcher, Pfeil und Bogen. Flatternder Bänderschmuck im offenen langen Haar; hochgebauschte Ärmel; auf der Brünne gekreuzte Bänder; wohl fischartige Beinkleider mit Schuppen und Flossen besetzt.
Erkennbar ist rechts am Rande des Spiegelfragments der rückwärtige Rest eines weiteren Beinkleides, so daß auf ein antithetisches Figurenpaar geschlossen werden kann. Linke Figur teilweise rekonstruiert.
Auf der Fahne gleichmäßiges Linienornament mit sechs Umläufen, schräggestellte Strichgruppen auf dem konvexen Schildrand.
Auf rotbrauner Grundierung aquarellartig wirkende, infolge der transparenten Bleiglasur gelb-grünlich getönte Figurenmalerei und Ornamentgestaltung mit weißlichem Tonschlicker. Glasurlichter in den Farben Braun und Grün. Gestalt und Innenzeichnung der Figur sind konturierend geritzt.
Der Scherben ist dickwandig, porös brüchig, auch im Bruch hellbraun-grau bis pinkfarben; relativ schwach gemagert, weit überwiegend mit fein- bis mittelkörnigem Quarz. Auf der inneren wie äußeren Wandung laufen Drehriefen, auf dem Standboden exzentrische Drehrillen; die Innenwandung ist engobiert, die Außenwandung mit Ausnahme des Schildrandes nicht bemalt und nicht glasiert.
H. 7,5 cm; Rdm. 27,4 cm. FNr. 78:3/790, St. 32.
Aus einem Fundkomplex mit Weserware, Westerwälder Steinzeug, „Creußener" Fayence (vgl. Beitrag *Busch* Fayencescherben, *S. 265ff.)*, Flügelgläsern u. a. Ende 16./17. Jh.
Datierung: 1. Hälfte 17. Jh.

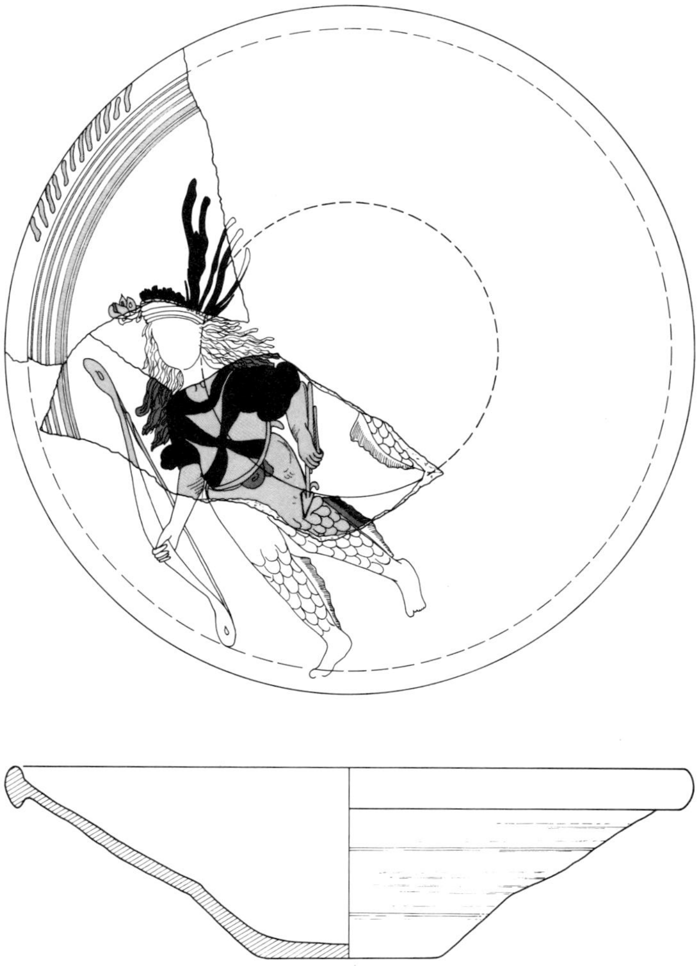

Abb. 49 Stadtgrabung 10 (Stelle 32). Schüsselfragment der Werrakeramik, bemalte Irdenware. Frühbarocke Diana. 1. Hälfte 17. Jh. M. 1:3.

Kommentar

In den entsprechenden Braunschweiger Fundkomplexen ist Werrakeramik (ehem. Wanfrieder Ware) im Gegensatz zu zahlreich vorhandener Weserware bisher nur in wenigen Scherben vertreten. In Göttingen, Wieda, Ldkr. Osterode (Fundmeldung U. Rempel, R. Jörn), Clausthal-Zellerfeld (Fundmeldung E. Reiff) oder Goslar beispielsweise sind weitaus größere Fundmengen überliefert und damit auch wohl unterschiedlich intensive Absatzgebiete angedeutet. H.-G. Stephan konnte in den letzten Jahren durch seine Nachforschungen und reichen Werkstattfunde von Witzenhausen/Werra und Hannoversch Münden das archäologische Material grundlegend vermehren und damit dessen außergewöhnliche kultur- wie wirtschaftsgeschichtliche Bedeutung herausstellen.

Die offensichtlich in der Tradition italienischer Majolika-Malerei der Hochrenaissance bzw. des Manierismus stehende Bemalung schlichter Irdenware zeigt eine nördlich der Alpen vergleichsweise außergewöhnlich formal reizvolle Keramikdekoration mit graphischen und malerischen Mitteln unter Einbeziehung der keramischen Gestaltungselemente des gebrannten Tones und der Bleiglasur der Irdenware. In den Motiven der frühen und hohen Zeit in der 2. Hälfte des 16. Jhs. bis um 1600 (*Stephan* 1981b, 69ff., dort weiterf. Lit.; *Grohne* 1940, 54ff.) sind die Figuren in der Kleidung der Spätrenaissance dargestellt, die zeitgenössische Züge der Spanischen Mode tragen kann – wie bereits frühbarocke Elemente in der Spätzeit der 1. Hälfte des 17. Jhs.

Fundangaben zu *Abb. 50/51*

Sitzende Frauenfigur auf profiliertem Podest, mit baldachinförmig vorgezogener Hals- und Schulterpartie über gesäulten Gliedmaßen; mandelförmige Augen, geöffneter Mund mit wulstförmigen Lippen, lange, geflochtene (?) Haartracht, Gürtel aus rhombenförmigen Materialteilen und Armreife.

Nach U. Willerding wohl aus Feldahorn *(acer campestre)* zunächst abgedreht (leicht exzentrische Lochmarken auf Schädel und Podestboden), dann geschnitzt.

H. insgesamt 12,2 cm; Podest L. 3,3 x Br. 2,5 x H. 1,8 cm. Reste farbiger Fassung nicht vorhanden. Durchgehender Spaltriß auf der linken Körperseite. Privatbesitz H.-G. Tesmar, Braunschweig.

Nach Angaben der Finder 1973 geborgen auf dem Boden einer rechteckigen, bruchsteingemauerten Kloake im Bereich südlich vor dem Neustadtrathaus, westlich neben dem ehem. Gewandhaus, vermutlich auf einer Parzelle der „Höhe".

Datierung: um 1300 – aufgrund der angegebenen, teilweise überprüfbaren keramischen Fundvergesellschaftung, der Fundlage und des Bautyps der Kloake.

Kommentar

Der Figurentyp ist im mittelalterlichen Fundgut bisher vereinzelt vertreten (vgl. *Falk* 1982, 55ff., Abb. 3:9). Erkennbar sind in der Verwendung des Podestes bzw. in der Haartracht formale Bezüge zur grotesken mittelalterlichen Dämonenwelt der Bauplastik. Die verwendete Holzart deutet auf eine zeitgenössische, örtliche (?) Herstellung.

Fundangaben zu *Farbtaf. 12*

Mitte re.: Maigelein; flacher Becher mit formgeblasenem optischen Kreuzrippenmuster. Leicht konischer Gefäßkörper, kegelförmig hochgestochener Boden, saubere Heftnarbe; verwärmter Lippenrand. Dunkelgraugrüne Glasmasse, vereinzelte Bläschen; aus Scherben zusammengesetzt und ergänzt.

H. 5,9 cm; Wst. 2 mm. FNr. 78:3/233.1, St. 14, oberhalb Kalkschicht.

Kommentar

Parallelfunde, darunter auch solche mit konvexer Wandung, sind u.a. aus Göttingen (*Schütte* 1976, Abb. 6, 8 u. 9), Lübeck (*Neugebauer* 1965, Abb. 2–4, 17) und Köln (*Klesse* 1963, Abb. 67–69; *Th. Dexel* 1983, Abb. 59) bekannt geworden. Aufgrund der Fundvergesellschaftung und der dendrochronologischen, schichtge-

Abb. 50/51 Stadtgrabung 10, Anthropomorphe Figur, Feldahorn (?); 14. Jh., Höhe 12,2 cm. (Aus Privatbesitz).

bundenen Datierungshinweise aus der Kloake (vgl. *Tab. 9, S. 56,* unter G 108: 1435 ± 6) ist für das Braunschweiger Stück eine Datierung in das spätere 15. Jh. festzulegen.

Re. außen: Berkebeker; auf niedrigem, konischen Gefäßunterteil unterhalb dünner, rundstabiger Fadenauflage vierzehn ovale Nuppen, umlaufend in zwei horizontal versetzten Reihen; nach oben gezogener, geperlter Abriß (Froschfingernuppen). Glattes, stark konisch ausladendes hohes Gefäßoberteil mit verwärmtem Lippenrand; hellblau-grünliche Glasmasse; in Scherben gut erhalten, teilweise ergänzt.
H. 11, 2 cm; Dm. der Nuppen 2–2,5 cm. FNr. 78:3/948, St. 49.

Kommentar

Vergleichsfunde (*Rademacher* 1963, Taf. 37c–d; *Klesse* 1963, Abb. 87; *Bremen* 1964, Abb. 137, 143) werden in die 1. Hälfte des 16. Jhs. datiert. Nach der Braunschweiger Fundvergesellschaftung mit Jacoba-Kannen ist ein Datierungsansatz schon Ende 15. Jh. gegeben.
Zu Füßchenschale *(li. außen)* und Apothekerflasche/Urinal *(Mitte li.)* vgl. Fundangaben zu *Abb. 52:1* u. *53:2* der Stgr. 12.

11

UB IX / 77:8 / *Ecke Kannengießerstraße/Schild,* auf dem Gehweg / –.
Befunderhebung auf 10 m² vom 5. bis 7. 12. 1977.

Im Außenbereich östlich der Brüdernkirche konnten Tiefbauarbeiten vor dem Chor archäologisch verwertet werden. Ein 4 m breites Eckprofil ließ sich bis auf die Höhe der Sediment- bzw. Faulschlammschichten der „Rennelbergbach-Niederung" abtiefen.
In die sandige Aufschüttung der hochmittelalterlichen Landgewinnungsmaßnahme hinein sind im 14./15. Jh. Gruben zur Abfallbeseitigung angelegt worden. Im Dokumentationsbereich wurden in Überschneidungen drei Abfallgruben erfaßt, die vor allem zahlreiche Scherben der jüngeren grauen Irdenware und spätmittelalterlichen glasierten Irdenware enthielten.

12

UB VII / 78:2 / *Nickelnkulk 12–19* (1944) / Fl. 1, Flst. 428/1; Fl. 16, Flst. 349/4, 113 u.a. / ass. 1241–1248 / Nickerkulk (1304).
Fundbergung auf 1900 m² vom 3. bis 15. 1. 1978.

Mit Unterstützung des Hochbauamtes konnten auf acht Parzellen trotz winterlicher Witterung und hohem Grundwasserstand örtliche Befunde hinsichtlich der mittelalterlichen parzellengebundenen Trinkwasserversorgung und Fäkal- wie Abfallentsorgung erhoben und ein qualitativ herausragender Hohlglaskomplex geborgen werden.
Zwölf Kloaken und Fäkalgruben, darunter nach primärer Verwendung drei Daubenbrunnen (vgl. Typ IVa, *Abb. 21 u. 23, S. 50 u. 52*) sowie ein Schachtbrunnen und mehrere schichtgebundene Fundkonzentrationen (u.a. Ofenkacheln) wurden untersucht.

Bei dem Schachtbrunnen handelte es sich um einen runden Steinbau, dessen spätmittelalterliche untere Partie in Trockenbauweise aus Buntsand- und Kalkbruchsteinen errichtet worden war (Variante zu Bautyp III); hingegen bestand der neuzeitlich reparierte obere Teil der Röhre aus Formsteinen (Typ VII, vgl. Stgr. 63). Die Anlage auf ass. 1248 (nach Allers 1885), Nickelnkulk 19, ist im Districtplan von Haacke aus dem Jahre 1764 nicht enthalten, obgleich der Brunnen bis in das 20. Jh. hinein benutzt worden sein muß.

Unter den Kloaken befanden sich vor allem zwei gut erhaltene Bohlenkasten-Kloaken mit Innenpfosten vom Bautyp V der Stellen 9 und 10 (vgl. Typentaf. *Abb. 25, S. 54)*. Die kleinere Holzkastenkloake (St. 9, Maße: 2,50 x 1,10 bzw. 0,70 m, T. 1,90 m) lag auf ehem. ass. 1244, Nickelnkulk 15 – die größere, 3 Fuß entfernt (ca. 0,80 m) auf ehem. ass. 1245 (jeweils nach Allers 1885), Nickelnkulk 16 (St. 10, Maße: 4,50 x 3,10 m, T. 2,10 m). Sie wurden offensichtlich schon bei ihrer Anlage für eine unterschiedliche Benutzung gebaut.

Die größere Kloake enthielt im Füllgut zugleich keramischen Geschirrbruch, Schuhwerk und Hausmüll in großer Fülle. Im kleineren Bohlenkasten fand sich jedoch mit Ausnahme einiger Scherben, zweier glasierter Grapen, eines Tellers und einiger Holzteile an mehreren Stellen zahlreicher Glasbruch, der offensichtlich vorwiegend wegen der Verletzungsgefahr deponiert worden war.
Die hier in einer Auswahl vorgelegten Hohlglasfunde der *Abb. 52–54* (s. Fundangaben) stammen aus den Stellen 4, 9 und 10. Darunter befinden sich Teile von zwölf Trinkgefäßen aus der Fäkalgrube der Stelle 9 wie zwei Krautstrünke, zwei Becher, eine Fußschale, zwei Angster, ein Urinal und vier Keulengläser (*Abb. 52:* 1–3, 5–6; *53:* 2–3; *54:* 1–3), die zu einem hinsichtlich seiner Deponierung als geschlossen zu betrachtenden Fundkomplex gehören, der insgesamt mindestens 20 Glasgefäße umfaßt hat (nämlich noch weitere vier Keulengläser und ein Angster sowie Fragmente von zwei grünen Scherzgefäßen und eine kleine gelbe Kugelbauchflasche mit Röhrenhals). Die Fundlage war einheitlich: in der Südhälfte des Bohlenkastens, überwiegend in der SO-Ecke, in einer Schicht zwischen 1,45–1,50 m unter OK Kastenrand, d.h. 0,40–0,45 m oberhalb Kastensohle.
Der Versuch einer dendrochronologischen Bestimmung der Bauhölzer gelang nicht. Die im Tangentialschnitt hergestellten Bohlen entstammten randlichen Baumteilen. Die Eichenpfosten wiesen nur 46 bw. 51 Jahresringe auf.

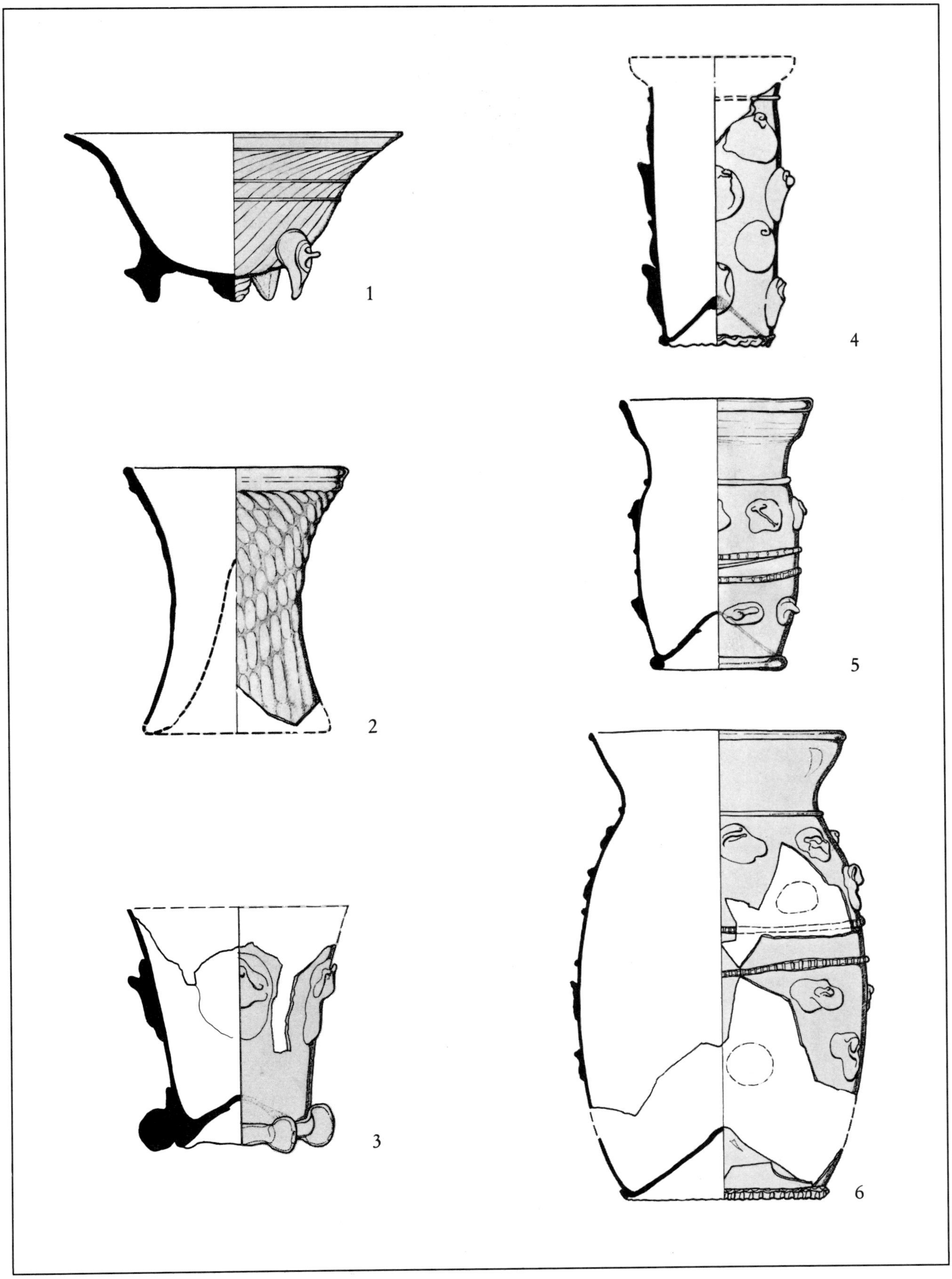

Abb. 52 Neustadt, Nickelnkulk 15 (Stadtgrabung 12). Hohlglas aus einem geschlossenen Fund – Bechertypen (Teil I aus Stelle 9), Nr. 1–3, 5–6; um 1500. Krautstrunk (Stelle 4), Nr. 4. M. 1:2.

Der Bautyp ist nach den bisher vorliegenden Befunden in das 14.–16. Jh. zu datieren, der Hohlglaskomplex aufgrund der jüngeren Gefäßtypen – auch in Zusammenhang mit dem ältesten Grapenfund *(Abb. 48:1)* – wohl spätestens in die Zeit um 1500.

Fundangaben zu *Abb. 52*

Hohlglas

1 Füßchenschale; flacher glockenförmiger Gefäßkörper (Tummler) mit drei Standfüßchen und weit ausbiegendem, verwärmten Lippenrand (Begriff „verwärmt" verwendet für leicht verdickte, rundliche Randbildung, nach *Rückert* 1982, passim). Boden nicht hochgestochen, außen besetzt mit Rest des abgeschlagenen Heftzapfens; drei schwach gebogene, grapenartig spitz zulaufende Standfüßchen, vorn zungenförmig gekniffen; Gefäß formgeblasen mit schrägoptischer, gerippter Musterung, unter dem Rand leicht tordiert. Auf der Wandung zwischen Standfüßchen und Randumbruch zwei- bzw. dreifacher rundstabiger Spiralfaden; einläufiger Faden auch direkt unterhalb des Randes.
Ursprünglich hellgrüne klare Glasmasse, leicht gelblich verfärbt mit pickelartiger, ockerfarbener Korrosion. Gefäß geringfügig ergänzt (vgl. auch *Farbtaf. 12)*.
H. 6 cm. FNr. 78:2/49, St. 9. In der Südhälfte der Kloake; T. 0,45–0,50 m ab OK Fundhorizont.

Kommentar

Relativ selten sind bisher Glasgefäße auf drei grapenförmigen Füßchen bekannt geworden, wie z.B. das „dreifüßige Glastöpfchen", einem keramischen Grapen vergleichbar (*Ohm* 1980, Nr. 214; H. 9,8 cm; datiert ins 16. Jh.). Im Fundkomplex der Kloake St. 9 gehört die Füßchenschale offensichtlich zu den jüngeren Formen, deren Zeitstellung um 1500 anzunehmen ist.

2 Zwei RS eines Bechers mit formgeblasener rippenartiger, langoval-unterbrochener optischer Musterung (Korbmuster), unter dem Rand leicht tordiert; profiliert abgesetzter Lippenrand, verwärmt, stark ausschwingend. Dunkelgrüne Glasmasse mit Blaustich, vereinzelt Bläschen, sehr gut erhalten.
Erh. H. 7,8 cm; Wst. 1,5–2 mm. FNr. 78:2/48a, St. 9. Fundlage wie Nr. 1.

Kommentar

Zu rekonstruieren ist nach Parallelfunden, die ins 15. Jh./Anfang 16. Jh. datiert werden, ein S-förmig geschweifter Becher mit optischer Musterung und extrem hochgestochenem Boden (*Rademacher* 1963, Taf. 26d und 27a; *Th. Dexel* 1983, Abb. 58; *Hüseler* 1957, Abb. 128).

3 Nuppenbecher mit ohrenförmig gekniffenem Fußring und Fladennuppen; fragmentarisch, ohne Rand. Schwach hochgestochener massiver Boden mit sauberer Heftnarbe; bandförmiger Fußring mit sieben ohrenförmigen Standscheibchen. Auf dem oberen Teil der Wandung umlaufend, in waagerechter Reihung vier rundliche Fladennuppen mit mugelig verwärmtem Abriß.
Hellgrüne klare Glasmasse, vereinzelt Bläschen, sehr gut erhalten.
Erh. H. 8,5 cm; Bst. 7 mm; Wst. 1,5 mm; Dm. der Nuppen 3 cm. FNr. 78:2/47a, St. 9. Fundlage wie Nr. 1.

4 Krautstrunk; hoher zylindrischer Gefäßkörper mit gewelltgeperltem Fußring, spitz hochgestochener Boden, mit Heftnarbe teilweise aufgefüllt. Auf der Wandung in vier horizontal umlaufenden Reihen und versetzt jeweils fünf ovale Nuppen, Abriß am oberen Rand zungenförmig gekniffen; unterhalb des Randumbruchs Fadenauflage. Rand (geweiteter Kragenrand?) nicht erhalten.
Hellgrüne klare Glasmasse, größtenteils partiell zersetzt oder hellockerfarben korrodiert. Unterteil des Gefäßes weitgehend erhalten.
Erh. H. 9,2 cm. FNr. 78:2/4, St. 4.

Kommentar

Nach Vergleichsfunden (*Klesse* 1963, Abb. 75 und 77) in das 15. Jh. zu datieren. In der Faßkloake der St. 4 u.a. vergesellschaftet mit einer Trinkflasche (Angster), deren Mundstück trichterförmig gestaltet ist über engem Röhrenhals.

5 Krautstrunk; tonnenförmig gebauchter Gefäßkörper, rundstabiger, glatter Fußring; geweitete Kragenlippe, verwärmt. Spitzkegelig hochgestochener Boden, saubere Heftnarbe. Auf der Wandung horizontal umlaufend jeweils zwei Reihen mit sieben gestippten, kleinen Nuppen (Stoppelnuppen), versetzt angeordnet und alternierend mit spiraliger Fadenauflage, teilweise gekerbt.
Grüne Glasmasse, gut erhalten mit sehr geringen Korrosionsspuren. Aus Scherben rekonstruiert.
H. 9,7 cm. FNr. 78:2/46, St. 9. Fundlage wie Nr. 1.

6 Krautstrunk; hoher tonnenförmig gebauchter Gefäßkörper, Fußring schwach gekniffen, Boden flach kegelförmig hochgestochen und mit Heftnarbe aufgefüllt. Trichterförmig ausbiegender Lippenrand, verwärmt. Auf der Wandung unregelmäßig geformte Nuppen, in wohl fünf umlaufenden Reihen versetzt angeordnet; nach wohl drittem Umlauf unterbrochen von einer spiraligen, gekerbten Fadenauflage, eine solche einläufig auch unterhalb des Randumbruchs.
Hellgrüne Glasmasse mit Korrosionsspuren (und rezenten Brandflecken), aus Scherben zusammengesetzt bzw. rekonstruiert.
Rekonstr. H. 16,8 cm. FNr. 78:2/47b, St. 9. Fundlage wie Nr. 1.

Fundangaben zu *Abb. 53*

Hohlglas

1 Angster, Fragment mit Röhrenhals und schalenförmig geweitetem Mundstück mit Lippenrand; aufgelegt in siebenfacher Windung ein dunkelblauer Glasfaden, mit breitem Ansatz aufwärtsschwingend. Röhrenhals formgeblasen mit leicht tordierter optischer Rippenmusterung. Unterteil des Gefäßes nicht erhalten, nach Vergleichsbefund rekonstruiert, Schulter verläuft jedoch leicht abfallender als in der Zeichnung.
Hellgrüne Glasmasse mit eisnadelförmigen Bläschen, gut erhalten.
Erh. H. 11,3 cm. FNr. 78:2/64, St. 10.
Datierung: 1. Hälfte 15. Jh.

Kommentar

Die Form ist zu vergleichen mit Magdeburger Funden des 15. Jhs., u.a. mit einem Mundstück, das gleichfalls mit blauem Glasfaden verziert ist (*Nickel* 1980, S. 20f., Abb. 10b und 11g).

2 Apothekerflasche/Urinal; zwiebelförmige Flasche mit hohem, leicht trichterförmigem Hals, Lippenrand verwärmt. Boden flach hochgestochen, saubere Heftnarbe. Rotbraun marmorierte Glasmasse, stellenweise noch gering opak; Achatglas, sehr gut erhalten, teilweise ergänzt.
H. 13,2 cm. FNr. 78:2/42, St. 9 (vgl. *Farbtaf. 12*). Fundlage wie *Abb. 52:1*.
Datierung: um 1500, nach Abwurf des Fundkomplexes.

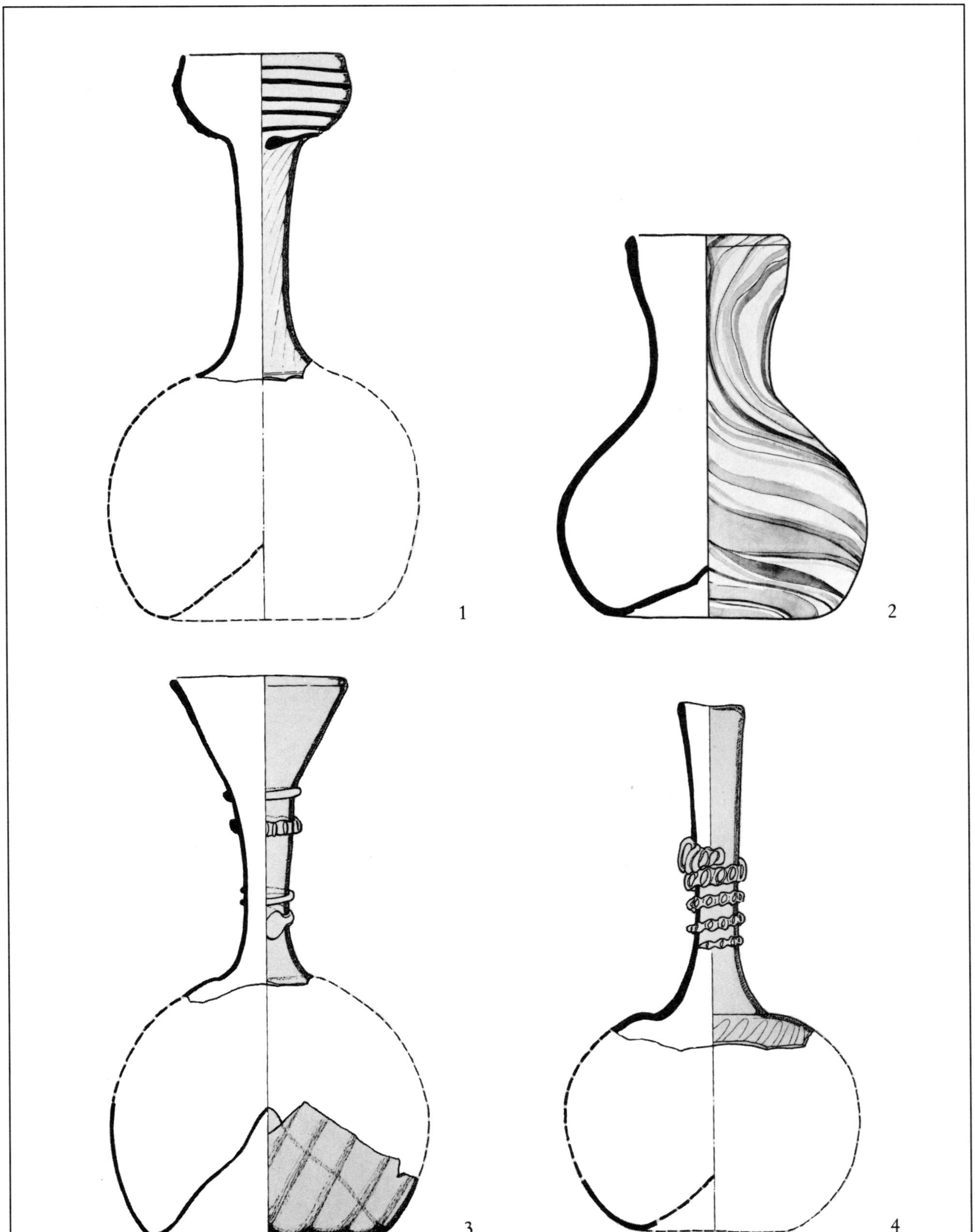

Abb. 53 Neustadt, Nickelnkulk 15 u. 16 (Stadtgrabung 12). Hohlglas aus einem geschlossenen Fund (Teil II aus Stelle 9) mit Apothekerflasche (Nr. 2) und Angster (Nr. 3); um 1500. Angster-Typen (Stelle 10), Nr. 1, 4; 1. Hälfte 15. Jh. M. 1:2.

Kommentar

Zu vergleichen ist das Gefäß v. a. mit Magdeburger und Erfurter Funden (*Nickel* 1980, S. 18f., Abb. 10e mit dunkelgrüner, Abb. 11e mit rotbrauner Glasmasse; *Lappe* 1983, Abb. 12.8; *Rademacher* 1963, Taf. 3a mit blaugrauer Glasmasse, datiert ins 3. Viertel des 13. Jhs.).
Überlieferte Braunschweiger Figurenknaggen, deren Heiligendarstellungen als Attribut diese Gefäße in der Hand halten, sind in das 1. Drittel des 16. Jhs. zu datieren (vgl. Beiträge *Römer, Abb. 3, S. 228,* und *Fricke, Abb. 4, S. 236).*

3 Angster mit trichterförmigem Mundstück, Röhrenhals und spitzrund hochgestochenem Bodenteil, relativ saubere Heftnarbe; Gefäß formgeblasen mit schrägoptischer Rippenmusterung (von li. unten nach re. oben). Auf dem Röhrenhals von unten nach oben: zweiläufige Spiralfadenauflage, der Ansatz breit angeschmolzen; zahnkranzförmig gekniffene Ringauflage; rundstabige einläufige Fadenauflage.
Hellblaue klare Glasmasse, gut erhalten, stellenweise blind überfangen. Zwei größere Gefäßfragmente wohl von zwei Gefäßen erhalten, Typ-Rekonstruktion.
Rekonstr. H. 19,3 cm. FNr. 78:2/50, St. 9. Fundlage wie *Abb. 52:1.*
Datierung: um 1500, nach Abwurf des Fundkomplexes.

Kommentar

Ein Göttinger Parallelfund wird von Schütte ins 15. Jh. datiert (*Schütte* 1982, 133ff., Abb. 4.28).
Angster mit trichter- oder schalenförmigem Mundstück werden auch häufig auf Holzschnitten des 15. Jhs. bzw. frühen 16. Jhs. dargestellt (vgl. z. B. *Raabe* 1981, Abb. 59, Holzschnitt aus der Chronik des Konstanzer Konzils [1414–1418], Augsburg 1483; *Hüseler* 1957, Abb. 128, Holzschnitt aus einem Hausrat-Gedicht, Straßburg um 1514, hier vergesellschaftet hoher Krautstrunk und Angster mit schalenförmigem Mundstück).

4 Trinkflasche mit Röhrenhals; leicht konisch verlaufender „abgeschnittener" Lippenrand, verwärmt; vierläufige, abschwingende Spiralfadenauflage, gekerbt. Auf dem Ansatz der Wandung des unteren Gefäßteils optische Rippenmusterung erkennbar.
Hellgrüne Glasmasse mit Gelbstich, sehr gut erhalten. Wohl gedrückt bauchiger Gefäßkörper, rekonstruiert.
Erh. H. 12,2 cm. FNr. 78:2/18, St. 10.
Datierung: 1. Hälfte 15. Jh., nach Fundvergesellschaftung (Kugeltopf und Grapen der jüngeren grauen Irdenware mit Leistenrand).

Fundangaben zu *Abb. 54*

Hohlglas

1 Keulenglas (Typ III, Flöte; Dmax. der keulenförmigen Weitung unterhalb der Mündung um 3,5 cm) auf hochgestochenem, kegelförmigen Scheibenfuß mit Hohlrand; saubere Heftnarbe. Der spitzzylindrische Gefäßkörper weitet sich schwach keulenförmig und verengt sich wieder zur Mündung hin, Lippenrand verwärmt. Formgeblasen in feiner, leicht tordierter Rippenmusterung; im gedrehten Glaskörper spiegelt sich ein filigranes Rautenmuster. Unterhalb der keulenartigen Weitung auf der Gefäßwandung rundstabige Fadenauflage in mehrfachen Windungen abwärts. Hellgrüne klare Glasmasse mit leichtem Gelbstich; teilweise ockerfarben pickelig korrodiert. Glaskörper in zwei größeren Teilen erhalten, Scheibenfuß rekonstruiert.
Rekonstr. H. 39 cm; Wst. 1–2,5 mm. FNr. 78:2/48b, St. 9; Fundlage wie *Abb. 52:1* mit Fragmenten von vier Gefäßen.

2 Keulenglas (Typ II, Dmax. der keulenförmigen Weitung um 6 cm); Gestaltung der Glasmasse wie bei Nr. 1, jedoch gedrungenere Form. Zweiteilige Fadenauflage: rundstabig in neunfacher Windung, darüber in zweifacher Windung bandförmig, gekerbt. Hellgrüne klare Glasmasse, korrosionsfrei. Typ-Rekonstruktion aus zwei Teilen zweier Gefäße.
H. um 36 cm; Wst. 1–2 mm. FNr. 78:2/48c, St. 9; Fundlage wie *Abb. 52:1* mit Fragmenten von drei Gefäßen.

3 Keulenglas (Typ I, Dmax. der keulenförmigen Weitung 9 cm); Gestaltung der Glasmasse wie bei Nr. 1; soweit erhalten, zweiläufige bandförmige Fadenauflage, gekerbt. Hellgelb-grünliche klare Glasmasse, vereinzelt Bläschen, korrosionsfrei; aus neun Scherben rekonstruiert.
Erh. H. 15,2 cm. FNr. 78:2/48c, St. 9; Fundlage wie *Abb. 52:1.*

4 Scheibenfuß eines Keulenglases; schwach kegelförmige Scheibe in den Gefäßzylinder spitz hochgestochen und angarniert, gerillte Randzone. Hellgrüne Glasmasse mit Blaustich, hellbraune Korrosionsflecken an Bruchstelle, fragmentarisch.
Erh. H. 9 cm. FNr. 78:2/45, St. 9; Fundlage in T. 0,35 cm, mit Fragmenten von drei Scheibenfüßen.
Datierung zu Nr. 1–4: um 1500.

Kommentar

Keulengläser sind in entsprechenden Braunschweiger Fundkomplexen sehr zahlreich vertreten und sowohl mit jüngerer grauer Irdenware des 15. Jhs. vergesellschaftet (Kugeltöpfe, Grapen) als auch mit farbig bleiglasierter Irdenware des 15. Jhs. und des frühen 16. Jhs. *(Abb. 48:3,5).* Ob auch in Braunschweig der klassische Kugeltopf wie in Erfurt (*Lappe* 1983, 211) noch Anfang des 16. Jhs. in Gebrauch war, läßt sich aufgrund gegenwärtiger Befunde nicht entscheiden.
Eindeutig setzen sich aber im Braunschweiger Material jüngere Fundkomplexe aus der Mitte des 16. Jhs. ab, die eine Kombination von hohen achtkantigen Stangengläsern mit gleichmäßig breiten, halbhohen zylinderförmigen Stangengläsern aufweisen, die in regelmäßiger Anordnung mit Nuppen besetzt sind, einen Kragenrand und einen durchbrochenen Fuß besitzen und Höhen bis zu 23 cm erreichen (vgl. Stgr. 9, St. 2; *Rötting* 1985a, Stangenglas mit Nuppendekor, Goslar, Charley-Jacob-Straße). Keulengläser der Typen I–III sind hier nicht mehr vertreten.
Produktionsbefunde aus Glashütten des Eichsfeldes (Kr. Worbis, DDR) belegen nach U. Lappe eine Herstellung von Keulengläsern, Nuppenbechern bzw. Nuppenstangen, Achtkantstangen und Röhrenstangen für die 1. Hälfte des 16. Jhs. (*Lappe* und *Möbes* 1984, 223).
E. Nickel stellt vergleichbare Magdeburger Funde von Keulengläsern in die 1. Hälfte des 16. Jhs. (1980, Abb. 11a.b); *U. Lappe* (1983, Abb. 10:4 und S. 203) datiert eine ausgesprochen gedrungene Form aufgrund der Beifunde in Erfurt wohl noch in das 15. Jh. *W. Dexel* verweist auf ältere Darstellungen seit 1460 (1962, S. 79,

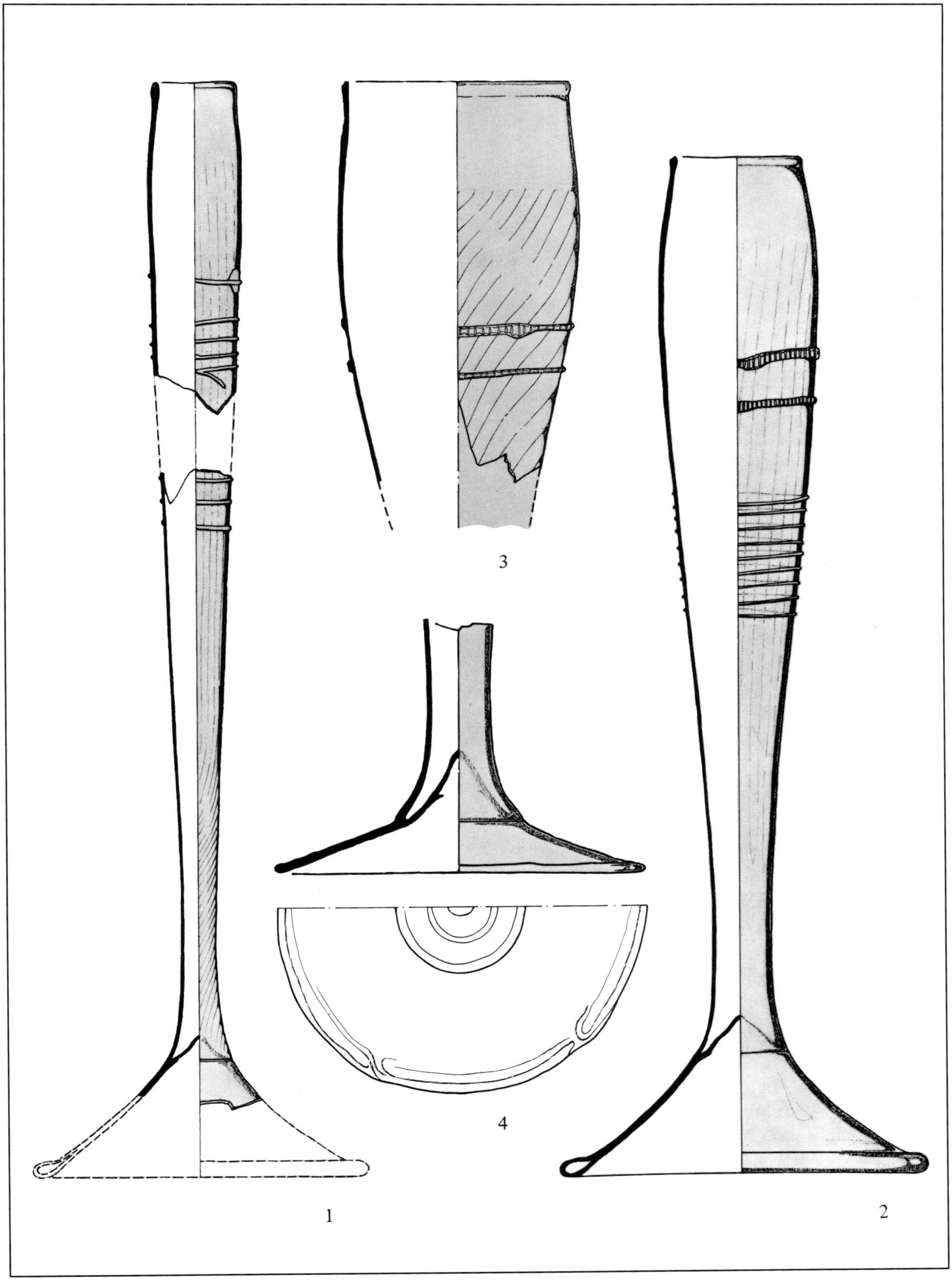

Abb. 54 Neustadt, Nickelnkulk 15 (Stadtgrabung 12). Hohlglas aus einem geschlossenen Fund (Teil III aus Stelle 9) mit Keulengläsern der Typen I–III (ohne Nr. 4); um 1500. M. 1:2.

Abb. 444), führt aber auch neben Darstellungen von Keulengläsern bei Dürer (Aeskulap von 1502/04) und H.B. Grien (Trunkener Silen von 1510) den Wolfenbütteler Schloßfund an, der vor 1546 anzusetzen ist.

Die Fundvergesellschaftungen und stratigraphischen Befunde in Braunschweig (vgl. Stgr. 10, St. 14, Kommentar zu den Holzgerätfunden der *Abb. 38–41*) belegen während des 15. Jhs. eine intensive Gebrauchszeit des Keulenglases (vgl. auch *Kahsnitz* 1984, 42), die durch örtliche Bildquellen gestützt wird (vgl. *Abb. 4, S. 15:* Mann mit Keulenglas, Holzplastik auf Eckkonsole am ehem. Haus Am Alten Petritor 2, wohl 1463 angebracht; ferner *G. Römer* 1982, 61: Keulenglas auf dem Jagdteppich d. A. v. Bortfeld, 1430 bzw. 1450–1475 datiert).

Im vorliegenden Hohlglaskomplex von 20 Gefäßen befinden sich acht Keulengläser der Typen I–III, die gleichzeitig in den Abwurf gelangten. Da sie zusammen mit jüngeren Glasgefäßen wie Füßchenschale *(Abb. 52:1)* und Becher mit extrem hochgestochenem Boden *(Abb. 52:2)* auftreten, sind sie spätestens in die Zeit um 1500 zu datieren.

Zur Herstellungstechnik der Keulengläser

In Zusammenarbeit mit Olaf Ressel, Uwe Schupp und Johanna Dedy, Kunsthandwerkerhof „Zur Alten Münze", Clausthal-Zellerfeld, können zur Herstellungstechnik der Keulengläser experimentelle Erfahrungen mitgeteilt werden (vgl. auch *Fischer* 1892, 25 ff.).

Die hier vorgestellten Gläser sind bis auf *Abb. 54:4* einteilig gearbeitet worden; das Keulenglas *Abb. 54:4* mit Scheibenfuß und Spitzzylinder wurde zweiteilig angefertigt.

Im Experiment zur Herstellung einteiliger Gläser wurde wie folgt verfahren. Das an der Pfeife sitzende Kölbel wurde in eine entsprechende Optik (Rippenmodel) eingeblasen und erhielt eine längsgerippte Wandung. Dann ist mit der Zange am Ende des Rohlings eine Kugel abgeschnürt worden. Aus dieser Kugel wurde der Fuß geformt, indem sie unter leichtem Absaugen der Luft über ein kegelförmiges Holzmodel zusammengedrückt und entsprechend in das Kölbel eingestülpt wurde. Der hohle Rand hat sich als Rest des luftgefüllten Kugelhohlraumes gebildet. Hinter dem im Querschnitt breitovalen Hohlrand verdoppelt sich folgerichtig die Wandungsstärke.

Anschließend wurde das Hefteisen mit entsprechender Glasmasse im „hochgestochenen" Boden befestigt, die Pfeife abgetrennt und die Formung entsprechend zu Ende geführt. Die Kerbung der Glasfadenauflage kann mit einem Rollrädchen ausgeführt werden.

Formung, Dünnwandigkeit, Höhe des Keulenglases wie die einteilige Herstellungstechnik verlangen ein hohes handwerkliches Können.

13

UB III / 78:6 / *Kleine Burg 2,3,4* / *Fl. 2, Flst. 706/1* / *ass. 7, 7¹* / Stiftsherrenhäuser / –.
Fundbergung auf 352 m² vom 28. 3. bis 10. 4. 1978.

Mit Unterstützung der Stadtwerke wurde vor Wiedererrichtung der abgetragenen Fachwerkbebauung in einem Baggerplanum und zwei Suchgräben systematisch Lage und Grundriß der seit dem 13. Jh. hier feststellbaren Fäkalgruben und Kloaken ermittelt. Auch Befunde hinsichtlich der südlichen Abgrenzung der Burghalbinsel gegen die Okerniederung konnten erhoben werden *(Farbtaf. 3)*.

Von fünf festgestellten Kloaken/Fäkalgruben wurden zwei exemplarisch untersucht, aus den übrigen Funde geborgen.

Stelle 2: gemauerter Schacht aus Kalk- und Sandsteinen sowie Backsteinen (an Flickstellen) in Mörtelbindung mit einer Bodenisolierung aus örtlich anstehendem Geschiebelehm, in den die Kloake hineingebaut worden ist. Charakteristisch für diesen Bautyp VIa *(Abb. 25, S. 54)* ist die Spitzwinkligkeit einer Ecke, so daß stets eine Wand schräg verläuft (vgl. Stgr. 32). Maße: ca. 1,90 x 2,50 m; T. ca. 1,50 m; Mauerstärke 0,30 – 0,35 m. Füllung: humoser, fundreicher Bauschutt bis in Tiefen von ca. 0,90 m (18. Jh.). Aus der noch nicht humos umgesetzten Fäkalfüllung unterhalb des Bauschutts stammt ein sehr zahlreiches, vielgestaltiges Fundmaterial an einfarbiger glasierter sowie bemalter Irdenware (Weserware), Hohlglas und Steinzeug, das in den Zeitraum Ende 16./1. Hälfte 17. Jh. zu datieren ist. Eine spätmittelalterliche Herkunft der Kloake und mehrfache Ausräumungen sind anzunehmen.

Stelle 5: Progressiver Typ einer rechteckigen Fäkalgrube (ca. 2,20 x 1,60 m; erh. T. ca. 0,60 m) mit abgespundeten, angespitzten Rundhölzern (ohne Baugrube), wannenartiger Tonisolierung und Faßdaubenwandung aus dem 14. Jh. *(Abb. 23, Typ IVb)*. Probeentnahme für paläo-ethnobotanische und parasitologische Untersuchungen *(vgl.* Beiträge *Willerding, S. 204 ff.* und *Herrmann, S. 221 ff.)*.

14

UB IV, V / 78:5I / *Aegidienmarkt 12:* umgesetztes Leisewitz-Haus von der Wallstraße 8 (Wiederaufbau 1978/79) / ass. 2578 und südl. Hanggelände Köppeberg/ St. Ilien – Markt, St. Ilien – Hof.
Fundbergung auf 750 m² vom 2. 2. bis 23. 4. 1978, sporadisch.

Beim Ausheben der Baugrube für das hierher umgesetzte Johann-Anton-Leisewitz-Haus aus der Wallstraße (vgl. Stgr. 3) wurde als Streugut im braungelben

Dünensand in offensichtlich sekundärer Lagerung bis in Tiefen von ca. 1,50 m ab OK zahlreiches Scherbenmaterial und verziegelter Flechtwandlehm gefunden. Neben eisenzeitlicher, hochmittelalterlich bis hochneuzeitlicher Keramik ist das frühmittelalterliche Fundgut hervorzuheben.
Außerdem wurden Grabgruben/Bestattungen des ehemaligen St.-Aegidien-Kirchhofes beobachtet und in ca. 50 cm Tiefe das steinerne Fragment eines Grabdenkmals des ausgehenden 18. Jhs. geborgen *(Abb. 55)*.

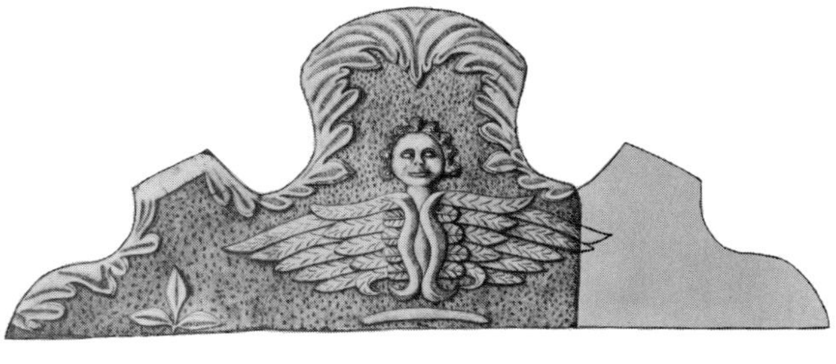

Abb. 55 Altewiek, Aegidienmarkt 12 (Stadtgrabung 14). Reliefierter Sandsteinaufsatz eines Grabdenkmals, Fragment; Ende 18. Jh. Größte Höhe 32 cm.

Fundangaben zu *Abb. 55*

Reliefiertes Oberteil eines Grabdenkmals mit Harpyie (*Römer* 1979, 48f.) und Palmblattgirlande; Plafond gespitzt, Kante scharriert. Aegidien-Kirchhof.
Beigefarbener Sandstein, Rekonstruierte Br. 81,2 cm; gr. H. 32 cm; Wst. 11 cm. FNr. 78:5I/13.
Datierung: 4. Viertel 18. Jh.

15

UB XII / 78:14 / *Wendenstraße 69 – Fallersleberstraße 1* / Fl. 7, Flst. 44,41 / ass. 1612I–III, 1613 / platea Slavorum (1268) – Vallerslevestrate (1239).
Beobachtung auf 1050 m^2 in der Zeit vom 17. 7. bis 28. 8. 1978, sporadisch.

Beim Ausheben der Baugrube für den Neubau des Ordnungsamtes der Stadt Braunschweig konnten vor allem Beobachtungen hinsichtlich des Verlaufes eines bis in hochmittelalterlicher Zeit aktiven *östlichen* Okerarmes protokolliert werden (vgl. Stgr. 22, 27, 51, 59 und *Farbtaf. 2)*. Die dendrochronologische Bestimmung des runden, verblatteten Fundamentkranzes eines Brunnens vom Typ V *(Abb. 21, S. 50)* ergab als Fällungsjahr 1426 ± 6 *(Tab. 9, S. 56,* nach *Leuschner)*. Unter der Voraussetzung, daß kein Altholz verwendet worden ist, liegt damit für die Errichtung einer Brunnenröhre aus scharrierten Kalksteinquadern (vgl. Stgr. 20) eine sehr frühe Zeitstellung vor. Datierungen analoger Objekte und ihrer Varianten sind abzuwarten.
Eine Untersuchung der Kloakenfunde mußte wegen dringenderer Grabungsaufgaben andernorts unterbleiben.

16

UB III / 78:16 / *Nordaußenmauer Dom St. Blasii,* Burgplatz / Fl. 2, Flst. 767/4 / –.
Befunderhebung auf 10 m^2 vom 4. 9. bis 5. 9. 1978.

Fundamentschürfungen an drei Stellen (Turm, Seitenschiff und am Querhaus) zur Kontrolle von Auswirkungen einer großflächigen Grundwasserabsenkung (vgl. Tiefbaumaßnahme Packhof, Stgr. 10) an vermuteten, aber nicht angetroffenen Holzsubstruktionen, vermittelten unterschiedliche, datierbare bautechnische Befunde am Domfundament.
Das Turmfundament ist unterhalb der Sockelzone 2 m tief, verläuft senkrecht ohne Abtreppung, ist vermörtelt bis in die unterste Lage und besteht vorwiegend aus relativ sauber gebrochenem bzw. behauenem Rogensteinmaterial. Mitverbaut sind einzelne größere Fragmente von Hohlziegeln, die somit als Dachdeckung zumindest für das ausgehende 12. Jh. örtlich sicher nachweisbar sind.
Das Fundament für die um die Mitte des 15. Jhs. anstelle des nördlichen Seitenschiffes erbaute zweischiffige Halle *(Dorn* 1978, 216) ist zweifach leicht abgestuft, 1,40 m tief, unregelmäßig gepackt und vermörtelt und besteht hauptsächlich aus Kalkbruchstein.
Im Hinblick auf die Untersuchung angeschnittener anthropogener Schichten überraschte der Befund am Querhaus: hier beginnt schon unmittelbar unter der Bettungsschicht des Kopfsteinpflasters anstehender Sand.

17

UB VII / 78:17 / *Südmauer St. Andreas,* Kröppelstraße / –.
Befunderhebung auf 12 m^2 vom 6. 9. bis 7. 9. 1978.

Fundamentschürfungen am südlichen Seitenschiff und am Turm konnten hinsichtlich des bautechnischen Befundes ausgewertet werden. Das rd. 2 m tiefe Turmfundament aus der Zeit 1250–1275 ist mehrfach abgetreppt, besteht aus Kalk- und Rogenbruchstein, ist vollständig vermörtelt und enthält Hohlziegelfragmente (vgl. Stgr. 16).
Bemerkenswert sind randlich angeschnittene, auskeilende und abwechselnd übersandete dünne Schluffschichten, die mit der südlich gelegenen „Rennelbachniederung“ (vgl. Stgr. 10 bzw. 49) in Verbindung zu bringen sind.

18

UB XII / 79:5 / *Hagenmarkt 12, 13* und *Hagenbrücke 8, 9* (1944/1979) / Fl. 16; Flst. 301/18, 301/15, 301/16 / ass. 1402, 1401, 1400 / forum Indaginis (1268), uppe dem haghenmarkete (1328); ante potem Indaginis (1287), upper Hagenbrugke (1311).
Objektgrabung auf 3800 m² vom 10. bis 24. 7. 1979 und vom 27. 7. bis 10. 8. 1979.

Braunschweigs führende Weichbilde Altstadt, Hagen und Neustadt, vereinzelt auch die Altewiek und der Sack wiesen im Spätmittelalter mit annähernd einhundertfünfzig Steinhäusern einen überdurchschnittlich hohen Baubestand auf (*Fricke* 1975, 19), der Kemenaten – mit einem Wandkamin ausgestattete „caminata" – und nicht heizbare Steinhäuser umfaßte (*Thomsen* 1937, 11f., 124ff.).
Am Hagenmarkt des Hagens waren noch bis 1944 vier Kemenaten größtenteils erhaltengeblieben wie auch an der westlich benachbarten Hagenbrücke der Neustadt (vgl. *Abb. 29, S. 59;* nach *P. J. Meier* und *Steinacker* 1926, 52ff.; *Flesche* 1949, 26f.; *Fricke* 1975, 33, 155f., T 6). Zumindest bei der Kemenate auf ass. 1313, Hagenbrücke 5, die wiederaufgebaut den Krieg überdauerte, ferner auf ass. 1403 und 1409 der nördlichen Hagenmarktbebauung ist ihre Errichtung für das 13. Jh. gesichert.
Eine fünfte Kemenate, ebenfalls im 13. Jh. erbaut, wurde am Hagenmarkt auf ehem. ass. 1402 entdeckt, als während des Baugrubenaushubs im Juli 1979 eine archäologische Befunderhebung eingeleitet worden war. Bemerkenswert sind ihre Lage auf einer größeren Sandbank in der Oker und die Fußbodenisolierung mit Tongefäßen des nicht unterkellerten Erdgeschosses.

Die Sandbank

Im Gegensatz zu den bisher archäologisch aufgenommenen flachen Sandbänken um 67,50 m ü. NN in der ehem. Okerniederung, die vor Beginn der Trockenlegungsarbeiten und der Gewässerumleitung in den Jahren nach 1160 bei Überschwemmungen unter Wasser standen und in die Landgewinnung einzubeziehen waren, wurde die Sandbank unmittelbar nördlich der Hagenbrücke besiedelt, ohne zuvor mit Knüppel-

Abb. 56 Hagen-Mitte, Hagenmarkt 13 (Stadtgrabung 18). Das Topfpflaster der Fußbodenisolierung der Kemenate wird freigelegt.

decken belegt und durch Aufschüttungen erhöht worden zu sein.
Die insulare Lage erhielt sich auch mindestens bis ans Ende des 13. Jhs.. Das war zu einer Zeit, da die Kemenatenbebauung bereits erfolgt und die Einbeziehung der Inselparzelle in die Grundrißgestaltung des Hagenmarktes vollzogen gewesen sein muß.
Die etwa 80 m lange und 20 bis 40 m breite Sandbank wurde gegen Ende des 12. Jhs. (*Tab. 9, S. 56* unter G 101 : 1180 ± 2, dendrochronologische Bestimmung der Uferpalisade) am Prallhang stellenweise mit einer Uferpalisade, am Gleithang mit Faschinen befestigt, die flächig bis zu einer Mächtigkeit von 0,30 m auf der Böschung ausgelegt waren bzw. als Flechtwand in das Wasser reichten (*Abb. 59a,* St. 17 bzw. 14/15). Auf den Faschinen am Uferrand, in rückwärtiger Flucht der Flechtwandpfosten, lag jeweils ein stabilisierendes Rund- oder Spaltholz. Reste einer Holzbebauung nördlich der späteren Kemenate deuten auf eine Vorbesiedlung.
Ein stratigrapischer Vergleich der Leitprofile des Hagenmarktes *(Farbtaf. 4a)* und der Insel ergibt (St. 14, 20 m südöstlich des Steinbaues), daß sich hier eine geringmächtige sandige Planierschicht über sandig-schlammiger Oberfläche auf gleichem Niveau von etwa NN 68,20 m befindet wie der trocken-sandige, aufgeschüttete Begehungshorizont 49 vor der Katharinenkirche, der wiederum mit dem Kirchenestrich aus den Jahren um 1240 auf gleicher Höhe liegt. Die Planierschicht auf der Insel verweist auch in Zusammenhang mit stratigraphisch gesicherten Scherbenbefunden aus den durch die Grabenfundamente des Steinbaus geschnittenen Schichten auf die wohl gleichzeitig erfolgte Errichtung der Kemenate.

Die Kemenate

Die in der Inselmitte über rd. 86 m² trapezoider Grundfläche bei Außenmaßen im Mittelwert von 9,30 x 9,20 m erbaute Kemenate hat durchschnittlich 0,80 m tiefe und 1,35 m, stellenweise bis zu 1,50 m breite Grabenfundamente mit kleinformatigen Rogenbruchsteinen in Trockenschüttung *(Abb. 59b)*. Eine 1,40 m lange, noch erhaltene Mauerzunge an der SO-Ecke läßt auf einen Fachwerkanbau schließen *(Abb. 58 und 59a)*. In die Nordseite der NW-Ecke ist mit einer noch erhaltenen Breite von 1 m bei einer Tiefe von 0,80 m

Abb. 57 Hagen-Mitte, Hagenmarkt 13 (Stadtgrabung 18). Flächenbefund des Topfpflasters aus der 2. Hälfte des 14. Jhs. innerhalb der Grundmauern der Kemenate.

aus Backsteinen der Kamin eingebaut worden. Der Fußboden des Raumes wurde auf einem Niveau um NN 67,70 m mit Tonfliesen (Mittelwerte 19 x 19 x 5,5 cm, vgl. Stgr. 68) ausgelegt, unter denen sich eine 30 cm mächtige, künstlich eingebrachte Geschiebelehmschicht befand, in die als zusätzliche Isolierhilfe gegen aufsteigendes Grundwasser auf der Mündung stehende Tongefäße eingebaut waren (*Abb. 57, 59b*). Bei 43 m² Fußbodenfläche und einem Verbrauch von durchschnittlich 22 Gefäßen pro m² sind etwa 940 Kugeltöpfe, Kannen, Krüge und Becher, darunter auch Fehlbrände, eingesetzt worden, von denen sich 804 Gefäße trotz einer älteren Störung noch bergen ließen. Ein großer Teil von ihnen ist noch infolge der Bauarbeiten 1979 in der Geschiebelehmschicht zerscherbt worden. Aufgrund der vorläufigen Datierung der Kugeltopftypen und der Mündelkeramik (vgl. nachfolgende Fundangaben zu den *Abb. 16 bis 19*) ist anzunehmen, daß die Fußbodenisolierung in der 2. Hälfte des 14. Jhs. erfolgte, möglicherweise nach der großen Überschwemmung im Jahre 1365 (*Dürre* 1861, 149). Eine Erneuerung des Tonfliesenbodens aus dem gleichen Grund wurde offensichtlich später noch einmal (wohl im 16. Jh. nach Scherbenfunden) mit Backsteinen im Klosterformat vorgenommen (*Abb. 59b*, Schichtbefunde 17–19: Backsteinmaße nach Mittelwert L. 27,5 cm; Br. 14 cm; H. 9 cm; handgeformt, schlecht durchgemischt, hellrötlich-gelblich gebrannt; Vergleichsfunde liegen vor von der Liberei bei St. Andreas aus dem frühen 15. Jh., Stgr. 68 sowie von der Stgr. 10 aus dem 16. Jh. u.a.; vgl. auch Lübecker Befunde nach *Kruse* 1982, 559f.).

Städtische, regionale wie überregionale Parallelen ließen sich zur Technik der Fußbodenisolierung mit Tongefäßen sehr zahlreich ermitteln. Für Braunschweig ist auf wohl vergleichbare Befunde von der Hagenbrücke 1, ass. 1310, zu verweisen, die im Jahre 1758 mit 11 Gefäßen beobachtet wurden, ferner auf Voigtsdahlum, Ldkr. Wolfenbüttel, aus dem Jahr 1842 (*Strombeck* 1869, 24). Von Salzgitter-Gebhardshagen stammt ein Nachweis der Bodenisolierung mit Kugeltöpfen bzw. großen Kugeltopfscherben aus einem Töpferofen des 13. Jhs. (*Rötting* 1977, S. 60, Abb. 91). In Hildesheim wurde eine solche Technik mit 22 Gefäßen in Mörtelbindung 1880 beobachtet und beschrieben (*Buschan* 1884, 35f.). Sie soll auch in einem Kellerbefund auf 30 m² Fläche, wiederum in einer Geschiebelehmschicht aus der 2. Hälfte des 13. Jhs., in Herzberg, Ldkr. Osterode, zutage gekommen sein (Vortrag E. Nöll, Kassel 1982 in einer Mitteilung von B. Wendrich). Ein Befund mit 16 Gefäßen in Tonbettung ist vor allem in Peine, Stederdorfer Straße 34, im Jahre 1954 beobachtet worden (*Dehnke* 1958, S. 222ff., Abb. 3) und auch aus Hameln überliefert (briefl. Mitteilung *C. Meckseper*). In Ansbach (Mittelfranken) stieß man 1882 unter einem Haus „In der Tiefe von ¾ m auf eine 15 cm starke Schicht guten festgestampften Lehms; darunter auf eine Lage starkgebrannter irdener Töpfe, die mit der vierkantigen offenen Seite nach unten gekehrt, nahe aneinandergefügt und durch außerordentlich hart gewordenen weißen Mörtel von feinem Quarzsand und Kalk so fest verbunden waren, daß man ganze Flächen von 1 m² unversehrt ausheben konnte. (...) Unter der Topflage war wieder eine 15 cm starke Lehmschicht und unter dieser der natürliche, sehr feuchte, morast-schwarze Erdboden. Die in dieser Weise belegte Fläche maß von Osten nach Westen 3 m, von Süden nach Norden 2,10 m. Vermutlich diente diese Vorrichtung dazu, um die Feuchtigkeit nicht nach oben dringen zu lassen“ (*Handelmann* 1885, 503f.).

Schließlich ist auf Vergleichsbefunde zu verweisen, die in Stendal (DDR) 1826/27 mit 75 Gefäßen in einem Keller bzw. in Neuhaldensleben (DDR) in einer Mörtelschicht unter Backsteinpflaster 1823/24 auftraten und sich auf mittelalterliche Isolierkeramik beziehen (*Hänselmann* 1877, 394f.).

Abb. 58 Modell einer Parzellenbebauung mit rückwärtiger Kemenate und giebelständigem Fachwerkvorbau, Hagenbrücke 5; 13. Jh. (nach *Fricke* 1975, Taf. 6b).

Die archivalischen Quellen

Das „stenhus in dem winkele“ auf der Parzelle ass. 1402 am Hagenmarkt 13 wird erstmals urkundlich indirekt 1350 erwähnt (STA BS B I 19, Bd. 7, Bl. 76). Es ist seit 1383 wohl bis 1593 im Besitz der Hagener Patrizier- und Ratsfamilie Horenborg gewesen (*Reidemeister* 1948, 76ff.; weitere Angaben nach *K. Kablitz* 1984). Spätestens kurz vor 1715 (Münzfund eines Dreiers von 1683 der Abtei Corvey als Kaminfund, vgl. Beitrag *Bilzer, S. 293*) muß die Kemenate zusammen mit der Fachwerkbebauung auf dem Grundstück abgebrochen worden sein. Auf dem vorderen Teil der Parzelle wurde in den Jahren 1715–1717 ein Palais für den russischen Gesandten von Schleinitz errichtet (*P.J. Meier* und *Steinacker* 1926, S. 74, Abb. 135), auf dem nördlichen Teil 1897 die Markthalle eröffnet. Das mehrfach umgebaute Palais hat noch bis 1944 bestanden (vgl. *Abb. 29, S. 59;* nach *Mertens* und *Moderhack* 1981, Bl. 64/4 Schadenskarte).

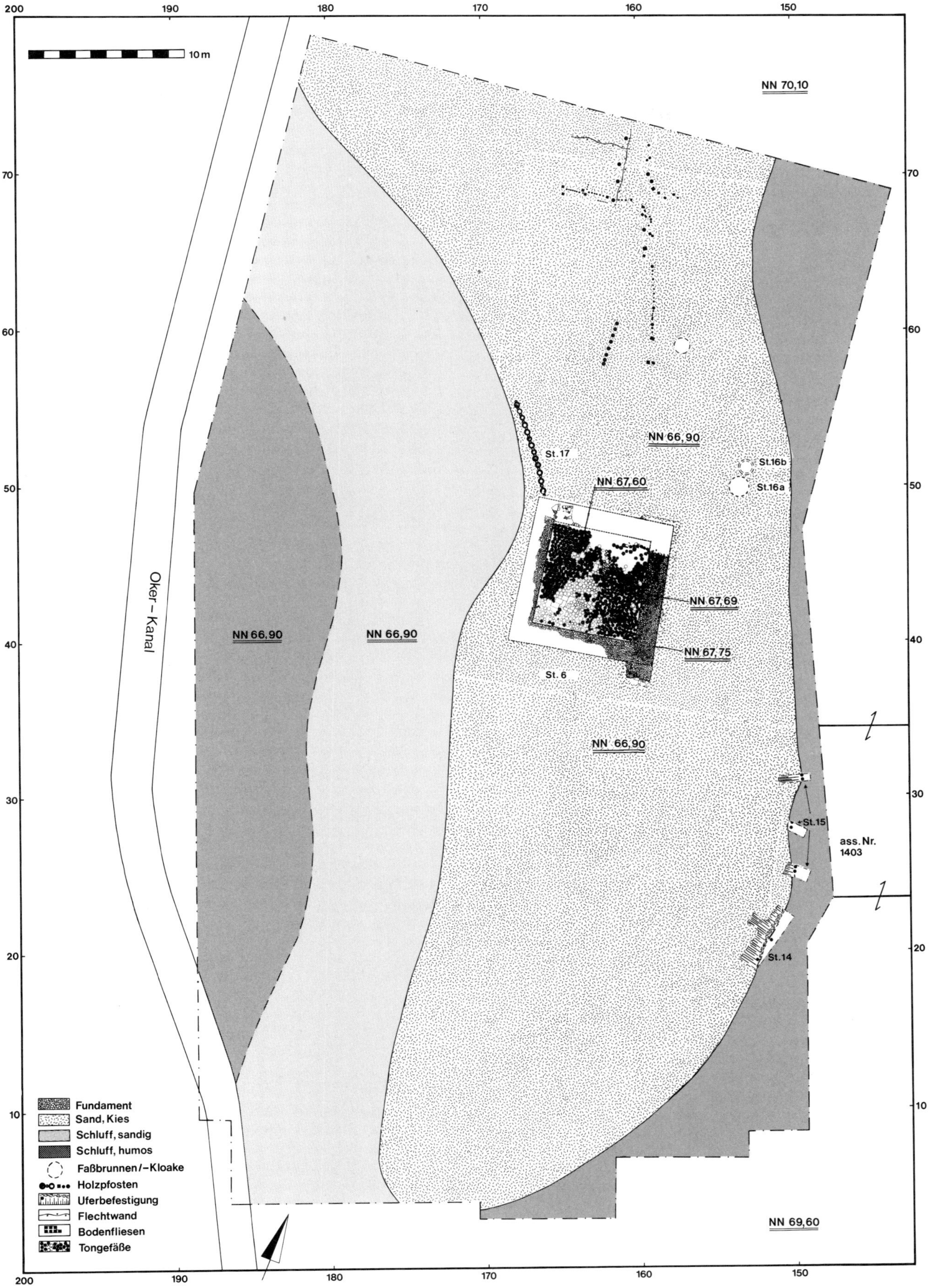

Abb. 59a Hagen-Mitte, Hagenmarkt 13 (Stadtgrabung 18). Grabungsplan mit Okerinsel, Uferbefestigung um 1180 und Fundamentgrundriß der Kemenatenbebauung aus der 2. Hälfte des 13. Jhs. und dem Topfpflaster aus der 2. Hälfte des 14. Jhs. M. 1:350.

Fundangaben zu *Abb. 17, S. 43*

Geschlossener Fundkomplex aus der Fußbodenisolierschicht mit „Baukeramik", St. 6, Teil 1 (Gefäße vollständig erhalten, keine Fehlbrände)

Jüngere graue Irdenware

Kugeltöpfe mit den Randformen 1–9 (vgl. *Tab. 6–8, S. 46f.*)

1 Kugeltopf mit RF 1; annähernd gleichmäßig, keulenförmig verdickter, nach außen voll abgerundeter, schräg abknickender, schwach ausgebildeter Kehlrand; kugelförmiger Gefäßkörper mit ausgeprägter Schulter; Drehriefenkonturen. Auch im Bruch gleichmäßig blaugrauer Scherben, weiß gesprenkelt, feinrauh, mit beidseitig fleckigem Ascheanflug-Glanz; starke feine bis mittlere Quarzsandmagerung.
H. 14 cm. FNr. 79:5/676.

2 Kugeltopf mit RF 2; wie RF 1, jedoch ungleichmäßig keulenförmig verdickte, nach innen leicht überkrempend hochgezogene Randlippe; gedrückt kugelförmiger Gefäßkörper mit ausgeprägter Schulter, Konturen von Drehriefen und Gurtfurchen, in Höhe Umbruch starker Absatz im Innern. Sandpapierartig rauher, stumpfgrau-hellgrauer Scherben, im Bruch heller; gemischt fein- bis mittelkörnige Quarzsandmagerung.
H. 13,8 cm. FNr. 79:5/160.

3 Kugeltopf mit RF 3; formal klar ausgeprägter, nach außen voll abgerundeter Kehlrand mit überkrempend nach innen hochgezogener spitzrunder Randlippe. Der Innenkehlung entspricht ein merklicher Grat auf dem Außenrand. Diese Randform ist ausnahmslos an einen birnenförmigen Gefäßkörper mit Linsenboden gebunden. Auf der Schulter ein starker, wulstförmiger „Treib- oder Garniergrat"; unmittelbar beidseitig anschließend eine breite Zone schwach ausgebildeter Drehriefen. Kreidiger, beigefarben-hellgrauer Scherben, im Bruch geschichtet und hellgrau; schwächere, weit überwiegend feine Quarzsandmagerung. Auf der Innenwandung durch Grundwasser verursachter Feuchtigkeitsrand mit Kalkbelag bis in Höhe unterhalb Bodenumbruch.
H. 22,9 cm; Rdm. 19,5 bzw. 20 cm; Dmax. 26,8 cm. FNr. 79:5/386.

4 Kugeltopf mit RF 4; Kehlrand mit überkrempend hochgezogener, spitzrunder Randlippe, außen unterschnitten. Kugelförmiger Gefäßkörper mit ausgeprägter Schulter und Drehriefen-Konturen. Feinrauher, blaugrauer Scherben, beidseitig Ascheanflug-Glanz mit hellgrauen Fehlstellen, im Bruch soweit erkennbar wohl heller; starke, fein- bis mittelkörnige Quarzsandmagerung. Fleckenweise Kalk- und Eisenausfällungen.
H. 19,6 cm. FNr. 79:5/835.

5 Oberteil eines Kugeltopfes mit RF 5; Kehlrand mit überkrempend hochgezogener Randlippe. Der außen vollrund ausgebildete, beinah horizontal umknickende Rand ist breit unterschnitten. Kugelförmiger Gefäßkörper mit kurzem, zylinderförmigen Hals mit Gurtfurchen. Kreidiger, stumpfgrauer Scherben, im Bruch geschichtet und hellgrau; weit überwiegend klassiert feine (vereinzelt mittlere) Quarzsandmagerung.
Rdm. 16,2 cm. FNr. 79:5/106.

6 Kugeltopf mit RF 6; stärker ausgebildeter, hoher, schräg abknickender Kehlrand mit keulenförmig verdickter Randlippe, außen schwach gratförmig unterschnitten. Kugelförmiger Gefäßkörper mit ausgeprägter Schulter und schwachen Drehriefen. Auch im Bruch gleichmäßig blaugrauer Scherben, weiß gesprenkelt, feinrauh, mit beidseitig fleckigem Ascheanflug-Glanz; starke, fein- bis mittelkörnige Quarzsandmagerung.
H. 17,7 cm. FNr. 79:5/795.

7 Kugeltopf mit RF 7; sehr schwach ausgebildeter, hoher, schräg abknickender Kehlrand, außen abgestrichen mit spitzem Grat. Kugelförmiger Gefäßkörper ohne ausgeprägte Schulter/Halszone. Rauher, grauer, im Bruch hellgrauer Scherben, geschichtet; klassiert feine Quarzsandmagerung.
H. 15,8 cm. FNr. 79:5/775.

8 Kugeltopf mit RF 8; schwach ausgebildeter, hoher, schräg abknickender Kehlrand, außen halbrund, mit schwachem Wulst unterschnitten. Kugelförmiger Gefäßkörper mit kegelförmigem Hals, Gurtfurchen. Kreidig-rauher, grauer bis schwarzgrauer Scherben, im Bruch heller, geschichtet; überwiegend klassiert feine Quarzsandmagerung.
H. 15,9 cm. FNr. 79:5/308.

9 Kugeltopf mit RF 9; formal klar ausgeprägter, außen abgerundeter, schwach ausgebildeter hoher, schräg abknickender Kehlrand, außen stark wulstförmig nach unten „überkrempend". Kugelförmiger Gefäßkörper mit kegelförmigem Hals, Gurtfurchen. Stumpfer blaugrauer Scherben, weiß gesprenkelt, feinrauh, im Bruch blaugrauer Kern, rotbraun gemantelt und wiederum blaugrau überfangen; starke, fein- bis mittelkörnige Quarzsandmagerung. Beidseitig Kalkbelag mit Feuchtigkeitsrandbildung auf der inneren Gefäßwandung in Höhe unterhalb Umbruch zum Boden.
H. 20,6 cm; Rdm. 17,8 bzw. 18,3 cm; Dmax. 24,4 cm. FNr. 79:5/306.

Kommentar

Im zweigeteilten Peiner Fundkomplex aus der Stederdorfer Str. 34 (*Dehnke* 1958, 220ff., Abb. 1, 2 und 4) mit Münzschatzgefäß (Schlußmünze/Silberbarren 1375) und Isolierschicht aus Tongefäßen sind die Randformen 1 und 2 sowie 6, 8 und 9 vertreten.
Aufgrund des Magdeburger Münzfundes aus der Neustädter Str. 29/30 aus der Mitte des 13. Jhs. (*Nickel* 1964a, S. 168f., Abb. 5c bis d: Münzen vor 1250 geprägt) und der nach E. Nickel auf bestimmte Schichtbefunde übertragenen Datierung liegen hier sehr frühe Vergleichsbefunde für die Randformen 3–5 mit starker Kehlrandbildung vor.
Vergleichsstücke anderer Magdeburger Fundorte zu Randform 3 wie zu Randform 9 werden von *E. Nickel* (1960, Abb. 26d, 27a bis c wie Abb. 26f.) in das ausgehende 13. Jh. und 14. Jh. gestellt.
Datierung des Fundkomplexes: 2. Hälfte 14. Jh. (aufgrund vergesellschafteter Gefäßformen der jüngeren Mündelkeramik u.a.).

Fundangaben zu *Abb. 18, S. 44*

Geschlossener Fundkomplex aus der Fußbodenisolierschicht mit „Baukeramik", St. 6, Teil 2

Jüngere graue Irdenware

Tüllenkannen, gehenkelter Kugeltopf und Kugeltöpfe mit Randformen 2 und 3 mit Rollstempeldekor

1 Oberteil eines großen gehenkelten Kugeltopfes mit verdicktem, mehrfach stumpfwinklig glatt abgestrichenem Rand, schräg abknickend. Zu rekonstruieren ist ein gedrückt kugelförmiger Gefäßkörper mit Linsenboden. Breiter ösenartiger, randständiger Bandhenkel, gekehlt. Auf der Schulter ein ausgeprägter wulstförmiger „Treib- oder Garniergrat"; unmittelbar beidseitig anschließend eine breite, schwach ausgebildete Drehriefen-Zone. Kreidig-rauher, dunkel- bis schwarzgrauer, stellenweise glänzender Scherben, im Bruch hellgrau-beigefarben, geschichtet; überwiegend klassiert feine (vereinzelt mittelkörnige) Quarzsandmagerung.
Rdm. 19,2 cm. FNr. 79:5/611.

2 Kugeltopf mit RF 3 wie in *Abb. 17* beschrieben. Auf der Halszone umlaufend ein Rollstempeldekor in sechsfachem Rapport eines dreimal breiten und einmal schmalen Tannenzweigmusters, davon einmal auf zwei breite Felder verkürzt (in der Abbildung weiß hochliegend, schwarz tief). Sandpapierartig rauher, grau-hellbräunlich gefleckter Scherben, im Bruch hellgrau-hellbräunlich; fein- bis mittelkörnige Quarzsandmagerung. Gefäß gut erhalten.
H. 22,7 cm. FNr. 79:5/666.

3 Kugeltopf mit RF 2 wie in *Abb. 17* beschrieben, jedoch Rand weitaus verdickter und Hals kegelförmig gestaltet mit Gurtfurchen und einem riffelbandartigen Rollstempeldekor, zweimal umlaufend. Beigefarben-hellgrauer, kreidiger Scherben; feine Quarzsandmagerung. Gefäß gut erhalten.
H. 17,3 cm. FNr. 79:5/523.

4 Tüllenkanne mit Dornrand und ausgezogenem Standfuß, kegelförmiger Gefäßkörper mit Riefen; steile Röhrentülle zur Mündung hin schneppenförmig erweitert; unterrandständiger Bandhenkel flach gekehlt. Exzentrische enggestellte Bodenrillen. Blaugrauer Scherben, weiß gesprenkelt, feinrauh, stellenweise Ascheanflug-Glanz, im Bruch heller; sehr stark mit Quarzsand gemagert, gemischt fein- bis mittelkörnig. Aus Scherben zusammengesetzt; Gefäß überfeuert und querverformt, innen Kalkbelag mit Feuchtigkeitsrand.
H. 17 cm. FNr. 79:5/245.

5 Tüllenkanne mit Dornrand und Scherben wie Nr. 4, jedoch zusätzlich ein dreimal umlaufender, riffelbandartiger Rollstempeldekor, auf dem gerieften Gefäßkörper in zwei unterschiedlich breiten Abständen verteilt. Tülle mit Dellenkranz angarniert und über Randhöhe hochgezogen. Aus Scherben weitgehend rekonstruiert.
H. 16,8 cm, mit Tülle 17,1 cm. FNr. 79:5/264.

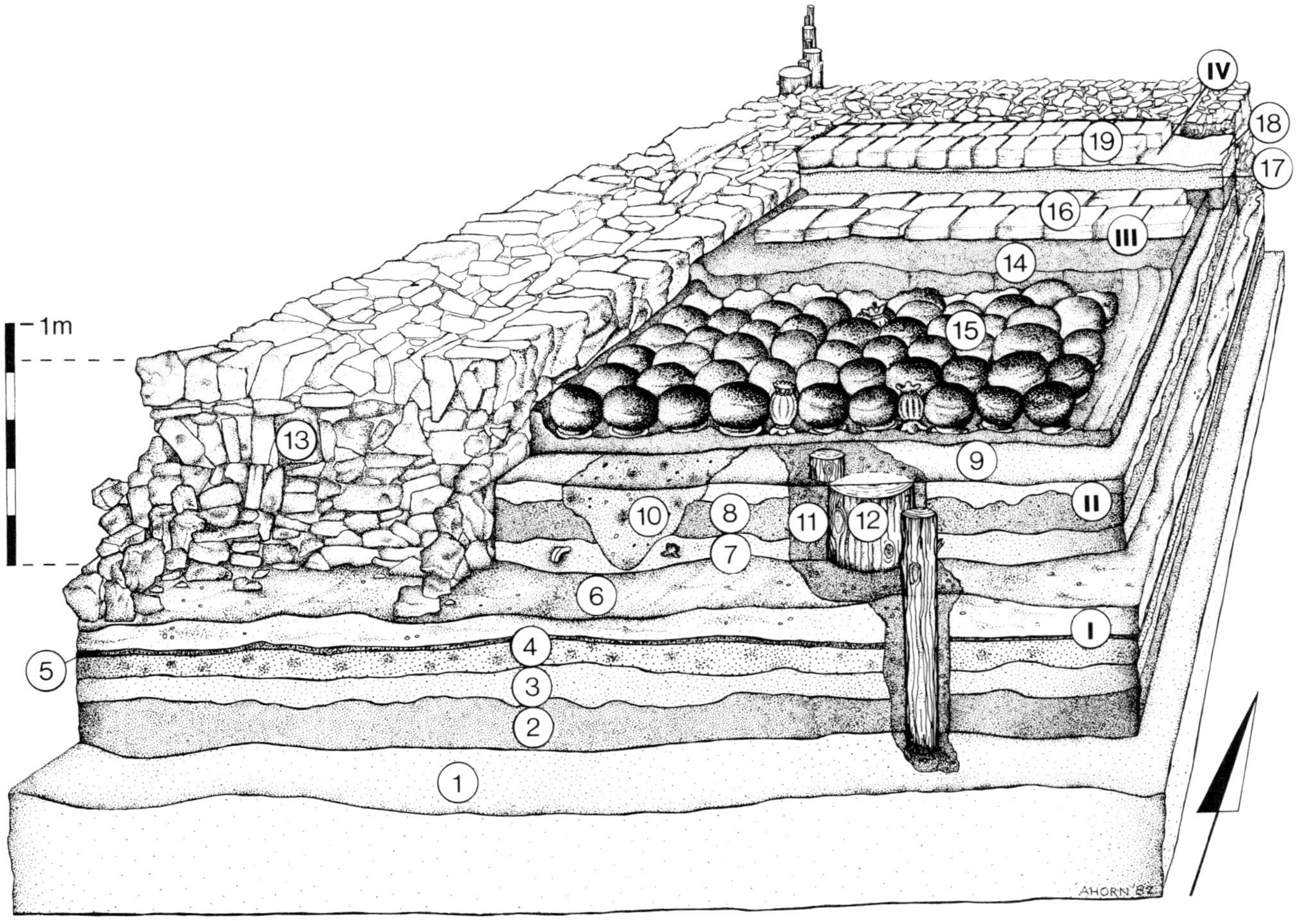

Abb. 59b Hagen-Mitte, Hagenmarkt 13 (Stadtgrabung 18). Isometrische Darstellung des spätmittelalterlichen Fußbodenbefundes der Kemenate.

Periodisierung der Schichten:

I: auf postglazialem Schwemmsandkörper 1 liegen sandige Überschwemmungssedimente 2–6 ohne Siedlungsabfälle.
II: Überschwemmungssedimente 7–9 mit Siedlungsabfällen um 1100/12. Jh.
IIIa: Uferpalisade 11–12 am Prallhang der Sandbank (hier im Planum freigestellt), dendrodatiert 1180 ± 2; Drainagegräbchen mit Sediment 10.
IIIb: hochmittelalterlich-frühneuzeitliche Kemenatenperiode ab 2. Hälfte 13. Jh. mit Kemenatenfundament 13 (Rogenbruchsteine); 2. Hälfte 14. Jh. mit künstlich aufgebrachter Geschiebelehmschicht 14, Topfpflaster 15 und Fußboden aus Tonfliesen 16.
IV: neuzeitliche Kemenatenperiode bis in die Zeit um 1700 mit Überschwemmungssediment 17 und der Sandbettung 18 für den erneuerten Backsteinfußboden 19 (16. Jh.).

Kommentar

Der Typ der Tüllenkanne in grauer Irdenware (wie in manganrotem Frühsteinzeug, *Tab. 5, S. 41*) ist zu vergleichen mit Funden aus Helmstedt (Kreisheimatmuseum Inv. Nr. HE 4134), dem Töpfereiort Bengerode bei Fredelsloh, Ldkr. Northeim, hier mit Wellenfuß *(Grote* 1976, S. 301, Abb. 21) und aus Coppengrave, Ldkr. Holzminden, hier ebenfalls mit Wellenfuß *(Stephan* 1981a, S. 42, Taf. 34).
Datierung des Fundkomplexes: 2. Hälfte 14. Jh.

Fundangaben zu *Abb. 19, S. 45* (vgl. *Farbtaf. 14*)

Geschlossener Fundkomplex aus der Fußbodenisolierschicht mit „Baukeramik", St. 6, Teil 3 (Gefäße vollständig erhalten, keine Fehlbrände)

Gefäßtypen der jüngeren Mündelkeramik
(Jüngere graue Irdenware)

1 Hoher Becher mit fünfpaßförmig gefaltetem, gleichmäßig aus- und einschwingendem Dornrand und hohem Stollenfuß; fünf Stollen in gleichen Abständen an den Flachboden angesetzt und schräg ausgestellt, Flachboden durch die Garnierung rundbodig überformt. S-förmig geschwungener, schlanker Gefäßkörper; auf dem bauchigen Unterteil Wandung kanneliert (teilweise in schwacher Torsion), auf der ausschwingenden Halspartie Gurtfurchen und in eingeregelten Abständen horizontal dreifach umlaufend ein Rollstempeldekor mit Gittermuster (quadratische Grübchen), zusätzlich einmal umlaufend auf dem Dornrand. Optische Streckung des Gefäßoberteils durch bereits auf der Schulter angesetzten horizontalen Dekor. Sehr hartgebrannter, dünnwandiger, blaugrauer bis stumpfgrauer Scherben, im Bruch heller, teilweise mit rotbraunem Kern. Sandpapierartig rauhe Oberfläche, im Bruch körnig. Starke, klassiert feine (weit überwiegend unter 0,5 mm) Quarzsandmagerung. Keramiktechnologische Angaben im Beitrag *Hennicke, Tab. 1–3* unter PNr. 7, *S. 258ff.* Brenntemperatur liegt etwas höher als 1000° C.
H. 18 cm; Inhalt 0,7 l (Höhenmarke 1 cm unterhalb Rand). FNr. 79:5/40.

Kommentar

Die hier als „Braunschweiger Mündelbecher" bezeichnete Fünfpaßgefäßform ist im Fundkomplex sechzehnmal vertreten. Eine geringfügige Variation ist in der Anbringung des Rollstempeldekors zu beobachten, der drei- oder viermal horizontal umlaufen kann.
Auch im Helmstedter, Magdeburger und Halberstädter Fundgut – soweit bekannt – kommt dieser Bechertyp vor, der hier wohl als Import aus dem Braunschweiger Umland zu werten ist (Kreisheimatmuseum Helmstedt, Inv.Nr. HE 3522, zwei Varianten mit Schrägstrich-/Balken-Rollstempeldekor; *Nickel* 1980, Abb. 6b; *Busch*, Beitrag Keramik, *Abb. 1, S. 176*).

Zur Herstellungstechnik

Wegen der geringen Halsweite der Mündelkeramik ist die „Kannelierung" der unteren bauchigen Gefäßwandung, d.h. die abgesetzt senkrecht gereihte, schmalrunde bis gratige Faltung der Wandung, die in Umkehrung der eigentlichen Kannelurenformung das Wechselspiel von gerillter und erhabener Wandung erzeugt, mit dem Formholz vorgenommen worden.
Die Arbeit wurde unmittelbar nach dem Abdrehen des Gefäßes einschließlich der Gurtfurchen und vor der Faltung des Randes und der Anbringung des Rollstempeldekors ausgeführt. Unter äußerem modellierenden Gegendruck mit zwei Fingern wurde jeweils zwischen ihnen die Wandungsfalte herausgedrückt (Hinweis der Töpfer Barbara Düring, Braunschweig, und Jürgen Heim, Braunschweig-Weddel).

2 Halbhoher Becher mit fünfpaßförmig gefaltetem, gleichmäßig aus- und einschwingendem Dornrand und relativ flach ausgezogenem Standfuß; auf dem hochgezogenen kugelbauchigen Gefäßkörper Gurtfurchen. Scherben wie Nr. 1.
H. 11,2 cm; Inhalt 0,35 l (Höhenmarke 2 cm unterhalb Rand). FNr. 79:5/679.

Kommentar

Der Bechertyp ist im Fundkomplex einmal vertreten, kommt aber im Braunschweiger Fundgut der Stadtgrabungen (u.a. Stgr. 22, *Abb. 47:2,* gehenkelte Kannenvariante) wie älterer Stadtfunde *(Busch,* Beitrag Keramik, *Abb. 2, S. 177)* häufiger vor. Er ist auch in Goslar (*Griep* 1970/71, Abb. 1b) vorhanden, in Helmstedt (Fundmeldung *Schürmann* 1982, Inv.Nr. HE 7225f, zwei Bechervarianten mit hoch ausgezogenem Standfuß), in Gifhorn (Rathausneubau 1982, nach B. Wendrich unter etwa 40 Mündelgefäßen auch gehenkelte Fußbechervariante) und anderenorts *(Erich* 1934a, Abb. 21, 22).

3 Halbhohe Kanne mit fünfzackig-sternförmig gefaltetem, ungleichmäßig ein- und ausschwingendem Lippenrand; flacher Standfuß, vierfach stollenartig eingeschnitten und gekniffelt; unterrandständiger, kannelierter Bandhenkel mit breit aufgestauchten Kanten. S-förmig geschwungener Gefäßkörper, dessen untere bauchige Partie mit schwacher Torsion kanneliert ist und dessen Halspartie Gurtfurchen trägt. Scherben wie Nr. 1.
H. 16 cm; Inhalt 0,7 l (Höhenmarke 3,5 cm unterhalb Rand). FNr. 79:5/41.

Kommentar

Dieser Kannentyp ist im Fundkomplex dreimal vertreten und bisher in Braunschweig (vgl. *Erich* 1934a, Abb. 12; *Busch,* Beitrag Keramik, *Abb. 2, S. 177,* mit weiteren Braunschweiger Funden), in Celle (*Busch* 1981, Abb. 4: wohl Variante mit flachem Standfuß) sowie in Gifhorn belegt (Fundmeldung *Wendrich* 1983; Rathausneubau 1982, s.o. Kommentar zu Nr. 2).

4 Halbhohe Kanne mit fünfzackig-sternförmig gefaltetem, ungleichmäßig ein- und ausschwingendem Lippenrand; Wellenfuß; unterrandständiger kannelierter Bandhenkel mit breit aufgestauchter Kante. S-förmig geschwungener Gefäßkörper; glatte Wandung auf der optisch niedrigeren, bauchigen unteren Partie; Gurtfurchen auf der ausschwingenden, infolge übergreifender Gurtfurchen optisch höheren Halspartie. Scherben wie Nr. 1.
H. 15,3 cm; Inhalt 0,7 l (Höhenmarke 2 cm unterhalb Rand). FNr. 79:5/311.

Abb. 60 Hagen-Mitte, Hagenmarkt 13 (Stadtgrabung 18). Eine Auswahl von Kugeltöpfen sowie Bechern und Kannen mit Fünfpaßmündung (jüngere Mündelkeramik) der jüngeren grauen Irdenware aus der Fußbodenisolierung, 2. Hälfte 14. Jh.

Kommentar

Die Variante des Kannentyps mit teilweise glatter Wandung und Wellenfuß ist im Fundkomplex zweimal vertreten und bisher im neueren bzw. älteren städtischen Fundgut wie anderenorts, soweit bekannt, nicht belegt.
Datierung des Fundkomplexes: 2. Hälfte 14. Jh. (nach der vorläufigen zeitlichen Gliederung der Mündelkeramik).

19

UB VII / 79:8 / *Weberstraße 39–44; Beckenwerkerstraße 4–13* (1944) / Fl. 1; Flst. 155–157, 123 u.a. / ass. 1026, 1028 u.a.; 1051, 1052, 1054, u.a. / Weverstrate (1306), Beckenwertenstrate (1303).
Fundbergung auf 2450 m² vom 13. bis 25. 9. 1979.

Bemerkenswerte Ergebnisse hinsichtlich der nördlichen Ausdehnung der „Rennelbergbach-Niederung", hinsichtlich des Siedlungsbeginnes im südwestlichen Teil der Neustadt wie zur materiellen Kultur des 13. Jhs. erbrachte eine Untersuchung auf 6 Parzellen an der Weberstraße und 10 Parzellen an der Beckenwerkerstraße. Die Maßnahme fand mit Unterstützung des Hochbauamtes statt.
Die weit nördlich in eine Bucht ausgreifende Niederung, wie sie Stegmann 1969 in der Baugrundkarte festgelegt hatte (vgl. Beitrag *Schneider, Abb. 2, S. 188*), konnte aufgrund der Bodenbefunde zurückgenommen werden; notwendige weitere Untersuchungsmöglichkeiten sind gegeben (vgl. Baulückenkartierung *Farbtaf. 1* und gegenwärtige Grenzziehung *Farbtaf. 2)*.
Die Besiedlung der Neustadt im Grabungsbereich der strahlenförmig auf den Radeklint zulaufenden beiden genannten Straßenzüge setzt aufgrund der archäologischen Basisquellen wohl erst im 2. Viertel des 13. Jhs. ein. Damit ist vermutlich ein erster Datierungsansatz für die Anlage des charakteristischen radialen Straßensystems gegeben.
Ein ausgehöhlter Eichenstammbrunnen (Bautyp II, vgl. *Abb. 21, S. 50*) der Stelle 1 auf ehem. ass. 1052 an der Beckenwerkerstraße 11 ist dendrochronologisch auf das Fällungsjahr 1225 datiert, *Tab. 9* nach *Leuschner* 1984, *S. 56*) – ein Zeitraum, der auch durch die stratigraphisch ältesten Funde an Metall und Keramik belegt wird. Hierbei ist besonders auf einen vergoldeten Schreibgriffel aus Bronze zu verweisen (*Abb. 62b*), der sich mit jüngerer grauer und gelber Irdenware (*Tab. 4:* L1, L2 u.a., *S. 36*) im Schichtverbund befand. Es handelt sich dabei nach *Schimpff* (1983, 224f.) um einen Schreibgriffel der Harzer Gruppe des gebräuchlichsten Typs 2b mit drei Facettenquadern am Schaftoberteil, drei Querstrichen und einem Andreaskreuz auf der handförmigen Ringöse (L. 10,4 cm), der vorwiegend im 12./13. Jh. belegt ist. H.A. Schultz hatte bereits 1966 auf Siedlungsschichten des 13. Jhs. verwiesen, die er auf ass. 1046–1049, Beckenwerkerstraße 5–8, festgestellt hatte (*Schultz* 1966, 74).
Herauszuheben ist in diesem Zusammenhang auch die Stelle 3 auf ehem. ass. 1051, Beckenwerkerstraße 10, wie vor allem die Stelle 5 im Hofbereich der ehem. Liegenschaft ass. 1028, Weberstraße 42.
Stelle 3, eine Kloakengrube vom Typ I, enthielt neben Schmelztöpfen, Gußtiegeln, Gußformen, Rohkupferplatten typische Kugeltopfkeramik und Winkelhenkelgrapen der jüngeren grauen Irdenware sowie einen Vierpaßbecher der Mündelkeramik, (*Tab. 4, S. 36:* L1, L2, L4, P1), wie sie als Leitformen für das 13. Jh. zu gelten haben.
Aus 6 cbm Brandschutt der Stelle 5, die unter insgesamt vier großen parzellengebundenen Gruben mit Brandschutt zu eingehenderer Untersuchung ausgewählt wurde, stammt ein geschlossenes Inventar mit 41 Gefäßen bzw. Gefäßteilen, ferner mit Werkzeug sowie Hohlziegeln und Schieferplatten der Dachbedeckung.
Die für die 2. Hälfte des 13. Jhs. archivalisch überlieferten Flächenbrände lassen aufgrund der jeweils örtlich beschriebenen Ausdehnung eine einschränkende Datierung des Brandschuttes für 1254 oder 1290 zu (*Dürre* 1861, 102, 111), wobei nach Entwicklungsstand und Typenvergesellschaftung der Keramik, insbesondere der importierten englischen, grünglasierten Kannenware, dem früheren Datum größere Wahrscheinlichkeit zukommen dürfte (vgl. Fundangaben *Abb. 61f.*).
Braunschweiger Kaufleute hatten bereits 1230 einen Schutzbrief Heinrichs III. von England erwirkt, der ihnen ungehinderten Handel in seinem Reich zusicherte.

Fundangaben zu *Abb. 61* (vgl. *Farbtaf. 11*)

Geschlossener Fundkomplex aus Brandschutt, St. 5, Teil 1 (vgl. *Tab. 4, S. 33ff.*).

Ältere graue Irdenware (K)

6–7 Zwei RS von Kugeltöpfen mit ausbiegendem Lippenrand; schwärzlich dunkelgrauer, rauher, hartgebrannter Scherben, im Bruch grau bis hellgrau; feine bis mittlere Sandmagerung(?). Rdm. ca. 11 cm bzw. 14 cm. FNr. 79:8/67.

Gelbe Irdenware (J)

8–10 Zwei RS, eine BS, jeweils mehrfach zusammengesetzt, wohl von zwei Krügen (Schneppen auch fragmentarisch nicht vorhanden); auf dem abgeflachten Boden drei Standleisten herausgedrückt (mit Fingern gekniffen), birnenförmiger Gefäßkörper; auf dem konischen Hals Gurtfurchen oder glatte Wandung; steiler Lippenrand, auch gestaucht und nach außen abgerundet; randständiger, breiter Bandhenkel, in der Kehlung gerillt; auch im Bruch gelblich-graubrauner, rauh-kreidiger Scherben; hellrötlich überbrannt infolge sekundärer Brandeinwirkung, Scherben dadurch teilweise klingend hart; mittelkörnige Quarzmagerung (überwiegend).
Nr. 8 Rdm. ca. 10,5 cm.; Nr. 9 Rdm. ca. 12,3 cm; Nr. 10 H. 10,4 cm. FNr. 79:8/67, -67, -141.

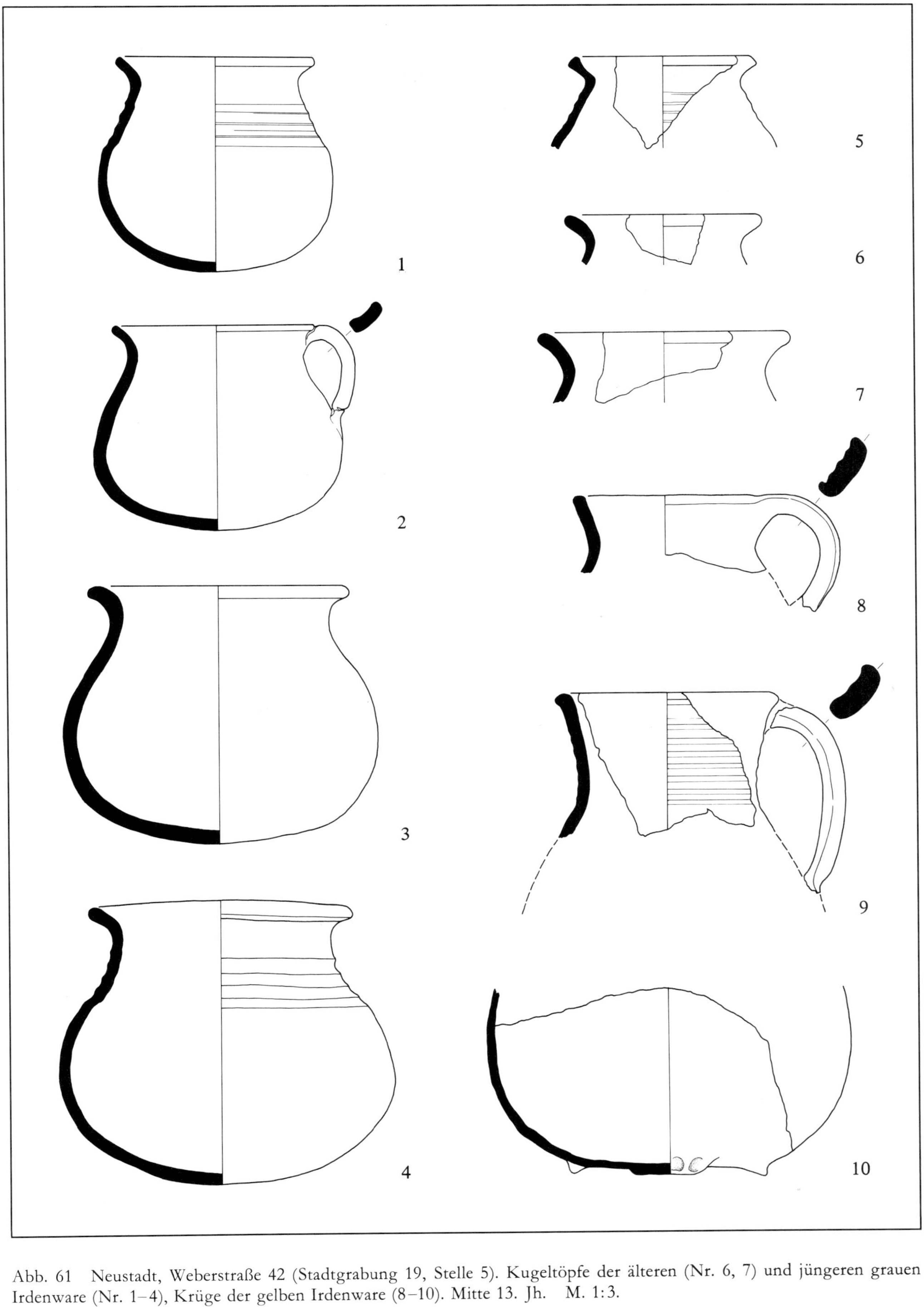

Abb. 61 Neustadt, Weberstraße 42 (Stadtgrabung 19, Stelle 5). Kugeltöpfe der älteren (Nr. 6, 7) und jüngeren grauen Irdenware (Nr. 1–4), Krüge der gelben Irdenware (8–10). Mitte 13. Jh. M. 1:3.

Kommentar

Gefäß- und Randform, Standleisten, Scherben entsprechen Magdeburger Funden, die teilweise auch schon vor 1250 zu datieren sind (*Nickel* 1964 a, S. 168 f.; 1959, S. 133, jeweils Abb. 6). Im Fundgut der Stgr. 10, 19, 66 finden sich vergleichbare Stücke gelber, weich- und hartgebrannter, dann rotbemalter Irdenware seit der 1. Hälfte des 13. Jhs.

Jüngere graue Irdenware (L)

1 u. 4 Zwei Kugeltöpfe mit ausbiegendem Lippenrand; auf dem kegelförmigen Hals breite, tiefe Drehrillen; ockerfarbener bis hellgrauer, rauh-kreidiger Scherben; gelb-rötlich überbrannt infolge sekundärer Brandeinwirkung; im Bruch hellgrau, ockerfarben bzw. gelb-rötlich; überwiegend mittelkörnige, gerundete Quarzmagerung erkennbar. Gefäß Nr. 1 nicht beschädigt, Nr. 4 aus Scherben zusammengesetzt.
Nr. 1 H. 12,1 cm; Nr. 4 H. 16,1 cm. FNr. 79:8/133, -88.

2–3 Zwei Kugeltöpfe, ein kleinerer gehenkelt, mit ausbiegendem Lippenrand; abgesetzt randständiger Bandhenkel leicht gekehlt; olivgrün-dunkelgrauer, glänzender Scherben, rauh und hartgebrannt, im Bruch grau. Nr. 3 mit hellrötlichen Brandspuren; Quarzmagerung (weit überwiegend) von feiner bis mittlerer Korngröße, gerundet; andere mineralische Gesteinsanteile eckig bis abgerollt. Zu Nr. 2 keramiktechnologische Angaben unter PNr. 1 im Beitrag *Hennicke, S. 257ff.* Gefäß Nr. 2 gut erhalten, Nr. 3 aus Scherben zusammengesetzt.
Nr. 2 H. 11,5 cm; Nr. 3 H. 14,5 cm. FNr. 79:8/138, -104.

5 RS eines Kugeltopfes mit Kehlrand; keulenförmig verdickt, nach außen schräg abgestrichen; auf dem kurzen Kegelhals breite Drehrillen; außen dunkelgrauer Scherben mit Ascheanflug-Glanz, im Bruch und auf der Innenseite hellgrau, hartgebrannt und glatt; fein- bis mittelkörnige Sandmagerung(?).
Rdm. ca. 10,3 cm. FNr. 79:8/138.
Datierung des Fundkomplexes: Mitte 13. Jh.

Fundangaben zu *Abb. 62a* (vgl. *Farbtaf. 11*)

Geschlossener Fundkomplex aus Brandschutt, St. 5, Teil 2 (vgl. *Tab. 4, S. 33ff.*).

Jüngste grau-hellrotbraune Granitgruswaare (N)

5 Kugeltopf mit Kehlrand, Vorratsgefäß; breite, tiefe Drehrillen auf dem kurzen kegelförmigen Hals; Rand keulenförmig verdickt, nach außen breit abgestrichen, unterschnitten; körniger, dünnwandiger, graubrauner Scherben; im Bruch heller, scharfkantig geschichtet; starke, grobe Granitgrusmagerung, eckig bis rund. Aus Scherben beinahe vollständig zusammengesetzt.
H. 27,8 cm; Dmax. 31,5 cm; Rdm. 19 cm. FNr. 79:8/90.

Ältere graue Irdenware (K)

6 RS eines Kugeltopfes, Vorratsgefäß; keulenförmig verdickter Lippenrand; auf dem Hals Drehriefen; glatter, dickwandiger graubrauner Scherben, im Bruch heller; fein- bis mittelkörnige Sandmagerung.
Rdm. ca. 23 cm. FNr. 79:8/105.

Gelbe Irdenware (J)

9 RS eines Kugeltopfes, ausbiegender Lippenrand; infolge sekundärer Brandeinwirkung hellrötlich auch im Bruch, kreidig; feinkörnige Sandmagerung(?).
Rdm. 13,7 cm. FNr. 79:8/67.

10 Becher(?) mit Standboden, kugelbauchig, gerieft; exzentrische Bodenrillen; Rand nicht erhalten; infolge sekundärer Brandeinwirkung grauschwarz überfangen, Oberfläche stellenweise abgeplatzt, ursprünglich dünnwandig. Keramiktechnologische Angaben nach *Okrusch, Tab. 1, S. 251:* dichter Scherben; weit überwiegend gemagert mit sehr feinkörnigem Quarz, zurücktretend u. a. Gneis, Granit sowie Altton; Brenntemperatur um 900° C. Gefäß wohl aus Duingen/Seypessen.
Erh. H. 10 cm. FNr. 79:8/158.

11 Fußschale; spitzgradig profilierter Standfuß, Gefäßwandung gerillt mit starker Reliefwirkung; ausbiegender Lippenrand, leicht facettiert mit schwacher Innenkehle; infolge sekundärer Brandeinwirkung gelbrötlich überfangener Scherben, kreidig; im Bruch gelblich-ockerfarben, stellenweise im Kern schwarz-grau. Gefäß vollständig erhalten. Keramiktechnologische Angaben nach *Okrusch, Tab. 1, S. 251:* weit überwiegend mit sehr feinkörnigem Quarz gemagert, zurücktretend u. a. Gneis, Granit; Brenntemperatur um 900° C. Gefäß wohl aus Duingen/Seypessen.
H. 9,3 cm. FNr. 79:8/89.

Jüngere graue Irdenware (L)

7–8 RS von zwei Kugeltöpfen mit Kehlrand; nach außen verdickt und abgerundet, Nr. 8: mit Drehrillen; Scherben von Nr. 7: feinrauh, hartgebrannt, außen dunkelgrün mit Ascheanflug-Glanz, innen wie im Bruch heller; fein- bis mittelkörnige Sandmagerung(?). Scherben von Nr. 8: körnig, hartgebrannt, auch im Bruch hellgrau-blaue Oberfläche; grobe, scharfkantig-geschichtete Granitgrusmagerung.
Nr. 7 Rdm. ca. 13 cm; Nr. 8 Rdm. ca. 16,5 cm. FNr. 79:8/85, -67.

Hochmittelalterliche bleiglasierte Irdenware (M)

12 Miniaturgefäß, Doppelhenkelbecher; tonnenförmig gebaucht, Lippenrand nach außen abgestrichen, Standboden, Gefäßwandung gerillt; gegenständige Bandhenkel, unterrandständig. Gelblich-hellroter Scherben, dünnwandig; weit überwiegend sehr feinkörnige Quarzmagerung. Glasur soweit erkennbar beidseitig hellgrün, gefleckt dunkelbraun. Oberfläche der Wandung infolge sekundärer Brandeinwirkung weitgehend zerstört; Glasur teilweise geschmolzen oder abgesprungen, fleckenweise noch vorhanden, dann mit aufgeschmolzenen, abgesprungenen Tonsplitterchen besetzt. Gefäßform jedoch vollständig erhalten geblieben.
H. 6 cm. FNr. 79:8/80.

13 Kannendeckel; schildbuckelförmig mit Knopfgriff (rekonstr.); breite Krempe mit konisch einziehendem tiefen Innenrand; dunkelhellgrauer Scherben; klassiert feinkörnige Quarzmagerung; olivgrüne Glasur mit schwärzlichen Flecken. Deckel zur Hälfte ergänzt.
Rekonstr. H. 5,3 cm. FNr. 79:8/86.

14 RS einer Kanne; über äußerem Grat Lippenrand, nach innen stark abgestrichen und leicht gekehlt; Ansatz einer Schneppe; erkennbar plastischer Schuppen- und wohl Leistendekor. Scherben rotbraun, Auflagen grau; klassierte, sehr feinkörnige Quarzmagerung; auf der Außenwandung, auch auf die abgestrichene Randpartie übergreifend, weißgrauer Tonschlicker; außen hellgrün schimmernde, dicke „lackglänzende" Glasur mit dunkelgrünen Schlieren, innen transparent rotbraun schimmernde Glasur mit hellgrünen Flecken.
Rdm. ca. 9,5 cm. FNr. 79:8/160.

15 Krug oder Kanne; birnenförmiger Gefäßkörper mit Drehriefen, vier dünn gekniffene Standleisten (im Querschnitt hoch rechteckig) auf plan verlaufendem Boden; schlichter Karniesrand, Hinweise auf Schneppe und Henkelform fehlen. Reliefierter Auflagendekor, in senkrechten Reihen auf der Wandung umlaufend Schuppen alternierend mit waagrecht gekerbten Leisten. Gelbtonig-beigefarbener Scherben, im Bruch stellenweise geschichtet dunkelgrau, vorwiegend längs zur Außenwandung; rottonige Auflagen; gemischte, sehr fein- bis mittelkörnige Magerung, u. a. Quarz. Außen hellgrüne Glasur mit weinroten Schlieren und blaugrünen Einsprengseln. Gefäß aus Scherben rekonstruiert.
H. 26,5 cm. FNr. 79:8/66.

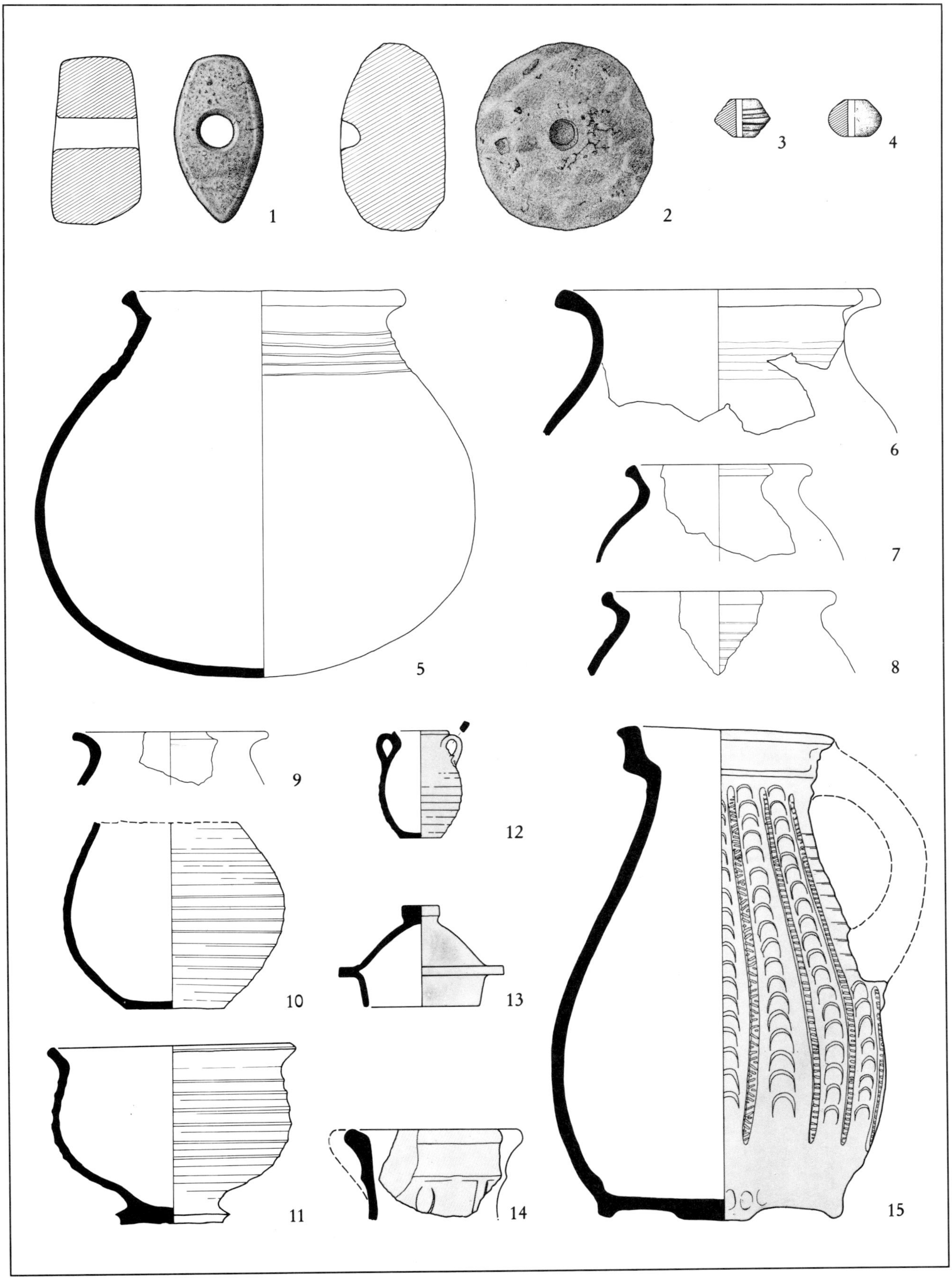

Abb. 62a Neustadt, Weberstraße 42 (Stadtgrabung 19, Stelle 5). Kugeltöpfe der jüngsten grau-hellrotbraunen Granitgrusware (Nr. 5), der älteren grauen (Nr. 6), der gelben (Nr. 9) und jüngeren grauen Irdenware (Nr. 7, 8). Becher und Fußschale der gelben Irdenware (Nr. 10, 11). Miniaturgefäß und Kannen der hochmittelalterlichen bleiglasierten Irdenware (Nr. 12–15). Steinaxt (Nr. 1), Kienspanhalter (Nr. 2) und Spinnwirtel (Nr. 3, 4). Mitte 13. Jh. M. 1:3.

Kommentar

Unter Einbeziehung aller Scherbenfunde grünglasierter Irdenware befinden sich im Brandschuttkomplex mindestens vier importierte Gefäße, von denen eins nach einer ersten örtlichen Durchmusterung musealer Stücke in London und Oxford aus Südengland stammt *(Abb. 62a:15)*, eine Kanne *(Abb. 62a: 14)* hingegen nach H. Lüdtke niederländischer oder dänischer Herkunft ist.

Die südenglische Provenienz (wohl) eines Kruges mit Schuppen- und Leistendekor *(Abb. 62a:15)* im Braunschweiger Fundgut, wie ihn die Grimston-Ware kennt (*Jennings* 1981, Fig. 19:351), ist auch in Oslo belegt (*Molaug* 1975, S. 245ff., Abb. 25: 15, 18; Osloer Hauptgruppe II B, englisch).

Varia

1 Neolithische Steinaxt; rundnackig, nahezu zentrale Bohrung mit Dm. um 1,5 cm, konische Erweiterung am Rand auf 2 cm; wohl Baalberger Kultur. Granit, starke Brandspuren; in Wiederverwendung als Donnerkeil (?).
L. 8,9 cm. FNr. 79:8/87.

2 Diskoider Tonkloß mit flacher Eintiefung, starke Brandspuren; wohl schlichter Kienspanhalter.
Dm. 10,2 cm. FNr. 79:8/102.

3–4 Spinnwirtel; doppelkonische bzw. leicht abgerundete Form, auch gerillt; hellgrauer bzw. weißgrauer, sehr hartgebrannter Scherben.
H. 2 cm; Dm. 2,8 cm. FNr. 79:8/125.
Datierung des Fundkomplexes: Mitte 13. Jh.

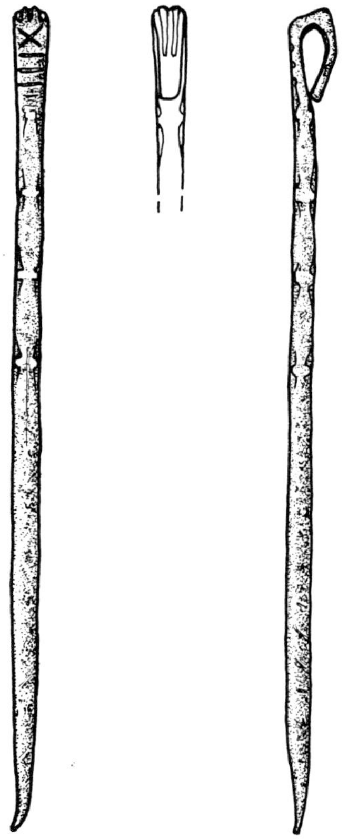

Abb. 62b Neustadt, Beckenwerkerstraße 11 (Stadtgrabung 19, Stelle 2). Schreibgriffel (Bronze, vergoldet); 1. Hälfte 13. Jh. M. 1:1.

20

UB VII/79:9 / *nordöstlich vor dem Neustadtrathaus* im Straßenbereich Ecke Küchenstraße/Höhe / Fl. 15, Flst. 139/1 / – / –.
Befunderhebung auf 16 m² vom 24. 9. bis 5. 10. 1979.

Der von A. A. Beck vor dem Umbau des Neustadtrathauses 1773 in einer kolorierten Zeichnung überlieferte Brunnen an der nordöstlichen Rathausecke *(Abb. 63)*, der bereits in einem Kalender auf das Jahr 1711 in einem Kupferstich von J. G. Beck-Vater abgebildet worden war (*Spies* 1976, Abb. 97f.), wurde anläßlich von Straßenbauarbeiten in seinem Unterbau wieder aufgedeckt.

Die Zeichnung A. A. Becks zeigt über einer aus Steinquadern gemauerten runden Brüstung vier oder sechs Steinsäulen, die eine hohe glockenförmige, wohl schiefergedeckte Dachhaube tragen. Der Bautyp des mittelalterlichen Ziehbrunnens *(Abb. 22: Typ III, S. 51)* ist hier gleichsam in der Adaption eines Dachreiter-Glockenstuhls in barocke Architekturform umgesetzt worden. Die Datierung ist wohl in die 2. Hälfte des 17. Jhs., jedenfalls nicht nach 1711, anzusetzen.

Im archäologischen Befund der Brunnenröhre und des Fördersystems ließen sich zeitlich bestimmbare Elemente und bautechnische Einzelheiten gewinnen, die im Zusammenhang mit schriftlichen Quellen (*Müller* u. *Appelt* 1964, 33f.) und einem ersten Dendro-Datum *(Tab. 9, S. 56)* auf andere Grabungsbefunde übertragbar sind.

Die Brunnenröhre (Mdm. 1,74 m; Bodendm. 1,70 m; T. ca. 4,50 m ab OK Fundhorizont/Mauerkrone, d.h. ab ca. 0,45 cm unter NN 70,82 m / Straßenasphalt) war aus 79 Kalksteinquadern unregelmäßiger Größe in 10 Lagen mit jeweils 5 bis 10 Steinen aufgesetzt worden. In den Horizontalfugen waren die Quader teilweise mit dünnen Schieferplatten unterlegt und leicht vermörtelt. Ihre rückwärtige Verankerung erfolgte in einem 20–40 cm starken Mörtelmantel. Die Frontseite der Quader zeigte eine regelmäßige Vertikal-Scharrierung. Ein Stein der 9. Lage trug einen eingemeißelten Namenszug (des Steinmetzen oder Erbauers?): Schirde. Die Brunnenröhre stand insgesamt auf einem neuneckigen Bohlen-Kranz *(Abb. 21: Typ V, S. 50)*.

Der von *Appelt* (1964, Planbeilage s.o.) im Plan „Braunschweig um 1750" als Schuckepumpe mit Schwengelhebel in der Kategorie der 48 Nachbarschaftsbrunnen geführte Brunnen gleichen Standorts kann nach Beck um diese Zeit in dieser Form noch nicht bestanden haben. Er dürfte vielmehr frühestens im Zusammenhang mit dem Umbau des Neustadtrathauses (bis 1785) nach dem Fördersystem einer Schuckepumpe mit einer Zwei-Zylinder-Druckkolben-Welle technisch und formal umgestaltet worden sein. Auf der Brunnensohle fand sich 1979 ein dreiteiliger Holzblockzylinder mit zwei Stampen und Steigleitung aus Eiche, der „E. V. 1847" bezeichnet war. Für den Wiederaufbau an anderer Stelle wurden nach einer numerierten, steingerechten Bauaufnahme die sieben oberen Quaderlagen sowie das hölzerne Pumpwerk geborgen.

Abb. 63 Neustadt-Süd, Ecke Küchenstraße/Höhe (Stadtgrabung 20). Ziehbrunnen nordöstlich vor dem Neustadtrathaus. Kolorierte Zeichnung von A.A. Beck, vor 1773 (nach *Spies,* 1976, Abb. 97).

21

UB I/79:11 / *Kohlmarkt* / Fl. 3; Flst. 547/10 / – / by sunte Olreke (1311), uppe deme kolemarkede (1342). *Flächengrabung* auf 630 m² vom 18. 10. bis 20. 12. 1979, vom 20. 1. bis 20. 3. 1980, vom 1. 6. bis 15. 8. 1980 und je zwei Wochen November 1980 und Januar 1981.

Außerordentliche Unterstützung des städtischen Tiefbauamtes und seines Amtsleiters Dipl.-Ing. G. Lüders ermöglichte archäologische Untersuchungen während der Umgestaltung des Platzraumes. Tiefbaumaßnahmen und die denkmalpflegerische Aufgabenstellung bestimmten Fläche und Ablauf der Grabungsplanung, die nicht raumdeckend und nur auswahlweise gezielt operieren konnte *(Abb. 10, S. 22)*. Im Ergebnis waren Lücken im archäologischen Befund nicht zu schließen, und Fragen beispielsweise nach der Ausdehnung der frühmittelalterlichen Siedlungsfläche oder der Grundrißrekonstruktion des Kirchenbaues V müssen zunächst unbeantwortet bleiben. Dies ist um so bedauerlicher, da die bislang ältesten archäologischen Siedlungs-, Kirchen- und Gräberfunde auf der Niederterrasse links der Oker entdeckt werden konnten und sich neue Entwicklungszusammenhänge im Siedlungsgefüge „Kohlmarktsiedlung" – Burg Dankwarderode (Stgr. 31) – „Eiermarktsiedlung" (Stgr. 5 u. 33) andeuten (vgl. *Timme* 1963, 20–25; *Last* 1982, 22–34).

Quellenkritik

Denkmalpflegerisch begründete enge Grenzziehungen der Grabungsfläche, Störungen der archäologischen Basisquellen durch spätmittelalterliche Grabgruben und frühneuzeitliche Baumaßnahmen sowie Abtragung von Kirchenestrichen bzw. weitgehender Abtransport des Abbruchschuttes während der Niederlegung der Ulricikirche im Jahre 1544 beeinträchtigten einerseits die archäologische Quellenlage.

Andererseits überlieferten sich auf längeren Strecken scharfkantige und sauber verfüllte Ausbruchsgruben der Grabenfundamente (ohne Baugrube) der Kirchenbauten II, II a, III und IV, so daß eine Rekonstruktion der Fundamentgrundrisse auf sicherer Grundlage möglich war. Auch die Einbindung aller wesentlichen Siedlungs-, Bau- und Gräberbefunde in eine vertikalbzw. horizontalstratigraphische Ordnung steigerte den Quellenwert *(Rötting* 1981, 696–699).

Zu den Siedlungsbefunden

Reste von sechs Grubenhäusern, die sich je zur Hälfte auf die frühmittelalterliche und hochmittelalterliche Zeit verteilen, wurden in der Grabungsfläche aufgenommen. Zu den älteren Siedlungsfunden zählen ferner ein Webgrubenhaus, drei Gruben, die als Brunnengrube, Zisterne und/oder Sickergrube gedient haben, Abfallschichten eines Metallhandwerkers und über 2000 Scherben.

Jüngereisenzeitliche Streuscherben und eine Siedlungsgrube aus dieser Zeit belegen einen ältesten Siedlungshorizont. Dieser ist im Stadtgebiet bisher auch auf dem Köppeberg/St. Aegidien (Stgr. 14), unter der Jakobskapelle (Stgr. 5) und an der Petersilienstraße (Stgr. 7) aufgetreten.

Der frühmittelalterliche Grubenhaustyp ist nur unter großem Vorbehalt zu rekonstruieren, da das Befundbild infolge der Störungen sehr lückenhaft blieb. Einige elementare Konstruktionsmerkmale ließen sich feststellen oder durch Negativbefunde ableiten *(Abb. 9, S. 21)*, die eine Rekonstruktion sowohl als Bau mit Pfettendach, Firstsäule, Vorhalle und einer Art Blockwand zulassen als auch einen Pfosten-Schwellriegel-Stabbau letztlich nicht ausschließen.

Die umbaute Fläche kann ca. 15 m² betragen haben. Regionale Parallelen zu einem Bautyp mit neun Pfosten und zentraler Feuerstelle liegen bisher nicht vor.

Für die Beurteilung einer bisher grundlegenden stadthistorischen Siedlungsquelle ist allein die Keramik heranzuziehen, deren formale und keramiktechnologische Merkmale auch den Begriff „Kohlmarkt-Keramik" rechtfertigen *(Farbtaf. 7–9* mit Fundangaben; Warenbeschreibung *S. 29)*. Ihre Datierung orientiert sich gegenwärtig vor allem an der Zeitstellung der Emailscheibenfibeln der nachfolgenden ältesten Kirchenbauperiode I mit Gräberfeld auf dem Kohlmarkt. *Karl*

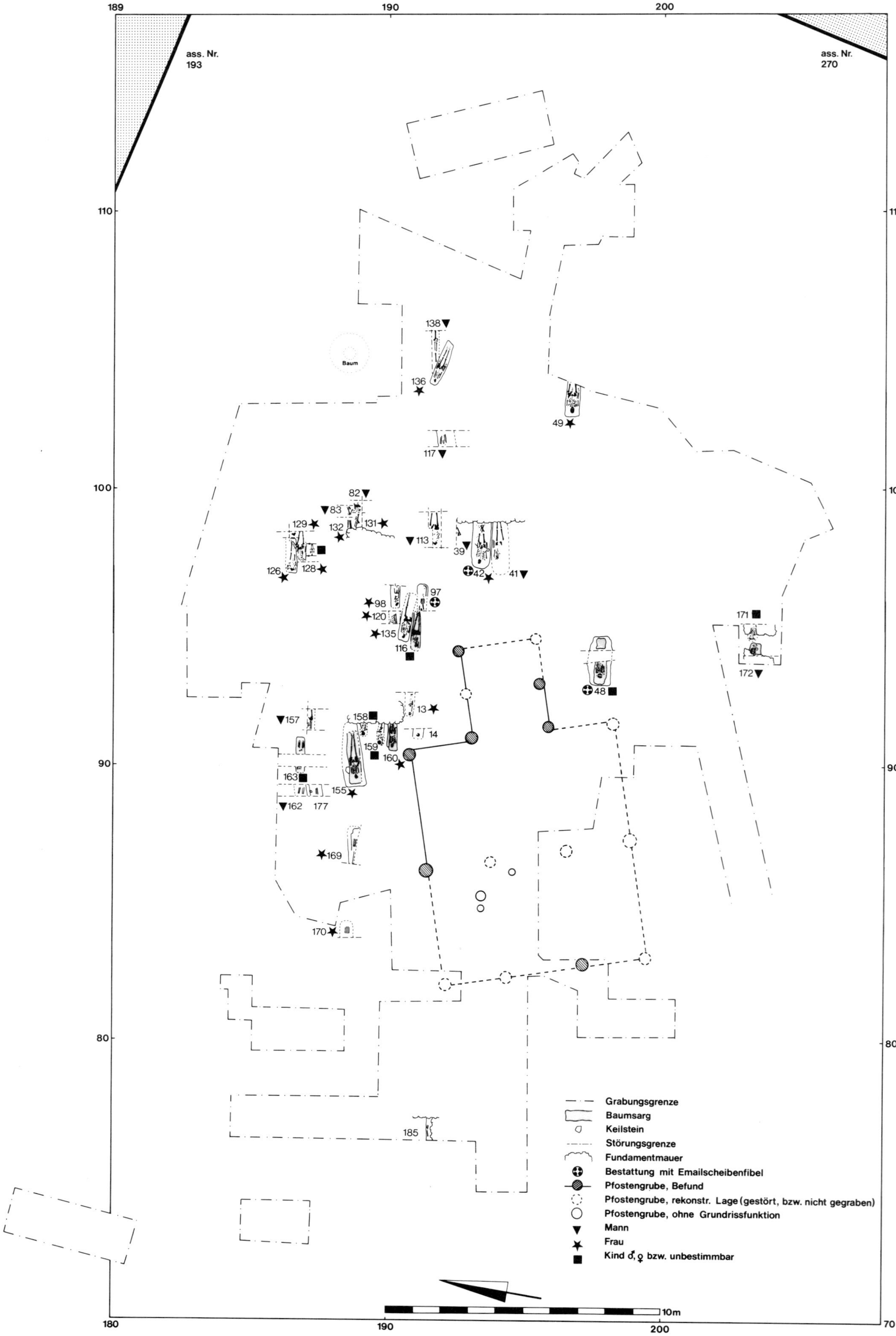

Abb. 64 Altstadt-Südost, Kohlmarkt (Stadtgrabung 21). Periode Kirchenbau I (Holzkirche) mit Friedhof; 2. Hälfte 9. Jh. M. 1:180.

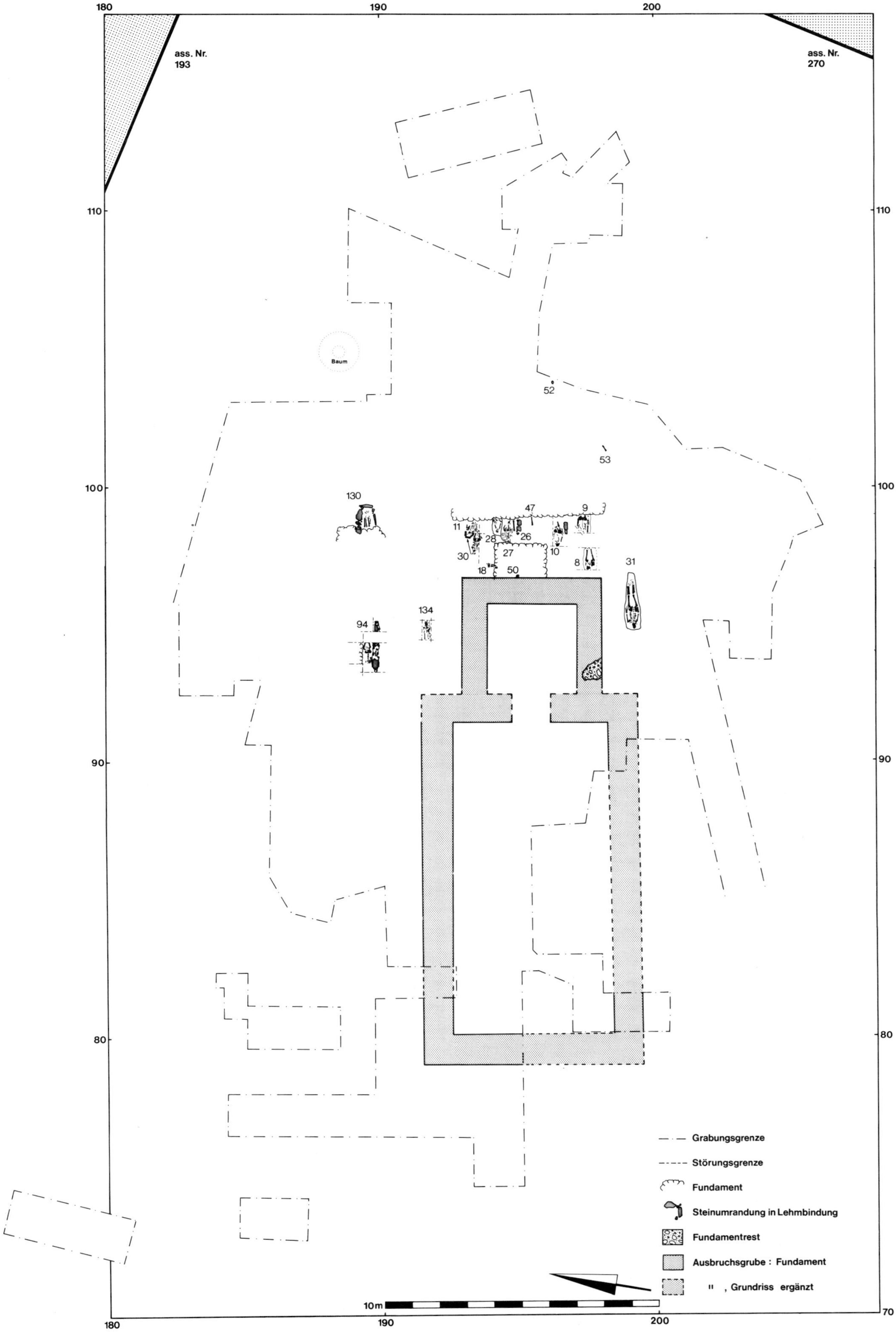

Abb. 65 Altstadt-Südost, Kohlmarkt (Stadtgrabung 21). Periode Kirchenbau II (Steinkirche) mit Friedhof, 10. Jh. M. 1:180.

Dinklage (Beitrag *S. 271 ff.*) datiert diese Emails in die 2. Hälfte des 9. Jhs. Sie stammen als Grabbeigaben aus den Gräbern 42, 48 und 97 (*Rötting* 1981, 701 f.).

Der Siedlungshorizont liegt stratigraphisch eindeutig vor dieser ältesten Bestattungsperiode, so daß ein Datierungsansatz noch in der 1. Hälfte des 9. Jhs. vertretbar ist. Die Keramik wird wohl noch in der 1. Hälfte des 10. Jhs. in Gebrauch gewesen sein, darauf deuten bereits weitere Befunde (Arbeitsstand *S. 22*).

Grab	Geschlecht	Alter	Körperhöhe ± ca. 3 cm
13	w	35–40	160
14	–	–	–
39	m	40–45	173
41	m	50–60	175
42	w	60 ± 5	165
48	w	11–12	–
49	w	30 ± 5	166
82	m	40–45	–
83	m	um 40	175
97	–	–	–
98	w	50–55	161
113	m	20–30	179
116	–	8	–
117	m	55–60	183
120	w	50–55	–
126	w	30–35	163
128	w	40–45	160
129	w	55 ± 5	161
131	w	25–35	167
132	w	25 ± 5	153
135	w	30 ± 5	161
136	w	50–55	160
138	m	um 30	176
155	w	55 ± 5	167
157	m	25–35	–
158	–	10	–
159	–	3–4	–
160	w	25–30	163
162	m	um 35	172
163	–	4–5	–
169	w	–	–
170	w	–	–
171	–	11–12	–
172	m	20–40	–
177	–	–	–
185	–	–	–

Tab. 10 Altstadt-Südost, Kohlmarkt (Stadtgrabung 21). Die Bestattungen der Periode Kirchenbau I (2. Hälfte 9. Jh.) nach Geschlecht, Alter und Körpergröße (vgl. Beitrag *Burkhardt, S. 193ff.*).

Nach Abschluß der Stadtgrabung 33 am Eiermarkt wird der Bearbeitung der Braunschweiger Keramikfunde aus früh- bis hochmittelalterlicher Zeit Priorität zukommen.

Zu den Kirchenbaubefunden

Neben der „Kohlmarkt-Keramik" kommt der entdeckten Kirchenfolge für die Quellenlage der praeurbanen Siedlungsentwicklung entscheidende Bedeutung zu. Die Gründungsdatierung des ersten Kirchenbaues, einer Holzkirche, orientiert sich zunächst ebenfalls an der Zeitstellung der Emailscheibenfibeln aus dem zugehörigen Gräberfeld (*Abb. 64,* vgl. *Rötting* 1981, 699 f.).

Aufgrund der stratigraphischen und keramischen Befunde, in die auch allgemein Grabanlagen (vgl. Beitrag *Burkhardt S. 193 ff.*) und hochmittelalterliche Grubenhausbefunde des 13. Jhs. mit einzubeziehen sind, entwickelte sich an gleicher Stätte eine Kirchenbaukontinuität. Der Holzkirche *(Abb. 10, S. 22)* folgte eine Saalkirche aus Rogenstein mit eingezogenem Chorquadrat und einspringenden Chorhausmauern (Bau II, Außenmaße: ca. 17,65 m x 8 m), an der im 10. Jahrhundert zweimalige Vergrößerungen vorgenommen wurden.

Der platte, leicht angeschrägte Ostschluß von Bau IIa, einem Saalbau von ca. 17,65 m Länge und 8 m Breite bei einer Mauerstärke von 0,90–1,10 m *(Abb. 11, S. 23),* hat Parallelen in der Magnikirche von 1031 im Dorf *brunesguik,* der späteren Altenwiek (*Schultz* 1956, 97–100; 1959, 92 f.; Länge der Kirche ca. 16,50 m; Breite 8,50 m; Mauerstärke 1,10 m), und in der Nicolaikirche wohl des 11. Jhs., die auch rechts der Oker lag (*Tode* 1958; Länge der Kirche 16 m; Breite 8 m; Mauerstärke 1,10 m; vgl. Beitrag *Busch, S. 171*).

Bau III auf dem Kohlmarkt, der aus einer Ummantelung von Bau II/IIa entstand, wurde im Osten mit nördlichem und wohl auch südlichem Annex ausgestattet (Länge der Kirche ca. 22,30 m; Breite 9,80 m ohne Anbauten).

Die dann schrifthistorisch (vgl. Beitrag *Römer, S. 225 f.*) für die Zeit um 1030 überlieferte St.-Ulrici-Kirche, Bau IV der Kirchenfolge, ist nach dem archäologischen Befund als Pfeilerbasilika mit westlichem Turm erbaut worden (Länge insgesamt ca. 32,50 m; Breite 16,80 m).

Die archäologisch gegenwärtig vorliegenden Befunde zu Bau V/Va, die auch unter dem Gesichtspunkt der ab 1494 einsetzenden Neubaumaßnahmen an St. Ulrici gewertet werden müssen (vgl. Beitrag *Römer, S. 230 f.*), entziehen sich einer gesicherten Rekonstruktion.

Fundangaben zu *Abb. 66*

Bronzefunde

1 Gürtelklemme einer schmal rechteckigen Form, Ringöse abgebrochen. In gerahmtem Feld reliefierte gotische Minuskel-Inschrift „ave mari", unterbrochen von Blütenrosette. Bronzeguß; abgegriffen.
Erh. L. 6,5 cm; Mst. 1 mm. FNr. 79:11/1747, Streufund.
Vergleichsfund aus dem Kloster Cismar im Landesmuseum Schleswig.
Datierung: 14./15. Jh.

2 Griff-Fragment eines Löffels oder Spiegels; vollplastische Frauenfigur, auf dem Rücken herzförmige Gravur. Bronzeguß; gut erhalten.
Erh. H. 7,1 cm. FNr. 79:11/2363 aus Schicht 327, mit bemalter bleiglasierter Irdenware.
Datierung: 16. Jh.

3 Zierscheibe für ein Pferdezaumzeug. Im schmalen, leicht gewellten Reif eine wohl vierfüßige Tierdarstellung eines Pferdes oder eines Drachens mit Schweif, gehalten von zwei zusätzlichen Stegen. In der Deutung nicht auszuschließen ist ein achtfüßiges Fabelwesen. Rechtwinklig abstehend zur Scheibenebene eine Ösenlasche. Durchbrucharbeit, wohl Ausschneidetechnik an einer gegossenen Scheibe; gehämmert, noch nicht graviert, Öse nicht gelocht, Halbfabrikat? Kopfsteg abgebrochen.
Dm 4,5 cm; Mst. 1mm u. 2 mm (Lasche). FNr. 79:11/1567, aus der Grubenfüllung Grab 68.
Datierung: 13. Jh. (in einer zunächst übertragenen Zeitstellung, ein eigener Datierungsansatz kann sich infolge Grabungsauswertung noch ergeben).

Kommentar

Auch weitaus qualitätvollere Vergleichsstücke sind zahlreich bekannt geworden. Ihre Verbreitung mit Fundorten in Schweden, Ungarn, Österreich, Süddeutschland und besonders dicht gereiht in Mitteldeutschland und im Harzumland hat auch nach stilistischem Vergleich zu der Annahme geführt, sie könnten niedersächsischer Herkunft sein *(I. Fingerlin* 1980 bzw. 1971, 47 ff. bzw. 13; *Schirwitz* 1938, 61 ff.; *Griep*

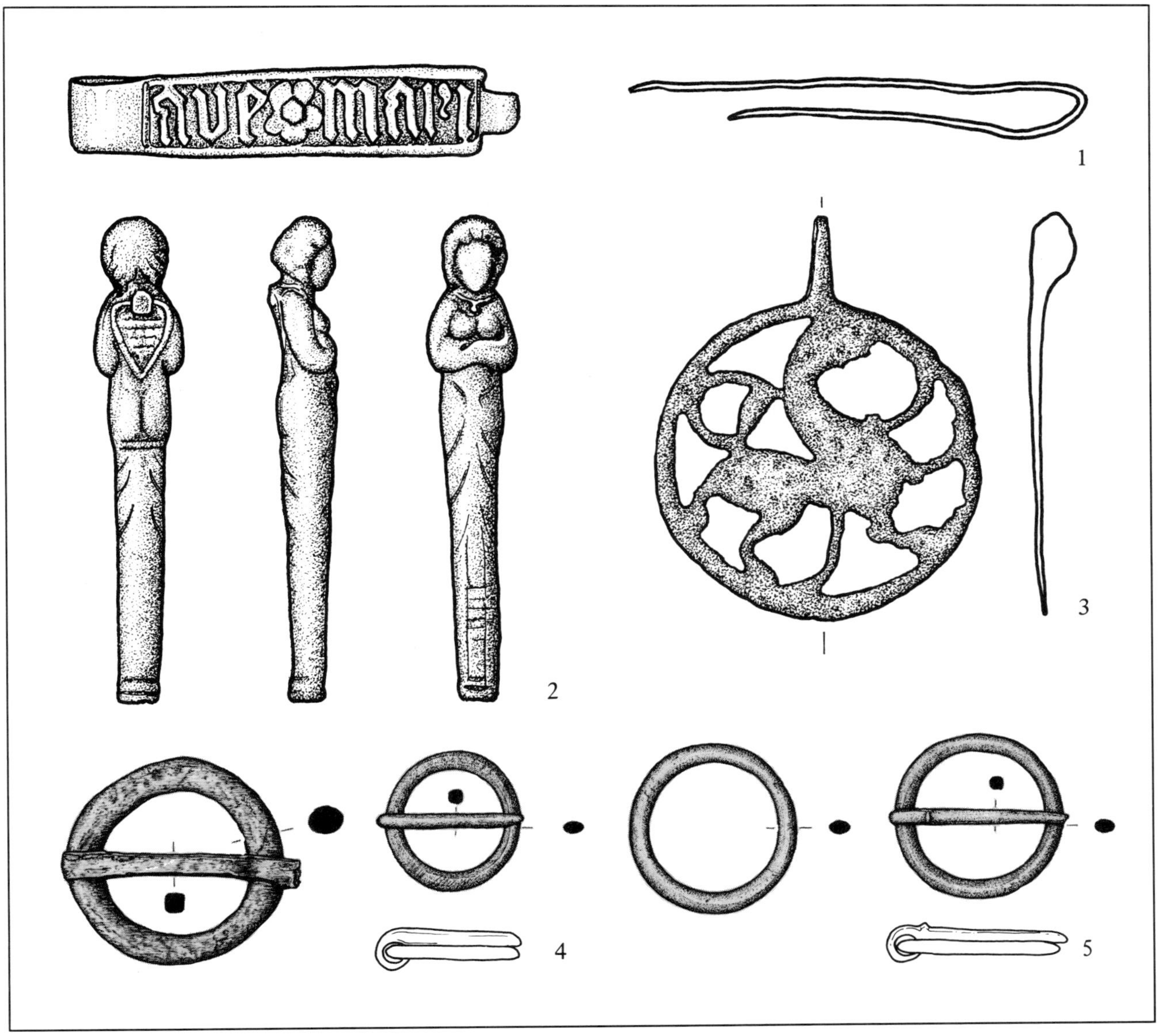

Abb. 66 Altstadt-Südost, Kohlmarkt (Stadtgrabung 21). Bronzefunde. M. 1:1 (1–3), M. 1:2 (4, 5).

1963, 25ff.; *Nickel* 1964b, 139f. u. Taf. 64b–c; *Felgenhauer* 1974, 99ff.).
In die Deutung des Tiermotives als achtfüßiges Fabelwesen, wie dies möglicherweise im Braunschweiger Stück zutrifft, ist Odins achtfüßiges Roß Sleipnir einzubeziehen.

4 Zwei Ringschnallen einer Gürtelgarnitur; Ring im Querschnitt oval, flexibler Dorn abgeflacht rechteckig, ungleich großes Paar.
Dm 6,5 cm u. 3,9 cm. FNr. 79:11/914, -915, aus Grab 21.
Beide Gürtelschnallen lagen rechts unterhalb des Beckens, die größere direkt auf dem Oberschenkelhals, die kleinere dicht daneben zwischen Oberschenkelhals und Schambein.

5 Zwei Ringschnallen einer Gürtelgarnitur; Ring im Querschnitt flachoval mit flacher Eindellung als Dornrast, flexibler Dorn rechteckig, mit Gratwulst vor der Ringöse. Gleich großes Paar, Dorn der zweiten Ringschnalle nicht mehr vorhanden gewesen.
Dm 4,8 cm. FNr. 79:11/844, -1012, aus Grab 25.
Die Gürtelschnallen lagen getrennt rechts und links direkt unterhalb des Beckens jeweils im Winkel zwischen Schambein und Oberschenkelhals (die Positionen auf der *Abb. 66* entsprechen der Körperlage in situ, d. h. rechte Schnalle rechts getragen, vgl. auch *Abb. 20, S. 48*).

Vorläufige Datierung: 13./14. Jh.

Kommentar

Die Ringschnallen-Gräber 21 und 25 befinden sich auf gleicher Höhe seitlich des Altars in der Ausbruchsgrube jeweils der südlichen und nördlichen Fundamentmauer des Saalbaues IIa mit plattem, angeschrägten Ostschluß. Sie können also frühestens im Kirchenraum Bau III angelegt worden sein, dürften aber vielmehr hoch- bis spätmittelalterlicher Zeit entstammen. Im Bischofsgrab 7 im Bremer Dom, der Bestattung Ottos II., gest. 1406, fand sich eine formidentische Gürtelgarnitur dieses schlichten Ringschnallentyps (*Brandt* 1977, S. 69ff., Abb. 57). Zahlreiche andere Vergleichsfunde werden allgemein in das 13./14. Jh. gesetzt (u.a. im *Medieval Catalogue*, London Museum 1975[4], S. 275, Taf. 77, 1–4).
Möglicherweise ergeben sich im Zuge der in Angriff genommenen Grabungsauswertung schärfere Datierungshinweise. Die bereits erfolgte anthropologische Auswertung (vgl. Beitrag *Burkhardt, S. 198*) hat ergeben, daß es sich um Bestattungen von Männern handelt, deren Alter mit 35 bzw. 40 ± 5 Jahren anzugeben ist.

Fundangaben zu *Farbtaf. 7*

Kohlmarkt-Keramik des 9. Jhs.

Gruppe A: Rauhe graubräunliche Granitgrusware (Standbodenware, Warenbeschreibung *S. 29*)

1 RS, nach innen abgerundeter, ausdünnender Steilrand.
H. 3,5 cm. FNr. 79:11/665, Stgr. 21, aus Abfallschicht 7 der Brunnen-Sickergrube 4 (vgl. Leitprofil *Farbtaf. 4b bzw. Tab. 1, S. 30*).

2 BS, Standboden.
H. 4 cm. FNr. 79:11/397, Stgr. 21, Fl. 3 A, Streuscherbe in sekundärer Lagerung.

3 RS, abgerundeter, ausdünnender Steilrand.
H. 5,7 cm. FNr. 79:11/685, Stgr. 21, aus Abfallschicht 68 der Grube 4 (vgl. Angaben unter Nr. 1).

4 RS, gleichmäßig abgerundeter, verdickter Steilrand.
H. 5,2 cm. FNr. 79:11/2375, Stgr. 21, aus Pfostengrube 325 eines Grubenhauses.

5 RS mit breiter Randrille, nach außen abgestuft, abgerundet.
H. 1,7 cm. FNr. 79:11/1242, Stgr. 21, aus Sedimentschicht 4 der Grube 4 (vgl. Angaben unter Nr. 1).

6 RS mit breiter Randrille, nach außen abgestuft, abgerundet.
H. 2,6 cm. FNr. 79:11/671, Stgr. 21, aus Sedimentschicht 4 der Grube 4 (vgl. Angaben unter Nr. 1).

7 RS, verdickter, nach innen abgerundeter Steilrand.
H. 3,2 cm. FNr. 81:17/123, Stgr. 31, Fl. 1, aus sekundärer Lagerung.

Gruppe B: Glatte grau-hellbraune Granitgrusware (Standbodenware?, Warenbeschreibung, *S. 29*)

8 RS, wohl Sichelrand mit stark verdickter Randwurzel.
H. 5,7 cm. FNr. 79:11/2264, Stgr. 21, aus Bodenschicht 305 des Webgrubenhauses.

9 RS, wohl Sichelrand.
H. 4,1 cm. FNr. 79:11/2264, Stgr. 21, aus Bodenschicht 305 des Webgrubenhauses.

10 RS, wohl Sichelrand.
Rdm. ca. 14 cm. FNr. 79:11/1075, Stgr. 21, Fl. 4, aus frühmittelalterlicher Oberflächenschicht 84.

Gruppe C: Rotbraune Kalkgrusware (älteste Kugeltopfware, Warenbeschreibung, *S. 29*)

11 RS, abknickender und verdickter, kurzer Lippenrand.
Rdm. ca. 13 cm. FNr. 79:11/1075, Stgr. 21, Fl. 4, aus frühmittelalterlicher Oberflächenschicht 84.

12 BS, zusammengesetzte größere, breitovale Kugelbodenscherbe.
Gr. Br. 15 cm; Bst. ca. 1 cm. FNr. 79:11/647, -648, -665, Stgr. 21, aus Abfallschicht 7 der Grube 4 (vgl. Angaben unter Nr. 1).

Fundangaben zu *Farbtaf. 8*

Kohlmarkt-Keramik des 9./1. Hälfte 10. Jhs.
Gruppe D: Ältere graue Granitgrusware (älteste Kugeltopfware, auch Standboden?, Warenbeschreibung, *S. 29*)

1 RS, Sichelrand.
H. 4,4 cm; Rdm. ca. 14,5 cm. FNr. 79:11/1249, Stgr. 21, aus Abfallschicht 68 der Brunnen-Sickergrube 4 (vgl. Leitprofil *Farbtaf. 4b* bzw. *Tab. 1, S. 30*).

2 RS, Sichelrand.
H. 7,5 cm; Rdm. ca. 18 cm. FNr. 79:11/647, Stgr. 21, aus Abfallschicht 7 der Grube 4 (vgl. Angaben unter Nr. 1).

3 RS, Sichelrand.
H. 8,4 cm; Rdm. ca. 18 cm. FNr. 79:11/889, Stgr. 21, aus Sedimentschicht 4 der Grube 4 (vgl. Angaben unter Nr. 1).

4 RS, Sichelrand.
H. 7,3 cm; Rdm. ca. 19 cm. FNr. 79:11/658, Stgr. 21, aus Sedimentschicht 4 der Grube 4 (vgl. Angaben unter Nr. 1).

5 RS, Sichelrand.
H. 3,5 cm. FNr. 81:17/430, Stgr. 31, aus sandiger Aufschüttung 31 in sekundärer Lagerung (vgl. Leitprofil 1, *Farbtaf. 5*, Lage in *Abb. 70, S. 129, Tab. 2, S. 30*).

6 RS, Sichelrand.
H. 6,3 cm; Rdm. ca. 11,5 cm. FNr. 81:17/436, Stgr. 31, aus Grubensediment 35 (vgl. Angaben unter Nr. 5).

7 RS, Sichelrand.
H. 7 cm; Rdm. ca. 19,5 cm. FNr. 81:17/478, Stgr. 31, aus Grubensediment 34 (vgl. Angaben unter Nr. 5).

8 BS, ovale Kugelbodenscherbe.
Gr. Br. 5 cm. FNr. 81:17/472, Stgr. 31, aus Grubensediment 35 (vgl. Angaben unter Nr. 5).

9 BS, rundliche Kugelbodenscherbe.
Dm. 8 cm. FNr. 81:17/430, Stgr. 31, aus sandiger Aufschüttung 31 in sekundärer Lagerung (vgl. Angaben unter Nr. 5).

10 RS, Sichelrand.
H. 6,2 cm, Rdm. ca. 14 cm. FNr. 82:8/117, Stgr. 55, St. 19, aus Brunnensediment B in sekundärer Lagerung.

Fundangaben zu *Farbtaf. 9*

Kohlmarkt-Keramik des 9./1. Hälfte 10. Jhs.

Gruppe E: Ältere grau-hellrotbraune Granitgrusware (älteste Kugeltopfware, auch Standboden?, Warenbeschreibung, *S. 29*)

1 RS, Sichelrand, zusammengesetzt.
H. 14,1 cm; Rdm. ca. 16,5 cm. FNr. 79:11/890, Stgr. 21, aus Sedimentschicht 4 der Brunnen-Sickergrube 4 (vgl. Leitprofil *Farbtaf. 4b* bzw. *Tab. 1, S. 30*).

2 RS, Sichelrand, mehrfach zusammengesetzt.
H. 8 cm; Rdm. ca. 21,5 cm. FNr. 79:11/946, Stgr. 21, aus Sedimentschicht 4 der Grube 4 (vgl. Angaben unter Nr. 1).

3 RS mit unterrandständigen, wohl gegenständigen Ösenhenkeln, Sichelrand.
H. 9,1 cm; Rdm. ca. 15,5 cm. FNr. 79:11/681, Stgr. 21, aus Abfallschicht 68 der Grube 4 (vgl. Angaben unter Nr. 1).

4 RS, Sichelrand.
H. 7,4 cm; Rdm. ca. 17,5 cm. FNr. 79:11/2324, Stgr. 21, aus Grubenfüllung Grab 164 in sekundärer Lagerung.

5 BS, ovale Kugelbodenscherbe.
Gr. Br. 8,5 cm. FNr. 79:11/2257, Stgr. 21, aus Bodenschicht 305 des Webgrubenhauses.

6 RS, leicht ausbiegender Lippenrand.
H. 6,5 cm; Rdm. ca. 9 cm. FNr. 82:1/23, Stgr. 47, P 4 aus Abfallgrube (10. Jh.).

7 RS, ausbiegender Lippenrand, mehrfach zusammengesetzt.
H. 9 cm; Rdm. ca. 14,5 cm. FNr. 81:17/544, Stgr. 31, Fl. 5, aus sandiger Planierschicht 177 (vgl. Leitprofil 2, *Farbtaf. 6a*, Lage in *Abb. 70, S. 129*), in sekundärer Lagerung 10. Jh.

8 RS mit unterrandständigem Ösenhenkel, Sichelrand.
H. 6,3 cm. FNr. 81:17/481, Stgr. 31, Fl. 1, aus Grubensediment 34 (vgl. Leitprofil 1, *Farbtaf. 5*, Lage in *Abb. 70, S. 129, Tab. 2, S. 30*).

Fundangaben zu *Abb. 15a* (*S. 32*)

Regionale Vergleichsfunde zur Kohlmarkt-Keramik

2 Miniaturgefäß; bauchiger Gefäßkörper mit Standboden und kurzem, schräggestellten Lippenrand, an der Randwurzel verdickt (Sichelrand); oxydierend hell- bis dunkelbraunrötlich, weich gebrannter Scherben, im Bruch hellgraubraun; relativ glatt, dünnwandig; fein- bis mittelkörnige Quarzmagerung mit u. a. Hellglimmer. Gefäß in Scherben mit Bodenansatz erhalten, ergänzt.
H. 4,9 cm; FNr. 79:16/7, WO-Grab 1.
Schöppenstedt-Küblingen, Ldkr. Wolfenbüttel, Frühmittelalterliches Gräberfeld „Am Sandberg", Harzblick 14.
Im Grabinventar vergesellschaftet mit Glasperlenkette (u. a. drei Mosaikaugenperlen, vier Schachbrettperlen, zwei silberüberfangene Mehrfachperlen) und Halsreif mit Haken und Ösenschlaufe aus Kupferdraht (*Rötting* 1983, Abb. 9; Datierung nach *Andrae* 1973, 155f. u. 164f.).
Datierung: um 800 (± 30).

Ältere grau-hellrotbraune Granitgrusware

1 Kugeltopf mit Sichelrand, an der Wurzel verdickt, schräg ausbiegend; weich oxydierend gebrannter, braunrötlich gemantelter Scherben mit graubraunem Kern; Scherben dickwandig, rauh- bis glattwandig und mittel- bis grobkörnig gemagert mit Granitgrus, vorwiegend Quarz, zurücktretend Feldspat, Hellglimmer. Formholzgebrauch, auf der Randlippe stellenweise Drehfacetten. Gefäß aus dreißig Scherben rekonstruiert.
Rekonstr. H. 22 cm. FNr. 81:9/1–8, Lüersburg, Königslutter-Rieseberg, Ldkr. Helmstedt.
Auf der Sohle des Wehrgrabens der Lüersburg in der Nähe der Feuerstelle eines Grubenhauses (*Rötting* 1983, 58ff.).
Datierung: um 900.

3 RS mit verdicktem, leicht kantig ausbiegendem Lippenrand; rauhwandiger, auch im Bruch graubrauner Scherben, geschichtet, dickwandig, weich gebrannt; starke, fein- bis mittelkörnige Granitgrusmagerung. Formholzgebrauch.
Rdm. ca. 15 cm. FNr. 81:9/5.
Fundort und Datierung wie Nr. 1.

22

UB VIII / 79:12 / *Wilhelmstraße 1,* westlicher Flügelanbau des Druck- und Verlagshauses Oeding / Fl. 5, Flst. 425/16 / ass. 1961 / –.
Fundbergung auf 580 m² vom 22. bis 23. 10. 1979.

Unter einer Deckschicht von ca. 1,70 m hohen Aufschüttungen mit Sand und Bauschutt schnitt die Baugrube durchgehend in über 2 m mächtige schwarzgraubraune, schluffige bis grobsandige Still- und Fließwassersedimente des offensichtlich hier sehr breiten östlichen Okeraltlaufes ein.
Von den festgestellten und teiluntersuchten vier Kloaken sind zwei näher zu beschreiben. Ferner ist ein Schachtbrunnen mit Bruchsteinröhre (Typ III, vgl. *Abb. 22, S. 51*) zu erwähnen, der mit Eichenholzzylinder und Kolbenstampe ausgestattet war (vgl. Schuckepumpe Stgr. 20 bzw. 63). Der Brunnen ist im Districtplan B von A. C. Haacke 1764/66 aufgenommen worden (*Mertens u. Moderhack* 1981, Bl. 35/2).
Stelle 1: rechteckige, kastenförmige Kloake ohne Boden mit auf Stoß gefügter Rundholzwand gegen vierkantige Eckpfosten (Variante Typ V). Der Umfang beträgt ca. 2 x 1,70 m, T. ca. 2,50 m. Unter den Funden sind zwei Kugeltöpfe der Typen 4 bzw. 8 der Stgr. 18 zu nennen, die aufgrund ihrer Fundsituation eine Datierung des Bautyps in die 2. Hälfte des 14. Jhs. ermöglichen.
Stelle 3: rechteckige, kastenförmige Kloake vergleichbaren Umfangs ohne Boden mit horizontal verlegter Bohlenwandung und eingestellten runden Eckpfosten; oberste eingezogene Bohlenlage in Eckhölzer eingezapft (Variante Typ V). Datierung: 14./15. Jh.
Aus Stelle 2 (Kloake) stammt ein hellgrün-bleiglasierter Krug mit Raubvogel-Auflagen (*Farbtaf. 13b*).

Fundangaben zu *Farbtaf. 13b*

Krug mit bauchigem, schwach gerieftem Gefäßkörper auf flachem Wellenfuß; kurzer Zylinderhals, Rand nach innen abgerundet; rund ausgestellter Bandhenkel, unterrand-schulterständig, gekehlt. Auf dem Gefäßboden durch Herausarbeitung des Wellenfußes exzentrische, feine, gebündelte Rillen-Kurven teilweise verstrichen. Gelbtonig, oxydierend hart gebrannt.
Auf dem Gefäßkörper drei halbplastische Applikationen eines Raubvogels in Seitenansicht (H. ca. 5,5 cm; Adler?) abwechselnd mit drei übereinandergestellten, kreuzförmigen Noppen, höhenmäßig verteilt (Dm. ca. 1 cm); jeweils eine Noppe zusätzlich auf der Mitte des Vogelkörpers. Hellgrüne Bleiglasur mit schwarzbraunen Schlieren und Fehlstellen bes. auf dem unteren Gefäßkörper und Wellenfuß. Noppen, Augen und Fänge des Vogels schwarzbraun glasiert.
Glasur an wenigen Stellen und einige Noppen abgeplatzt, Gefäßwandung geringfügig ergänzt.
H. 14,9 cm. FNr. 79:12/2.
Vergesellschaftet in Kloake 2 mit einem Kännchen der jüngeren Mündelkeramik *(Abb. 47:2, S. 87)*.
Datierung aufgrund des Beifundes: 2. Hälfte 14. Jh.

Kommentar

Eine Analyse der Glasuren mit dem Rasterelektronenmikroskop ergab bei fortschreitend fallenden Anteilen führend Pb (!), dann Si, Al, K, Ca, Fe, (Ti) für die hellgrüne Glasur; für die schwarzbraune Glasur: Pb, Si, Fe (!), Al, Ca, K (Angaben nach K. Thomas).
Der Krug ist mit diesen Gestaltungsmerkmalen bisher singulär. Nach *Daum* (1980, 392 u. mündliche Mitteilung) ist eine Herkunft nicht sicher festzulegen, aber aus dem Raum Aachen/Langerwehe (unter Einschluß von Raeren?) anzunehmen, nach *Stephan* (1982, 100, Abb. 27:1) das südniedersächsische Pottland jedoch nicht auszuschließen.

23

UB II / 79:13 *Güldenstraße 9* / Fl. 3, Flst. 490/2 / ass. 604, ferner ass. 600, 601, 603 / aurea platea (1297), upper guldenen strate (1307); auf ass. 604 wahrscheinlich das 1305 erwähnte allodium der Brüder v. Bleckenstede. *Objektgrabung* auf 400 m² vom 14. bis 21. 10. 1979.

Einer raschen Fundmeldung des Architekten Prof. Dr.-Ing. Herrenberger ist es zu verdanken, daß ein aussagekräftiger Leitfund zur späten hochmittelalterlichen Sachkultur gewonnen werden konnte.
Beim Ausbaggern einer Baugrube für das Studentenwohnheim „Michaelishof" des Studentenwerks der TU auf dem rückwärtigen Teil der Parzelle ass. 604 bzw. 600 nördlich der Michaeliskirche (Gründungsbau 1157 geweiht), in der ehem. Altstadt, war unter der Kellersohle eines Hofgebäudes Brandschutt zu Tage gekommen. Dieser zeigte sich im Planum als Verfüllung einer im Grundriß (einseitig) trapezoiden Grube von 2,95 m Länge (NS-Maß) zu 3,10 m Breite.
Die zunächst nach der Quadrantenmethode vorgenommene Untersuchung wies im Kreuzprofil über einem – aufgrund des trocken anstehenden Sandes bereits weitgehend vergangenen – Holzboden bei ca. 0,90 m unter OK Fundhorizont eine unregelmäßig steile, konisch aufsteigende Holzwandung auf, die infolge einer Brandeinwirkung innenseitig verkohlt war, sich außenseitig wie der Holzboden feinkrümelig, grau-bräunlich umgesetzt hatte. In Höhe des mittelalterlichen Geländeniveaus, das um NN 72 m zu rekonstruieren ist, muß der Holzkasten nach ca. 2,50 m Höhe im Grundriß ein Ausmaß von ca. 4,40 x 4,80 m erreicht haben. Die Grundfläche in Höhe Sohle betrug rd. 1,70 x 1,80 m.
Der Grabungsbefund erschließt einen im Querschnitt konischen, aus bis zu 8 cm starken Bohlen gezimmerten Holzkasten, der auf einem unregelmäßig angeordneten Kalksteinlager ruhte. Die annähernd gleichförmige Baugrube war zuvor in den anstehenden Sand eingetieft und mit schräg und dicht eingeschlagenen, angespitzten Rundhölzern sowie mit Flechtwerk verspundet worden.
Nach den bisher vorliegenden Kloakenbauformen handelt es sich um eine besonders aufwendig gebaute Variante des Bautyps III: zusätzlich zum charakteristischen Baumaterial Rundholz sind Bohlen verwendet worden. Der Bautyp ist im Querschnitt konisch und im Grundriß einseitig trapezoid gestaltet mit einer spitzwinklig nach außen gezogenen Ecke über einem flacheren Wandungsgefälle. Dieses Konstruktionsdetail gibt wohl einen Hinweis auf die Sitzposition. Der Bautyp ist in *Abb. 24, S. 53* dokumentiert; er ist in das 13. Jh. zu datieren.
Nach der Struktur des größtenteils hereingestürzten Brandschuttes von insgesamt ca. 6 cbm – allein im Zentrum ließ sich eine Nachfüllung beobachten – ist der Oberbau der Kloake in Fachwerk errichtet worden. Zahlreiche Hohlziegel und Schieferplatten deuten auf entsprechende Dacheindeckung. Die Fäkalschicht auf dem Boden, die auch in großer Menge Geflügelknochen enthielt, hatte ein sehr geringes Ausmaß (ca. ½ cbm), so daß auf einen gerade fertiggestellten Neubau geschlossen werden kann.
Die wesentlichen Funde, die hier vorzustellen sind, stammen aus der Fäkalschicht und dem Brandschutt. Der trotz seiner Deponierung in stratigraphisch „älterer" Fäkalschicht und nachfolgendem „jüngeren" Brandschutt gleichwohl als geschlossen zu betrachtende Fundkomplex (vgl. Fundangaben *Abb. 67f.)* kann in der zeitlichen Zusammensetzung des Gebrauchsgutes und der Warenarten tatsächlich Älteres und Modernes vermischt enthalten haben, wie beispielsweise ältere graue Irdenware (K) und Mündelkeramik (P).
Nach den archäologisch-typologischen Befunden sind ausschlaggebend: Kugeltopfleittyp mit horizontal weit ausbiegendem Lippenrand und Krugform der jüngeren grauen Irdenware (L 1, L 5, vgl. *Tab. 4, S. 36*) sowie der Vierpaßbecher der älteren Mündelkeramik (P 1).

Es ist nicht gelungen, dendrochronologisch datierbare Holzreste zu gewinnen.
Ein absolutchronologischer Datierungsansatz ist über archivalische Quellen zu Stadtbränden zu erhalten. Das Umfeld der Michaeliskirche wurde bei dem Flächenbrand von 1278 der Überlieferung nach besonders stark betroffen (*Dürre* 1861, 108). In Verbindung hiermit und aufgrund stratigraphischer, typologischer und vergesellschafteter Kriterien, die zahlreichen Befunden entstammen (vgl. *Tab. 4*), ist der Fundkomplex hinsichtlich seiner Entstehung allgemein in die 2. Hälfte des 13. Jhs. zu datieren.

Fundangaben zu *Abb. 67*

Geschlossener Fundkomplex aus humos-torfiger Fäkalschicht und darüberliegendem Brandschutt, St. 1, Teil 1 (vgl. *Tab. 4, S. 33ff.*).

Ältere graue Irdenware (K)

2 RS eines Kugeltopfes mit Kehlrand, stumpfwinklig abknickend, keulenförmig verdickt und abgerundet; enggestellte feine Drehrillen; feinrauher, kreidiger, hart gebrannter, ursprünglich wohl hellgrauer Scherben; klassiert feine Quarzmagerung (weit überwiegend); hellrötlich überbrannt infolge sekundärer Brandeinwirkung. Rdm. ca. 14,5 cm. FNr. 79:13/11, aus Brandschutt.

3 RS eines Kugeltopfes wie Nr. 2, jedoch Rand außen abgestrichen, ohne Drehrillen, nicht hellrötlich überbrannt.
Rdm. ca. 20 cm. FNr. 79:13/15, aus Fäkalschicht.

Jüngere graue Irdenware (L)

1 RS eines Kugeltopfes mit horizontal weit ausbiegendem Lippenrand; kurzer Zylinderhals ohne Drehrillen; hartgebrannter, feinrauher blaugrauer Scherben mit Ascheanflug-Glanz, im Bruch hellgrau; klassiert feine Quarzmagerung (überwiegend).
Rdm. 16,3 cm. FNr. 79:13/40, aus Brandschutt.
Zwei weitere RS von Kugeltöpfen gleicher Machart nicht abgebildet (FNr. 79:13/48, aus Brandschutt).

4 Kugeltopf mit ausbiegendem Lippenrand, schwach keulenförmig verdickt; Linsenboden mit kleiner Standfläche; auf hohem Kegelhals Drehriefen; hartgebrannter, dunkelgrauer, wenig hellgrau gefleckter Scherben mit bläulichem Ascheanflug-Glanz, im Bruch durchgehend hellgrau, gemischt körnig-rauhe Oberfläche (Magerung bricht teilweise durch); gemischt fein- bis mittelkörnige Quarzmagerung (weit überwiegend). Vgl. keramiktechnologische Angaben unter PNr. 2 im Beitrag *Hennicke, Tab. 2–3, S. 259f.* Die Brenntemperatur lag bei 920° C. Gefäß geringfügig ergänzt.
H. 16 cm. FNr. 79:13/65 D, aus Fäkalschicht.

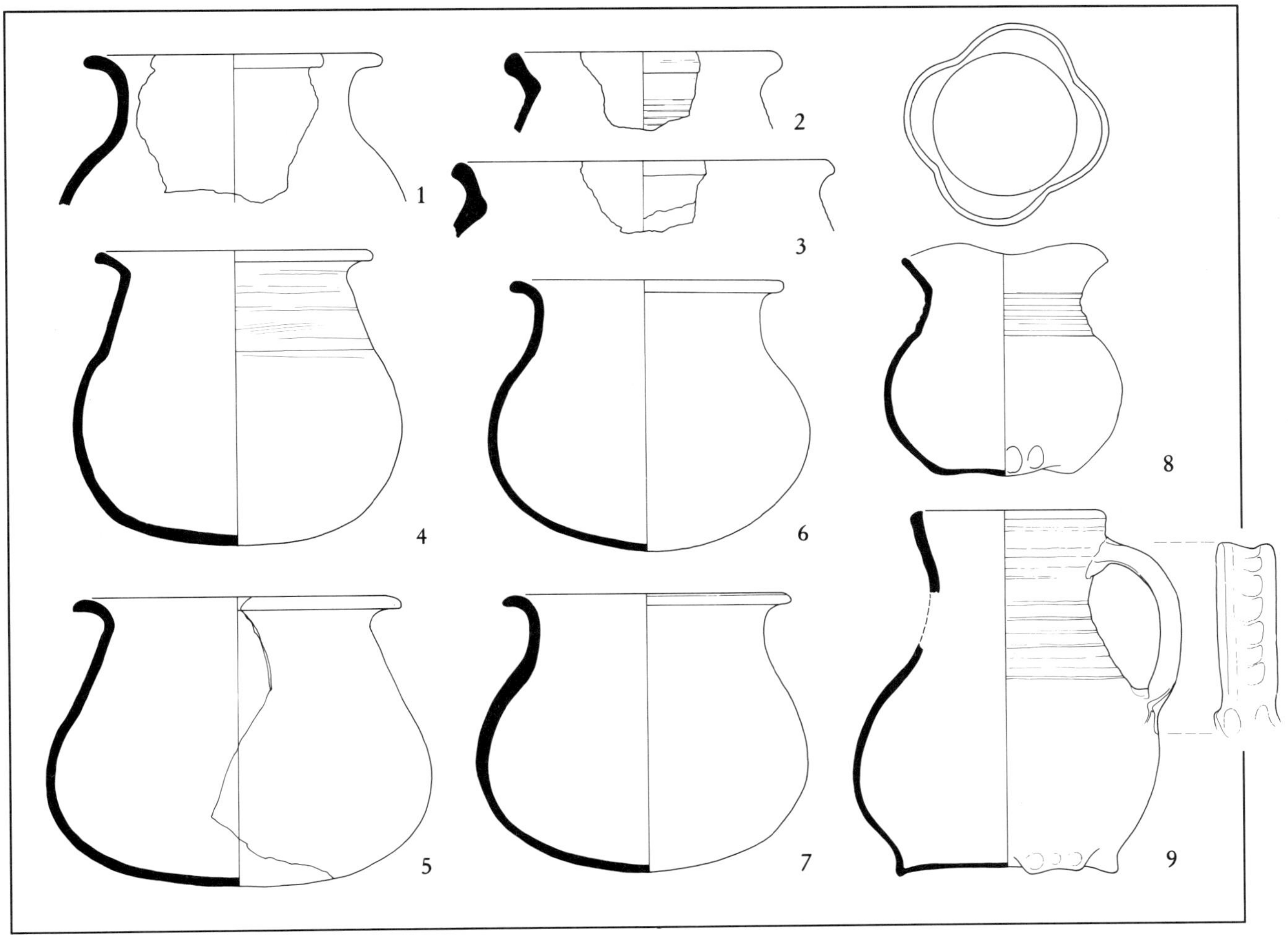

Abb. 67 Altstadt, Güldenstraße 9 (Stadtgrabung 23). Kugeltöpfe der älteren (2, 3) und jüngeren grauen Irdenware (1, 4, 5–7) sowie ein Krug (9); Vierpaßbecher der älteren Mündelkeramik (8). 2. Hälfte 13. Jh. M. 1:4.

5 Kugeltopf mit horizontal weit ausbiegendem Lippenrand, plankonvex; hoher Kegelhals ohne Drehriefen; hartgebrannter, auch im Bruch hellgrauer Scherben; fein- bis mittelkörnige Quarzmagerung (weit überwiegend). Gefäß weitgehend ergänzt.
Rekonstr. H. 15,2 cm. FNr. 79:13/93, aus Fäkalschicht.

6–7 Zwei Kugeltöpfe mit horizontal ausbiegendem Lippenrand, Gefäßkörper, Scherben wie Nr. 1, jedoch auf dem Kugelboden (wie auf der gesamten Innenwandung) kreisrunde, hellgraue Fehlfarbenstelle (Dm. 13 cm) infolge Ausfall der „reduzierenden Ofenatmosphäre im letzten Brennstadium" durch Ineinanderstapelung im Brennofen (vgl. Beitrag *Hennicke, S. 259f.)*. Gefäße geringfügig ergänzt.
Nr. 6 H. 14,7 cm; Nr. 7 H. 15 cm. FNr. 79:13/67, -65B, aus Fäkalschicht.

9 Krug auf drei gekniffenen Standleisten, mit Steilrand, nach außen abgestrichen; gedrückt kugelförmiger Gefäßkörper, auf Kegelhals und trichterförmigem Steilrand flüchtige Drehriefen; unterrandständiger Bandhenkel mit Fingerdellen gekehlt; hartgebrannter, dunkelgrauer Scherben mit gemischt körnig-rauher Oberfläche, auf der Innenseite und im Bruch weißgrau; gemischt fein- bis mittelkörnige Quarzmagerung (weit überwiegend). Gefäß aus Scherben rekonstruiert.
Rekonstr. H. ca. 19,6 cm. FNr. 79:13/30, aus Brandschutt.
Scherben eines weiteren Kruges gleichen Typs fanden sich in der Fäkalschicht (FNr. 79:13/67).

Ältere Mündelkeramik (P)

8 Vierpaßbecher; gedrückt kugelbauchiger Gefäßkörper auf drei gekniffenen Standleisten, kurzer kegelförmiger Hals mit Drehrillen; vierpaßförmig gefalteter Lippenrand; hartgebrannter, dunkelgraufleckig hellgrauer Scherben, im Bruch weißgrau, gemischt körnigrauhe Oberfläche; gemischt fein- bis mittelkörnige Quarzmagerung (weit überwiegend). Gefäß geringfügig ergänzt.
H. 12,6 cm. FNr. 79:13/21, aus Brandschutt.
Datierung des Fundkomplexes: 2. Hälfte 13. Jh., wohl 1278.

Fundangaben zu *Abb. 68a–c*

Geschlossener Fundkomplex aus humos-torfiger Fäkalschicht und darüberliegendem Brandschutt, St. 1, Teil 2 (vgl. *Tab. 4, S. 33ff.*).

Hochmittelalterliche bleiglasierte Irdenware (M)

1 Miniaturgefäß; schlanker doppelkonischer Becher mit Standfuß und leicht ausgestelltem verdickten Lippenrand; dünnwandig ausgedreht mit Drehriefen; gelblich-hellrot gebrannter Scherben; geringe, sehr feinkörnige Quarzmagerung; dunkel- bis hellgrüne Bleiglasur außen flächendeckend aufgebracht (einschl. Gefäßboden) und über den Rand nach innen ausgreifend, kein weißgrauer Tonschlicker. Rand geringfügig ausgebrochen.
H. 5,2 cm; Wst. 2 mm. FNr. 79:13/46, aus Brandschutt.

Kommentar

Vergleichsfunde liegen aus Göttingen, der Pfalz Tilleda am Kyffhäuser (DDR) und aus den Niederlanden vor, die hier nach *Bruijn* in den Anfang des 13. Jhs. gesetzt werden. *Grimm* datiert zwei Gefäße aus den Häusern 72 und 21 der Pfalz Tilleda „in die 2. Hälfte des 12. Jhs. und später". Es handelt sich abweichend um allein halsinnenseitig grünbraun bzw. grüngelb glasierte, weißbrennende Irdenware – aber von weitgehend gleicher Form und Größe *(Grimm* 1968, S. 140, Taf. 57c).

2 RS einer langovalen Fett- oder Bratenpfanne mit horizontal abgestrichenem und breit-gestauchtem Stempelrand; darauf aufgelegt breit-ovale, dünne, nuppenartige Tonplättchen; schiefriger, mit feinkörnig klassiertem Quarzsand gemagerter, extrem dickwandiger Scherben, im Kern hellblaugrau-ockerfarben und rotbraun oxydierend gemantelt; weißgraue Tonplättchen und mit weißgrauem Tonschlicker beidseitig konturierend bemalter Rand wie Gefäßinnenseite in eine transparente Bleiglasur getaucht: Tonplättchen und Randkontur dadurch gelb verfärbt, Gefäßwandung schimmert braunrot.
Erh. H. 4,5 cm; Wst. 2 auf 1,5 cm abnehmend. FNr. 79:13/42, aus Brandschutt.

Kommentar

Ein vergleichbares größeres Fragment ist als Streufund in Lübeck (Amt für Vor- und Frühgeschichte) vorhanden; zumindest glasierte Scherben, die von ähnlichen Pfannen stammen können, befinden sich im Magdeburger Fundgut (*Nickel* 1959, S. 135ff., Abb. 9a). In die 2. Hälfte des 13. Jhs. datiert *H. Bruijn* (1979, S. 69, Abb. 29:1,4) bleiglasierte Fettpfannen aus Brunssum/Niederlande. Nach der Abbildung sind sie teilweise mit vergleichbaren Auflagen versehen; der Ton ist graublau- oder rotbrennend.

Hohlglas

3 BS und WS wohl eines Bechers mit konkav einschwingender Wandung und wohl aufgelegtem, maureskenförmigem Reliefdekor; Bodenfragment mit einziehendem Wandungsansatz; flach kegelförmig hochgestochener Boden (fragmentarisch); aufgelegter, unregelmäßig breiter, flacher bandförmiger Fußring, in großen Abständen perlförmig gekniffen und verwärmt. Aufgrund der gelben Glasmasse, vergleichbaren weißgrauen Korrosionsflecken und der Wandungsstärke der Glasmasse gehören wohl zwei weitere, kleinere Wandungsscherben zum Gefäß; die eine trägt eine 2,5 cm lange, ovalstabige dunkelgrüne Fadenauflage, die andere ist konkav geschwungen.
Klare, wenig getrübte honiggelbe Glasmasse, geringe weißgraue Korrosionsspuren. Vier Gefäßscherben erhalten.
Erh. H. der Bodenscherbe 2,5 cm; Bodendm. ca. 8 cm; H. der Dekorelemente 2 cm; Stärke bis zu 3 mm; von der umlaufenden Wandung sind ca. 6 cm in der Breite erhalten; Wst. 1–2 mm. Abstände zwischen den perlförmigen Ausformungen des Fußringes um 1,3 cm. FNr. 79:13/55, aus Fäkalschicht.

Kommentar

Die abwechselnd breit oder sehr steil bogenförmig schwingenden Elemente des Dekors von ca. 2 cm Höhe sind vermutlich aus bandförmigen, flächigen Auflagen geformt und verwärmt worden. Die Kanten sind auf der einen Seite steil gerundet, teilweise unterschnitten, auf der Gegenseite breit auslaufend und flacher (vgl. *Abb. 68b*).
Bei der geringen Wandungsstärke und Gestaltung des Dekors ist Schlifftechnik auszuschließen. Auf der Innenwandung sind Unebenheiten und Vertiefungen zu beobachten (vgl. kalottenförmige Schale, *Abb. 68a:4*), die auf Auflagentechnik deuten (vgl. *R. Koch* 1981, 275, Beobachtungen zur Herstellungstechnik des Glasbechers der heiligen Elisabeth). Ferner ist festzustellen, daß sich eine gestreckt-ovale Blase von ca. 4 mm Länge isoliert in der Glaswandung unter ein Dekorelement hinzieht.

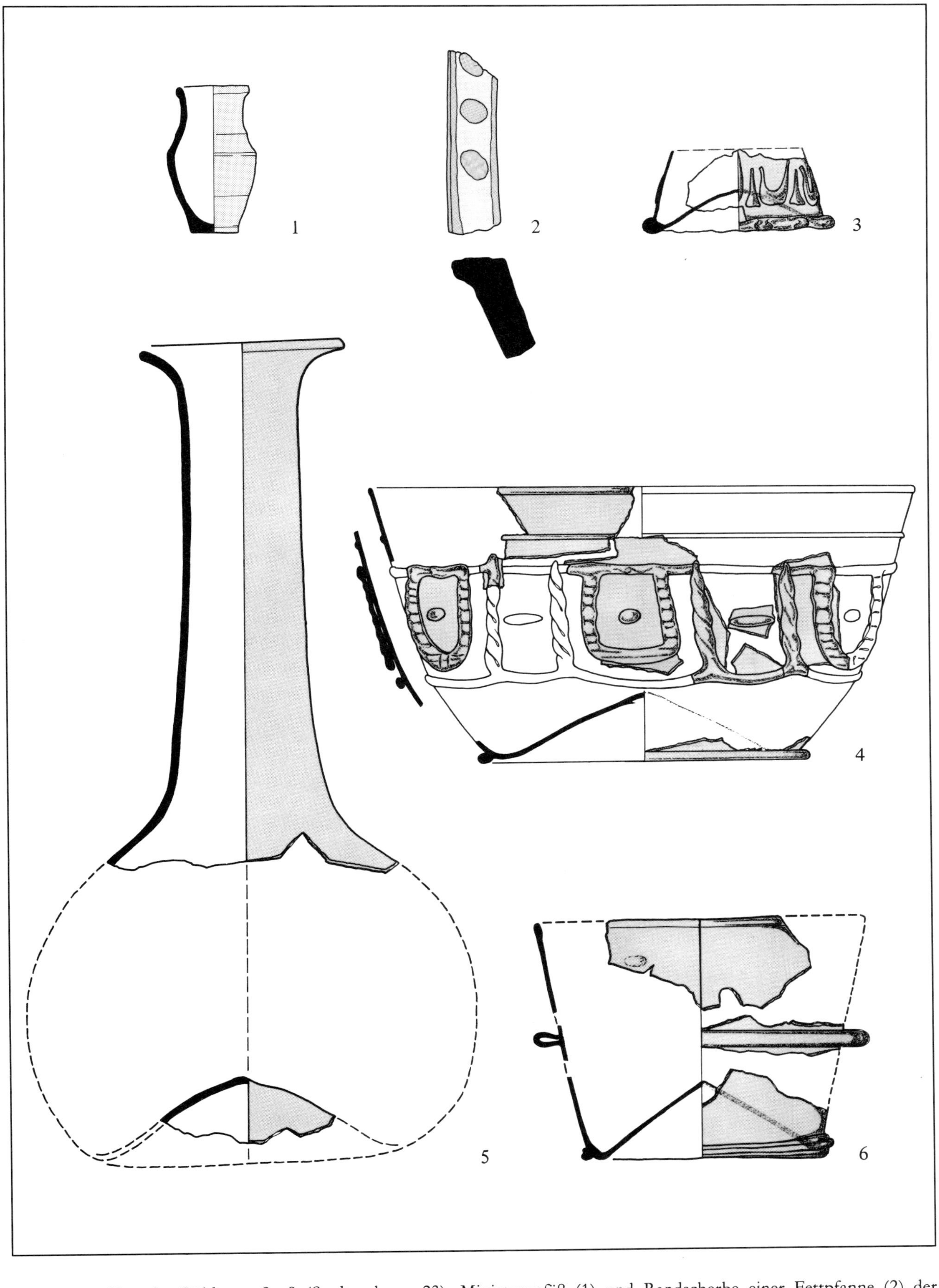

Abb. 68a Altstadt, Güldenstraße 9 (Stadtgrabung 23). Miniaturgefäß (1) und Randscherbe einer Fettpfanne (2) der hochmittelalterlichen bleiglasierten Irdenware. Hohlglas (3–6). 2. Hälfte 13. Jh. M. 1:2 bzw. M. 1:3 (2).

Abb. 68b Altstadt-Nord, Güldenstraße 9 (Stadtgrabung 23). Bodenfragment eines honiggelben Glasbechers; 2. Hälfte 13. Jh. Höhe 2,5 cm.

Stadtkernarchäologische Parallelen sind auch andernorts nicht bekannt. Nur eine entfernte Verwandtschaft hinsichtlich des Dekors besteht zu Mainzer Bechern aus grüner Glasmasse mit formgeblasenem Muster wohl des 14. Jhs. (*Krueger* 1984, S. 530 ff., Abb. 21). Glastechnik und Formenschatz des Reliefdekors in Schliff-, Auflagen- oder Preßtechnik verweisen direkt nach Syrien, nach Ägypten (fatimidisch) bzw. in den iranisch-irakischen Raum und werden allgemein in das 9. bis 13. Jh. gestellt (*Lamm* 1930, passim; *Klesse* 1963, u.a. Abb. 34, 38; *Weiß* 1974, S. 80; *Th. Dexel* 1983, Abb. 35).

4 Kalottenförmige Schale mit aufgelegtem Fadendekor; flach kegelförmig hochgestochener Boden, scharfkantige Heftnarbe, ovalstabiger Fußring. Auf der Wandung umlaufend in einer dreiviertelrundstabigen Girlandenrahmung alternierend wappenschildförmige Auflagen mit langovalen Reiskornnuppen, direkt oberhalb und auf dem äußeren Gefäßrand je eine waagerechte dreiviertelrundstabige Fadenauflage. Die aufsteigenden Äste der Rahmung sind tauartig diagonal gekerbt, die wappenschildförmigen Fadenauflagen horizontal, letztere sind mit einer ovalen Perlnuppe zusätzlich zentral besetzt (vgl. *Abb. 68c*). Ursprünglich entweder gelbe oder grüne Glasmasse, bis auf geringe Spuren vollständig beigefarben-milchig bis silbergrau korrodiert. Noch während der Freilegung war die Glasmasse stellenweise opak dunkelgelb (vgl. unter Nr. 5). Rekonstruiert aus sieben größeren, teilweise mehrfach zusammengesetzten Scherben, teilweise untereinander verbindungslos.
Rekonstr. H. 10 cm und Rdm. 20 cm; Bst. 3 mm; Wst. 1 mm; Stärke der Auflagen bis 5 mm; H. der wappenschildförmigen Auflagen 3,5–3,8 cm. FNr. 79:13/57, aus Fäkalschicht.

Kommentar

Im stadtkernarchäologischen Fundgut sind Parallelen auch andernorts nicht bekannt. Ältere formale Vorbilder der reliefierten fadenförmigen Auflagengestaltung sind in Syrien bzw. im Iran zu finden und weisen allgemein in das 6. bis 9. Jh. (*Klesse* 1963, Abb. 29 und 30; vgl. auch *v. Saldern* 1975). Nicht gänzlich unbekannt nach vorliegendem Sachgut ist ein schlichter Fadendekor in der heimischen Glasproduktion des 13. und 14. Jhs. (*Rademacher* 1963, S. 102 f., Taf. 31: hellgrüner „Kopf" aus dem Altarsepulcrum zu Michelfeld bei Schwäbisch Hall, datiert 18. Oktober 1282; *Th. Dexel* 1983, Taf. V: gelblich-grüner Becher aus der Slg. *Fritz Biemann,* Zürich; *Krueger* 1984, S. 536 ff., Abb. 22: hellgrüner Kragenbecher mit Fadenauflage, 14./15. Jh.).

Abb. 68c Altstadt-Nord, Güldenstraße 9 (Stadtgrabung 23). Fragmente einer Glasschale, gelbe oder grüne Glasmasse. 2. Hälfte 13. Jh. M. ca. 1:2.

5 Kugelflasche; hoher zylinderförmiger Hals mit weit ausgezogenem umbiegenden Lippenrand, flach kegelförmig hochgestochener Boden. Ursprünglich wohl grüne Glasmasse, dreilagig korrodiert: dunkelbraun-dunkelgelb marmorierend die beiden äußeren Lagen, die innere transparent hellgrün; Oberfläche innen körnig-blasig, außen glatt. Flaschenhals mit Schulteransatz und Fragment des Gefäßbodens erhalten, Gefäßkörper nach Vorlagen des Flaschentyps ergänzt.
H. des Flaschenhalses 19,1 cm; rekonstr. H. insgesamt um 29,5 cm; Wst. 3–4 mm. FNr. 79:13/29, aus Brandschutt.

Kommentar

Parallelen sind allgemein im stadtkernarchäologischen Fundgut nicht bekannt. Zum Gefäßtyp liegen aber spanisch-südfranzösische Kugelflaschen als Grabfunde oder als Abbildungen auf Miniaturen vor, die in das 12. Jh. datiert werden. Andererseits ist auf syrische Langhalsflaschen aus dem 13. Jh. zu verweisen (*Harden* 1975, Abb. 1–2; *D'Ancona* und *Aeschlimann* 1969, Abb. 50; *Lamm* 1930, passim). *G. Reineking-von Bock* (1971, Abb. 97) stellt eine Tonflasche hartgebrannter gelber Irdenware auf drei Knubben mit rundlichem Körper, hohem Hals und horizontal ausbiegendem Lippenrand in die Zeit um 1300. Die Gefäßform ist als Nachbildung des Glasflaschentyps zu deuten.
Zur Herkunftsfrage des Braunschweiger Fundstücks vgl. die Ausführungen unter Nr. 3. Ob eine Glashütte bei Grünenplan, Ldkr. Holzminden, zukünftig in die Diskussion einzubeziehen sein wird, kann ggf. ein Analysenvergleich der Glasmasse zeigen (*Leiber* 1983, 137 f.).

6 Konischer Becher mit hohlem, im Querschnitt langovalen Wandungsring; spitzkegelförmig hochgestochener Boden, Heftnarbe verschmolzen; rundstabiger Fußring spiralförmig aufgelegt (breiter

Ansatz auf der Wandung, dünner Auslauf auf dem Boden), steiler, leicht verdickter (verwärmter) Lippenrand. Ursprünglich wohl grüne Glasmasse, dreilagig korrodiert: innen silbergrau überfangen, außen dunkelbraun-dunkelgelb marmoriert; mittlere Lage hellgrün. Aus drei größeren Scherben ohne Verbindung rekonstruiert, Höhe angenommen.
Rekonstr. H. um 8,5 cm; Bst. 2–3 mm; Wst. 1,5 mm; Wandungsring 8 mm vorstehend. FNr. 79:13/64, aus Fäkalschicht mit weiteren Scherben eines zweiten Bechers gleicher Form.

Kommentar

Parallelen sind nicht bekannt. Daß in der syrisch-iranischen Glasherstellung des 10. bis 13. Jhs. die Auflagentechnik mit Wandungsring angewandt wird, zeigt u. a. eine Moscheelampe im Landesmuseum Kassel (vgl. auch *Weiß* 1974, Abb. S. 81, 84; ferner syrische Langhalsflaschen aus dem 13. Jh. wie der Fußbecher bei *Th. Dexel* 1983, Figur 10, wenn hier nicht eine rundstabige Fadenauflage vorliegt).
Datierung des Fundkomplexes: 2. Hälfte 13. Jh., wohl 1278.

24

UB XII / 80:1 / *St. Katharinen* / Fl. 5, Flst. 470 / ass. 2105 /–.
Befunderhebung auf 27,75 m² vom 21. bis 29. 2. 1980.

Die beiden wichtigsten Grabungsresultate liegen in der Korrektur älterer Grabungsbefunde des 19. Jhs. (1887/90) hinsichtlich des romanischen Vorgängerbaues (*Meier-Steinacker* 1926, Abb. 7; *Dorn* 1978, 224) und in der Ermittlung des romanischen Fußbodenniveaus im Hinblick auf die orohydrographische Frage. Aufgrund aufgehender Mauerbefunde mit ca. 1,20 m Höhe an der nördlichen der beiden östlichen Nebenapsiden ergeben sich im Mauerwerk massive, im Scheitel ca. 3,60 m mächtig hochgeführte apsidiale Bauglieder ohne Raumtiefe. Diese Bauweise ist auf den sandig-schluffigen Untergrund zurückzuführen.
Ein erster Sandmörtelestrich in Höhe NN ± 68,15 m stößt an die verputzte Wand: ca. 1,40 m unter OK modern. Die morphologisch auswertbaren Schichtbefunde der in den Baugrund abgetieften Profile lassen eine Schwemmsandinsel erkennen, auf der weitgehend der Kirchenbau errichtet worden ist (*Farbtaf. 2, Abb. 13, S. 25*).
Aber zumindest das Westwerk der Kirche mit den beiden Türmen (wahrscheinlich auch der Ostschluß) steht überwiegend auf Schluffschichten der Okerniederung (östlicher Okeraltarm). Die hochmittelalterliche Baugrundbefestigung erfolgte durch Pfahlroste (*Piper* 1980, 159 ff., Bilder 2, 4).
Befunde eines noch älteren Gründungsbaues konnten in den beiden axialen Schnitten im Haupt- und nördlichen Seitenschiff nicht erfaßt werden.

25

UB IV / 80:10 / *Aegidienmarkt 15* / – / ass. 2371–2374 / by des Spetales-brugke, Sante Ylienmarket (1320).
Befunderhebung auf 1620 m² vom 23. 4. bis 9. 5. 1980 und drei Wochen im Juli d. J.

Dem bis auf NN 76 m ansteigenden Gebiet des Köppeberges (*Rötting* 1979b, 16 f., Anm. 5), auf dessen Kuppe um 1115 das Benediktinerkloster und die Aegidienkirche gegründet wurden, wird in der stadthistorischen Diskussion um die Anfänge Braunschweigs siedlungstopographische Bedeutung zugesprochen (*Timme* 1963, 16 ff.). Die sanddünenartige Erhebung liegt unmittelbar am rechten Okerufer, östlich des mittelalterlichen Stadteinmündungs- und Verteilungstrichters der Oker (*Farbtaf. 2*).
Im Baugrubenbereich konnte ein frühmittelalterlicher Siedlungsbefund festgestellt werden. Eine in den anstehenden Sand eingetiefte, steilmuldenförmige, rundliche Abfallgrube (Stelle 3: 0,90 x 0,90 m, erh. T. 0,40 m) enthielt neben Tierknochen und einem Knochenpfriem dunkelgraue bis braun-rötliche, grobgemagerte Granitgrusware der Kohlmarkt-Keramik (*Farbtaf. 8–9*).
In einem Leitprofil des örtlichen, kontinuierlich erfaßten Siedlungsablaufes seit dem 13. Jh., der auch in einer erweiterten Fläche zu überprüfen war, folgt über einer Brandschuttgrube der Stelle 5 aus dem 13. Jh. (3 m x 2,40 m, erh. T. 1,30 m; Inventar vgl. *Tab. 4, S. 33 ff.*) das wiedererrichtete Fachwerkhaus mit einem Raumteil (Schwellbalkenrechteck 1,45 x 1,60 m). Seit dem 16. Jh. schließlich befand sich in leicht verschobener Position an dieser Stelle ein Fachwerk-/Steinhaus mit einem Kellerraum (3,80 x 2,80 m; Mauerstärke 0,40 bis 0,50 m, Rogen- bzw. Kalksteinfundamente), der Brandschutt des Jahres 1944 enthielt.

Fundangaben zu *Abb. 69*

Löwenplastik, Fragment wohl eines Kachelofen-Eckaufsatzes, Beine abgebrochen, linke Körperflanke vertieft abgeplattet mit vorderer Kante. Hellrotbrennender Ton mit gelben Schlieren und gemischt feinkörniger Quarzmagerung; Figur aus zwei ungleich großen in der Form modellierten Hälften zusammengefügt; reliefierte Mähne und reliefierte, geritzt-gestochene Gesichtsdarstellung, nachgearbeitet; dunkel-olivgrüne Bleiglasur mit wenigen bräunlichen Schlieren und Flecken über weißgrauem Tonschlicker.
Erh. H. ca. 10 cm; L. ca. 15,4 cm. FNr. 80:10/54.

Kommentar

Eine Herkunft aus dem südniedersächsischen Pottland unter stilistischem Einfluß der Werrakeramik ist anzunehmen (*Stephan* 1981 b, 69 ff.). Als verwandte Parallele ist ein Göttinger Spielzeugfund heranzuziehen (*Schütte* 1981, 122 ff., Taf. 122, als Weserware angesprochen).
Datierung: 2. Hälfte 16. Jh.

Abb. 69 Altewiek, Aegidienmarkt 15 (Stadtgrabung 25). Grünglasierter Löwe, Fragment einer Kachelofen-Eckfigur; 2. Hälfte 16. Jh. Erh. Höhe 10 cm.

26

UB VI / 80:11 / *Güldenstraße 41* / Fl. 1, Flst. 452/5, 452/6 / ass. 898, 898[1] / aurea platea (1297).
Befunderhebung auf 2784 m² vom 22. 4. bis 2. 5. 1980.

In der Fläche erfaßt wurden Grobstrukturen des hier später verschütteten, künstlich angelegten Wassergrabens der Neustadt in Fortsetzung des altstädtischen Mauer-Graben-Beringes. Nach Osten zu ließ sich eine durch die Baugrube angeschnittene Fläche bestimmen, deren Schichtprofil über Still- und Fließwassersedimenten sandige Aufschüttungen aufwies. Eine Zuordnung zur Rennelbergbach-Niederung stößt dann nicht auf Widerspruch, wenn sich diese großflächiger ausgedehnt hat. *(Farbtaf. 2,* Stgr. 10). Der eigentliche Bachverlauf wurde in der Baugrube nicht erfaßt.

27

UB XII / 80:12 / *Hagenmarkt* / Fl. 5; Flst. 560/30 / ass. 2105, 1606, 1607 / forum Indaginis (1268), uppe dem haghenmarkete (1328).
Flächengrabung auf 252 m² und *Befunderhebung* auf 750 m² vom 12. 5. bis 24. 7. 1980 und vom 5. 3. bis 31. 7. 1981.

Die besondere Ausgrenzung des Untersuchungsbereiches XII Hagen-Mitte mit rd. 30000 m² Flächenumfang wurde vorgenommen, um einen zentralen städtischen Markt- und Kirchenraum im Zusammenhang von Grundfläche und Gesamtfragestellung mit archäologischen Methoden zu untersuchen. Er umfaßt den Hagenmarkt mit den anliegenden Parzellen und die St.-Katharinen-Kirche mit dem ehem. Friedhofsgelände des mittelalterlich-frühneuzeitlichen Weichbildes Hagen *(Farbtaf. 1).*

Im Laufe wechselnder städtischer Herrschaftsverhältnisse wurde der Hagenmarkt mehrfach einem Funktions- und Gestaltungswandel unterworfen. Die Sonderentwicklung in Grundriß, Bebauung und Raumbezug läßt in der rückblickenden Begründung viele Fragen offen.

Nach allgemeiner stadtgeschichtlicher Anschauung und Überlieferung wirkte Heinrich der Löwe als Gründer und Stadtherr des Weichbildes. Das Siedlungsgelände wurde wohl seit den Jahren um 1160 planmäßig der Okertalaue abgewonnen (*Moderhack* 1981, 29). Der Baubeginn der Katharinenkirche liegt unmittelbar in den Jahren nach 1200 (*Dorn* 1978, 224f.). Ein Rathausbau ist vor 1250 anzunehmen, das Gewandhaus ist seit 1302 vorhanden und der Markt selbst schon 1268 als „forum Indaginis" genannt (*Garzmann* 1980, 11f.).

Mittelalterlicher Hagenmarkt und Altstadtmarkt haben im Unterschied zu den anderen Weichbilden hinsichtlich einer engen Nachbarschaft von Pfarrkirche und Rathaus grundsätzlich verwandte Züge, jedoch in deren Raumbezug eine gegensätzliche Gestaltung erfahren: der Hagenmarkt riegelte sich in spätmittelalterlicher Zeit mit den Rats- und Zunftbauten gegen die Katharinenkirche ab.

Über die Hagenbrücke an der Westseite des Marktes, der hier bis in das ausgehende 19. Jh. an die Oker grenzte, lief die Hauptverbindung des Hagens mit den westlichen Weichbilden der Gruppenstadt: direkt mit der Neustadt, in indirekter Weise mit Altstadt und Sack. Über den von Süden her einmündenden Bohlweg bestand eine Verbindung mit dem südöstlichen Weichbild Altewiek bzw. mit der Stadtburg Dankwarderode und dem Kloster St. Aegidien. Schließlich waren vom Hagenmarkt aus geraden Weges das Wendentor im Norden und das Fallerslebertor im Nordosten zu erreichen.

Überlieferte frühneuzeitlich-herzogliche Baumaßnahmen nach der Unterwerfung der Gruppenstadt und dem Verlust ihrer Stadtfreiheit im Jahre 1671 beziehen sich auf den Umbau des Hagenrathauskomplexes in ein herzogliches Opernhaus um 1690 – des späteren Hoftheaters, das 1864 wieder abgebrochen wurde. In diese zweite Hälfte des 19. Jhs. fällt auch die nächste wesentliche Veränderung, die in Platzfunktion und Platzgestaltung eingreift und den nun (wieder) spätneuzeitlichen, dominierenden Raumbezug zur Katharinenkirche herstellt. Seit 1874 ist die Südhälfte des ehem. Marktraumes mit dem Heinrichsbrunnen separat besetzt. Seit 1885 erfolgt mit dem Straßendurchbruch der Caspari-Straße und seiner Einmündung im Südwesten des Platzes im Zuge der unterirdischen Okerkanalisierung (*Moderhack* 1981, 250f.) zunehmend eine Umwandlung von Marktraum in Straßenfläche: eine Entwicklung, die mit der Neugestaltung des Hagenmarktes seit 1981 und der Einbindung seiner Nordhälfte in das Kerntangentensystem des Cityrings konsequent fortgesetzt worden ist. Schließlich hatte auch die kriegsbedingte Zerstörung und der pragmatische Wiederaufbau der Randbebauung im Vorgriff auf die Straßenverbreiterung stellenweise weit zurückgenommene Baufluchten und eine massiv vergrößerte und erweiterte Parzellenbebauung vor allem im Bereich der ehem. Hagenbrücke zur Folge. *(Abb. 29, S. 59).*

So bot sich archäologisch gesehen eine wüst gefallene mittelalterliche Marktstätte zur Untersuchung an. Eine nahezu ideale stadtarchäologisch-historische Aufgabenstellung war gegeben und auch das notwendige Grabungsgelände (noch) vorhanden, als 1980 vor Beginn der Neugestaltung mit den zentralen Grabungsarbeiten im Untersuchungsbereich begonnen werden konnte.

Leider ließen sich nicht alle gebotenen Möglichkeiten in der weiten Fläche nutzen und auch die Aufgabenstellung mußte eingeschränkt werden auf:

1. die Klärung der ursprünglichen örtlichen orohydrographischen Gegebenheiten in der Okerniederung;
2. die Ermittlung der damit zusammenhängenden Landgewinnungsmaßnahmen bei Anlage des Marktraumes, des Kirchenplatzes und des Straßensystems;
3. die ursprüngliche Raumvorstellung und Grundrißgestaltung des Marktes. Die Stadtgrabung 18 hatte bereits aufgedeckt, daß die spitzwinklige Überformung der Nordwestecke des Platzes, die im allgemeinen durch Straßeneinmündungen verursacht wird, hier auf die Einbeziehung einer Okerinsel mit Kemenaten- und Fachwerkbebauung vermutlich seit dem Ende des 13. Jhs. zurückzuführen ist (*Abb. 29, S. 59*);
4. die Feststellung des Standortes und der Datierung des ältesten Ratsgebäudes und seiner Raumbeziehung zur Katharinenkirche;
5. archäologisch überlieferte Befunde zu (steigenden?) Niveaus der Platzoberfläche und deren Befestigungen im Wechsel der Zeit;
6. Befunde zu Material, Konstruktion und Verlauf von Leitungssystemen zu der wohl seit 1332 überlieferten Quellwasserversorgung des mittelalterlichen Brunnens (*Appelt und Müller* 1964, 19) und dessen Standort wie allgemein zur Entwicklung der Abwasserentsorgung auf dem Markt.

Die Grabungsergebnisse sind hier unter Einbeziehung der Marktranduntersuchungen knapp zusammenzufassen. Sie basieren bisher auf insgesamt rd. 6400 m^2 untersuchter Fläche – einem Fünftel des Untersuchungsbereichs. Relevante Befunde können aber wegen der Raumverteilung der Flächengrabungen, Objektgrabungen, Befunderhebungen und Beobachtungen (vgl. Lage der Stgr. 15, 18, 24, 40, 51 und 27 auf *Farbtaf. 1*) und hinsichtlich übergreifender Schichtstrukturen weitgehend verallgemeinert werden. Es gelang, die in den einzelnen Grabungsabschnitten auf dem Platz wie teilweise auch im Umfeld auftretenden Knüppeldecken, Sandaufschüttungen, Begehungshorizonte, Pflasterungen als Leithorizonte untereinander räumlich in Beziehung zu setzen und eine Leitstratigraphie zu entwickeln, die eine relativchronologische Gliederung bestimmter Baubefunde ermöglicht *(Farbtaf. 4a)*. „Absolutchronologische Eckdaten" (vorläufig *Tab. 9, S. 56*) ließen sich durch die dendrochronologische Bestimmung relevanter Bauhölzer und schichtgebundener Münzen gewinnen. Zusätzlich konnten archivalisch belegte Baudaten der Katharinenkirche und der Umbauvorgänge an der zentralen wie peripheren Marktbebauung einbezogen werden.

Zu 1.–6. Die Katharinenkirche wurde auf einer größeren Schwemmsandinsel errichtet, deren kuppenartige Anhöhe vor den Planierungs- und Baugrubenarbeiten bei NN 69 m gelegen haben wird. Die Fundamente des Westbaues erstreckten sich bis in das ursprüngliche, dem vollständigen Verlauf nach noch nicht ermittelte *östliche* Okerbett. Dieses ist hier westlich vor der Insel anzunehmen (vgl. auch *Dorn* 1980, 129ff.; *Pieper* 1980, 161f.) und wohl bereits längere Zeit vor Beginn der Baumaßnahmen trockengelegt worden. (Der westliche Okerarm ist vermutlich in den Mauergraben des entstehenden östlichen Hagenberinges umgeleitet worden, vgl. *Farbtaf. 2).*

Die Anlage des Marktraumes und der Nord-Süd-Straßenachse der Wendenstraße und des Bohlwegs (gegenwärtig erst im Ansatz nachzuweisen) erfolgte auf einem relativ festen, sandigen, feinkiesigen Höhenrücken nach Abtragung faulschlammiger Sande. Er erstreckte sich zwischen dem östlichen und westlichen Okerbett von Nord nach Süd bei einer noch nachweisbaren max. Höhe um NN 67,50 m *(Farbtaf. 2).*

Anzunehmen ist, daß auch dieser Höhenrücken in der Niederung zumindest nach Hochwasser längere Zeit überflutet war. Nach den vorliegenden Befunden (Stgr. 59, 15, 51) fällt sein Osthang relativ steil, sein Westhang flacher ab. Auf 75 m Länge beträgt hier das Gefälle auf dem Hagenmarkt etwa einen Meter.

Befunde über den „Unterbau" der West-Ost-Achse Hagenbrücke–Fallersleber Straße liegen erst für den Bereich der Hagenbrücke vor, die zunehmend künstlich aufgehöhte Uferzonen verbunden haben muß (Stgr. 40).

Zur Befestigung des nach der Entwässerung und teilweisen Entschlammung trockengefallenen Untergrundes wurde eine Knüppeldecke ausgelegt (*Farbtaf. 4*, Schichtbefund 93), die sich großflächig nicht nur im Hagenmarktbereich, sondern auch bisher auf der Wendenstraße nachweisen ließ (Stgr. 57). Auf dieser Knüppellage entstand ein sandiger Laufhorizont. Er ist nach dem keramischen Scherbenspektrum (gelbe, ältere und jüngere graue Irdenware) und Vergleichsbefunden (beispielsweise Stgr. 59) eher in der Zeit um 1200 anzusetzen. Damit wird nicht mehr die früheste Landgewinnungszeit in der 2. Hälfte des 12. Jhs. erfaßt. Diese kurzfristige Laufschicht zeigt vermutlich zugleich den Beginn von Baumaßnahmen an der Kirche an. Unmittelbar darüber wurde eine weitere Knüppeldecke großflächig aufgebracht, die bei Hochwasser als Sandfang fungiert zu haben scheint (*Farbtaf. 4a,* Schichtbefund 127. Vgl. *Hänselmann* 1877, 397: „Zwei Knüppeldämme" unter dem Gebäude des Collegii Carolini am Bohlweg/Hagenmarkt). Trittsteine durchragen stellenweise diese Schichten. Der dann auf einer ersten Sandaufschüttung entwickelte, festgetretene, relativ trockene Begehungshorizont 49 liegt schon mit dem romanischen Kirchenestrich in St. Katharinen, der um 1240 anzusetzen ist, auf vergleichbarer Höhe um NN 68,20 m (*Dorn* 1978, 224; Stgr. 24: Apsisbefund; Niveaubefund auf dem Platz: ca. 25 m westlich vor dem Westportal der Kirche).

Die überraschend geringe Niveauhöhe und natürlich belassene Oberflächengestaltung des Marktes bis in das ausgehende 13. Jh. folgte offensichtlich nur den notwendigsten Erfordernissen. Auch die Randbebauung kann nach den vorliegenden Befunden anfangs als weitgehend offen und locker angenommen werden, nachweislich zumindest an der Westseite des Platzes, auf dem Uferstreifen entlang des nicht trockengelegten Hauptflußbettes der (westlichen) Oker, beiderseits der Hagenbrücke. Gegen Ende des Jahrhunderts schließt sich aber schon die Bebauungsstruktur (Stgr. 18).

Zu dieser Zeit wird auch ein erstes Rogensteinpflaster mit faustgroß-dreikantigen bzw. kleinplattigen Bruchsteinen ausgelegt – ein Jahrhundert früher als dies archivalische Quellen belegen (*Bode* 1954, 63f.). Die sich um 1300 mehrenden Altarweihen in St. Katharinen nach der gotischen Hauptumbauphase ab Mitte des 13. Jhs. (*Dorn* 1978, 224f.) und der Bau des Gewandhauses mögen auch eine Steinbefestigung des Marktes (wie auch des Altstadtmarktes, Stgr. 71) zur Folge gehabt haben.

Am Rande des Platzes westlich vor Katharinen und zeitlich vor Errichtung des Gewandhauses 1302 ließen sich auch hochmittelalterliche Abwasser- oder Sickerrinnen erfassen (*Farbtaf. 4a,* Schichtbefunde 50, 47). Ein mehrperiodiges Pipensystem ausgehöhlter Baumstämme wurde nordwestlich vor der Kirche angeschnitten, das teilweise der Brunnenversorgung mit Quellwasser diente. Es kann derzeit wegen ausstehender dendrochronologischer Untersuchungen noch nicht absolut datiert werden.

Nur ungenügende Hinweise ließen sich hinsichtlich des Standortes, des Grundrisses und der Datierung des ältesten Ratsgebäudes ermitteln. Der Grabungsbefund ist gekennzeichnet durch weitgehend gestörte und veränderte Fundamente/Baugruben/Schichten: infolge des Umbaus der Gebäude zum Opernhaus 1690, seines Abbruchs 1864 und infolge moderner Leitungssysteme. Eine unzureichende Flächenuntersuchung auch in bezug auf einen bisher nicht geglückten Schichtenvergleich in Anschnitten an intakte Rathaus- und Kirchenfundamente belastet den Arbeitsstand zusätzlich. So ist gegenwärtig auf der Basis von einzelnen Fundamentresten (ca. 1,40 m breite, 1 m tiefe vermörtelte Rogensteinmauern) wohl davon auszugehen, daß das älteste Ratsgebäude an der Ostseite des Marktes stand, südwestlich von St. Katharinen mit nordsüdlicher Längsachse. In Grundriß und Alter (?) wird es zunächst wohl dem ältesten Bauteil des Altstadtrathauses entsprochen haben: einem Rechteckbau mit einfachem Giebeldach und Innenmaßen von rd. 20 x 9,50 m, der indirekt belegt und in Bauteilen architektonisch nachgewiesen, seit 1253 als vorhanden anzusehen ist (*Fricke* 1952, 107ff., ders. 1956, 38).

Erst mit dem Umbau des spätmittelalterlich-frühneuzeitlichen Rathauskomplexes zum Opernhaus 1690 sowie in der Folgezeit und wieder Mitte des 18. Jhs. ist eine erweiterte, herausragende Veränderung des Platzniveaus und seiner Befestigung in mehreren Arbeitsphasen einhergegangen (*Farbtaf. 4a*).

Die Tiefbaumaßnahmen betrafen Sandaufschüttungen und schließlich die großflächige Einbringung (nach erfolgter Sandabgrabung?) von Geschirrbruch (signifikant Porzellan, vgl. Stgr. 2) um die Mitte des 18. Jhs. bis zu Mächtigkeiten von insgesamt 0,80 m bis 1,30 m – auch im Ausgleich des wieder (?) entstandenen Gefälles nach Westen.

Mit einer großflächigen Pflasterung des Platzes aufgrund einer herzoglichen Anordnung 1755 (*Appelt und Müller* 1964, 76; *Bode* 1954, 64) muß schließlich zu dieser Zeit begonnen worden sein.

Münzfunde belegen die Entstehungszeit anderer Pflasterflächen im nördlichen Umfeld des Opernhauses nach Niveau- und Materialvergleich (block- bzw. plattenartiges Granit-, Rogen- und Kalkgestein) eher gegen Ende des Jahrhunderts.

Ein erster unterirdischer Plattenkanal aus Buntsandstein kann frühestens in der ersten Hälfte des 19. Jhs. angelegt worden sein. Er lag am Westrande des Marktes.

1980 befand sich das moderne Basaltpflaster über einer ca. 25 cm mächtigen Sandbettung 2–3 m höher als die älteste hochmittelalterliche Knüppeldecke.

28

UB IV/80:18 / *Am Magnitor 2,* Straßenbereich / – / vor sunte Magnus dore (1400).
Befunderhebung auf 4 m² am 12. 6. 1980.

Bei Straßenarbeiten wurde ein Brunnen des Typs VI (*Abb. 21, S. 50*) entdeckt. Seine T. beträgt ab OK Straße 4,80 m. Die rechteckige Brunnenwandung besteht aus vier Lagen mit vier Sandsteinplatten in einfach gezinkter Eckverbindung (H. 1,20 m; Br. 1,30 bzw. 1,10 m; Wst. 9–10 cm).

Das unterste Element wird durch einen eingestellten Rahmen aus Kanthölzern (9x9 cm) stabilisiert. Aufgrund des verwendeten Baumaterials und einiger Scherbenfunde in der untersten Sedimentschicht kann der Brunnen nicht vor der 1. Hälfte des 19. Jhs. errichtet worden sein.

29

UB V / 80:15 / *Aegidienstraße 10* / Fl. 4, Flst. 397/2 / ass. 48 / –.
Beobachtung auf 50 m² vom 4. 6. bis 5. 6. 1980.

Es konnten keine relevanten archäologischen Befunde festgestellt werden; einige Streufunde.

30

UB III / 80:17 / *Vor der Burg 18, im Straßenbereich* / Fl. 2, Flst. 771/1 / – / vor der borch (1325).
Befunderhebung auf 6 m² am 16. 6. 1980.

Mit einem Pflasterhorizont aus Kalk- und Rogenbruchsteinen in Höhe OK 69,85 m ü. NN auf einer ca. 20 cm mächtigen Sandschüttung über Niederungssedimenten beginnen die anthropogenen Schichten, deren OK modern bei 71,15 m ü. NN liegt.

Der hier seit 1325 überlieferte Hauptzugang zur Burg kann erst frühestens im Laufe des 12. Jhs. angelegt worden sein *(Farbtaf. 3; vgl. Stgr. 37)*.

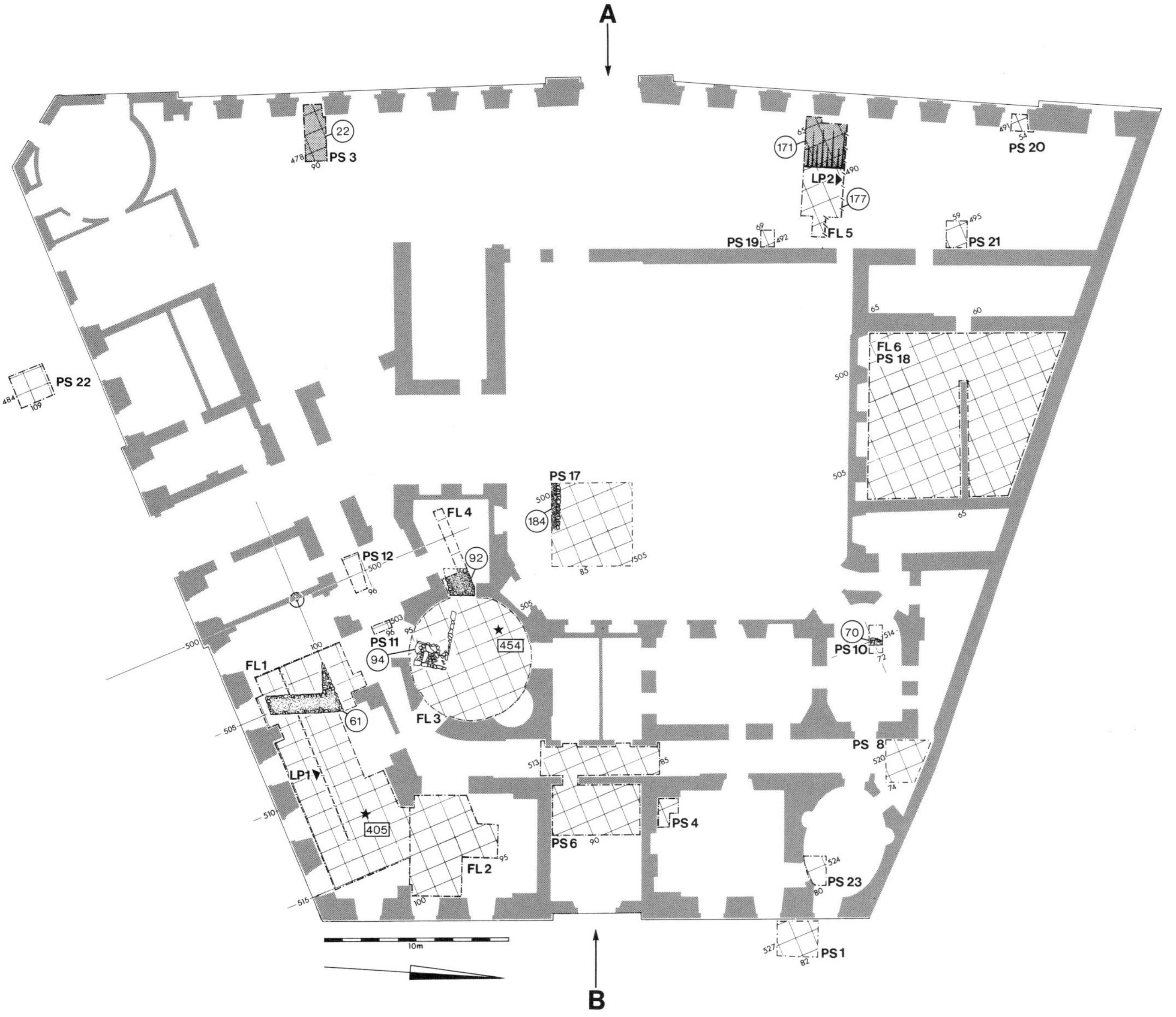

Abb. 70 Burgbezirk, Vieweg-Haus (Stadtgrabung 31). Grabungsplan mit Mauerbefunden 184, 94, 61, 92; Burggraben mit Verfüllung 22, 171. Fundorte 405, 454 des Möbelteiles mit Tierkopf und Lage der Leitprofile 1, 2 sowie des Schnittes A–B (vgl. *Farbtaf. 6b*). M. 1:350.

31

UB III/81:17 / *Vieweg-Haus, Vor der Burg 18* / Fl. 2; Flst. 656/2 / ass. 2586–2588 / castrum Tanquarderoth (1134), Auf der Burg (1857).
Flächengrabung auf 276 m² vom 26.10.1981 bis 1.3.1982, vom 15.6. bis 31.7.1982 und *Befunderhebung* auf ca. 100 m² vom 5. bis 12. 3. und vom 5. bis 19.5.1983.

Von den bislang im Untersuchungsbereich III des Burgbezirks unternommenen zehn Stadtgrabungen (13, 16, 30, 31, 39, 48, 50 und 77, 80, 81 in jüngster Zeit) haben allein die Befunde im Keller und auf dem Hof des Vieweg-Hauses am westlichen Rand des zentralen Burgplatzes einen Ansatz zur Klärung der Fragen nach Gründung und Entwicklung eines befestigten Herrensitzes gebracht. Die naturräumlichen Bedingungen hinsichtlich dessen ursprünglicher Halbinsellage konnten rekonstruiert werden.
In den Jahren 1949/50 sicherte A. Tode auf ass. 2832 nördlich des Vieweg-Hauses erste archäologische Aufschlüsse. Ein Suchgraben deckte „im Profil Wallreste (?) und einen Abfall zum Burggraben auf, darüber eine jüngere Burgmauer an der Grundstücksgrenze" (*Niquet* 1954, 131; *Tode* 1954, 16f.).

Flächengrabung und Befunderhebung während der Umbaumaßnahmen am Vieweg-Haus 1981/1983 ließen sich nur mit besonderer Unterstützung der Architekten Prof. H. Röcke und Prof. D. Quiram, des Staatshochbauamtes I und der beteiligten Baufirmen durchführen. Im Ergebnis ergibt sich folgende Übersicht:

Zur Quellenkritik

Obgleich sich unter dem Betonfußboden im Keller ab Höhe 70,20 m bzw. 68,50 m ü. NN (Leitprofil 1, *Farbtaf. 5;* Leitprofil 2, *Farbtaf. 6a)* eine bis zu 2 m tief reichende, stratigraphische Abfolge von funktionell gut erschließbaren anthropogenen Schichten ergab – im Hofbereich sogar eine Schichtenfolge ab OK 71,50 m ü. NN bis zu 3 m Tiefe – ist die z. Z. zusammenhängend untersuchte Fläche *(Abb. 70)* zu klein bzw. die Durchführung nun gezielt anzulegender Schnitte noch nicht erfolgt, um Fragen der Grundrißrekonstruktion des mehrperiodigen Befestigungssystems oder der Bebauung der Niederungsburg beantworten zu können. Auch die Datierungsmöglichkeiten hinsichtlich immanenter absolutchronologischer Faktoren sind noch eingeschränkt. Erschwerend für eine Gesamtbeurteilung wirken sich auch die mehrfach in historischer Zeit abplanierten bzw. erodierten oder künstlich aufgebrachten sandigen Oberflächen aus wie die bisher örtlich nur bruchstückweise und nicht

Abb. 71 Burgbezirk, Vieweg-Haus (Stadtgrabung 31). Planum mit Rogensteindecke 87 und Blendmauerfragment 94 der Fläche 3.

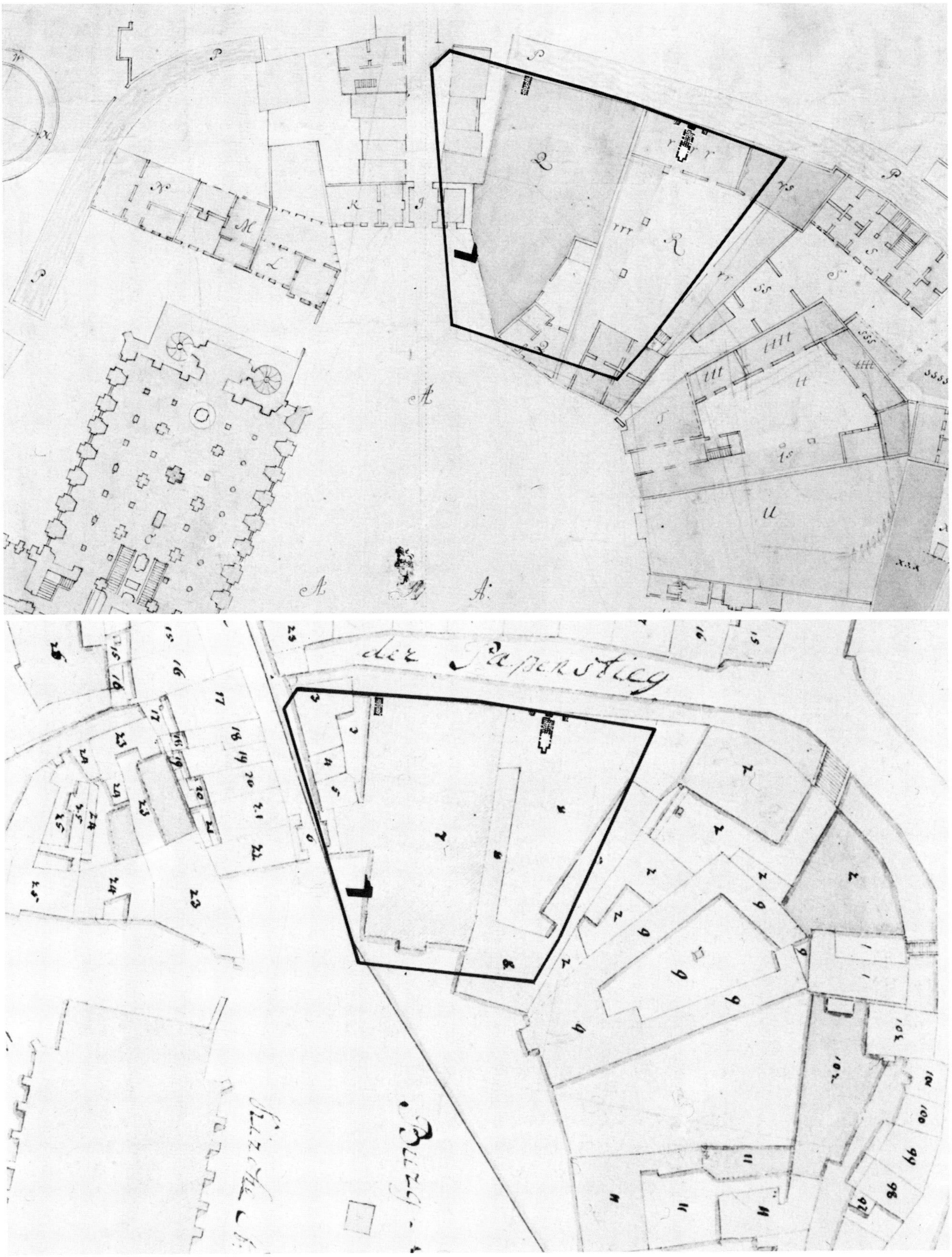

Abb. 72 Burgbezirk, Vieweg-Haus (Stadtgrabung 31). Vergleichsübertragung des Vieweg-Haus-Grundrisses (um 1800), des östlichen archäologischen Mauerfundes 61 (2. Hälfte 11. Jh.) und des nordwestlichen Torhausmauerrestes (2. Hälfte 12. Jh.) sowie des älteren Burggrabenverlaufes (bis 1. Hälfte 12. Jh.) auf den „Grund-Riß von dem Burg-Platze (...) anno 1740" (oben) und auf den Districtplan von Haacke 1765/66 (unten). Kartengrundlage: Nds. Staatsarchiv Wolfenbüttel, 242 N/K 150; K 524. M. ca. 1:940 (Norden rechts).

durchgehend vorliegende funktionell-historische Stratigraphie bis in das 13. Jh.
Die Ergebnisse basieren bislang hauptsächlich auf vier durch die östliche Kellerraumteilung des Vieweg-Hauses bestimmte Kleinflächen in bogenförmiger Verbindung, die mittelalterliche Außen- und Innenflächen beidseitig der Befestigung erschlossen. Profilschächte oder Flächen im Umfeld (besonders im Hofbereich), soweit sie durch Baumaßnahmen anfielen oder schneller Zugriff sie öffnete, konnten die räumliche Befundlage teilweise verbessern *(Abb. 70)*. So ist es trotz allem methodisch gerechtfertigt, über die Verfolgung und den Vergleich von Leitschichten wie beispielsweise Gruben, sie überdeckende Steinpackungen, Sandplanierungen, Brandschutt und schichtgebundene Keramik zu einer funktionell und relativchronologisch übergreifenden Ordnung zu gelangen, diese ereignismäßig in 6 Hauptphasen zu gliedern und vorläufige Datierungen in Ansatz zu bringen.

Siedlungsbefunde der Phasen 1 und 2

Erfaßt wurden fünf Gruben unterschiedlicher Zweckbestimmung, u. a. Kalklöschgrube *(Farbtaf. 5,* Schicht 37, nach *Priesemann* 1984), Grubenhaus, Brunnengrube; ferner schichtgebundene Rogensteinbruchstücke, wohl Mörtelverwendung; zugehörig vermutlich auch das auf dem Hof längs angeschnittene Rogensteinfundament 184 *(Abb. 70)* in trockener Packlagerung. Erhalten hat sich keine Oberfläche.
Einige Gruben wurden als Sicker- und Abfallgruben weiterverwendet, zugleich ist eine natürliche Sedimentation infolge Oberflächenerosion vorsichgegangen *(Farbtaf. 5,* Schichten 34/35). In den Sedimenten u. a. 34/35 fand sich Kohlmarkt-Keramik *(Farbtaf. 7–9,* Fundangaben unter Stgr. 21, ferner *Tab. 2 u. 3, S. 30f.*), im sandig-schluffigen Sediment 34 signifikant Holzkohlepartikelchen wohl eines Brandes, der auf dem Hof des Vieweg-Hauses als ältester Brandschutthorizont auftritt. Die Datierung erfolgt aufgrund der stratigraphisch eingebundenen Kohlmarkt-Keramik (Stgr. 21) der Siedlungsperiode vor der Holzkirche Bau I in Verbindung mit Grabbeigaben von Emailscheibenfibeln (*Rötting* 1981, 701 f.) unter Berücksichtigung einer zeitlichen Relativierung durch bisher verfügbare und vergleichbare älteste Keramikhorizonte mit Kohlmarkt-Keramik der Schunterburgen (vgl. Arbeitsstand, *Anm. 23, S. 27*). Danach ist eine Gründung der Niederungsburg in der 2. Hälfte des 9. Jhs. anzunehmen, spätestens um 900. Phase 2 wird sich ggf. bis in das 1. Viertel des 10. Jhs. erstreckt haben.

Erste Platzbefestigung und Errichtung eines Holz-Sand-Walles der Phase 3

Befestigung der aufsedimentierten bzw. verfüllten Gruben mit Rogensteinpacklagern (in LP 1 teilweise in 34 und 41 enthalten) und flächige Sandauftragung in Verbindung mit der Anlage eines Walles aus Sandmaterial (in LP 1 Befunde 41 und 31, teilweise mit Skelettfragmenten durchsetzt); einzeln erfaßte Pfostenstandgruben (grabungsbedingt) sind konstruktiv einzubeziehen.
Charakteristische Funde: Kohlmarkt-Keramik, Bleiplattenfragment (wahrscheinlich nach G. Laub aus dem Erz des Rammelsberges bei Goslar, vorläufige mündl. Mitteilung durch K.-W. Sanders 1985) und Schleudergeschoß aus Ton *(Tab. 3)*. Datierung in die 1. Hälfte des 10. Jhs.

Brandzerstörung, zweite Platzbefestigung, Errichtung einer „Blendmauer“ und wohl einer Steinkirche der Phase 4

Nach ausgeprägten Brandschichtbefunden (85 in Fläche 3) und aufplaniertem Brandschutt, erfaßt in der entsprechenden Hofflächenstratigraphie (*Abb. 70,* u. a. in PS 17), folgen Wiederaufbaubefunde einer zweiten Platzbefestigung mit Rogensteinpackungen (u. a. LP 1 mit Schicht 39 und Befund 87 in *Abb. 71*), einer auf der Oberfläche aufsitzenden zusätzlichen Blend(?)-Mauer der Burgbefestigung (Winkelfragment 94, *Abb. 71*) und eines Bauhorizontes, der sich mit bearbeiteten Sandsteinbruchstücken, mit Wagenspuren und Eisennägeln auf einer relativ festen Oberfläche niedergeschlagen hat, in der sich u. a. auch Sporen- und Möbelteilfragmente fanden (u. a. LP 1 mit Schichten 183, 42; *Tab. 3*). Da vergleichbarer, wiederverbauter Sandstein im Chormauerwerk sowie im Nordportal des Domes St. Blasii auftritt, der wohl vom Vorgängerbau der brunonischen Stiftskirche St. Peter und Paul stammt, könnte der Bauhorizont 42 ihr zugehören und dann in die Zeit vor 1030 datieren.
Eine flächige Sandschüttung (u. a. LP 1 mit Schicht 36) überdeckt als neue Oberfläche Brand-, Wiederaufbau- und Packlagerbefunde.
Datierung: vor 1030.

Abbruch der aufgesetzten „Blendmauer“ und Wiederaufbau als fundamentierte Wehrmauer in der Phase 5

Als Hauptkennzeichen dieser Vorgänge wurden im Leitprofil 1 das Mauerwinkelfundament 61 *(Farbtaf. 5, Abb. 70)*, der Abbruch der „Blendmauer“ 94 in Fläche 3 und die Planierschichten 32 (LP 1) bzw. 78 *(Tab. 3)* erfaßt.
Datierung in die 2. Hälfte des 11. Jhs.

Burggrabenverfüllung und Torhausbefunde der Phase 6

Aufgrund der jüngsten Keramikeinschlüsse in den Füllschichten 178, 173, 171 des Burggrabenprofilanschnittes in der Fläche 5 *(Farbtaf. 6a, Abb. 70)* und der in der südlichen Vieweg-Hausdurchfahrt ermittelten Bau- und Ausbruchsbefunde des ehem. westlichen Haupttorhauses der Burgbefestigung (in Abb. 70 mit

Arbeitsstand 31. 7. 1982 noch nicht eingetragen) sind hochmittelalterliche Umbaumaßnahmen an der Burg erkennbar.
Datierung: 2. Hälfte 12. Jh.

Fundangaben zu *Abb. 73*

Stabförmiges, verziertes Geweihstück mit breit-ovalem bzw. schmal-rechteckigem, leicht gewölbtem Querschnitt. Zweilagig, aus längs gespalteten und glatt abgearbeiteten mehrteiligen Hälften vermutlich der Geweihstange eines Rothirsches hergestellt (nach E. May); verdübelt mit elf konischen Knochennieten, von beiden Seiten jeweils abwechselnd eingefügt; Stab leicht S-förmig gebogen, zapfenförmiges Ende nach einfacher Abtreppung verjüngt auslaufend in einen zwölften Nietkanal.
Tierkopf (Wolf, Hund?) halbplastisch herausgearbeitet, in der Schnauze Beutereste?
Zwischen Kopf und Hals eingeschnittenes Zickzackband, auf dem Hals jeweils in Seitenansicht ein fünfköpfiges Pfeilmuster mit gereihten, punkt- und sichelstrichförmigen Einkerbungen. Auf den Schmalseiten des Stabkörpers ein doppeltes Zickzackband: dorsal in Richtung Hals spitz nach außen führend, an der Verzapfungskante des Stabendes abbrechend; ventral direkt am Pfeilkopfmuster ansetzend, am Stabende in Höhe vor der ehem. Einzapfung auslaufend. Auf den Breitseiten des Stabkörpers in Längsrichtung eingeschnittenes, unregelmäßig bewegtes, lineares „Stamm-Ast-Zweig-Muster" in diagonal gestaffelter, fünffacher Reihung (wohl Fell-Darstellung, wie ein gesprengtes Flechtbandmotiv wirkend).
Rekonstruierte L. aus 2 Teilen 32 cm; davon Kopfstück L. 6,9 cm, Körperstück 24,7 cm; gr. Maß im Querschnitt 1,9 x1,4 cm; ungleichmäßig gut erhalten. FNr. 81:17/405 (Kopfstück) bzw. 81:17/454 (Körperstück).
Die beiden Teilstücke befanden sich – voneinander getrennt in ca. 12 m Entfernung – in unterschiedlichen Schichten *(Abb. 70,* Angabe mit Stern). Das Kopfstück lag in der hellgrauen, festen, humosmittelfeinsandigen Schicht 183 (Fl. 1b; NN 69,75 m, *Farbtaf. 5,* vgl. Fundangaben zu *Abb. 74),* die als unterster Rest einer ehemaligen Oberfläche anzusprechen ist, auf der sich der Bauhorizont 42 befand. Das Körperstück war in der stark holzkohlehaltigen, gelbsandigen Planierschicht 130 (Fl. 3c; NN 69,90 m) enthalten, die offenbar in Zusammenhang mit einem Brand (Schicht 85) umgesetzt worden war. Datierung: 10. Jh.

Kommentar

Das Geweihstück ist als Möbelteil zu interpretieren, das nach dem technischen Befund horizontal verzapft war. In Frage kommt ein Stuhlpfosten mit seitlichem Tierkopfausleger, dann in symmetrischem Bezugszusammenhang.
Vergleichbare Befunde von zwei Amulettbildern aus Haithabu bei Schleswig (mündlicher Hinweis H. Vierck) deuten auf ein Sitzmöbel mit Statusfunktion: Herrensitz.
Das Fundstück ist in die tierstilgeschichtliche Entwicklung nur mit Einschränkung einzuordnen. Im Vergleich zu einem Holzteil mit Tierkopf und Zickzackmotiv aus Grönby, Schonen *(H. Vierck* 1976, Abb. 21:2a), der dem Tierstil I angehört bzw. im Vergleich zu dem hölzernen Tierkopf von der Wurt Hessens bei Wilhelmshaven (Tierstil II, 2. H. 7. Jh.), ebenfalls unter Verwendung eines Zickzackbandes *(P.*

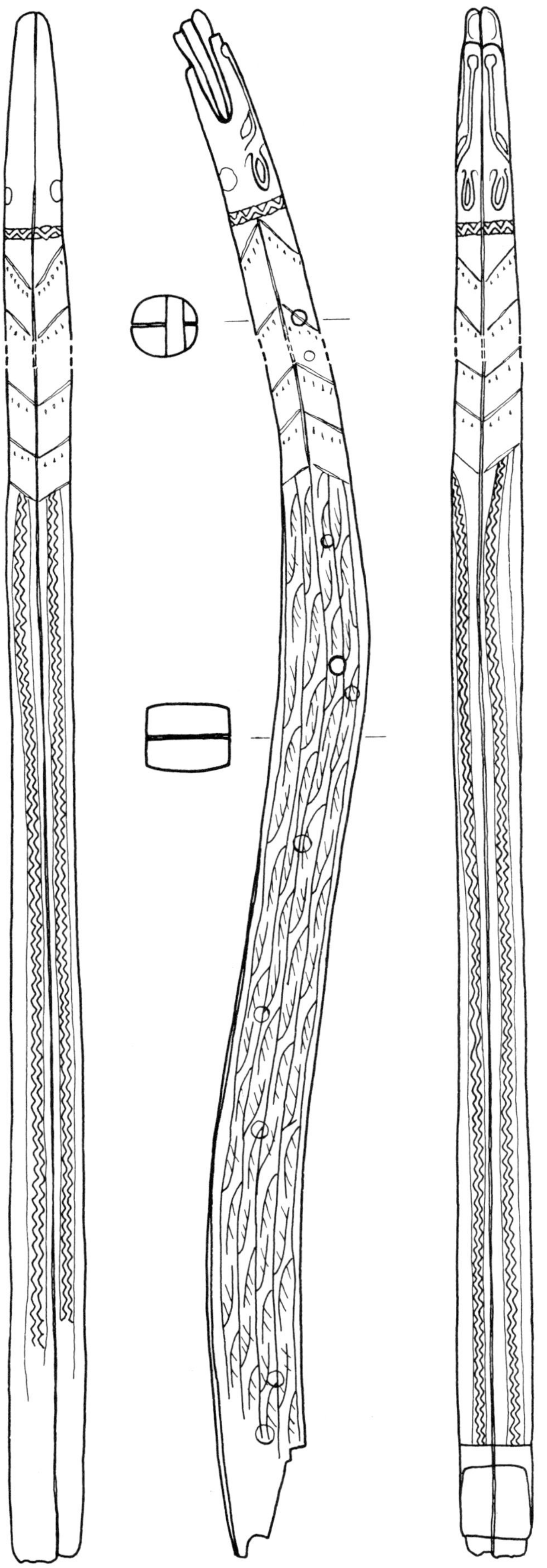

Abb. 73 Burgbezirk, Vieweg-Haus (Stadtgrabung 31). Möbelteil mit Tierkopf (Geweih); 10. Jh. M. 3:4.

Schmid 1955, 32ff.), werden im Grunde zwar verwandte Züge deutlich, aber zugleich wird auch der viel stärkere stilistische Abstand sichtbar in der vereinfachten, teilweise naturalistischen Formgestaltung des Braunschweiger Fundes.
In zeitliche Nähe, jedoch in geographische Entfernung und in die materielle Kultur der Wikinger führen vergleichbare Holzfunde von Nowgorod, die vom 10. bis Anfang 13. Jh. in der Verzierung häufig neben Flechtband auch Zickzackornament und mit Tierkopfenden gestaltetes Holzgerät ausweisen (*Koltschin* 1971, passim; Hinweis A. Falk).

Fundangaben zu *Abb. 74*

Stachelsporn; zweiteiliger, spitzkegelförmiger Dorn auf wohl rundem Schaft und gestreckt zu rekonstruierendem Bügel; Eisen; ehem. stark korrodiertes Fragment, nach Röntgenbefund restauriert.
Erh. L. 7,5 cm; L. des Dorns insgesamt 5 cm, davon L. des Schaftes 1,8 cm. FNR. 81:17/372, aus grausandiger Oberflächenschicht 183 (vgl. *Farbtaf. 5,* Leitprofil 1, Lage in *Abb. 70*).
Datierung: 10. Jh.

Kommentar

Zur Fundlage ist hier anzumerken, daß sich das Sporenfragment neben anderen Eisenteilen wie Mauerhaken und Nägeln in der unmittelbar dem anstehenden Sand aufliegenden, sehr festen, humos-grausandigen Schicht 183 der Fläche 1b befand, die sich als Oberflächenschicht im Zusammenhang mit dem Bauhorizont 42 gebildet hatte (wohl um 1000 n. Chr.). In gleicher Schicht und Fläche lag ein Fragment des stabförmigen Geweihstücks mit Tierkopf (*Abb. 73*), jedoch nur wenige Keramikscherben.
Die zweiteilige Grundform des eher gedrungenen als überlangen Dorns bei voll gestrecktem, noch nicht aufschwingendem, gebogenen Bügel ist typologisch in das 10. Jh. zu stellen. Ein ähnlicher Sporn auf der Pfalz Tilleda (DDR) ist nach *P. Grimm* (1972, S. 115f., Abb. 12d) in das 10. Jh./1. Hälfte 11. Jh. zu datieren. Der Schaft ist hier jedoch länger und dünner, und der Bügel schwingt schon nach oben allmählich auf (der erhaltene kurze Bügelrest des Braunschweiger Stückes verläuft mit dem Stachelsporn vollkommen plan und nicht

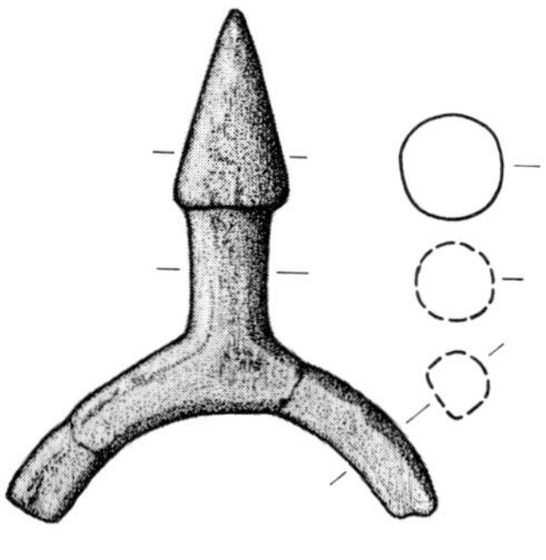

Abb. 74: Burgbezirk, Vieweg-Haus (Stadtgrabung 31). Stachelsporenfragment (Eisen); 10. Jh. M. 1:2.

entsprechend aufschwingend). In gleicher Weise verhält es sich mit den bereits typologisch jüngeren Sporenfunden beispielsweise der Hundisburg, Ldkr. Haldensleben (DDR), aus dem frühen 11. Jh. (*Rempel* 1966, S. 39, Taf. 4:G) oder der Harzburg vor deren Zerstörung 1074 (*Keibel-Maier* 1978, Abb. 6).

Fundangaben zu *Abb. 75:1*

Wellenrandhufeisen mit rechteckig sauber umgeschlagenem Stollen am Rutenende, sehr dünnwandigen Ruten (Trachten) mit jeweils drei stark außenseitig ausbiegenden, versenkten langovalen Nagelbetten; sehr strähniges Eisen; zwei Fragmente.
Rekonstr. L. ca. 12 cm; Außenmaß von Stollen zu Stollen ca. 7 cm; erh. Mst. 5 mm. FNr. 81:17/541, aus Einfüllschicht 173 des ehem. Burggrabens in sekundärer Lagerung (vgl. *Farbtaf. 6a,* Leitprofil 2, Lage in *Abb. 70*).
Datierung: wohl 10. Jh.

Kommentar

Aufgrund des gleichen Scherbenspektrums und der jüngsten Scherben ist die Schicht 173, in der sich das Hufeisenfragment befand, als Teilschicht einer Abplanierungsmaßnahme in der 2. Hälfte des 12. Jhs. zu deuten, die auch die Schichten 178 bzw. 171 im Burggraben entstehen ließ (vgl. *Farbtaf. 6a*). Das Scherbenspektrum enthielt Randformen keramischer Waren auch des 10./11. Jhs.
Nach fünf Funden von Wellenrandhufeisen der Stgr. 18 und 27 (vgl. *Abb. 75:2,* FNr. 80:12/550), die dem 12. Jh. bzw. der Zeit um 1200 zugehören, sind typologische Merkmale erkennbar geworden, die auf eine chronologische Entwicklung deuten und den Fund aus dem Burggraben der älteren Periode zuweisen.
Die Grundform ist weitgehend konstant beibehalten worden. Technisch bedingte Veränderungen lassen sich am Zehenteil, Nagelbett, Stollen bzw. am Rutenende und an der Materialqualität beobachten. Beispielsweise ist für die Hagenmarktfunde des 12. Jhs. bzw. der Zeit um 1200 (Stgr. 18, 27) im Gegensatz zum Burggrabenfund charakteristisch, daß das Zehenteil flach breitkeilförmig verstärkt ist (Scheitelstollen), die Nagelbetten rechteckige Absenkungen besitzen, der Stollenumschlag der Rutenenden gekantet bzw. eingerollt keilförmig abgeschmiedet wurde und das Rohmaterial stabiler ist (vgl. *Süss* 1978, S. 168, Abb. 28:6).
Regionale Vergleichsfunde von der Harzburg (eine Durchmusterung am Original steht noch aus) belegen für das 11. Jh. den keilförmigen Stollenumschlag (*Keibel-Maier* 1981a, Abb. 6), der auch an den Warburger Funden zu beobachten ist, die vor deren Zerstörung 1199 in den Boden gelangt sein müssen und wohl dem 11./12. Jh. angehören (*Schultz* 1965, Abb. 4:1f.; Nr. 3 mit rechteckigem Stollenumschlag?).
Für die Braunschweiger Funde ist allgemein eine relativ hohe, schlanke Grundform typisch, die Rückschlüsse auf die Pferderasse zulassen soll (*Nickel* 1964b, 135ff.).

32

UB VI / 83:1 / *Gördelingerstraße 41, 42* (1944); *Schützenstraße 6, 7 – 9* (1944) / Fl. 15, Flst. 418/1 – 4, 417/1; Fl. 2, Flst. 110, 408 – 410 / ass. 81, 82; ass. 112–115 / golingestrate (1248); Scuttenstrate (1314).
Objektgrabung auf 2750 m² vom 17. 5. bis 30. 6. 1983.

In abgestimmter Zusammenarbeit mit der Architektengruppe Westermann sind im Zuge des Neubaus der Hauptstelle Braunschweig der Landeszentralbank Niedersachsen systematische Untersuchungen zu Lage, Bautyp und Datierung der Brunnen und Kloaken auf den beiden Kemenatenparzellen ass. 81 u. 82 (*Flesche* 1949, 25) an der Gördelingerstraße 41 u. 42 sowie auf den entspr. Grundstücken ass. 112–115 an der Schützenstraße durchgeführt worden.

Von einer bautechnischen Injektionsebene aus, die gleichmäßig auf Höhe NN 69 m – unterhalb der Altbau-Kellersohle und noch oberhalb des Grundwasserspiegels – angelegt und zugleich archäologisch als Fundhorizont eingerichtet wurde, konnten alle Brunnen und Kloaken, die nicht durch den neuzeitlichen, nachträglichen Kellereinbau beseitigt worden waren, erfaßt und ausgegraben werden. In ungestörten Hofbereichen mit einer kontinuierlichen Stratigraphie seit der mittelalterlichen Aufsiedlung sind Kloaken nicht angetroffen worden.

Herauszuheben sind unter neun Kloaken der Typen I und VI a und einem Brunnen des Typs III Befunde und Funde einer bruchsteingemauerten Kloake mit spitzwinkliger Ecke (Typ VI a, *Abb. 25, S. 54*) der Stelle 1 auf ass. 81, Gördelingerstraße 41. Der Fundkomplex mit 116 Teilen von Keramik, Hohlglas, Holzgeschirr und Schuhwerk aus einer 25 cm mächtigen Bodenschicht ist aufgrund der Glasbechertypen und der bauchigen Siegburger Steinzeugkrüge mit Steilrand (vgl. *Tab. 5, S. 41*) in das 1. Viertel des 14. Jhs. zu datieren. Seine Entstehung ist nach *Bernd Herrmann* (1984, briefl. Mitteilung) auf zwei bis vier Jahre einzuschränken, je nachdem ob der Benutzerkreis der Kloake mit 5 oder 10 Vollpersonen angenommen wird.

„Der archäologische Befund erbrachte eine 25 cm mächtige Schicht Fäkalmasse, bezogen auf den Kloakenraum 2,1 m³. Dies entspricht rund einem Zehntel des ehemaligen Fassungsvermögens.

Aufgrund günstiger Randbedingungen läßt sich eine plausible Hochrechnung über den Benutzungszeitraum der Kloake durchführen, nach dem jene 25 cm mächtige Schicht erreicht war.

In den von der Weltgesundheitsorganisation (WHO) gegebenen Empfehlungen (*Wagner u. Lanoix* 1958, 46; vgl. Beitrag *Herrmann, S. 223*) wird für Kloaken, die neben Fäkalien auch noch festes Reinigungsmaterial aufzunehmen haben, bis zu 0,09 m³ pro Person und Jahr als Klärschlammenge angenommen, wobei ein

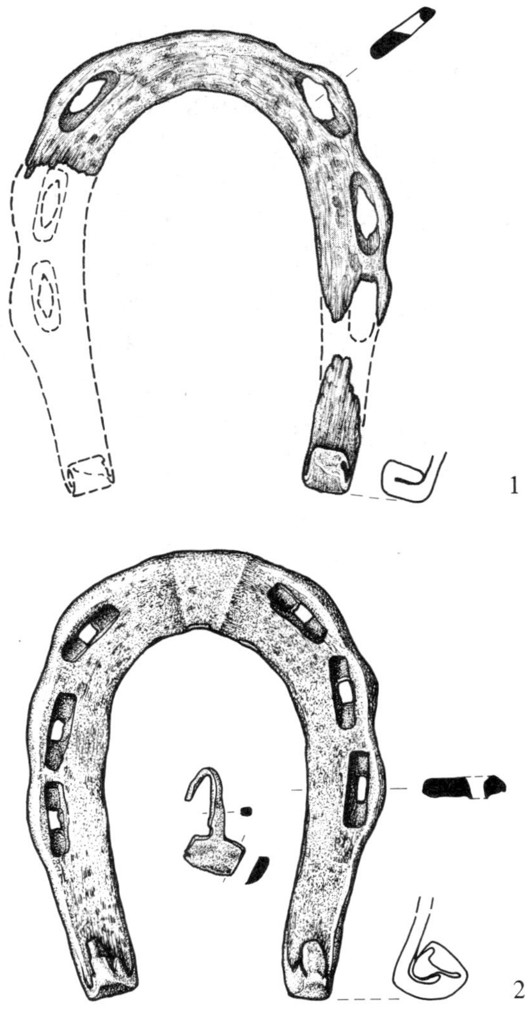

Abb. 75 Burgbezirk, Vieweg-Haus (Stadtgrabung 31). Wellenrandhufeisen, Fragment (1); wohl 10. Jh. Stadtgrabung 27; 12. Jh. (2). M. 1:2.

linearer Zusammenhang zwischen Klärschlammenge und Nutzungszeit bestehen soll.

Für die angenommenen 5 oder 10 Vollpersonen ergibt sich näherungsweise als jährliche Menge 0,45 oder 0,9 m³, etwas weniger als ein halber oder ein Kubikmeter. Danach waren für die 2,1 m³ Füllmenge etwas mehr als vier Jahre bei fünf Vollpersonen oder etwas mehr als zwei Jahre zehn Vollpersonen erforderlich, vielleicht ein bißchen mehr oder ein bißchen weniger. In dieser Schätzung ist eine sukzessive Kondensation des Klärschlammes nicht berücksichtigt. Man kann sich aber vorstellen, daß diese Volumenverminderung durch Einbringen organischer wie anorganischer Abfälle kompensiert wird.“

Im Rahmen der bislang vorliegenden weiteren interdisziplinären Untersuchungen zur Stelle 1 ist nach E. May auf den Befund zu verweisen, daß sich Knochenabfälle von Geflügel, Rind und Schaf/Ziege in der Deponie befanden, jedoch nicht solche vom Schwein,

Abb. 75a Altstadt-Nord, Gördelingerstraße 41 (Stadtgrabung 32, Stelle 1). Vierpaßkrüge der älteren Mündelkeramik; 1. Viertel 14. Jh. M. 1:2.

die sich in anderen zeitentsprechenden Kloaken mit 13,2% Anteil finden (vgl. Beitrag *May, Tab. 1a, S. 307* und briefl. Mitteilung 1984).
Maren Matthies (vgl. Beitrag *S. 218, Abb. 2*) konnte u. a. einen ersten spätmittelalterlichen Nachweis für die Verwendung von Spinat führen.

33

UB II/85:1 / Altstadtquartier begrenzt von: *An der Martinikirche, Heydenstraße, Güldenstraße, Petersilienstraße, Eiermarkt* (1944) / –.

Dem Beginn von Baumaßnahmen der Stadt (Tiefgarage) und der Justiz (Staatsanwaltschaft), die zunächst das Gebiet westlich der Turnierstraße betreffen *(Abb. 75 b)*, werden ab Mai 1985 Flächengrabungen vorausgehen.
Sie haben zum Ziel, die praestädtischen Siedlungsanfänge in diesem Kerngebiet der Altstadt aufzuklären und ihr Alter, ihre Struktur und ihre Entwicklung zu erkunden. In der älteren stadthistorischen Diskussion *(Timme* 1963, 21–25) um die möglicherweise polyzentrischen Siedlungsanfänge Braunschweigs beiderseits der Oker wird der sog. Eiermarktsiedlung im Umfeld der Jakobskapelle gegenüber der sog. Kohlmarktsiedlung ältere und grundlegende Bedeutung zugesprochen.
Die archäologischen Untersuchungen, die auf ca. 10000 m² Neubaufläche durchzuführen sind, werden zunächst zwei Kemenatenparzellen im Norden (ass. 630 u. 631) und vier Parzellen im Süden betreffen, die kontinuierliche Fachwerkbebauung aufweisen.

34

UB VI / – / *Autorshof am Altstadtrathaus,* Breite Straße / ass. 761 / –.
Beobachtung auf ca. 100 m² im Juni 1982, sporadisch.

Es konnten keine relevanten archäologischen Befunde festgestellt werden.

35

UB IV/83:18 / *Georg-Eckert-Straße, Ackerhof, Langedammstraße* / Fl. 5; Flst. 140/75 / ass. 2159, 2160, 2161 / – / Ackerhof; Marstall, fürstliche Reitbahn.
Befunderhebung auf 1700 m² vom 23. bis 29.11.1983, am 14.3. und vom 2. bis 6.4.1984.

Mit Unterstützung der Fa. Oevermann wurde im Bereich der Baugrube vor dem Bodenaushub ein annähernd südnördlich orientiertes Suchgrabensystem mit dem Bagger angelegt, um auf rd. 75 m Länge und 15–35 m Breite Grenzverlauf und Höhenstruktur der Niederterrasse zur Okerniederung hin zu ermitteln. Sedimentbefunde des ehem. südlichen Mauergrabens des hochmittelalterlichen Hagen-Berings waren quel-

lenkritisch zu trennen. Dieser Wasserlauf, der ursprünglich wohl umgeleitete östliche Okerarm, ist bis in das 19. Jh. hinein offen geblieben.
Die Grenze zur Niederung lag im östlichsten Teil der Baugrube und verlief NW-SO. Es wurden außerdem Faschinen erfaßt, die das Ufer des sog. Ritterbornes befestigt haben könnten (vgl. *Farbtaf. 2*).
Folgende Höhenpunkte (Mittelwerte) der Altlandschaft vor Beginn des Stadtausbaues ließen sich gewinnen:
NN 68,45 m für OK Okersediment inkl. Schwemmsandschichten der Niederung (unterste Knüppeldecke aufliegend); Vergleichswert hierzu unter der Nordmauer der Magnikirche/nördl. Pfeilerfundamente: OK Schluff NN 68,50 m, Mächtigkeit 0,70 m (nach Erhebungen 1972/1956, Stadtkirchenbauamt).
NN 68,80 m für OK fester anstehender Sand am Rande der Niederterrasse.
Die älteste Kulturschicht entstammte dem 12. Jh. Brunnen und Kloaken befanden sich nicht auf dem Gelände. Wenn es eine mittelalterliche Bebauung gegeben hat, müssen die Spuren durch Baumaßnahmen des 18./19. Jhs. beseitigt worden sein. Fundamentreste des Marstalls resp. Ackerhofs wurden aufgenommen.

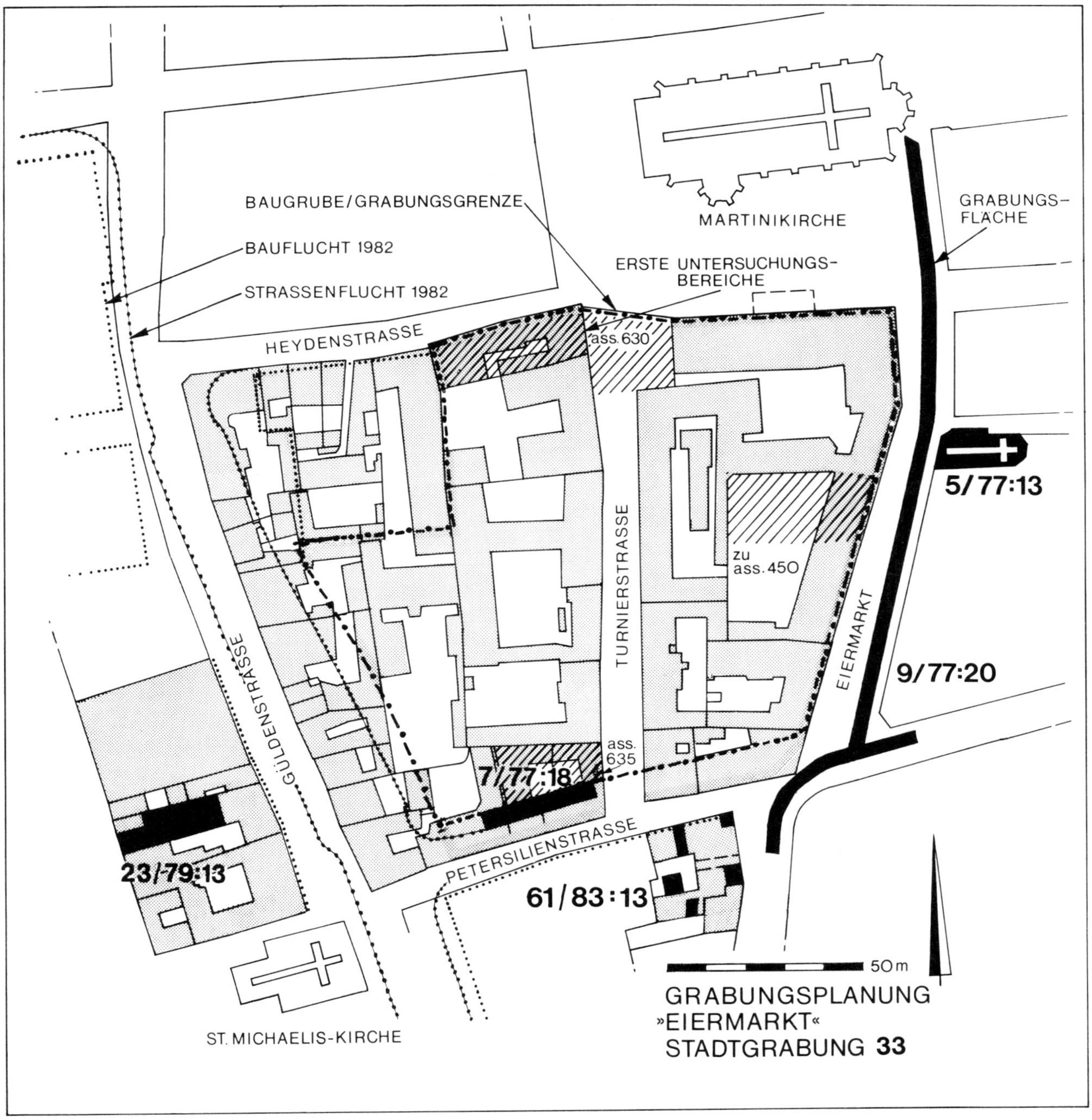

Abb. 75b Altstadt-Südwest, „Eiermarkt-Areal“, Übersicht zur Stadtgrabung 33 M. 1:1700.

36

UB V / 78:5 II / *St. Aegidien* / Fl. 4; Flst. 4915 / –.
Objektgrabung auf 28 m² vom 2. bis 7.4.1978.

Interdisziplinär wurde in einer kurzfristig durchzuführenden Rettungsmaßnahme die nach einem Grabplattenplan von A. A. Beck (zwischen 1750 und 1760) hinlänglich lokalisierte mittelalterliche Grablege der Äbte des Benediktinerklosters (1446) untersucht (*Römer-Johannsen* 1979, 18ff.).

Die Bestattungen waren durch die Anlage eines Heizungskanals in der Kirchenachse von der Zerstörung bedroht. Die notwendige Zusammenarbeit konnte kurzfristig mit U. Römer-Johannsen (†), dem Institut für Kartographie und Photogrammetrie der TU Braunschweig (vgl. Beitrag *Weimann, S. 180ff.*), dem Braunschweigischen Landesmuseum, Abteilung Archäologie in Wolfenbüttel, dem Germanischen Nationalmuseum Nürnberg, Textilkonservierungswerkstatt und mit dem Fachbereich Anthropologie der TU Braunschweig vereinbart werden (*Rötting et al.* 1979, 15–57).

Freigelegt wurden in einer Grabungsfläche von 28 m² in fünf höhendifferenzierten Bestattungshorizonten sieben Gräber. Darunter befanden sich nach Grab- und Sargtyp wie nach ihrer Ausstattung, südlich und nördlich flankiert von je zwei Laiengräbern aus dem 18. Jh., drei mittelalterliche Abtsbestattungen nahezu in der an sich dem Kirchenstifter vorbehaltenen Vorzugslage: in der romanischen wie gotischen Kirchenbauachse, stratigraphisch überschnitten, teilweise gestört. (*Rötting* 1979, 25ff., hier *Abb. 76*).

Abb. 77 St. Aegidien (Stadtgrabung 36). Grab 5, Bestattungshorizont. Blick nach Westen in den Kastensarg (Fichte) auf die Fragmente der Mitra, des Abtsstabes (li. an der Sargwand), der Kleider und des Skelettes.

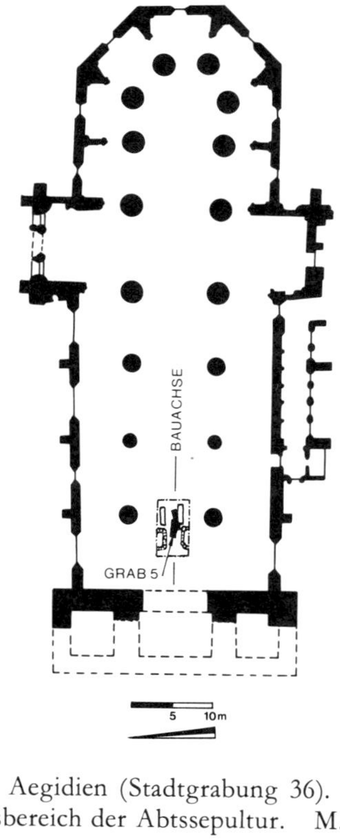

Abb. 76 St. Aegidien (Stadtgrabung 36). Übersichtsplan mit Grabungsbereich der Abtssepultur. M. 1:1000.

Die ausführlichere Untersuchung mußte den mittelalterlichen Bestattungen gelten, hier vornehmlich dem Grab 5 (*Abb. 77*). Es handelte sich um die Bestattung eines infulierten Abtes mit Mitra (vgl. Beitrag *L. v. Wilckens, Abb. 1, S. 296*), Krummstab (*Abb. 78* und Fundangaben) und Paramenten (vgl. Beitrag *Streiter-Wirth, S. 299ff.*).

Die stratigraphisch mittlere Position von Grab 5 (in der Reihenfolge 7, 5, 6) gibt einen relativchronologischen Zeitpunkt, der sich zunächst absolut nach der textilkundlichen Datierung des „jüngsten" Ornatteils bestimmen läßt.

Nach dem gegenwärtigen Stand der textilkundlichen Bearbeitung ist der chronologische Befund für die Stola „kaum vor der Mitte des 13. Jhs." signifikant (vgl. Beitrag *L. v. Wilckens, S. 297*) und nicht mehr die 1979 für die Mitra gegebene Zeitstellung „nicht vor dem vierten Viertel des 12. Jhs." (*L. v. Wilckens* 1979, 34ff.).

Bereits 1979 ist quellenkritisch darauf verwiesen worden, daß die fortschreitende textilkundliche Bearbeitung ggf. jünger zu datierende Ornatteile entdecken könnte und daß selbst dann das jüngste Stück – ohne andere zusätzliche Datierungshinweise – noch kein absolutchronologisch gesichertes Bestattungsdatum garantieren könne, da auch Begräbnisse insgesamt in älteren Ornatteilen vorkommen (*Rötting* 1979, 33, Anm. 7).

Eine abschließende Auswertung aller zeitbestimmenden Faktoren – auch im Hinblick auf die historische Identifizierung des Abtes – ist abzuwarten.

Fundangaben zu *Abb. 78*

Fragmente des Abtsstabes aus Grab 5 der mittelalterlichen Abtsgrablege in St. Aegidien.

1 Curva: Kiefernholz, wahrscheinlich Waldkiefer (*Willerding* 1979, 45 f.); aus drei Bretteilen geschnitzt, die mit Bronzestiften verbunden sind. In der Volute plastisches Figuren- und Ornamentwerk, noch stellenweise mit Vergoldung; auf dem Außenbogen Kugelknöpfe. Die Spitze der einfach eingerollten Volute endet in einem Tierkopf, in dessen aufgesperrter, bezahnter Schnauze offensichtlich Kopf und Hals eines größeren Vogels stecken, der sich mit seinen Beinen waagerecht gegen den Unterkiefer des Tierkopfes abstützt.

Ein dreifach verzweigtes, in jeweils drei Spitzen auslaufendes Rankenornament – zu interpretieren als Perlbandranke mit Dreiblättern, oder mit Tierköpfen und geöffnetem Maul – füllt etwa halbseitig die von der Tierszene nicht eingenommene Innenfläche der Volute.

Auf ihrem Außenbogen und am Schaftfragment der Krümme befinden sich noch acht facettiert gearbeitete Kugelknöpfe, zwei weitere sind fragmentarisch nachweisbar; teilweise sind sie aus dem Holz herausgearbeitet, teilweise eingesetzt. Bei einem Abstand von ca. 3 cm sind wohl fünfzehn Kugelknöpfe vorhanden gewesen (Dm. ca. 8 mm).

Rekonstruierte H. der Krümme (ohne Zapfen): 21 cm; Zapfen am Fuß des Schaftes: L. 3,9 cm; Dm. 1,3–1,7 cm.
Äußerer Dm. der Volute 11–12 cm, bei einer sich verjüngenden Holzstärke von 1,9 auf 1,4 cm.

Erhaltungszustand: in drei Teile zerbrochen und entsprechend konserviert; Fehlstellen vor allem am Schaft, beidseitig an der Volute und am Figuren-Ornamentwerk. Farbe dunkelbraun mit Resten von Vergoldung.

2 Nodus: manschettenartiger Knauf, Kupfer mit Lötnaht (*Ruge u. Thomas* 1979, 47 ff.). L. 4,8 cm; äußerer Dm. 2,6–2,8 cm; Wandstärke 0,9–1,2 mm. Unterhalb des oberen Randes in unregelmäßigen Abständen sechs Nietlöcher, im unteren Drittel der Manschette zwei gegenständige Nietlöcher. Am oberen Rand, Mitte und unterem Rand jeweils umlaufende Rillen. Rand stellenweise ausgebrochen, dunkelgrüne Korrosionsflecken.

3 Pedum: Ahorn, möglicherweise Bergahorn, erh. L. 21,5 cm; jetzt bei ovalem Querschnitt ein Dm. von 1,7 x 2,4 cm. Am oberen Ende des Stabes eine 5,8 cm tiefe, im Dm. von 1,5 auf 1,0 cm sich verjüngende Einbohrung, in die die Krümme eingezapft ist. Schaft nur im Ansatz erhalten.
FNr. 78:5/48–49.

Abb. 78 St. Aegidien (Stadtgrabung 36). Grab 5, Fragmente des Abtsstabes mit Curva, Nodus und Pedum. M. 1:2.

Kommentar

Die in der Volute dargestellte allegorische Tierszene ist nach der Tierfabel „Kranich und Wolf" von Aesop gestaltet: „unbelohnt" zieht der Kranich einen steckengebliebenen Schafsknochen aus dem Rachen des Wolfes. Diese Szene ist mehrfach in der sakralen Bauplastik des späten 11. bis frühen 13. Jhs. belegt.

Hinweise auf Aesops Bedeutung für die mittelalterliche christliche Moralerziehung finden sich in der zeitgenössischen Literatur. Stilistisch weisen die Grundform der einfachen Volute mit dem Tierkopf, der manschettenartige Nodus, die Kugelknöpfe und die Dreiblätter (oder Drachenköpfe) tragende Perlbandranke nach Vergleichsbefunden – u. a. an den Abtsstäben von Königslutter-Stiftskirche, Grab 2 u. 3 und an entsprechenden Reliquienkästchen im Hildesheimer Domschatz und Kölner Kunstgewerbemuseum (*Rötting* 1979, 40ff.) – allgemein in das 12. Jh.

In Abwägung der stilkritischen Faktoren ist eine Datierung des Abtsstabes um die Mitte des 12. Jhs. anzusetzen (1150 ± 20) und seine Herkunft aus dem norddeutschen Raum anzunehmen.

Dem Braunschweiger Abtsstab kommt unter den wenigen Vergleichsstücken seiner Zeit eine besondere formale und ikonographische Bedeutung zu.

37

UB IX / – / *im Straßenbereich westl. vor Sack 24* / Fl. 2, Flst. 780/7 / ass. 2579, 2580/ –.
Beobachtung auf 30 m² an zwei Tagen im Juli 1981.

Im Straßenbereich vor dem ehem. Standort des mittelalterlichen Sack-Rathauses wurden als Basisbefunde mächtige sandig-schluffige Niederungssedimente und Faulschlammschichten festgestellt. Vergleichbare Aufschlüsse weiterer Befunderhebungen Vor der Burg (Stgr. 30), auf dem Marstall, dem Sack und der Schuhstraße (Stgr. 80, April 1985) belegen hier die weite Ausdehnung der Okertalaue und eine ursprüngliche langgestreckte Halbinselbildung der westlichen Niederterrasse nach Nordosten (vgl. Stgr. 13, 21, 31, 48, 81 bzw. *Farbtaf. 2 und 3)*.

Das spätere südöstliche Stadtgebiet des Sackes (Entstehung nach 1200, Ersterwähnung als „Saccus" 1282, vgl. *Mertens-Moderhack* 1981, 242) mußte zunächst in die hochmittelalterliche Landgewinnung einbezogen werden, um besiedlungsfähig zu sein. Ein „suburbium" der Burg kann hier nicht gelegen haben, wie vielfach angenommen worden ist (u. a. *Schwineköper* 1977, 132 bzw. 136).

Nach diesen Befunden muß auch der ältere Burgzugang vom „Kohlmarkt" her über die Landbrücke in der Flucht des späteren Straßenzuges „Kleine Burg" verlaufen sein (vgl. Grenzverlauf und Ausdehnung des Burgbezirks, *Farbtaf. 3)*. Der Zugang über Schuhstraße–Vor der Burg ist eine sekundäre Verbindung.

38

UB X / 81 : 4 / *Friedrich-Wilhelm-Straße 27 – 29* / Fl. 3, Flst. 260/4 / ass. 4756 /–.
Befunderhebung auf 500 m² vom 14. 5. bis 2. 7. 1981, zeitweise.

Im Gegensatz zu Beobachtungen, die auf der gesamten Friedrich-Wilhelm-Straße in einer Kanalisationstrasse erhoben wurden und hier über 2 m mächtige *hochneuzeitliche* Aufschüttungen mit hoher Abfallanreicherung über Niederungssedimenten auswiesen, stehen teilweise *mittelalterliche* Befunde im Areal der angrenzenden Baugrube auf ass. 4756.

Anhand von zwei repräsentativen Kontrastprofilen im SW bzw. NO der Baugrube lassen sich wesentliche Vorgänge der spätmittelalterlichen Landgewinnung erfassen und beschreiben.

Im Unterschied zum NO-Profil zeigt das SW-Profil auf festem Okersediment einen ersten Knüppelteppich quer verlegter Rundhölzer in der Flucht der neuzeitlichen Bruchstraße bei NN OK 67,90 m, der von einer sandigen, 30 cm mächtigen Aufschüttung überlagert wird, auf der ein zweiter Knüppelteppich bei ü. NN 68,30 m liegt.

Das ca. 20 m entfernte NO-Profil dagegen weist nach der Sedimentschicht bei OK NN 67,90 m eine Schilfvegetationsschicht bis zur Höhe von NN 68,10 aus. Darüber sind in gleicher Weise Aufschüttungsmaßnahmen zu erkennen wie im SW-Profil.

Topographisch ist hier ein Ausschnitt des Bruch-Gebietes im Süden außerhalb der mittelalterlichen Fünfstädtestadt erfaßt. Das Grabungsgebiet liegt im Scheitel dieser Niederungsbucht, östlich vor Wassergraben und Bering der Altstadt. Das „Bruch" ist als versumpfter Stadteinmündungs- und Verbreitungstrichter der Oker aufzufassen, der sich als Folge der innerstädtischen Landgewinnung und Okergewässerumleitung in die Wehrgräben eingestellt und Überschwemmungen teilweise abgeleitet hat *(Abb. 2, S. 13)*.

Aufgrund der ermittelten Befunde ist zu schließen, daß in spätmittelalterlicher Zeit nach einer verstärkt anthropogen herbeigeführten Austrocknung eines Okerarms zum Zwecke der Aufsiedlung zunächst auf festem Sediment, dann über einer Aufschüttung Knüppelteppiche gelegt wurden, während sich in der angrenzenden Fläche aufgrund wiedereinsickernden Wassers eine Tümpelvegetation bildete, die erst später in die Baulandgewinnungsmaßnahmen einbezogen worden ist. Nach den Fundeinschlüssen der bis zu 2,70 m hohen Aufschüttungen ist dies in frühneuzeitlicher Zeit erfolgt (vgl. Stgr. 3). Die Erschließungstechnik, in einem ehem. Flußbett ein Wegesystem anzulegen, ist offensichtlich erst in spätmittelalterlicher Zeit angewandt worden.

39

UB III / 81:6 / *Vor dem Palas der Burg Dankwarderode* /Fl. 2, Flst. 767/4 / ass. 2081^{II} /–.
Beobachtung auf 10 m^2 vom 8. bis 9. 11. 1981.

In einem Kabelgraben, der auf 16 m Länge in einer Entfernung von 5 m vor dem Burggebäude verlief, wurden bis in eine Tiefe von 0,70 m Schichten angeschnitten, die der Baumaßnahme am Palas zuzuordnen sind, die um die Jahrhundertwende stattfand.

40

UB VII / XII / 81:7 / *Hagenbrücke 1–9* (1944) / Fl. 1, Flst. 417/4, 418/5, 419–421, 422/1, 426/16, 464, 466/1 / ass. 1310–1316, 1396–1398 / ante pontem Indaginis (1287), upper Hagenbrugke (1311).
Befunderhebung auf 250 m^2 vom 4. 6. bis 13. 7. 1981.

Die Anlage eines ca. 120 m langen und 3–4 m breiten Kanalisationsgrabens parallel zur Flucht der ehemaligen Hagenbrücke zwischen Neustadt (Rathaus, Küchenstraße) und Hagen (Rathaus, Hagenmarkt) auf den nördlichen Parzellen der 1944 zerstörten Altbebauung war archäologisch zu nutzen.

Aufgrund der großflächig in den Untersuchungsbereichen XI (Gebiet um das Neustadtrathaus, Stgr. 10) und XII (Gebiet Hagenmarkt, Stgr. 15, 18, 24, 27) erzielten Ergebnisse hinsichtlich der orohydrographischen Struktur des Geländes in hochmittelalterlicher Zeit (2. Hälfte 12. Jh.) kam den zu ermittelnden Befunden im Verbindungsstück der Hagenbrücke – auch für den Brückenbau selbst – ausschlaggebende Bedeutung zu. Festgestellt war in UB XI die Rennelbergbachniederung (Markierung an der Oberfläche 1983 ungefähr mit nördlicher Grenze in der Flucht Lange Straße, Küchenstraße und mit südlicher Grenze in der Flucht An der Petrikirche, Hinter Brüdern, Schild und Packhofstraße), deren Einmündung wahrscheinlich in die Okerniederung östlich im Raum zwischen heutiger Hagenbrücke und Stecherstraße erfolgte *(Farbtaf. 1 u. 2.)*.

Festgestellt war in UB XII ein flach ansteigender Höhenrücken, östlich davon ein Okeraltlauf. Jenseits ragte eine Schwemmsandinsel kuppenartig heraus, auf der später die Katharinenkirche errichtet wurde *(Farbtaf. s. o.)*.

Daß eben nicht „die hohe Lage des linken Flußufers hier zum Brückenbau vorzüglich geeignet" schien und zur Verfügung stand, wie dies *H. Meier* (1904, 46 f.) aufgrund der Straßenbezeichnung „Höhe", südöstlich vor dem Neustadtrathaus, annahm, hatte sich bereits in der ermittelten Flucht des Rennelbergbaches ergeben.

Im Kanalisationsgraben, der mit seinem südlichen Profil stellenweise auch vor der leicht vorspringenden Bauflucht der Hagenbrückenbebauung entlanglief, stellten sich die Schichtbefunde und die daraus abzuleitenden Schlüsse für das unmittelbare Umfeld der Brücke deutlich dar.

Knüppeldecken auf Schwemmsand bzw. Schluff und Höhenrückensediment zogen sich von beiden Seiten her mit mehr oder minder starkem Gefälle bis zum (westlichen) Okerlauf (vgl. *Abb. 13, S. 25*). Eine Brückenkonstruktion mußte sich diesem Baugrund anpassen.

41

UB IV / 81:8 / *Auguststraße 21–22* / Fl. 10, Flst. 31, 33 / ass. 2557^{I}, 2559 / – / vor sunte Iliendore (1338).
Befunderhebung auf 800 m^2 vom 1. bis 6. 7. 1981.

Das Grabungsergebnis besteht hauptsächlich aus Befunden eines Grubenhauses, eines Brunnens des Typs III *(Abb. 22, S. 51)* und einer Fundstelle der Kohlmarktkeramik. Das Grubenhaus hat in der WO-Achse bei einer L. von ca. 3,50 m zwei Innenpfosten, eine Br. von ca. 3 m, eine T. von ca. 0,90 m, zwei Tonestriche und einen abgestuften westlichen Zugang. Die hochmittelalterliche Datierung beruht auf Keramikscherben des 13. Jhs., die den oberen Einfüllschichten entstammen. Die untere Füllschicht enthält frühmittelalterliche Kohlmarkt-Keramik.

Die Brunnenröhre aus Bruchsteinmauerwerk in Trockenbindung mit Rogen- und Kalksteinen (erh. T. 2 m; Dm 0,80 m) ist aufgrund des Scherbenmaterials im untersten Sediment spätestens im 14. Jh. errichtet worden.

42

UB IV / 81:15 / *Hinter der Magnikirche 8* / Fl. 5, Flst. 32 / ass. 2367, 2368.
Fundmeldung aus 36 m² am 17. 8. 1981 (21. 9. 1981).

Anläßlich flach eingebrachter Fundamente für einen Anbau der Kindertagesstätte St. Magni wurde ca. 2 kg Scherbenmaterial aus dem 18. Jh. aufgesammelt.

43

UB II / 81:11 / *Echternstraße 8* / Fl. 3, Flst. 518 / ass. 574 / platea finalis (1304), echterenstrate (1310).
Fundmeldung aus 2 m² am 15. 9. 1981.

Bei Gartenarbeiten wurden im Uferbereich des heutigen Neustadtmühlengrabens, d. h. des wohl in der 2. Hälfte des 12. Jhs. hier angelegten Mauergrabens der Altstadt, in ca. 0,50 m Tiefe zwei stark korrodierte, eiserne Waffenteile aufgesammelt, darunter ein 14 cm langes und 3,3 cm breites Tüllen-Blatt eines Knebelspießes aus dem 15. Jh.

44

UB IV / 80:14 / *Am Magnitor 10* / Fl. 4, Flst. 121 / ass. 2266 / Vor sunte Magnus dore (1400).
Fundmeldung aus 24 m² am 9. 6. 1980.

Bei tiefgreifenden Gartenarbeiten wurden ca. 25 kg Streuscherben aufgesammelt. Es handelt sich vorwiegend um hochneuzeitlichen Hausratsabfall aus dem 18. Jh. wie glasierte Irdenware, Steinzeug, Fayence, Steingut und schwarz glasierte Ofenkacheln, die mit Putten, Säulen und Fruchtgirlanden verziert sind.

45

UB IV / 81:23 / *Hinter Liebfrauen 7–8* / Fl. 3, Flst. 614/2 u. a. / –.
Fundbergung auf 450 m² vom 24. 11. bis 2. 12. 1981.

Eine Testgrabung im Vorgriff auf den geplanten Baugrubenaushub erbrachte den Nachweis von zwei zeitlich konzentrierten Maßnahmen eines Müllabwurfs. Sowohl im 16. als auch im 18. Jh. sind über die Uferböschung hinweg eines hier sehr aktiven Okerarms Abfälle deponiert worden. Für die älteste Maßnahme sind Abfälle eines Knochenschnitzers signifikant, für die jüngere der Abwurf von charakteristischem Hausmüll wie Porzellan, Glas, Fayence, Ofenkacheln, Irdenware, Leder- und Metallgegenstände (vgl. Stgr. 1). Eine flächig ausgreifende Planierschicht des 17. Jhs. enthielt vor allem neben Steinzeug bemalte Irdenware (Weserware).

46

UB VIII / 81:26 / *Hinterhofbereich Fallersleber Str. 29* / Fl. 7, Flst. 2 / ass. 1687 / –.
Beobachtung auf 20 m² an drei Tagen Ende November 1981.

Gartenbautechnische Sicherungsarbeiten erlaubten einen Einblick in die Stratigraphie eines kleinen Bereiches zwischen Graben und Mauer des hochmittelalterlichen Hagenberings.

Das Gebiet lag in der Okerniederung (vgl. Stgr. 65). Als Höhenpunkte wurden festgemacht: OK Sediment 2. Hälfte 12. Jh. (Schätzwert) mindestens bei 66,80 m ü. NN, OK Oberfläche 1981 bei 71,10 m ü. NN *(Abb. 13, S. 25)*. Bemerkenswert ist weiterhin der Fund von vier teilweise modern gestörten Gräbern. Sie sind wohl der örtlichen Totenbestattung des spätmittelalterlichen Hospitals St. Elisabeth „vor dem Vallerslever Dore“ zuzuschreiben. 2 kg Streuscherben aus dem 15.–18. Jh. wurden aufgesammelt.

47

UB V / 82:1 / *Kennedyplatz 2* / Fl. 10, Flst. 59/2–4, 62/1–2 / ass. 2555 f. / –.
Befunderhebung auf 950 m² vom 8. bis 18. 3. 1982.

Die Ausschachtung und Ausbaggerung der Baugrube ermöglichte Untersuchungen in einem südöstlichen Teilgebiet der ehem. Gärten des Benediktinerklosters St. Aegidien auf dem Köppeberg unmittelbar im äußeren und inneren Umfeld der Klostermauern. Diese fungierte zugleich als Teil des hochmittelalterlichen Stadtberings, der spätestens um 1220 alle fünf Weichbilde unter Einbeziehung des Klosterbezirks St. Aegidien umschlossen haben dürfte *(Sack* 1850, 7 f.; *Dürre* 1861, 85 f.; *Mertens* u. *Moderhack* 1981, 241 f.*)*. Das Gelände grenzte westlich an das Gebiet des mittelalterlichen Aegidientores bzw. später südlich an das des neuzeitlichen Augusttores. Nördlich wurde es von der „monkestrate“ (1399) flankiert *(Farbtaf. 1)*.

Drei wesentliche Befundkomplexe konnten gesichert werden.
1. Eine ovale, steilmuldenförmige Abfallgrube, im Fundhorizont bei NN 72,34 m erfaßt, war durch ein

neuzeitliches Turmfundament der Stadtbefestigung angeschnitten worden. Die Maße der Grube betrugen: erh. Dm. ca. 1,50 x 1,20 m; erh. T. ca. 0,90 m. Die sandig-humos-lehmige Füllung enthielt Tierknochen, Hüttenlehm und Gefäßscherben der Kohlmarkt-Keramik *(Farbtaf. 9:6)*.

2. Wehrgraben und Mauer der hochmittelalterlichen Klostermauer bzw. des Stadtberings konnten auf einer Länge von ca. 30 m festgestellt werden. Eine ca. 12,50 m breite Berme trennte Mauer und künstlich angelegten Wassergraben, dessen Breite nicht ermittelt werden konnte, da das jenseitige Ufer südlich außerhalb der Baugrube lag, jedoch nach erfaßtem Baugrubenmaß über 23 m betragen haben wird. Unter 3,50 m mächtigen, teilweise faulschlammigen, graublauen Schluffsedimenten und erodierten, verlagerten Ufersanden, die sich seit etwa 1220 bis ins 16. Jh. hinein abgelagert haben dürften, konnte auf der breit ausgreifenden Grabensohle ein repräsentativer Höhenwert um NN 67 m erhoben werden. Dies ist ein erster wohl hochmittelalterlicher Niveaubefund unmittelbar nach der östlichen Abzweigung des Grabens von der Oker in Richtung Altewiek.

Der Höhenunterschied zur Stadtmauer war bedeutend. Die Geländeoberfläche zur Zeit des hochmittelalterlichen Berings dürfte im Grabungsbereich am Mauerfuß (Stärke ca. 2 m) zwischen NN ca. 73–73,50 m betragen haben und lag damit gegenüber der Grabensohle etwa 6 m höher. Der Graben selbst hatte wohl eine Tiefe von mindestens 4 m.

Zur Frage der Mehrperiodigkeit des Mauersystems bzw. einer älteren Klostermauer ließen sich außer widersprüchlichen Indizien keine gesicherten Befunde ergraben.

3. Dem frühneuzeitlichen, tiefgestaffelten städtischen Befestigungssystem entstammte in der Flucht des rückwärtigen hochmittelalterlichen Berings und diesen unterbrechend ein mächtiges, ca. 4 m tief unterkellertes, rechteckiges Turmfundament (Mauerstärken um 1,15 m, Außenmaß 7,30 x 6,60 m, Rauminnenmaß 5 x 4,30 m). Nach den Fundeinschlüssen der Bodenschicht liegt die Benutzungszeit im 17. Jh. Der Turm ist aber bereits vor 1750 wieder niedergelegt worden, wie dies dem Grundriß des Klosterbezirks von A. A. Beck um 1750 zu entnehmen ist, der das Bauwerk nicht mehr enthält *(Spies* 1976, Abb. 67).

48

UB I/III / 82:3 / *Burg-Passage* (1983) / Fl. 2, Flst. 710/5 / ass. 2614 ff. / – / Hof bei St. Marien Magdalenen. *Befunderhebung* auf 1650 m² im März 1982.

In der Flucht der Burg-Passage, die Hutfiltern mit der Schuhstraße verbindet, konnte in der Baufläche der Terrassenrand zur Niederung hin bestimmt werden. In Verbindung mit den Grabungsergebnissen der Stgr. 13, 30, 31, 37 und 80 (April 1985) auf der Grundlage der Baugrundkartierung von N. Stegmann (vgl. Beitrag *Schneider, Abb. 2, S. 188*) ergibt sich eine langgestreckte, breitovale „Burg“-Halbinsel, deren schmale Landbrücke in Höhe des späteren Kohlmarktes auf der westlichen Niederterrasse ansetzt. Der nordwestliche Grenzverlauf des Burgbezirks folgt offensichtlich dieser Landverbindung *(Farbtaf. 3)*.

Ein Höhenpunkt auf OK Niederungssediment wurde mit 69,30 m ü. NN festgemacht.

49

UB VII / 82:5 / *Alte Waage, auf der Straße* / Fl. 1, Flst. 434/1 /vor ass. 1163 / tigen dem wagehus (1400). *Befunderhebung* auf 40 m² vom 30. 4. bis 26. 5. 1982.

Die im Verlauf einer Gasrohrverlegung archäologisch ausgearbeiteten Grabenprofile dokumentieren ca. 18 m südlich vor der Andreaskirche hinsichtlich der orohydrographischen Fragestellung im stratigraphisch relevanten Höhenbereich bis NN 69,25 m angespülten, groben Schwemmsand (vgl. Stgr. 17). In einer Entfernung von ca. 30 m südlich von St. Andreas, fortschreitend in südlicher Richtung, wandelt sich das Befundbild: über blaßblau-lindgrünem tonigen Schluff bzw. sehr verdichtetem Feinsand, liegt ein Begehungshorizont mit Astwerk und Steinen bei NN 68,50 m, der von einer 50 cm mächtigen, in sich wenig differenzierten graubraunen bis tiefschwarzen, schluffigen, teilweise faulschlammartigen Sedimentschicht überlagert wird.

Im Niveau um NN 69 m ist hier ein westöstlich orientierter, befestigender Knüppelteppich verlegt worden (Dm. der Knüppel 6 – 12 cm, Abstände 6 – 8 cm). Hierauf folgt eine Aufschüttung mit sandigem Material von ca. 40 cm Mächtigkeit, die mit neuzeitlichen Aufplanierungen bei NN 70,50 m im Straßenpflaster abschließt. Eine frühneuzeitliche Pipenverlegung (16. Jh.) stört die hochmittelalterlichen Schichtbefunde der Landgewinnung.

Nach großräumiger Trockenlegung (Begehungshorizont) bildete sich eine kleinräumige Tümpel- und Sumpfvegetation im Inundationsgebiet, das schließlich mit einem Knüppelteppich in Verbindung mit einer Sandaufschüttung besiedlungsfähig überhöht wurde.

Die Vorgänge, die sich auf ein Gebiet zwischen St. Andreas (Halbinsellage) und ehem. Packhof-Areal (Rennelbergbach-Niederung) beziehen, sind offensichtlich in Zusammenhang mit dem südlichen Stadtausbau der Neustadt zu sehen (Baugelände für Rathaus, Jöddenstraße u. a., vgl. *Farbtaf. 2,* Stgr. 10).

50

UB III / 82:7 / *Palas der Burg Dankwarderode* Fl. 2, Flst. 760/4 u. 767/4 / ass. 2081 / Mosthaus / Burgcaserne / Castrum Tanquarderoth (1134).
Befunderhebung auf 17,5 m² vom 6. bis 7. 1. 1983.

Die anläßlich der Restaurierungs- und Umbauarbeiten im Kellerbereich des Gebäudes an fünf Stellen ab Niveau um 69 m vorgenommenen Suchschnitte erfaßten keine Kulturschichten wie vergleichsweise im Vieweg-Haus (Stgr. 31, hier wurden Kulturschichten bis in Tiefen um NN 68 m bzw. 67 m – ältester Burggraben im Anschnitt – verfolgt), trafen vielmehr mit nur einer Ausnahme auf anstehenden Sand. An der Ostseite, unmittelbar im Grundmauerbereich zum Burggraben, d. h. zur Oker hin, liegt an einer Stelle (PS 1) umgesetzter, bzw. abplaniert-aufgeschütteter Sand, der auf eine Erweiterung der Burghalbinsel deutet, wie dies auch schon in weit umfangreicherem Maße im Westen, im Bereich des westlichen Vieweg-Hausflügels, nachgewiesen werden konnte.

Bauarchäologische Untersuchungen an dem durch Ludwig Winter 1885 bis 1907 im neoromanischen Stil erstellten Neubau, die im Hinblick auf die nur noch in geringen Resten vorhandene mittelalterliche Bausubstanz sehr aufwendig hätten gestaltet werden müssen, waren nicht durchzuführen.

51

UB XII / VIII / 84:2 / *Bohlweg 43–45* / Fl. 5; Flst. 106, 122 / ass. 1992–1997 / bollewech (1239).
Befunderhebung auf 260 m² vom 17. 1. bis 2. 2. 1984.

Hinsichtlich der Frage nach der Höhenstrukturierung in der Okerniederung ist die Feststellung einer weiteren Sandkuppe von Belang, die südlich der Insel lag, auf der die Katharinenkirche des Weichbildes Hagen erbaut wurde (vgl. Stgr. 24). Zwischen beiden Erhebungen muß sich nach den Ermittlungen der Stgr. 22, 27, 15, 59 zumindest ein Arm des östlichen Okerlaufes hindurchgewunden haben, der allgemein jenseits des südnördlich orientierten, länglich-schmalen und flachen Höhenrückens (um NN 67,50 m) geflossen ist; diesseits lag das westliche Okerbett. Das Höhenniveau der kleinen Insel dürfte max. NN 68,50 m erreicht haben (vgl. *Farbtaf. 2*).

Von den vier ermittelten Daubenkloaken (Typ IVa) ließ sich die Primärverwendung eines Holzfasses als Daubenbrunnen aufgrund eingeschwemmter Feinsandschichten, die eine Mächtigkeit von rd. 0,50 m erreicht hatten, einwandfrei bestimmen. Der Faßboden war herausgenommen worden – dies unterblieb nach den Befunden bei der Erstverwendung von Fässern als Kloaken oder Abfallbehälter. Die Zylinderform (Dm. 0,80 m) des auf 1,50 m Höhe unter der neuzeitlichen Kellersohle noch erhaltenen Fasses kann auf Verformung durch Bodeneinflüsse zurückgeführt sein. Nach zahlreichen Parallelfunden des 13./14. Jhs. anderer Stadtgrabungen haben doppelkonische Faßtypen Höhen zwischen rd. 2,20–2,60 m erreicht, bauchige Formen solche um 1,60 m.

Die hier für den Faßbrunnen von St. 1 aufgrund der ehem. Brunnensohle bei NN 65,80 m und der örtlichen hochmittelalterlichen Oberfläche bei NN 68 m zu rekonstruierende Höhe von mindestens 2,20 m kann auch durch das Ineinanderstülpen von zwei Fässern erreicht worden sein. Auch hierfür gibt es Befunde mit Höhen bei 2,70 m (z. B. Stgr. 10, UA I – A 3 – PG 6 – P 29 – Schichtbefunde 3/4).

52

UB IV / 82:16 / *Aegidienmarkt 9* (1982); Aegidienmarkt 9, 10 (= Auguststraße 1), Auguststraße 2, 3, 4 (1944) / Fl. 10; Flst. 53–55, 58 / ass. 2417–2421 / Sante Ylienmarket (1320).
Objektgrabung auf 220 m² vom 10. bis 16. 11. 1982.

Die Baumaßnahme Aegidienmarkt 9 auf einer Neuparzelle (1982) betraf im wesentlichen die Altparzellen ass. 2419 und ass. 2420 an der Auguststraße sowie benachbarte Anteile von ass. 2417, 2418 und 2421. Die Baufluchten, kartographisch seit 1764 als konstant überliefert, waren nach 1945 ebenfalls verändert, d. h. erheblich am Aegidienmarkt zurückgenommen bzw. an der Auguststraße leicht vorgezogen worden (vgl. *Abb. 28, S. 58*). Eine erste Durchsicht der Archivalien hatte allein für die nur randlich betroffene Eckparzelle ass. 2418 eine günstige Quellengrundlage erbracht (in den Jahren 1432–1448 ist hier der Wohnsitz des Schmiedes Hennig Kurland mit Schmiedehaus und zugehöriger Bude). Diese Bedingungen schienen das zu erwartende archäologische Ergebnis von vornherein zu beeinträchtigen.

Die Untersuchungen mit technischer Unterstützung der Baufirma Munte konnten jedoch hochmittelalterliche Basisquellen auf den Grundstücken ass. 2419/2420 erschließen, die mit Ausnahme eines modernen Baueingriffes (Bau I betreffend) ungestört in der Baugrube faßbar waren. Auf den kleineren Liegenschaften hatten sich Reste einer ältesten Steinbebauung erhalten, da die nachfolgenden Gebäude jeweils nur mit einräumiger Unterkellerung ausgestattet worden waren (vgl. Landes-Brandversicherungsakten im Nds. Staatsarchiv Wolfenbüttel u.a.: 131 N Zg. 39/1960 – Pak. Nr. 30, ass. 2401–2500 Braunschweig, aus dem Jahr 1887 und 131 N Zg. 2/61 – Pak. Nr. 894, ass. 2401–2700 Braunschweig, aus dem Jahr 1934).

Das in Profilen und Teilflächen vorliegende bauarchäologische Befundergebnis für die beiden Parzellen 2419/2420 ist wegen der örtlichen Lage, der ermittelten Fundamentgrundrisse, ihrer Dispositionen und Deutungsmöglichkeiten sowie der datierbaren Baufolge bemerkenswert.

Bau I auf ass. 2420 (*Abb. 28, S. 58*), ein wohl eher quadratisch und giebelständig als rechteckig und traufenständig zu rekonstruierendes Gebäude, war teilweise unterkellert. Die Grundmauern, aus Rogenbruchstein sehr fest gefügt in grünlicher Geschiebelehmbindung bei einer Mauerstärke von 0,55–0,60 m, befanden sich nur in Bereichen des anstehenden Geschiebelehms nicht auf gleichmäßiger Tiefe von mindestens minus 1,40 m OK/Mittelalter (± NN 72,40 m, nach St. 3, P 2), sondern waren um 0,20 m höher gegründet (*Abb. 79,* vgl. Schichtbefunde 13 und 8/8a). Vor allem auch dort sind sie im anstehenden Sand gleichmäßig eingetieft worden, wo das Fundament nicht zugleich als Kellerwand diente.

Das Außenmaß des Gebäudes dürfte angesichts des Baugrubenverlaufs der modernen Bebauung, die keine Überschneidung erkennen ließ, sowie der Grenzbefunde zu ass. 2421 trotz der zusätzlichen Befundstörung durch einen raschen Baggereingriff etwa 5 × 5 m betragen haben. Der mit einem Trampelestrich versehene Keller hatte eine vollständig erhaltene Breite von rd. 2,70 m. Zum anstehenden Sand hin an der nordwestlichen Langseite muß nach den Brandbefunden eine Bretterwand gestanden haben.

Die ermittelten Baumerkmale nach Vergleich und Kontrastbefund lassen den Schluß zu, daß auch die aufgehenden Mauerteile aus Stein errichtet worden sind und daß hier Fundamentreste eines ggf. auch zweigeschossigen Steinwerkes vorliegen. Damit ist eine Frühform der Kemenate gegeben. Zum Vergleich sei auf die Baudaten der Liberei aus der 1. Hälfte des 15. Jhs. verwiesen, obgleich die Grundmauern des Baues I, wie noch weiter auszuführen ist, aus der Zeit um 1100 stammen (Stgr. 68: bei einer Fundamenttiefe von 1,30 m und einer gering abgetreppten Bruchsteinmauerstärke von 0,45 m auf 0,65 m wurde auf einem ca. 5,60 × 5,50 m betragenden Grundriß mit einer aufgehenden Backsteinmauer von 0,45 m Stärke eine Traufenhöhe von 5,80 m, eine Giebelhöhe von 11 m und eine Dreigeschossigkeit inkl. Dachraum erreicht).

Im herabgestürzten Brandschutt eines Teils der Balken- und Dielendecke sowie des Tonestrichs vom darüberliegenden Raum sind auf dem ehem. Kellerfußboden zwei Kugeltöpfe der älteren grauen Irdenware (*Abb. 80,* Fundangaben) und zahlreich eingetretene Gefäßscherben geborgen worden, die nach dem gegenwärtigen Arbeitsstand allgemein um die Mitte des 12. Jhs. zu datieren sind und hier wohl einen Zeitpunkt der Brandkatastrophe markieren, der noch vor dem Auftreten der jüngeren grauen Irdenware liegt.

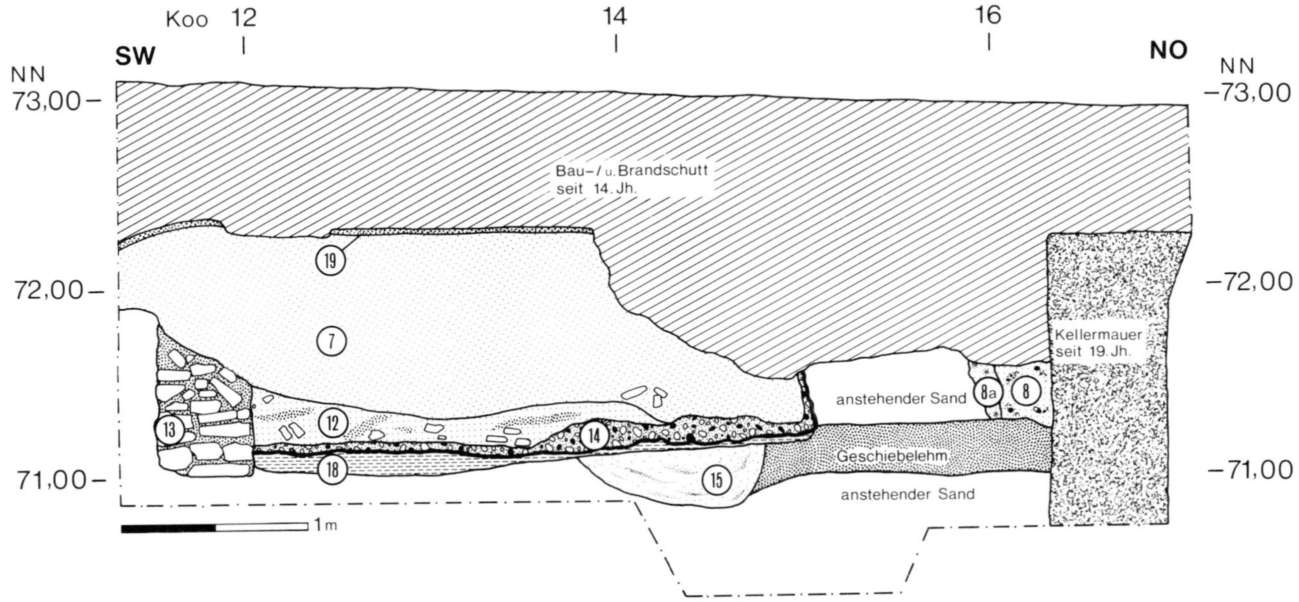

Abb. 79 Altewiek, Aegidienmarkt 9 (Stadtgrabung 52). Leitprofil der Stelle 1 zu Bau I: Rogensteinmauer in Geschiebelehmbindung im Ausbruchsbefund 13, 8; über Trampelestrich 18 liegen Brandschutt 14, Ausbruchsschicht mit Geschiebelehm 12 und Verfüllung 7. M. 1:40.

Die relativchronologisch auswertbaren Befunde hinsichtlich des Aufkommens dieser Irdenware sind eindeutig: erst die Verfüllung der Ausbruchsgrube der Fundamente zu Bau I enthält diese Warenart, wie auch die Baugrubenverfüllung bzw. das Grundmauerwerk von Bau II, der teilweise offensichtlich mit Steinmaterial des abgebrannten Baues I errichtet wurde (vgl. *Abb. 79,* Schichtbefunde 12 u. 7).

Hinsichtlich des Zeitraumes der Errichtung von Bau I sind ebenfalls stratigraphische und keramische Merkmale auszuwerten. Wenn die Keramik (wie ein Wetzsteinfragment, Tierknochen u.a.), die aus der Verfüllung der Materialentnahmegrube für die örtliche Baustoffgewinnung von anstehendem Geschiebelehm stammt (*Abb. 79,* Schichtbefund 15), zur Bestimmung des Gründungszeitpunktes von Bau I heranzuziehen ist, wofür Lage und Ausdehnung der Materialgrube/Abfallgrube im Kellerraum sprechen wie der abdeckende und sich geschlossen darüberziehende Trampelestrich, dann ist Bau I spätestens um 1100 errichtet worden (*Abb. 80,* Fundangaben).

Bau II liegt auf ass. 2419 unmittelbar nordwestlich benachbart, teilweise in stratigraphischer Überlagerung (*Abb. 28, S. 58*). Er dürfte nach den Keramikeinschlüssen um 1200 erbaut worden sein. Der leicht trapezoide Grundriß dieses nachfolgenden Steinwerkes hat bei einer Mauerstärke von durchschnittlich 0,55 m Innenmaße von ca. 4 m und 3,80 m Breite (straßenseitig) bei einer Länge von 5,20 m bzw. 5,45 m.

Der südöstlich anhängende, sehr flach fundamentierte, winkelförmige Mauerrest aus Rogen- und Buntsandsteinbruch, der noch einen Lehmestrich umschloß und eher einem Fachwerkanbau als der Außentreppensubstruktion einer Kemenate zugehören dürfte, ist nach Steinmaterial und Scherbenfunden spätmittelalterlichen Ursprungs.

Die rd. 1,60 m tiefen Grundmauern des Baues II aus Rogensteinmaterial haben als Kernwerk zwischen vorgeblendeten Backsteinschalen nachfolgender Bauten und deren Unterkellerung bis in das 20. Jh. bestanden. Strukturen der räumlichen Entwicklung von Parzelle, Bebauung und Straße lassen sich angesichts der eingangs erwähnten Quellenlage nur ausschnitthaft erkennen.

1. Der offensichtlich aufgrund der stratigraphischen Baubefunde im engeren Untersuchungsbereich vorliegende Standortwechsel der Bebauung nach der Brandzerstörung – wie dies ja wohl auch in gleicher Weise an der Knochenhauerstraße in der Altstadt zu beobachten ist (Stgr. 61) – deutet auf eine größere Urparzelle mit mindestens 200 m² Umfang, an dem die Liegenschaften ass. 2419 und 2420 hauptsächlich beteiligt gewesen sein dürften. Die archivalischen Quellen des 15. Jhs. über die Hausbesitzer (*Kablitz* 1982, den Grabungsakten beigefügt) würden einer solchen Schlußfolgerung nicht widersprechen. Die Daten von ass. 2419/2420 fügen sich diachron für ein ungeteiltes Grundstück aneinander und verhalten sich nicht grundsätzlich synchron.

2. Vermutlich wird in der unterschiedlichen Flucht (der Grundrisse) der Steingebäude ein Wechsel der Bauflucht von Bau I zu Bau II greifbar (*Abb. 29, S. 59*), der nicht zugleich auch eine Veränderung der Wegeführung bedeutet haben muß. Eine kombinierte straßenseitige Fachwerk-Vorbebauung, wie dies als typisches Bebauungsmuster für die Mehrheit der Kemenatenparzellen in spätmittelalterlicher Zeit gilt, ist für Steinbauten, die um 1100 bzw. im 12. Jh. errichtet wurden, nicht in gleicher Weise vorauszusetzen.

Dann kann auch auf ass. 2419 auf die Kontinuität der Bauflucht seit dem 13. Jh. bis in die Nachkriegszeit geschlossen werden.

Hochmittelalterliche Steinbauten am Aegidienmarkt, dem mittelalterlich-frühneuzeitlichen Standort des Rathauses der Altenwiek und unmittelbar nordöstlich am Fuß der Sanddüne gelegen, auf dem seit 1115 das Aegidienkloster stand, entsprechen den topographischen Rahmenbedingungen.

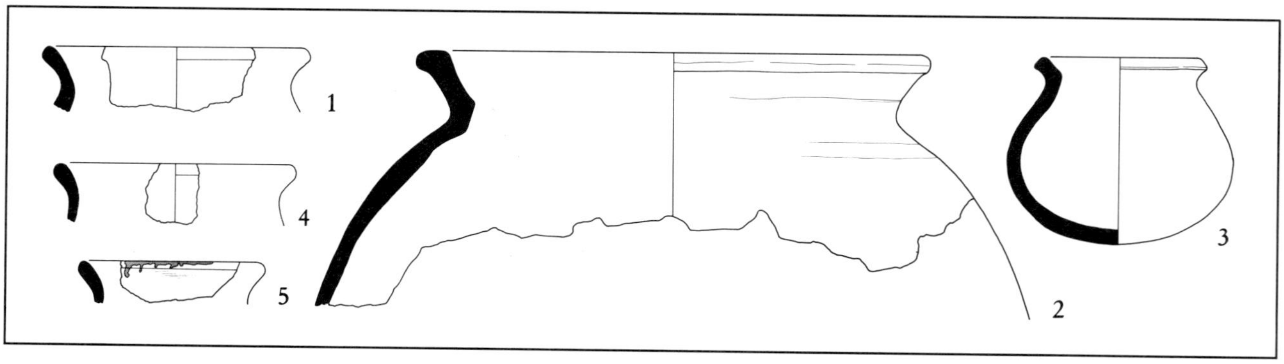

Abb. 80 Altewiek, Aegidienmarkt 9 (Stadtgrabung 52). Keramik aus Bau I: um 1100 (Nr. 4 f.), um 1150 (Nr. 1–3). M. 1:4.

Fundangaben zu *Abb. 80*

Fundkomplex aus Brandschutt und Grubenfüllung, St. 1

Jüngere grau-hellrotbraune Granitgrusware
4 RS, leicht ausbiegender Lippenrand; relativ hart oxydierend-reduzierend gebrannter dünnwandiger Scherben; beidseitig braun-hellrötlich, im Bruch grauer Kern; feine bis mittlere, glimmerige Granitgrusmagerung, Quarz zurücktretend.
Rdm. ca. 12,5 cm. FNr. 82:16/21, aus Grubenfüllung 15 (vgl. *Abb. 79*).

Gelbe Irdenware
5 RS, leicht ausbiegender Lippenrand; harter, relativ glatter, beidseitig beigefarbener Scherben, im Bruch hellgrauer Kern; feinkörnige Quarzmagerung. Auf der Randlippe rote Farbspuren.
Rdm. 9,8 cm. FNr. 82:16/48, aus Grubenfüllung 15.

Ältere graue Irdenware
1 RS eines Kugeltopfes, ausbiegender Lippenrand; glatter, klingend hartgebrannter dunkel-hellgrauer Scherben, im Bruch hellgrau; feine bis grobkörnige Sandmagerung (?).
Rdm. 13,6 cm. FNr. 82:16/35, aus Brandschicht 14 (vgl. *Abb. 79*).
2 Großer Kugeltopf, Vorratsgefäß; verdickter, horizontal abgestrichener, nach außen abgerundeter Stempelrand mit Innenkehlung; relativ glatter, grauer dickwandiger Scherben, im Bruch hellbraun-grau; mittlere bis grobe Granitgrusmagerung, überwiegend Quarz. Hellrotbraun überfangener und schichtweise abgeplatzter Scherben infolge sekundärer Brandeinwirkung. Oberteil des Gefäßes aus mehrfach zusammengesetzten Scherben erhalten.
Rdm. 26,7 cm. FNr. 82:16/5, aus Brandschicht 14.
Parallelfunde stammen beispielsweise aus der hochmittelalterlichen Dorfwüstung Honrode, Flur Kirchenkuhle, Gemarkung BS-Veltenhof, Bezirksgrabung/FNr. 79:10/17, vgl. *Abb. 15b, S. 32.*
3 Kleiner Kugeltopf mit nach außen abgestrichenem, ausbiegenden Lippenrand, Scherben wie Nr. 2, jedoch weit überwiegend mit fein- bis mittelkörnigem Quarz gemagert. Hellbraun-rötlich überfangen infolge sekundärer Brandeinwirkung. Gefäß aus Scherben zusammengesetzt, wenige Fehlstellen.
H. 9,8 cm. FNr. 82:16/5, aus Brandschicht 14.
Datierung zu Nr. 4–5: um 1100
Datierung zu Nr. 1–3: um 1150.

53

UB I / 82:15 / *Posthof (Kattreppeln 19 – 22)* Fl. 3, Flst. 258/2 / ass. 258; Medizinischer Garten bzw. Johanniterhof / by sunte Johannese, vor der langen brughe (1386), Katerpohl (1606).
Befunderhebung auf 25 m² am 29. 10. 1982.

Tiefbaumaßnahmen der Bundespost ermöglichten die Aufnahme eines ca. 7 m langen Profils, das die örtlichen Schichten repräsentativ erfaßt. Ursprünglich lag das Gebiet im Niederungsbereich der Oker: vorwiegend Stillwassersedimente über einem Höhenrücken reichen bis in die Höhe von rd. 68,60 m ü. NN. Dann folgt eine Sandaufschüttung, nachweisbar noch in einer Mächtigkeit bis zu rd. 40 cm, vermutlich in Zusammmenhang mit der Gründung der Johannitersiedlung. Der Überlieferung nach ist sie ein Werk Heinrichs des Löwen. Das Spital wird erstmalig 1224 urkundlich erwähnt *(Endtricht* 1936, Taf. 1, ff.).

Von den Bestattungen auf dem Kirchhof der St.-Johannis-Kapelle *(Dorn* 1978, 250) wurden drei WO-Gräber in stratigraphischer Überlagerung bis in Höhe NN 69,60 m erfaßt. Zwei Kopfsteinpflaster schlossen das Profil in Höhe NN 70,70 m (± 10 cm) ab.

Die offensichtlich durch die Landgewinnungsmaßnahmen des 12. Jhs. entstandene langgestreckte Inselfläche *(Farbtaf. 2)* südlich der Burghalbinsel hat streckenweise den hier auslaufenden mittelalterlichen Bering der Altstadt und im nordwestlichen Teil die Johannitersiedlung aufgenommen. Seit der Mitte des 17. Jhs. lag der Apotheker-Garten bzw. der Medizinische Garten auf der Insel. Über ihre Nordostspitze verlief der ebenfalls wohl in der 2. Hälfte des 12. Jhs. quer durch die Niederung aufgeschüttete „Damm" vom „Kohlmarkt" auf der westlichen Niederterrasse zur Altenwiek auf der Ostterrasse *(Farbtaf. 2)*.

54

UB IV / 82:13 / *Waisenhausdamm 13,* auf dem Gehweg/ Ecke Hinter Liebfrauen / Fl. 13, Flst. 427/1 / ass. 4983 / –.
Befunderhebung auf 20 m² vom 20. bis 21. 10. 1982.

Im ehemaligen nordöstlichen Uferbereich an der Langen Brücke wurde eine nahezu N-S verlaufende Grundmauer aus Muschelkalk-Bruchstein von ca. 1 m Breite und ca. 2,60 m Tiefe ab OK Asphalt durch eine Baumaßnahme auf eine Länge von ca. 5 m erfaßt. Die oberste Lage war mit scharrierten Kalksteinquadern gelegt, so daß der Nachweis eines Sockels zu führen ist.

Da westlich vor dieser Hausmauer Schluffschichten angeschnitten wurden, dürfte es sich um eine Uferrandbebauung in unmittelbarer Nähe der Oker gehandelt haben. Aus Auffüllschichten und älteren Aufschüttungen stammen mittelalterliche bis hochneuzeitliche Streuscherben von grauer und einfarbig glasierter Irdenware sowie von Steingut und Porzellan.

55

UB IV / *Langedammstraße 14, 15, 16; Ölschlägern 5, 6, 7, 8* / Fl. 4, Flst. 574/2 / ass. 2290–2292, 2325–2328 / Damstrate (1409), in den olscleghern (1401).
Objektgrabung auf 600 m² vom 1. bis 22. 12. 1982.

In Abstimmung mit den Arbeitsschritten der Baumaßnahme und mit technischer Hilfe des Architekten R. Schadt und der Baufirma F. Preusse entwickelte sich die archäologische Planung, aufgrund günstiger Befunde im Grundwasserbereich vorrangig Brunnen und Kloaken zu untersuchen. Ihr gemeinsamer Fundhorizont war unterhalb des abgeräumten Kellerbodens und der kriegszerstörten Altbebauung im Planum knapp oberhalb des Grundwasserspiegels aufgedeckt worden. Vier mittelalterliche bis frühneuzeitliche Brunnen und elf Kloaken auf anfangs drei, nach spätmittelalterlicher Austeilung auf sieben Parzellen wurden daraufhin von einem Niveau her ausgegraben, das nur einen Meter unter der ursprünglichen Oberfläche bei NN 69,60 m lag (*Abb. 22, S. 51*, Schichtbefund 10).

Ausreichende Befunde zu Baumaterial, Konstruktion, Grundriß, Benutzung und Datierung der Anlagen ließen sich ermitteln. Im Hinblick auf parzellentopographische Fragen sind die Abstandsmaße ihrer räumlichen Anordnung im Verhältnis zueinander, zur zeitentsprechenden Grundwasserhöhe, zur Hausbebauung wie zur Parzellengrenze von Bedeutung (*Abb. 27* und Kommentar *S. 57*).

In Zusammenhang mit den Ergebnissen anderer Stadtgrabungen (bes. Stgr. 10, 12, 13, 18, 22, 32, 59) ließ sich inzwischen auf einer Materialbasis von annähernd einhundertfünfzig Brunnen und Kloaken ein jeweils siebenfach besetztes Grundtypenschema aufstellen und zeitlich weitgehend eingrenzen, das als Kriterien Baumaterial, Konstruktionsprinzip und Grundriß einbezieht (*Abb. 21–25, S. 50ff.*).

Beispielsweise ist die hier auf ass. 2290, St. 4 (*Abb. 27, S. 50*) erfaßte, seinerzeit rd. 1,85 m tiefe, ausgehöhlte Baumstammröhre einer Eiche als Typ II aufgenommen worden. Dieser Typ ist nach erster dendrochronologischer Bestimmung und Fundvergesellschaftung für das 13. Jh. belegt (*Tab. 9, S. 56*, Stgr. 19, St. 1: 1225, nach *Leuschner* 1984).

Die auf ass. 2291 in zwei Anlagen (St. 19 und 20) in stratigraphischer Überschneidung aus dem 12./13. Jh. überlieferte, trocken aufgesetzte, rundliche Bruchsteinröhre (*Abb. 22, S. 51,* St. 20: Innendm. 0,80 m; Rogensteine, Buntsandsteine) auf rechteckigem, schlichten Spaltbohlen- oder Balkenrahmen (Typ III) war um ca. 2,25 m eingetieft. Sie ist offensichtlich wegen der starken Grundwasserströmung am Hangfuß ständiger Versandung und Instabilität und damit Reparaturen ausgesetzt gewesen. Wohl deshalb ist die St. 20 wie der Vorgängerbau (St. 19) relativ kurzfristig wieder aufgegeben worden.

Der Fundamentrahmen der St. 20 bestand aus vier keilförmig im Radialverfahren gespalteten Eichenbohlen (Br. ca. 0,25 m; St. 5–8 cm). Sie waren in einem rechteckigen Schling von 1,10 x 1,30 m Kantenmaß (Außenmaß), im Eckverband unregelmäßig übergreifend und mit jeweils einem Holznagel gesichert, verlegt. Die dendrochronologische Bestimmung (*Tab. 9* nach *Leuschner, S. 56,* mit den Fällungsjahren 1210 mit Waldkante, 1207, 1212, 1216 jeweils ± 6) belegt die Errichtung des Brunnens in den Jahren 1210/1211. Die hereingestürzten, jüngsten Krüge (Fundangaben *Abb. 80* und *Tab. 4, S. 36f.*) datieren die Aufgabe des Brunnens nach Vergleichsbefunden aus dem städtischen Brandschutthorizont in das ausgehende 13. Jh.

Parallelen zum Brunnentyp III, der sich wie andernorts auch in Braunschweig zum Haupttyp entwickelte, finden sich in ländlichen Siedlungen der Region wie beispielsweise in der spätmittelalterlichen Wüstung Klein-Büddenstedt bei Runstedt, Ldkr. Helmstedt (*Niquet* 1959, Abb. 14 f.).

An der Fundstelle Langedammstraße 15 ist er als Zieh- bzw. Schöpfbrunnen betrieben worden (*Abb. 22, S. 51*).

Die als eingetiefte Gruben mit oder ohne Holzeinbauten ermittelten Kloaken auf den Parzellen der Grabungsstelle sind stadttypisch und sozialbedingt teilweise so bis in das 16. Jh. hinein gebräuchlich gewesen (*Abb. 23–25*). Steinbauten wurden zwar um 1300 erstmalig errichtet, blieben aber in der Minderheit und bis zur frühen Neuzeit reichen Bürgern vorbehalten (vgl. Kommentar *S. 57*).

Die gebräuchlichsten fünf Typen sind auch hier auf den Parzellen an der Langedammstraße vertreten. Wie für Holzbauten charakteristisch, enthalten sie relativ wenig Hausmüll, wurden zwischen 1,40 m bis 1,80 m eingetieft, liegen hinsichtlich ihrer Sohle nicht im zeitentsprechenden Grundwasserbereich (sondern mindestens 0,60 m höher als die Brunnensohle), überschneiden sich teilweise und sind gewohnheitsmäßig nicht geleert worden.

Es kommen mit einer parzellengebundenen Datierung ins 13. Jh. vor:
- die einfache Erdgrube ohne Holzverbau, die wohl im Überbau mit einem schlichten Flechtwandschirm umgeben war und auch vorzugsweise als Gartenabfallgrube (*Matthies* 1984, 51 f.) genutzt wurde (Typ I: St. 2,13 auf ass. 2290, 2292, *Abb. 27, S. 55*),
- die Flechtwandgrube (Typ II: St. 3 auf ass. 2290),
- und die trapezoide, rähmausgesteifte Palisadenwandgrube (Typ III: St. 5, 22 auf ass. 2291, 2292).

In das 14./15. Jh. sind die Bohlenkastenkloaken mit Innenpfosten zu datieren (Typ V: St. 10, 21 auf ass. 2291, 2293 – St. 10 nach dendrochronologischer Bestimmung errichtet im Zeitraum 1300–1320, vgl. *Tab. 9;* St. 17, 16 auf ass. 2291, 2292).

Parzellengebunden für das 16. Jh., allgemein jedoch bereits ab 14. Jh. belegt, finden sich auch Daubenkloaken, die oft in Zweitverwendung des zuvor als Brunnenschacht genutzten Fasses vorkommen (Typ IV a: St. 1,9 auf ass. 2328, 2325).

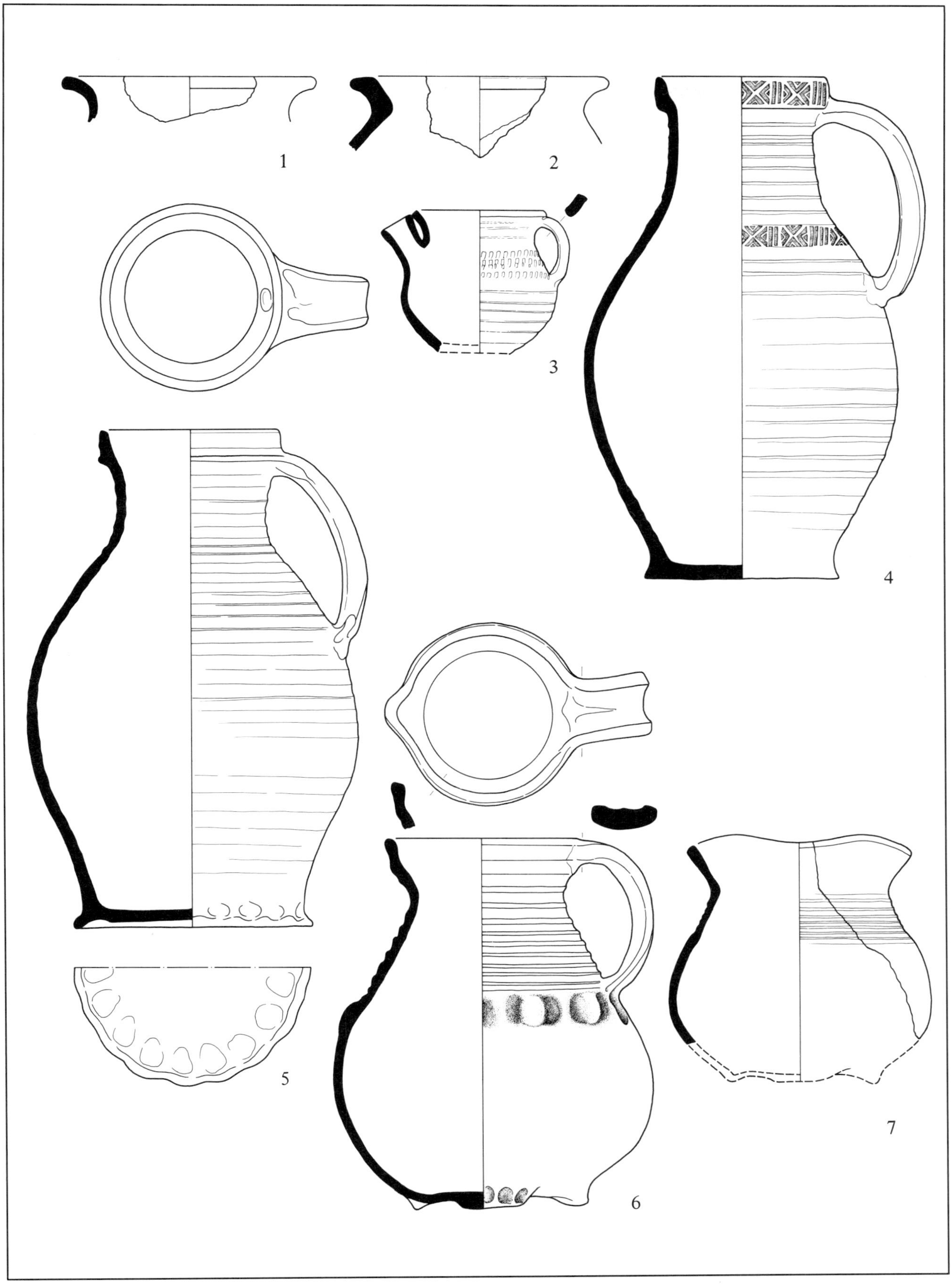

Abb. 81 Altewiek, Langedammstraße 15 (Stadtgrabung 55, Stelle 20). Brunnenfunde, u.a. Tüllenkännchen der gelben Irdenware (Nr. 3), Kanne der älteren grauen Irdenware (Nr. 6), Krüge mit Dornrand (Nr. 4, 5) der jüngeren grauen Irdenware und Vierpaßbecher der älteren Mündelkeramik (Nr. 7). 13. Jh. M. 1:3.

Brunnenfunde, St. 20

Ältere graue Irdenware (K)

1 RS eines Kugeltopfes; ausbiegender Lippenrand; harter rauhwandiger, schwarzgrauer Scherben, im Bruch graubraun; glimmerige Sandmagerung (?), zurücktretend Quarz, feine bis mittlere Korngröße.
Rdm. 13,4 cm. FNr. 82:8/61, aus sandigem Brunnensediment der Schicht 2 *(Abb. 22, S. 51)*, in Streulage.

2 RS eines Kugeltopfes; verdickter, horizontal abgestrichener, nach außen abgerundeter Stempelrand mit Innenkehle. Scherben wie 1.
Rdm. 13,7 cm. FNr. 82:8/61, aus Schicht 2 in sekundärer Lagerung.
Datierung zu Nr. 1–2: 1. Hälfte 13. Jh.

6 Kanne, birnenförmig gebauchter Gefäßkörper auf drei gekniffenen Standleisten; einfacher Karniesrand, kurze Schneppe. Auf der Schulter horizontal umlaufend einreihiger Buckel-Dellen-Dekor, auf dem Kegelhals Gurtfurchen; breiter randständiger Bandhenkel, gekehlt. Schwarz-grauer, relativ glatter, hartgebrannter Scherben, im Bruch hellgrau-bräunlich; weit überwiegend feinkörnige Quarzmagerung. Gefäß unbeschädigt.
H. 20 cm; Inhalt 2,5 l (Höhenmarke Ansatz Schneppe). FNr. 82:8/83, aus Schicht 2 *(Abb. 22, S. 51)*.
Datierung: 2. Hälfte 13. Jh.

Gelbe Irdenware (I)

3 Tüllenkännchen; bauchiger, geriefter Gefäßkörper mit ausbiegendem Lippenrand, nach außen abgestrichen. Auf der Schulter Rollstempeldekor mit rechteckigen Grübchen, drei- bzw. vierzeilig; röhrenförmige, zur Mündung konisch geweitete Tülle; Bandhenkel unterrandständig. Oxydierend creme-ockerfarben gebrannter, kreidiger Scherben; weit überwiegend feinkörnige Quarzmagerung. Gefäß mit Ausnahme des Standbodens gut erhalten. H. 7,5 cm. FNr. 82:8/91, aus sandigem Brunnensediment der Basisschicht 6 *(Abb. 22, S. 51)*, wohl Brunnenopfer.
Datierung: wohl 1210/11 (spätestens 2. Viertel 13. Jh.; vgl. *Tab. 9, S. 56,* unter G 92f., G 115f.).

Ältere Mündelkeramik (P)

7 RS eines Vierpaßbechers; auf dem Hals Gurtfurchen; schwarzgrauer harter Scherben, im Bruch weißgrau; weit überwiegend feine bis mittlere Quarzmagerung. Rekonstruiert nach Vergleichsfunden (u. a. *Abb. 67:8,* Stgr. 23).
Rekonstr. H. um 13,5 cm. FNr. 82:8/92, aus Schicht 2.
Datierung: 2. Hälfte 13. Jh.

Jüngere graue Irdenware (L)

4 RS, WS und BS eines Kruges; auf Dornrand und Schulter Rollstempeldekor mit römischen Zahlen, Zylinderhals mit Gurtfurchen, darunter geriefte Wandung. Klingend harter, dunkelgrauer Scherben mit Ascheanflug-Glanz, im Bruch hellgrau; weit überwiegend feinkörnige Quarzmagerung. Gefäß aus Scherben rekonstruiert.
Rekonstr. H. um 26 cm. FNr. 82:8/68, aus Schicht 2.
Datierung: 2. Hälfte 13. Jh. (bis um 1300).

5 Krug, tonnenförmig gebaucht; geriefter Gefäßkörper auf Wellenboden und kurzem, leicht konischem Hals; Dornrand; unterrandständiger Bandhenkel, flach gekehlt. Dunkelgraublauer, sehr hart gebrannter Scherben mit Ascheanflug-Glanz (stellenweise), im Bruch hellgrau; weit überwiegend klassierte, sehr feinkörnige, glimmerige Quarzmagerung. Wandung teilweise ergänzt.
H. um 26,5 cm; Inhalt 3,8 l (Höhenmarke Ansatz Dornrand). FNr. 82:8/81, aus Schicht 2 *(Abb. 22, S. 51)*.
Datierung: 2. Hälfte 13. Jh. (bis um 1300).

56

UB II / 82:6 / *Sonnenstraße 1* / Fl. 3, Flst. 453/8 / ass. 637 / de strate, alze me to deme hoghedore geyt van sunte Mertene to (1410), Hondoresstrate (1421), sunnenstrate (ab 1470).
Befunderhebung auf 200 m² vom 10. bis 13. 12. 1982.

Ein überraschend negatives archäologisches Ergebnis im Vergleich zur archivalischen Quellenlage hatte die Untersuchung dieser bekannten Kemenaten-Parzelle unmittelbar westlich vor St. Martini in der Altstadt. Die Kemenate ist 1888 offenbar so vollständig und ausgreifend abgebrochen worden (vgl. *Flesche* 1949, 31 u. Abb. 25, 26 mit *H. Meier* 1904, 98f.), daß nicht einmal archäologisch relevante Schichtbefunde überdauert haben.

57

UB VIII / 83:3 / *Im Straßenbereich Wendenstraße Nr. 59, vor der Einmündung Bockstwete* / Fl. 6; Flst. 308/26 / vor ass. 1597 / platea slavorum (1268), Wendenstrate (1322), Bockes Kerne (1411).
Befunderhebung auf 14 m² am 11. 3. 1983.

Neubauarbeiten an der Straßenbahntrasse in der Wendenstraße, die auch Tiefbaumaßnahmen mit einschlossen, wurden archäologisch beobachtet und Befunde hinsichtlich der Ausdehnung der auf dem Hagenmarkt schon in der Flucht des Bohlweges bzw. der Wendenstraße erfaßten großflächigen zweiperiodigen Knüppeldecken erhoben (vgl. Stgr. 27, *Farbtaf. 4a*).
In einem annähernd SN-orientierten Straßenprofil, 8 m vor der ehem. Bauflucht Wendenstraße (1944) – ca. 1,80 m unter OK Grabungszeit – konnte auf dem gleichen Niveau um NN 67,50 m wie auf dem Hagenmarkt die untere sowie etwa im gleichen Abstand darüber die obere Knüppellage erfaßt werden. Die älteste Knüppeldecke liegt gleichfalls auf festem tonigen Schluff, dessen Mächtigkeit jedoch wegen des hohen Grundwasserstandes nicht sicher ermittelt werden konnte.

58

UB II / 83:5 / *Im Straßenbereich der Garküche* / Fl. 3; Flst. 545/1 vor ass. 444, 445 / an der garkoken (1547).
Befunderhebung auf 10 m² am 21. 3. 1983.

Im Ostprofil der durch die Einbringung eines Kranfundaments entstandenen Baugrube, an der nördlichen Außenmauer des Gebäudes der Deutschen Bank, 19 m entfernt von der Bauflucht Brabantstraße (Allers

1885), wurde als ältester wichtigster Befund eine steilwandig in den anstehenden, gelbbräunlich gebänderten, groben Sand angelegte Grube angeschnitten und teilweise untersucht. Die ca. 0,95 m tiefe und 1,60 m breite und auf ca. 0,50 m Länge zu verfolgende Eingrabung war auf dem Boden über einer dünnen, bräunlich vertorften ehem. Bohlenlage in Höhe rd. 2,50 m unter OK Straßenasphalt (ü. NN um 69,80 m) mit einer festen Brandschicht verfüllt, die Scherben der Kohlmarkt-Keramik (Gruppe E) enthielt.

Eine diese Schicht überlagernde, braungrau-melierte sandige Auffüllung war mit verziegeltem Flechtwandlehm, Holzkohle, Tierknochen, Rogensteinsplittern und Lehmbollen versetzt; eine über den Grubenrand südlich ausgreifende grau-sandig-humose, bis 0,50 m mächtige Planierschicht enthielt wiederum frühmittelalterliche Scherben (Gruppe D).

Die Baugrube des älteren Bankgebäudes unmittelbar südlich und ein moderner Leitungsgraben nördlich des Grubenbefundes überschnitten die höherliegenden Schichten spitzwinklig, so daß keine flächenausgreifenden Beobachtungen gelangen. Im Profil bzw. auf einem Flächenrest südlich zeichneten sich keine Pfostengruben ab. Aber es ist nicht auszuschließen, daß ein Grubenhausbefund mit Eingangsbereich oder Nische angeschnitten wurde.

59

UB VIII / 83:7 / *Wendenstraße 54–57* / Fl. 7; Flst. 75, 88/2 / ass. 1592 bis 1595 / vgl. Stgr. 57.
Befunderhebung auf 470 m² vom 10. 5. bis 10. 6. 1983.

Die Befunderhebung sollte sich auf Merkmale und Daten zur Altlandschaft, der anzutreffenden Brunnen- und Kloakenbauformen sowie vor allem auf die Fragen nach den Methoden der Landerschließung und des allgemeinen Siedlungsbeginns im Weichbild Hagen konzentrieren – besonders auch auf Befunde in Zusammenhang mit dem Problem der Anfangsdatierung der jüngeren grauen Irdenware.

Als wichtigste Grabungsergebnisse sind zu nennen:

1. Etwa in Baugrubenmitte, auf südnördlicher Länge von 35 m, wurde ein rd. 16 m breites Flußbett der Oker festgestellt, das aufgrund der Sedimentbefunde offensichtlich bei Hochwasser aktiv war, zu Niedrigwasser-Zeiten eher als Trödelgewässer bzw. stehendes Gewässer fungierte (vgl. Parallelbefunde hinsichtlich Sediment und Verlauf in den Baugruben der Stgr. 22 u. 15 bzw. 51; *Farbtaf. 2*).

Die höherliegenden westlichen und östlichen „Uferzonen" des gelbbraunen, festen anstehenden bzw. angeschwemmten Sandes (NN-Werte um 67 m), die nur geringmächtige Sedimentablagerungen aufwiesen, waren eindeutig auch im Profil zu erfassen.

2. Bei den Trockenlegungs- und Landnahmearbeiten wurden offensichtlich Knüppellagen über flacheren festeren Schluffsedimenten ausgebreitet, hingegen über tieferem, faulschlammigen oder lockerem, sandigen Schluff mit Staunässe dicke Reisigbündel in Mächtigkeiten um 0,80 m ausgelegt.

3. In den Knüppel- und Reisigdecken der ersten Periode konnten ausnahmslos nur Scherben der älteren grauen Irdenware, wie sie auch noch im 13. Jh. auftritt, geborgen werden (vgl. *Tab. 4,* K 1–3). Die jüngere graue Irdenware, vorzugsweise Kugeltöpfe mit horizontal weit ausbiegendem Lippenrand (L 1), kommt stratigraphisch erstmalig in den Kloaken der nachfolgenden Siedlungsperiode vor.

Aus den Befunden einer einzigen Untersuchung im Hagen sind keine generellen Schlüsse zu ziehen, zumal eine dendrochronologische Datierung nicht gelang.

60

UB VI/IX / 83:11 / *Hinter Brüdern 30–43* / Fl. 15, Flst. 152, 153, 171, 172, 166/1 / ass. 53, 54, 2733 bis 2741 / by den Barvoten (1316).
Befunderhebung auf 3000 m² vom 8. bis 22. 9. 1983.

Als Grundlage der archäologischen Maßnahme, die in den Baufortschritt eingepaßt werden konnte, diente eine zuvor erarbeitete hist.-krit. Rekonstruktion der exemplarisch zu untersuchenden groß- und kleinparzellierten Bebauungsstruktur. Auszugehen war von der jüngsten Phase, wie sie bis Mitte Oktober 1944 bestanden hatte. Rückschreitend sind dann die wesentlichen Veränderungen über *Allers* (1885), zu *Culemann* (1798) und *Haacke* (1764) maßstäblich verfügbar gemacht und über Fixpunkte an der Brüdern-St.-Ulrici-Kirche eingemessen worden (vgl. Karten bei *Mertens* u. *Moderhack* 1981). Die Arbeitsschritte vermittelten prinzipiell auf vergleichbare Projekte zu übertragende Erfahrungen hinsichtlich zu beachtender Meßdifferenzen, gegenseitiger Ergänzungen und der wirklichen Veränderungen. Kellertiefen und Kriegsschäden ließen sich jedoch nicht örtlich ausreichend bestimmen, so daß die dann angetroffene archäologische Quellenlage auf einem Teil der Grundstücksflächen dem durch die Vorbereitung erhofften Gewinn nicht entsprechen konnte. Besonders in der westlichen Hälfte der Baugrube hatten eine ausgreifendere Kellerebene sowie zahlreiche Bombentrichter alle mittelalterlichen Überreste und Spuren beseitigt.

Zur Frage der Grenzziehung zwischen Niederung und Niederterrasse sowie der ehem. Höhenverhältnisse konnten aber in Verbindung mit den Daten der Stgr. 8, 10, 11 auf einer Länge von ca. 120 m bei einer Breite von durchschnittlich 35 m sichere Befunde erhoben werden. Demnach erstreckte sich von Süden her eine halbinselartige Zunge der Niederterrasse in die ehem. „Rennelbergbachniederung". Von einer gegenwärtigen topographischen Position ungefähr in Höhe Chor der Brüdern-St.-Ulrici-Kirche in nördlicher Richtung ausgehend, hatte sie eine Länge von ca. 50 m und eine Breite von ca. 25 m. Beiderseits der Halbinsel bestanden enge Buchten *(Farbtaf. 2)*.
Höhenpunkte konnten bei NN 68,15 m (OK Sediment) und NN 68,80 m (OK anstehender Sand) festgemacht werden.

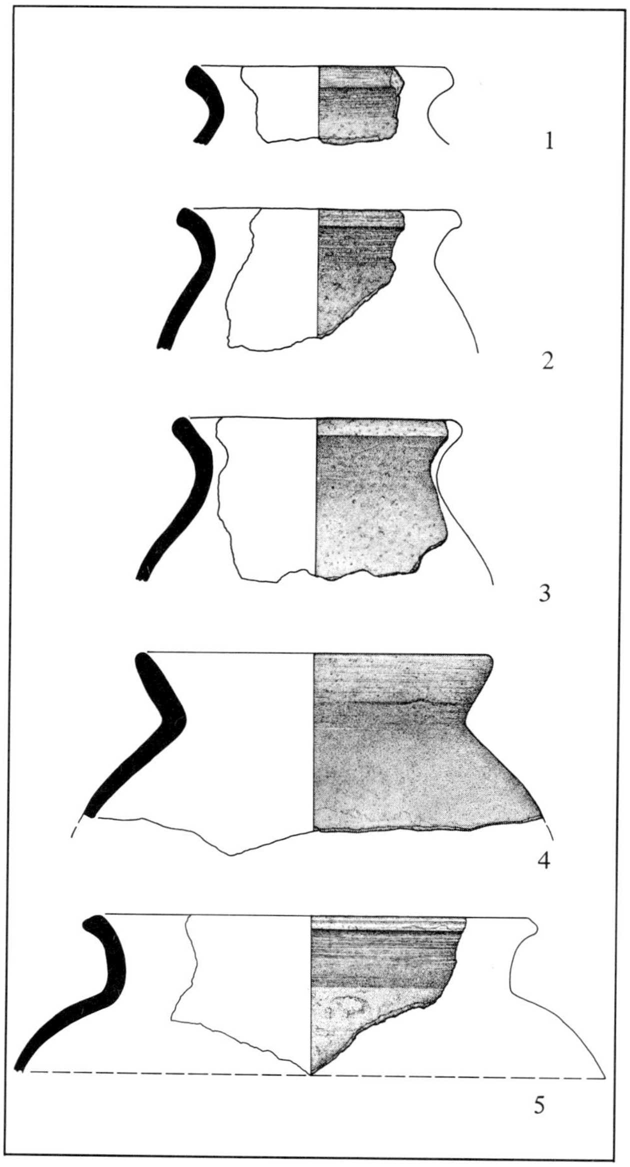

Abb. 82 Altstadt, Alte Knochenhauerstraße 13 (Stadtgrabung 61). Keramik der jüngeren grau-hellrotbraunen Granitgrusware um 1100. Nr. 3: Stadtgrabung 8, Nr. 4f.: Stadtgrabung 10. M. 1:4.

Im Hinblick auf die ermittelten Siedlungsbefunde unter Brüdern-St.-Ulrici (Stgr. 8), die seit dem 11. Jh. nachzuweisen sind, zeigte die erhaltengebliebene Stratigraphie im Osten der Baugrube, auf der ehem. Halbinsel, eine direkte Siedlungstätigkeit erst ab 2. Hälfte 12. Jh. Allerdings fanden sich in der untersten Kulturschicht bzw. in einer Grube Streuscherben des älteren Siedlungshorizontes aus dem 11./1. Hälfte 12. Jh.

Ein Kloakenbefund soll hier als Fallbeispiel örtlicher Entsorgungskontinuität herangezogen werden. Auf ass. 2734 II (*Allers* 1885) bzw. ass. 2734 (*Culemann* 1798, *Haacke* 1764) wurde eine Kloake vom Typ VIa erfaßt, deren obere Wandteile später mit Backsteinlagen übermauert und repariert worden waren (Typ VII, 17./18. Jh.).

Aufgrund des älteren Baumaterials (Kalkbruchstein, mit der glatten Fläche nach innen gesetzt), des trapezoiden Grundrisses und der keramischen Scherbeneinschlüsse der Baugrubenverfüllung ist die Errichtung der Kloake in das 15. Jh. zu datieren. Der Bau ist offensichtlich bis zum Anschluß der Parzelle ass. 2734II in der Zeit vom 18. 5. bis 18. 6. 1895 an den ersten Mischwasserkanal in Benutzung geblieben (Bauakten Tiefbauamt, Abt. Stadtentwässerung).

Diesen Schluß läßt einerseits der angetroffene Zustandsbefund zu: geteerte Wände über stark verhärteten Fäkalresten, eine Lage Eisenschlacke, darüber eine Hausmüllschicht, deren jüngste Gegenstände noch dem 20. Jh. angehören.

Andererseits befand sich die Kloake in einem aufgehenden Zwischenbau, der Vorderhaus und östliche Seitenbebauung im Hofbereich verband: eine Bebauungsstruktur, wie sie *Haacke* bereits 1764 dokumentiert hatte, dann *Allers* 1885 weiterhin aufzeigt und wie sie endlich 1944 noch bestanden hat.

Der südnördlich orientierte Zwischenbau, nach archäologischen Befunden wohl ein eingeschossiger Fachwerkbau auf schmalem, flachem, lockeren Fundamentmäuerchen, stand unmittelbar an der östlichen Grundstücksgrenze und hatte Außenmaße von rd. 6 m Länge zu 2,20 m Breite – die dem Kloakenunterbau mit Vorplatz entsprachen, dessen länglich-trapezoider Grundriß rd. 4,50 m zu 2,20 m aufwies.

61

UB II / 83:13 / *Alte Knochenhauerstraße 12 und 13* / Fl. 3, Flst. 431, 432/3 / ass. 519, 518 / Knokenhowerstrate (1341).
Objektgrabung auf 30 m² vom 5. 9. bis 17. 11. 1983; vorläufig insgesamt weitere 51 m² vom 15. bis 23. 5. 1984 und vom 14. bis 18. 6. 1984 (statistisch nicht mehr mit einbezogen).

Im Zusammenhang mit der Grundsanierung der spätmittelalterlichen Fachwerkgebäude sind archäologische Untersuchungen mit dem Ziel aufgenommen worden, die Flächenentwicklung der Eckparzelle ass. 518 und ihrer Bebauung von den Anfängen an bis zur Errichtung des noch weitgehend erhaltenen Hauses aus dem Jahre 1489 auch in Verbindung zu ass. 519 zu klären. Das vorläufige Ergebnis wird hier zusammengefaßt.

1. Abgesehen von einer sedimentär umgesetzten, sandig-tonigen Schicht, aus der neolithische Flintklingen stammen, ist an mehreren Stellen eine älteste Siedlungsschicht des 11. Jhs. angeschnitten worden, die keramisches Scherbenmaterial in Streulage enthält *(Abb. 82:1,2)*. Direkte Siedlungsbefunde wurden aus dieser Zeit bisher nicht erfaßt.
Ein Höhenpunkt der hochmittelalterlichen 72 m-Höhenlinie konnte festgemacht werden.

2. Über einen ältesten, westöstlich orientierten Steinbau auf ass. 519/518, giebelseitig zur Knochenhauerstraße gelegen, ließen sich erste Befunde ermitteln. Danach dürfte der Steinbau bei einer Fundamenttiefe von durchschnittlich 1 m und einer Mauerstärke von ca. 0,60 m (Rogenbruchsteine, erste Lagen trocken gesetzt, aufgehend dann in Lehmbindung) ein Innenmaß von mindestens 12 × 6 m aufgewiesen haben und teilweise unterkellert gewesen sein. Die Errichtung des Gebäudes ist aufgrund der jüngsten Scherbeneinschlüsse in der Baugrube, wenn nicht noch in das 11. Jh., dann spätestens in den Anfang des 12. Jhs. zu datieren.
Stratigraphische Brandschicht- und Ausbruchsbefunde der Grundmauern dieses Steinbaues im Zusammenhang mit der Verfüllung eines Traufengrabens an der nördlichen Hausflanke und vor allem der schichtgebundenen Keramikfunde lassen den Schluß zu, daß das Haus im Verlauf eines Flächenbrandes in der zweiten Hälfte des 13. Jhs. zerstört wurde (1278?, vgl. Stgr. 7, 23).

3. Ebenfalls aus dem 13. Jh. – wohl jeweils zeitlich vor und nach der Brandkatastrophe – stammen ein Schachtbrunnen (Typ III) und eine Zisterne. Sie wurden am gleichen Ort nacheinander (übereinander) errichtet und liegen 3 m entfernt von der nordwestlichen Hausecke. In der sterilen Sandbettung unterhalb der Tonwanne der Zisterne wurde ein aufrechtstehender Kugeltopf der jüngeren grauen Irdenware geborgen (vgl. *Tab. 4,* Typ L1), dessen Funktion als Bauopfer zu deuten ist.

4. Die im Keller untersuchten westlichen Grundmauern des heute noch erhaltenen Gebäudeflügels an der Petersilienstraße auf ass. 518 aus dem Jahre 1489 sind aufgrund der Brandschuttreste in der Baugrube einem Nachfolgebau des 13. Jhs. zuzuordnen. Diese westliche Grundmauer fluchtet mit der ehem. Westmauer des älteren Gebäudes. Zu dem Nachfolgebau ist ein weiterer Traufengraben an der südlichen Hausflanke erschlossen worden.

In diesem Zusammenhang wird noch die Frage zu beantworten sein, ob nach der Brandkatastrophe ein Standortwechsel der Bebauung vorgenommen worden ist (vgl. Stgr. 52). Dann hätte die Urparzelle (ass. 518 u. ass. 519) ein Flächenmaß von 1024 m² gehabt.

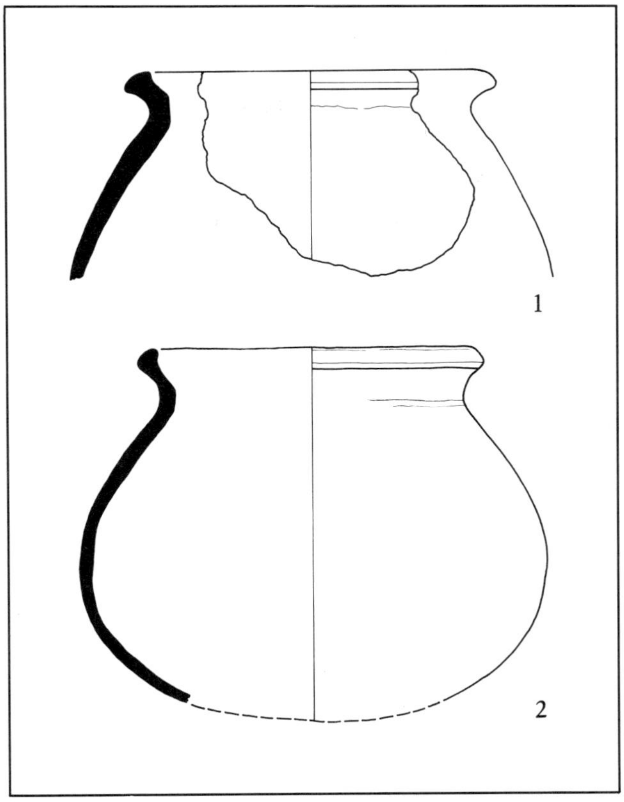

Abb. 83 Altstadt, südlich Michaeliskirche (Stadtgrabung 62). Keramik der jüngeren grauen Granitgrusware (Nr. 1) und der gelben Irdenware (Nr. 2); um 1150. M. 1:3.

62

UB II / 83:14 / *Im Straßenbereich zwischen Michaeliskirche und Güldenstraße 7* / Fl. 3, Flst. 572/4, 569/7 / vor ass. 546, 547, 602 / aurea platea (1297), apud sanctum Michaelum (1292).
Befunderhebung auf 90 m² vom 14. bis 20. 9. 1983.

Auf ca. 30 m Länge konnte infolge von Tiefbauarbeiten die Stratigraphie der Kulturschichten aufgenommen und durch Flächenerweiterungen sowie Profileingriffe teilweise untersucht werden.

Bemerkenswert ist wiederum der älteste Straßenschichtbefund (Basis auf dem anstehenden festen Sand bei NN 71,90 m, d. h. 0,80/0,90 m unter OK Grabungszeit; Mächtigkeit 0,20–0,25 m), der aufgrund der Scherbeneinschlüsse frühestens in das 12. Jh. datiert werden kann, obgleich das Siedlungsgebiet älter sein muß (vgl. entsprechende Straßenbeobachtungen über fehlende ältere Straßenschichten der Stgr. 6, 9, 64 u. a.). In einer südlich anschließenden Profilflucht an die Ostmauer der Michaelis-Kirche (auf ca. 18 m Länge und 1,70 m Tiefe bis auf den anstehenden Sand) wurde eine grubenhausartige Eintiefung angeschnitten, aus deren Verfüllung – möglicherweise in Zusammenhang mit der Errichtung des Gründungsbaues von St. Michael im Jahre 1157 – größere Gefäßscherben der gelben Irdenware und der älteren grauen Irdenware stammen *(Abb. 83)*.

Ferner wurden Fundamentbefunde der wohl im 14. Jh. errichteten Außenmauer des südlichen Seitenschiffs der Hallenkirche aufgenommen (*Dorn* 1978, 237 f.) und Bestattungen des mittelalterlichen Friedhofs, der für Fremde, Verbannte und Arme vorgesehen war, erfaßt. Es befinden sich darunter Skelette/Skeletteile, deren Schädel Schußverletzungen aufweisen.

63

UB V / 83:15 / *Hinter Aegidien 2–3* / Fl. 4; Flst. 412/1, 412/4, 413 / ass. 43, 44 / achter sunter Ylien (1402). *Objektgrabung* auf 543 m² vom 16. 9. bis 5. 10. 1983.

Die Untersuchungsmöglichkeiten, in letzter Minute noch zu nutzen, mußten auf drei Aufgaben beschränkt werden, die sich in der westlichen der beiden Baugruben stellten.

1. Als Höhenpunkt für OK anstehenden Sand der Niederterrasse, deren Verlauf am westlichen Rand der westlichen Baugrube aufgenommen werden konnte, wurde ein NN-Wert von 69,10 m festgemacht. Entlang der Südkante der beiden Baugruben gelang es, einen rd. 40 m langen Höhenschnitt der hier relativ steil ansteigenden Oberfläche bis auf NN 73 m aufzunehmen. Es handelte sich um den Hangfuß der ehem. mindestens 77 m ü. NN hohen Sandkuppe, auf der um 1115 das Aegidienkloster erbaut worden ist. Die mittelalterliche Ufergrenze verlief wahrscheinlich auf der 69 m-Höhenlinie.

2. Die vorläufige dendrochronologische Datierung des Gründungssystems für ein Gebäude, dessen westliche Grundmauer auf mindestens zwei leiterartig gerahmten Eichenholzrosten in die angrenzende Okerniederung gesetzt worden ist, lautet 1365 (*Tab. 9, S. 56,* unter G 376, nach *H. Leuschner* 1984). Die Kantenlänge der mit senkrecht eingeschlagenen, angespitzten Rundholz-Spickpfählen aufgefüllten Gitterfelder beträgt 1,30 m. Vergleichbare Gründungssysteme wurden 1976 unter dem Westbau von St. Katharinen am Hagenmarkt aus dem 13. Jh. (*Dorn* 1980, 132), ferner 1956/72 in der Altenwiek unter Teilen der Hallenkirche von St. Magni, die wohl aus dem frühen 14. Jh. stammen (*Dorn* 1978, 228 f.) sowie im Frühjahr 1984 in Gifhorn (Nicolai-Hof) im Umfeld des neuzeitlichen Schloßbaues beobachtet (Holzproben im IfD – BS, Kantenlängen der Gitterfelder 1,30 x 1 m, nach B. Wendrich).

3. Eingehender zu untersuchen war in der SO-Ecke der westlichen Baugrube ein mit Formsteinen trocken aufgesetzter, innen runder, außen polygonaler Brunnenschacht auf verblattetem, breiten Schwellrahmen. Der Schacht hatte einen Durchmesser von 1,20 m bei einer Tiefe von etwa 3,50 m und war mit einer Schuckepumpe ausgestattet worden (vgl. Brunnentypen *Abb. 21, S. 50,* Typ VII).
Das keramische Fundmaterial aus Baugrube und Verfüllung datiert den Brunnenschacht in das 17. Jh. Es fand sich darin u. a. Thüringer Steinzeug mit weißgrauem Scherben und hellbrauner, salzglasierter Oberfläche, auf deren Wandung Rosettenmuster eingeschnitten sind, die von kobaltblau bemalten Beerennoppen umgrenzt werden (Altenburger Steinzeug, Mitte 17. Jh.).
Die Technik der Schuckepumpe ist um 1670 archivalisch belegt (*Appelt u. Müller* 1964, 34), jedoch inzwischen dendrochronologisch bereits für die Mitte des 16. Jhs. nachgewiesen (*Tab. 9, S. 56,* unter G 369: 1558 ± 6).

64

UB IV / 83:16 / *Im Straßenbereich Ritterstraße vor Nr. 29, 30, 31 und Klint vor Nr. 1, 38* / Fl. 4; Flst. 435/1 / vor ass. 2477 bis 2479, 2480, 2527 / Ridderstrate (1449). *Befunderhebung* auf 90 m² am 30. 9. 1983.

Im Zuge von Tiefbauarbeiten für eine Fernwärmeleitung der Stadtwerke ließen sich auf der Ritterstraße in Höhe Kreuzung Klint ca. 0,45 m unter OK Asphalt sandig-humose, ungestörte ca. 0,30–0,40 m mächtige Straßenschichten bzw. Straßenrinnen des 13. Jhs. als ältester Befund ermitteln. Hangerosion bzw. Sandgewinnungsmaßnahmen für die großflächigen Aufschüttungsvorgänge im 12. Jh. können die an sich anzunehmenden noch älteren Straßenschichten abgetragen haben. Jüngere, hellsandige Straßenbefunde erwiesen sich als neuzeitlich bzw. modern gestört und vermischt.

65

UB VIII / 83:21 / *Auf der Neuen Knochenhauerstraße* / Fl. 6; Flst. 314/5 / vor ass. 1663 / Knokenhowerstrate (1326).
Befunderhebung auf 6 m² am 1. 11. 1983.

Tiefbaumaßnahmen eröffneten eine erste Möglichkeit, der Frage nachzugehen, ob tatsächlich der östliche Mauerbering des Weichbildes Hagen durch die Niederung geführt worden ist, wie sich dies durch eine Übertragung der Mauerflucht auf die Baugrundkarte Stegmann (vgl. Beitrag *Schneider, Abb. 2, S. 188*) ergibt. Das Profil wurde etwa in Höhe südwestlicher Gebäudeecke der Kommunalen Datenverarbeitungszentrale Südostniedersachsens aufgenommen, annähernd in Flucht der westlichen Gebäudefront (Festpunkt A: 1,20 m westlich und 3,10 m südlich der Hausecke).

Die Profilbefunde, die durch eine Bohrstrecke mit dem Handbohrstock in axialer, östlicher Richtung auf ca. 50 m Länge bis zum ehem. Mauergraben ergänzt werden konnten, sind eindeutig. Über dunkelgraublauem, sandigen Schluff ab Höhe um NN 67,70 m, dessen Mächtigkeit sich zunächst nur auf 0,70 m erfassen ließ, folgt eine bis zu 1,80 m hohe Aufschüttung von mittelfeinem, gelbbraunem Sand (1 m) und modernem Bauschutt, der an der Oberfläche mit einer Rasendecke überwachsen ist.

66

UB IX / 84:1 / *Höhe 28, Marstall 1–3* / Fl. 16; Flst. 24/1, 24/2, 24/3, 22 / ass. 2794 bis 2799 / de hoghe (1289), by der lutteken Molen (1414).
Objektgrabung auf 730 m² vom 1. bis 8. 2. 1984.

Die Objektgrabung galt vor allem einem Siedlungskomplex aus der 2. Hälfte des 13. Jhs., der Rückschlüsse auf die hochmittelalterliche Bebauungsstruktur unmittelbar nördlich des Burggrabens im Weichbild Sack erlaubt – in einer Geländeposition, die im Hochmittelalter als Höhe (1289: de hoghe) bezeichnet wurde.

Auszugehen ist im 13. Jh. von einem durchschnittlichen Höhenschichtenwert von NN 69,50 m. Er gibt aber mit großer Wahrscheinlichkeit bereits ein abgetragenes Geländeniveau an, das vor Beginn des Stadtausbaues, d. h. örtlich vor Beginn der Trockenlegung und Aufschüttung der „Rennelbergbachniederung" mit Sandmaterial (vgl. Stgr. 10) hier mindestens 2 m höher anzunehmen ist.

Die relativ große, neuzeitlich nur sporadisch gestört angetroffene Fläche innerhalb der Baugrube enthielt keine älteren Siedlungsbefunde, obgleich die halbinselartige Lage im Niederungsgebiet siedlungsgünstig gewesen sein muß und in ähnlicher Position andernorts auch genutzt worden ist (Stgr. 8, 31; *Farbtaf. 2*). Jedoch können ursprünglich vorhandene Siedlungsreste abplaniert worden sein.

Der aufgedeckte Hausbefund, ein ca. 1,50 m eingetiefter (Keller-?) Raumteil im Grundriß von ca. 3,30 x 2,50 m, ausgebaut mit Holzdielen, Wänden in Stabbauweise und Fachwerküberbau – so ist jedenfalls nach den Befunden im Brandschutt zu schließen – befand sich auf ass. 2796 in einer Entfernung von rd. 20 m zur westlichen Grundstücksgrenze am südnördlichen Straßenzug der „Höhe" (nach Haacke 1764), d. h. ungefähr 25 m nördlich des mittelalterlichen Burggrabens.

Wenn auch nach Westen zu ggf. ein bis zwei weitere nicht unterkellerte Räume des Hauses anzunehmen sind, auch mit einem Vorgelände zu rechnen ist, so ist es doch aufgrund der bereits vorliegenden Baufluchtbefunde des 13. Jhs. im Verhältnis zur hochneuzeitlichen Topographie sehr unwahrscheinlich, daß die Bebauung bzw. die Parzelle in diesem Fall etwa bis zu 20 m weit nach Westen vorgegriffen haben könnte.

Eine rückwärtige zusätzliche Budenbebauung ist nach Kenntnisstand für die hochmittelalterliche Zeit ebenfalls noch auszuschließen. Die Wegeführung wird also näher am Haus, d. h. weit östlicher als 1764, verlaufen sein.

Etwa 6 m in nordwestlicher Richtung vom Haus entfernt, d. h. vom ausgegrabenen Raumteil, befand sich die zeitgleiche Kloake (St. 2, Typ III). Kloake und Brandschutt des Hauses (St. 1) enthielten an keramischem Fundmaterial 44 Gefäße bzw. Gefäßteile. Aufgrund der Stratigraphie, der Typen- und Warenvergesellschaftung wie des charakteristischen Quellentyps (vgl. *Tab. 4, S. 33 u. Abb. 84*) ist der Siedlungskomplex in die 2. Hälfte des 13. Jhs. zu datieren, vermutlich in das Jahr 1254.

67

UB III/VIII / 84:3 / *Auf dem Ruhfäutchenplatz* / Fl. 2, Flst. 836/2 / vor ass. 2819, 2820 / Rufäutgenplatz (1798).
Befunderhebung auf 5 m² am 8. 2. 1984.

Anläßlich von bodeneingreifenden Umbauarbeiten auf dem Ruhfäutchenplatz konnte in Fluchthöhe verlängerter nordwest-südöstlicher Parzellengrenze ass. 2819 zu 2820 und im Abstand von 19,50 m vor der hier südwest-nordöstlich verlaufenden ehem. Bauflucht (vgl. Allers 1885, Culemann 1798), ein 3,30 m tiefes und doppelt baggerbreites Bodenprofil ab OK Bordstein (Zeitpunkt der Baumaßnahme) in einer Position über der ehem. Oker aufgenommen werden.

Noch in Höhe NN 66,50 m wurde schwarzblauer, sandiger Bauschutt mit Porzellan, Steinzeug, Glasflaschen u.a. der Aufschüttungs- und Kanalisierungsmaßnahme Ende 19. Jh. (1876/1885) erfaßt, die dem ehem. westlichen, bis zu dieser Zeit noch offenen Okerlauf galten. Die Basis der Aufschüttung bzw. das eigentliche Okerbett, wie es im Niveau Ende 19. Jh. bestanden haben muß, konnte wegen des hohen Grundwasserstandes nicht erreicht werden.

Der Befund ist für die Rekonstruktion des Höhenreliefs der Niederung der Altlandschaft von Belang, weil selbst das Niveau des Okerbettes Ende 19. Jh. tiefer als 66,50 m gelegen haben muß, offensichtlich tiefer auch als das örtliche Bodenniveau des damals eingebrachten Okerkanals mit NN 66,50 m (vgl. *Abb. 13, S. 25*). Zu berücksichtigen bleibt allerdings die durch die Bebauung eingetretene historische Kompaktion des Sediments, die aufgrund der Porositätsschwindung des Schluffs beispielsweise bei einer Mächtigkeit von 1 m Sediment durchschnittlich 0,30 m beträgt.

68

UB VII / 84:4 / *Liberei von St. Andreas, An der Andreaskirche 1* / Fl. 1, Flst. 270 / ass. 1151 / apud sanctum Andream (1287).
Befunderhebung auf 16 m^2 vom 3. bis 16. 4. 1984 (statistisch nicht mehr erfaßt).

Der einzige überlieferte Backsteinbau Braunschweigs und „der südlichste Norddeutschlands", in den Jahren 1412–1422 im Bautyp einer zweigeschossigen Kemenate mit zusätzlichem Dachraum, jedoch ohne Keller errichtet, ist 1862 restauriert und nach der Zerstörung 1944 zunächst „im Äußeren etwas vereinfacht" 1964 wiederaufgebaut worden (*Dorn* 1978, 208f.).

Abb. 84 Sack, Höhe 28/Marstall 1–3 (Stadtgrabung 66). Brandschuttfunde, Krug mit Rollstempeldekor der gelben Irdenware (li. oben) und Pilgerflasche der hochmittelalterlichen glasierten Irdenware (re.), Mitte 13. Jh. Kloakenfund, Kugeltopf der jüngeren grauen Irdenware mit horizontal weit ausbiegendem Lippenrand, Leitform des 13. Jhs. M. 1:2.

Das kleine, zur Straße giebelständige Bauwerk mit Treppengiebeln hat entsprechende Kemenaten-Außenmaße von 5,64 m zu 5,53 m und eine Höhe von rd. 10 bzw. 11 m (inkl. höchster Giebelstufe).

Mit personeller Unterstützung durch das Stadtkirchenbauamt wurde vor Beginn einer geplanten Wiederherstellung der Innenräume mit einer bauarchäologischen Untersuchung im Inneren des Baues begonnen. Sie beschränkte sich zunächst auf Fragen nach Baugrund, Fundamentbefund und Fußbodenniveau des ehem. Untergeschosses, das als „kellerartig" angesprochen worden war.

Das unregelmäßig aus Rogen-, Buntsandsteinen und Backsteinen, häufig vermischt mit plattenförmigen Ausgleichslagen, gesetzte, auf halber Höhe bis zu 10 cm vorspringende, vermörtelte Bruchsteinfundament steht auf Brandschutt unterschiedlicher Mächtigkeit von 0,20 m bis mindestens 0,50 m. Gemessen ab UK erste ursprüngliche, durchgehende Backsteinlage besteht eine Tiefe von rd. 1,30 m – bei einer Mauerstärke zwischen 0,45–0,65 m.

Das ursprüngliche Fußbodenniveau des Untergeschosses dürfte in Höhe erster durchgehender Backsteinlage, d. h. in Höhe ehem. Geländeoberfläche bei NN 69,80 m gelegen haben und hat aus Tonfliesen bestanden (Maße, Mittelwerte / 5 Messungen: 19 x 19 x 5,5 cm; vergleichbare Mittelwerte, die an Tonfliesen der Stgr. 18 [2. Hälfte 14. Jh.] und Stgr. 61 [2. Hälfte 15. Jh.] ermittelt wurden, liegen vor).

Der aufgrund der eingebrachten Baugrube für die Grundmauern des Gebäudes und infolge der Renovierung 1862 und des Wiederaufbaues 1964 mehrfach gestörte Brandschuttkomplex steht im zentralen Bereich des Baues – jeweils rd. 0,70 m von den Grundmauern entfernt – um rd. 0,50 m höher an als in Höhe UK Grundmauer. Auch im zentralen Bereich konnte die Basis des Brandschuttes wegen der tieferziehenden Mächtigkeit (und der zu beachtenden Statik) nicht ergraben werden, so daß bisher weder über Ausmaß und Funktion noch über die Datierung, die wohl nach den wenigen keramischen Scherbenfunden spätestens für das 13. Jh. anzunehmen ist, hinlänglich gesicherte Erkenntnisse vorliegen.

4. Farbtafeln 1–16

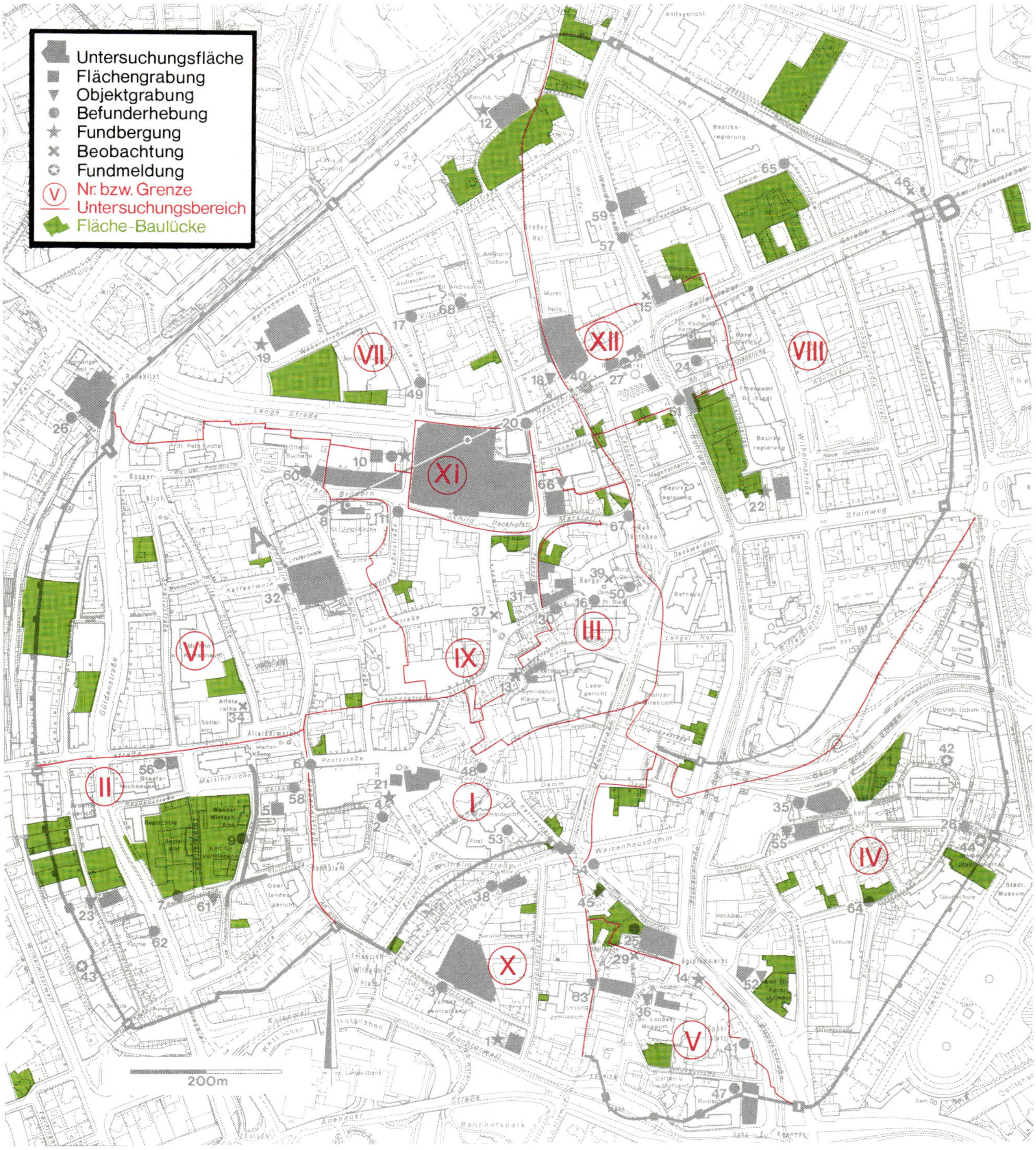

Farbtaf. 1 Braunschweig. Untersuchungsbereiche, Stadtgrabungen nach Grabungsmethode, Baulücken und Höhenschnitt A–B *(Abb. 13)*. Arbeitsstand 30. 5. 1984 (Kartengrundlage: Braunschweig-Innenstadt 1980. M. 1:2500; hrsg. von der Stadt Braunschweig, Vermessungsamt). M. 1:8500.

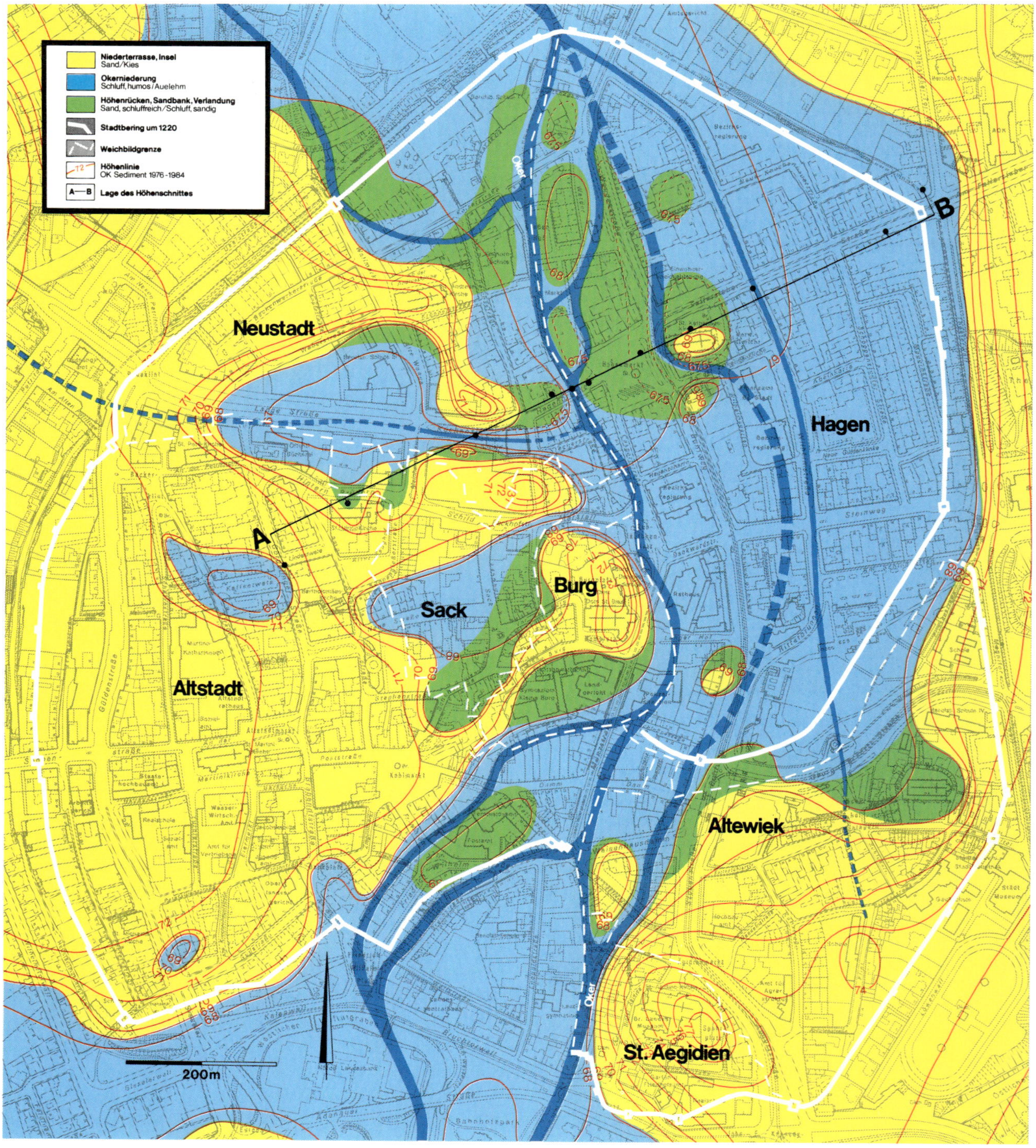

Farbtaf. 2 Braunschweig. Vorläufiger Rekonstruktionsversuch der orohydrographischen Struktur der Altlandschaft mit ihrer Sedimentverteilung vor Beginn des Stadtausbaues um 1160 bzw. vor Anlage eines Burggrabens und Burgwalles auf der „Burghalbinsel" vor der Jahrtausendwende. Die Darstellung der Höhenschichten nach den Grabungsbefunden 1976–1984 schließt die historische Kompaktion durch Bebauung ein. Kartierung auf dem Innenstadtplan von 1980 mit dem Stadtbering um 1220.

Quellen: Baugrundkarte von *N. Stegmann* 1969, archäologische Befunde der Stadtgrabungen und Bohrprofile seit 1976 sowie Schätzwerte. Kartengrundlage: Stadt Braunschweig, Vermessungsamt. M. 1:2500. Entwurf H. Rötting unter Mitarbeit von W. Schneider und W. Hau. Arbeitsstand 30. 6. 1984. M. 1:8500.

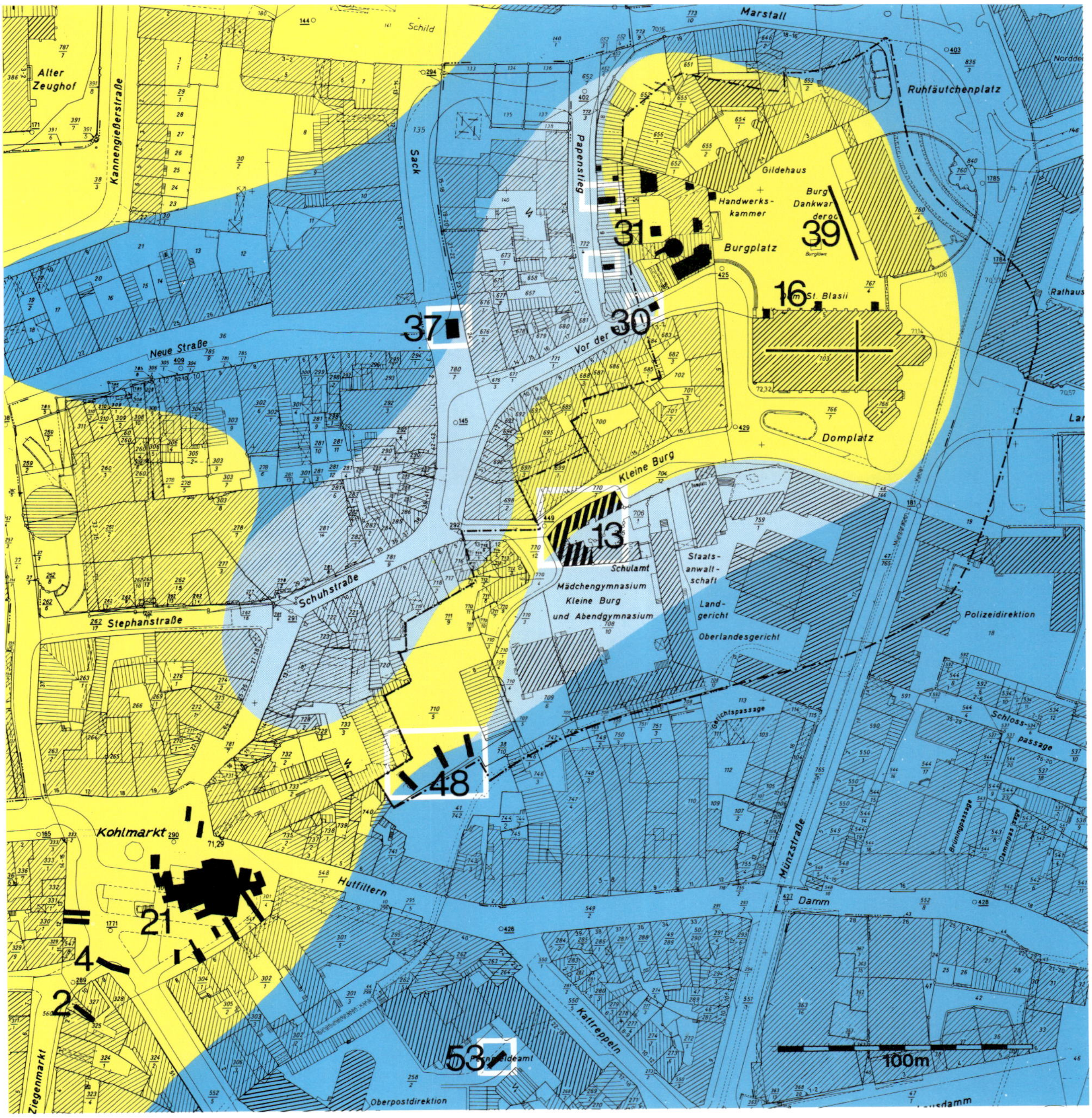

Farbtaf. 3 Braunschweig. Vorläufiger Rekonstruktionsversuch der frühmittelalterlichen „Burghalbinsel" mit Eintragung der Grabungsflächen, Arbeitsstand 31. 12. 1982; vgl. *Farbtaf. 2,* hellblau gleich grün (Kartengrundlage: Katasterblatt 9993 C 1:1000 mit Genehmigung des Katasteramtes Braunschweig Az. Al 1768/82 v. 28. 9. 1982). M. 1:2500.

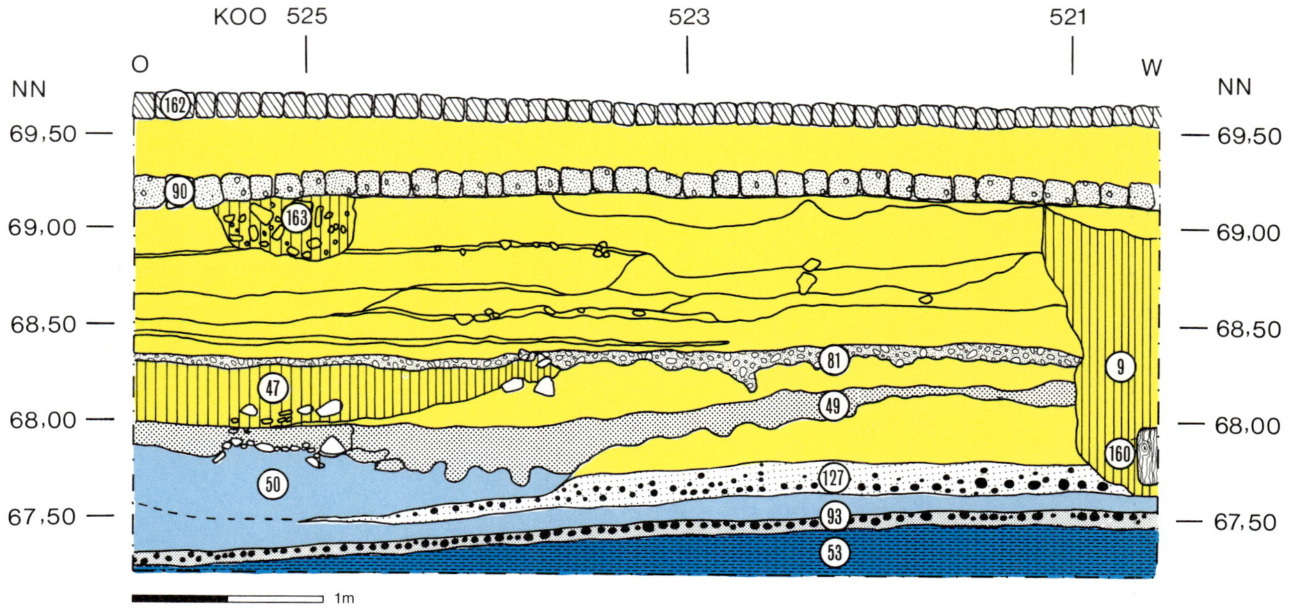

Farbtaf. 4a Braunschweig-Hagen, Hagenmarkt (Stadtgrabung 27). Nach Sedimenten (blau), Platzoberflächen (graugerastert) und sandigen Auffüllschichten (gelb) farbig strukturiertes OW-Leitprofil (Ausschnitt). Über Höhenrücken in der Okerniederung blau 53 (steht hier für grün, vgl. *Farbtaf. 2)* liegen erste Knüppeldecke 93 und zweite 127 auf faulschlammigen bzw. in reinsandigen Sedimenten; um 1200. Jeweils über Auffüllschichten bzw. über Sediment 50 einer Regenwasserrinne und Füllungen 47 (Rinne mit Abfall) bzw. 163 (Grube mit Abfall) befinden sich Platzoberflächen 49 (verhärteter Sand; um 1240), 81 (Rogensteinpflaster; 2. Hälfte 13. Jh.), 90 (unregelmäßiges Mischsteinpflaster; 2. Hälfte 18. Jh.) und 162 (Basalt; modern). Geschnitten werden die Befunde 127, 49, 81 vom Pipengraben 160/9 (hölzerne Wasserleitung; 18. Jh.). M. 1:40.

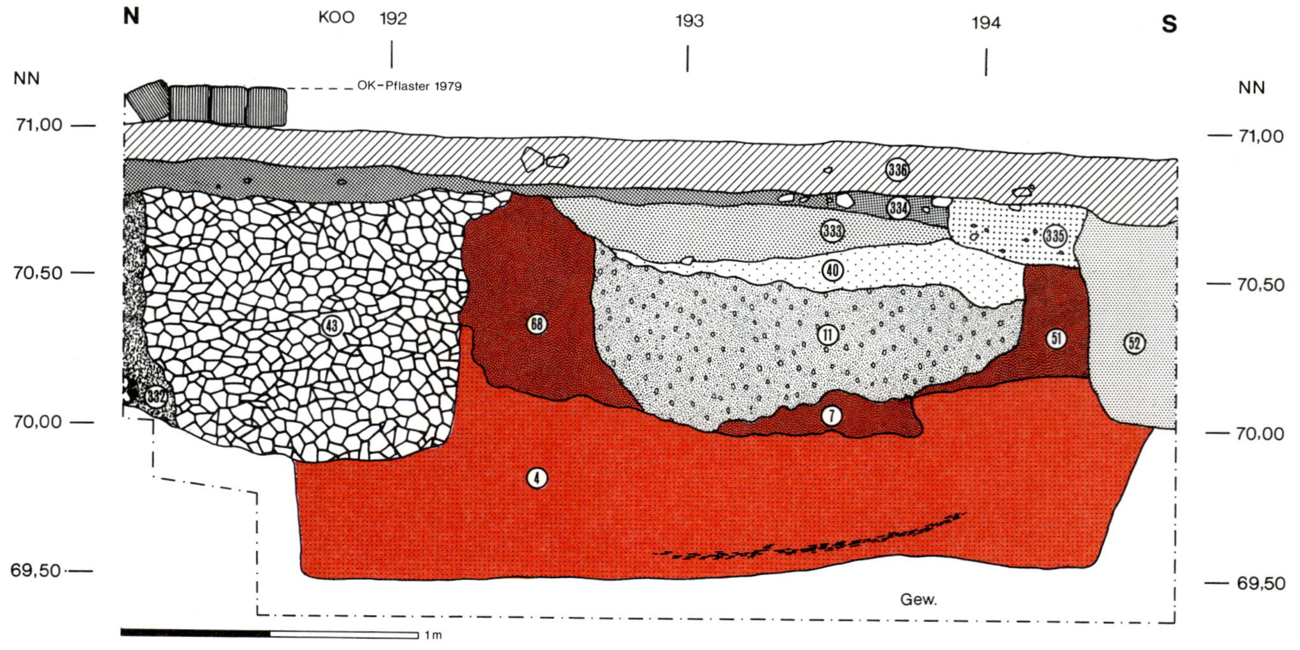

Farbtaf. 4b Braunschweig, Altstadt-Südost, Kohlmarkt (Stadtgrabung 21). Nach Kohlmarkt-Keramik-führenden Schichten 4 (Brunnensediment), 7, 51, 68 (Abfallverfüllungen eines Metallhandwerkers) rot strukturiertes NS-Leitprofil (Ausschnitt). Diese Siedlungsbefunde des 9. Jhs. werden überschnitten von den Ausbruchsgrubenverfüllungen 11, 40 des Kirchenbaues II und vom Rogensteinfundament 43 des Baues II a; 10. Jh. Randlich angeschnitten sind mittelalterliche Grabgruben 52, 332 und frühneuzeitliche bis moderne Schichten 333 ff. M. 1:25.

Farbtaf. 5 Braunschweig-Burgbezirk, Vieweg-Haus (Stadtgrabung 31). Nach Kohlmarkt-Keramik-führenden Sedimentschichten 34, 35 (Burgphase 2; spätestens um 900) und umgesetzten Sandschüttungen 31, 41 (Phase 3; 1. Hälfte 10. Jh.) rot strukturiertes Leitprofil 1 (Lage in *Abb. 70*). Zur Phase 1 (2. Hälfte 9. Jh.) gehört die Basisschicht 37 mit gelöschtem Kalk. Zur Phase 4 (vor 1030) gehören die Oberfläche 183, der Bauhorizont 42 und die Rogensteinpackung 39 mit flächiger Sandaufschüttung 36. Bruchsteinmauerfundament in Geschiebelehm- und Mörtelbindung 61 mit Baugrube 66 wie die Planierschicht 32 liegen in der Burgphase 5 (2. Hälfte 11. Jh.).

Randlich angeschnitten sind frühneuzeitliche Verfüllungen 115, 84 und 117. Unter dem modernen Betonestrich liegen hochneuzeitliche Befunde 2 (Bauhorizont) und 1 (Sandbettung, Bodenfliesen) des Vieweg-Hauses aus der Zeit um 18oo. M. 1:40.

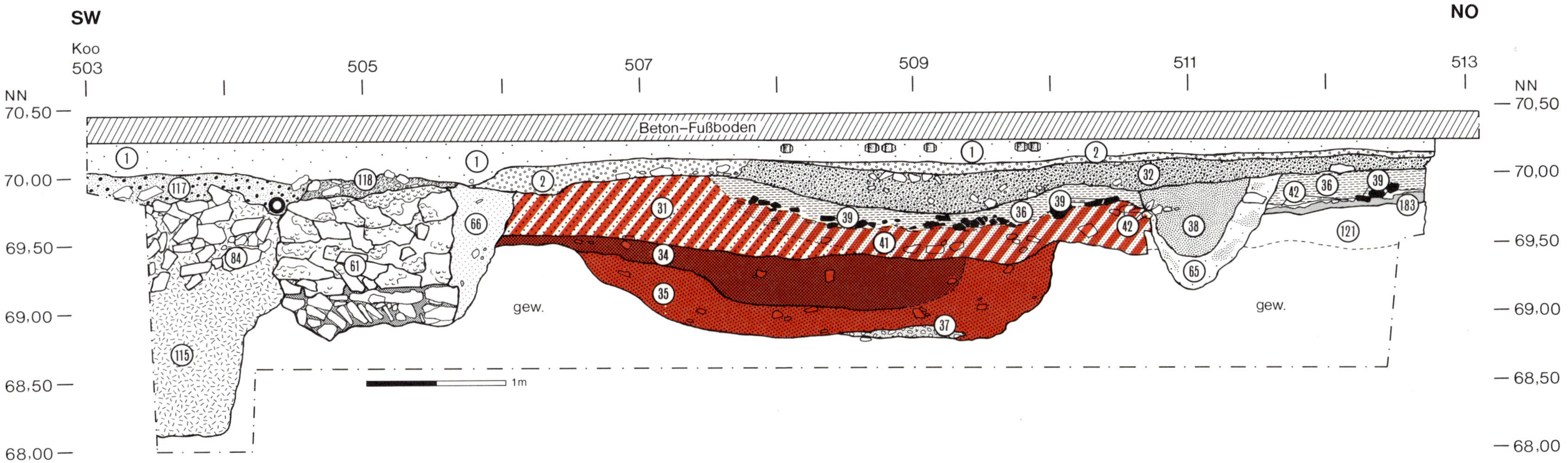

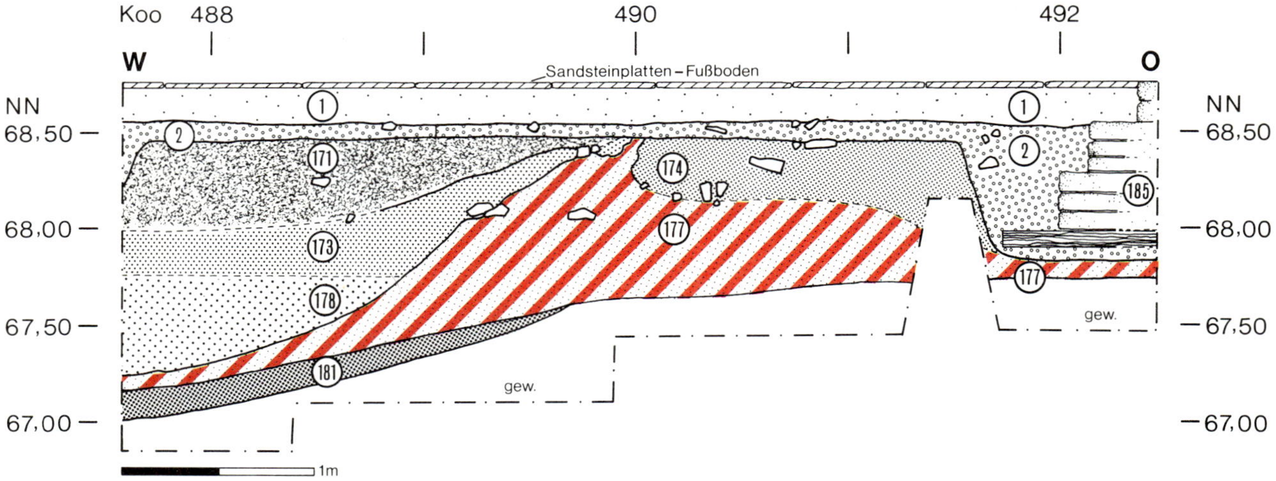

Farbtaf. 6a Braunschweig-Burgbezirk, Vieweg-Haus (Stadtgrabung 31). Nach Kohlmarkt-Keramik-führender umgesetzter Aufplanierungsschicht 177 (Burgphase 2; spätestens um 900) rot strukturiertes Leitprofil 2 (Lage in *Abb. 70)*. Erfaßt sind ferner Niederungssediment 181, Verfüllungsschichten 178, 173, 171 des Burggrabens in der 2. Hälfte des 12. Jhs. und hochneuzeitliche Baubefunde des Vieweg-Hauses: Fundament 185, Baugrubenverfüllung und Bauhorizont 2, Sandbettung 1. M. 1:40.

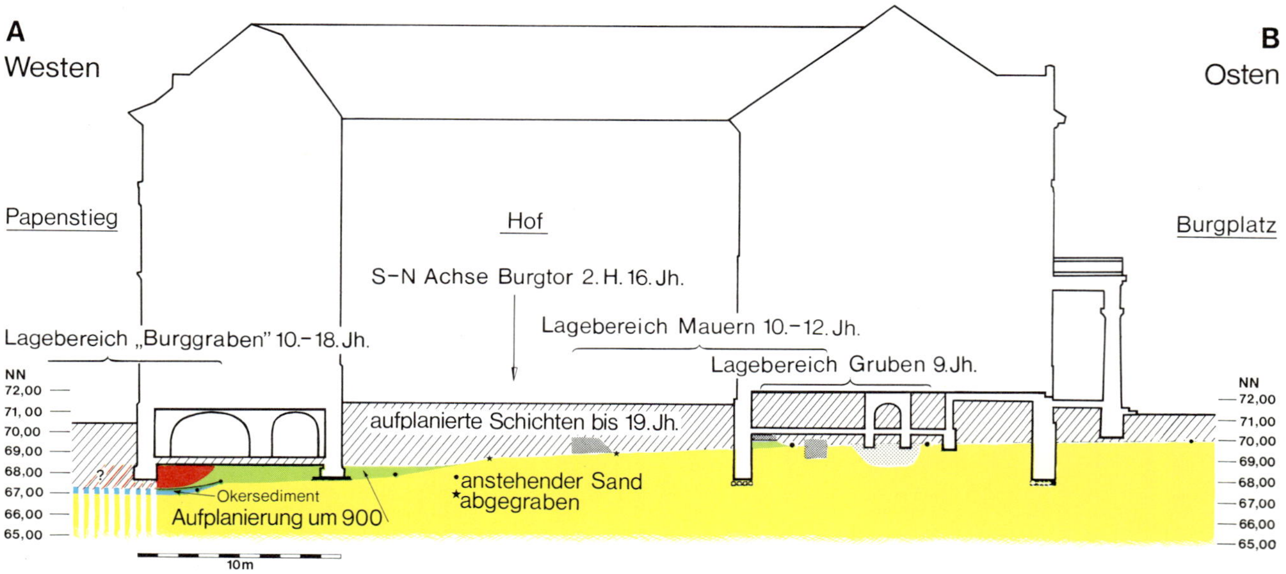

Farbtaf. 6b Braunschweig – Burgbezirk, Vieweg-Haus (Stadtgrabung 31). Schnitt A–B durch das Vieweg-Haus mit archäologischen Befunden des Untergrundes (vgl. *Farbtaf. 6a:* grün steht hier für rot, rot für graugerasterte Schichten 178, 173, 171). Arbeitsstand 31. 12. 1982. M. 1:370.

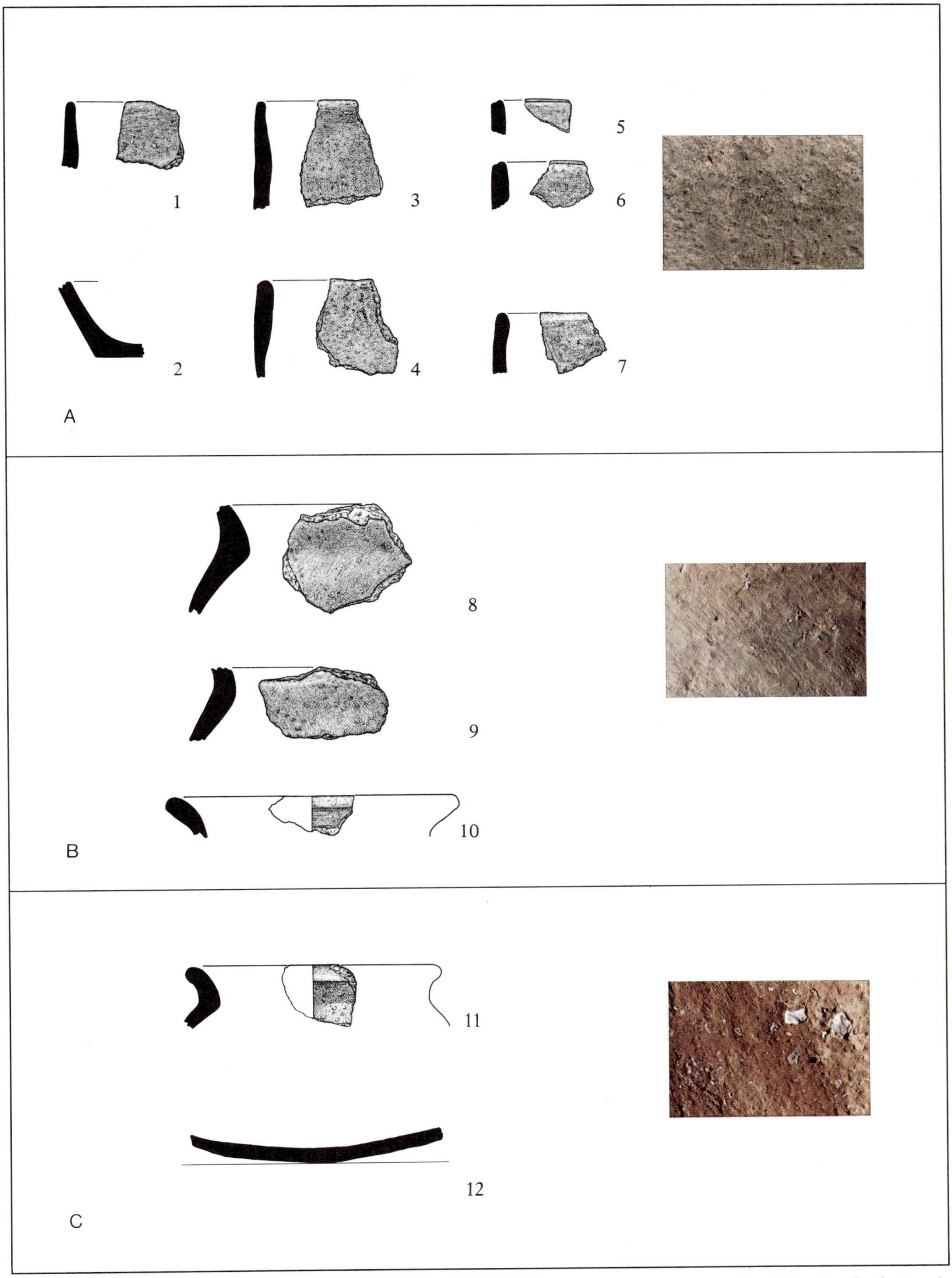

Farbtaf. 7 Braunschweig. „Kohlmarkt-Keramik". Gruppe A: Rauhe graubräunliche Granitgrusware (Standbodenware); Gruppe B: Glatte grau-hellbraune Granitgrusware; Gruppe C: Rotbraune Kalkgrusware (älteste Kugeltopfware). Fundangaben unter Stadtgrabung 21. Datierung: 9. Jh. bis 1. Hälfte 10. Jh. M. 1:3.

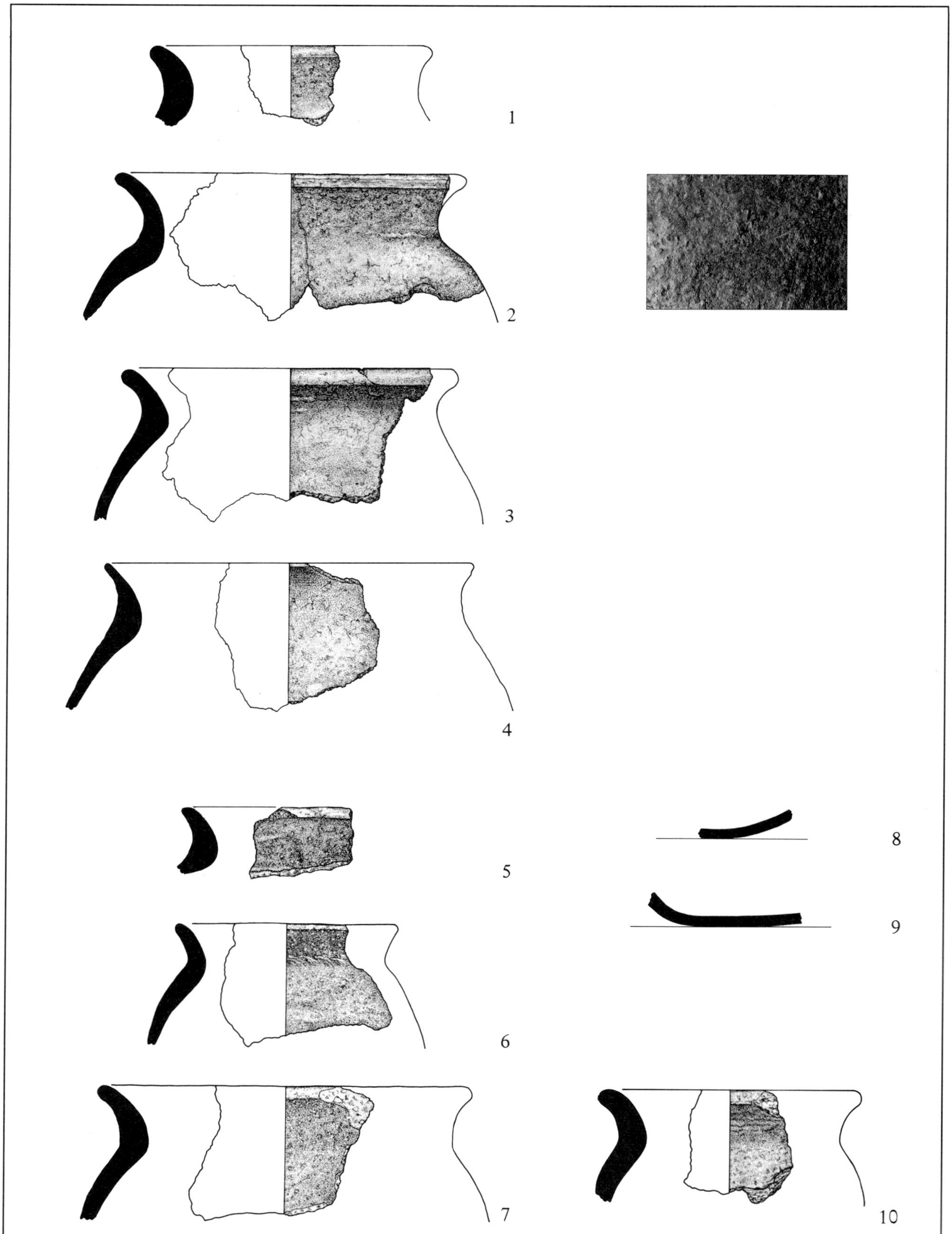

Farbtaf. 8 Braunschweig. „Kohlmarkt-Keramik". Gruppe D: Ältere graue Granitgrusware (älteste Kugeltopfware). Fundangaben unter Stadtgrabung 21. Datierung: 9. Jh. bis 1. Hälfte 10. Jh. M. 1:3.

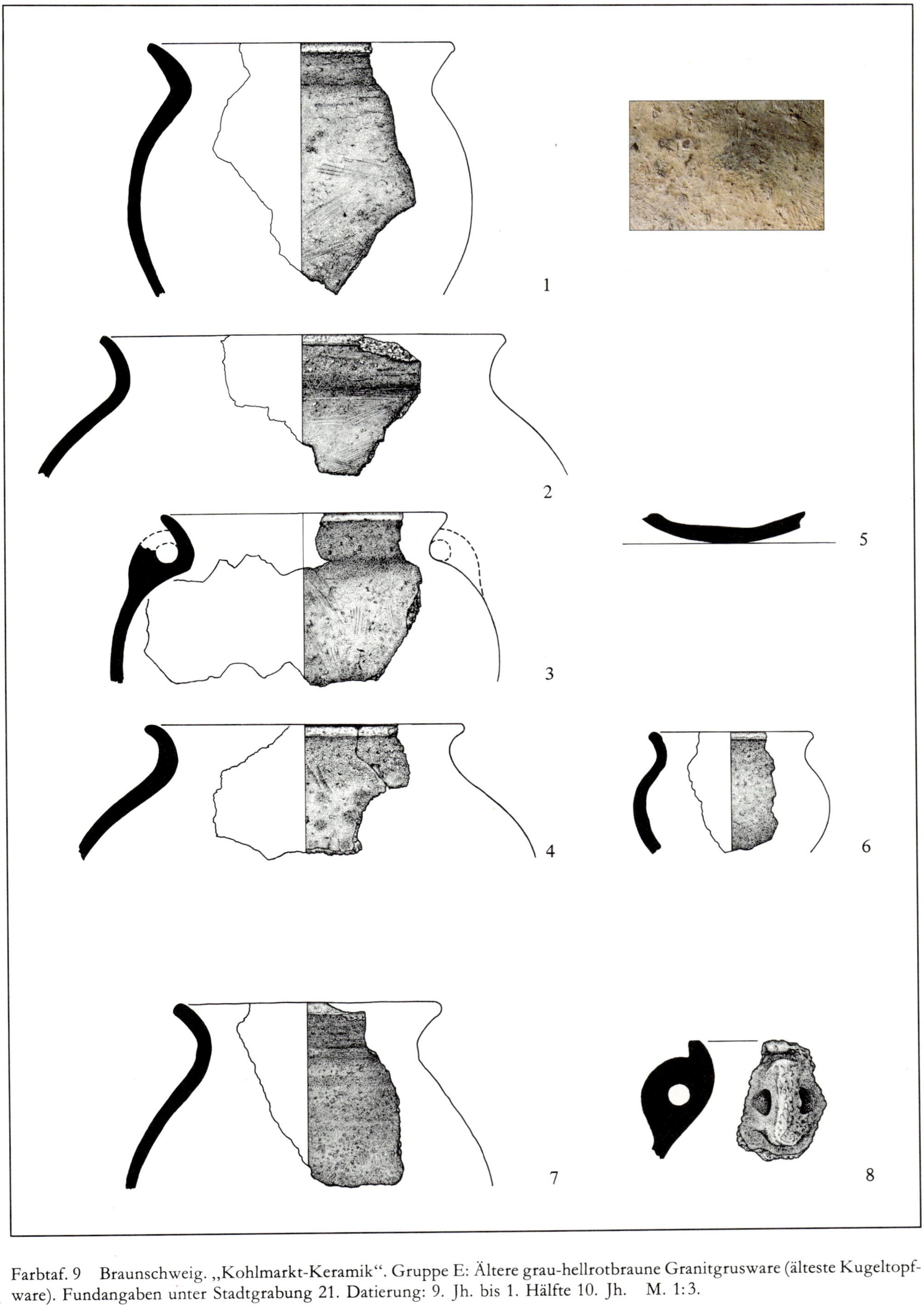

Farbtaf. 9 Braunschweig. „Kohlmarkt-Keramik". Gruppe E: Ältere grau-hellrotbraune Granitgrusware (älteste Kugeltopfware). Fundangaben unter Stadtgrabung 21. Datierung: 9. Jh. bis 1. Hälfte 10. Jh. M. 1:3.

Farbtaf. 10a Braunschweig, Neustadt-Süd, vor Jöddenstraße 9 (Stadtgrabung 10). Grabungsschnitt mit Stadtmauer (4. Viertel 12. Jh.) im Ausbruchsbefund und Straßenoberfläche mit Knüppeldecke, Steinen und Hausratabfall (1. Hälfte 13. Jh.).

Farbtaf. 10b Beitrag *Schneider,* Abb. 5. Stadtgrabung 10. Profil mit Uferpalisaden eines Wehrgrabens in der Rennelbergbachniederung (um 1200):

a) Uferbefestigung in weichselzeitlichen Sanden (Basis);

b) spätere Einsedimentierung der Uferpalisaden mit humosen, tonigmergeligen Sedimenten (bedingt durch angelegten Wehrgraben);

c) anthropogene Aufschüttung mit Sanden (Top).

Farbtaf. 11 Braunschweig-Neustadt, Weberstraße 42 (Fundangaben unter Stadtgrabung 19). Geschlossener Fund mit Keramik und Steinbeil aus Brandschutt der Stelle 5; um 1250.

Farbtaf. 12 Braunschweig-Neustadt, Jöddenstraße 3 (Fundangaben unter Stadtgrabung 10): Maigelein und Berkebeker (rechts), Ende 15. Jh.
Nickelnkulk 15 (Fundangaben unter Stadtgrabung 12): Fúßchenschale und Apothekerflasche/Urinal (links), um 1500.

Farbtaf. 13a Beitrag *Busch,* Fayencescherben. Teller mit blauer Bemalung und Fischdarstellung (Fundkatalog Nr. 1, Stadtgrabung 10, Stelle 32). Durchmesser 26,7 cm.

Farbtaf. 13b Braunschweig-Hagen, Wilhelmstraße 1 (Fundangaben unter Stadtgrabung 22). Krug mit Adler-Applikationen; spätmittelalterliche bleiglasierte Irdenware; 2. Hälfte 14. Jh. Höhe 14,9 cm.

Farbtaf. 14 Braunschweig-Hagen, Hagenmarkt 13 (Fundangaben unter Stadtgrabung 18). Becher und Kanne der Braunschweiger jüngeren Mündelkeramik; 2. Hälfte 14. Jh.

Farbtaf. 15a Beitrag *Okrusch,* Abb. 1. Scherbenproben gelbtoniger Irdenware, teilweise bemalt (vgl. Fundorte in Tabelle 1).

Farbtaf. 15b Beitrag *Okrusch,* Abb. 2. Mikrofotos von Scherben gelbtoniger Irdenware (jeweils bei gekreuzten Polarisatoren aufgenommen).

a) Dui 2, Duingen. Magerungskörner von relativ einheitlicher Korngröße, meist kantengerundet, ausschließlich Quarz (weiß bis grau). Vereinzelte Alttonkörner, z. B. oben rechts (dunkel mit hellen Anteilen). Langgestreckte Poren (dunkel). Lange Bildkante 4,6 mm.

b) 79:8/89, Braunschweig Weberstraße. Magerungskörner kantengerundet bis gut gerundet, z. T. gröber als in Scherbe Dui 2. Neben Quarz (weiß bis grau) tritt auch Kalifeldspat (Korn mit Zwillingsgitterung, Bildmitte) auf. Lange Bildkante 4,6 mm.

c) 78:3/504, Braunschweig Packhof. Magerung von Quarz (gelb bis grau) und Altton (großes dunkles Korn, randlich von Rissen umgeben). Lange Bildkante 4,6 mm.

d) 79:11/1541, Braunschweig Kohlmarkt. Magerungskorn mit auffälliger „schriftgranitischer" Verwachsung von Quarz und Kalifeldspat, ursprünglich aus einem hellen granitischen Gangstein stammend. Lange Bildkante 1,85 mm.

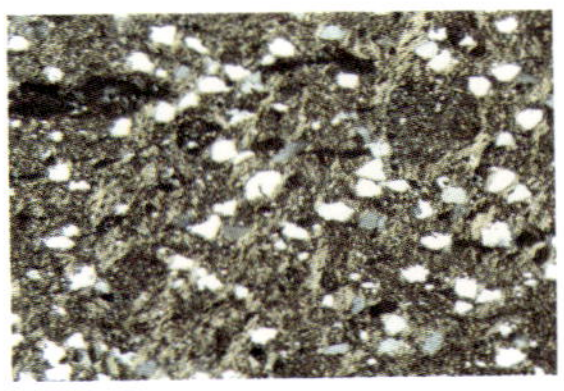

Farbtaf. 16a Beitrag *Hennicke,* Bild 4. Proben für Dilatometeruntersuchungen zur Demonstration des Farbwechsels a) im Entnahmezustand, b) nach der Erhitzung in Luft im Dilatometer.

Farbtaf. 16a Beitrag *Hennicke,* Bild 5. Lichtoptische Anschliffbilder der Proben 4 links und 7 mit Kernbildung: Vor der reduzierenden Brennphase lag eine Oxydationsperiode, die einen rot-grauen bzw. roten Kern hinterließ.

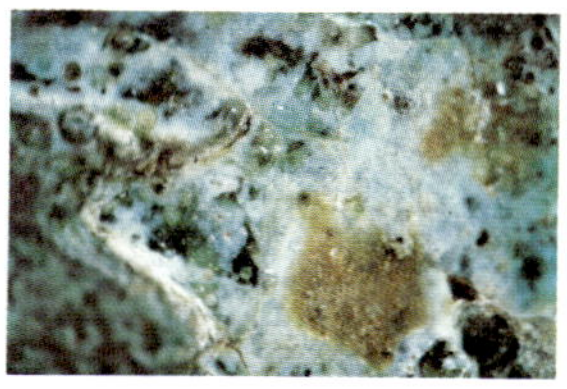

Farbtaf. 16b Beitrag *Völker,* Abb. 4. Email der Scheibenfibel aus Grab 42, Stadtgrabung 21 (Aufnahme: Dunkelfeld, 50fach).

Farbtaf. 16b Beitrag *Völker,* Abb. 5. Rückseite mit Feilspuren der Emailscheibenfibel aus Grab 97, Stadtgrabung 21 (Aufnahme: Dunkelfeld, 50fach).

5. Literaturverzeichnis

Addyman, P. V., 1982: The Archaeologist's Desiderata. In: Environmental Archaeology in the Urban Context, ed. by A. R. Hall and H. K. Kenward. CBA Research Report 43, 1–5.

Ahrens, C., 1982: Frühe Holzkirchen im nördlichen Europa, Hamburg. Veröffentlichungen Helms-Museum 39.

D'Ancona, P. u. E. Aeschlimann, 1969: Die Kunst der Buchmalerei. Köln.

Andrae, R., 1973: Mosaikaugenperlen. Untersuchungen zur Verbreitung und Datierung karolingerzeitlicher Millefioriglasperlen in Europa. In: Acta Praehistorica et Archaeologica 4, 101 ff.

Appelt, W. u. Th. Müller, 1964: Wasserkünste und Wasserwerke der Stadt Braunschweig. Braunschweiger Werkstücke 33.

Banse, E., 1940: Die Entwicklung der Wallanlagen der Stadt Braunschweig aus der alten Befestigung. In: Braunschweigisches Jahrbuch 3. Folge, 1. Band, 5–28.

Behm-Blancke, G., 1954: Die altthüringische und frühmittelalterliche Siedlung Weimar. Ergebnisse der Stadtkernforschung 1947–49. In: Akademie-Schriften Berlin 2 = Frühe Burgen und Städte. Berlin, 95–136.

Berndt, F., 1978: Brüdernkirche und ehemaliges Franziskanerkloster in Braunschweig. Ein Beitrag zu ihrer Baugeschichte unter Berücksichtigung neuerer Feststellungen beim Wiederaufbau nach dem Kriege. In: Historische Beiträge aus Brüdern – St. Ulrici, hrsg. v. Evang.-luth. Pfarramt Brüdern – St. Ulrici. Braunschweig.

Berndt, H. u. W. Neugebauer, 1968: Lübeck – Eine medizin-historische Studie. In: Archaeologica Lundensia III, 53–90 = Res mediaevales Ragnar Blomqvist oblata (Kulturhistoriska Museet Lund).

Bethmann, T. C., 1861: Die Gründung Braunschweigs und der Dom Heinrichs des Löwen. In: Westermanns Jahrbuch der Illustrirten Deutschen Monatshefte 10, 525–560.

Binding, G., 1967: Bericht über Ausgrabungen in niederrheinischen Kirchen 1964–1966. In: B. Jbb. 167, 357–387.

Bode, E., 1954: Zur Geschichte der Braunschweiger Straßenpflasterung. In: BSH 40, 63–65.

Böhner, K., 1955/1956: St. Peter in Rommerskirchen, Kr. Grevenbroich. In: B. Jbb. 155/156 II, 509–512.

Bohmbach, J., 1973: Die Sozialstruktur Braunschweigs um 1400. Braunschweiger Werkstücke 49.

Borst, O., 1983: Alltagsleben im Mittelalter. Frankfurt/M. = insel taschenbuch 513.

Bote, H., (1984): Till Eulenspiegel. Vollständige Ausgabe des Textes, hrsg. v. S. H. Sichtermann. Frankfurt/M., 131 f. = insel taschenbuch 790.

Brandt, K. H., 1977: Ausgrabungen im Bremer St.-Petri-Dom 1974–76. Ein Vorbericht. Bremen.

Bremen, W., 1964: Die alten Glasgemälde und Hohlgläser der Sammlung Bremen in Krefeld, Katalog. Beih. B. Jbb. 13.

Bruijn, A., 1979: Pottersvuren langs de Vecht. Aardewerk rond 1400 uit Utrecht. In: Rotterdam Papers III.

Busch, R., 1976: Frühgeschichtliche Funde aus dem Braunschweiger Land (= Veröffentlichungen des Braunschweigischen Landesmuseums 6).

Busch, R., 1981: Archäologische Funde aus der Celler Altstadt. Katalog Bomann-Museum Celle.

Buschan, G., 1884: Bericht über aufgefundene brunnenartige Holzeinfassungen mit Thongefässen nebst Thier- und Pflanzenüberresten zu Ratibor. In: Verhandlungen der Berliner Gesellschaft für Anthropologie, Ethnologie und Urgeschichte, 33–36.

Claus, M., 1978: Archäologie im südwestlichen Harzvorland (= Wegweiser zur Vor- und Frühgeschichte Niedersachsens 10).

Daum, J., 1966: Rheinisches Steinzeug. In: Zeitschrift des Aachener Geschichtsvereins 77, 71–80.

Dehnke, R., 1958: Münzdatierte Gefäße des 12.–14. Jahrhunderts aus dem Landkreis Peine (Niedersachsen). In: Germania 36, 220–228.

Denecke, D., 1975: Der geographische Stadtbegriff und die räumlich-funktionale Betrachtungsweise bei Siedlungstypen mit zentraler Bedeutung in Anwendung auf historische Siedlungsepochen. In: Vor- und Frühformen der europäischen Stadt im Mittelalter. Bericht über ein Symposium in Reinhausen bei Göttingen 1972, Teil I, hrsg. v. H. Jankuhn, W. Schlesinger, H. Steuer, Göttingen, 2. Aufl. = Akademie-Schriften Göttingen 3. Folge, 83, 33–55.

Dexel, Th., 1983: Gebrauchsglas. Gläser des Alltags vom Spätmittelalter bis zum beginnenden 20. Jahrhundert. München, 2. Aufl.

Dexel, W., 1943: Holzgerät und Holzform. Über die Bedeutung der Holzformen für die deutsche Gerätkultur des Mittelalters und der Neuzeit. Berlin.

Dexel, W., 1962: Das Hausgerät Mitteleuropas. Wesen und Wandel der Formen in zwei Jahrtausenden. Braunschweig.

Dinklage, K., 1955: Karolingischer Schmuck aus dem Speyer- und Wormsgau. In: Pfälzer Heimat, 6, H. 1, 1–6; H. 2, 41–45.

Döll, E., 1967: Die Kollegiatstifte St. Blasius und St. Cyriacus zu Braunschweig. Braunschweiger Werkstücke 36.

Dorn, R., 1978: Mittelalterliche Kirchen in Braunschweig. Hameln.

Dorn, R., 1980: Bau- und Sicherungsarbeiten an St. Katharinen von 1205–1980. In: Acht Jahrhunderte St.-Katharinen-Kirche in Braunschweig. Braunschweig, 127–158.

Dürre, H., 1861: Geschichte der Stadt Braunschweig im Mittelalter, Braunschweig = Beiträge zur Geschichte, Landes- und Volkskunde von Niedersachsen und Bremen, Serie A: Nachdrucke (Reprints) 8. Hannover 1974.

Duma, G., 1978: Farbige Bleiglasuren im Spätmittelalter. In: Anzeiger Akademie-Schriften Wien 115, 249–261.

Dunning, G. C., 1968: The Trade in Medieval Pottery around the North Sea. In: Rotterdam Papers I, 35–58.

Edel, H., 1928: Die Fachwerkhäuser der Stadt Braunschweig. In: BSH 19, Heft 3, 107–152.

Ehbrecht, W., 1982: Die Braunschweiger „Schichten". Zu Stadtkonflikten im Hanseraum. In: FS Braunschweig, Folgeband. Braunschweig, 37–50.

Ehlers, G., 1936: Die Wasserversorgung der deutschen Stadt im Mittelalter. In: Technikgeschichte 25, 13–25.

Elias, N., 1969: Über den Prozeß der Zivilisation. Soziogenetische und Psychogenetische Untersuchungen. Bd. I: Wandlungen des Verhaltens in den weltlichen Oberschichten des Abendlandes; Bd. II: Wandlungen der Gesellschaft. Entwurf zu einer Theorie der Zivilisation. Bern/München, 2. Aufl.

Endtricht, H. u. R. Borch, 1936: Pläne zum Grundstück der Johanniter-Siedlung (Johannishof) in Braunschweig. Leipzig.

Engel, F., 1965: Tabellen alter Maße, Gewichte und Münzen. In: Methodisches Handbuch für Heimatforschung in Niedersachsen, hrsg. v. H. Jäger, 65–76.

Englisch, P., 1928: Das skatologische Element. Stuttgart.

Ennen, E., 1979: Die europäische Stadt des Mittelalters. Göttingen, 3. Aufl.

Erdmann, W., 1980: Zur archäologischen Arbeitsweise in natürlichen Schichten. In: Archäologie in Lübeck. Lübeck, 138–140.

Erdmann, W., 1982 a: Hochmittelalterliche Baulandgewinnung in Lübeck und das Problem der Lokalisierung beider Gründungssiedlungen: erste Befunde aus den Gebieten Große Petersgrube und An Der Untertrave. In: LSAK 6, 7–31.

Erdmann, W., 1982 b: Untersuchungen in der Großen Petersgrube zu Lübeck. Befunde zur Stadtgeschichte und Fundvergesellschaftung ca. 1200–1250. In: Arch. Korr.bl. 12, 543–554.

Erich, O. A., 1934 a: Gotische Tongefäße in Mitteldeutschland. In: Die Sachgüter der deutschen Volkskunde. Berlin, 78–84.

Erich, O. A., 1934 b: Zwei Fundkarten zur deutschen Keramik des Mittelalters. In: PZ 24, 165–172.

Fahlbusch, O., 1912: Die Bevölkerungszahl der Stadt Braunschweig im 15. Jh. (1403). In: Hansische Geschichtsblätter 1912, 249–256.

Falk, A., 1982: Hausgeräte aus Holz. In: Aus dem Alltag der mittelalterlichen Stadt, 55–63 = Hefte des Focke-Museums 62.
Fehring, G. P., 1976: Lübeck, Archäologie einer Großstadt des Mittelalters. Probleme und Konzeptionen, Fragestellungen und Ergebnisse. In: Lübeck 1226, Reichsfreiheit und frühe Stadt. Lübeck, 267–298.
Fehring, G. P., 1977: Der Beitrag der Archäologie zum „Leben in der Stadt des späten Mittelalters". In: Akademie-Schriften Wien 325, 9–35 = Veröffentlichungen des Instituts für mittelalterliche Realienkunde Österreichs 2.
Fehring, G. P., 1980: Zur archäologischen Erforschung topographischer, wirtschaftlicher und sozialer Strukturen der Hansestadt Lübeck. In: Berichte zur deutschen Landeskunde 54, 133–163.
Felgenhauer, S., 1974: Zwei mittelalterliche Kleinfunde aus Stillfried. In: Veröffentlichung der Österreichischen Arbeitsgemeinschaft für Ur- und Frühgeschichte 6, 99 ff.
Feldhaus, F. M., 1931: Die Technik der Antike und des Mittelalters. Potsdam = Museum der Weltgeschichte, hrsg. v. P. Herre.
Flade, H., 1979: Holz. Von der natürlichen Form zur Gestaltung. Dresden.
Flechsig, W., 1938: Entdeckung eines alten Knüppeldammes auf der Poststraße in Braunschweig. In: BSH 29, 30–31.
Flechsig, W., 1953: Der Name Dankwarderode. In: BSH 39, 104–106.
Flechsig, W., 1954: Was kann die Namenforschung zur Altersbestimmung mittelalterlicher Siedlungen beitragen? In: BSH 40, 106–112.
Flesche, K. P., 1949: Die Kemenaten der Stadt Braunschweig. Masch. Diss. TU Braunschweig, 43 S.
Fingerlin, I., 1980: Eine hochmittelalterliche Gürtelschnalle in Durchbrucharbeit. In: ZAM 8, 47–55.
Fischer, F., 1892; Die Kunst der Glasmasse-Verarbeitung. Wien/Pest/Leipzig.
Fricke, R., 1952: Aus der Baugeschichte des Altstadtrathauses. In: BSH 38, 107–111.
Fricke, R., 1956: Das Rathaus der Altstadt zu Braunschweig im 13. Jh. In: BSH 42, 34–38.
Fricke, R., 1975: Das Bürgerhaus in Braunschweig. Tübingen = Das deutsche Bürgerhaus 20, hrsg. v. G. Binding.

Gall, G., 1975: Albrecht Dürer: „also sol der schuch ausgischnitten werden". Anmerkungen zu einer Zeichnung. In: Festschr. P. W. Meister. Hamburg, 173–186.
Garzmann, M. R. W., 1976: Stadtherr und Gemeinde in Braunschweig im 13. und 14. Jahrhundert. Braunschweiger Werkstücke 53.
Garzmann, M. R. W., 1980: Die Rechte und Freiheiten des Hagen. In: Acht Jahrhunderte St.-Katharinen-Kirche Braunschweig. Braunschweig, 7–13.
Garzmann, M. R. W., 1981: Ausgewählte Urkunden zur mittelalterlichen Geschichte der Stadt Braunschweig. In: FS Braunschweig, 571–593.
Giesler, J., 1978: Zu einer Gruppe mittelalterlicher Emailscheibenfibeln. In: ZAM 6, 57–72.
Gilles, K.-J., 1984: Die Entersburg bei Hontheim (Krs. Bernkastel-Wittlich). In: Funde und Ausgrabungen im Bezirk Trier 16 = Kurtrierisches Jahrbuch 24, 38–55.
Griep, H.-G., 1957–1983: Ausgrabungen und Bodenfunde im Stadtgebiet Goslar. In: HZ 9, 1957, I 53–80; 10, 1958, I 17–64; 14, 1962, II 67–120; 15, 1963, II 1–49; 22/23, 1970/71, III 11–58; 24/25, 1972/73, III 21–100; 28, 1976, IV 1–24; 29, 1977, IV 33–44; 30, 1978, IV 1–28; 35, 1983, V 1–54.
Grimm, P., 1933: Zur Entwicklung der mittelalterlichen Keramik in den Harzlandschaften. In: ZH 66, 1–38.
Grimm, P., 1959: Zur Entwicklung der frühmittelalterlichen deutschen Keramik in den Bezirken Halle und Magdeburg. In: PZ 37, 72–100.
Grimm, P., 1964: Der Ilsestein bei Ilsenburg/Harz. Eine Burg des 11. Jahrhunderts. In: HZ 16, 13–25.
Grimm, P., 1965: Zum Stand der Ausgrabungen in der Pfalz Tilleda am Kyffhäuser (1935 bis September 1963). In: Js. Halle 49, 99–138.
Grimm, P., 1968: Tilleda. Eine Königspfalz am Kyffhäuser. Teil I: Die Hauptburg. In: Akademie-Schriften Berlin 24.
Grimm, P., 1972: Beiträge zu Handwerk und Handel in der Vorburg der Pfalz Tilleda. In: ZfA 6, 104–147.
Grimm, P., 1978: Zur Anwendung eines Formholzes bei der mittelalterlichen Keramik des Harzgebietes. In: ZAM 6, 89–94.
Grimm, P., 1980: Zur Marktsiedlung Tilleda des 12./13. Jahrhunderts. In: AuF 6, 273–286.
Groenman-van Waateringe, W. u. L. M. Velt, 1975 a: Schuhmode im späten Mittelalter. Funde und Abbildungen. In: ZAM 3, 95–119.
Groenman-van Waateringe, W., 1975 b: Society... rests on leather. In: Rotterdam Papers II, 23–34.
Groenman-van Waateringe, W. u. A. J. Guiran, 1978: Das Leder von Lübeck, Grabung Königstraße 59. In: LSAK 1, 161–173.
Groenman-van Waateringe, W., 1980: Die Stellung der Lübecker Lederfunde im Rahmen der Entwicklung der mittelalterlichen Schuhmode. In: LSAK 4, 169–174.
Grohne, E., 1929: Bremische Boden- und Baggerfunde. In: Jahresschrift des Focke-Museums Bremen, 44–102.
Grohne, E., 1940: Tongefäße in Bremen seit dem Mittelalter = Jahresschrift des Focke-Museums Bremen.
Grote, K., 1976: Bengerode, ein spätmittelalterlicher Töpfereiort bei Fredelsloh im südlichen Niedersachsen. In: NNU 45, 245–304.
Gruber, K., 1977: Die Gestalt der deutschen Stadt. München, 3. Aufl.
Guddas, R., 1979: Die Stadt Braunschweig in literarischen Zeugnissen, Braunschweig = Stadtarchiv und Stadtbibliothek Braunschweig, Kleine Schriften 2.

Hänselmann, L., 1877: Die vergrabenen und eingemauerten Thongeschirre des Mittelalters. In: Westermanns Illustrirte Deutsche Monatshefte 41, 393–405. – Auch in: Werkstücke. Gesammelte Studien und Vorträge zur Braunschweigischen Geschichte I. Wolfenbüttel 1887, 309–347 und 1898: Die eingemauerten mittelalterlichen Thongeschirre Braunschweigs. In: Beiträge zur Anthropologie Braunschweigs. FS zur 29. Versammlung d. Deutschen Anthropol. Ges. zu Braunschweig im August 1898, 91–105.
Hahne, O., 1965: Die mittelalterlichen Burgen und Erdwälle am Okerlauf. Braunschweig.
Handelmann, 1885: Eine Schicht vergrabener Töpfe. In: Zeitschrift für Ethnologie 17, 503 f.
Harden, D. B., 1975: Table-glass in the Middle Ages. In: Rotterdam Papers II, 35–45.
Harris, E. C., 1975: The Stratigraphic Sequence: a Question of Time. In: World Archaeology. London, 7, No. 1, 109–121.
Hartmann, P., 1976: Keramik des 13. Jahrhunderts aus dem Untergrund des „Heiligen-Geist-Hospitals". In: Lübeck 1226 Reichsfreiheit und frühe Stadt. Lübeck, 299–306.
Haseloff, G., 1981: Der Einband des Ragyntrudis-Codex. In: Reall. d. Germ. Altertumskde. 4 (begr. v. J. Hoops), 2. Aufl., 64 f.
Hasse, M., 1979: Neues Hausgerät, neue Häuser, neue Kleider. Eine Betrachtung der städtischen Kultur im 13. und 14. Jahrhundert sowie ein Katalog der metallenen Hausgeräte. In: ZAM 7, 7–83.
Heine, H.-W., 1979: Vorbericht zu den Grabungen im Stadtkern von Hameln, Ldkr. Hameln-Pyrmont, 1979. In: NNU 48, 51–80.
Heine, H.-W., 1982: Mittelalterliche Keramikfunde von der Luccaburg bei Loccum. Ein Beitrag zur archäologischen Burgenforschung. In: NNU 51, 171–188.
Herrmann, B., 1980: Gutachten zum Bauopfer 77:13/481 in der Jacobi-Kirche, Braunschweig, v. 18. 9. 1980, Grabungsakten IfD-Braunschweig.
Herrmann, J., 1985: Die Einheit von schriftlichen und archäologischen Quellen und die Erforschung der frühen Geschichtsepochen. In: Zeitschrift für Geschichte 35, 129–148.
Hübener, W., 1959: Die Keramik von Haithabu, Neumünster.
Hübener, W., 1983: Eine topographisch-archäologische Studie zu Bardowick, Kr. Lüneburg. In: Studien zur Sachsenforschung 4, 111 ff. = Veröffentlichungen der urgeschichtlichen Sammlungen des Landesmuseums zu Hannover 28.
Hüseler, K., 1957: Das Aschaffenburger Brettspiel. In: 1000 Jahre Stift und Stadt Aschaffenburg. Festschrift zum Aschaffenburger Jubiläumsjahr 1957, Teil II = Aschaffenburger Jahrbuch 4, 595 ff.
Hundertmark, E., 1941: Stadtgeographie von Braunschweig. Oldenburg/O.

Ivánka, Endre v. (Hrsg.), 1954: Reisebericht eines unbekannten Russen (1437–1440). In: Europa im XV. Jh. von Byzantinern gesehen. Graz/Wien/Köln = Byzantinische Geschichtsschreiber II.

Jäger, H., 1978: Der Beitrag der historischen Geographie zur mittelalterlichen Archäologie. In: ZAM 6, 7–32.
Jäger, H., 1984: Das Stadtbild in Grundriß und Aufriß – anstelle eines Nachwortes. In: Civitatum Communitas, Studien zum europäischen Städtewesen. FS Heinz Stoob, hrsg. v. *H. Jäger, F. Petri, H. Quirin*. Köln/Wien, 867–874 = Städteforschung A/21, I u. II.
Jankuhn, H., 1973: Umrisse einer Archäologie des Mittelalters. In: ZAM 1, 9–20.
Jankuhn, H., 1979: Vor- und Frühformen der Stadt in archäologischer Sicht. In: Geschichtswissenschaft und Archäologie, Sigmaringen = Vorträge und Forschungen 22, 241–268.
Janssen, W., 1966: Zur Typologie und Chronologie mittelalterlicher Keramik aus Südniedersachsen. Neumünster = Göttinger Schriften 7.
Janssen, W., 1978: Zwei mittelalterliche Scheibenfibeln mit Kreuzdarstellung aus Schloß Broich, Stadt Mülheim an der Ruhr. In: bonner hefte zur vorgeschichte 18, 453–466.
Janssen, W., 1983: Die Bedeutung der mittelalterlichen Burg für die Wirtschafts- und Sozialgeschichte des Mittelalters. In: Akademie-Schriften Göttingen, 3. Folge, 123, 261–316 = Das Handwerk in vor- und frühgeschichtlicher Zeit II.
Jaritz, G., 1980: Die spätmittelalterliche Stadt in der Sachkulturforschung. Problematik–Möglichkeiten–Grenzen. In: Beiträge zur Volkskultur in Nordwestdeutschland 21, 53–68.
Jennings, S. u. a., 1981: Eighteen Centuries of Pottery from Norwich. In: East Anglian Archaeology Report 13, 50–60.

Kablitz, K., 1983: Die Entstehung der Parzellen mit den Brandversicherungsnummern 2758 bis 2761 auf dem Meinhardshof in Braunschweig (Stadtgrabung 10). Manuskript IfD-Außenstelle BS.
Kablitz, K., 1984: Die Lederfunde der Ausgrabung Braunschweig-Packhof 1978 (Stadtgrabung 10, Stelle 25). Manuskript IfD-Außenstelle BS.
Kahsnitz, R., 1978: Perlnuppenglas. In: Germanisches Nationalmuseum Nürnberg. Erwerbungen, Geschenke und Leihgaben im Jahre 1978, 170–172.
Kahsnitz, R., 1984: Formen mittelalterlicher Gläser. In: Aus dem Wirtshaus zum Wilden Mann. Funde aus dem mittelalterlichen Nürnberg = Katalog des Germanischen Nationalmuseums Nürnberg 1984, 38–55.
Kamp, N., 1982: Herrschaft, Wirtschaft und Gesellschaft in der Frühzeit der sächsischen Städte. In: FS Braunschweig, Folgeband. Braunschweig, 13–23.
Keibel-Maier, M., 1977: Die Grabung auf der Harzburg 1970–1975. In: HZ 29, 1–31.
Keibel-Maier, M., 1978: Die Harzburg. Grabungen auf der Ostburg (1970–1972). In: Führer zu vor- und frühgeschichtlichen Denkmälern 35, 216f.
Keibel-Maier, M., 1981a: Die Harzburg nach den Grabungen 1970–1975. In: Berichte zur Denkmalpflege in Niedersachsen. 1. Jg., Heft 2, 8–13.
Keibel-Maier, M., 1981b: Brunshausen, Archäologisches. In: Reall. d. germ. Altertumskde. 4 (begr. v. *J. Hoops*), 2. Aufl., 23–25.
Klappauf, L., 1983: Archäologische Voruntersuchungen in der Wüstung Düna bei Osterode. In: Arch. Korr.bl. 13, 261–268.
Kleinau, H., 1967: Geschichtliches Ortsverzeichnis des Landes Braunschweig. Hildesheim, 2 Bde. u. Reg.bd.
Klesse, B., 1963: Glas. Köln = Kataloge des Kunstgewerbemuseums der Stadt Köln 1.
Klesse, B. u. A. v. Saldern, 1978: 500 Jahre Glaskunst. Sammlung Biemann. Zürich.
Klinge, E., 1972: Siegburger Steinzeug = Kataloge des Hetjensmuseum Düsseldorf.
Kloos, I. H., 1897: Geologische Verhältnisse der näheren Umgegend Braunschweigs mit besonderer Berücksichtigung des Diluviums. In: Braunschweig im Jahre 1897. Festschrift den Theilnehmern an der 69. Versammlung Dt. Naturforscher und Aerzte gewidmet von der Stadt Braunschweig, hrsg. von Rudolf Blasius. Braunschweig, 52–65.
Knauf, T., 1974: Die Architektur der Braunschweiger Stadtpfarrkirchen in der ersten Hälfte des 13. Jahrhunderts. Braunschweig = Quellen und Forschungen zur Braunschweigischen Geschichte 21.
Koch, K., 1981: Die Baugeschichte der St.-Magni-Kirche. In: Festschrift zum 950jährigen Jubiläum der St.-Magni-Kirche in Braunschweig. Braunschweig, 48–55.
Koch, R., 1979: Mittelalterliche Trinkbecher aus Keramik von der Burg Weibertreu bei Weinsberg, Kr. Heilbronn. In: Forschungen und Berichte der Archäologie des Mittelalters in Baden-Württemberg 6, 47–69.
Koch, R., 1981: Der Glasbecher der heiligen Elisabeth in Coburg. In: Sankt Elisabeth, Fürstin, Dienerin, Heilige. Sigmaringen, 272–284.
Koltschin, B. A., 1971: Nowgoroder Altertümer. Geschnitztes Holz. Archeologija SSSR, Moskau, E 1–55.
Krüger, F., 1934: Der Ziegelstein. In: Die Sachgüter der deutschen Volkskunde, hrsg. von Oswald A. Erich. Berlin, 143–160.
Krueger, I., 1984: Mittelalterliches Glas aus dem Rheinland. Ein Glasfundkomplex mit emailbemaltem Becher der sog. syro-fränkischen Gruppe. In: B. Jbb. 184, 505–560.
Kruse, K. B., 1982: Zu Untersuchungs- und Datierungsmethode mittelalterlicher Backsteinbauten im Ostseeraum. In: Arch. Korr.bl. 12, 555–562.

Lamm, C. J., 1929/1930: Mittelalterliche Gläser und Steinschnittarbeiten aus dem Nahen Osten. Berlin.
Lappe, U., 1983: Mittelalterliche Gläser und Keramikfunde aus Erfurt. In: Alt-Thüringen 18, 182–212.
Lappe, U. u. G. Möbes, 1984: Glashütten im Eichsfeld. In: Alt-Thüringen 20, 207–232.
Last, M., 1976: Burgen des 11. und frühen 12. Jahrhunderts in Niedersachsen. In: Die Burgen im deutschen Sprachraum, hrsg. v. H. Patze. Sigmaringen, 383–513 = Vorträge und Forschungen 19.
Last, M., 1982: Die Anfänge der Stadt Braunschweig. Mittelalterliche Tradition im Lichte moderner Forschung. In: FS Braunschweig, Folgeband. Braunschweig, 25–35.
Lehmann, E., 1956/57: Vom neuen Bild frühmittelalterlichen Kirchenbaus. In: Wiss. Z. Univ. Halle, Ges.-Sprachw. VI/2, 213–234.
Leiber, Chr., 1983: Ausgrabung einer mittelalterlichen Glashütte bei Grünenplan, Ldkr. Holzminden. In: Berichte zur Denkmalpflege in Niedersachsen 3, H. 4, 137f.
Leser, H., 1966: Pedologisch-sedimentologische Untersuchungen als geomorphologische Methode. In: FuF 40, H. 10, 296–300.
Leuschner, H.-H., 1984: Dendrochronologisches Gutachten I, Manuskript IfD-Außenstelle BS.
Liess, R., 1980: Braunschweig. München, 5. Aufl. = Deutsche Lande – Deutsche Kunst.
Lobbedey, U., 1964: Glasierte Keramik des frühen Mittelalters am Oberrhein. In: Bonner Jbb. 164, 130–132.
Lobbedey, U., 1978: Der frühmittelalterliche Kirchenbau im angelsächsischen und sächsischen Missionsgebiet. In: Sachsen und Angelsachsen. Hamburg, 433–447 = Katalog des Helms-Museums.
Löbert, H., 1980: Das keramische Inventar einer Abfallgrube des 16. Jahrhunderts aus Göttingen. Studien zum Handel, zur Funktion und zur sozialgeschichtlichen Interpretation frühneuzeitlicher Keramik. In: ZAM 8, 7–46.
Löbert, H., 1982: Einflüsse deutscher Steinzeugzeichen auf die Töpfereien des 16./17. Jahrhunderts im „Pottland" zwischen Oberweser und Leine. In: Rheinisches Jahrbuch für Volkskunde 24, 9–21 = Töpferhandwerk.
Look, E.-R., 1984: Geologie und Bergbau im Braunschweiger Land. Dokumentation zur Geologischen Wanderkarte 1:100000 = Geologisches Jahrbuch Reihe A, Heft 78. Hannover.

Mack, H., 1908: Die Anfänge der Stadt Braunschweig. In: Braunschweigisches Magazin 11, 160ff.
Matthies, M., 1984: Paläo-ethnobotanische Untersuchungen über Umweltverhältnisse während des Mittelalters und der frühen Neuzeit in Braunschweig. Diplomarbeit Univ. Göttingen.

Meckseper, C., 1982: Kleine Kunstgeschichte der deutschen Stadt im Mittelalter. Darmstadt.

Medieval Catalogue London Museum 1940 (1975): ed. by J.B. Ward Perkins. London, 4. Aufl.

Meibeyer, W., 1966: Die Bevölkerungs- und sozialgeographische Differenzierung der Stadt Braunschweig um die Mitte des 18. Jahrhunderts. In: Braunschweigisches Jahrbuch 47, 125–157.

Meibeyer, W., 1976: Die Landesnatur. In: Braunschweigische Landesgeschichte im Überblick, hrsg. v. R. Moderhack = Quellen und Forschungen zur Braunschweigischen Geschichte 23, 1–15.

Meier, H., 1904: Die Straßennamen der Stadt Braunschweig. Wolfenbüttel. Quellen und Forschungen zur Braunschweigischen Geschichte 1.

Meier, H., 1911: Braunschweigs älteste Befestigung. In: Braunschweigisches Magazin 17, 15–22.

Meier, P.J., 1908a: Zur Frage der Grundrißbildung der Stadt Braunschweig. In: Braunschweigisches Magazin 10, 131ff.

Meier, P.J., 1908b: Wie sah die ehemalige Ulrichskirche in Braunschweig aus? In: Braunschweigisches Magazin 11, 152–154.

Meier, P.J., 1922: Niedersächsischer Städteatlas. I. Abteilung: Die Braunschweigischen Städte. Hannover, 13–22.

Meier, P.J. u. K. Steinacker, 1926² (1978): Die Bau- und Kunstdenkmäler der Stadt Braunschweig. Braunschweig. Kunstdenkmälerinventare Niedersachsens. Neudruck des gesamten Werkes 1889–1976, hrsg. in Zusammenarbeit mit dem Nds. Landesverwaltungsamt – Institut für Denkmalpflege – Hannover, Bd. 9.

Mengeringhausen, M., 1936: Die häusliche Wasserverwendung und Abwasserwirtschaft im Mittelalter. In: Technikgeschichte 25, 43–56.

Mertens, J., 1978: Der Burgplatz am Ende des 16. Jahrhunderts. Arbeitsberichte aus dem Städtischen Museum Braunschweig 28. Braunschweig.

Mertens, J. u. R. Moderhack, 1981: Die Geschichte der Stadt Braunschweig in Karten, Plänen und Ansichten, hrsg. von der Stadt Braunschweig Vermessungsamt = J. Mertens, Die neuere Geschichte der Stadt Braunschweig in Karten, Plänen und Ansichten. R. Moderhack, Abriß der älteren Stadtgeschichte und eine Zeittafel.

Mertin, H., 1960: Gehöftbreiten als Zeugen der Siedlungsgeschichte. In: FuF 34, H. 7, S. 203–209.

Mertin, H., 1966: Über die Gehöftbreiten einiger Jüdengassen und -straßen im Saale-Mittelelbe-Gebiet und in Stralsund. In: FuF 40, H. 1, 25–28.

Moderhack, R., 1961: Hundert Jahre Stadtarchiv und Stadtbibliothek Braunschweig 1861–1961. Braunschweig.

Moderhack, R., 1978: Braunschweig um 1671 im Stadtmodell. Arbeitsberichte aus dem Städtischen Museum 29. Braunschweig.

Moderhack, R., 1981: Abriß der älteren Stadtgeschichte und eine Zeittafel. In: Mertens, J., 1981, Die neuere Geschichte ... Braunschweig, 27–43 bzw. 241–257.

Möller, H.-H., 1983: Denkmalpflege in Stadt und Land Braunschweig. In: Naturschutz und Denkmalpflege im Braunschweiger Land. FS zum 75jährigen Bestehen des Braunschweigischen Landesvereins für Heimatschutz, hrsg. von M. Wiswe. Braunschweig, 79–104.

Molaug, P.B., 1975: Oslo im Mittelalter. Ergebnisse der neuen archäologischen Ausgrabungen. In: ZAM 3, 217–260.

Mosel, Chr., 1979: Glas – Mittelalter – Biedermeier. Hannover, 2. Aufl. Sammlungskataloge des Kestnermuseums Hannover I.

Müller, Th., 1968: Schiffahrt und Flößerei im Flußgebiet der Oker. Braunschweiger Werkstücke Reihe A, Bd. 2.

Neugebauer, W., 1954: Typen mittelalterlichen Holzgeschirrs aus Lübeck. In: Frühe Burgen und Städte (FS Unverzagt). Berlin, 174–190 = Akademie-Schriften Berlin 2.

Neugebauer, W., 1965: Mittelalterliche und jüngere Glasfunde bei den Ausgrabungen in der Hansestadt Lübeck. In: VIIe Congrès International du Verre, Comptes Rendus II. Brüssel 1965, 235. 1–12.

Neugebauer, W., 1968: Die Ausgrabungen in der Altstadt Lübecks. In: Rotterdam Papers I, 93–113.

Neugebauer, W., 1975: Arbeiten der Böttcher und Drechsler aus den mittelalterlichen Bodenfunden der Hansestadt Lübeck. In: Rotterdam Papers II., 117–137.

Nickel, E., 1954: Ein mittelalterlicher Brunnen in Magdeburg. In: Frühe Burgen und Städte (FS Unverzagt). Berlin, 158–166 = Akademie-Schriften Berlin 2.

Nickel, E., 1959: Eine mittelalterliche Fäkaliengrube in Magdeburg. In: PZ 37, 125–156.

Nickel, E., 1960: Ein mittelalterlicher Hallenbau am Alten Markt in Magdeburg. Akademie-Schriften Berlin 8.

Nickel, E., 1962/1963: Romanische durchbrochene Schmuckscheiben aus Ungarn. In: Alt-Thüringen 6, 565–569.

Nickel, E., 1964a: Ein Münzfund aus der Mitte des 13. Jahrhunderts. In: PZ 42, 156–169.

Nickel, E., 1964b: Der „Alte Markt" in Magdeburg. Akademie-Schriften Berlin 18.

Nickel, E., 1965/1966 (1966): Vorottonische Befestigungen und Siedlungsspuren auf dem Domplatz in Magdeburg. Vorbericht. In: PZ 43/44, 237–278.

Nickel, E. u.a., 1980: Zur materiellen Kultur des späten Mittelalters der Stadt Magdeburg. In: ZfA 14, 1–60.

Niquet, F., 1954: Ausgrabungen und Fundbergungen im engeren Stadtgebiet Braunschweig. In: BSH 40, 131.

Niquet, F., 1959: Die Ausgrabungen auf der Wüstung Klein-Büddenstedt. In: BKB-Mitteilungen 10.

Niquet, F., 1973: Archäologische Untersuchungen auf dem Baugelände der Horten AG am Ackerhof in Braunschweig. In: NNU 42, 355–357.

Niquet, F., 1976: Vor- und Frühgeschichte des Braunschweigischen Nordharzvorlandes. In: Braunschweigische Landesgeschichte im Überblick, hrsg. von R. Moderhack. Braunschweig, 17–37.

Ohm, A. u.a., 1980: Europäisches und außereuropäisches Glas. Museum für Kunsthandwerk. Frankfurt/M., 2. Aufl.

Oswald, F., L. Schaefer u. H.R. Sennhauser, 1966: Vorromanische Kirchenbauten. Katalog der Denkmäler bis zum Ausgang der Ottonen, hrsg. vom Zentralinstitut für Kunstgeschichte. München.

Peters, H.-G., 1970: Ur- und frühgeschichtliche Befestigungen zwischen Oberweser und Leine. In: NAFN 5, 63–183.

Peters, H.-G., 1980: Perspektiven archäologischer Denkmalpflege in Niedersachsen. In: Beiträge zur Archäologie Nordwestdeutschlands und Mitteleuropas = MUFN 16, 251ff.

Pieper, K., 1980: Die Unterfangung der Türme der St.-Katharinen-Kirche. In: Acht Jahrhunderte St.-Katharinen-Kirche Braunschweig. Braunschweig, 159–174.

Pitz, E., 1967: Landeskulturtechnik. Markscheide- und Vermessungswesen im Herzogtum Braunschweig bis zum Ende des 18. Jahrhunderts. Göttingen.

Plath, H., 1958: Mittelalterliche Keramik vom 12. bis zum 15. Jahrhundert in Hannover. In: Hannoversche Geschichtsblätter N.F. 12, 1–39.

Plath, H., 1971: Die Anfänge der Stadt Hannover. In: Hannoversche Geschichtsblätter N.F. 15, H. 3/4 (2. Aufl.), 169–216.

Plümer, E., 1978: Die Wüstung Oldendorp bei Einbeck = Studien zur Einbecker Geschichte 6.

Priesemann, B., 1984: Zur Braunschweiger Baustoffkunde, Arbeitsbericht I. Grabungsakten IfD-Außenstelle Braunschweig.

Pucher, R., 1980: Bericht über paläomagnetische Untersuchungen an zwei Feuerstellen in der Jacobikapelle in Braunschweig. Nds. Landesamt für Bodenforschung Hannover, Heft vom 1.4.1980.

Puhle, M., 1981: Braunschweig und die Hanse bis zum Ende des 14. Jahrhunderts. In: FS Braunschweig, 105–129.

Puhle, M., 1985: Die Politik der Stadt Braunschweig innerhalb des sächsischen Städtebundes und der Hanse im späten Mittelalter. Braunschweiger Werkstücke Reihe A, Bd. 6.

Raabe, P., 1981: Die Welt in Büchern. Ausstellungskataloge der Herzog August Bibliothek Wolfenbüttel 32.

Rademacher, F., 1963: Die deutschen Gläser des Mittelalters. Berlin, 2. Aufl.

Rauterberg, C., 1971: Bauwesen und Bauten im Herzogtum Braunschweig unter Carl Wilhelm Ferdinand 1780–1806. Braunschweiger Werkstücke Reihe B, Bd. 1.
Rehbein, F., 1967: Ein Krug aus dem Tafelgeschirr eines Peiner Kaufmanns. In: Der Heimatspiegel. Beilage der Peiner Allgemeinen Zeitung S. 3.
Reidemeister, S., 1948: Genealogien Braunschweiger Patrizier- und Ratsgeschlechter. Braunschweiger Werkstücke 12.
Reineking-von Bock, G., 1971: Steinzeug. Kataloge des Kunstgewerbemuseums Köln 4.
Reinle, A., 1982: Mittelalterliche Brunnen in Mittel- und Westeuropa I. Technik und materielle Kultur. In: Lexikon des Mittelalters II, Sp. 767ff.
Rempel, H., 1966: Reihengräberfriedhöfe des 8. bis 11. Jahrhunderts aus Sachsen-Anhalt, Sachsen und Thüringen. Akademie-Schriften Berlin 20.
Römer, Chr., 1979: Fragment eines Grabsteines vom Aegidienkirchhof. In: Veröffentlichungen des Braunschweigischen Landesmuseums 22, 48f.
Römer, G., 1982: Die mittelalterlichen Paramente im Kloster St. Marienberg in Helmstedt. Helmstedt.
Römer-Johannsen, U., 1979: Die Abtsgrablege in St. Aegidien und ihre Auffindung mit Hilfe des Gräberplanes von A. A. Beck. In: St. Aegidien zu Braunschweig 1115–1979, hrsg. v. U. Römer-Johannsen. Hildesheim, 18–22.
Rötting, H., 1977: Archäologische Denkmalpflege Braunschweig. Grabungsergebnisse 1976. Katalog zur Sonderausstellung im Braunschweigischen Landesmuseum 1977.
Rötting, H., 1978a: Archäologische Untersuchungen 1977 in der Brüdernkirche. In: Historische Beiträge aus Brüdern-St. Ulrici. Braunschweig, 1–3.
Rötting, H., 1978b: Anmerkungen zu Miniatur-Feldflaschen. In: BSH 64, 65–73.
Rötting, H., 1979a: Archäologische Untersuchungen im ehemaligen Klosterbereich St. Aegidien. In: Veröffentlichungen des Braunschweigischen Landesmuseums 22, 26–28.
Rötting, H. u.a., 1979b: Vorbericht über archäologische Untersuchungen im ehemaligen Klosterbereich St. Aegidien zu Braunschweig mit interdisziplinären Arbeitsergebnissen. In: St. Aegidien zu Braunschweig 1115–1979, hrsg. von U. Römer-Johannsen. Hildesheim, 15–57.
Rötting, H., 1981: Archäologische Befunde zu praestädtischen Siedlungsformen Braunschweigs vor Heinrich dem Löwen. In: FS Braunschweig. Braunschweig, 695–723.
Rötting, H., 1982: Stadtarchäologie in Braunschweig. Möglichkeiten, Methoden und erste Ergebnisse zur Stadtentstehungsfrage. In: Berichte zur Denkmalpflege in Niedersachsen, H. 1, 9–13.
Rötting, H., 1983: Neue archäologische Quellen zur Frühmittelalterforschung im Nördlichen Harzvorland. Eine Übersicht zu Grabungsergebnissen aus den Jahren 1976–1982. In: Naturschutz und Denkmalpflege im Braunschweiger Land. FS zum 75jährigen Bestehen des Braunschweigischen Landesvereins für Heimatschutz, hrsg. v. M. Wiswe. Braunschweig, 51–77.
Rötting, H., 1984: Möglichkeiten und Grenzen stadtarchäologischer Denkmalpflege in Braunschweig. Kolloquium zur archäologisch-historischen Stadtforschung in Münster vom 26. bis 28. 10. 1982 (im Druck).
Rötting, H., 1985a: 1. Der von Herzog Heinrich dem Löwen eingeleitete hochmittelalterliche Stadtausbau Braunschweigs in der Okerniederung 1160–1220. Strukturmodell in zwei Raumebenen und vier Zeitperioden. 2. Ausgewählte spätmittelalterliche Grabungsfunde an Tisch- und Küchengeschirr aus Glas, Holz und Keramik sowie Kleidungszubehör aus Leder vom Meinhardshof und der Jöddenstraße der Braunschweiger Neustadt, 14. bis 15. Jh., u.a. In: Ausst.Kat. Stadt im Wandel. Kunst und Kultur des Bürgertums in Norddeutschland 1150–1650. Braunschweig (im Druck).
Rötting, H., 1985b: Mittelalterliche Baulanderschließung in Braunschweig. Mit einer Kartenbeilage. In: Ausgrabungen in Niedersachsen, Archäologische Denkmalpflege 1979–1984, hrsg. durch K. Wilhelmi (= Berichte der Denkmalpflege in Niedersachsen, Beih. 1). Stuttgart, 243f.
Rötting, H., 1985c: Die Grablege Lothars III. in der Stiftskirche zu Königslutter. Mit einem Beitrag von E. May zur morphologischen Ähnlichkeit zwischen einem Kinderskelett und Erwachsenenskeletten der Grablege. In: Kirchen, Klöster, Manufakturen. Aus der Arbeit des Braunschweigischen Vereinigten Kloster- und Studienfonds und der Braunschweig-Stiftung. Braunschweig (im Druck).
Rückert, R., 1982: Die Glassammlung des Bayerischen Nationalmuseums München. München, 2 Bde.
Ruge, J. u. K. Thomas, 1979: Metallkundliche Untersuchungen von Proben aus der Manschette des „Abtsstabes aus St. Aegidien". In: St. Aegidien zu Braunschweig 1115–1979, hrsg. v. U. Römer-Johannsen. Hildesheim, 47–50.

Sack, C. W., 1850: Die Befestigung der Stadt Braunschweig. Hannover 1850.
Sage, W., 1966: Frühmittelalterlicher Holzbau. In: Karl der Große. Karolingische Kunst III, hrsg. von Braunfels u. Schnitzler. Düsseldorf, 3. Aufl., 573–590.
Saldern, A.v., 1975: Ein gläserner Schlangenkorb in Hamburg. In: Festschrift P. W. Meister. Hamburg, 56–61.
Salin, B., 1904: Die altgermanische Thierornamentik. Stockholm/Berlin.
Schimpff, V., 1983: Zu einer Gruppe hochmittelalterlicher Schreibgriffel. In: Alt-Thüringen 18, 213–260.
Schindler, R., 1951/1952: Die Hamburger Keramik des 8. bis 12. Jahrhunderts als Geschichtsquelle. In: Hammaburg 3, H. 8, 115–131.
Schindler, R., 1959: Entwicklungstendenzen der Hamburger Keramik des 8. bis 10. Jahrhunderts. In: PZ 37, 57–71.
Schirwitz, K., 1938: Durchbrochene Schmuckscheiben des frühen Mittelalters. In: ZH 71, 61ff.
Schmid, P., 1955: Die Holzplastik aus der Wurt Hessens im Kulturbild des 7. nachchristlichen Jahrhunderts. In: NNU 24, 32ff.
Schneider, Joh., 1980: Die Ausgrabungen auf der altsächsischen Siedlung bei Wallstawe, Kr. Klötze, 1976–1979. In: AuF 25, 205–208.
Schneider, Joh., 1982: Zum Stand der Frühmittelalterforschung in der Altmark und im Elb-Havel-Winkel. In: Js. Halle 65, 217–247.
Schneider, Jürg u.a., 1982: Der Münsterhof in Zürich. Schweizer Beiträge zur Kulturgeschichte und Archäologie des Mittelalters 9 u. 10.
Schüpp, H. W., 1984: Stadtbild und Historismus. Überlegungen zur Serie von Braunschweig-Abbildungen in Otto von Heinemanns „Das Königreich Hannover und das Herzogtum Braunschweig". In: Civitatum Communitas. Studien zum europäischen Städtewesen. FS Stoob, 355–373.
Schütte, S., 1976: Mittelalterliches Glas aus Göttingen. In: ZAM 4, 101–117.
Schütte, S., 1978: Funde und Befunde des Mittelalters und der frühen Neuzeit vom Markt 4 in Göttingen. In: NAFN 12, 195–233.
Schütte, S., 1981: Zur Weserware in Göttingen. In: H.-G. Stephan, Coppengrave. MUFN 17, 122–125.
Schütte, S., 1982: Glas in der mittelalterlichen Stadt. In: Aus dem Alltag der mittelalterlichen Stadt. Handbuch zur Sonderausstellung im Bremer Landesmuseum, 133–143.
Schütte, S., 1984: 5 Jahre Stadtarchäologie. Göttingen.
Schultz, H.-A. u. O. Stelzer, 1955: St. Jacob, die Pfarrkirche einer Kaufmannssiedlung des 9./10. Jahrhunderts in Braunschweig. Ergebnisse der Ausgrabung von 1954. In: Braunschweigisches Jahrbuch 36, 5–23.
Schultz, H.-A., 1956: Die Magnikirche im Blickfeld weiterer Untersuchungen. In: BSH 42, 97–100.
Schultz, H.-A., 1959: Die Magnikirche im Blickpunkt weiterer Forschungen. In: BSH 45, 92–93.
Schultz, H.-A., 1965: Die Keramik der Burg Warberg im Elm, Kr. Helmstedt. In: NAFN 2, 253–260.
Schultz, H.-A., 1966: Das Landesmuseum als landesgeschichtliche Sammel- und Forschungsstätte. In: BSH 52, 72–79.
Schultz, H.-A., 1980: Burgen und Schlösser des Braunschweiger Landes. Braunschweig.

Schwineköper, B., 1977: Königtum und Städte bis zum Ende des Investiturstreits. In: Vorträge und Forschungen, Sonderbd. XI, 131–137.
Siebert, R., 1985: Wo lag Harderode, die spätmittelalterliche Wüstung bei Querum in Braunschweig. In: BSH 71, 11–19.
Spies, G., 1976: Braunschweig. Das Bild einer Stadt im 18. Jahrhundert. Braunschweig.
Spieß, W., 1952: Braunschweig, Stadtkreis. In: Deutsches Städtebuch. Handbuch städtischer Geschichte, hrsg. von E. Keyser, Bd. III Nordwest-Deutschland I. Niedersachsen und Bremen. Stuttgart, 42–51.
Spieß, W., 1966: Geschichte der Stadt Braunschweig im Nachmittelalter. Braunschweig, 2 Bde.
Stadt Braunschweig – Sanierung Innenstadt 1980: Bericht über das Ergebnis der vorbereitenden Untersuchung nach dem Städtebauförderungsgesetz. Stadtplanungsamt, Braunschweig.
Stegmann, N., 1969: Entwicklung eines Darstellungsverfahrens für Baugrundkarten an Hand der Baugrundverhältnisse der Stadt Braunschweig. Ungedr. Diss. TU Braunschweig.
Steinacker, K., 1925: Vom verschollenen und verschwundenen Braunschweig. In: Görges/Spehr, Vaterländische Geschichte und Denkwürdigkeiten der Lande Braunschweig und Hannover, neu hrsg. von F. Fuhse. Braunschweig, Bd. 1, 3. Aufl., 54–93.
Stelzer, O., 1952: Braunschweig. München/Berlin. = Deutsche Lande – Deutsche Kunst.
Stelzer, O., 1954: Lage und Ausdehnung der Marktsiedlung Braunschweigs im 11. Jahrhundert. In: Forschungen zur Braunschweigischen Geschichte u. Sprachforschung, hrsg. von F. Timme. Braunschweig, 74–90.
Stephan, H.-G., 1972: Hausrat aus einem Abfallschacht der Frührenaissance in Höxter. In: Westfalen 50, 149–178.
Stephan, H.-G., 1973: Archäologische Beiträge zur Frühgeschichte der Stadt Höxter. Münstersche Beiträge zur Vor- und Frühgeschichte 7.
Stephan, H.-G., 1978/79: Archäologische Studien zur Wüstungsforschung im südlichen Weserbergland. In: Münstersche Beiträge zur Ur- und Frühgeschichte 10/11.
Stephan, H.-G., 1979: Höxteraner Keramik im 13. Jahrhundert. Ein Beitrag zur mittelalterlichen Kulturgeschichte. In: Denkmalpflege und Forschung in Westfalen 2, 179–218.
Stephan, H.-G., 1980: Stand und Aufgaben der Archäologie des Mittelalters und der Neuzeit in Nordwestdeutschland. In: Beiträge zur Volkskultur in Nordwestdeutschland 21, 23–51.
Stephan, H.-G., 1981 a: Coppengrave. Studien zur Töpferei des 13. bis 19. Jahrhunderts in Nordwestdeutschland. MUFN 17.
Stephan, H.-G., 1981 b: Werrakeramik und Weserware. Zentren der Renaissancekeramik im Werraland und an der Oberweser. In: Keramik an Weser, Werra und Fulda, hrsg. von H. P. Mielke. Lübbecke, 69–90.
Stephan, H.-G., 1981 c: Zur Typologie und Chronologie spätmittelalterlicher Keramik der Zeit um 1300 im ostwestfälisch-südniedersächsischen Bergland. Münzdatierte Keramik der Zeit um 1300 aus Höxter an der Weser und Funde aus Lenglern, Kr. Göttingen. In: NAFN 14, 239–263.
Stephan, H.-G., 1982: Die mittelalterliche Keramik in Norddeutschland (1200–1500). In: Aus dem Alltag der mittelalterlichen Stadt. Handbuch zur Sonderausstellung im Bremer Landesmuseum, 65–122.
Stephan, H.-G., 1983: The Development and Production of Medieval Stoneware in Germany. In: Ceramics and Trade, hrsg. von P. Davey u. R. Hodges. Sheffield, 95–120.
Stephan, H.-G., 1985: Stadtarchäologie in Niedersachsen, Ostwestfalen, Hamburg und Bremen. In: Ausst.Kat. Stadt im Wandel. Kunst und Kultur des Bürgertums in Norddeutschland 1150–1650. Braunschweig (im Druck).
Steuer, H., 1974: Die Südsiedlung von Haithabu. Studien zur frühmittelalterlichen Keramik im Nordseeküstenbereich und in Schleswig-Holstein. Die Ausgrabungen in Haithabu 6. Neumünster.
Steuer, H., 1982: Spiegel des täglichen Lebens. Archäologische Funde des Mittelalters aus Köln. Kölnisches Stadtmuseum.
Stoll, H.-J., 1980: Zur Keramik mit Bleiglasur der Stadtkerngrabung Magdeburg. In: ZfA 14, 249–270.
Stoob, H., 1970: Forschungen zum Städtewesen in Europa I. Räume, Formen und Schichten der mitteleuropäischen Städte. Köln/Wien.
Strauss, K. u. F. Aichele, 1980: Steinzeug. Battenberg-Antiquitäten-Kataloge. München.
Strombeck, H.v., 1869: Noch einmal die Gründung Braunschweigs betreffend. In: ZH 2, H. 4, 12–28.
Der Stuttgarter Bilderpsalter Bibl. Fol. 23, (1965): Württembergische Landesbibliothek Stuttgart, Bd. 1 (Faksimile-Lichtdruck). Stuttgart.
Süss, L., 1978: Die frühmittelalterliche Saline von Bad Nauheim. Materialhefte zur Vor- und Frühgeschichte Hessens 3.

Tait, H., 1979: The Golden Age of Venetian Glass. British Museum. London.
Thomsen, H., 1937: Der volkstümliche Wohnbau der Stadt Braunschweig im Mittelalter. Untersuchungen zur Geschichte des deutschen Stadthauses aufgrund schriftlicher Quellen. Borna.
Timme, Fr., 1963: Brunswiks ältere Anfänge zur Stadtbildung. In: Nds. Jahrb. f. Landesgeschichte 35, 1–48.
Tode, A., 1948: Merkblatt für Stadtkernforschung der Forschungsstelle für niederdeutsches Volkstum. MS, 5 S.
Tode, A., 1949: Die älteste Burganlage Braunschweigs. In: Braunschweiger Zeitung, 29./30. 10. 1949.
Tode, A., 1950: Die Ausgrabungen im mittelalterlichen Schulenrode bei Harzburg. In: ZH, Neue Folge 2, Sonderdruck, 5–44.
Tode, A., 1954: Die vor- und frühgeschichtliche Besiedlung des Stadtgebietes von Braunschweig. In: Forschungen zur braunschweigischen Geschichte und Sprachkunde, Festgabe der Stadt Braunschweig zur Tagung d. Ver. f. Niedersächsische Sprachforschung (= Quellen und Forschungen zur braunschweigischen Geschichte 15), 11–19.
Tode, A., 1958: St. Nicolai am Damm – ein vergessenes Kirchlein. In: Kirchliche Mitteilungen für Stadt und Land Braunschweig, Beilage zur katholischen Kirchenzeitung (Oktober).

Vierck, H., 1976: Eine südskandinavische Relieffibel. Zum Feinguß im frühen Mittelalter. In: Münstersche Beiträge zur Ur- und Frühgeschichte 9, 137 ff.
Vierck, H., 1980: Der Neufund aus einem frühmittelalterlichen Kirchenschatz von Enger in Westfalen. In: Heilige Ida von Herzfeld. Festschrift zur tausendjährigen Wiederkehr ihrer Heiligsprechung, hrsg. von v. G. Jàszai. Münster, 87–107.
Vogel, V., 1983: Archäologische Stadtkernforschung in Schleswig 1969–1982. In: Ausgrabungen in Schleswig. Berichte und Studien 1. Neumünster, 9–54.

Wachter, B., 1972: Bericht über die Probegrabung auf dem Weinberg in Hitzacker (Elbe) in den Jahren 1955/56. In: NAFN 7, 241–281.
Wamers, E., 1984: Scheibenfibeln. In: Hessen im Frühmittelalter. Archäologie und Kunst. Ausstellungskatalog, hrsg. von H. Roth u. E. Wamers. Sigmaringen, 129 f. (Nr. 50,1).
Weiß, G., 1974: Ullstein Gläserbuch, Berlin, 4. Aufl.
Willerding, U., 1979: Mittelalterliche Holzfunde aus St. Aegidien in Braunschweig. In: St. Aegidien zu Braunschweig 1115–1979, hrsg. v. U. Römer-Johannsen. Hildesheim, 45–46.
Wolff, H., 1935: Die Geschichte der Bastionärbefestigung Braunschweigs. Diss. TU Braunschweig.

Die Zeit der Staufer. Geschichte, Kunst, Kultur. Katalog der Ausstellung Stuttgart 1977, 5 Bde.
Ziegler, H., 1969: Nochmals die altbraunschweigischen Maße und Gewichte. In: Braunschweigische Heimat 55, 95.
Zschille, R. u. R. Forrer, 1891: Der Sporn in seiner Formentwicklung. Berlin.

Abkürzungen (im Literaturverzeichnis)

Akademie-Schriften Berlin: Deutsche Akademie der Wissenschaften zu Berlin, Schriften der Sektion für Vor- und Frühgeschichte

Akademie-Schriften Göttingen: Abhandlungen der Akademie der Wissenschaften in Göttingen, Philologisch-historische Klasse

Akademie-Schriften Wien: Österreichische Akademie der Wissenschaften, Philosophisch-historische Klasse, Sitzungsberichte, Wien

Anzeiger Akademie-Schriften Wien: Anzeiger der Philosophisch-historischen Klasse der Österreichischen Akademie der Wissenschaften

Arch. Korr.bl.:	Archäologisches Korrespondenzblatt
AuF:	Ausgrabungen und Funde
Beih. B.Jbb.:	Beiheft der Bonner Jahrbücher
BSH:	Braunschweigische Heimat
FS Braunschweig:	Brunswick 1031 – Braunschweig 1981. Festschrift zur Ausstellung im Städtischen Museum, hrsg. von G. Spies, Braunschweig 1981
FuF:	Forschungen und Fortschritte
HZ:	Harzzeitschrift
Js. Halle:	Jahresschrift für mitteldeutsche Vorgeschichte Halle
LSAK:	Lübecker Schriften zur Archäologie und Kulturgeschichte
MUFN:	Materialhefte zur Ur- und Frühgeschichte Niedersachsens
NAFN:	Neue Ausgrabungen und Forschungen in Niedersachsen
Nds. StA WF:	Niedersächsisches Staatsarchiv Wolfenbüttel
NNU:	Nachrichten aus Niedersachsens Urgeschichte
PZ:	Praehistorische Zeitschrift
StA BS:	Stadtarchiv Braunschweig
UB:	Urkundenbuch (hier: Braunschweig)
ZAM:	Zeitschrift für Archäologie des Mittelalters
ZfA:	Zeitschrift für Archäologie
ZH:	Zeitschrift des Harz-Vereins für Geschichte und Altertumskunde

Altstadtgrabungen in Braunschweig 1948 bis 1975

Ralf Busch

Mittelalterliche Funde aus dem Altstadtgebiet sind bereits seit dem 19. Jh. beobachtet worden[1], daneben aber auch vorgeschichtliche, wobei allerdings das engere Altstadtgebiet in den Grenzen der mittelalterlichen Stadt nur spärliche, überwiegend steinzeitliche Funde geliefert hat[2]. Ausführlicher hat *A. Tode* die vorgeschichtlichen Funde in Braunschweig 1954 und 1965 behandelt[3], ohne einen Hinweis auf Besiedlungsspuren aus der Zeit nach der Zeitwende bis zum Beginn des Mittelalters genannt zu haben.

Vorgeschichtliche Funde sind allerdings auch im 19. Jh. schon im Stadtgebiet von Braunschweig erwähnt worden, ohne daß immer deren Alter erkannt wurde, und auch die Bedeutung mittelalterlicher Funde wurde nicht recht eingeordnet. So sind die Bemerkungen von *L. C. Bethmann*[3a] nur schwer kontrollierbar: „Das älteste Zeugnis für die Bewohnung des jetzigen Stadtgebietes schon in heidnischen Zeiten gaben die zahlreichen Aschenkrüge, welche zu beiden Seiten der Oker auf der Schuhstraße, der Schützenstraße, am Neuenwege, der Michaeliskirche, an der Hagenbrücke, der Kuhstraße und am Sandberge gefunden sind". Seine Abbildung zeigt jedenfalls mittelalterliche Keramik (oben) und Urnen der vorrömischen Eisenzeit (unten), ohne daß deren unterschiedliches Alter erkannt wurde. (Die zugehörige Abbildung findet sich im einleitenden Beitrag *Rötting* in diesem Band.)

Die Anfänge der Stadt auf der Basis von Schriftquellen sind erst ab 1031 faßbar; ohne Zweifel müssen in einzelnen Teilen ältere Siedlungskerne vorausgesetzt werden, die zunächst nebeneinander bestanden haben dürften. Zu dieser Problematik, die u. a. eine früheste Keimzelle im 9. Jh. im Umfeld der Jakobskirche vermutet, ist von verschiedener Seite umfassend Stellung bezogen worden; zumindest die historischen Fragestellungen sind klar herausgearbeitet, so daß hier auf diese nicht näher einzugehen ist[4]. Ohne Zweifel kommt auf die Archäologie eine gewichtige Aufgabe zu, wenn die Klärung der Frühgeschichte der Stadt Braunschweig einer Lösung nähergebracht werden soll.

Wenn ein erster Siedlungsansatz der mittelalterlichen Stadt und ihrer Weichbilde bis in das 9. Jh. zurückführen sollte, dann ist auch die Frage berechtigt, ob Anknüpfungspunkte an noch ältere Siedlungskerne erkennbar sind. Unter Ausschluß der neuesten Grabungsergebnisse darf aus älteren, bisher nicht veröffentlichten Funden geschlossen werden, daß einzelne Scherbenfunde an mehreren Stellen im engeren Stadtgebiet eine kaiserzeitliche Besiedlung belegen. Die wenn auch spärlichen Funde lassen auf Siedlungsspuren schließen[5].

In diesem Zusammenhang könnte sich auch der Fund einer anscheinend spätkaiserzeitlichen Brandbestattung direkt westlich vor der Katharinenkirche am Hagenmarkt einordnen. Möglicherweise belegt dieser Einzelfund ein Gräberfeld, das auf eine nicht nur sporadische Aufsuchung dieses Geländes schließen läßt[6]. Wir sind sicher, daß es weitere zeitgleiche Belege für die Besiedlung des engeren Stadtgebietes gibt, deren Aufarbeitung erforderlich ist. Doch gibt es zur Zeit keine Befunde, die vom Ende der römischen Kaiserzeit eine Brücke zum frühen Mittelalter schlagen. Die Frage der Kontinuität von der Kaiserzeit zum Mittelalter stellt sich, ohne daß wir heute diese Lücke mit Funden eindeutig zu belegen vermögen.

Wollen wir aus den älteren Altstadtgrabungen heraus wesentliche Fragestellungen formulieren, ist es notwendig, die archäologischen Ergebnisse in ihrer Aussagefähigkeit zu bewerten. Es sind 111 Fundstellen aus dem Altstadtgebiet bekannt. In der Mehrzahl sind diese in den Jahren nach der Zerstörung der Stadt 1944 im Rahmen der Wiederaufbaumaßnahmen erschlossen worden (Abb. 1). Es handelt sich um Zufallsfunde, Baustellenbeobachtungen und gelegentliche Nachgrabungen, die sich immer an den Notwendigkeiten der Neubaubelange orientieren. Systematische Beobachtungen und Nachgrabungen mit historischen Fragestellungen waren nur selten möglich. So engt sich die Anzahl der aussagefähigen Fundstellen ein.

Um einige Beispiele herauszugreifen:
7 Fundstellen betreffen Kirchen im Altstadtbereich[7] mit sehr unterschiedlichen Interpretationsmöglichkeiten. In ihrer Gesamtheit können diese Ergebnisse hier

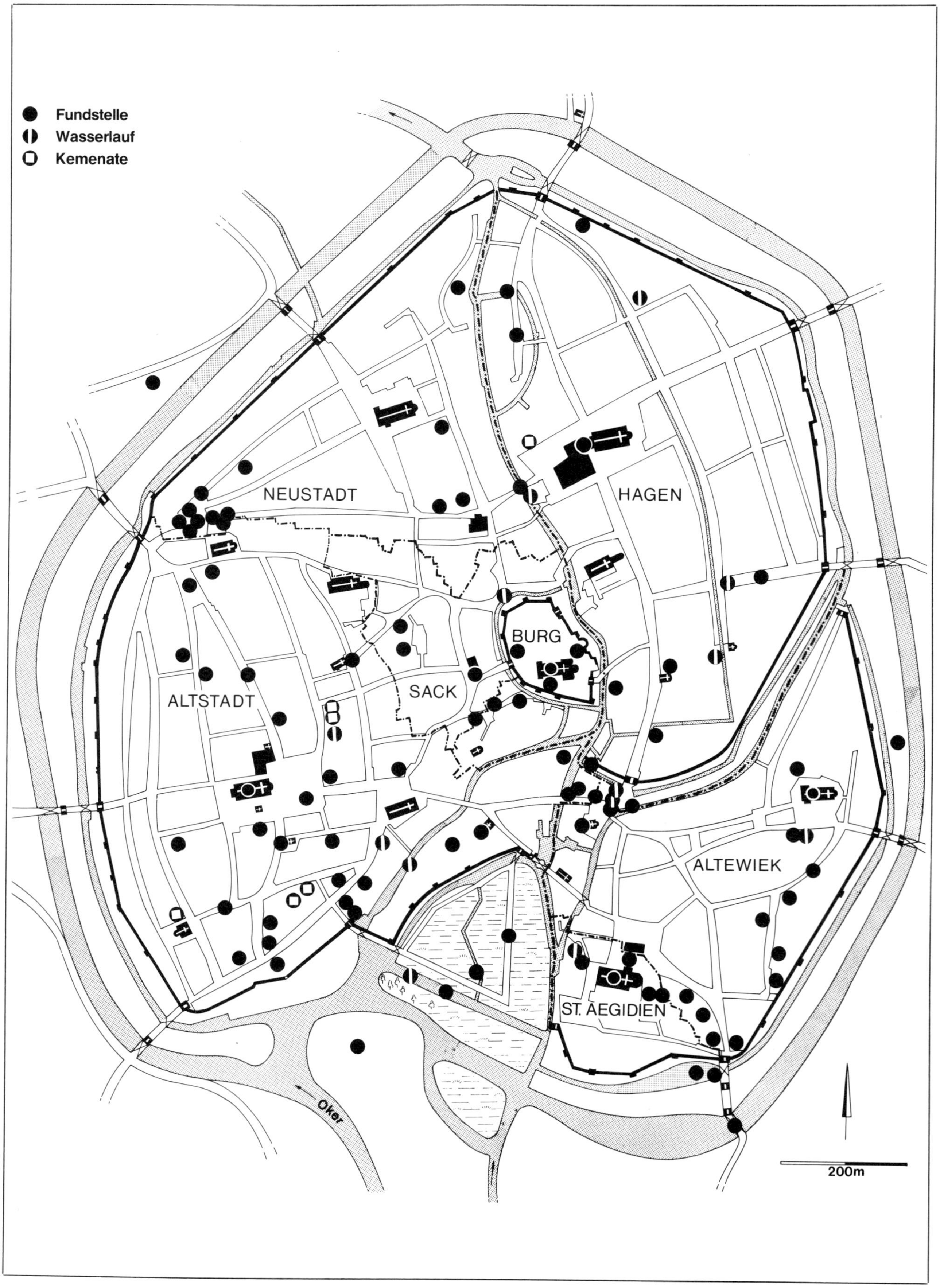

Abb. 1: Fundstellen der Jahre 1948–1975 lokalisiert auf dem Plan „Braunschweig um 1400" (nach *Sander et al.*, 1930)

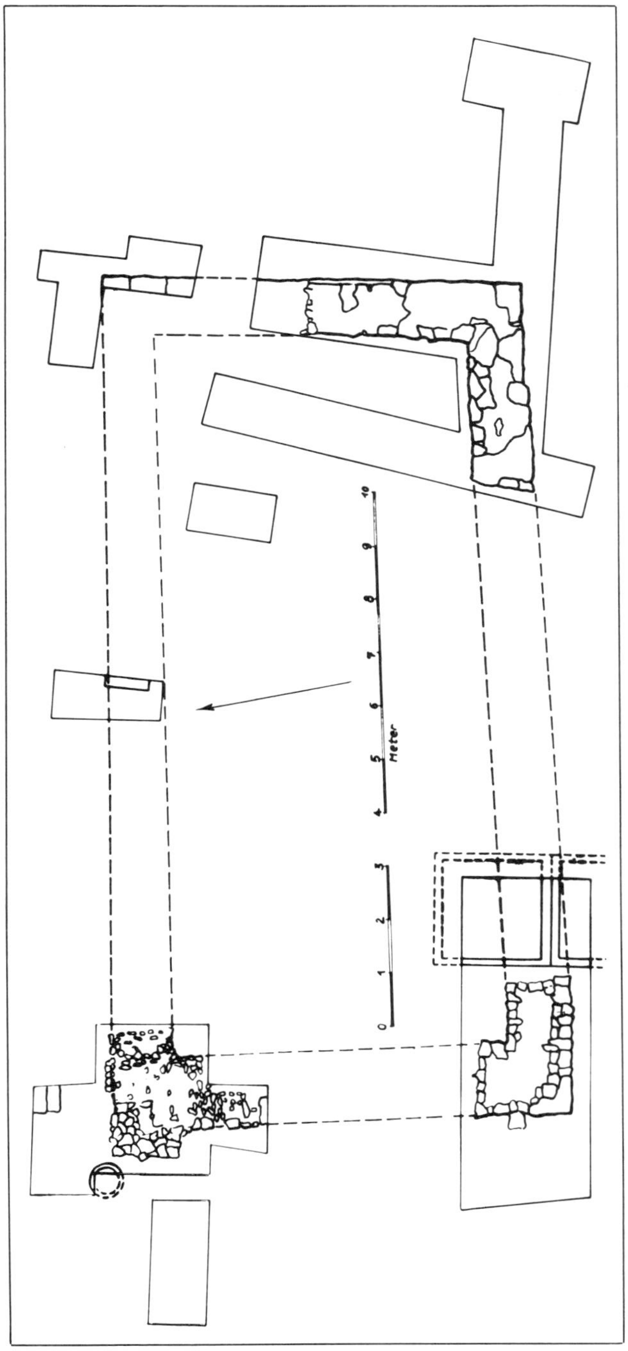

Abb. 2: Grundriß der St.-Nicolai-Kirche nach der Grabung 1948

Abb. 3: St.-Nicolai-Kirche. Blick auf das Fundament von Westen mit zwei späteren Gerbergruben

nicht gewürdigt werden[8]. Mittelalterliche Kirchenarchäologie in Braunschweig wird auch die Untersuchung der Gräber Heinrichs des Löwen und seiner Gemahlin im Dom einbeziehen, die wir hier nicht näher behandeln, da eine Darstellung der Befunde und deren Interpretation aus archäologischer Sicht in Vorbereitung ist[9]. Nicht recht beachtet blieb ein anderer Befund aus dem Dom, das Grab der Gertrud, Gemahlin des Grafen Ludolf, die 1077 starb[10]. Aus der Bestattung liegen Reste von Lederschuhen vor, die die ältesten Funde darstellen, die wir mit einer historisch belegbaren Person aus Braunschweig in Verbindung bringen können.

Die Freilegung des Grundrisses der St.-Nicolai-Kirche südlich des Dammes durch *A. Tode* im Jahre 1948 brachte wichtige Beobachtungen über eine sonst wenig bekannte Kirche[7a] ans Tageslicht. Die Kirche ist 1178 erstmals urkundlich erwähnt, später nur noch als Kapelle bezeichnet und 1643 zuletzt genannt. Bald danach, noch vor 1700, scheint sie abgebrochen worden zu sein. Die Ausgrabung erschloß einen Grundriß von 16 x 8 m ohne Apsis (Abb. 2). Die 1,10 m starken Fundamente waren aus Rogen-Kalkstein erbaut (Abb. 3).

Es wurde nur ein Estrich beobachtet. Nach Abbruch der Kirche, vermutlich vor 1700, wurden im Fundamentbereich zwei holzverzimmerte Gerbergruben eingetieft.

5 Fundstellen erschließen Kemenaten, von denen eine bis dahin nicht bekannt war[11].

13 Fundstellen beziehen sich auf Wasserläufe, z. T. abweichend von dem bisher bekannten System (Abb. 1).

Die Fundstellen ergeben insgesamt, daß sie nur Teilaspekte der Stadtentwicklung erhellen können, dennoch vermitteln sie neue Erkenntnisse[12]. Beispielsweise erschloß eine Kirchengrabung ein frühes vorstädtisches Zentrum: Die Grabung in der Jakobskapelle[13], deren Ergebnisse die Ausgräber damals bis in die Karolingerzeit glaubten zurückverfolgen zu können. Hinzu tritt jetzt die St.-Ulrici-Kirche auf dem Kohlmarkt[14], die nun mit im Blickpunkt der frühen Entwicklung der Stadt steht.

Die Datierung der Jakobskapelle nach der Grabung von 1954 erfolgte aufgrund der spärlich vorhandenen Keramik, die aber bisher nicht publiziert wurde und jetzt im Zusammenhang mit den Funden aus der neuen Grabung zu bewerten sein wird. Ihr zeitlicher Ansatz vor 1000 ist unzweifelhaft.

Die wenigen älteren Funde aus der Grabung am Ackerhof haben besonders aus dem Bereich des Brunnens einige Scherben geliefert, die *F. Niquet* in das 10. und einige vielleicht sogar in das 9. Jh. stellte[15].

Man möchte jedoch in der Beurteilung dieser Keramikfunde mit sehr kleinen Beständen solange noch zurückhaltend sein, bis größere Komplexe, wie etwa die Keramik der Pfalz Werla oder des Klosters Brunshausen, wo am ehesten schlüssige Datierungen zu erwarten sind, abschließend bearbeitet sind.

Die anderen, zahlenmäßig überwiegenden Befunde aus der Altstadt Braunschweigs, sind eher spärlich in ihren Ergebnissen zu bewerten. Hie und da ist ein Brunnen, eine Kloake oder ein verlandeter Wasserlauf überliefert. Die Fundbergungen boten nur sehr beschränkte Einblicke in die Entwicklung der jeweiligen Fundstation. Wesentliche Befunde eröffneten sie nicht, eher einen Zugriff auf Fundmaterialien aus verschiedenen Jahrhunderten. Dominieren solche des späten Mittelalters und der frühen Neuzeit, lassen sie zumindest Rückschlüsse auf den Hausrat in Braunschweig in den betreffenden Zeitabschnitten zu.

Dies ist besonders in solchen Fällen möglich, wo Befunde eine zeitliche Begrenzung erlauben. Als Beispiel kann die Fundstelle Schuhstraße 24 dienen, die 1950 erschlossen wurde. In der Baugrube wurde eine Senkgrube festgestellt, die teilweise durch eine jüngere Grundmauer gestört war. Die Abfallgrube wurde nur noch in ihren unteren Partien erfaßt. Sie war ohne Einbauten unregelmäßig tief in den gewachsenen Boden eingegraben, im Grundriß aber ursprünglich annähernd rechteckig. Ihre Einfüllung war durch eine Sandfüllung untergliedert und an einer Stelle fand sich der Teil eines Holzgeflechtes.

Da nur ein unterer Teil der Senkgrube intakt angetroffen wurde, kann das Fundmaterial daraus nur als zeitgleich angesehen werden. Es fanden sich Lederreste von Schuhen, zahlreiche Teile von Daubenschalen, Holzschalen, anderem Holzgerät und Keramik. Signifikant sind zwei Kugeltöpfe aus blaugrauer Irdenware ohne oder mit nur schwach angedeuteten Gurtfurchen (Abb. 4, 2–3), die den Fundkomplex datieren. Nach anderen Funden aus Braunschweig und durch Parallelfunde gehören diese in die Zeit um 1200[16].

Entsprechend sind die Holzgeräte einzustufen. Es handelt sich um Schalen, die innen gedrechselt, außen aber nur behauen sind (Abb. 4,1). Andere sind beiderseitig gedrechselt (Abb. 4,7). In einem Fall ist auch ein Holzteller mit gezacktem Rand belegt. Schon aus älteren Fundkomplexen sind die hier umschriebenen Formen bekannt[17] und belegen damit die Langlebigkeit von Holzgerätformen, die sich der hier auswahlweise vorgelegten Keramik anschließen.

Bemerkenswert ist ferner, daß auf den Böden z. T. Marken erkennbar sind, teilweise geschnitzt (Abb. 4, 7), eingebrannt und eingeritzt. Zusätzlich weisen einige Teller Spuren von Brandeinwirkung auf. Eine abschließende Deutung der Markierungen bietet sich bisher nicht an (vgl. auf Abb. 5).

Außerdem gibt es aus der Fundstelle einige Geräte, z. B. einen Kochlöffel (Abb. 4,5), ein Rührholz (Abb. 4,6) und einen Kreisel (Abb. 4,4).

Aus dem Fundverband stammt auch ein Scheuer (Kugelbecher mit Hohlfuß), der einen jüngeren Eindruck vermittelt[18], allerdings eine sehr seltene Form belegt, die daher chronologisch nur schwer einzuordnen ist (Abb. 4,8). Neuerdings ist dieser aber aus dem 13. Jahrhundert bekannt[19].

Von anderen Fundstellen stammen z. T. wesentlich kompliziertere, chronologisch aber auch besser auswertbare Befunde, die noch nicht abschließend bearbeitet sind. Nur ein Beispiel wird noch angeführt, von der Fundstelle Gördelingerstraße 49 (Baustellenuntersuchung 1953). Hier wurden u. a. Kellerwände von Vorgängerbauten freigelegt, wobei an zwei Stellen jeweils zwei eingemauerte Grapen mit Innenglasur (des 17. Jahrhunderts) beobachtet wurden (Abb. 6). Sie waren mit der Öffnung in den Kellerraum gerichtet und dürften nach Beurteilung des Ausgräbers *A. Tode* zur Ablage gedient haben, also nicht in Verbindung mit der

Abb. 4: Braunschweig, Schuhstraße 24. 1, 4–8 Holzgerät. 2–3 Keramik. M. 1:3

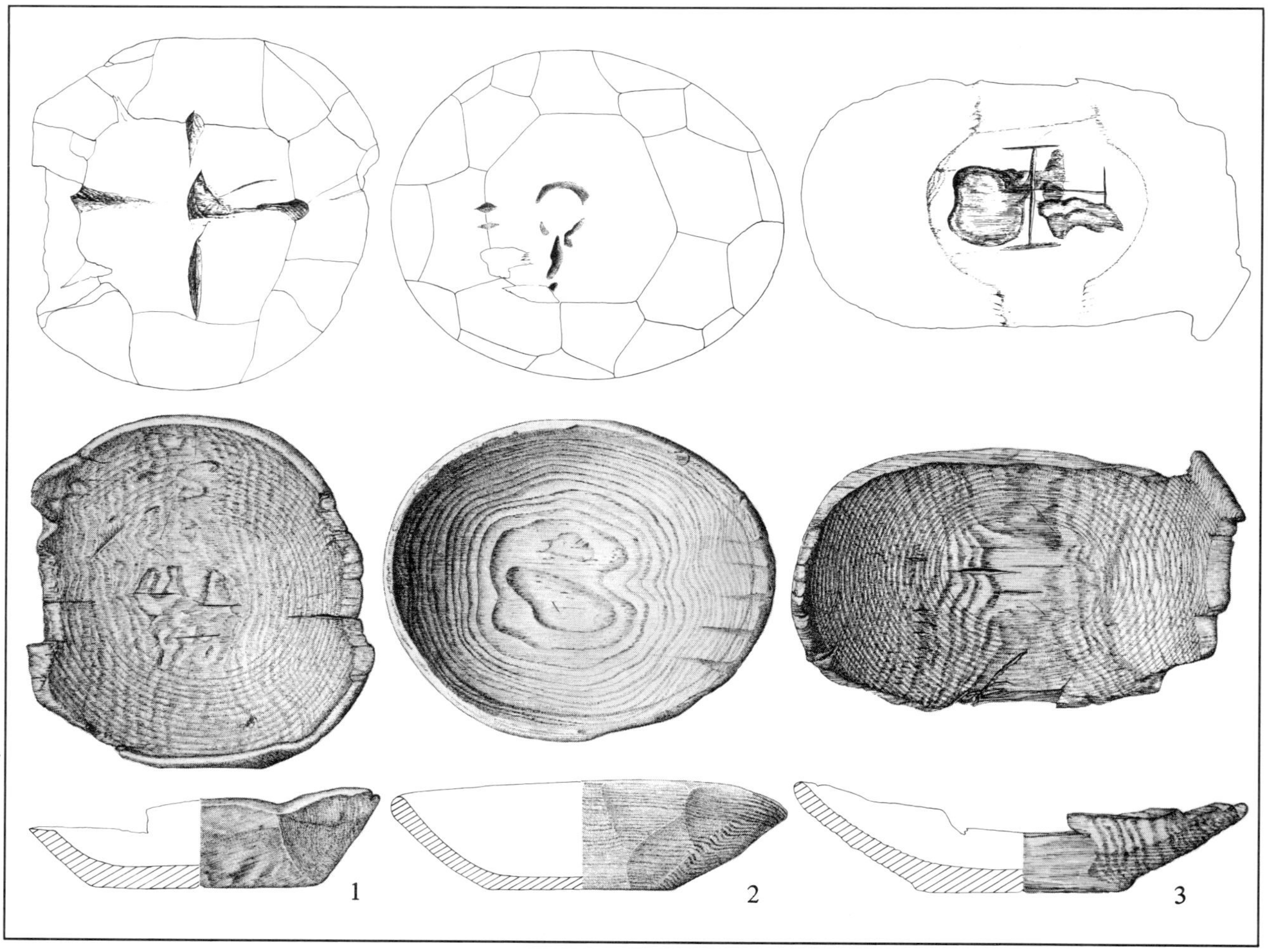

Abb. 5: Braunschweig, Schuhstraße 24. Holzteller mit Bodenmarken: 1 geschlagen, 2 eingebrannt, 3 geschnitzt mit sekundärer Brandspur. M. 1:3

aus älterer Zeit in Braunschweig häufiger beobachteten Sitte der Bauopfer stehen. Daneben hat die Fundstelle eine Uferbefestigung, zwei Brunnen und eine gemauerte Senkgrube erschlossen sowie umfangreiches Fundmaterial, neben Keramik auch Ofenkacheln.

Bei diesen und anderen Komplexen läßt sich verallgemeinernd hervorheben, daß insbesondere die spätmittelalterlichen und frühneuzeitlichen Funde ein wesentlich verbreitertes Spektrum an Hausgerät vermitteln im Gegensatz zu älteren Fundeinheiten, bei denen Keramik überwiegt[20].

Wenn auch eine abschließende Beurteilung der Funde aus älteren Altstadtgrabungen noch nicht gegeben werden kann, so sind doch eine Reihe von Fragestellungen anhand dieses Materials erarbeitet worden, die für die Stadtarchäologie Braunschweigs von Bedeutung sind.

Anmerkungen

1 Vgl. nachfolgenden Beitrag in diesem Band.

2 *A. Tode.* Die Landnahme der urgeschichtlichen Bauernkulturen im Raume Braunschweig. Braunschwg. Heimat 36, 1950, 25–52.

3 *A. Tode.* Die vor- und frühgeschichtliche Besiedlung des Stadtgebietes von Braunschweig. Forschungen zur braunschweigischen Geschichte und Sprachkunde. Braunschweig 1954, 11–19.
A. Tode. Urgeschichtliche Besiedlung. Die Landkreise in Niedersachsen Bd. 22, Der Landkreis Braunschweig. Bremen-Horn 1965, 155–159.

3a *L. C. Bethmann,* Die Gründung Braunschweigs und der Dom Heinrichs des Löwen. Westermann's illustrierte deutsche Monatshefte Nro. 59, August 1861, 525f. Ergänzend vgl. hierzu *H. Dürre,* Geschichte der Stadt Braunschweig im Mittelalter, Braunschweig 1861, 15f.

4 Zuletzt bietet eine Übersicht über die Probleme *R. Moderhack* in: Braunschweigische Landesgeschichte im Überblick. Quellen und Forschungen zur Braunschwg. Geschichte 23, Braunschweig 1976, 153ff. Breiter diskutiert wird die Fragestellung bei *F. Timme,* Brunswiks ältere Anfänge zur Stadtbildung. Nieders. Jahrb. f. Landesgesch. 35, 1963.

5 Vgl. hierzu den Hinweis bei *F. Niquet,* Archäologische Untersuchungen auf dem Baugelände der Horten AG am Ackerhof in Braunschweig. Nachr. aus Nds. Urgesch. 42, 1973, 355–357.

6 Nach dem Fundbestand im Braunschweigischen Landesmuseum, Abt. Vor- und Frühgeschichte in Wolfenbüttel; der Fundbericht ist bisher noch nicht abschließend bearbeitet, so daß eine endgültige Beurteilung noch aussteht. Doch ist schon jetzt erkennbar, daß der Fundplatz auf einer sandigen Erhöhung in der Okerniederung lag.
Es ist nach der Literatur noch auf andere ,,Urnenfunde" hinzuweisen: *H. Dürre,* Geschichte der Stadt Braunschweig im Mittelalter. Braunschweig 1861, 15. Die dort genannten ,,heidnischen

Grab- und Todtenurnen" von der Hagenbrücke sind erstmals erwähnt worden in: Unvorgreifliche Gedanken und Muthmaßungen von der Stadt Braunschweig ihren genommenen Anfang, Fortgang und derselben Erweiterung. Braunschweigische Anzeigen 1758, 16. Stück, 245. Bei diesen Funden, die heute verschollen sind, dürfte es sich allerdings sehr wahrscheinlich um mittelalterliche Gefäße gehandelt haben.

7 Dom St. Blasii, St. Magni, St. Martini, St. Ägidienkloster, St.-Jacobs-Kapelle, St.-Nicolai-Kapelle, St.-Johannis-Kapelle.

7a Über die Kirche allgemein vgl. Anm. 8, S. 251.

8 Über die Baugeschichte dieser Kirchen und die Literatur zu den Grabungen vgl. zusammenfassend *R. Dorn,* Mittelalterliche Kirchen in Braunschweig. Hameln 1978.

9 Eine Publikation hierzu bereitet der Verf. für die Zeitschrift für Archäologie des Mittelalters vor.

10 Vgl. *C. Steinmann,* Die Grabstätten der Fürsten des Welfenhauses von Gertrudis, der Mutter Heinrichs d. L., bis auf Herzog Wilhelm von Braunschweig-Lüneburg. Braunschweig 1885, 28–29.

11 Über diese vgl. *P. J. Meier* und *K. Steinacker,* Die Bau- und Kunstdenkmäler der Stadt Braunschweig. Braunschweig 1926, 52–63.

12 Eine Übersicht über Altstadtgrabungen vermittelt *H. A. Schultz,* Das Landesmuseum als landesgeschichtliche Sammel- und Forschungsstätte. Braunschwg. Heimat 52, 1966, 72–79.
Diese Zusammenstellung ist allerdings nicht vollständig. Die hier angegebene höhere Anzahl an Fundstellen beruht auf Ergänzungen aus den Ortsakten und Fundbeständen des Braunschweigischen Landesmuseums, Abt. Vor- und Frühgeschichte in Wolfenbüttel.

13 *H. A. Schultz* u. *O. Stelzer,* St. Jacob, die Pfarrkirche einer Kaufmannssiedlung des 9./10. Jahrhunderts in Braunschweig. Ergebnisse der Ausgrabung von 1954. Braunschweig. Jahrbuch 36, 1955, 5–23.
Die damaligen Ergebnisse wurden durch die neueren Untersuchungen von *H. Rötting* erweitert und durch ein breiteres Fundmaterial einer neuen Interpretation zugeführt.

14 Vgl. Anm. 8, S. 253. Die älteren Befunde bedürfen einer Neubewertung, die *H. Rötting* in Verbindung mit seiner Kohlmarktgrabung mitteilen wird. (Neue Lit. zu dieser Frage nach Abschluß des Manuskripts.)

15 Vgl. Anm. 5, besonders Abb. 1. Die dendrochronologische Datierung des Brunnenkastens steht noch aus.

16 Entsprechende Vergleichsfunde werden in einer umfassenden Darstellung über ältere Altstadtgrabungen in Braunschweig vorgelegt werden. Nach *P. Grimm,* Zur Entwicklung der mittelalterlichen Keramik in den Harzlandschaften, Zeitschrift d. Harz-

Abb. 6: Braunschweig, Gördelingerstraße 49. Eingemauerter Grapen in einer Kellerwand

Vereins 66, 1933, Abb. 1 handelt es sich um die Stufe IV, 1150 – 1220.

17 *W. Neugebauer,* Typen mittelalterlichen Holzgeschirrs aus Lübeck. Frühe Burgen und Städte. Berlin 1954, 174 ff. *E. Nickel,* Ein mittelalterlicher Brunnen in Magdeburg. Frühe Burgen und Städte. Berlin 1954, 158 ff.

18 *W. Dexel,* Das Hausgerät Mitteleuropas. Braunschweig 1962, Abb. 143 stellt den gesamten Fundkomplex in die Zeit um 1400 und datiert damit zu jung.

19 *T. Dexel,* Gebrauchsgerättypen Bd. I. Braunschweig 1980, 58; vgl. auch Abb. 159 des Braunschweiger Stückes mit jüngerer Datierung.

20 Der bisherige Bearbeitungsstand läßt noch keine allgemein gültigen Aussagen über die typologische Entwicklung der Keramik zu. Man darf hier an die kurze Diskussionsbemerkung von *O. Krone* erinnern, der die Keramik des Braunschweiger Landes an die Chronologie von *P. Grimm* für das nördliche Harzvorland anschloß. Vgl. Prähist. Zeitschr. 23, 1932, 311 f.

Anhang

Mittelalterliche Keramik aus dem Braunschweigischen

Ein forschungsgeschichtlicher Überblick

Als im Jahre 1958 *F. Niquet* einen Forschungsüberblick über die Vor- und Frühgeschichte im Verwaltungsbezirk Braunschweig vorlegte, fand die Mittelalterarchäologie keine Erwähnung[1], sie war damals kein fester Bestand im Blickfeld des Archäologen, wurde dieses erst zu einem späteren Zeitpunkt, als sie allgemein mehr Beachtung fand[2].

Die ersten Betrachtungen über mittelalterliche Keramik reichen in Niedersachsen in das 18. Jh. zurück. Als

Abb. 1: Mittelalterliche Funde aus Halberstadt, *A. Friederich* 1872 (vgl. Anm. 4), Tafel 13

Abb. 2: Mittelalterliche Funde aus Braunschweig, nach *L. Hänselmann* 1898

1737 in Hannover in einem Hause hinter der Marktkirche eine ,,Urne" entdeckt wurde, glaubte *Chr. U. Grupen,* in dieser ein Zeugnis aus heidnischer Zeit entdeckt zu haben. Erst 1834 konnte *F. W. Wiggert* aus Magdeburg glaubhaft machen, daß dieser und ähnliche Befunde dem Mittelalter zuzurechnen sind[3].

Um diese Zeit sammelte in Halberstadt und Umgebung *Chr. Fr. B. Augustin* (gestorben 1856) vorgeschichtliche und mittelalterliche Funde, die 1872 publiziert wurden[4]. Werden hier auf Taf. II–III Funde verschiedener Herkunft vorgelegt, so wird im Nachtrag mit seiner Tafelabbildung ein geschlossenes Material aus dem Garten des Franziskanerklosters zu Halberstadt vorgestellt, das in seinem Formenschatz und den Verzierungen Funden entspricht, die wir auch aus Braunschweig kennen[5] (Abb. 1).

In der Nachfolge hat *L. Hänselmann* 1898 Tongeschirr aus Braunschweig behandelt[6], hierbei aber weniger chronologische oder archäologische Fragestellungen im Blickpunkt gehabt, vielmehr volkskundliche, die die Sitte der Einmauerung von Tongefäßen in Gebäuden betreffen. Ihm kommt aber das Verdienst zu, erstmals Tongeschirr aus Braunschweig abgebildet zu haben (Abb. 2).

In den nachfolgenden Jahrzehnten sind zwar mittelalterliche Gefäße in zunehmendem Maße entdeckt und den Sammlungen der Museen eingefügt worden[7], doch fehlten systematische Beobachtungen. Erst nach dem Zweiten Weltkrieg boten die Bauarbeiten in Braunschweig Gelegenheit zu kleineren Ausgrabungen oder Baustellenbeobachtungen, die durch *A. Tode, J. Pätzold* und *F. Niquet* durchgeführt wurden[8].

F. Niquet widmete sich auch der Wüstungsforschung ländlicher Siedlungen[9], so daß die Archäologie des Mittelalters eine Verbreitung ihrer Quellen erfuhr, und auch die Erforschung der Pfalz Werla brachte zahlreiches mittelalterliches Material zutage[10].

Verstärkt wurden aber die Befunde in der Stadt Braunschweig verfolgt, denen sich vornehmlich *H.-A. Schultz* widmete, der 1966 einen kurzen Überblick über die archäologische Mittelalterforschung vorlegte[11]. Neben Befunden aus der Stadt Braunschweig wurden erstmals auch mittelalterliche Burgen aus dem Braunschweiger Land in die Betrachtung einbezogen, von denen am ehesten eine engere Datierung des archäologischen Fundgutes zu erwarten war[12].

In der Stadt Braunschweig blieb bisher trotz der großen Zahl an Einzelbefunden eine Gesamtbewertung aus. Dadurch wurde weder eine Chronologie des Fundmaterials, überwiegend der Keramik, erstellt, noch ließ sich die Frage nach den ältesten Funden aus dem Stadtgebiet beantworten, was für die Entwicklung der Stadt von Bedeutung ist[13].

Die Untersuchungen von *F. Niquet* auf dem Gelände des Ackerhofes 1972 boten erstmals Gelegenheit zu systematischen Untersuchungen in einem alten Siedlungskern der Stadt, der vermutlich – vorbehaltlich der noch ausstehenden abschließenden Bearbeitung – bis in das 10. Jh. zurückreicht[14].

Die Untersuchung einzelner Siedlungskerne in der Stadt Braunschweig seit 1976 hängt auch von der Auswertung der bisherigen Funde ab, die mit dazu beitragen können, eine Chronologie des Fundgutes zu erarbeiten. Das Braunschweigische Landesmuseum hat vor einigen Jahren die Auswertung des älteren Fundgutes in Angriff genommen, die Aufschluß über die Altfunde vermitteln soll.

Anmerkungen

1 *F. Niquet,* Die vorgeschichtliche Bodenforschung im Niedersächsischen Verwaltungsbezirk Braunschweig. Braunschweigisches Jahrbuch 39, 1958, 5–44.

2 Gänzlich übersehen blieb die mittelalterliche Archäologie jedoch in jenen Jahren nicht, vgl. Anm. 8.

3 Vgl. hierüber mit Literaturangaben *L. Hänselmann,* Anm. 6.

4 *A. Friederich,* Abbildungen von mittelalterlichen und vorchristlichen Alterthuemern in den Gauen des vormaligen Bisthums Halberstadt, gesammelt von *Chr. Fr. B. Augustin,* Wernigerode 1872.

5 Die reiche Profilierung und Verzierung von Kannen, Krügen und Bechern, die uns aus Braunschweig bekannt sind, traten hier in Halberstadt in gleicher Weise auf und lassen sich unmittelbar verbinden. Einige Becher entsprechen recht genau jenen, die neuerdings aus der Kemenate am Hagenmarkt bekannt wurden. Bemerkenswert sind die methodischen Überlegungen zur Datierung der Funde durch *A. Friederich.*

6 *L. Hänselmann,* Die eingemauerten mittelalterlichen Thongeschirre Braunschweigs. Beiträge zur Anthropologie Braunschweigs. Festschr. zur 29. Versammlung der Deutschen Anthropologischen Gesellschaft zu Braunschweig im August 1898. Braunschweig 1898, 91–105.

7 Vornehmlich in das Vaterländische Museum – heute Braunschweigisches Landesmuseum. Auch das Städtische Museum nahm Funde dieser Art auf, über dessen Bestand kurz informiert: *G. Spies,* Führer durch die Schausammlung Keramik. Arbeitsberichte aus dem Städtischen Museum Braunschweig 11, 1967.

8 Kurzberichte hierüber erschienen bei *F. Niquet,* Braunschweigische Heimat 40, 1954, 129–132; 41, 1955, 22–26; 42, 1956, 156–158; 46, 1960, 93–94.

9 Z. B. *F. Niquet,* Die Ausgrabung auf der Wüstung Klein-Büddenstedt. BKB-Mitteilungen 9, 1959, Heft 10.

10 *C.-H. Seebach,* Die Königspfalz Werla. Göttinger Schriften zur Vor- und Frühgeschichte 8, 1967.

11 *H. A. Schultz,* Das Landesmuseum als landesgeschichtliche Sammel- und Forschungsstätte. Braunschweigische Heimat 52, 1966, 72–79.

12 Zusammenfassend *H.-A. Schultz,* Burgen und Schlösser des Braunschweiger Landes. Braunschweig 1980.

13 Zusammenfassend beschreibt die Problematik *F. Timme,* Brunswiks ältere Anfänge zur Stadtbildung. Nieders. Jahrb. f. Landesgesch. 35, 1963, 1–48. Das Ergebnis der Grabungen ab 1976 ist abzuwarten.

14 *F. Niquet,* Archäologische Untersuchungen auf dem Baugelände der Horten AG am Ackerhof in Braunschweig. Nachr. aus Nieders. Urgesch. 42, 1973, 355–357.

Photogrammetrie und Archäologie

Günter Weimann

Neben der behutsamen Freilegung der oft seit Jahrhunderten oder gar Jahrtausenden im Erdboden verborgenen archäologischen Kulturgüter, ihrer sorgfältigen Bergung, wissenschaftlichen Untersuchung, Restaurierung und öffentlichen Präsentation in Museen oder auf speziellen Ausstellungen fällt der Archäologischen Denkmalpflege mit der Vermessung und zeichnerischen wie photographischen Dokumentation der Fund- und Befundsituation und des Grabungsablaufes eine weitere wesentliche Aufgabe zu.

Die letztgenannten Arbeiten haben das Ziel,

- die relative Lage der Fundstücke zueinander zu ermitteln und aufzuzeigen (z.B. die Lage von Schmuck, Waffen, Tongefäßen oder anderen Grabbeigaben in bezug auf das Skelett einer Grablege),
- die Position gleichartiger Fundobjekte festzustellen (z.B. Abstand und Anordnung einzelner Gräber zueinander sowie ihre Orientierung gegenüber den Himmelsrichtungen),
- die Fundsituation in den größeren Rahmen eines übergeordneten Systems einzubinden (z.B. die Lage einer Begräbnisstätte zum alten oder zum heutigen Ortskern, zu Verkehrswegen oder zu besonderen geologischen bzw. topographischen Gegebenheiten).

Die bei Ausgrabungen angewendeten Vermessungsverfahren leiten sich in den meisten Fällen von geometrischen Methoden ab. Nach einem schon in altägyptischer Zeit angewandten Verfahren werden z.B. rechtwinklige Dreiecke aus den Seitenverhältnissen 3:4:5 oder auch quadratische Netze als geometrische Grundfiguren in der Örtlichkeit erstellt. Auf diese werden die Fundobjekte lagemäßig eingemessen. Höhendifferenzen werden im allgemeinen mit Hilfe von Nivelliergeräten festgestellt. Die Trennung von Lage- und Höhenmeßverfahren folgt insoweit der Arbeitsweise des Vermessungsfachmanns bei der Landesvermessung.

Soll ein nichtebenes Objekt, z.B. ein freigelegtes Skelett, in einer Flächenzeichnung dargestellt werden, so wird häufig ein tatsächliches („materialisiertes") quadratisches Gitternetz aus Draht oder gespannten Fäden über dem Objekt angeordnet. Dann wird – so gut es geht – die Lage der interessierenden Einzelheiten (z.B. der einzelnen Skeletteile) durch senkrechtes Peilen von oben in bezug auf dieses Gitternetz ermittelt und verkleinert zeichnerisch dargestellt. Dies ist ein einfaches und bewährtes, wenn auch hier nicht ganz problemloses Verfahren. Bei schräger Draufsicht entstehen nämlich wegen des räumlichen Abstands des Skeletts vom Gitternetz infolge sogenannter „Betrachtungsparallaxen" erhebliche Verlagerungen gegenüber der fehlerfreien Flächendarstellung. Eine in dieser Beziehung absolut strenger und zeitlich erheblich kürzer arbeitende Methode beruht auf der Verwendung eines Instruments, das nach den Prinzipien eines Pantographen aufgebaut ist. So wird beispielsweise in Braunschweig das „System Eichstaedt" angewendet. Bei diesem werden die Grundrißbewegungen, die mit einem Abtaststift entlang den Objektkonturen ausgeführt werden, im Maßstab 1:10 oder 1:20 verkleinert aufgezeichnet.

Ein Meßverfahren, durch das einerseits der Zeitaufwand der örtlichen Arbeiten nach der traditionellen, geometrischen Methode verringert wird, andererseits die erwähnten subjektiven Fehler bei der Vermessung ausgeschlossen werden und das zudem die gleichzeitige Lage- und Höhenmessung gestattet, ist die Photogrammetrie. Allerdings kommt man auch bei dieser Methode nicht ohne jede örtliche Messung im „Objektraum" aus. Mit Hilfe von sog. Paßpunkten muß nämlich der Bezug der Meßergebnisse zum übergeordneten System hergestellt werden. Zudem dienen die Paßpunkte der Maßstabsbestimmung und räumlichen Orientierung der Darstellung. Die Paßpunkte sind spezielle, „signalisierte" Punkte, die in unmittelbarer Umgebung des Fundes liegen müssen, jedoch nicht selbst Fundobjektpunkte zu sein brauchen. Die örtliche Paßpunktvermessung geht deshalb ohne Störung der Fundsituation und des Fundobjekts vor sich.

In der Photogrammetrie erfolgt die Vermessung – und nicht nur die photographische Dokumentation – berührungsfrei mit Hilfe von Photographien und nicht unmittelbar am Objekt selbst[1].

Von der Fundsituation her sind zwei unterschiedliche Fälle möglich:

1. Das aufzumessende Objekt ist eben (plan), seine Abweichungen von der Ebenheit (vom Planum) sind vernachlässigbar klein (Beispiel: ein Grabungsplanum mit Bodenverfärbungen durch Pfostengruben, ohne räumliche Mauerreste).

In diesem Fall genügt die Aufnahme eines Einzelphotos – soweit dieses die Grabungsfläche voll erfaßt –, das durch photographische Vergrößerung auf den gewünschten Darstellungsmaßstab gebracht wird. Gestatten die örtlichen Verhältnisse es nicht, die Aufnahmeachse senkrecht auf das Planum der Grabung auszurichten, so müssen die Verzerrungen, die durch die schräge Aufnahmerichtung im Bild entstehen, durch optisch-photographische Entzerrung eliminiert werden. Dadurch werden u. a. im Objekt parallele Linien, die in der Schrägaufnahme auf einen Fluchtpunkt hin konvergieren, wieder parallel ausgerichtet. Ihr gegenseitiger Abstand wird gleichzeitig im gewünschten Maßstab dargestellt.

2. Das aufzumessende Objekt ist räumlich gestaltet (Beispiel: ein Grab mit Skelett, Tongefäßen usw. oder die Mauerreste eines Gebäudes).

In diesem Falle müssen zwei Aufnahmen vom selben Objekt hergestellt werden, die von unterschiedlichen Standpunkten aus aufgenommen wurden („stereophotogrammetrische Aufnahmen von einer „Stereobasis" aus). Bei dieser Aufnahmeanordnung unterscheiden sich die beiden Meßbilder in geringem Maße voneinander: sie enthalten „Horizontalparallaxen", deren Größe von den örtlichen Höhenunterschieden (d. h. den Unebenheiten) abhängt. In speziellen Auswertgeräten kann durch Umkehrung des Aufnahmevorgangs aus den beiden Meßbildern z. B. ein sog. „optisches Modell" des Objekts hergestellt werden. Dieses wird auf den gewünschten Maßstab gebracht und anstelle des Objekts mit einer räumlichen „Meßmarke" abgetastet.

Das stereophotogrammetrische Verfahren bezieht das räumliche Sehvermögen des Menschen mit in den Auswertvorgang ein. Es ist möglich, die Abtastbewegungen als Grund- oder Aufriß, Flächen- oder Profilzeich-

Abb. 1: Verschiebbare Photobrücke mit den beiden installierten „Meßkammern" über der Grabungsfläche. Stadtgrabung 36, St. Aegidien. Grabbefunde im Bereich der Abtsgrablege

Abb. 2: Meßbildpaar – Grab 7, Stadtgrabung 36. Neben der Fundsituation sind die durch schwarze Quadrattäfelchen signalisierten Paßpunkte zu erkennen. Die Paßpunkte sind auf weißen, rechteckigen Tafeln angegeben. Außer der Beschriftungstafel sind die Bildpaarnummern und der Nordpfeil zu sehen. Die Bilder sind so montiert, daß sie mit einem Linsen(Taschen)-Stereoskop räumlich gesehen werden können.

nung oder als Einzelpunktfolge lagemäßig darzustellen sowie Höhen und Höhendifferenzen zu bestimmen.

Stereophotogrammetrisch wurden in den Jahren 1978 und 1979 drei Grabungen im Braunschweiger Altstadtgebiet betreut[2].

1. Die mittelalterliche Abtsgrablege in St. Aegidien (Stadtgrabung 36),
2. ein mittelalterliches, kleinstrukturiertes Straßenstück (Knüppeldamm) der ehemaligen Jöddenstraße in der Neustadt, Mitte 13. Jahrhundert (Stadtgrabung 10),
3. eine mittelalterliche Kemenate (2. Hälfte 14. Jahrhundert) unmittelbar nördlich der Hagenbrücke auf einer ehemaligen Okerinsel, mit einer Fußbodenisolierung aus Tongefäßen (Stadtgrabung 18).

Der photogrammetrische Einsatz war unterschiedlich intensiv: während in St. Aegidien systematisch begleitende Aufnahmen an insgesamt drei aufeinanderfolgenden Tagen und Nächten durchgeführt wurden und die photogrammetrisch gewonnenen Meßergebnisse hier praktisch die einzige Grundlage für die Darstellung des Grabungsablaufes und der Fund- und Befundsituation bilden, erfolgten auf der Jöddenstraße und der ehemaligen Okerinsel lediglich abschließende Aufnahmen eines ausgewählten Grabungsbefundes.

Am Beispiel der Arbeiten in der Aegidienkirche[3], die durch eine rund um die Uhr laufende, streng terminierte Rettungsgrabung charakterisiert waren, seien die Notwendigkeiten und Vorteile des stereophotogrammetrischen Verfahrens in bestimmten archäologischen und arbeitsmäßigen Situationen kurz aufgezeigt:

- Notwendig ist zur richtigen Anordnung der photogrammetrischen Stereo-Meßkammern gegenüber dem aufzunehmenden Objekt eine „Photobrücke" (Abb. 1), von der aus die Meßbilder so hergestellt werden können, daß das Objekt voll erfaßt wird. In St. Aegidien mußten bei einer ausgewählten Dokumentationsfläche von etwa 2,5 m × 5 m jeweils zwei Aufstellungen gewählt werden, von denen aus die Meßbildpaare (Abb. 2) an jedem Tag belichtet werden konnten.
- Notwendig sind Beleuchtungseinrichtungen, die das Objekt möglichst diffus ausleuchten, da in Schlagschatten stets Informationen für die Auswertung verlorengehen.
- Notwendig ist die Signalisierung von hinreichend vielen Paßpunkten und ihre örtliche Vermessung. In St. Aegidien wurden kleine, schwarze, quadratische Täfelchen mit zentrischen, gelben Kreisscheiben als Signale verwendet. Da die Grabung schnell in die Tiefe fortschritt, mußten an jedem Tag neue Paß-

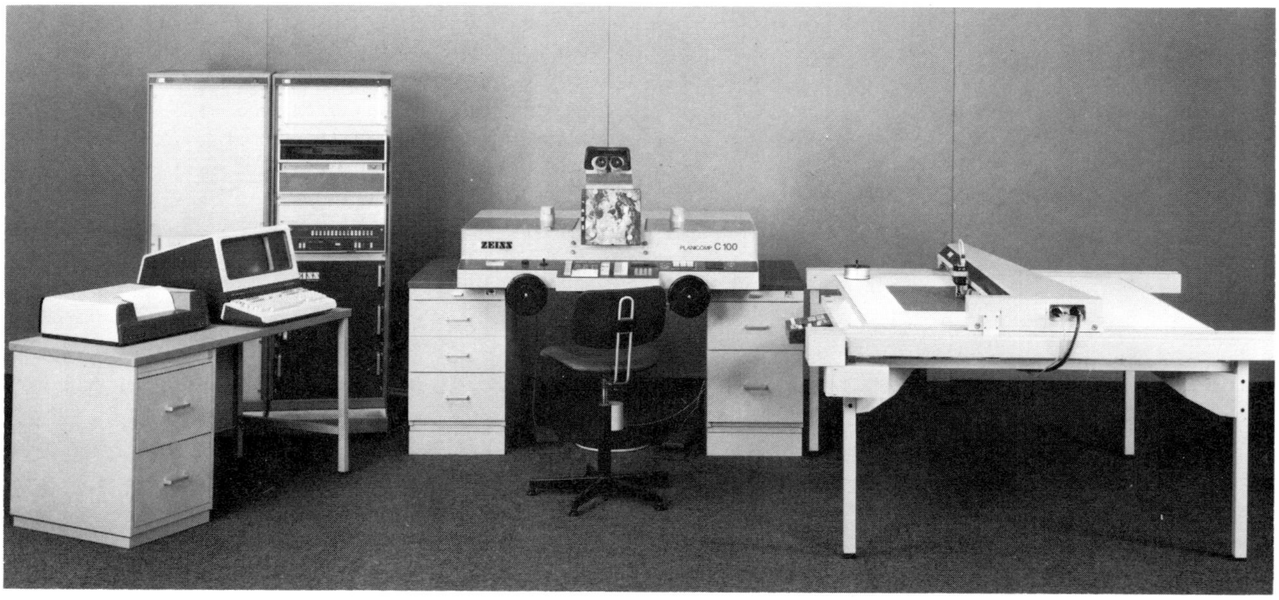

Abb. 3: Analytisches Stereoauswertsystem ZEISS – PLANICOMP C 100

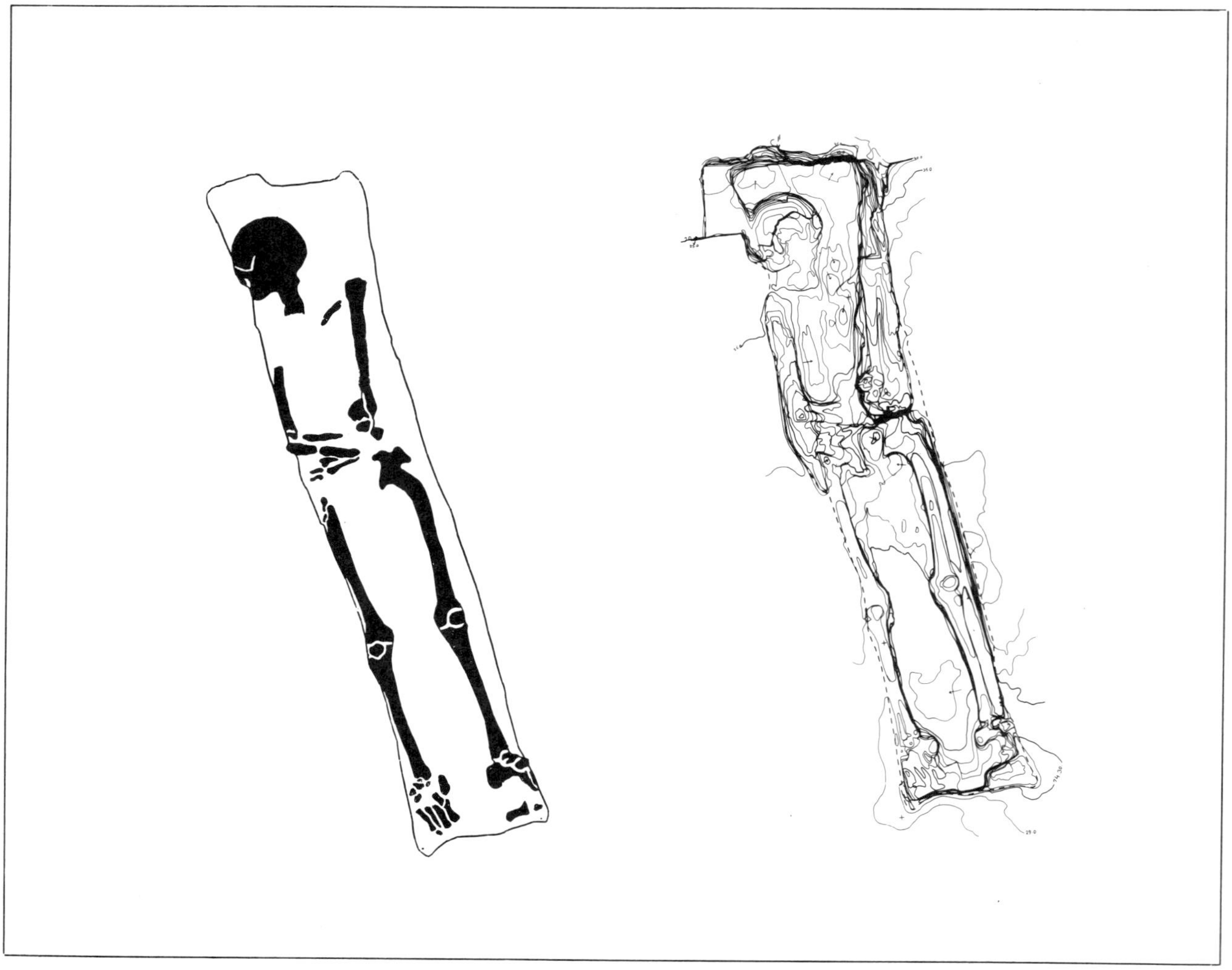

Abb. 4: Photogrammetrische Auswertung des Meßbildpaars von Grab 7, Stadtgrabung 36: links in archäologisch überarbeiteter, flächenhafter Darstellung; rechts in Höhenlinien-Darstellung ü. NN (Abstand 1 cm in der Natur, 5 cm Abstände durch stärkere Linien hervorgehoben). M. 1:20

punkte gelegt werden, die jeweils nach Lage und Höhe genau vermessen wurden.

- Mit Hilfe der gewonnenen und über die Paßpunkte aufeinander zu beziehenden Auswertung kann die gegenseitige, räumliche Anordnung aller Fundobjekte mit hoher Genauigkeit ermittelt und dargestellt werden (Abb. 3 u. 4). Hierin ist ein besonderer Vorteil des photogrammetrischen Verfahrens zu sehen. Die durch den Grabungsfortschritt verlorengehenden Teile der gesamten Fundsituation werden im Bild exakt festgehalten und können flächen- und höhenmäßig fehlerfrei auf die späteren Befunde bezogen werden.
- Da die Aufnahme der Bilder im allgemeinen schnell vonstatten geht, muß die Grabung nur kurzzeitig unterbrochen werden; sie kann nach den Belichtungen sofort wiederaufgenommen werden – ein Vorteil insbesondere bei bestimmten Rettungsgrabungen. Die Aegidien-Grabung konnte nur auf diese Weise wissenschaftlich dokumentiert bzw. überhaupt durchgeführt werden.
- Die Auswertung der Meßbildpaare kann unmittelbar im Anschluß an die Fertigstellung der Bilder oder auch zu einem beliebig späteren Zeitpunkt erfolgen.
- In den Meßbildern ist eine Vielzahl von geometrischen und semantischen Informationen gespeichert. Während aus den geometrischen Informationen Lagebeziehungen abgeleitet werden können – also Grundriß (Fläche) und Höhengestaltung der Fundsituation –, sind mit Hilfe der semantischen Information Aussagen über die Bedeutung des photographisch Dargestellten möglich (Interpretation). Z. B. kann an unterschiedlichen Grau- oder Farbtönen, Grob- und Feinstrukturen sowie besonderen Anordnungsmustern (sog. „Texturen") ermittelt werden, ob es sich in Bildern von angeschnittenem Erdboden um ungestörtes Erdreich oder Gruben, um Materialien wie Knochen, Keramik, Stein, Holz, Leder, Metall oder anderes handelt. Da die interpretierten Verhältnisse geometrisch exakt dargestellt werden können, besitzen sie für die Abschätzung der gesamten Fundsituation eine wertvolle Hilfe. Dies gilt insbesondere wieder für die Rettungsgrabungen, bei denen für die umfassende Beurteilung des Befundes nicht genügend Zeit „vor Ort" bleibt.

Häufig werden bei einer ersten Auswertung bzw. Interpretation vor Ort diejenigen Informationen betont, die der durch die gegebene Fundsituation zugrundeliegenden Fragestellung entsprechen. Wegen der Möglichkeit, Auswertung oder Interpretation desselben Bildmaterials jederzeit und beliebig oft wiederholen zu können, lassen sich bereits gewonnene Erkenntnisse später durch geänderte Fragestellungen bestätigen, verwerfen oder ausweiten.

Anmerkungen

1 *K. Schwidefsky* u. *F. Ackermann*, Photogrammetrie, 7. Aufl., Stuttgart 1976.

2 *G. Weimann*, Photogrammetrie und Denkmalpflege, in: Mitteilungen der Technischen Universität Carolo Wilhelmina zu Braunschweig, Jahrg. XIV, Heft III/IV, 1979, S. 3–20.

3 *G. Weimann*, Der Grabungseinsatz der Stereophotogrammetrie in der Aegidienkirche, in: *H. Rötting* u. a., Vorbericht über archäologische Untersuchungen im ehemaligen Klosterbereich St. Aegidien zu Braunschweig mit interdisziplinären Arbeitsergebnissen, St. Aegidien zu Braunschweig 1115–1979, hrsg. von *U. Römer-Johannsen*, Hildesheim 1979, S. 23–24.

II
Archäologisches Quellenmaterial als interdisziplinäres Untersuchungsgut

1. Naturwissenschaftliche und geschichtswissenschaftliche Beiträge zu Grundfragen der archäologisch-historischen Stadtforschung

Zur Geologie und Hydrologie im Stadtgebiet

Werner Schneider

Geologische Übersicht

Als Bestandteil der NNW/SSE-streichenden Wabetal-Struktur *(Woldstedt,* 1931) liegt im Untergrund des östlichen Stadtgebietes ein Zechstein-Salzstock (Abb. 1).

An dessen Ostflanke (Nußberg) treten rote Kalksand- und Tonsteine mit eingeschalteten Oolithbänken (Rogenstein) des mit ca. 45° nach NE einfallenden Unteren Buntsandsteins auf. Diese Flanke wird im weiteren von tonig-mergeligen jurassischen und kretacischen Sedimenten bestimmt, die in die anschließende Hondelager Mulde überleiten.

An den über 500 m breiten Salzstock schließt sich nach W die Braunschweig-Wolfenbütteler Oberkreidemulde an, in der ebenfalls Sedimente tonig-mergeliger Natur dominieren, wodurch sich der Untergrund des Stadtgebiets auszeichnet.

Der gesamte Bereich ist mit Ausnahme des Nußberges und einiger kleiner Kreideaufbrüche von quartären Sedimenten bis zu einer Mächtigkeit von ca. 60 m bedeckt.

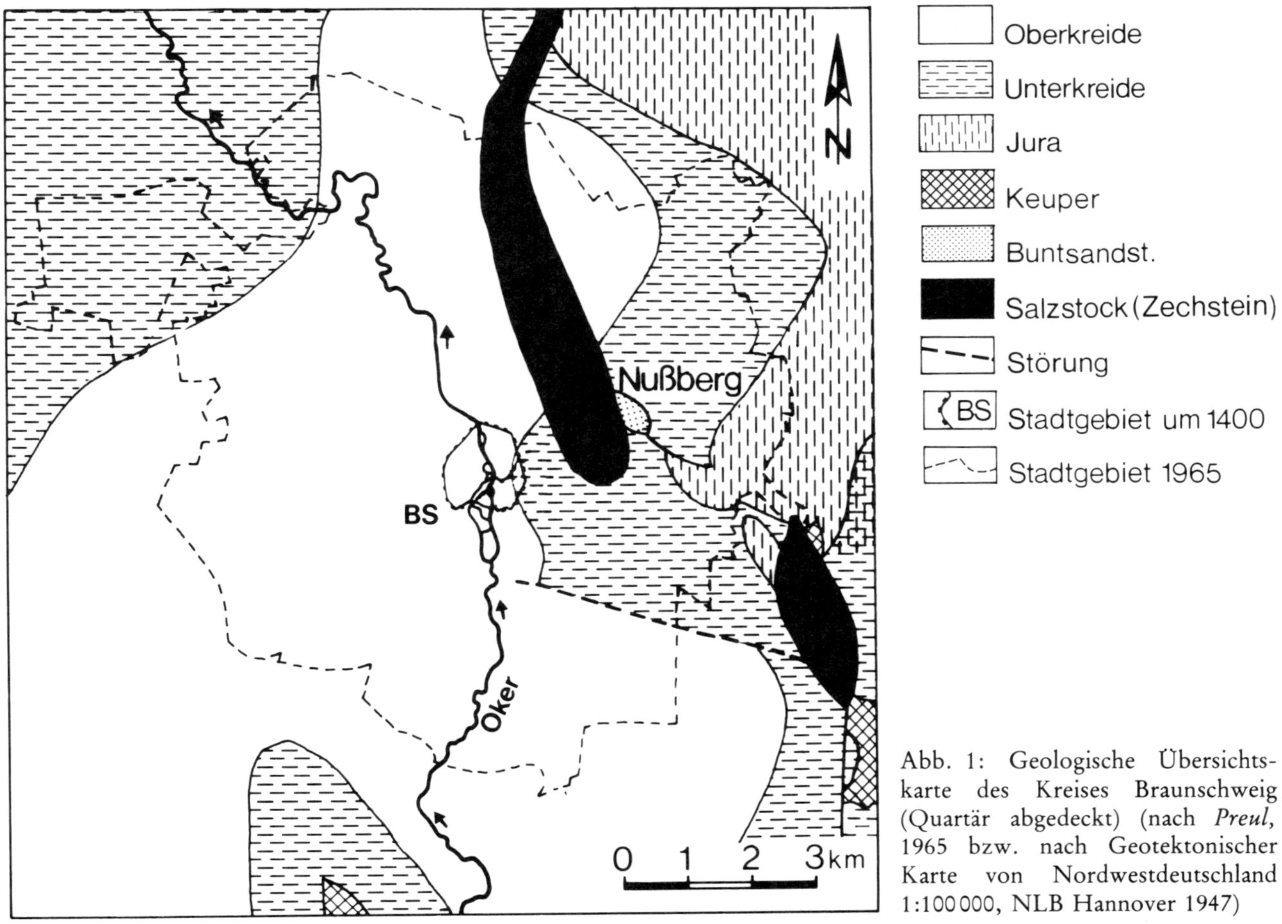

Abb. 1: Geologische Übersichtskarte des Kreises Braunschweig (Quartär abgedeckt) (nach *Preul,* 1965 bzw. nach Geotektonischer Karte von Nordwestdeutschland 1:100 000, NLB Hannover 1947)

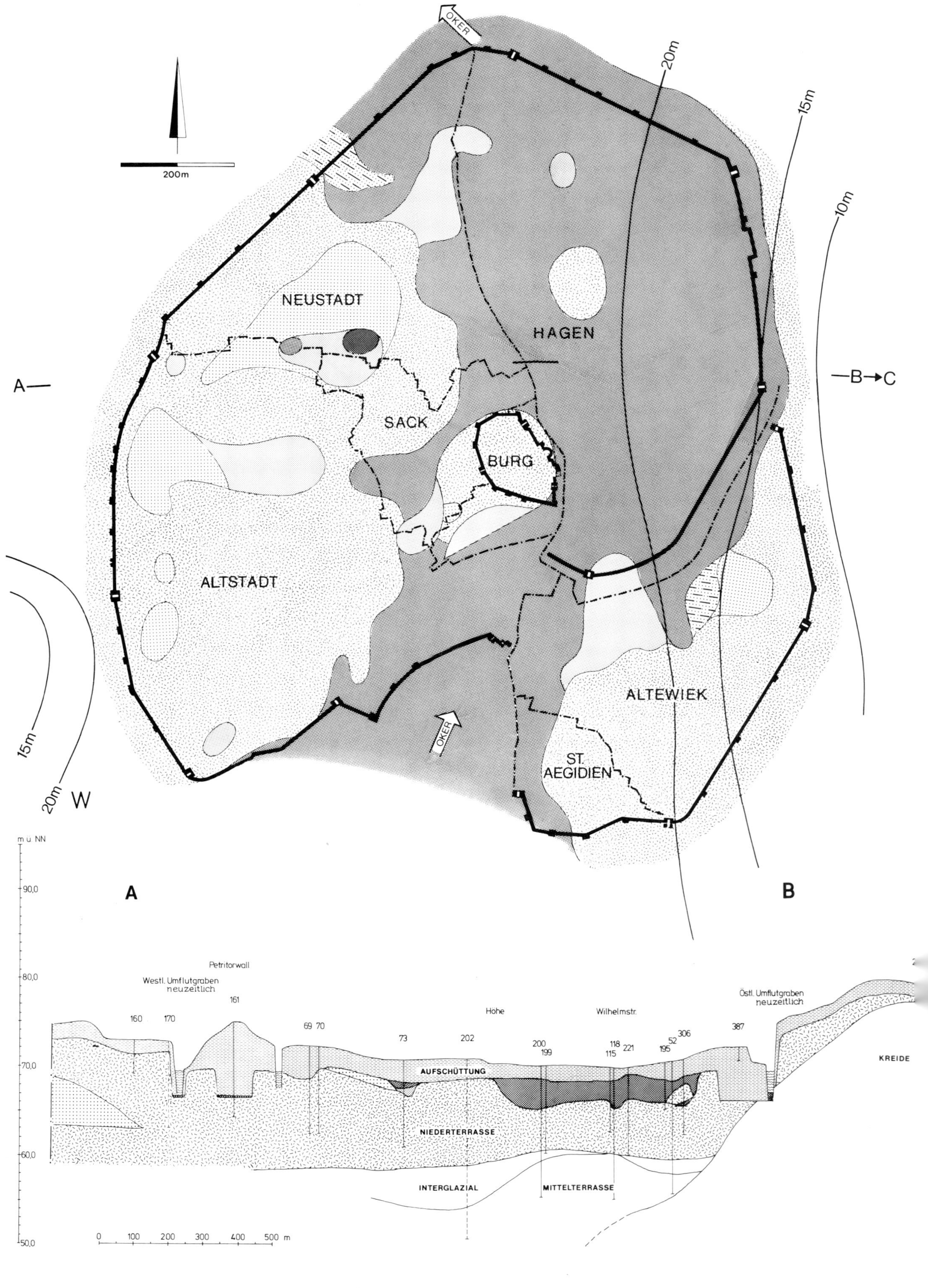
OKER
200m
NEUSTADT
HAGEN
SACK
BURG
ALTSTADT
ALTEWIEK
ST. AEGIDIEN
OKER
A—
—B→C
20m
15m
10m
15m
20m
W
m ü. NN
90,0
80,0
70,0
60,0
50,0
A
B
Petritorwall
Westl. Umflutgraben neuzeitlich
161
160
170
69 70
73
202
Hohe
200
199
Wilhelmstr.
118
115
221
195
52
306
387
Östl. Umflutgraben neuzeitlich
KREIDE
AUFSCHÜTTUNG
NIEDERTERRASSE
INTERGLAZIAL
MITTELTERRASSE
0
100
200
300
400
500 m

Abb. 2: Sedimentgeologische Befunde (nach *Stegmann* 1969) projiziert auf den Stadtgrundriß um 1400 (Plan von *Sander* et al., 1930)

Legende zu Abb. 2–3

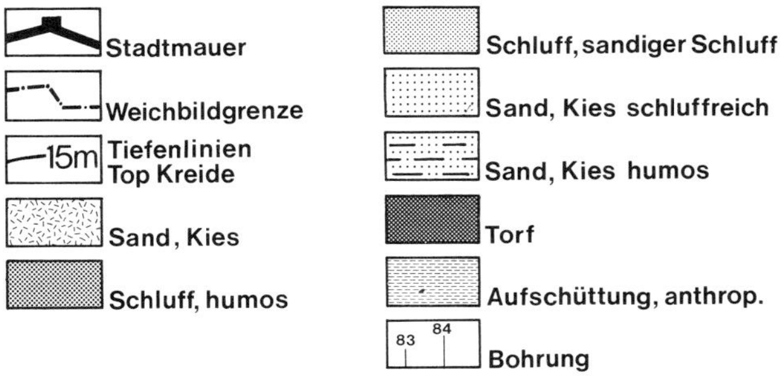

Tiefenlinien, Top Kreide

Abb. 3: Überhöhtes West/Ost-Profil durch die quartäre Abfolge im Stadtgebiet zwischen westlichem Umflutgraben und Nußberg nach dem Kartenstand um 1750 (*Stegmann* 1969). Schnittlage orientierungshalber in Abb. 2 (Stadtgrundriß um 1400) eingetragen

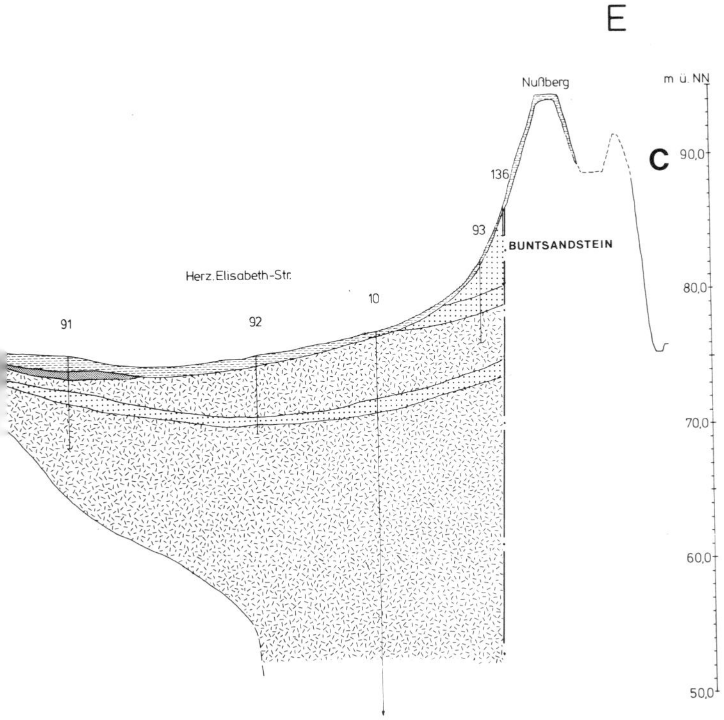

Quartäre Sedimente

Die folgenden quartärgeologischen und hydrologischen Daten sind hauptsächlich auf *Stegmann* (1969) zurückzuführen.

Im Altstadtgebiet überwiegen an der Oberfläche zwei Sedimenttypen (Abb. 2):
a) humose, meist dunkle Tone, Schluffe und Sande der holozänen, ca. 500–600 m breiten N/S-verlaufenden Okerniederung sowie
b) Sande und Kiese der weichselzeitigen Niederterrasse in den anschließenden, erhöhten Uferregionen.

Weitere Sedimente wie humose Sande und Kiese, humose Schluffe, Torf etc. treten in ihrer Verbreitung zurück.

Das in Abb. 3 dargestellte W/E-Profil gibt Aufschluß über die quartäre Abfolge zwischen dem westlichen, neuzeitlichen Umflutgraben und dem Nußberg: Die über dem Salzstock durch Auslaugung entstandene Subrosionssenke weist eine ca. 60 m mächtige quartäre Sedimentfüllung auf, die stellenweise von Tertiär unterlagert wird. Die Basis dieser Sedimente bilden – primär durch den Salzaufstieg hochgeschleppte, dann jedoch im Zuge der Auslaugung abgesunkene – tonig-mergelige Sedimentgesteine der Unterkreide. Über dem Westrand des Salzstocks treten oberkretacische Sedimentgesteine ähnlicher Zusammensetzung im Bereich des Stadtparks nahe an die Oberfläche heran, fallen aber westwärts in eine Rinne ab (vgl. Abb. 4). In dieser Rinne kamen über den tonig-mergeligen wasserundurchlässigen Kreidesedimenten insgesamt ca. 50 m Quartär-Sedimente zur Ablagerung, die wie folgt zu gliedern sind:

ca.	4 m	humose Tone und Schluffe der holozänen Okerniederung,
ca.	10 m	Sande und Kiese der weichselzeitlichen Niederterrasse,
ca.	2,5 m	tonig-schluffige Stillwassersedimente des Eem-Interglazials,
ca.	35 m	Sande und Kiese der saalezeitlichen Mittelterrasse.

Hydrologische Verhältnisse

Der präquartäre Untergrund weist – wie oben angedeutet – eine auffällige ca. 1200 m breite und ca. 50 m tiefe Rinne auf, die unter dem Stadtkern durchstreicht und die Position der westlichen Randsenke des Salzstocks einnimmt (Abb. 4). West- und ostwärts erfolgt ein Anstieg der Kreidesedimente mit 1–3° auf max. 78 m über NN.

Der zwischen der Rinne und dem Salzstock auftretende Kreiderücken bildet ungefähr die westliche Begren-

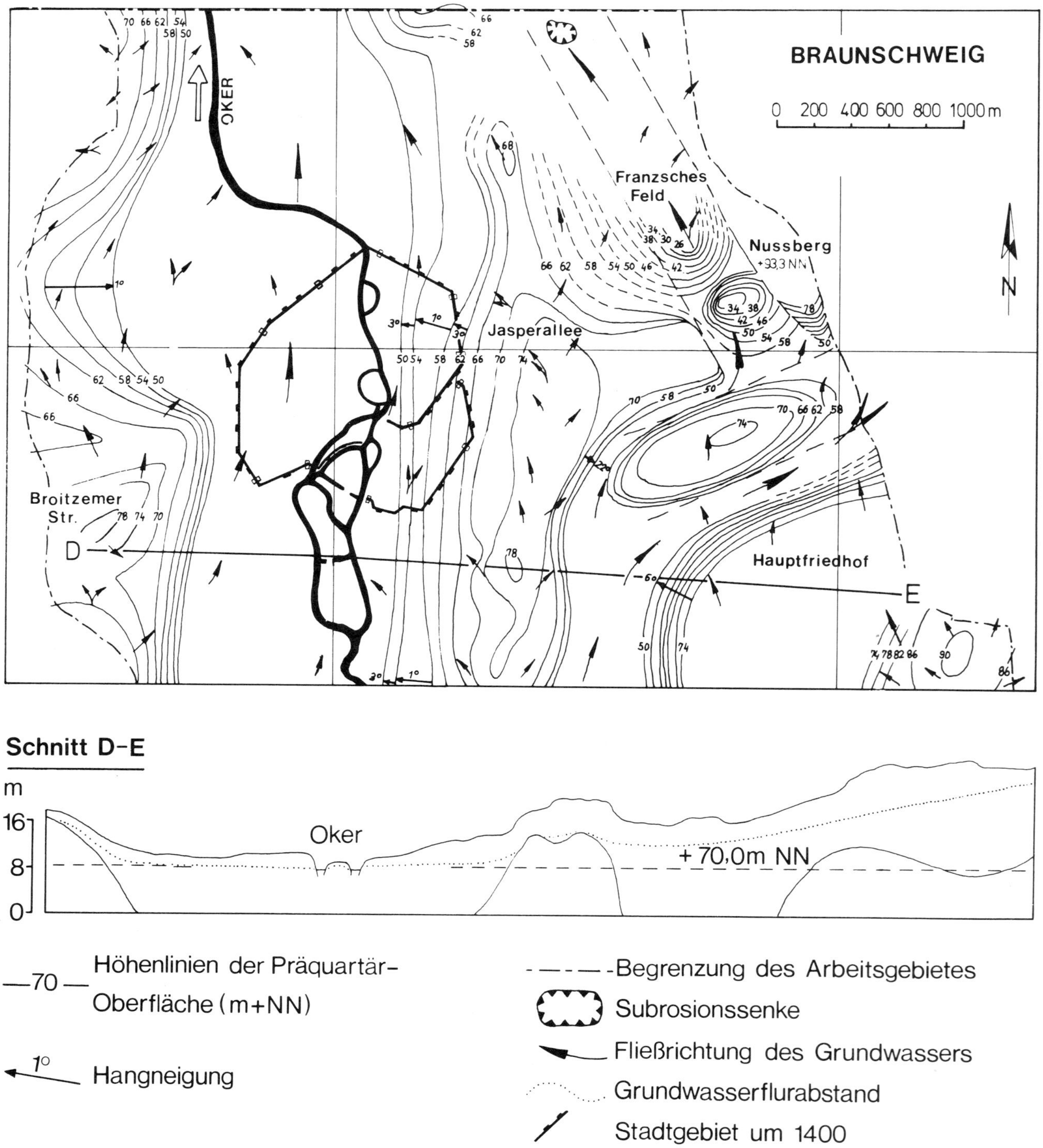

Abb. 4: Darstellung des präquartären Untergrundes (Kreide). Fließrichtungen des Grundwassers. Überhöhtes hydrologisches West/Ost-Profil (nach *Stegmann,* 1969)

zung des Salzstocks und stellt gleichzeitig eine Grundwasserscheide dar, die einerseits in die Hauptrinne (Randsenke) und andererseits in die Nebenrinne (Subrosionssenke) entwässert. Entsprechend der von S nach N geneigten Morphologie fällt auch der Grundwasserspiegel in der Hauptrinne von 70,8 m über NN im S auf 66,2 m über NN im N ab, wodurch die Hauptabflußrichtung des Grundwassers gegeben ist. Örtliche Oberflächen- und Niederschlagswässer sowie das Kleinrelief führen nahe der Grundwasser-Oberfläche schließlich zu nordwest- und nordostgerichteten Fließrichtungen.

Die Grundwasserflurabstände sind im Bereich der Okerniederung generell 1–2 m, in den umliegenden Sanden und Kiesen der Niederterrasse 2–6 m tief anzutreffen. Der Grundwasserspiegel liegt in der Hauptrinne ca. 7 m tiefer als in der Nebenrinne.

Der unruhige Verlauf der Tiefenlinien und die Herausbildung von Einzelstrukturen westlich des Nußberges signalisieren die Auswirkung der Auslaugungsprozesse in der Subrosionssenke des Salzstocks.

Alte geologische und neue archäologische Befunde

Mit Hilfe von Kartierungen, Gutachten, Bohrungen, Schürfen, Baugruben, Sondierungen, Luftbildern und geschichtlichen Baugrunddaten erstellte *Stegmann* (1969) die geologische Karte auf der topographischen Grundlage eines Übereinanderdrucks mit dem Stand der Jahre 1650 resp. 1750 (*Dürrkopf* et. al., 1958).

Diese geologischen Befunde wurden aus interdisziplinären Gründen auf die Karte von *Sander* et al. (1930 – *Rötting* 1981, 706 f.) übertragen, die den stadttopographischen Stand von 1400 darstellt.
Die in den letzten neun Jahren erfolgten archäologischen Ausgrabungen im Stadtgebiet führten durch neue Aufschlüsse und sedimentgeologische Untersuchungen zu erweiterten und differenzierteren Kenntnissen, die einerseits die bestehende geologische Karte korrigieren helfen und andererseits das Verständnis des Archäologen für die Qualität des Siedlungsgrundes vertiefen (vgl. Beitrag *Rötting* Arbeitsstand, Abb. 7 – in diesem Band).
Dies betrifft u. a. die an der Hagenbrücke ausgegrabene Kemenate, die auf einer bisher noch nicht bekannten Insel in der Oker lag, oder das Gebiet des Packhofs, wo ein W/E-gerichteter Wasserlauf mit dunklen humosen Tonen und Schluffen (Stillwassersedimente) nachgewiesen wurde, der in die Okerniederung einmündet (*Rötting* 1981, 696, 711 ff., Abb. 2–4).

Die Befunde am Packhof (Abb. 5, Farbtafel 10) sind zeitlich differenziert zu deuten:

a) natürlicher Wasserlauf: Rennelberg als Einzugsgebiet.

b) Uferbefestigung des Wasserlaufs (Wehrgraben) durch Uferpalisaden in Fortsetzung des westlichen Graben-Mauersystems Heinrichs des Löwen um die Altstadt. Dadurch entstanden stillwasserähnliche Bedingungen wie in Totarmen eines Flusses. Bei Hochwasser der Oker kam es zum Rückstau und zur Sedimentation humoser Ton/Silt-Gemische, wobei im Laufe der Zeit die Uferpalisaden einsedimentiert wurden.

c) Schließlich wurde der ehemalige Graben mit überwiegend sandigem Schuttmaterial anthropogen aufgeschüttet.

Gewässernetz und Topographie des mittelalterlichen Stadtgebiets veranlassen im Hinblick auf die Beurteilung des Siedlungsgrundes und die Anlage einer Furt im Zusammenhang mit Erosions-, Transport- und Sedimentationsprozessen in der Okerniederung zu einer Stellungnahme: Im Gegensatz zur oftmals überschwemmten, sumpfigen Okerniederung boten sich sowohl die aus Sand und Kies bestehenden erhöhten Uferbereiche als auch die in der Niederung gebildeten Halbinseln und Inseln (z.B. Katharinenkirche, Burg Dankwarderode) als günstiger Baugrund an. Jede Erweiterung des Siedlungsraums war mit technischem Aufwand verknüpft. Aller Wahrscheinlichkeit nach wird an den Prallhängen im Bereich des Aegidienhügels und am Westrand des Bürgerparks Erosion stattgefunden haben. Diese erodierten Sedimente sind möglicherweise an Gleithängen im Bereich der Schuhstraße und des Karrenführerplatzes sowie um die Burginsel herum abgelagert worden. Auf Grund der geologischen Gegebenheiten wäre ein günstiger Furtverlauf südlich der Burginsel zu erwarten (vgl. Abb. 2).

Gegen Ende des 17. Jahrhunderts existierte ein ca. 300 m breiter Befestigungsgürtel, der sich mit ca. 30 m breiten Wallgräben aus der Zeit vor 1400 überschnitt. Durch Einebnung der Wälle und durch die generelle Verschüttung ab 1879 ergaben sich Aufschüttungen unterschiedlicher Liegezeit und Mächtigkeit.

Zusammenfassung und Schlußfolgerungen

Die Okerniederung und das zentrale Stadtgebiet liegen über einer in die Kreideformation eingetieften Rinne, die ca. 50 m Quartärsedimente aufgenommen hat und die Position der westlichen Randsenke eines unter dem östlichen Stadtgebiet befindlichen Salzstocks einnimmt.

Die Kongruenz von Randsenke und morphologischer Rinne ist nicht zwingend auf jüngste Bewegungen des Salzstocks zurückzuführen, doch reagierten offenbar die quartären Glazial- und Flußsysteme auf eine vorgezeichnete morphologische Wegsamkeit im Bereich der Rand- und Subrosionssenke.

Die am Packhof beobachtete Einsedimentierung der Uferpalisaden wird auf die Anlage des Befestigungssystems der Altstadt im 12. Jh. zurückgeführt. Doch ist generell zu erwarten, daß im Bereich der Okerniederung Setzungsprozesse in den tonig-siltigen Sedimenten seit dem Mittelalter stattgefunden haben, die neben der Wasserverdrängung durch Kellerbauten zu einem Grund- und Flußwasserspiegelanstieg führten.

An der Oberfläche ergibt sich eine klare Gliederung durch die oftmals überflutete sumpfige Okerniederung mit ihren dunklen, humosen Tonen und Schluffen sowie durch die erhöhten Uferplätze der weichselzeitlichen Niederterrasse mit hellen Sand- und Kiesflächen als günstigem Siedlungsgrund.

Die tonig-mergeligen wasserundurchlässigen Sedimente der Oberkreide steuern auf Grund ihrer Morphologie die wesentlichen hydrologischen Daten wie die Strömungsrichtung, Lage und Flurabstände des Grundwassers.

Die im Zuge der stadtarchäologischen Forschungen aufkommenden interdisziplinären Aktivitäten entwickeln sich günstig, weil einerseits auf archäologischer Seite durch sedimentgeologische Hinweise ein zunehmendes Verständnis für die fazielle Variabilität des Siedlungsgrundes erreicht wird und andererseits die bestehende geologische Karte die notwendigen Korrekturen erfährt, wie die Beispiele „Hagenmarkt" und „Packhof" zeigen.

Neben der Lösung des Furtproblems und der weiteren Korrektur der bestehenden geologischen Karte stehen zukünftig bei den fortschreitenden archäologischen Arbeiten die Unterscheidung von Stillwassersedimenten in Totarmen der Oker und von Kloaken in künstlich angelegten Wassergräben sowie Setzungsprozesse und die Veränderung des Grundwasserspiegels seit dem Mittelalter im Vordergrund.

Literatur

Dürrkopf, F. & Mitarbeiter, (1958): Historischer Atlas der Stadt Braunschweig. – Hrsg. v. d. Stadt Braunschweig, 1. vorl. Ausgabe, Braunschweig (mit Ergänzungen bis 1965).

Preul, F., (1965): Natur des Landes. Geologie. Hauptteil des Kreises, in: Die deutschen Landkreise, Reihe: Niedersachsen, Bd. 22: Der Landkreis Braunschweig I, S. 17–24, Bremen-Horn.

Rötting, H., (1981): Archäologische Befunde zu prästädtischen Siedlungsformen Braunschweigs vor Heinrich dem Löwen. In: Festschrift Brunswiek 1031 – Braunschweig 1981, hrsg. v. G. Spies, Braunschweig 1981, S. 696–723.

Stegmann, N., (1969): Entwicklung eines Darstellungsverfahrens für Baugrundkarten an Hand der Baugrundverhältnisse der Stadt Braunschweig. – Diss. TU Braunschweig, 123 S., Braunschweig.

Woldstedt, P., (1931): Erläuterungen zur geologischen Karte, Bl. Braunschweig (Nr. 2026), 58 S., Berlin.

Anthropologischer Vorbericht über die Skelettfunde vom Kohlmarkt in Braunschweig

Angelika Burkhardt

Die frühesten Bestattungen des ehemaligen Friedhofs auf dem heutigen Kohlmarkt gehen bis in die 2. Hälfte des 9. Jahrhunderts zurück (*H. Rötting*, 1981). Mit Abriß des letzten Kirchenbaus von St. Ulrici im Jahre 1544 wurden auch die Bestattungen an diesem Ort eingestellt. Die 1979/80 ausgegrabenen Skelette stammen demnach aus dem langen Zeitraum von 7 Jahrhunderten. Es wurden 176 Grabkomplexe[1] freigelegt und zusätzlich eine große Anzahl von „Streuknochen" aus gestörten Bestattungen geborgen.

Alle Skelettelemente wurden zunächst einer Reinigung und Härtung unterzogen und, soweit erforderlich, restauriert. Nur sehr wenige Skelette sind relativ vollständig und gut erhaltengeblieben. Der Gesamterhaltungszustand ist als mäßig gut zu bezeichnen.

Inzwischen konnten aufgrund archäologischer Befunde 70 Gräber genauer datiert werden, was für eine vergleichende anthropologische Beurteilung unabdingbar ist.

Im folgenden soll ein erster Bericht über die anthropologische Untersuchung der Skelette bzw. Skelettreste vom Kohlmarkt in Braunschweig vorgelegt werden. Der kurzen Beschreibung der Individuenverteilung in den 176 Gräbern (I) folgen demographische und morphologische Angaben zur Gesamtgruppe der gefundenen Skelette (II). Daran anschließend sollen *die* Gräber bevorzugt betrachtet werden, die bislang datiert werden konnten (III). Allgemeine morphologische Befunde (IV) beschließen den Vorbericht.

I

In den 176 Gräbern wurden 57 Männer und 47 Frauen, also 104 Erwachsene, sowie 2 Jugendliche beigesetzt. Skelettreste aus 22 Gräbern waren nicht mehr sicher auswertbar. Die restlichen 48 Gräber enthielten kindliche Skelette. Nur in 26 der 48 Kindergräber war jeweils ein einzelnes Kind bestattet, in den übrigen Gräbern konnten Reste von 2 bis 4 Kindern pro Grab identifiziert werden, ebenso enthielten 12 der Erwachsenengräber zusätzlich kindliche Skelettelemente, so daß insgesamt 114 Kinder unter 14 Jahren nachgewiesen werden konnten[2].

II

1. Neben den 176 im Grabungsbereich erfaßten Gräbern konnte außerdem eine große Anzahl von „Streuknochen" aus gestörten Bestattungen geborgen werden, so daß insgesamt 700 Individuen zu registrieren waren. Einschließlich des noch nicht ausgezählten (Streu-)Materials wird, bezogen auf die ausgegrabene Fläche (ca. ein Achtel des Kohlmarkts), mit einer Gesamtindividuenzahl von 1000 zu rechnen sein.

2. Von den bisher ausgezählten 700 Individuen sind 55 % Erwachsene und 45 % Kinder und Jugendliche. Es ist sehr wahrscheinlich, daß die wahre Mortalitätsrate der Kinder noch wesentlich höher lag, denn oft zerfallen die meisten der dünnen und zarten kindlichen Skelettelemente rasch oder gehen bei den Bergungsarbeiten verloren. Es ist nur der sorgfältigen Grabungsmethode zu verdanken, daß überhaupt so viele Kinderskelette zur Auswertung gelangen konnten.

Die Abb. 1 zeigt die prozentuale Verteilung der Kindersterblichkeit (n = 298) in den verschiedenen Altersklassen[3].

Die Gruppe der Kleinkinder bis zum vollendeten 2. Lebensjahr (inf. I/1) stellt die meisten Sterbefälle. Ihr folgen die 3- bis 7jährigen (inf. I/2), deren Anteil mit ungefähr 20 % jedoch schon bedeutend geringer ist. Die Sterblichkeitskurve nimmt in den folgenden 7 Kindheitsjahren weiter ab und erreicht in der juvenilen Phase ihren Tiefpunkt. Von der Anzahl der prä- oder perinatal Verstorbenen (16 %) sollte wegen des raschen Zerfalls ihrer extrem empfindlichen Skeletteile nicht auf die Anzahl der Frühgeburten rückgeschlossen werden.

Die relativ geringe Sterblichkeit der Säuglinge von 0 bis 1 Jahr kann mit dem natürlichen Immunschutz durch die Mutter begründet werden. Ursache für die hohe

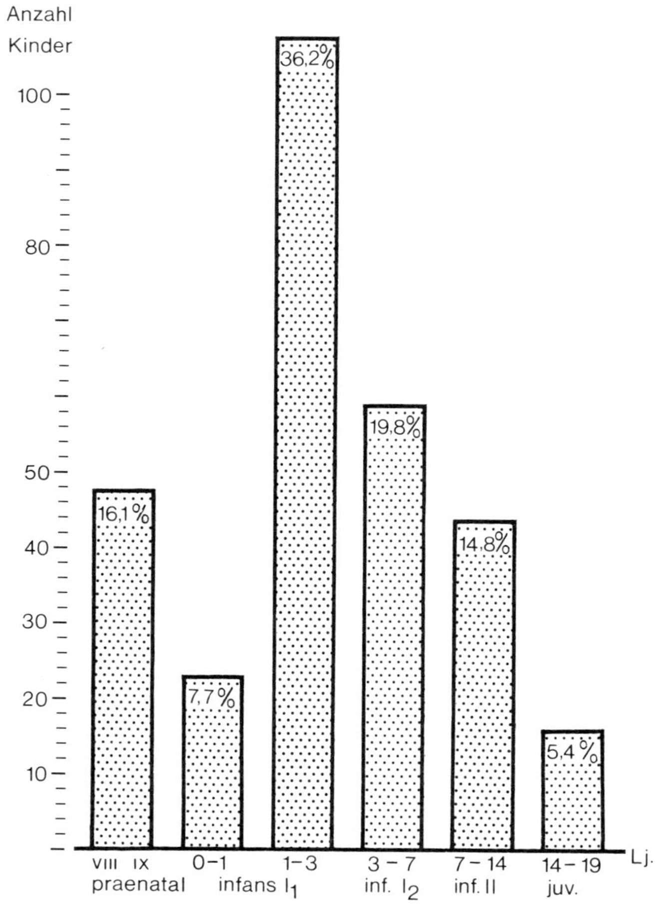

Abb. 1: Säulendiagramm zur Kindersterblichkeit

Mortalitätsrate in den folgenden 2 Lebensjahren (1 bis 3 Jahre) dürften die in diesem Alter gehäuft auftretenden Kinderkrankheiten sein, denen damals noch sehr viele zum Opfer fielen.

Von allen erwachsen Verstorbenen waren ungefähr dreiviertel adult, d.h. zwischen 20 und 40 Jahre alt. Das restliche Viertel verteilt sich auf die nächsten 20 bis 25 Jahre. Während die Sterblichkeit der heutigen Bevölkerung erst ab dem 60. Lebensjahr gravierend ansteigt (*Statistisches Jahrbuch* 1980), wurden nur sehr wenige der „alten Braunschweiger" über 60 Jahre alt.

3. Die Trennung der Geschlechter erfolgte nach den allgemein üblichen Methoden. Bei einer großen Zahl von Streufunden war das Geschlecht aufgrund des Erhaltungszustands der Skelettelemente oder aus Mangel an diagnostisch relevanten Merkmalen nicht eindeutig zu bestimmen. Von den identifizierbaren Erwachsenen waren 41,8% Frauen und 58,2% Männer.

4. Die Männer zeigen eine auffällig robuste und hochwüchsige Konstitution mit derben Extremitätenknochen, die auf eine kräftige Muskularisierung deuten. Die Schädel sind in ihren Variationen sehr vielfältig. Neben schmalen hohen Gesichtern kommen auch niedrig-breite vor (Abb. 2 und 3); die männlichen Gesichtsprofile sind stets außerordentlich markant. Die Frauen sind eher zart und klein, schmalgesichtig, wobei die Werte der absoluten Schädelbreiten niedrig bleiben. Es scheint, daß diese zufällige Stichprobe die sicher auch im Laufe von 7 Jahrhunderten durch den genetischen Einfluß von außen mitbedingte Variabilität der Schädelformen gut widerspiegelt (vgl. Abb. 2–6).

Die 40 meßbaren Schädel der Braunschweiger Serie weisen insgesamt einen mittleren Längen-Breiten-Index von 77,9 auf, d.h. sie liegen im Mittel im mesokranen Bereich. Im ganzen gesehen ist die Gruppe sehr heterogen; die Extreme schwanken zwischen einem ultradolichokranen Schädel mit einem Index von 61,2 und zwei ultrabrachykranen Schädeln mit Indices von 90,6 und 91,8.

Die Schädel der damaligen Braunschweiger Bevölkerung (d. h. der Weichbilde Sack und teilweise der Altstadt) waren augenscheinlich noch nicht in besonderem Maße dem Brachykephalisierungsprozeß, wie er für das Hochmittelalter postuliert wird (u.a. *Schwidetzky*, 1979), unterworfen.

III

1. Von den bislang datierten Gräbern stammt die größte Gruppe aus dem Zeitraum von der zweiten Hälfte des 9. bis zum ausgehenden 10. Jahrhundert (vgl. Tabelle und Gräberpläne der Perioden Kirchenbau I u. II im Beitrag *Rötting* Kurzberichte: Stadtgrabung 21, in diesem Band). Eine weitere Unterteilung, die von archäologischer Seite sicher vorgenommen werden konnte, ist in anthropologischer Hinsicht zunächst irrelevant, könnte aber zur Klärung von Verwandtschaftsverhältnissen sehr dienlich sein; die Untersuchungen dazu stehen noch aus.

In diesen 63 Gräbern aus dem frühen Mittelalter befanden sich Skelette von 19 Männern, 29 Frauen und 15 Kindern. Die durchschnittliche Körperhöhe der Männer betrug 174,75 ± 2,993 cm (P = 0,05), mit Schwankungen zwischen etwa 166 und 183 cm; die Frauen waren durchschnittlich 161,54 ± 1,653 cm (P = 0,05) groß, ihre Körperhöhe schwankte zwischen ca. 153 und ca. 167 cm.

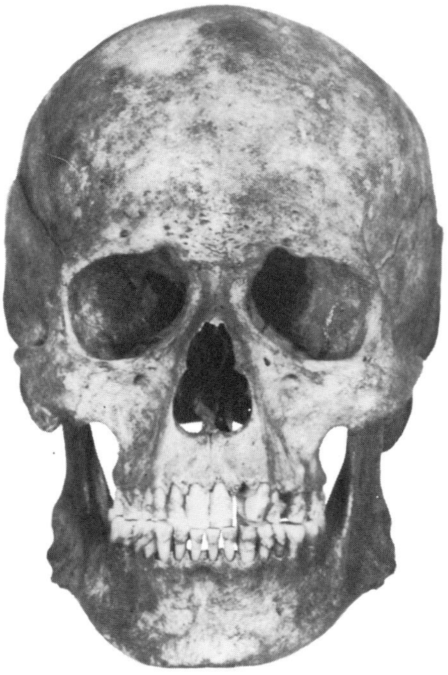

Abb. 2: Männlicher Schädel, Grab 118

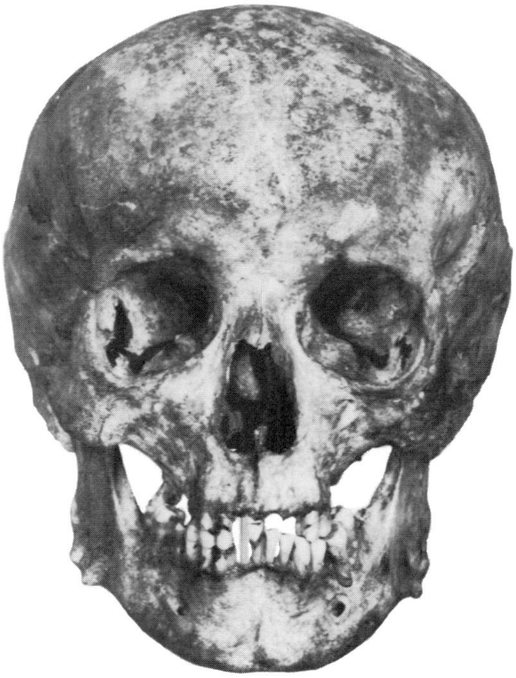

Abb. 3: Männlicher Schädel, Grab 54

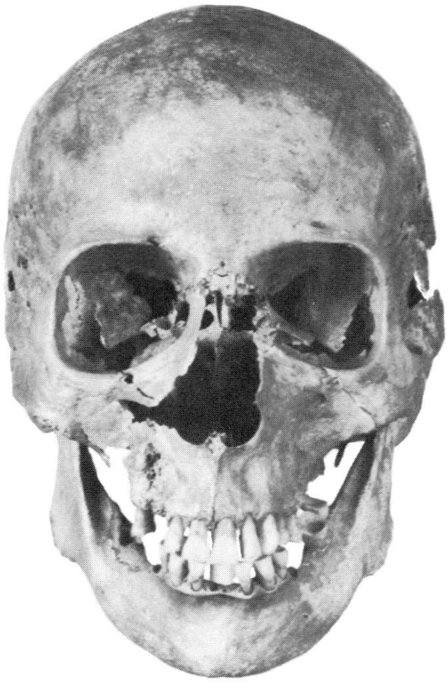

Abb. 4: Weiblicher Schädel, Grab 42

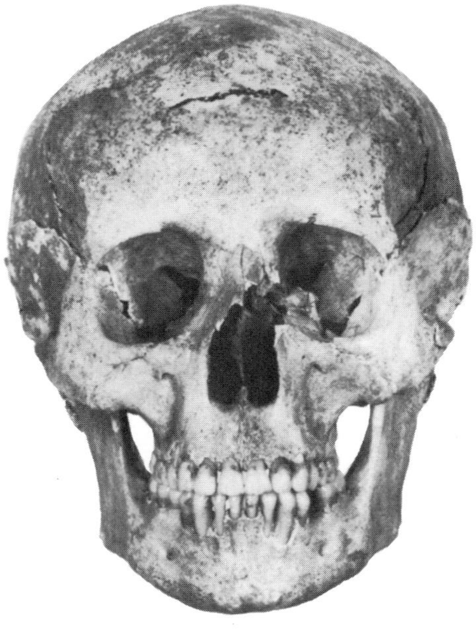

Abb. 5: Weiblicher Schädel, Grab 160

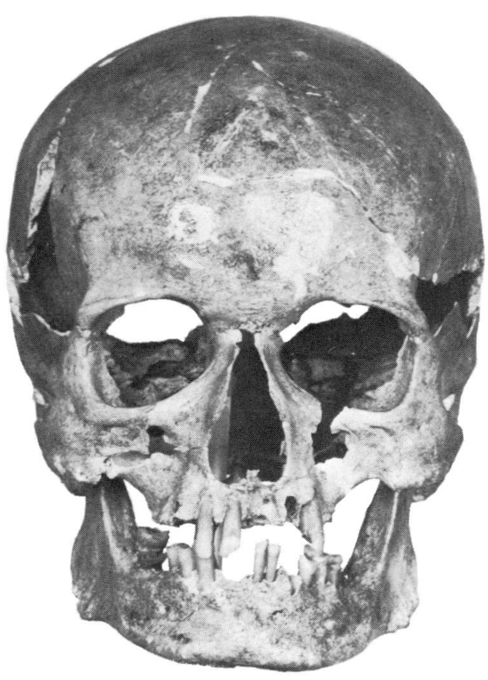

Abb. 6: Männlicher Schädel, Grab 2

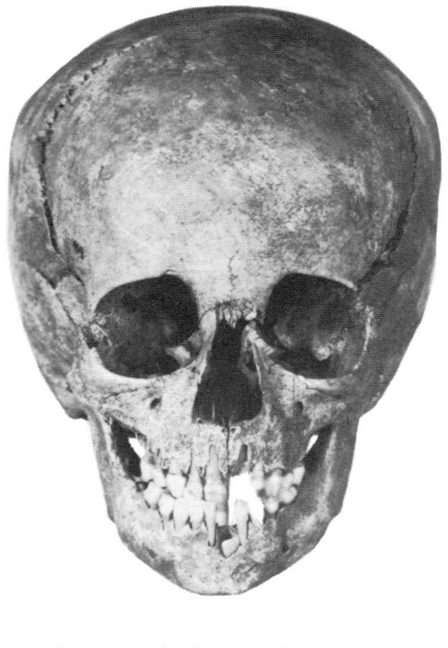

Abb. 7: Kindlicher Schädel, Grab 159

Eine geschlechtsdifferenzierte Sterbealterverteilung zeigt folgende Übersicht:

Sterbealter in Jahren	♂	♀
19	1	–
20–30	5	9
30–40	8	4
40–50	3	1
50–60	2	7
60–65	–	4
nicht einschätzbar	–	4

Wie aus der Tabelle ersichtlich wird, starben etwa dreiviertel der Männer bis zum 40. Lebensjahr, keiner wurde über 60 Jahre alt. Bei den Frauen zeigt sich in der Verteilung des Sterbealters auf die Altersklassen eine deutliche Akzentuierung. In jungen Jahren (während der fruchtbaren Lebensperiode) starben mehr Frauen als Männer, wahrscheinlich wegen des erhöhten Geburtsrisikos. Ihre Zahl sinkt gegen das 40. Lebensjahr. Lediglich *eine* Frau starb im Alter von 40 bis 45 Jahren. Sie muß kurz vor der Geburt ihres Kindes gestorben sein, denn in ihrem Becken fanden sich Skelettelemente in der Größe derjenigen von Neugeborenen. Möglicherweise konnte wegen des sehr schmalen Beckeneingangs dieser Frau keine Geburt erfolgen, was damals zum Tod von Mutter und Kind führen mußte.

Während nur zwei Männer über 50 Jahre alt wurden, sind es bei den Frauen 11; vier Frauen erreichten sogar ein Alter von über 60 Jahren.

Allerdings muß betont werden, daß die gefundenen Unterschiede der Sterbeverteilungen zwischen Männern und Frauen bei dieser Stichprobengröße statistisch nicht relevant sind. Dieses wurde mit Hilfe des Kolmogoroff-Smirnow-Tests (in: *Siegel,* 1976) überprüft. Zur endgültigen Bestätigung der beobachteten Trends sowie der vermuteten Ursachen müssen zusätzliche Befunde abgewartet werden.

In dieser definierten Gruppe sind nur drei Schädel vollständig erhaltengeblieben: ein mesokraner Schädel einer über 60jährigen Frau aus dem Fibelgrab 42 (Abb. 4); ein mesokraner Schädel einer 25- bis 30jährigen Frau aus Grab 160 (Abb. 5), welches wie Grab 42 zu den frühesten Bestattungen auf dem heutigen Kohlmarkt gehört (Periode Kirchenbau I); und ein Schädel eines um 50 Jahre alten Mannes aus der Bauperiode IIa, 10. Jahrhundert. Dieser Schädel war stark zertrümmert, die Bruchstücke fügen sich jedoch recht gut aneinander, so daß er als hyperbrachykran mit einem niedrig-breiten Gesicht (Abb. 6) eingestuft werden konnte.

Anhand des Zahndurchbruchs und der Mineralisation der Zahnwurzeln läßt sich das Sterbealter von Kindern relativ sicher bestimmen. Diskrepanzen zwischen Zahnalter und der Länge der Extremitäten oder der Mächtigkeit der Kiefer bzw. des Gebisses lassen mit einer gewissen Wahrscheinlichkeit auf das Geschlecht eines Kindes schließen.

Beispielsweise war das 11,5 Jahre alte Kind aus dem Fibelgrab 48 (Periode Kirchenbau I, Holzkirche, 2. H. 9. Jahrhundert) aufgrund seines ausgesprochen zarten und kleinen Unterkiefers mit einiger Wahrscheinlichkeit ein Mädchen.

Die 15 Kinder des 9. bis 10. Jahrhunderts starben in folgendem Alter:

15–18	Monate	Grab 140
2,5–3	Jahre	Grab 29
3–4	Jahre	Grab 159
4–5	Jahre	Grab 148, Grab 163
7	Jahre	Grab 29, Grab 30
8	Jahre	Grab 11, Grab 116
9–10	Jahre	Grab 158 (♂), Grab 40 (♀)
11,5	Jahre	Grab 171 (♂), Grab 48 (♀)
12	Jahre	Grab 115
12–14	Jahre	Grab 152 (♂)

Der einzige Kinderschädel, der soweit erhaltengeblieben war, daß er zusammengesetzt werden konnte, gehörte dem 3- bis 4jährigen Kind aus Grab 159 an. Die Abb. 7 zeigt deutlich die kindliche Proportionierung von Hirnschädel zu Gesichtsschädel.

Dieser Gruppe des 9. bis 10. Jahrhunderts sind derzeit 7 Skelette aus den Kopfnischen- und Ringschnallengräbern der 2. Hälfte des 12. bis 14. Jahrhunderts gegenüberzustellen.

2. Von den Skeletten aus der 2. Hälfte des 12. bis Anfang des 13. Jahrhunderts (vier Männer und eine Frau) ist, mit einer Ausnahme, nur wenig erhalten. Diese Ausnahme, das Skelett des ca. 45 Jahre alten, ca. 173 cm großen Mannes aus Grab 153, ist sogar fast vollständig; lediglich das Gesichtsskelett ist nicht mehr rekonstruierbar (vgl. Bestattungsplan Grab 153 im Beitrag *Rötting* Arbeitsstand, Typentafel der Kohlmarkt-Bestattungen, in diesem Band).

Sein postkraniales Skelett ist mit das kräftigste und robusteste der ganzen Kohlmarkt-Gruppe. Auffällig ist eine verheilte Verletzung des Beckens. Durch eine gewaltsame Einwirkung wurde das Becken gequetscht und seitlich sehr stark verdrückt (vgl. Abb. 8: ...). Dadurch kam es zur Sprengung besonders des rechten sacroiliacalen Gelenks und der Symphysenfuge sowie zu einem Bruch des linken Ramus superior ossis pubis (s. Glossar). Um sekundär wieder zu Stabilität zu gelangen, verknöcherte die rechte Articulatio sacroiliaca vollständig (Abb. 8: – ·→), ebenso die hinteren Symphysenränder. Dafür bildete sich an der Bruchstelle im Ramus eine Pseudoarthrose (Abb. 8: →). Der ganze Symphysenbereich weist starke, kavernenreiche Kallusbildungen auf. An anderen Elementen dieses Skeletts können feine Deformationen oder Verletzungen festgestellt werden.

Der hinzugezogene Unfallchirurg[5] erkannte einen solchen mehrfachen Beckenbruch sofort als typischen Reitunfall und fügte hinzu, daß dieser schon in jugendlichem Alter, bei noch nicht vollständig ossifiziertem Becken, erfolgt sein müsse. Aufgrund des kräftigen Beinskeletts dürfe angenommen werden, daß der Mann, dessen Skelett in Grab 153 gefunden wurde, nach Verheilung seiner Verletzung wieder habe laufen können.

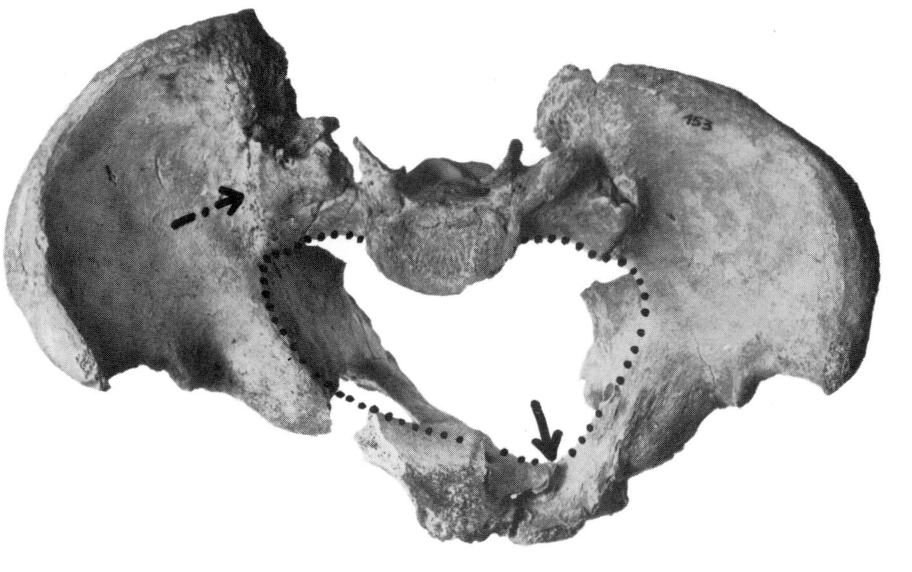

Abb. 8: Traumatisch verändertes Becken in Aufsicht

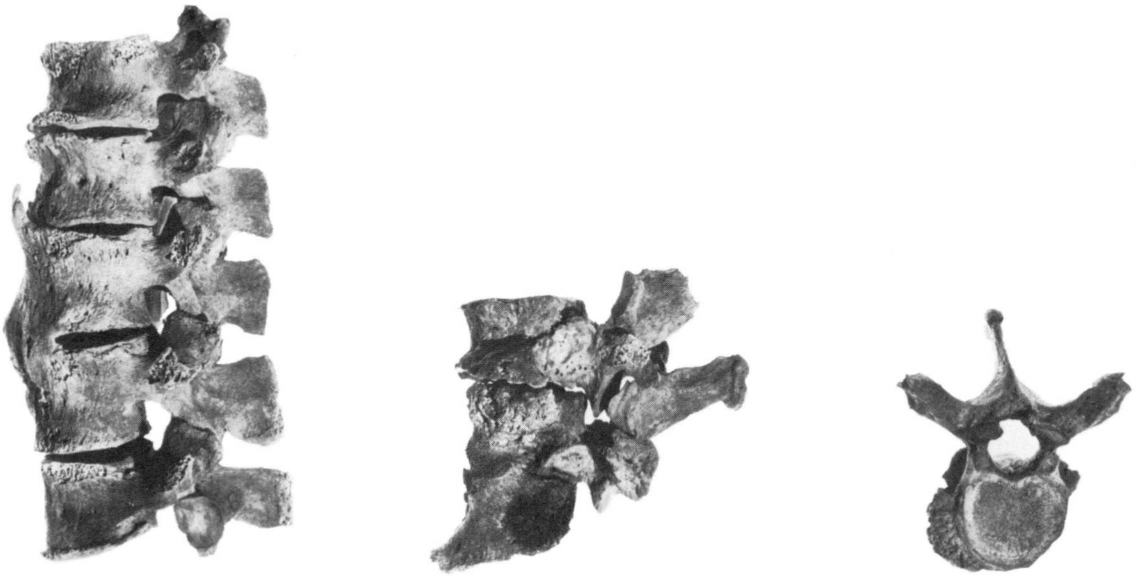

Abb. 9: Spondylotische Wirbelsäulenabschnitte mit starken Randzackenbildungen (Bandverknöcherungen)

Dieses traumatisch veränderte Becken soll zu einem späteren Zeitpunkt noch eingehender untersucht werden.

Die zwei meßbaren Hirnschädel dieser Gruppe (Männer aus den Gräbern 153 und 80) haben Längen-Breiten-Indices von 77,3 und 76,1, bewegen sich also wie die Mehrzahl im mesokranen Bereich.

3. In den Gräbern 21 und 25 wurden Ringschnallen-Garnituren gefunden, die allgemein in das 13./14. Jahrhundert datiert werden können. Das verhältnismäßig gut erhaltene Skelett aus Grab 21 hatte einen großen Rundschädel, welcher nicht mehr gemessen werden konnte, da der hintere Parietal- und Occipitalbereich vergangen ist. Das Gesicht ist sehr schmal und hoch und weist ausgeprägte männliche Geschlechtsmerkmale auf. Das Gebiß ist vollständig und gut. Trotz der – verglichen mit den meisten anderen – geringen Körperhöhe von ca. 168 cm sind die Extremitäten kräftig gebaut. Das Sterbealter dieses Mannes betrug etwa 35 Jahre.

Ein weiteres Ringschnallengrab enthielt ein ebenfalls männliches Skelett mit einer Körperhöhe von ca. 173 cm, dessen Sterbealter 40 ± 5 Jahre betragen hat.

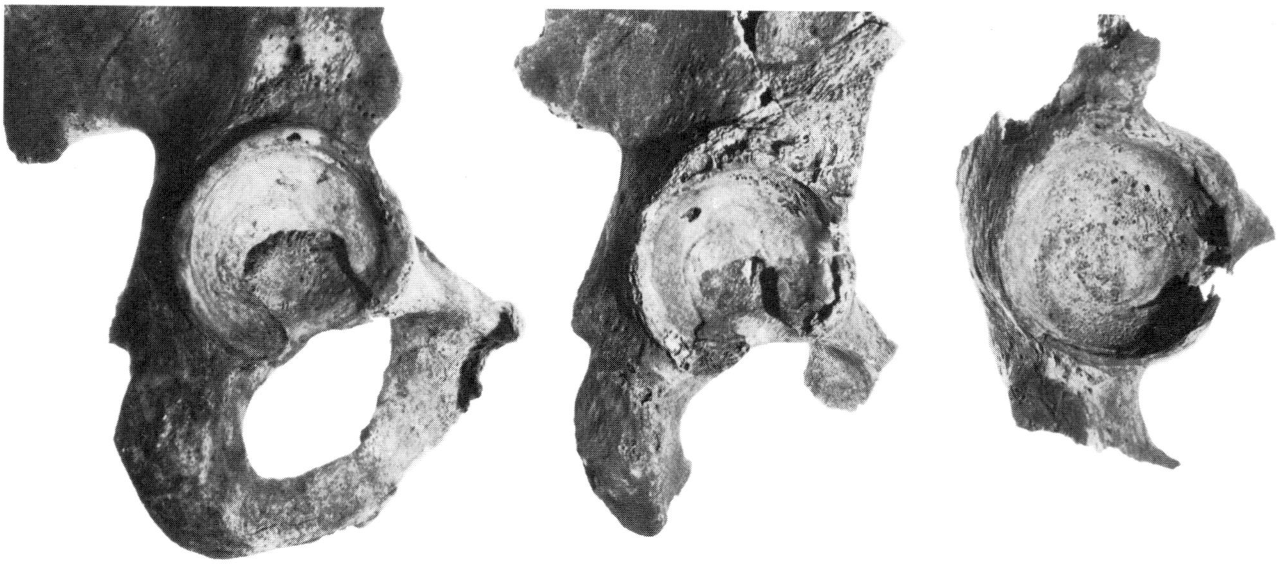

Abb. 10: Arthrotisch veränderte Hüftgelenkspfannen; li.: noch fast gesunde Beckenhälfte zur Orientierung, re.: erweiterte und poröse Gelenkpfanne

IV

Abschließend seien noch kurz einige pathologische und andere besondere Befunde dieser Serie erörtert.

Wie sich an den Skeletten der gesamten Kohlmarkt-Gruppe zeigt, wurden auch schon damals die Menschen in normalem Maß von altersbedingten, arthrotischen Veränderungen der Wirbelsäule und anderer Gelenke, insbesondere der Hüftgelenke, betroffen. So zeigen z.B. die Wirbelsäulenabschnitte in Abb. 9 Fälle von ausgeprägter Spondylosis deformans. Dabei handelt es sich um eine Verknöcherung des vorderen Längsbandes der Wirbelsäule, welche zu schmerzhafter Bewegungseinschränkung und u. U. zur Versteifung der ganzen Wirbelsäule führen kann.

Die Abb. 10 zeigt Beispiele arthrotisch veränderter Hüftgelenkspfannen. Die porösen Auflösungserscheinungen auf der sonst glatten Innenfläche der Gelenkpfanne weisen auf eine Degeneration des Knorpels hin, der in jungem und gesundem Zustand alle Gelenkflächen überzieht.

Eine auffallende Besonderheit ist vielleicht, daß in der Reihe der Kohlmarkt-Schädel mindestens achtmal (nicht alle Streufunde sind erfaßt) die Sutura metopica, eine Mittelnaht im Stirnbein, vorkommt (vgl. Abb. 11). Das Stirnbein wird zwar embryonal paarig angelegt, die mediane Naht verschmilzt aber im ersten Lebensjahr in der überwiegenden Zahl der Fälle. Metopismus soll bei alten und neuen Kulturvölkern häufiger vorkommen als bei anderen Gruppen, bei Europäern zu 8,7% (*Martin/Saller,* 1959).

Zusammenfassend läßt sich sagen, daß die bisherigen Untersuchungen eine gut gemischte Population mit deutlicher Tendenz zu einer muskelkräftigen Konstitution belegen. Der näher beschriebenen Gruppe aus der 2. Hälfte des 9. bis in das ausgehende 10. Jahrhundert wird eine Beschreibung der typologischen Merkmale der hoch- bzw. spätmittelalterlichen Bevölkerung zur Seite gestellt werden, sobald diese Gruppe archäologisch ausgewertet ist. Erst dann sollen abschließende anthropologische Aussagen zur regionalen bzw. überregionalen Bedeutung der Bestattungen auf dem St.-Ulrici-Friedhof, dem späteren Kohlmarkt, erfolgen.

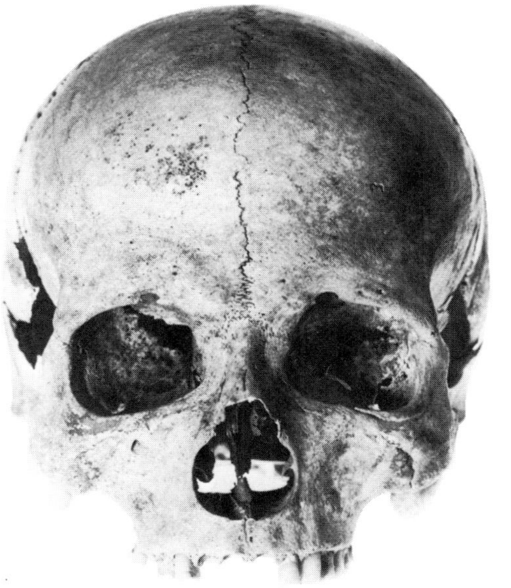

Abb. 11: Männlicher Schädel mit Sutura metopica

Anmerkungen

1 Inzwischen wurden noch neun weitere Gräber entdeckt, aus denen aber nur wenige Skelettelemente geborgen werden konnten. Sie sind wie auch die Skelettfunde der Stadtgrabung 4 in diese Auswertung noch nicht mit einbezogen worden.

2 Eine Interpretation dieser „Doppelbestattungen" erfordert eingehende Recherchen, welche noch nicht abgeschlossen sind.

3 Die Altersklasseneinteilung folgt biologischen Kriterien:
inf. I/1: Geburt bis zur Vollendung des Milchgebisses;
inf. I/2: bis zum Zahnwechsel;
inf. II: bis zum Abschluß der Pubertät;
juvenil: bis zum Schluß (Verknöcherung) der Sphenobasilarfuge in der Schädelbasis.

4 vorl. Datierung nach *H. Rötting*

5 *Herrn Dr. Mempel,* Unfallchirurg in Braunschweig, sei für seine Diagnose und Kooperationsbereitschaft herzlich gedankt.

Glossar

Arthrose: (Arthrosis deformans), meist altersbedingte, degenerative Erkrankung des Gelenkknorpels (chronisch entzündlicher Prozeß), welche deutliche Spuren an den Knochen hinterläßt.

Articulatio sacroiliaca: (sacroiliacales Gelenk), fast unbewegliches Gelenk zwischen Kreuzbein und Darmbein.

Brachykephalisierung: Verrundung der Kopfform in der Generationenfolge.

Kallus: Knochenkeimgewebe, das nach Knochenbrüchen den Bruchspalt überbrückt; wucherndes Wundgewebe.

Längen-Breiten-Index: Index, welcher die größte Schädelbreite zur größten Schädellänge in Beziehung setzt. Der errechnete Wert erlaubt Klassifikationen in:
Brachykranie: Kurzschädeligkeit
Mesokranie: Mittelschädeligkeit
Dolichokranie: Langschädeligkeit

Metopismus: Offengebliebene Naht im Stirnbein des Schädels, die im Normalfall in den ersten Lebensmonaten verwächst.

Occipitale: Hinterhauptsbein des Schädels
Parietale: Scheitelbein des Schädels
postcraniales Skelett: Skelett ohne Schädel
prae- und perinatal: Zeitpunkt vor der Geburt und um die Geburt herum

Pseudoarthrose: Scheingelenk. Traumatisch bedingtes, funktionelles Gelenk an einer Stelle, an der normalerweise kein Gelenk ist.

Ramus superior ossis pubis: oberer Ast des Schambeins

Symphysenfuge: knorpelige Verbindung in der vorderen Mitte des knöchernen Beckengürtels; Halbgelenk der Schambeine.

Literatur in Auswahl

Acsádi, Gy./Nemeskeri, I., 1970: History of Human Life Span and Mortality. Budapest.

Arbeitsgruppe Europäischer Anthropologen, 1979: Empfehlungen für die Alters- und Geschlechtsdiagnose am Skelett. In: Homo, Bd. 30, 2. Heft, 1–32.

Martin, R./Saller, K., 1957 ff.: Lehrbuch der Anthropologie. Stuttgart.

May, E., 1977: Methodisches zur Auswertung empirisch erhobener Daten (Breitinger/Bach) bei ihrer Anwendung auf Skelettmaterial. In: Homo, Bd. 27, 2. Heft, 132–140.

Rötting, H., 1981: Archäologische Befunde zu prae-städtischen Siedlungsformen Braunschweigs vor Heinrich dem Löwen. In: Spies, G. (Hrsg.): Brunswiek 1031/Braunschweig 1981, Festschrift zur Ausstellung, Braunschweig 1981.

Schwidetzky, I. (Hrsg.), 1979: Rassengeschichte der Menschheit. 7. Lieferung. München/Wien.

Siegel, S., 1976: Nichtparametrische Statistische Methoden. Frankfurt.

Statistisches Bundesamt Wiesbaden (Hrsg.), 1980: Statistisches Jahrbuch 1980 für die Bundesrepublik Deutschland. Stuttgart und Mainz.

Paläo-ethnobotanische Befunde über Ernährung und Umwelt im Mittelalter Braunschweigs

Ulrich Willerding

Die derzeitigen Kenntnisse über Ernährung und Umweltverhältnisse der Menschen im Mittelalter sind vielfach noch sehr lückenhaft. In der Regel beruhen sie weitgehend auf den Aussagen schriftlicher Quellen und früher Städte-Ansichten.

Über das tägliche Leben der Menschen und damit auch über ihre Ernährung informieren allerdings nur wenige schriftliche Zeugnisse. Gewisse Vorstellungen über Zusammensetzung und Zubereitung der Nahrung gehobener Schichten lassen sich nach *J. M. van Winter* (1975: 197) jedoch aus einigen Kochbüchern des späten Mittelalters entnehmen. Mitteilungen über die Lebensverhältnisse der unteren Schichten, die weder schreiben noch lesen konnten, fehlen aber nahezu vollständig. Lediglich auf der Grundlage von Abgaben-Listen und ähnlichen Quellen, aus denen ersichtlich wird, welche Kulturpflanzen in den einzelnen Landschaften angebaut wurden bzw. welche Produkte abgegeben oder gehandelt worden sind, können ganz allgemeine Vorstellungen über die Ernährungssituation entwickelt werden.

Auch hinsichtlich der frühen Städte-Ansichten ergeben sich manche Probleme. Insbesondere ist zu klären, wieweit sie die damaligen Umwelt-Verhältnisse richtig wiedergeben. Der damalige Landschaftszustand im Nahbereich der Städte dürfte allerdings zumindest in den Grundzügen stimmen. Ob dabei auch die Details naturgetreu erfaßt worden sind, wird vielfach offen bleiben müssen.

Erfreulicherweise liegen von Braunschweig mehrere frühe Stadtansichten vor (*Daum* 1980). Mit ihrer Hilfe läßt sich die Entwicklung von Stadt und Landschaft seit 1545 recht gut verfolgen. Besonderes Interesse verdient die älteste, von *Peter Spitzer* (1547 bzw. 1545)[1] stammende Stadtansicht (Abb. 1). Der Landschaftszustand dürfte in der Mitte des 16. Jhs. noch weitgehend dem des Spät-Mittelalters entsprochen haben. Demnach lag vor den Toren der Stadt im Westen ein weithin offenes Gebiet, in dem Landwirtschaft und Gartenbau betrieben wurde.

An manchen aus der Stadt führenden Wegen standen unmittelbar vor den Toren noch einige Fachwerkhäuser. Für die direkt hinter ihnen gelegenen, von Flechtzäunen umgebenen Flächen sind allerdings keine nutzungsspezifischen Details auszumachen. Daher bleibt unklar, ob es sich um Hofflächen oder Gartenland handelte. Auch im Bereich südlich (Abb. 1, rechts) des zentralen, nach Westen führenden Weges waren die Nutzflächen gegen die Wege durch Flechtzäune abgegrenzt. Mehrere überdachte Tore ermöglichten den Zugang zu ihnen. Vermutlich handelte es sich um Gartenland. Die Größe der Flächen deutet ebenso wie die Art ihrer Unterteilung in Beete darauf hin. Freilich ist nicht völlig auszuschließen, daß es sich dabei auch um die als Wölbäcker bekannten Ackerbeete handeln könnte. Die wohl auf dem Holzschnitt *Spitzers* aufbauende, aus dem Jahr 1574 stammende Radierung in „Civitates orbis terrarum" von *G. Braun* und *F. Hogenberg* (*Daum* 1980: 106) zeigt in diesem Bereich jedenfalls als Gartenbeete aufzufassende Einteilungen. Das gilt entsprechend für eine Radierung von 1616 aus *P. Bertius* „Comm. Rer. Germ. Liber III" (*Daum* 1980: 106).

Nördlich des genannten Weges scheint hingegen zwischen den Hausgrundstücken zunächst (1545) noch Ackerland gelegen zu haben. Es war durch Zäune abgegrenzt gegen die direkt hinter den Häusern befindlichen Gebiete. Vor dem nächsten, in nördlicher Richtung folgenden Stadttor lag eine von Kopfweiden umgebene Fläche mit einem Brunnen. Hierbei dürfte es sich um Weideland gehandelt haben (Abb. 1).

Die Abbildungen aus dem 17. Jh. zeigen, daß die Gartenflächen westlich der Stadt erheblich zugenommen hatten. Der Merian-Stich von 1654 macht das besonders deutlich (*Daum* 1980: 108).

Ob es innerhalb der Stadtbefestigung auch noch Gartenflächen gegeben hat, ist aus den frühen Abbildungen nicht zu ersehen.

Außer derartigen zeitgenössischen Quellen können aber auch *Pflanzenreste* Aufschluß geben über die Er-

Abb. 1: Ansicht der Stadt Braunschweig von Westen, 1547 (um 1545); kolorierter Holzschnitt; monogrammiert PS (Peter Spitzer zugeschrieben). Original i. d. Herzog-August-Bibliothek Wolfenbüttel (nach *Mertens-Moderhack* 1981)

nährungs- und Umweltverhältnisse in der Vergangenheit. Erfreulicherweise fanden seit einigen Jahren bei zahlreichen *Rettungsgrabungen* im Bereich der fünf alten Städte Braunschweigs auch die in den Fundschichten des Mittelalters oftmals enthaltenen Pflanzenreste Beachtung. Sie wurden dankenswerterweise geborgen und für die paläo-ethnobotanische Untersuchung bereitgestellt[2].

Neben durchlüfteten Bodenschichten, wie sie z.B. in der Petersilienstraße (7) vorlagen, konnten vielfach auch Ablagerungen angeschnitten werden, die unter Sauerstoff-Abschluß gestanden hatten. In derartigen Sedimenten aus Brunnen, Kloaken und Feuchtgräben sind außer verkohlten auch größere Mengen unverkohlter Pflanzenteile erhalten geblieben. Es handelt sich vor allem um Diasporen (Früchte und Samen) und Holz. Da sich bei der Auswertung der Pflanzenfunde fundstellenspezifische Aussagebereiche ergeben (*Willerding* 1971, 1972), ist es besonders wertvoll, daß aus dem mittelalterlichen Braunschweig mehrere unterschiedliche *Fundstellen-Typen* erschlossen werden konnten (Tab. 1). Es sind dies eine Grube mit Brandschutt (Kulturschicht), zwei Brunnen, mehrere Kloaken, ein mit Feuchtsedimenten ausgefüllter alter Bachlauf und ein Grab. An verschiedenen Stellen wurden Pflanzenreste zudem auch in der Kulturschicht festgestellt.

Die *Lage* der Fundstellen ist aus Abb. 2 zu ersehen. Das Fundgut stammt aus dem *Zeitraum* vom 9.–16. Jahrhundert.

Mit Hilfe eines Schlämm-Flotationsverfahrens wurden die Pflanzenreste aus den Proben geborgen. Gegebenenfalls mußte das Material zuvor mit einer 5%igen Kalilauge behandelt werden[3]. Die Bestimmung der Diasporen erfolgte unter dem Binokular (bis 40fache Vergrößerung), die der Hölzer unter dem Mikroskop (bis 450fache Vergrößerung).

Wie aus der Art der Fundstellen hervorgeht, handelt es sich bei den Pflanzenresten vielfach um *Abfälle*. In der Grube an der Petersilienstraße lagen größere Mengen verkohlter Getreide-Körner und Leguminosen-Samen. Vermutlich sind es Überreste von Vorräten, die bei einer Brandkatastrophe verkohlt waren. Die Kloaken-Schichten enthielten außer Resten, die den menschlichen Verdauungstrakt passiert hatten, auch zahlreiche Abfälle aus Haus und Garten. Bei den in den Brunnenfüllungen befindlichen Pflanzenresten muß es sich ebenfalls um Abfälle handeln; dies machen u.a. die Funde verkohlter Getreidekörner deutlich. Vermutlich war auch in den alten, das Siedlungsgelände durchziehenden Bachlauf im Packhof-Bereich (10) mancher Abfall gelangt. Außerdem wurden dort jedoch auch Diasporen von Arten feuchter Standorte festgestellt, so daß

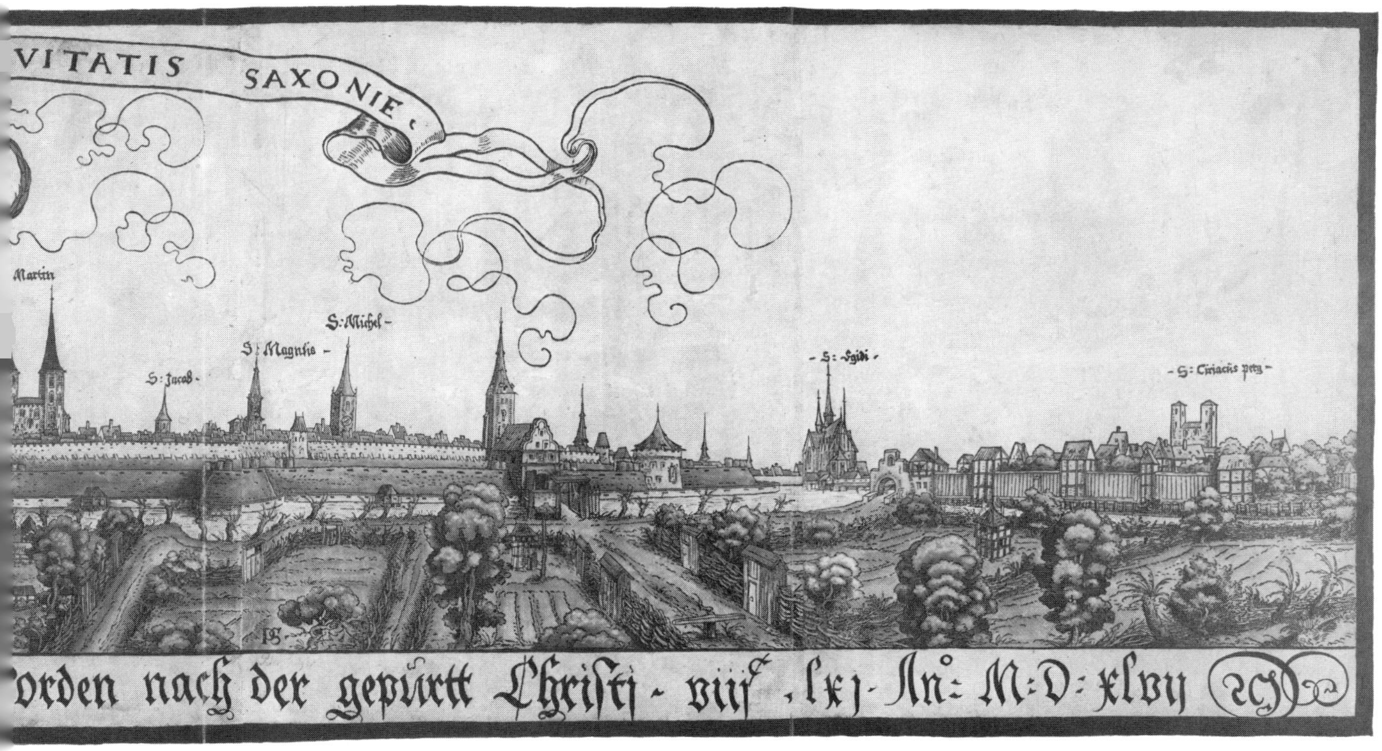

sich Aufschlüsse über die Vegetation im Nahbereich des Flusses ergeben.

In Tab. 2 sind die bislang aus dem Mittelalter Braunschweigs nachgewiesenen *Kultur-* und *Sammelpflanzen* notiert. Außer den Fundorten und ihrer Datierung sind die in methodischer Hinsicht wichtigen Daten über Fundstellen-Typ und Erhaltungszustand der Belege angefügt.

Die Zusammenstellung macht deutlich, daß die *Präsenz* von Belegen bestimmter Arten in engem Zusammenhang steht mit der Genese der verschiedenen *Ablagerungen* und den in ihnen vorhandenen Erhaltungsbedingungen. So wurden verkohlte *Getreidekörner* außer in der Abfallgrube der Petersilienstraße auch in den Sedimenten der beiden Brunnen in gewisser Menge festgestellt. Sie sind aber nur selten in Kloakenschichten enthalten. Kloaken-Funde können daher kaum zu Kenntnissen über Anbau und Verwendung der Getreide-Arten verhelfen. Das gilt entsprechend auch für die Leguminosen. Unverkohlte Belege von *Ölpflanzen* wie Mohn werden hingegen gelegentlich in Kloaken-Schichten gefunden. Samen und Kapselbruchstücke vom Lein kommen erfahrungsgemäß häufiger in Brunnen-Füllungen vor.

Kloaken sind jedoch von besonderem Wert für den Nachweis von *Obst*-Arten. Deren Reste gelangten entweder als Abfälle dorthin, so z.B. die Steinkerne vom Pfirsich und die Schalen von Wal- und Haselnüssen. Kleinere Belege wie die Nüßchen von Feige und Wald-Erdbeere, die Samen der Weinbeeren und die Steinkerne von Himbeere und Brombeere stammen wohl eher aus dem Kot.

Vermutlich sind so auch die zahlreichen Beschädigungen an den Samen von Apfel und Birne zu erklären.

Dort, wo nur verkohlte Belege erhalten bleiben konnten, fehlen die in der Regel unverkohlten Reste der Obstarten nahezu vollständig. Anders sieht es erfahrungsgemäß bei Brunnenfunden aus. Wenn dennoch aus den beiden Braunschweiger Brunnen kaum Belege von Kulturobst vorliegen, so ist das wohl darauf zurückzuführen, daß während des frühen Mittelalters der Anbau von Kulturobst-Arten anscheinend nur wenig verbreitet gewesen war (*Willerding* 1979b). – Die Beispiele machen deutlich, daß bei jedem Fundkomplex das Problem von *Präsenz* und *Repräsentanz* der Belege erneut zu klären ist.

Der Anbau der *Getreidearten* Roggen, Weizen, Gerste und Hafer (Abb. 3)[4] war im Umland von Braunschweig während des Mittelalters verbreitet. Wie in anderen Gebieten des südlichen Niedersachsen scheint dabei der Roggen auch um Braunschweig eine beson-

Tabelle 1: Fundstellen mittelalterlicher Pflanzenreste in Braunschweig
(Stadtgrabung 18: Hagenbrücke 8, 9 und Hagenmarkt 12, 13 noch nicht untersucht)

Stadtgrabung Nr.	Fundstellen-Typ	Datierung	Veröffentlichungen
21: Kohlmarkt	Brunnengrube ④ Kulturschicht ⑦	9. Jh.	*Rötting* 1985
Schloßplatz 1972	Brunnen	10. Jh.	*Niquet* 1973, *Willerding* 1973, 1978
36: St. Aegidien	Grab 5	13. Jh.	*Rötting* 1979, 1985 *Willerding* 1979 a
7: Petersilienstraße	Kulturschichten ②, ⑤, ⑥	13. Jh.	*Willerding* 1978, *Rötting* 1985
10: Packhof	Feuchtgraben, Kloaken, Stellen 22, 24 – 28	12. Jh. 13. – 15. Jh.	*Rötting* 1985
13: Kleine Burg	Fäkalgrube, Stelle 5	14. Jh.	*Rötting* 1985, *Herrmann* 1985
12: Nickelnkulk	Kloaken, Stellen 9, 10	15. – 16. Jh.	*Rötting* 1985

ders wichtige Rolle gespielt zu haben (*Willerding* 1978: 142). Weizen und Gerste waren vermutlich etwas seltener und spielten zudem in der Ernährung wohl nur eine geringere Rolle. Die Versorgung der Bevölkerung mit *Kohlenhydraten* scheint daher vor allem auf dem Anbau von Roggen beruht zu haben. Wie in anderen mittelalterlichen Fundkomplexen sind die Getreidekörner vergleichsweise klein.

Die Samen von Lein und Mohn lieferten pflanzliche *Fette,* die als Ergänzung der tierischen Fette willkommen gewesen sein dürften. Aus der geringen Anzahl von Belegen dieser Arten ist keineswegs auf deren geringe Bedeutung zu schließen. Die Nachweis-Chancen sind für die Samen der *Öl-Pflanzen* wesentlich weniger günstig als die für Getreide. Die Kloaken-Funde von Mohn-Samen mögen auf deren Verwendung zur geschmacklichen Verbesserung von Backwaren zurückzuführen sein. Wahrscheinlich wurde Flachs auch zur Faser-Gewinnung angebaut. Funde von Lein-Scheben, wie sie z. B. aus dem mittelalterlichen Göttingen vorliegen, sind aus Braunschweig allerdings bislang noch nicht bekannt. Das wird vermutlich mit dem Typ der bisher in Braunschweig erschlossenen mittelalterlichen Fundstellen zusammenhängen.

Der Verzehr von Ackerbohnen, Erbsen und Linsen führte zu einer zusätzlichen Versorgung mit *Eiweiß.* Ackerbohne und Erbse spielten dabei wohl eine etwas größere Rolle als die nur durch wenige Belege vertretene Linse. Da die verkohlten Reste von ausgereiften Samen stammen, kann auf die Verwendung der *Leguminosen*-Samen als Trockenfrüchte geschlossen werden. Ob Erbse und Ackerbohne daneben auch als Frischgemüse genutzt worden sind, bleibt unklar. Derartige Verwendungsformen lassen sich aufgrund der geringen Nachweis-Chancen für entsprechende Reste kaum erfassen. Die spezifische Erhaltungs-Chance ist selbst für ausgereifte Leguminosen-Samen ohnehin schon geringer als für Getreide-Körner.

Die Nutzung von *Gemüse* ist grundsätzlich nur schwer nachzuweisen. Für Blätter, Knollen, Wurzeln und unreife, weiche Samen gibt es praktisch keine erhaltungsgünstigen Nachweisformen. Selbst bei Ablagerung unter Sauerstoff-Abschluß sind die weichen Gewebeteile dieser Nahrungsmittel kaum erhaltungsfähig. Für möglicherweise doch noch erhalten gebliebene kleinere Gewebe-Reste gibt es keine zuverlässigen Bestimmungskriterien. Lediglich harte, in der Regel ausgereifte Diasporen können die Nutzung von Gemüse-Arten bezeugen. Daher darf das Vorkommen von Belegen des Portulak wohl als Hinweis auf die Verwendung dieser Art als Salatpflanze aufgefaßt werden.

Wie die *Obst*-Belege aus den Fundstellen der Grabungen Packhof (10), Kleine Burg (13) und Nickelnkulk (12) zeigen, waren in Braunschweig während des späten Mittelalters und der frühen Neuzeit viele verschiedene Obstarten bekannt (Abb. 4, 5, 6). Ob die Versorgung der Bevölkerung in allen Teilen der Stadt in gleicher Weise gewährleistet war, oder ob es sozio-ökonomisch bedingte Unterschiede gegeben hat, können allerdings erst Untersuchungen aus weiteren Teilen Braunschweigs zeigen.

Von besonderem Interesse ist, daß offenbar verschiedene Formenkreise der Pflaume (*Prunus domestica* ssp.

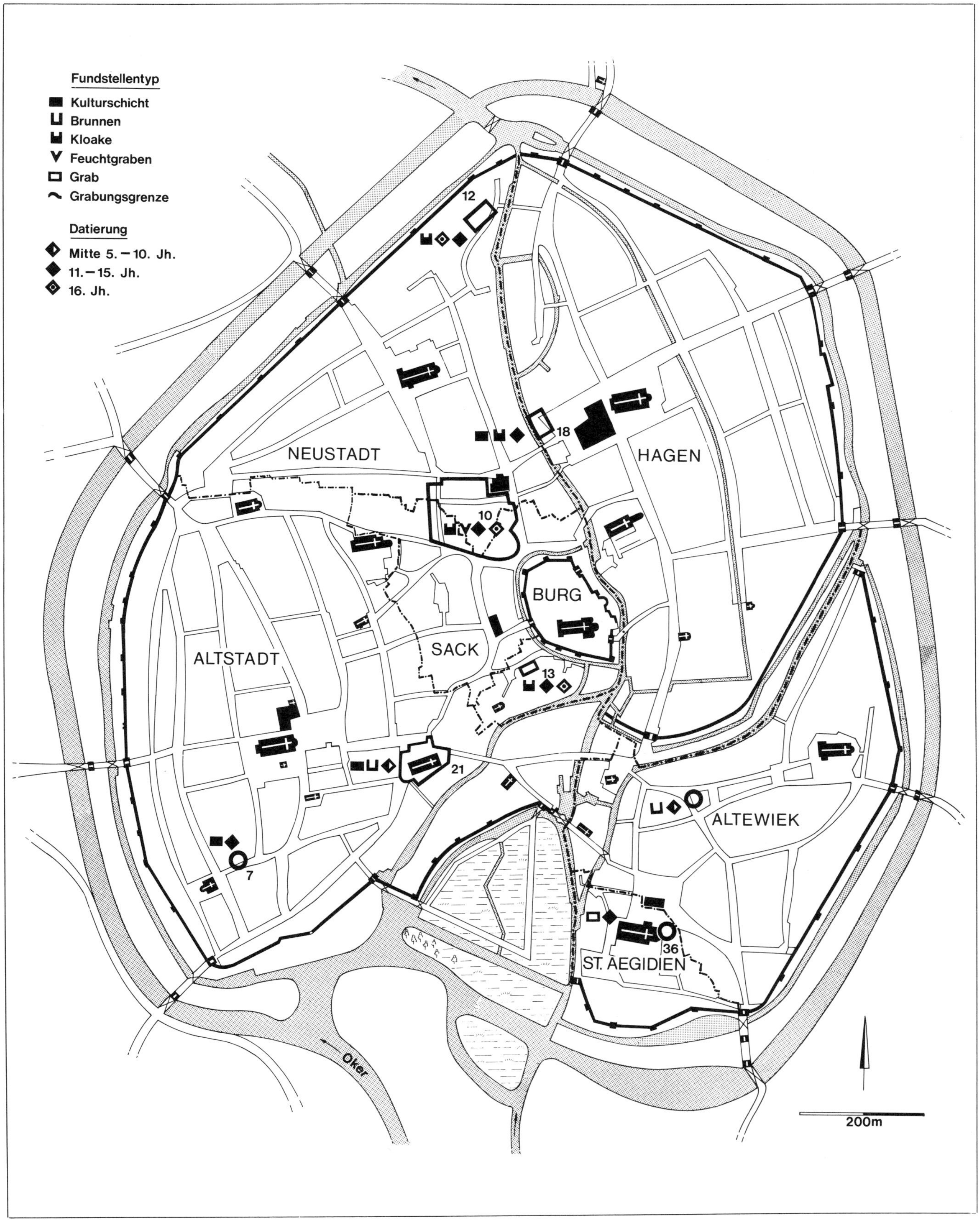

Abb. 2: Braunschweig um 1400 (Plan nach *Sander et al.*, 1930) mit Eintragungen der paläo-ethnobotanischen Fundstellen. Stadtgrabungen 7: Petersilienstraße, 10: Packhof, 12: Nickelnkulk, 13: Kleine Burg, 36: St. Aegidien, 18: Hagenbrücke 8, 9/Hagenmarkt 12, 13 (noch nicht untersucht), 21: Kohlmarkt, ohne Ziffer: Schloßplatz 1972.

insititia, Abb. 4) angebaut worden sind. Darunter befinden sich auch die Formenkreise A, B und C (Rundpflaume, Ovalpflaume und Spilling). Sie wurden bereits aus dem Fundgut anderer mittelalterlicher Siedlungen nachgewiesen (u. a. *Behre* 1978: Haithabu und Alt-Schleswig; *Knörzer* 1971: Haus Meer/Büderich, 1975: Neuß, 1979: Burg Brüggen/Kr. Viersen; *Kroll* 1980: Lübeck). Daneben gab es auch Zwetschen *(Prunus domestica* ssp. *domestica).* Sie waren aber anscheinend zunächst noch seltener als die Pflaumen.

Bei den Resten von *Prunus avium* aus den beiden Brunnen des 9. und 10. Jhs. scheint es sich um Belege der Wilden Vogel-Kirsche zu handeln. Kulturformen der Süß-Kirsche sind erst aus dem Spät-Mittelalter und der frühen Neuzeit vorhanden. Ähnlich wie in dem mittelalterlichen Fundgut aus Lübeck (*Kroll* 1978, 1980) war die Sauer-Kirsche (*Prunus cerasus,* Abb. 4) im Spät-Mittelalter offenbar häufiger als die Süß-Kirsche.

Gelegentliche Funde von Pfirsich-Steinkernen (*Prunus persica,* Abb. 4) weisen darauf hin, daß diese in klimatischer Hinsicht etwas anspruchsvollere Art im Gebiet von Braunschweig angebaut worden ist. Die Empfindlichkeit der reifen Früchte schließt angesichts der damaligen Verkehrsmittel einen Import über weitere Strekken weitgehend aus.

Größere Mengen von Apfel- und Birnen-Samen (*Malus domestica, Pyrus communis,* Abb. 5), die z. T. auch beschädigt sind, zeigen die Bedeutung des Kernobstes im Spät-Mittelalter. Recht bezeichnend für die Kloaken-Funde sind zudem mehr oder minder große Stücke der pergamentartigen Kernobst-Gehäuse.

Samen der Weinrebe (*Vitis vinifera,* Abb. 5) kommen in vielen Proben vor. Ähnlich wie bei anderen Mittelalterfunden Süd-Niedersachsens ist auch für Braunschweig mit einem lokalen Anbau der Rebe auf besonders günstigen Standorten zu rechnen (*Willerding* 1978: 143).

Für die Walnuß *(Juglans regia)* läßt sich die Frage bezüglich Import oder Anbau am Ort kaum entscheiden. Die vergleichsweise recht geringe Größe der Walnuß-Schalen macht die Kultur der Art in der Braunschweiger Region jedenfalls nicht unwahrscheinlich.

Bei den durch zahlreiche Nüßchen-Funde aus den Kloaken-Schichten belegten Feigen (*Ficus carica,* Abb. 5) handelt es sich hingegen mit Sicherheit um Import-Früchte. Ein Anbau der in klimatischer Hinsicht sehr anspruchsvollen Art im Braunschweiger Gebiet ist selbst für die klimatisch günstigen Zeitabschnitte des Mittelalters auszuschließen. Wie paläo-ethnobotanische Untersuchungen anderer mittelalterlicher Fundplätze im westlichen Mitteleuropa zeigen, waren die Feigen zumindest an den Plätzen eines gewissen Wohlstandes durchaus bekannt. Das gilt für Städte wie Göttingen, Höxter *(Willerding,* n. p.), Neuß *(Knörzer* 1975) und Sittard/NL *(Bakels* 1980) ebenso wie für York/GB *(Addyman* 1980), Oslo und Bergen/N *(Griffin* 1979). Hingewiesen sei auch auf die Funde von Burg Brüggen, Kr. Viersen *(Knörzer* 1979). Aus der Kartierung der derzeit bekannten frühen Feigen-Nachweise in Mitteleuropa (Abb. 7) ist zu ersehen, daß aus dem östlichen Mitteleuropa bislang eigentümlicherweise nur wenige mittelalterliche Fundplätze mit Belegen dieser Art bekannt geworden sind (Kraków: *Wieserowa* 1979; Budapest: *Hartyányi* u. *Novaki* 1975; *Hartyányi* 1977). *Opravil* (1974, 1979) stellte die Feige in einem Fundkomplex des 17. Jhs. in Uherský Brod/CS und im spätmittelalterlichen Fundgut von Most/CS fest.

Es ergibt sich die Frage, ob Feigen ausschließlich als Obst verzehrt worden sind. Vermutlich wurden sie auch oder sogar überwiegend als Medizin eingesetzt. So werden in dem während des Mittelalters hoch geschätzten Kräuterbuch des *Dioscorides* (Ausgabe von 1610: 83 f.) zahlreiche medizinische Anwendungsformen genannt. Die Kombination der Feigen-Reste mit denen von Gewürzpflanzen und Drogen im Fundgut von Uherský Brod deutet darauf hin, daß die Feige auch im 17. Jh. noch als Heilmittel eingesetzt wurde. Unabhängig von der Art ihres Gebrauchs konnten die Nüßchen jedenfalls in Kloaken-Ablagerungen gelangen.

Wie aus den Belegen aus dem Brunnen vom Schloßplatz hervorgeht, wurden während des Früh-Mittelalters zahlreiche *Wildobst*-Arten genutzt. Die Funde in den Braunschweiger Kloaken zeigen, daß sich das auch im Spät-Mittelalter und in der Früh-Neuzeit keineswegs geändert hatte. Die Reste des Wildobstes kommen sogar in den gleichen Proben vor wie die des Kulturobstes. Wildobst war demnach auch den Konsumenten der kultivierten Obstarten als Nahrung willkommen. Ob sich das nur aus den z. T. unterschiedlichen Reifezeiten der einzelnen Arten erklären läßt, ist ungewiß.

Bemerkenswerterweise entspricht dieser Befund durchaus den an anderen mittelalterlichen Fundplätzen Süd-Niedersachsens gewonnenen Ergebnissen (*Willerding* 1978: 143; 1979c: 38). Offenbar war das Wildobst darüberhinaus allenthalben noch im Spät-Mittelalter eine erwünschte Ergänzung der Nahrung. Dies zeigen u. a. die Funde aus Sittard/NL (*Bakels* 1980), Haus Meer/Büderich/D (*Knörzer* 1971), Neuß/D (*Knörzer* 1975), Burg Brüggen, Kr. Viersen/D (*Knörzer* 1979), Wasserburg Eschelbronn/Heidelberg/D (*Körber-Grohne* 1979), Budapest (*Hartyányi* 1977), Opava/CS (*Opravil* 1964), Olomouc/CS (*Opravil* 1965), Plzeň/CS (*Opravil* 1966), Uherský Brod/CS (*Opravil* 1976) und Kraków/PL (*Wasylikowa* 1979; *Wieserowa* 1979). Dabei scheint vielfach die Schlehe *(Prunus spinosa)* eine besonders wichtige Rolle gespielt zu haben. Ob es zur Kultur in den Gärten gekommen ist, wie gele-

Abb. 3: Getreidefunde aus der Petersilienstraße, Braunschweig, Stadtgrabung 7; 13. Jh. (Obere Reihe, Proben v. l. n. r.: 77: 18/80, 77: 18/80, 77: 18/80). Untere Reihe: im Vergleich dazu moderne Getreidearten. M. 1:1

Abb. 4: Obstfunde vom Packhof in Braunschweig, Stadtgrabung 10; 13.–15. Jh. (Proben v. l. n. r.: Belege aus verschiedenen Formenkreisen der Pflaume 78: 3/587, Pfirsich 78: 3/587, Sauerkirsche 78: 3/263). M. 1:1

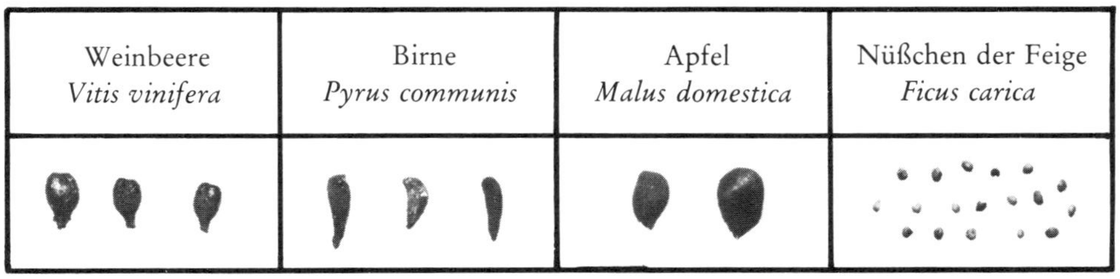

Abb. 5: Obstfunde vom Packhof in Braunschweig, Stadtgrabung 10; 13.–15. Jh. (Proben v. l. n. r.: 78: 3/617 und 78: 3/587, 78: 3/281, 78: 3/587, 78: 3/617). M. 1:1

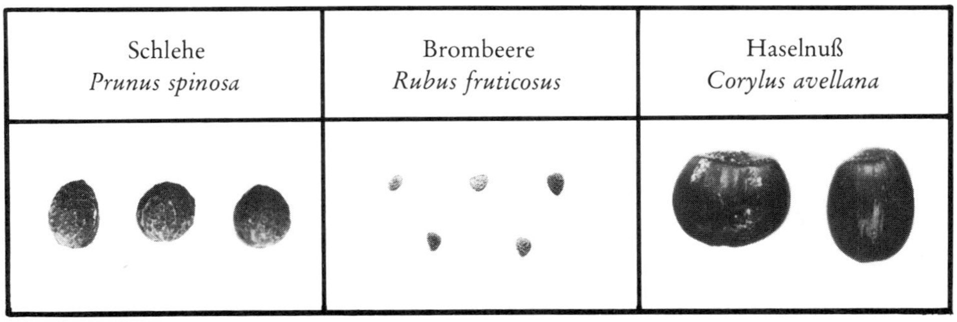

Abb. 6: Wildobstfunde vom Packhof in Braunschweig, Stadtgrabung 10; 13.–15. Jh. (Proben v. l. n. r.: 78: 3/587, 78: 3/281, 78: 3/587). M. 1:1

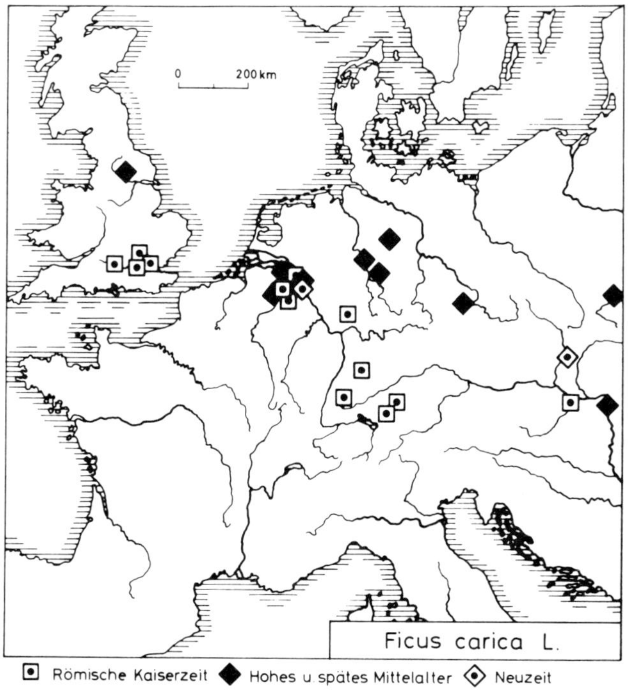

Abb. 7: Fundkarte von Feigen-Nüßchen in frühen Fundkomplexen Mitteleuropas (zusammengestellt nach Angaben in der Literatur und eigenen Befunden des Verfassers)

gentlich angenommen wird, ist kaum zu entscheiden. Für Wildobst geeignete Standorte hat es jedenfalls in der Umgebung der mittelalterlichen Städte ausreichend gegeben. Wie zahlreiche frühe Abbildungen zeigen, begleiteten außer Zäunen in der Regel auch Hecken die aus der Stadt führenden Wege. Hecken und Gebüsche waren zudem in der kleinräumig gegliederten Feldmark verbreitet. Außerdem begünstigten die Formen der mittelalterlichen Waldnutzung wie Nieder- und Mittelwald-Wirtschaft ebenso wie die Waldhude die Entwicklung und den Fruchtansatz der lichtliebenden Wildobst-Arten (Abb. 6).

Besonderes Interesse verdienen einige Samen der Akelei *(Aquilegia vulgaris)*, die aus einer Packhof-Kloake stammen. Über entsprechende Funde aus zwei mittelalterlichen Kloaken in Neuß berichtet *Knörzer* (1975: 171). Es liegt die Vermutung nahe, daß es sich hier um die Überreste einer *Zierpflanze* handelt, die in den Gärten gehalten wurde. Über die große Wertschätzung dieser Art und ihren Symbol-Wert informieren viele Werke der mittelalterlichen Tafelmalerei (*Behling* 1967). Die giftigen Samen konnten nach *Krumbiegel* (1932) aber auch in der Heilkunde sowie als Beimischung zum Brotteig Verwendung finden.

Außer den Belegen von Nahrungspflanzen wurden in den meisten Fundkomplexen auch Diasporen von Unkräutern und Wildpflanzen festgestellt. Eine Auswahl der bislang nachgewiesenen Arten ist in Tab. 3 erfaßt. Die *Unkräuter* bieten manchen Einblick in die Standortsbedingungen auf den landwirtschaftlichen Produktionsflächen und geben z.T. auch Aufschluß über deren Bewirtschaftungsweise. Diesbezügliche Aussagen lassen sich insbesondere aufgrund der ökologischen Ansprüche der nachgewiesenen Arten machen. Die von *Ellenberg* (1979) vorgelegte Zusammenstellung der ökologischen Zeigerwerte ist in diesem Zusammenhang eine besonders wertvolle Bezugsbasis. Wesentliche Änderungen der Ansprüche sind angesichts der kurzen Zeit seit dem Mittelalter auszuschließen. Entsprechend kann der Nachweis von Wildpflanzen zu Einsichten über die Vegetationsverhältnisse in der Umgebung Braunschweigs führen.

Im Fundgut der Petersilienstraße (7) liegen außer den Resten von Kulturpflanzen auch die mehrerer Ackerunkräuter in verkohltem Zustand vor. Offenbar waren sie beim Ernteprozeß mit erfaßt worden. Die in diesem Fundkomplex angetroffenen Belege stammen demnach von Flächen *eines* Nutzungs- bzw. Standortstyps. Bei den Unkraut-Belegen aus Brunnen und Kloaken ist dies jedoch zunächst nicht so klar. Daher empfiehlt es sich, für die Auswertung dieser Funde das heutige pflanzensoziologische Verhalten dieser Arten zu berücksichtigen. Entsprechende Daten über die soziologische Bindung der Arten bietet *Ellenberg* (1979). Sie sind in Tab. 3 eingetragen.

Aus Tab. 3 läßt sich ersehen, daß in einigen Fundkomplexen bezeichnende Arten bzw. Artenkombinationen vorliegen. Das gilt z.B. für das Fundgut aus dem am Packhof angeschnittenen alten Bachlauf bzw. Stadtgraben. Der Nachweis des Wasserfenchels *(Oenanthe aquatica)* weist auf das Vorhandensein von *Röhricht*-Gesellschaften *(Phragmitetalia)* im Uferbereich hin. Von dort stammen vermutlich auch die Klausen des Wolfstrapp *(Lycopus europaeus)*. Auf den Schlickflä-

Tabelle 2: Aus Ablagerungen des Mittelalters in Braunschweig nachgewiesene Kultur- und Sammelpflanzen. (Signaturen vgl. Abb. 2; vk = verkohlt, uvk = unverkohlt)

Durch Früchte bzw. Samen nachgewiesene Arten	Datierung	9. Jh.	10. Jh.	13. Jh.	13.–15. Jh.	14. Jh.	15.–16. Jh.
	Stadtgrabung Nr.	21: Kohlmarkt	Schloßplatz	7: Petersilienstr.	10: Packhof	13: Kleine Burg	12: Nickelnkulk
	Fundstellentyp						
	Erhaltungszustand	uvk vk	uvk vk	vk	uvk vk	uvk vk	uvk vk
Kulturpflanzen der Äcker und Gärten							
Secale cereale	– Roggen	X	X	X	·	·	X
Avena spec.	– Hafer	X	X	X	·	·	·
Hordeum vulgare	– Gerste	X	X	X	·	·	·
Triticum aestivum	– Saat-Weizen	X	X	X	·	·	·
T. aestivo-compactum	– Zwerg-Weizen	·	X	X	·	·	·
Linum usitatissimum	– Lein	·	X	·	·	·	·
Papaver somniferum	– Mohn	·	·	·	X	·	·
Vicia faba	– Ackerbohne	X	·	X	·	·	·
Pisum sativum	– Erbse	X	·	X	·	·	·
Lens esculenta	– Linse	·	·	X	·	·	·
Portulaca oleracea	– Portulak	·	·	·	·	X	·
Kulturobst-Arten							
Prunus avium	– Süß-Kirsche	X	X	·	X	X	·
Prunus cerasus	– Sauer-Kirsche	·	·	·	X	X	X
Prunus insititia	– Pflaume	·	·	·	X	X	X
Prunus domestica	– Zwetsche	·	·	·	X	X	·
Prunus persica	– Pfirsich	·	·	·	X	·	·
Malus domestica	– Apfel	·	·	·	X	X	X
Pyrus communis	– Birne	·	·	·	X	X	·
Vitis vinifera	– Wein	·	·	·	X	X	X
Juglans regia	– Walnuß	·	·	·	X	·	·
Ficus carica	– Feige	·	·	·	X	X	·
Wildobst-Arten							
Fragaria vesca	– Walderdbeere	·	X	·	·	X	·
Rubus idaeus	– Himbeere	·	X	·	·	X	·
Rubus fruticosus	– Brombeere	·	X	·	X	·	·
Rubus caesius	– Kratzbeere	·	X	·	·	·	·
Corylus avellana	– Haselnuß	·	X	·	X	·	·
Prunus spinosa	– Schlehe	·	·	·	X	X	X
Sambucus nigra	– Schwarzer Holunder	X	X	·	·	·	·

chen, die am Ufer und bei Niedrigwasser wohl auch im Flußbett selbst vorhanden waren, entwickelten sich die schnellwüchsigen Bestände der *Zweizahn-Schlammufer*-Gesellschaften (*Bidentetea* bzw. *Bidention*). In beiden Fällen handelt es sich um Gesellschaften, die bereits in der ursprünglichen Vegetation Mitteleuropas vorhanden gewesen waren. Sie konnten sich in der zunehmend vom Menschen beeinflußten Landschaft noch für längere Zeit halten. Auf den zahlreichen anthropogenen, quasi-natürlichen, nährsalzreichen Ersatzstandorten an Graben-Rändern und Teich-Ufern breiteten sich *Bidention*-Gesellschaften zunächst sogar noch aus. Hinweise auf das Vorhandensein von Grünlandgesellschaften im Bereich der Fluß-Aue, die man in diesem

Tabelle 3: Aus Ablagerungen des Mittelalters in Braunschweig nachgewiesene Unkräuter und Wildpflanzen. (Auswahl; Signaturen vgl. Abb. 2; vk = verkohlt, uvk = unverkohlt)

Durch Früchte bzw. Samen nachgewiesene Arten								
		Datierung	9. Jh.	10. Jh.	12. Jh.	13. Jh.	13.–15. Jh.	14. Jh.	15.–16. Jh.
		Stadtgrabung Nr.	21: Kohlmarkt	Schloßplatz	10: Packhof	7: Petersilienstr.	10: Packhof	13: Kleine Burg	12: Nickelnkulk
		Fundstellentyp							
Pflanzensoziologische Bindung (ELLENBERG)	Arten	Erhaltungszustand	uvk vk	uvk vk	uvk	vk	uvk vk	uvk vk	uvk vk
1.511 *Phragmitetalia* Röhrichte	*Oenanthe aquatica* Wasserfenchel		·	·	X	·	·	·	·
3.21 *Bidentetea* Zweizahn-Schlammufer-Gesellschaften	*Bidens tripartitus* Dreiteiliger Zweizahn		·	·	X	·	·	·	·
	Polygonum lapathifolium Ampfer-Knöterich		X	X	X	X	X	·	·
3.211 *Bidention* Teichufer-Gesellschaften	*Polygonum hydropiper* Pfeffer-Knöterich		·	X	X	·	·	X	·
	Ranunculus sceleratus Gift-Hahnenfuß		·	·	X	·	·	·	·
3.3 *Chenopodietea* Hackunkraut- und Ruderal-Gesellschaften	*Chenopodium album* Weißer Gänsefuß		X	X	X	X	X	X	·
	Chenopodium hybridum Unechter Gänsefuß		·	X	·	·	·	X	·
	Solanum nigrum Schwarzer Nachtschatten		X	X	·	·	·	·	·
	Stellaria media Vogelmiere		X	X	X	·	X	X	·
3.31 *Polygono-Chenopodietalia* Nährsalzreiche Acker- und Gartenunkraut-Gesellschaften	*Polygonum persicaria* Floh-Knöterich		X	X	X	X	·	·	·
	Euphorbia helioscopia Sonnenwend-Wolfsmilch		·	X	·	·	·	·	·
	Setaria glauca Fuchsrote Borstenhirse		·	·	·	·	·	X	·
	Setaria viridis Grüne Borstenhirse		·	·	·	·	X	·	·
3.311 *Fumario-Euphorbion* s. 3.31, auf basenreichen Böden	*Calendula arvensis* Acker-Ringelblume		·	·	·	X	·	·	·
3.4 *Secalietea* Getreideunkraut-Gesellschaften	*Agrostemma githago* Kornrade		·	X	·	X	X	X	·
	Anthemis arvensis Acker-Hundskamille		·	X	·	·	·	·	·
	Buglossoides arvensis Acker-Steinsame		·	·	·	X	·	·	·
3.411 *Caucalion* Haftdolden-Gesellschaften	*Neslia paniculata* Finkensame		·	X	·	·	·	·	·

Durch Früchte bzw. Samen nachgewiesene Arten		Datierung	9. Jh.	10. Jh.	12. Jh.	13. Jh.	13.–15. Jh.	14. Jh.	15.–16. Jh.
		Stadtgrabung Nr.	21: Kohlmarkt	Schloßplatz	10: Packhof	7: Petersilienstr.	10: Packhof	13: Kleine Burg	12: Nickelnkulk
		Fundstellentyp							
Pflanzensoziologische Bindung (ELLENBERG)	Arten	Erhaltungszustand	uvk vk	uvk vk	uvk	vk	uvk vk	uvk vk	uvk vk
3.42 *Aphanion* Ackerfrauenmantel-Gesellschaften	*Bromus secalinus* Roggen-Trespe		·	·	·	X	·	·	·
Arten ohne feste soziologische Bindung	*Anthemis cotula* Stink-Hundskamille		X	·	·	·	·	·	·
	Centaurea cyanus Kornblume		·	X	·	X	·	·	·
	Fallopia convolvulus Gemeiner Windenknöterich		X	X	·	·	X	·	·
	Galeopsis tetrahit Stechender Hohlzahn		·	·	X	·	·	·	·
	Galium aparine Kletten-Labkraut		·	·	·	X	X	·	·
	Lycopus europaeus Ufer-Wolfstrapp		·	·	X	·	·	·	·
	Malva pusilla Kleinblütige Malve		·	·	·	·	·	X	·
	Polygonum aviculare Vogel-Knöterich		X	X	·	X	X	·	·
	Ranunculus repens Kriechender Hahnenfuß		·	X	X	·	·	·	·
	Raphanus raphanistrum Hederich		·	·	·	X	·	·	·
	Scleranthus annuus Einjähriger Knäuel		·	X	X	·	·	·	·
	Urtica dioica Große Brennessel		·	·	X	·	X	·	·
	Valerianella dentata Gezähntes Rapünzchen		X	X	·	X	·	·	·

Fundkomplex durchaus erwarten könnte, wurden bislang nicht erfaßt. Dies entspricht den paläo-ethnobotanischen Befunden von anderen mittelalterlichen Fundplätzen Süd-Niedersachsens (*Willerding* 1978: 155; 1979c: 40). Mit dem Vorkommen wüchsiger Wiesen und Weiden im heutigen Sinne ist für das Mittelalter anscheinend kaum zu rechnen. Vermutlich gab es jedoch durch Waldweide entstandene, vergleichsweise produktionsschwache Feuchtbereiche, die als Grünlandflächen genutzt worden sind.

Arten der *Hackunkraut-* und *Ruderal-*Gesellschaften *(Chenopodietea)* sind aus nahezu allen Fundstellen belegt. Interessanterweise ist ihr Anteil in dem verkohlten Getreide aus der Petersilienstraße allerdings recht gering. Das deutet darauf hin, daß es sich bei diesen Arten vorwiegend um *Garten-Unkräuter* handelt, zumal typische Ruderalpflanzen bislang kaum festgestellt werden konnten. Dafür sind aber mehrere Arten aus dem Bereich der sogenannten Intensiv-Hackfrucht- und Garten-Unkraut-Gesellschaften *(Polygono-Chenopo-*

dietalia) vorhanden. Die meisten Unkräuter aus den Kloaken-Fundkomplexen dürften entsprechend als Reste von Garten-Unkräutern aufzufassen sein. Dies wiederum spricht für das Vorhandensein von Gärten im Bereich der Stadt selbst. Vermutlich lagen sie als *Hausgärten* hinter den Gebäuden. Die ökologischen Ansprüche dieser Unkräuter zeigen, daß sich die Gärten vor allem auf frischen, nährsalzreichen Böden befunden haben.

Dies gilt ebenso für die meisten *Getreide*-Äcker. Außer den kennzeichnenden Arten aus dem Bereich der *Getreide-Unkraut*-Gesellschaften *(Secalietea)* wuchsen in ihnen auch so verbreitete Unkräuter wie *Chenopodium album, Polygonum lapathifolium* und *Polygonum persicaria* (Weißer Gänsefuß, Ampfer-Knöterich und Floh-Knöterich). Der Nachweis von *Neslia paniculata* (Finkensame) als *Caucalion*-Kennart weist darauf hin, daß wohl auch kalkreiche Standorte in der Nähe Braunschweigs ackerbaulich genutzt worden sind. Die Belege von *Bromus secalinus* (Roggen-Trespe) deuten entsprechend auf die Nutzung weniger nährsalzreicher Böden hin. Allerdings muß bei derartigen, vergleichsweise konkurrenzschwachen Unkraut-Arten bedacht werden, daß sie bei einem geringeren Konkurrenzdruck durch die Kulturpflanzen, als er in neuerer Zeit auf den Getreide-Äckern gegeben ist, wohl auch auf Böden mittlerer Basensättigung gedeihen konnten. Durch die Fülle bunt blühender Arten wie Kornrade *(Agrostemma githago)*, Kornblume *(Centaurea cyanus)*, Akker-Hundskamille *(Anthemis arvensis)* und Hederich *(Raphanus raphanistrum)* waren die an Unkräutern reichen Getreideäcker eine farbige Belebung der ohnehin stärker gegliederten Landschaft.

Wie zahlreiche, bevorzugt winterannuelle Getreide-Unkräuter anzeigen, wurde das Getreide teilweise als *Wintergetreide* angebaut. Dies betrifft vor allem den Roggen, z.T. aber wohl auch Weizen und Gerste. Diese Arten sind aber wie der Hafer vermutlich auch als Sommerfrucht kultiviert worden.

Die Diasporen niedrigwüchsiger Acker-Unkräuter wie *Valerianella dentata* (Gezähntes Rapünzchen) und *Scleranthus annuus* (Einjähriger Knäuel) machen deutlich, daß das Getreide damals wohl wenigstens z.T. schon *bodennah geerntet* worden ist. Aufgrund zeitgenössischer Abbildungen ist das für das Spät-Mittelalter ohnehin anzunehmen. Bei einem längeren Anbau wurde dadurch – zumal auf Sandböden – eine regelmäßige Düngung erforderlich.

Sehr eigentümlich mutet das Vorkommen von Kornraden-Samen in den Kloaken-Fundkomplexen an. Interessanterweise handelt es sich dabei fast ausschließlich um sehr kleine Fragmente. Sie lassen sich aufgrund der charakteristischen Beschaffenheit der Kornraden-Samenschale jedoch sicher bestimmen. Über entsprechende Befunde aus dem mittelalterlichen Neuß berichtet *Knörzer* (1975: 171). Offenbar konnten die recht großen und schweren Samen der Kornrade bei der Reinigung des Erntegutes mittels eines Windsicht-Verfahrens nicht abgesondert werden. Sie verblieben daher im Brauchgetreide wie im Saatgut. Bei der Aufbereitung des Getreides für Nahrungszwecke kam es dann zu erheblichen Beschädigungen der Samen. Das geschah ebenfalls beim Kauvorgang und im Verdauungstrakt. Die widerstandsfähigen Reste der Samenschale wurden schließlich im Kot ausgeschieden. Da Kornraden-Samen nach *Wiesner* (1928: 1820) zu 5–7,7% das giftige, hämolytisch wirkende *Agrostemma*-Saponin (= Sapotoxin) enthalten, dürfte sich ein stärkerer Besatz des Brotgetreides mit Samen dieser Art gesundheitsschädlich ausgewirkt haben. In manchen Proben der spätmittelalterlichen Packhof-Kloaken waren sehr viele Samenwand-Stücke der Kornrade enthalten. Demnach ist es in Braunschweig vermutlich zu manchem, durch die Kornrade bedingten Gesundheitsschaden gekommen. Über Kornraden-Anteile in niederrheinischen Getreide-Funden der Römischen Kaiserzeit und des Mittelalters berichtet *Knörzer* (1967). Dort lag die Beimengung zwischen 2,2 und 1,27%. In geringer Menge wirken die Kornrade-Samen nach *Dragendorff* (1898: 207) als Diureticum, Expectorans und Anthelminthicum.

Die Ernährungsverhältnisse waren demnach in der Vergangenheit keineswegs immer so gesund und erfreulich, wie das heute von mancher Seite dargestellt wird. So sind manche als Gewürz betrachtete Zusätze zum Brotteig durchaus als Verdauungshilfen aufzufassen. Sie sorgten mit Hilfe ihrer aromatischen oder – wie beim Schwarzkümmel *(Nigella sativa)* – z.T. auch schädlichen Inhaltsstoffe dafür, daß die Verweildauer der Nahrung im Magen-Darm-Trakt verkürzt wurde. Vermutlich ist die mögliche Verwendung von Akelei-Samen (s.o.) in diesem Zusammenhang zu sehen.

An einigen Fundstellen wurde außer den Diasporen auch *Holz* unterschiedlichen Erhaltungszustandes geborgen. Aus den Feuchtboden-Fundkomplexen stammt außer Holzkohle auch unverkohltes Holz. Manche Holzfunde führen zu einem Einblick in das technische Verständnis der damaligen Bewohner Braunschweigs. So waren z.B. direkt außerhalb der Eichen-Bohlen des *Kastenbrunnens* vom Schloßplatz dünne Weiden-Zweige in dichter Lagerung gelegt worden. Vermutlich dienten sie der Filterung seitlich eindringenden Wassers. Ihre Herkunft ist in der nahegelegenen Überschwemmungsaue der Oker zu suchen, die im Früh-Mittelalter offenbar wenigstens noch teilweise mit Weiden-Gebüschen *(Salicetum triandro-viminalis)* bedeckt war.

Funde bearbeiteten Holzes geben Aufschluß über die ergologischen Fähigkeiten der holzverarbeitenden

Handwerker. In diesem Zusammenhang verdienen insbesondere die reichen Funde von *Holzgeschirr* und *Holzgerätschaften* Beachtung, die aus Fundschichten des 14.–15. Jhs. am Packhof (10) geborgen werden konnten. Es handelt sich u. a. um Schüsseln, Näpfe, Teller, Löffel, Daubenschalen, Kreisel, einen Schuhleisten und eine Trippe. Eine Auswahl davon ist abgebildet bei *Rötting* (Kurzberichte: Stadtgrabung 10, Fundkatalog; in diesem Band).

Für die Herstellung der gedrechselten Schüsseln, Näpfe, Teller und Kreisel wurde Ahorn-Holz *(Acer)* bevorzugt. Daneben fand auch das Holz der Ulme *(Ulmus)* Verwendung. Schalen, die nur auf ihrer Innenseite gedrechselt und auf der Außenseite grob geschnitzt sind, bestehen aus Eschen-Holz *(Fraxinus excelsior)*. Daubengefäße sind durchweg aus Fichten-Holz *(Picea abies)* geböttchert worden. Weichholz diente zur Anfertigung von Schuhleisten (Pappel, *Populus*) und Trippen (Weide, *Salix*). Einer der Löffel, der sich durch seine besonders gelungene Form auszeichnet, wurde aus Tannen-Holz *(Abies alba)* hergestellt. Für den kunstvollen Abtsstab aus dem Grab des 13. Jhs. in St. Aegidien (36) fand Holz von Ahorn und Kiefer *(Pinus)* Verwendung.

Ob alle Holzgegenstände Produkte Braunschweiger Handwerker sind, entzieht sich unserer Kenntnis. Für die Gebrauchsgegenstände ist das freilich anzunehmen. Die verwendeten Laubhölzer standen in den Wäldern um Braunschweig sowie auch im nahegelegenen Harz zur Verfügung. Von dort dürfte jedenfalls das für die Böttcher-Arbeiten verwendete Fichten-Holz stammen. Tannenholz oder eventuell auch der fertige Löffel wurde aus den weiter südlich gelegenen Gebieten Mitteleuropas importiert. Die nächsten Tannen-Vorkommen befinden sich im Thüringer Wald. Unklar ist noch, ob es sich bei dem Abtsstab von St. Aegidien um ein Erzeugnis heimischen Handwerks handelt (*Rötting* 1979: 40 u. *Willerding* 1979a: 46).

Natürlich kann ein gewisser Handel mit Holzgegenständen nicht ausgeschlossen werden, zumal ganz ähnliche Gefäßtypen aus Lübeck (*Neugebauer* 1975) und Magdeburg (*Nickel* 1980) bekannt sind. Soweit die Magdeburger Funde zeigen (*Süss* 1980), wurden weitgehend die gleichen Holzarten verwendet. Angesichts der Tatsache, daß die verwendeten Laubholzarten in weiten Teilen Mitteleuropas zur Verfügung gestanden haben, ist allerdings eher an eine heimische Produktion solcher Gerätschaften zu denken. Eine Absicherung dieser Vorstellung ist freilich erst durch neue Grabungsbefunde oder eventuell auch durch schriftliche Quellen zu erwarten. Auf diese Weise wäre auch zu klären, ob die Drechsler- und Böttcher-Arbeiten in getrennten Werkstätten oder im gleichen Betrieb durchgeführt worden sind.

Zusammenfassung

Die bislang über das mittelalterliche Braunschweig vorliegenden paläo-ethnobotanischen Befunde haben bereits eine Reihe von Erkenntnissen zu Fragen der damaligen Ernährungssituation ermöglicht. Ökologische und pflanzensoziologische Auswertungen der Diasporen-Funde erlauben darüber hinaus Aussagen über die natürlichen und anthropogenen Vegetationsverhältnisse sowie über die Produktionsbedingungen in Garten- und Ackerland. Auf diese Weise zeichnen sich die Umweltverhältnisse der mittelalterlichen Stadt z. T. schon recht gut ab. Die Untersuchung der Holzgerätschaften ermöglicht zudem Einsichten über die materiale Umwelt des holzverarbeitenden Handwerks. Weitere paläo-ethnobotanische Analysen, die in enger Zusammenarbeit mit archäologischen Untersuchungen durchzuführen sind, werden zur Absicherung und Erweiterung der bisherigen Vorstellungen beitragen. Dabei sind insbesondere Differenzierungen in zeitlicher und lokaler Hinsicht sowie auch Befunde sozio-ökonomischer Art zu erwarten.

Anmerkungen

1 Original in der Herzog-August-Bibliothek, Wolfenbüttel.

2 Ich möchte nicht versäumen, auch an dieser Stelle den Ausgräbern, Herrn Dr. F. Niquet (1972) und Herrn H. Rötting M. A. (seit 1976) und ihren Mitarbeitern für die Berücksichtigung paläo-ethnobotanischer Belange herzlich zu danken.

3 Den an der Aufarbeitung der Proben für längere Zeit beteiligten studentischen Hilfskräften Brigitte Baar, Maren Matthies, Uwe Fohrmann und Wolfgang Riehm ist für ihre sorgfältige und mühevolle Arbeit sehr zu danken. Die Finanzierung dieser Arbeiten wurde dankenswerterweise aus Mitteln des Instituts für Denkmalpflege – Archäologische Denkmalpflege – ermöglicht.

4 Die Fotos wurden freundlicherweise von Herrn Lutz Pape, Außenstelle Braunschweig des Instituts für Denkmalpflege im Niedersächsischen Landesverwaltungsamt, angefertigt, wofür ihm an dieser Stelle herzlich gedankt sei.

Literatur

Addyman, P. V., 1980: Eburacum, Jorvik, York. – Spektrum der Wissenschaft 5/1980: 110–121.

Bakels, C. C., 1980: Een Sittards beerput en mestvaalt. Plantenresten uit het laat-middeleeuwse gasthuis „aan de bruggen bij de markt". – Archeologie in Limburg 9: 2–3.

Behling, Lottlisa, 1967: Die Pflanze in der mittelalterlichen Tafelmalerei. – Köln, 221 S. (2. Aufl.).

Behre, K. E., 1978: Formenkreise von Prunus domestica L. von der Wikingerzeit bis in die frühe Neuzeit nach Fruchtsteinen aus Haithabu und Alt-Schleswig. – Ber. Deutsch. Bot. Ges. 91: 161–179.

Daum, J., 1980: Erinnerungen an das Bild von einst. Alte Stadtansichten. Die Stadt Braunschweig als Beispiel. – Weltkunst H. 2: 106–109.

Dioscorides, 1610: Kräuterbuch. – Ausgabe von *Peter Uffenbach* bei Conrad Corthoys, Frankfurt, 616 S. – Reprint 1964, Grünwald b. München.

Dragendorff, G., 1898: Die Heilpflanzen der verschiedenen Völker und Zeiten. Ihre Anwendung, wesentlichen Bestandteile und Geschichte. – Stuttgart, 884 S., Reprint München 1967.
Ellenberg, H., 1979: Zeigerwerte der Gefäßpflanzen Mitteleuropas. – Scripta Geobotanica 9, 122 S. (2. Aufl.).
Griffin, Kerstin O., 1979: Fossil Records of Fig, Grape and Walnut in Norway from Medieval Time. – Archaeo-Physika 8: 58–67.
Hartyányi, Borbala, 1977: Középkori Budai lakóház mellégödrében talált növényi maradványok. – In der Nebengrube eines mittelalterlichen Wohnhauses in Buda vorgefundene Pflanzenreste. – Magyar Mezögazdasági Múzeum Közleményei 1975–1977: 15–51.
– u. *G. Nováki*, 1975: Samen- und Fruchtfunde in Ungarn von der Neusteinzeit bis zum 18. Jahrhundert. – Agrártörténeti Szemle 17, Supplementum: 1–65.
Herrmann, B., 1985: Stadtgrabung 13. Parasitologische Befunde aus einer mittelalterlichen Fäkaliengrube. – Stadtarchäologie in Braunschweig, Forschungen der Denkmalpflege in Niedersachsen 3.
Knörzer, K. H., 1967: Kornradensamen (Agrostemma githago L.) als giftige Beimischung in römerzeitlichen und mittelalterlichen Nahrungsresten. – Beih. Bonner Jb. 23: Archaeo-Physika 2: 100–107.
– 1971: Die bisherigen Obstfunde aus der frühmittelalterlichen Niederungsburg bei Haus Meer. – Schriftenr. des Kreises Grevenbroich 8: 133–186.
– 1975: Mittelalterliche und jüngere Pflanzenfunde aus Neuss/Rh. – Zeitschr. Archäol. d. Mittelalters 3: 129–181.
– 1979: Spätmittelalterliche Pflanzenreste aus der Burg Brüggen, Kr. Viersen. – Bonner Jb. 179: 595–611.
Körber-Grohne, Udelgard, 1979: Samen, Fruchtsteine und Druschreste aus der Wasserburg Eschelbronn bei Heidelberg (13. Jahrhundert). – Forsch. u. Ber. Archäol. Mittelalters Baden-Württemberg 6: 113–127.
Kroll, H., 1978: Kirschfunde aus dem 13./14. bis 16. Jahrhundert aus der Lübecker Innenstadt. – Ber. Deutsch. Bot. Ges. 91: 181–185.
– 1980: Mittelalterlich-frühneuzeitliches Steinobst aus Lübeck. – Lübecker Schriften Archäologie u. Kulturgeschichte 3: 167–173.
Krumbiegel, I., 1932: Die Akelei (Aquilegia) – Eine Studie aus der Geschichte der deutschen Pflanzen. – Janus 36: 71–92, 129–145.
Mertens, J., u. *Moderhack, R.*, 1981: Die neuere Geschichte der Stadt Braunschweig in Karten, Plänen und Ansichten. Mit einem Abriß der ältesten Stadtgeschichte und einer Zeittafel von R. Moderhack, hrsg. v. d. Stadt Braunschweig Vermessungsamt, Braunschweig: Bl. 5.
Neugebauer, W., 1975: Arbeiten der Böttcher und Drechsler aus den mittelalterlichen Bodenfunden der Hansestadt Lübeck. – Rotterdam Papers 2: 117–137.
Nickel, E., 1980: Zur materiellen Kultur des späten Mittelalters der Stadt Magdeburg. – Ztschr. f. Archäologie 14: 1–60.
Niquet, F., 1973: Archäologische Untersuchungen auf dem Baugelände der Horten AG am Ackerhof in Braunschweig. – Nachr. Niedersachsens Urgeschichte 42: 355–357.
Opravil, E., 1964: Středověké jámy a studny. – Mittelalterliche Gruben und Brunnen. – Archeol. rozhl. 16: 219–224.
– 1965: Rostliny z středověkých nálezu v Olomouci. – Mittelalterliche Pflanzenreste aus Olomouc. – Archeol. rozhl. 17: 193–197.
– 1966: Rostliny ze středověkých objektů v Plzni (Solni Ulice). – The results of the examination of the mediaeval plant remains encountered in Plzeň. – Čas. Narodn. musea odd. přirod. 135: 84–88.
– 1974: Zajimavý nález rostlinných pochutin a drog z poč. 17. stol. z Uherského Brodu. – Interessanter Fund von Gewürzpflanzen und Drogen aus dem Beginn des 17. Jhr. in Uherský Brod. – Český lid 61: 220–225 (Praha).
– 1976: Archeobotanické nálezy z městskeho jádra Uherského Brodu. – Archäobotanische Funde aus dem Stadtkern des Uherský Brod. – Studie archeol. úst československé akad. věd v. Brně 3, 4: 59 S.
– 1979: Efeu, Hedera helix L., aus der mittelalterlichen Stadt Most (Tschechoslowakei). – Archaeo-Physika 8: 209–215.
Rötting, H., et al., 1979: Vorbericht über archäologische Untersuchungen im ehemaligen Klosterbereich St. Aegidien zu Braunschweig mit interdisziplinären Arbeitsergebnissen. – In: *Ute Römer-Johannsen* (Hrsg.): St. Aegidien zu Braunschweig 1115–1979, Liebfrauenmünster der katholischen Probsteigemeinde St. Nicolai. – Hildesheim 147 S., S. 15–57.
– 1981: Archäologische Befunde zu prae-städtischen Siedlungsformen Braunschweigs vor Heinrich dem Löwen. – Brunswiek 1031 – Braunschweig 1981, Festschrift Hrsg. v. G. Spies, Braunschweig 1981: 695–723.
– 1983: Neue archöologische Quellen zur Frühmittelalterforschung im Nördlichen Harzvorland – eine Übersicht zu Grabungsergebnissen 1976–1982. – Braunschweigische Heimat, Festschrift.
– 1985: Zum Arbeitsstand stadtarchäologischer Denkmalpflege in Braunschweig 3. Die Stadtgrabungen 1976–1984 in Kurzberichten. – Stadtarchäologie in Braunschweig, Forschungen der Denkmalpflege in Niedersachsen 3.
Süss, H., 1980: Zur materiellen Kultur des späten Mittelalters der Stadt Magdeburg: Die Holzfunde. – Ztsch. Archäol. 14: 36–38.
Wasylikowa, Krystyna, 1979: Plant remains from early and late medieval time found on the Wawel Hill in Cracow. – Szczątki roślinne z sczesnego i późnego średniowiecza znalezione na Wzgórzu Wawelskim w Krakowie. – Acta Palaeobotanica 19, 2 (1978): 115–200.
Wieserowa, Aleksandra, 1979: Plant remains from the early and late middle ages found in the settlement layers of the main market square in Cracow. – Szczątki roślinne z wczesnego i późnego średniowiecza znalezione w warstwach osadniczych na Rynku Gównym w Krakowie. – Acta Palaeobotanica 20: 137–212.
Wiesner, J. von, 1928: Die Rohstoffe des Pflanzenreichs. – Leipzig, 2253 S., 4. Aufl.
Willerding, U., 1971: Methodische Probleme bei der Untersuchung und Auswertung von Pflanzenfunden in vor- und frühgeschichtlichen Siedlungen. – Nachr. Niedersachs. Urgeschichte 40: 180–198.
– 1972: Untersuchung und Auswertung von Pflanzenresten aus prähistorischen Mineralboden-Siedlungen. – Informationsbl. Nachbarwiss. Ur- u. Frühgeschichte 3, Botanik 5: 1–18.
– 1973: Frühmittelalterliche Pflanzenreste aus Braunschweig. – Nachr. Nieders. Urgeschichte 42: 358–359.
– 1978: Paläo-ethnobotanische Befunde an mittelalterlichen Pflanzenresten aus Süd-Niedersachsen, Nord-Hessen und dem östlichen Westfalen. – Ber. Deutsch. Bot. Ges. 91: 129–160.
– 1979a: Mittelalterliche Holzfunde aus St. Aegidien in Braunschweig. – In: *Ute Römer-Johannsen* (Hrsg.): St. Aegidien zu Braunschweig 1115–1979, Liebfrauenmünster der katholischen Probsteigemeinde St. Nicolai. – Hildesheim, 147 S., S. 45–46.
– 1979b: Mittelalterliche Obstfunde aus Südniedersachsen. – In.: *C. H. Kurz*, (Hrsg.): Zwischen Harz und Solling. Herzberg (Harz) – Pöhlde, 48 S., S. 46.
– 1979c: Mittelalterliche Pflanzenreste aus Göttingen. – In: Geschichte unter der Stadt, Archäologische Funde aus Südniedersachsen. Eine Ausstellung des Städtischen Museums Göttingen, 2. September – 21. Oktober 1979: 37–40.
Winter, Johanna Maria van, 1975: Mittelalterliche Kochkunst. – Rotterdam Papers 2: 197–200.

Nutzpflanzenfunde des Mittelalters und der frühen Neuzeit aus der Gördelingerstraße

Maren Matthies

Bei den Stadtgrabungen Braunschweig-Gördelingerstraße/Schützenstraße (Stgr. 32) und Braunschweig-Ölschlägern/Langedammstraße (Stgr. 55) wurden mehrere mittelalterliche und frühneuzeitliche Kloaken und Brunnen untersucht. Da in den Füllschichten bzw. Sedimenten durch Sauerstoffabschluß größere Mengen unverkohlter Pflanzenreste erhalten geblieben waren, wurden Proben für die paläo-ethnobotanische Analyse entnommen. Sie sind im Rahmen einer Diplomarbeit, die an der Universität Göttingen angefertigt wurde, untersucht worden.*

Die Kloaken enthielten neben Fäkalien und Hausmüll offenbar auch Abfälle der Nahrungszubereitung sowie Pflanzenreste, die aus Gärten und von Äckern stammen. Daher konnten außer zahlreichen Nutzpflanzen auch mehrere Unkräuter und Wildpflanzen nachgewiesen werden. Da selten auftretende oder schlecht erhaltungsfähige Samen bzw. Früchte sich verständlicherweise oft erst bei der Analyse großer Materialmengen finden, wurde durch vollständigere Durchsicht der Proben dreier Fundstellen das Artenspektrum im Vergleich zu ersten Untersuchungen im Überblick (vgl. Beitrag *Willerding* in diesem Band, künftig 1985) erweitert.

Hier wird zunächst nur ein Einblick in die Vielfalt der Nahrungspflanzen *(Tab. 1)* sowie der Gewürz- und Heilpflanzen *(Tab. 2)* der Stadtgrabung 32 gegeben. Bei paläo-ethnobotanischen Untersuchungen können in der Regel nicht alle Arten erfaßt werden, die für die Ernährung zur Verfügung standen. So fehlen z. B. die Leguminosen-Arten. Wie andere Analysen zeigen, wurden sie während des Mittelalters in Braunschweig durchaus genutzt (*Willerding* 1985). Unverkohlte Belege dieser Arten bleiben aber auch in Feuchtablagerungen kaum erhalten. Ihre Verkohlungschance ist offensichtlich gering. Die Getreidearten Roggen, Hafer, Weizen und Gerste erhalten sich ebenfalls meist nur in verkohltem Zustand. Ihre Chance, bei der Nahrungszubreitung zu verkohlen, scheint etwas größer zu sein, und so wurden vereinzelt Getreidekörner gefunden.

Bemerkenswert ist der Nachweis von Reis *(Oryza sativa)*. Es wurden zwei unverkohlte Bruchstücke von Spelzen gefunden. Sie tragen flache Längsrippen (Breite ca. 0,05–0,08 mm), die mit abgerundeten Noppen eng besetzt sind *(Abb. 1)*. Die Noppen bilden recht regelmäßige Querreihen, so daß ein fein-gitterartiger Eindruck entsteht.

Ein kleineres Bruchstück wurde in Stelle 5 der Stadtgrabung 32 gefunden. Diese Kloake (Typ VI a) stammt aus dem 14. Jh. Sie wurde jedoch später geleert, so daß nur noch Reste der mittelalterlichen Füllung vorhanden waren. Die Materialprobe wurde aus der sekundären Füllung entnommen, die in die zweite Hälfte des 16. Jhs. datiert wird. In diese Zeit gehört also vermutlich der Reisnachweis. Allerdings ist nicht völlig auszuschließen, daß sich in der Füllung des 16. Jhs. noch umgesetzte Reste des älteren Materials befanden.

Bei diesem Spelzenrest ist nicht zu entscheiden, ob es sich um eine Deck- oder Vorspelze handelt. Er ist 6 mm lang. An einer Seite ist ein 1,9 mm langes Stück des etwas verdickten und zur Innenseite umgebogenen Randes erhalten.

Das größere Bruchstück stammt aus einer Daubenkloake (Typ IV a, Stgr. 55, St. 1) des 16. Jhs. Es ist an der Basis wulstig verdickt (Abbruchnarbe des Ährchens). Ein 3 mm langes Stück des Spelzenrandes ist erhalten. An der Spitze findet sich ebenfalls eine leichte Verdickung. Die Spelze ist somit vermutlich in voller Länge vorhanden und liegt mit ihren 6,5 mm durchaus im Variationsbereich rezenter bespelzter Körner, die etwa 6,4 bis 7,1 mm lang sind (Mittelwert 6,7 mm; 10 Messungen).

Es handelt sich hierbei wohl um einen Teil einer Deckspelze; rezente Deckspelzen zeigen entsprechende Skulptur und ähnliche Ausbildung der Abbruchnarbe. Deck- und Vorspelze von Vergleichsmaterial sind kahnförmig mit scharfem Kiel; die Deckspelze ist etwa doppelt so breit wie die Vorspelze. Beide umschließen das Reiskorn fest und werden mitgeerntet.

Da Reis eine Importfrucht ist, die wohl für lange Zeit nicht zu den Grundnahrungsmitteln gehörte, gibt es bislang erst sehr wenige frühe Belege der Art in Mitteleuropa. *Knörzer* (1966) beschreibt einen Vorratsfund verkohlter Körner aus dem römischen Militärlager von Neuss, datiert ins 1. Jh. n. Chr. Da die Römer den Reis als Nahrungspflanze, nicht aber den Reisanbau kannten, handelt es sich zu dieser Zeit um Import aus Indien (*Lenz* 1859:229).

Tabelle 1: Reste von Nahrungspflanzen aus Kloakenfüllungen des Mittelalters und der frühen Neuzeit von Braunschweig-Gördelingerstraße (Stgr. 32) sowie ihre Erwähnung im mittelniederdeutschen Kochbuch des 15. Jhs. (*Wiswe* 1956 und 1958).
(Falls nicht anders angegeben, handelt es sich um unverkohlte Belege; vk: verkohlter Rest.)

Durch Früchte bzw. Samen nachgewiesene Arten		Datierung	1. H. 13. Jh.	1. V. 14. Jh.	2. H. 16. Jh.	Zitat im Kochbuch
		Stelle	6	1	5	
Stärkelieferanten:						
Avena spec.	– Hafer (vk)		·	X	·	
Hordeum vulgare L.	– Gerste (vk)		·	·	X	
Secale cereale L.	– Roggen (vk)		·	·	X	
Triticum aestivum L.	– Weizen (vk)		X	X	·	
Panicum miliaceum L.	– Rispenhirse		·	X	X	
Oryza sativa L.	– Reis		·	·	X	ris, rys, ryß
Fagopyrum esculentum Moench	– Buchweizen		·	·	X	
Fettlieferanten:						
Cannabis sativa L.	– Hanf		X	X	X	hennep
Linum usitatissimum L.	– Lein		X	·	·	
Papaver somniferum L.	– Mohn		·	X	·	man
Gemüse:						
Amaranthus lividus L.	– Amarant, Fuchsschwanz		X	·	·	
Apium graveolens L.	– Sellerie		X	·	·	
Atriplex spec.	– Melde		X	·	·	
Beta vulgaris L.	– Mangold, Rübe		X	·	·	rove (?)
Brassica spec.	– Kohl		X	·	·	
Lepidium sativum L.	– Gartenkresse		·	X	·	
Portulaca oleracea L.	– Portulak		X	X	·	
Raphanus sativus L.	– Rettich, Radieschen		·	·	X	
Spinacia oleracea L.	– Spinat		·	X	·	
Kulturobst:						
cf. *Cydonia oblonga Mill.*	– Quitte		·	X	·	quede
Ficus carica L.	– Feige		X	X	X	vighe, vyghe
Juglans regia L.	– Walnuß		·	X	·	grote not
Malus domestica Borkh.	– Apfel		X	X	X	appel
Mespilus germanica L.	– Mispel		·	X	·	
Morus nigra L.	– Maulbeere		X	X	·	
Pyrus communis L.	– Birne		·	X	X	bere
Prunus avium L.	– Süß-Kirsche, Vogelkirsche		·	X	} X	} kersebere
Prunus cerasus L.	– Sauer-Kirsche		X	X		
Prunus domestica L. ssp. *insititia (L.) C.K. Schneid.*	– Pflaume		X	X	X	plume, kreke
Prunus persica (L.) Batsch	– Pfirsich		·	·	X	
Vitis vinifera L.	– Wein		X	X	X	wynbere
Wildobst:						
Corylus avellana L.	– Haselnuß		X	X	·	
Crataegus laevigata (Poir.) D.C.	– Weißdorn		·	·	X	
Fragaria vesca L.	– Walderdbeere		X	X	X	
Prunus spinosa L.	– Schlehe		·	X	X	sle
Rubus caesius L.	– Kratzbeere		X	X	X	
Rubus fruticosus L.	– Brombeere		X	X	X	brambere
Rubus idaeus L.	– Himbeere		X	X	X	
Sambucus nigra L.	– Schwarzer Holunder		X	·	·	
Vaccinium cf. *myrtillus L.*	– Heidelbeere		X	X	X	

Tabelle 2: Reste von Gewürz- und Heilpflanzen aus Kloakenfüllungen des Mittelalters und der frühen Neuzeit von Braunschweig-Gördelingerstraße (Stgr. 32) sowie ihre Erwähnung im mittelniederdeutschen Kochbuch des 15. Jhs. (*Wiswe* 1956 und 1958).
(Belege unverkohlt)

Durch Früchte bzw. Samen nachgewiesene Arten		Datierung	1. H. 13. Jh.	1. V. 14. Jh.	2. H. 16. Jh.	Zitat im Kochbuch
		Stelle	6	1	5	
Anethum graveolens L.	– Dill		·	·	X	gruner samen (?)
Brassica nigra (L.) Koch	– Schwarzer Senf		X	X	X	
Petroselinum crispum (Mill.) A. W. Hill	– Petersilie		·	X	X	petercilie, petercylye
Satureja hortensis L.	– Bohnenkraut		·	·	X	
Sinapis arvensis L.	– Acker-Senf		X	X	·	
Aethusa cynapium L.	– Hundspetersilie		X	·	X	
Hyoscyamus niger L.	– Bilsenkraut		X	·	·	
Physalis alkekengi L.	– Judenkirsche		·	·	X	
Sambucus ebulus L.	– Attich, Zwerg-Holunder		X	·	·	
Humulus lupulus L.	– Hopfen		X	·	X	

Die Reiskultur ereichte im 8. Jh. durch die Araber Spanien und Sizilien, seit dem 16. Jh. wurde auch in Oberitalien und Südfrankreich Reis angebaut (*Reinhardt* 1911, zit. nach *Knörzer* 1966:437).

Aus Großbritannien gibt es einen Reisnachweis aus dem Mittelalter: In einem 1338 zerstörten Gebäude in Southampton fand sich gleichfalls ein Vorrat (*Green* 1984:109). *Paap* (1984:340) erwähnt Reisfunde aus Amsterdam für das 15. und die folgenden Jahrhunderte.

Schriftliche Quellen zeigen, daß im niedersächsischen Gebiet Reis im Mittelalter ebenfalls bekannt war. Er wird in einer Göttinger Zollrolle von 1410 genannt (*Willerding* 1984). Ein mittelniederdeutsches Kochbuch aus dem 15. Jh. (*Wiswe* 1956) verlangt in 14 der dort aufgeführten 103 Rezepte als Zutat Reis oder Reismehl (stotris, ghestot ris, ghesoden rys).

In einem Rezept (Nr. 81) lautet die Zubereitungsvorschrift: „... So nym dat ryß unde wassche id reyne unde wriff de hulsen alle wech. ...". Die Reiskörner wurden offenbar noch bespelzt geliefert. So ließe sich der Fund von Reisspelzen in Kloaken als Küchenabfall deuten. Es ist aber auch denkbar, daß die Spelzen, die sich nur schwer vom Korn lösen lassen, vereinzelt mit verzehrt wurden.

Die häufige Nennung von Reis in einem mittelalterlichen Kochbuch ist sicher kein direkter Hinweis auf seine Bedeutung für die Ernährung breiter Bevölkerungsschichten (*Willerding* 1985), zumal hier alltägliche Gerichte wahrscheinlich nur in geringer Zahl aufgenommen wurden. Es ist aber vorstellbar, daß dieses Nahrungsmittel im 16. Jh. schon allgemeiner verbreitet war, wodurch seine Nachweischance größer würde. Vermutlich werden bei weiteren intensiven Untersuchungen mittelalterlicher Ablagerungen auch Funde aus dieser Zeit gelingen.

Da die Nachweischancen für Gemüse sehr ungünstig sind, ist der Nachweis mehrerer Arten um so erfreulicher (*Willerding* 1985).

Beta und *Raphanus* sind durch Früchte bzw. Samen belegt. Allerdings läßt sich mit Hilfe von Diasporen die Unterart nicht bestimmen. Daher kann nicht entschieden werden, ob es sich bei den damals genutzten Formen um Mangold oder Rübe bzw. Rettich oder Radieschen gehandelt hat. Das Kochbuch (*Wiswe* 1956)

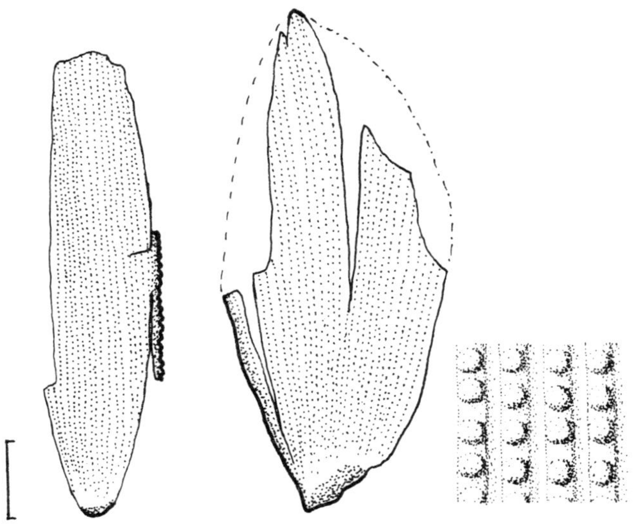

Abb. 1 *Oryza sativa* (Reis). Spelzenreste aus der Fundstelle 5 der Stadtgrabung 32, Braunschweig-Gördelinger-straße (links) bzw. Braunschweig-Ölschlägern, Stgr. 55, St. 1 (Mitte), sowie vergrößerter Ausschnitt der Oberfläche (rechts). Vergleichsstrecke 1 mm.

erwähnt in einem Rezept als Zutat Rüben (roven), die Zuordnung zu *Beta vulgaris* ist jedoch nicht sicher. Es könnte sich auch um Kohlrüben oder um andere Kulturformen aus der Gattung *Brassica* handeln.
Bei der Melde *(Atriplex)* ist die Artbestimmung nicht möglich. Sie kommt als Blattgemüse in Frage, wächst aber auch als Unkraut in Gärten und Hackfruchtäckern.
Mittelalterliche Spinatnachweise sind bisher nicht bekannt geworden. Im Fundkomplex Stelle 1 der Gördelingerstraße (Kloake, Typ VIa, vgl. *Rötting*, Arbeitsstand, in diesem Band) wurde eine Frucht gefunden *(Abb. 2)*. Sie trägt zwei Hörner und ist 5,1 mm breit. Es handelt sich somit um Winterspinat *(Spinacia oleracea* var. *spinosa [Moench] Peterm.)*, dessen Früchte zwei bis sechs Hörner haben, während Sommerspinat (var. *inermis*) kugelige Früchte ausbildet (*Hegi* 1979). Zwischen den Hörnern befindet sich als kleiner Fortsatz der Griffelrest. Die Oberfläche der Frucht ist grobzellig. An der Basis ist sie leicht beschädigt, wodurch der dunkelbraune Same sichtbar wird. Er hat eine leicht glänzende, schwach netzige Oberfläche.
Spinat wird bei griechischen und römischen Schriftstellern nicht erwähnt. Die wohl aus dem Kaukasus stammende Art gelangte im 8. Jh. durch die Araber nach Spanien. Vermutlich breitete sie sich von dort nach Mitteleuropa aus, möglicherweise brachten aber auch Kreuzfahrer ihre Kultur mit (*Hegi* 1979).
Albertus Magnus (1193–1280) erwähnt schon „spinachia" (zit. nach *Hegi* 1979). *Leonhart Fuchs* schreibt 1543: „Spinat... wechßt allenthalben / würt auch von yederman gezilet umb der kuchen willen /...".
Die Funde von Resten der Mispel, Maulbeere und Quitte (Bestimmung nicht ganz gesichert) erweitern das Bild vom mittelalterlichen Obstanbau in oder bei Braunschweig. Im Kochbuch (*Wiswe* 1956) gibt es vier Rezepte zur Verarbeitung und Konservierung von Quitten. Das ist besonders bemerkenswert, da die Möglichkeiten zum Haltbarmachen von Obst im Mittelalter vermutlich recht beschränkt waren.

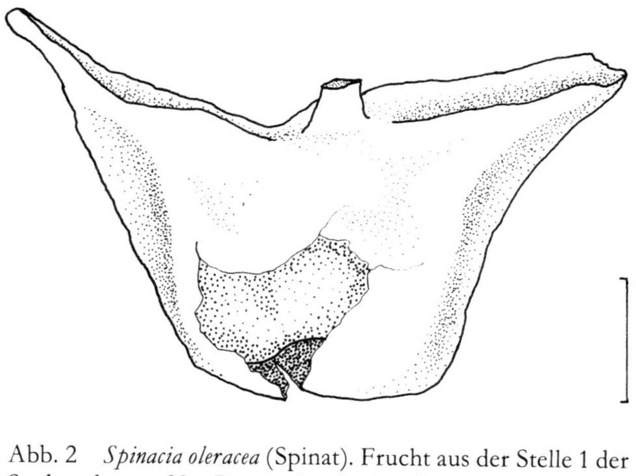

Abb. 2 *Spinacia oleracea* (Spinat). Frucht aus der Stelle 1 der Stadtgrabung 32, Braunschweig-Gördelingerstraße. Vergleichsstrecke 1 mm.

Dagegen stammen die reichlichen Belege der Feige von importierten Früchten. Sie sind auch in anderen mittelalterlichen Fundkomplexen zahlreich vertreten (*Willerding* 1985).
Die nachgewiesenen Gewürz- und Heilpflanzen sind in *Tab. 2* erfaßt. Aufgrund ihrer Inhaltsstoffe dürften manche dieser Arten sowohl zum Würzen als auch in der Heilkunde verwendet worden sein.
Im Kochbuch wird „gruner samen" erwähnt. Ob es sich dabei um Dill (*Anethum graveolens*) handelt, ist nicht ganz sicher (*Wiswe* 1958).
Schwarzer und Acker-Senf kommen als Unkräuter auf Äckern vor und können wie andere Unkräuter mit dem Getreide in die Stadt gelangt sein. Es ist aber auch eine Nutzung als Gewürz denkbar.
Die Beeren der Judenkirsche können als Heilmittel (etwa als Arzneiwein, schon um 1300 von *Villanova* erwähnt, zit. nach *Hegi* o. J.) verwendet worden sein. Bei dieser Pflanze kann aber der großen orangeroten Fruchtkelche wegen auch ein Anbau als Zierpflanze nicht ausgeschlossen werden.
Hopfen fand bereits im frühen Mittelalter als Bierwürze Verwendung und förderte gleichzeitig die Haltbarkeit des Bieres. Seine Fruchtstände enthalten Bitterstoffe, die beruhigend und antiseptisch wirken. Hopfenfrüchte wurden an zahlreichen Orten aus mittelalterlichen Ablagerungen nachgewiesen. Aus Schriftquellen ist bekannt, daß der Hopfenanbau im Hochmittelalter weit verbreitet war (*Behre* 1984: 116ff.).
Mit entsprechenden Kulturen kann auch für das Braunschweiger Gebiet gerechnet werden. Die Straßenbezeichnung „Hopfengarten" könnte einen Hinweis auf die ehemalige Lage der Anbauflächen geben.

Zusammenfassung

Die ersten Ergebnisse der paläo-ethnobotanischen Untersuchung von Material aus der Stadtgrabung 32, Braunschweig-Gördelingerstraße, erweitern die Kenntnisse über die im Mittelalter in Braunschweig genutzten Pflanzenarten. Demnach gab es damals eine beachtliche Vielfalt im Obst- und Gemüseanbau.
Zwei frühneuzeitliche Belege aus den Stadtgrabungen 32 und 55 für den Import von Reis weisen auf recht ausgedehnte Handelsbeziehungen hin.

* Herrn H. Rötting M.A., Braunschweig, bin ich für die Überlassung der Proben und für Angaben zu Herkunft und Datierung des Materials sehr dankbar. Herrn Professor Dr. U. Willerding danke ich herzlich für die Betreuung meiner Arbeit und für seine vielfältigen Hinweise. Weiter danke ich Frau Gisela Wolf, die bei der Aufbereitung und beim Vorsortieren einiger Proben half.

Literatur

Behre, K.-E., 1984: Zur Geschichte der Bierwürzen nach Fruchtfunden und schriftlichen Quellen. – In: *W. van Zeist* u. *W. A. Casparie* (Hrsg.): Plants and ancient man. Rotterdam, Boston: 115–122.
Fuchs, L., 1543: New Kreüterbuch. Basel. (Repr. 1975 Grünwald b. München).
Green, F. J., 1984: The archaeological and documentary evidence for plants from the medieval period in England. – In: *W. van Zeist* u. *W. A. Casparie* (Hrsg.): Plants and ancient man. Rotterdam, Boston: 99–114.
Hegi, o. J.: Illustrierte Flora von Mitteleuropa V 4. München.
– 1979 Illustrierte Flora von Mitteleuropa III 2. Berlin, Hamburg (2. Aufl.).
Knörzer, K. H., 1966: Über Funde römischer Importfrüchte in Novaesium (Neuss, Rh.). – Bonner Jahrb. 166: 433–443.
Lenz, H. O., 1859: Botanik der alten Griechen und Römer. (Neudruck 1966 Wiesbaden).
Paap, N. A., 1984: Palaeobotanical investigations in Amsterdam. – In: *W. van Zeist* u. *W. A. Casparie* (Hrsg.): Plants and ancient man. Rotterdam, Boston: 339–344.
Willerding, U., 1984: Paläo-ethnobotanische Befunde und schriftliche sowie ikonographische Zeugnisse in Zentraleuropa. – In: *W. van Zeist* u. *W. A. Casparie* (Hrsg.): Plants and ancient man. Rotterdam, Boston: 75–98.
– 1985: Paläo-ethnobotanische Befunde über Ernährung und Umwelt im Mittelalter Braunschweigs. – In: Stadtarchäologie in Braunschweig, Forschungen der Denkmalpflege in Niedersachsen 3.
Wiswe, H., 1956: Ein mittelniederdeutsches Kochbuch des 15. Jahrhunderts. – Braunschweig. Jahrb. 37: 19–63.
– 1958: Nachlese zum ältesten mittelniederdeutschen Kochbuch. – Braunschweig. Jahrb. 39: 103–121.

Nomenklatur der Wildpflanzen nach:

Ehrendorfer, F. (Hrsg.), 1973: Liste der Gefäßpflanzen Mitteleuropas. Stuttgart (2. Aufl.).

Nomenklatur der kultivierten Arten nach:

Mansfeld, R., 1959: Vorläufiges Verzeichnis landwirtschaftlich oder gärtnerisch kultivierter Pflanzenarten. – Die Kulturpflanze, Beiheft 2.

Parasitologische Befunde aus einer mittelalterlichen Fäkaliengrube

Bernd Herrmann

Belege für Endoparasiten des Menschen in prähistorischen bzw. historischen Epochen sind gelegentlich bei Untersuchungen am Intestinaltrakt von Moorleichen oder bei Untersuchungen menschlicher „Koprolithen" gefunden worden[1]. Der Nachweis der bisher ältesten mitteleuropäischen Darmparasiten gelang *Aspöck et al.*[2] an Exkrementen aus den Hallstätter Salzbergwerken. Obwohl gerade dieser Fall eine interessante bevölkerungsbiologische Hypothese initiierte[2], bedingt durch die besonderen Bedingungen, unter denen der örtliche Salzhandel und -abbau gesehen werden müssen, gilt prinzipiell, daß diese wie auch die oben genannten Arbeiten nur episodenartigen, zufälligen Einblick gewähren.

Epidemiologisch relevant wären in dieser Hinsicht allein Untersuchungen an Füllungen mittelalterlicher (ggf. älterer) Fäkaliengruben bzw. Kloaken. Tatsächlich ist vor längerer Zeit bereits auf diesen Aspekt hingewiesen worden[3], augenscheinlich jedoch, ohne nennenswerten Niederschlag in der Literatur gefunden zu haben, jedenfalls nicht auf dem Kontinent[4]. Die sehr geringe Umsetzung dieses Vorschlags ist um so unverständlicher, da Kloakenfüllungen andererseits vor allem im Hinblick auf paläoethnobotanische Gesichtspunkte seit langem eingehend untersucht werden[5].

Geht man von der Annahme aus, daß eine Fäkaliengrube nur von den Mitbewohnern des (der) dazugehörigen Hauses (Häuser) benutzt wurde, müssen systematisch aus den Profilen gewonnene Proben Aussagen über die Langzeitbelastung einer Wohngemeinschaft mit bestimmten menschlichen Darmparasiten ermöglichen[6]. Bei repräsentativen Untersuchungen, die Stadtflächen oder größere Regionen erfassen, wäre es möglich, zeitliche und räumliche Häufigkeitsverteilungen für das Auftreten bestimmter Darmparasiten zu ermitteln. Hieraus ließen sich nicht nur epidemiologische Daten gewinnen (starker Wurmbefall hat schwere anämische Zustände, durchaus auch mit infauster Prognose, zur Folge). Auch Rückschlüsse auf Arbeitsbereiche bzw. die damalige Umwelt werden möglich. Die

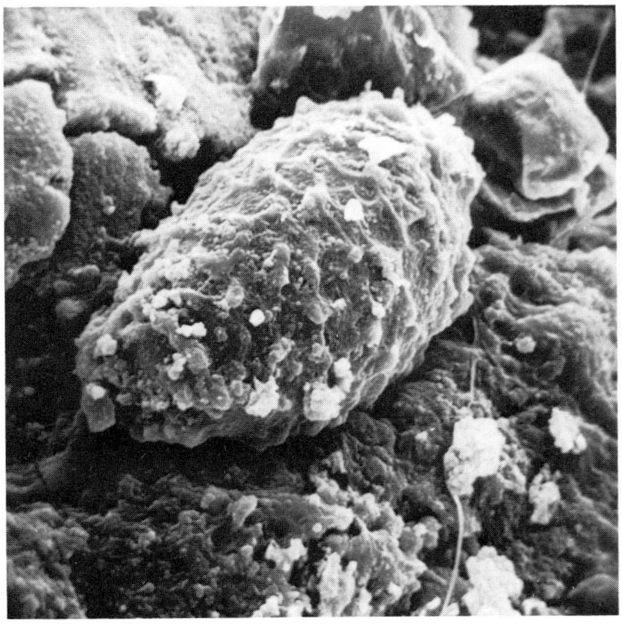

Abb. 1: Ei des Spulwurmes *(Ascaris lumbricoides)* aus der Fäkaliengrube (810fach)

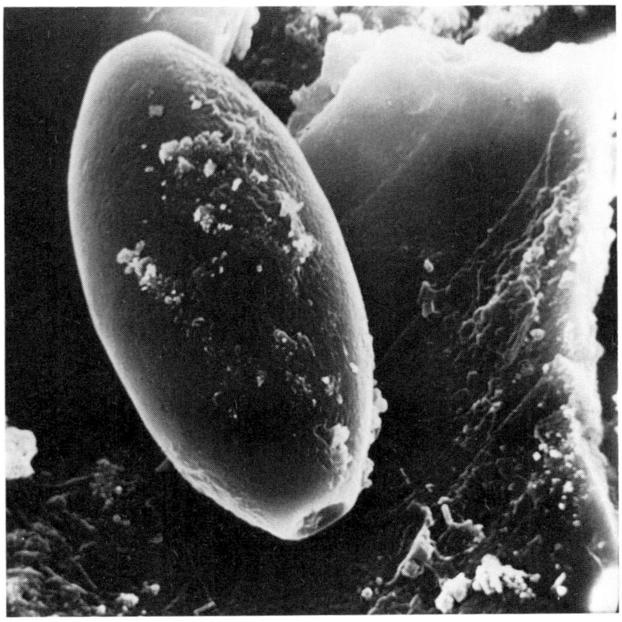

Abb. 2: Ei des Peitschenwurmes *(Trichuris trichiura)* auf pflanzlichen Gewebsresten, aus der Fäkaliengrube (1450fach)

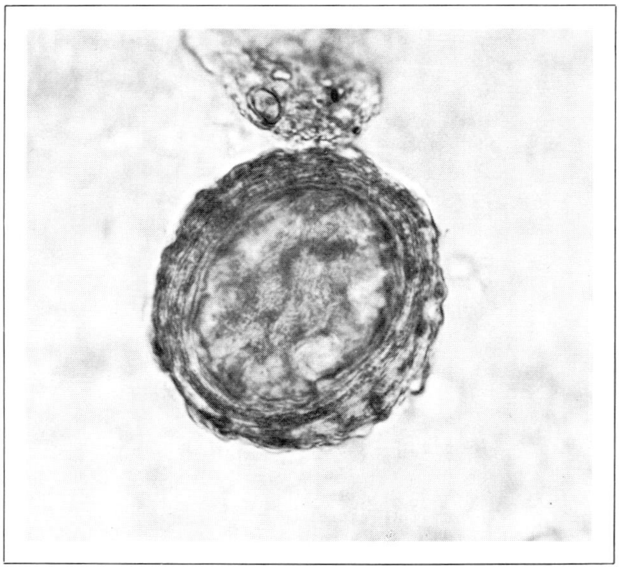

Abb. 3a: Ascaris-Ei im Durchlicht, Innenraum mit diffus strukturierter Füllung (920fach); Herkunft wie 1

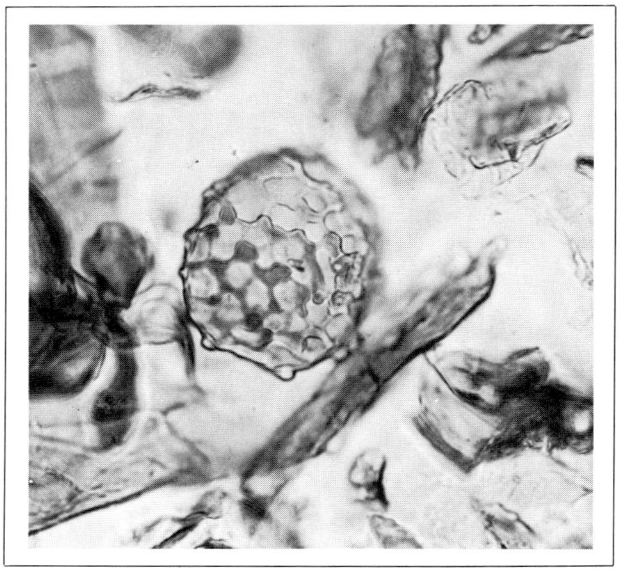

Abb. 3b: Ascaris-Ei nach Azetolyse (920fach); Herkunft wie 1

Infektionswege mancher Parasiten setzen Zwischenwirte voraus, die im Biotop vertreten sein müssen. Andere Parasiten werden von Mensch zu Mensch übertragen, z. B. auf dem Umweg über das kopfgedüngte Gemüse oder sonstige hygienische Mängel.

Besteht die Absicht, Fäkal- und Kloakenproben einer parasitologischen Untersuchung zuzuführen, sollten diese etwa in 20 cm Abstand in einer Probensäule über die gesamte Höhe des Längsprofiles und mindestens eines Querprofiles entnommen werden. Die Proben sind in luftdicht abschließende Plastikbeutel zu sammeln. Eine ausreichende Probengröße ist mit 5 cm^3 gegeben. Derartige systematische Probenaufsammlungen fehlen bislang, ebenso die entsprechenden Auswertungen.

Grundlage dieser kurzen Mitteilung sind Ergebnisse, die an 1978 auch nur vorsorglich sichergestellten Proben einer Braunschweiger Fäkaliengrube[7] gewonnen wurden.
Die parasitologische Auswertung dieser Fäkalienproben erbrachte einen erheblichen Befall von Spulwürmern *(Ascaris lumbricoides)* und Peitschenwürmern (*Trichuris trichiura;* vgl. Abb.).

Tabelle
Eizahlen je 0,1 ml Suspension

Probennummer	Ascaris	Trichuris
B_1	18.8 ± 4.6	84 ± 15.5
B_2	29.8 ± 13.3	77.6 ± 4.6
B_3	88.0 ± 13.3	61.8 ± 17.4
B_4	90.8 ± 28.3	83.8 ± 18.3
B_5	48.7 ± 13.0	95.7 ± 42.0

In Anlehnung an *Aspöck et al.* ergeben sich die Eizahlen pro Gramm Einwaage nach Multiplikation mit dem Faktor 100.

Die Eikonzentrationen (Tabelle) beziehen sich auf restfeuchte Proben. Insofern ist eine Standardisierung nicht gegeben; die gefundenen Werte liegen damit unter Gramm-Trockensubstanzangaben. Auf je 10 ml Lösungsmittel wurde 1 g Probensubstanz eingewogen, die Probe anschließend 1 Std. aufgeschüttelt. Ausgewertet wurden je Probe 5 × 0,1 ml Aufschwemmung unter der vereinfachenden Annahme, die Aufschwemmung weise eine homogene Verteilung auf[8].

Die Eizahlen sind also für Trichuris im großen und ganzen recht konstant, während sie für Ascaris deutliche Schwankungen zeigen. Die Durchseuchungsrate erreicht Werte, die über den Hallstätter Befunden liegen. Die Osloer Kloake enthielt Eizahlen, die um den Faktor 10 bis 15(!) niedriger liegen als die Braunschweiger.

Die gefundenen, vergleichsweise hohen Zahlen der Braunschweiger Proben sind allerdings zu relativieren. Im Laufe des Zeitraumes, über den eine Fäkaliengrube gefüllt wird, kommt es wegen des mikrobiologischen Abbaues nicht zu einer linearen Akkumulation. Vielmehr kondensieren die einzelnen Straten zunehmend mit steigendem Alter[9]. Zwangsläufig müssen damit bei gleichbleibender Füllrate die Wurmeikonzentrationen gegen den Boden der Fäkaliengrube ansteigen. Dieses durch ,,stratigraphische Kondensation“ erzeugte Konzentrationsgefälle müßte, trotz komplexer Abhängigkeiten, geschätzt werden. Weiterhin ist für die Bewertung der Durchseuchungsrate die Anzahl der Benutzer einer Fäkaliengrube wesentlich. Denkbar sind archäologisch bestimmbare Parameter, die Hochrechnungen auf die Anzahl der Benutzer erlauben, so daß eine mittlere Durchseuchungsrate pro Benutzer als epidemiologische Vergleichsgröße eingeführt werden könnte.

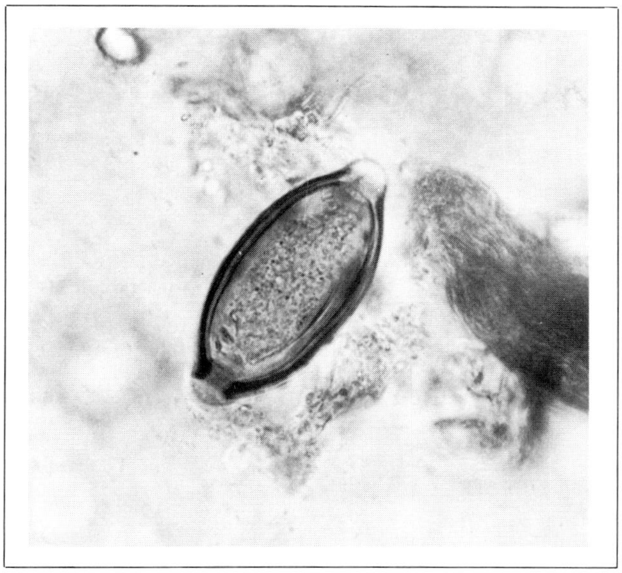

Abb. 4a: Trichuris-Ei mit erhaltenen Polpfropfen und diffus strukturiertem Inhalt (920fach); Herkunft wie 1

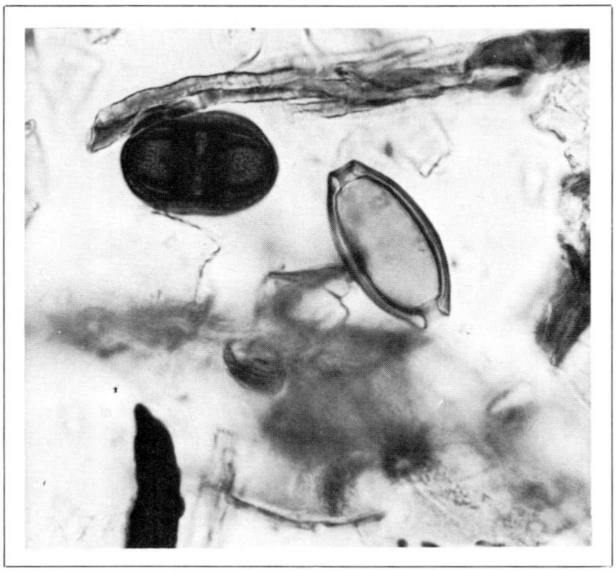

Abb. 4b: Trichuris-Ei nach Azetolyse, links daneben ,,Leitpollen" von *Centaurea cyanum* (Kornblume), 690fach; Herkunft wie 1

Sicherlich ist zur Beantwortung dieser Fragen noch ein erheblicher Weg zurückzulegen. Angesichts der Perspektiven sollte eine parasitologische Auswertung jedoch unverzüglich in das Routine-Repertoire einschlägiger Untersuchungen aufgenommen werden.

Anmerkungen

1 Eine ausführliche Darstellung des Themas einschließlich seiner Randgebiete ist in Vorbereitung.

2 *Aspöck, H., H. Flamm & O. Pichler,* Darmparasiten in menschlichen Exkrementen aus prähistorischen Salzbergwerken der Hallstatt-Kultur (800–500 v. Chr.), in: Zbl. Bakt. Hyg., I. Abtl. Orig. A, 223, 1973, 549–558.

3 *Pike, A. W., & M. Biddle,* Parasite eggs in medieval Winchester, in: Antiquity 40, 1966, 293–296.

4 Stellvertretend für die geringe Zahl parasitologischer Beobachtungen aus Kloaken seien genannt:
A. K. G. Jones, Parasite Remains from ,,Oslogate 7", De Arkeologiske Utgravninger; Gamlebyen Oslo. 2, Feltene ,,Oslogate 3 og 7" Bebyggelsesrester og Funngrupper, Oslo 1979, p 138–139, und *E. Nickel,* Zur materiellen Kultur des späten Mittelalters der Stadt Magdeburg, in: Zs. f. Archäol. 14, 1980, 1–60, pp 51.

5 Ein Teil der Parasiteneier übersteht die von den Botanikern eingesetzte Azetolyse nicht. Ein Ascaris-Ei wie in Abb. 3b ist entsprechend kein häufiges Bild, da Ascarideneier gewöhnlich bei der Azetolyse zerfallen.

6 Gelegentliche Benutzung durch Gäste des Hauses können vernachlässigt werden. Anders liegt dies natürlich bei Gemeinschaftsaborten, wie z. B. bei Wirtshäusern.

7 Stadtgrabung 13, UB III, 78:6. Kleine Burg 2–4, ehemalige Stiftsherrenhäuser. Stelle 5, Fäkaliengrube, 14. Jh. (Probe 78:6/32 v. 13. 4. 1978, ab OK 2,30–2,70 m. Aus dem unteren Grubenbereich; 2 Querprofile mit jeweils 3 bzw. 2 Proben.)

8 *Frau Ursula Schulz* danke ich für die Durchführung der technischen Arbeiten.

9 *Wagner, E. G., & J. N. Lanoix,* Excreta disposal for Rural Areas and Small Communities, WHO, Genf 1958.

Glossar

Endoparasit: lebender Parasit im Innern eines Wirtes

infauste Prognose: der Krankheitsverlauf wird als aussichtslos (tödlich) angesehen

Intestinaltrakt: Eingeweidetrakt

Koprolithen: wörtlich ,,Kotsteine", verbreitete (sachlich nicht zutreffende) Bezeichnung für die wasserarme, mehr oder weniger als einzeln abgesetzt erkennbare Dauerform, in welcher Fäkalien (auch menschliche) früherer Epochen auf die heutige Zeit überkommen sind. Kloaken- bzw. Fäkaliengrubenfüllungen können entsprechend nicht als ,,Koprolithen" bezeichnet werden.

Stadtgrabung 21

Die St.-Ulrichs-Kirche zu Braunschweig nach den Schriftquellen

Christof Römer

Die Überlieferung

Der erste Historiker, der über die älteste Bürgerkirche der Altstadt Braunschweig berichtete, ist der „Reimchronist" vom Ende des 13. Jahrhunderts[1]. Der Reimchronist bettet die Nachricht von der Weihe der St.-Ulrichs-Kirche durch Bischof Godehard von Hildesheim (1022–1038) in die Tätigkeit des brunonischen Grafen (und Markgrafen) Ludolf ein, dem Herrn Braunschweigs von 1010 bis 1038[2]. Die Ermittlungen der historiographischen Forschung ergaben, daß der welfenfreundliche Reimchronist[3] seinen Vorlagen mit großer Sorgfalt gefolgt ist und als offensichtlicher Kenner der stadtbraunschweigischen Verhältnisse auch sonst nicht belegte Informationen eingebracht hat[4]. Zu diesen Informationen „aus verschollenen Quellen", deren Authentizität bisher nicht angezweifelt wurde, gehört auch die Weihenachricht von St. Ulrich.

Die Humanisten des 16. und 17. Jahrhunderts fußten auf dieser Nachricht. *Heinrich Büntings* „Braunschweigische Chronica" von 1620 rühmt den Markgrafen Ludolf als Erbauer dreier Kirchen: der St.-Peter-und-Paul-Kirche in der Burg (= der spätere „Dom"), der St.-Magni-Kirche in der Altenwiek und der St.-Ulrichs-Kirche in der Altstadt[5]. *Philipp Julius Rehtmeyer* schreibt in „Der berühmten Stadt Braunschweig Kirchen-Historie" 1707: „Bey Hoch–ermeldten Marck-Grafen Ludolphs Zeiten ist auch die St. Ulrichs-Kirche auf sein Angeben in der alten Stadt erbaut worden / ohngefehr an demjenigen Ort / wo nachher die Wage hingebauet / und heutiges Tages (= 1707!) das Proviant-Hauß auf dem Kohlmarkt stehet. Wie es sonst mit dieser Kirchen beschaffen gewesen, kan in Ermangelung der documenten nicht melden..." – im „Supplementum" seiner „Kirchen-Historie" hat *Rehtmeyer* dann einiges nachgeholt[6]. Vormals sei die St.-Ulrichs-Kirche im Jahre 1544 „ohne Wissen und Willen ihres Hertzogen / der damahls von Chur-Fürst Johann Friedrich zu Sachsen / und Landgraff Philipp zu Hessen / aus seinem Lande vertrieben war / abgebrochen / weil in denen Läufften nicht wohl möglich gewesen / das schon angefangene neue Gebäu zu vollführen / und das Alte so baufällig gewesen / daß es nicht länger nicht stehen / noch in Wesen behalten mögen..."[7].

Der Kirchenhistoriker *Rehtmeyer* hat schon das Braunschweiger Stadtarchiv („Archivum senatum") benutzt. Es ist auch heute noch die fast ausschließliche Quelle unserer Kenntnis über die St.-Ulrichs-Kirche bzw. über die Geschichte der Pfarrei bis 1544 – der Abbruch der Kirche sei hier als Grenzdatum gewählt.

Im Stadtarchiv Braunschweig gehören dem Urkundenbestand St.-Ulrichs-Kirche für die Zeit bis 1544 z. Z. 83 Stücke an[8]. Die kopialische Überlieferung im Stadtarchiv Braunschweig sowie im Niedersächsischen Staatsarchiv Wolfenbüttel weist eine erheblich größere Zahl von Urkunden nach[9]. Diese Urkunden gehören teils zum erst seit 1554 der St.-Ulrichs-Kirche zugeordneten Kaland St. Gertrud, teils sind sie heute anderen Urkundenfonds zugeteilt. Urkunden sonstiger geistlicher Einrichtungen wie etwa der Stifte St. Blasius und St. Cyriacus sowie Beurkundungen der Stadt und des Herzogs bieten einige wichtige Ergänzungen[10]. Im 16. Jahrhundert setzt dann wie üblich die aktenmäßige Überlieferung ein, sie bleibt jedoch vor 1544 noch ziemlich sporadisch; auch Rechnungsbücher u. ä. Quellen fehlen fast ganz[11]. So bleiben die Urkunden die Hauptquellen unserer Kenntnis, seien diese nun gedruckt oder ungedruckt[12].

Die „Marktkirche" des 11./12. Jahrhunderts

Der Reimchronist gruppiert seine Geschichtserzählung um die Person der brunonischen Grafen und ihrer Fortsetzer. In der Darstellung über den Grafen Ludolf († 1038) kommt er auch auf die Tätigkeit des hl. Godehard zu sprechen; dieser habe 1036 seinen Halberstädter Amtsbruder zum neuen Bischof geweiht. Darauf folgen die Verse (V 1615–1618 der Edition *Weiland*)[13]

„her wigete ouch algeliches
dhe kerken sente Olriches
in dher aldhen stat zo Bruneswich
daz nu began sus breyten sich".

Bischof Godehard von Hildesheim (1022–1038) war es also, der die St.-Ulrichs-Kirche weihte[14], allerdings nicht unbedingt 1036 oder „um 1036“, sondern ebensogut einige Jahre früher, z. B. in Zusammenhang mit der Begründung des Kollegiatstiftes in der gräflichen Burg[15]. Die gedanklichen Verknüpfungen in den Versen der Reimchronik sind ja die Weiheakte des Bischofs („her wigete ouch...“).

Die Weihe der St.-Ulrichs-Kirche wird in der Chronik als ein besonderes Ereignis behandelt, so daß es nicht unwahrscheinlich ist (wenn auch letztlich nicht beweisbar), diesen Akt auch als Begründung oder wenigstens Neuordnung eines Pfarrsprengels anzusprechen. Damals, Anfang des 11. Jahrhunderts, begann die bauliche Ausbreitung der Altstadt[16], der „aldhen stat zo Bruneswich daz nu began sus breyten sich“, wie der Reimchronist aus dem Ende des 13. Jhs. geschrieben hat. Da schon vorher eine pfarrmäßige Versorgung anzusetzen ist, muß mit Sicherheit der Begründung der St.-Ulrichs-Pfarre als Hauptkirche der bürgerlichen Bevölkerung westlich der Oker auch die Einschränkung dörflicher Pfarrsprengel und die Unterordnung schon bestehender Pfarren (St. Jakob?) bzw. eigenkirchenrechtlich entstandener Pfarren (bei der Burg?) einhergegangen sein. Im 11. Jh. war St. Ulrich offenbar eine allgemeine Kirche, die Volkskirche, die „ecclesia forensis“[17]. Erst mit der Einrichtung der Martinigemeinde und ihrem von Kaiser Otto IV. 1204 anerkannten Pfarrerwahlrecht, also einem Gemeindepatronat, verlor St. Ulrich seine Sonderstellung[18]. Vielleicht verblieb der älteren Pfarrkirche zeitweilig ein Vorrang als Taufkirche – ein Gedanke, den die beiden kunstvollen Taufbecken um 1440 in der St.-Annen-Kapelle von St. Martini und in der Vierung (!) von St. Ulrich nahelegen: Bestanden hier alte Rivalitäten[19]? Die Abgrenzungen der Pfarrsprengel werden wohl spätestens Anfang des 13. Jhs. festgelegt worden sein. Seitdem dürfte also die St.-Ulrichs-Pfarrei – wie noch Anfang des 19. Jhs. – den östlichen Streifen der Altstadt (die sogenannte St.-Ulrichs-Bauerschaft) und das Weichbild Sack (mit zwei Bauerschaften) umfaßt haben[20].

Die Interessensverhältnisse um 1030

Bischof Godehard, der Reformer, hat nicht nur in seiner Diözese im Sinne seines Vorgängers Bernward die Pfarrverhältnisse verbessert und 30 neue Kirchen geweiht[21], sondern auch, wie der Reimchronik zu entnehmen ist, in der Nachbardiözese Halberstadt ordnungsstiftend gewirkt[22]. 1031 weihte Bischof Branthago von Halberstadt die St.-Magni-Kirche zur Pfarrkirche der „villa Brunesguik“ (bekanntlich die erste Erwähnung des Namens Braunschweig) und für 17 weitere Dörfer[23] – auch hier, am östlichen Ufer der Oker, wurde also eine zentrale Pfarrkirche errichtet, der übrigens die St.-Nikolai-Kirche in unmittelbarer Okernähe untergeordnet gewesen ist.

Während die Kirchenherrschaft über St. Magni nach 1031 zunächst in brunonischer Hand blieb und im 12. Jh. an das 1115 gegründete St.-Aegidien-Kloster übertragen wurde, fällt die Beurteilung für St. Ulrich mangels einschlägiger Zeugnisse vor 1349 viel schwerer. Von besonderer Bedeutung ist daher des hl. Godehards Vorgehen in Hildesheim in Hinsicht auf die entstehende Bürgergemeinde „in suburbio“. Das „Chronicon episcoporum Hildesheimensium“ überliefert dazu: „Construxit de novo collegiatam ecclesiam S. Andreae in suburbio Hildeshemensi sitam“ – er errichtete für das neue Kollegiatstift die Kirche St. Andreas im „suburbium“, in der späteren Bürgerstadt[24], trat also sein Eigenkirchenrecht als Herr im „suburbium“ an ein Stift ab. In Braunschweig besaßen der Propst des St.-Blasius-Stiftes den Patronat über St. Ulrich (bezeugt allerdings erst 1349) und der Dechant dieses Stiftes bis 1204 den über St. Martini (die vermutlich jüngere, abgezweigte Pfarrei)[25]. Es ist zwar möglich, daß zunächst die Brunonen ihr Eigenkirchenrecht an St. Ulrich selbst wahrnahmen[26], aber es steht auch kein Zeugnis der Annahme entgegen, daß das brunonische Stift (später St. Blasius) bei seiner Gründung „um 1030“[27] auch zugleich die Herrenrechte über die Kirche im Braunschweiger Suburbium erhalten hat. Denn wenn man dem Hildesheimer Beispiel folgt, bestand ein besonderes Interesse des Hildesheimer Diözesanbischofs an der Gründung dieses St.-Peter-und-Paul-Stiftes in Braunschweig gerade deswegen, um Pfarrkirchen wie die Braunschweiger St.-Ulrichs-Kirche der unmittelbaren Eigenkirchenherrschaft einer laikalen Gewalt zu entziehen. Der Reformer Godehard hätte demnach mit seinem „Hildesheimer Modell“ ein Zeichen gesetzt für die Trennung von weltlicher und geistlicher Sphäre auch bei Herrschaftsrechten in kirchlicher Hand[28]. In diesem Zusammenhang ist die Paderborner Go- oder Gaukirche (!) St. Ulrich (!) zu beachten, weil auch hier relativ spät, im 11. Jh., eine Kirche ausdrücklich als Volkskirche gegründet wurde in offensichtlicher Entgegensetzung zu vorhandenen Pfarrkirchen, u. a. der Dompfarrei und der Pfarrei des Kollegiatstiftes Busdorf[29]. Bischof Meinwerk (1009–1036) bzw. seine Nachfolger könnten also von ähnlichen reformerischen Erwägungen geleitet gewesen sein wie Bischof Godehard.

Die Schutzheiligen

St.-Ulrichs-Kirchen sind im norddeutschen Raum vielfach vertreten, u. a. in Minden, Rastede, Goslar, Magdeburg, Halle, Sangerhausen. Mehrfach, in Minden, Magdeburg und Halle, tragen die großen Bürgerpfarrkirchen den Namen des heiligen Bischofs von Augsburg als Patron oder Mitpatron[30]. Bischof Ulrich, gestorben 973, als erster Heiliger in einem kanonischen Prozeß zur Ehre der Altäre erhoben im Jahre 993, hat eine erstaunlich schnelle und weitreichende kultische Verbreitung erfahren[31]. Der hl. Ulrich scheint mit seiner Person und seinem Wirken für ein bestimmtes, von laikalen Zwischengewalten freies Verhältnis der Bürger zu ihrem Bischof gestanden zu haben – hierin dürfte eine stärkere Kraft für die Ausbreitung seines Kultes zu suchen sein als in den bekannten schwäbischen Beziehungen zum norddeutschen Raum im 11./12. Jh.

Die Wirksamkeit dieser Beziehungen soll aber keineswegs bestritten werden. Für das Braunschweiger Ulrichspatrozinium besteht ein solcher Zusammenhang: Die Kaiserin Gisela, Tochter eines schwäbischen Herzogs, war in erster Ehe mit Graf Bruno von Braunschweig († 1010) verheiratet. Sie ist die Mutter des zitierten Grafen Ludolf († 1038). Sie hat in zweiter Ehe, vor ihrer dritten Ehe mit Kaiser Konrad II. (1024–1036), Herzog Ernst I. von Schwaben (1012–1015) geheiratet[32]. Die St.-Ulrichs-Kapelle der Goslarer Kaiserpfalz wird 1019 schon als bestehend vermutet. Gisela hat dort zumindest die Kapelle der Gottesmutter Maria weihen lassen – sie ist also in Patroziniumsfragen nachweisbar initiativ geworden[33]. Die Kaiserin gilt auch als diejenige, die die Verbindung zwischen Bischof Godehard von Hildesheim und den Brunonen gefördert hat[34]. Godehard stammt freilich aus Niederbayern, aus einer Dienstmannenfamilie, war also kein Schwabe. Ohne eine grundsätzliche Programmatik wie die hier angedeutete, dürften aber ohnehin Phänomene wie die, daß um 1030 in Braunschweig „unvermittelt drei schwäbische Heiligenkulte auftauchen"[35], nicht zu erklären sein.

Für eine hagiographische Studie über St. Ulrich in Braunschweig ist hier kein Platz – am Hause Damm 4 begegnet noch heute der hl. Bischof mit einem Fisch in der Hand, seinem Attribut (Abb. 1). Der „Hohmissen"-(Hochmessen-)Altar der Kirche auf dem Kohlmarkt war natürlich dem heiligen Bischof von Augsburg gewidmet; dieser Altar im Chor war im Gegensatz zu den zusätzlich gestifteten Altären allein dem jeweiligen Pfarrer vorbehalten[36]. In der Braunschweiger Ulrichskirche gebührte dem Pfarrer aber noch ein zweiter Altar, nämlich der Altar SS Cosmae et Damiani an dem mittleren Pfeiler der nördlichen Pfeilerreihe. Diese beiden heiligen Ärzte, die ihr Martyrium in der diokletianischen Verfolgung erlitten[37], sind die Nebenpatrone gewesen (Abb. 2–3): 1485 werden Einkünfte festgelegt „tor kerckwyinghe sunte Olrikes und to sunte Cosme und Damianes dage"; 1520 urkunden die „Alderlude des Goddeshuses tho sunte Olrike und der hilligen Cosme und Damiani"[38]. Die Verehrung dieser Heiligen in der St.-Ulrichs-Kirche könnte aus der Patronatsherrschaft des St.-Blasius-Stiftes resultieren: Zum „Welfenschatz", d.h. dem Kirchenschatz von St. Bla-

Abb. 1: St. Ulrich, Figurenknagge am Hause Damm 4, Höhe ca. 50 cm, um 1530

Abb. 2: St. Kosmas, Figurenknagge am Hause Damm 4, Höhe ca. 50 cm, um 1530

Abb. 3: St. Damian, Figurenknagge am Hause Damm 4, Höhe ca. 50 cm, um 1530

sius (und von St. Cyriacus) gehört ein silbernes Kopfreliquiar mit der Inschrift „de capite S. Cosme"[39]. Eine weitere auf die Zeit vor ca. 1030 weisende Verbindungslinie zeigt Beziehungen zum Bistumssitz: Bischof Altfried (851–874) hat nach chronikalischer Überlieferung solche Reliquien der Heiligen aus Rom geholt und auf Hildesheim und Essen verteilt – schon die Vorgänger des hl. Bischofs Godehard konnten also ohne weiteres Pfarrkirchen mit Reliquien der beiden heiligen Ärzte versehen. Waren diese in Niedersachsen weitverbreiteten Heiligen[40] die ursprünglichen Hauptpatrone der Kirche am Kohlmarkt? Denn der hl. Ulrich, 993 kanonisiert, kann nicht der ursprüngliche Schutzpatron dieser Kirche gewesen sein, wenn die Weihe von ca. 1030 keine Erstweihe war, was die archäologischen Forschungen jetzt nachgewiesen haben[41].

Die St.-Ulrichs-Pfarrei 1227–1533

Im Jahre 1227 besaß die Fünfstädtestadt Braunschweig sieben Pfarrkirchen, von denen vier in der Altstadt lagen, darunter St. Ulrich. Über die Pfarrer, Altarvikare und Küster kann hier nicht im einzelnen berichtet werden, ebensowenig wie hier nicht der Platz ist, die religiöse Bedeutung der St.-Ulrichs-Pfarrei zu umreißen[42]. Auch auf die Tätigkeit der „Alterleute" (olderlude, procuratores) und die Vermögensverhältnisse dieser sich auf zwei Weichbilde (Altstadt und Sack) erstreckenden Pfarrei ist hier nur in Zusammenhang mit baulichen Maßnahmen einzugehen. Die Alterleute, als die Repräsentanten der Gemeinde erwähnt seit 1287, waren die Gegenspieler der Interessen des Patrons, bis 1420 des St.-Blasius-Stiftes, danach des Herzogs[43]. Die Gemeinde hat sich, vereint mit dem Rat der Gesamtstadt Braunschweig gegen die Inkorporation der Pfarrstelle so heftig gewehrt, daß die Kanoniker ihr Patronatsrecht 1420/1425 an den Herzog gegen die ländliche, vermögende Kapelle von Stecklenburg (später „Hedwigsburg) vertauschten. Der Herzog trat also gemäß einem Schiedsspruch von 1420, beurkundet 1425, in die Rechte des Kollegiatstiftes ein[44]. Ein bürgerliches Verfügungsrecht (etwa ein Pfarrerwahlrecht wie bei St. Martini) ist damals nicht begründet worden. Den herzoglichen Patronat suchten die Bürger deshalb durch Altarstiftungen zu unterlaufen[45].

Im Jahre 1494 wurde der Baumeister Wenzel Kock unter Vertrag genommen, um die Kirche neu zu erbauen, und bis 1510/11 war zumindest ein Teil des „neuen Gebäudes" fertiggestellt. Die letzte Altarstiftung geschah 1524; die nächste erhaltene Urkunde von 1533 beschäftigt sich mit der „Tötung" unziemlicher Rentenbriefe, nämlich solcher, die mit Meßstiftungen verbunden waren. Die „Kastenherren" der einzelnen Weichbilde hatten jetzt, in der lutherisch gewordenen Stadt, die Vermögensrechte der Pfarreien und Kalande in Verwaltung genommen. Allenfalls die Einkünfte als solche wurden den in der Stadt sich aufhaltenden Meßstipendienberechtigten (aus Bürgerfamilien) noch zugestanden, wie Übersichten ab 1533 über die Nebenaltäre zu St. Ulrich ergeben[46].

Waren die Nebenaltäre in der St.-Ulrichs-Kirche inzwischen beseitigt worden? Es scheint so, denn an der St.-Ulrichs-Kirche wirkten 1528/29 zwinglianische Prädikanten, also radikale Gegner allem Bildlichen. Demnach dürfte die zumindest teilweise Wegnahme von Nebenaltären in Braunschweig im April und im August 1528 auf jeden Fall auch die St.-Ulrichs-Kirche getroffen haben. Die Braunschweiger Kirchenordnung von 1528 wendet sich im Sinne Luthers ausdrücklich u. a. gegen „winkelmessen" und „pilermessen", also gegen Meßopfer an Nebenaltären und Querschiffsarmen (wie für St. Ulrich bezeugt) und an den Pfeilern des Langhauses (in St. Ulrich beiderseits je drei Altäre). Außer den bekannten theologischen Gründen soll auch Platzmangel die Ursache der Beseitigung gewesen sein, „in sonderheit die besten Oerter in der Kirchen / als der Platz zwischen Chor und Tauff-Stein / erfüllet und bebauet gewesen / daß zwey enge gänge auf beyden Seiten geblieben" (*Rehtmeyer* 1707) – eine Situation, die für die St.-Ulrichs-Kirche zutrifft, wie die Altarstiftungen erkennen lassen. Über die Beseitigung der Nebenaltäre (und der Sakramentshäuser) in den Jahren 1528/29 oder später fehlen für Braunschweig jegliche Einzelberichte, auch etwa für die Kirche am Kohlmarkt. Wohl aber taucht 1529 die Forderung auf, die St.-Ulrichs-Kirche abzubrechen, doch der Rat der Gesamtstadt lehnte dies am 23. März 1529 ab. Die Ursache dieser Stimmung ist nicht hinreichend zu eruieren. Drohte ein Eingriff des Landesherrn als Patronatsherr von St. Ulrich? War den Lutherischen das zwinglianische Zentrum lästig? Begann damals schon ein Teil der lutherisch gesonnenen Gemeindeangehörigen, sich nach der Brüdernkirche zu orientieren, wo die lutherische Kirchenobrigkeit jetzt ihren Sitz nahm[47]?

Die Jahre ab 1533 und der Abbruch 1544

Der katholisch gebliebene Landesherr Herzog Heinrich der Jüngere (1514–1568) nahm sich 1533 in auffälliger Weise seiner Patronatskirche St. Ulrich an: Er schaltete den Hildesheimer Domherrn Burchard von Oberg als Kommissar ein, suchte das für Braunschweig links der Oker zuständige Archidiakonat Stöckheim wiederzubeleben und schickte den seit 1507 für die Gesamtstadt amtierenden Official Johann Kerckener (Dechant in Werningerode, Diözese Halberstadt, † 1541) nach Braunschweig zur Einsetzung eines neuen Pfarrers zu St. Ulrich. Ein Notar, ausgerüstet mit allen Dokumenten, führte den vom Herzog benannten Pfarrer Johann Ketterlen vertretungsweise durch den Official in seine Stelle ein: Er (der Notar) sei also mit ihm (dem

Vertreter) nach besagter Kirche gegangen und habe durch Ein- und Ausgehen, durch Berühren des Ringes der Kirchentür, des Altares und des Taufsteines, durch Ein- und Ausgehen in das Pfarrhaus und durch Anweisung der Schlüssel diesen in sein Amt eingesetzt. Der Braunschweiger Rat lehnte den eingesetzten Priester jedoch ab als „weder mit dem Alter noch Kunst dazu geschickt". Tatsächlich hatte der Herzog, als wenn es den reformatorischen Protest gegen solche Praktiken nie gegeben hätte, einen jungen, noch studierenden Mann als Pfarrer benannt[48].

Der Rat nutzte einige Jahre später, 1544, die Besetzung des Fürstentums Braunschweig-Wolfenbüttel durch den Schmalkaldischen Bund (1542–1547) und veranlaßte den jungen Pfründner, gegen eine Entschädigung auf seine Pfarrstelle zu verzichten[49]. Am „Tag der unschuldigen Kinder"(!) 1544, also am 28. Dezember, gaben Bürgermeister und Rat der vier Weichbilde Altstadt, Hagen, Neustadt und Altewiek kund, daß sie sich mit Bürgermeister und Rat im Weichbild Sack, mit den Kastenherren und den Ratspersonen der Altstadt unter Hinzuziehung auch der ältesten Pfarrangehörigen von St. Ulrich („den oldesten parluden der kercken to sunte Olricke") geeinigt hätten, die alte Ulrichskirche wegen baulicher Schäden abzureißen und die „Brüdernkirche", die ehemalige Kirche der Franziskaner, der St.-Ulrichs-Pfarrei als Kirchengebäude zuzuweisen[50]. So ist es geschehen – seitdem heißt die Pfarrei „(St.-)Ulrici-Brüdern".

Der 1547 heimkehrende, bei der Vereinbarung von 1544 übergangene landesfürstliche Patronatsherr hat das Geschehen hinnehmen müssen, schaltete sich aber in den nächsten Jahren mehrfach auf Grund seiner Patronatsrechte in Angelegenheiten der Ulrici-Brüdern-Pfarrei ein (1554, 1556, 1558, 1559)[51]. Mit dem neuen lutherischen Landesherrn, Herzog Julius (1568–1589), schloß die Stadt am Laurentiustag 1569 (10. 8.) einen vorläufigen Frieden. Dabei wurde als 18. Punkt vereinbart[52]: „Sanct Ulrichs Platz betreffent, Dieweill Dieselb Pfarrkirch desolirt, und in die Kirch zu den Brüdern gelegt worden. So ist diser Punct dahin gerichtet und abgehandelt, Das unserm gnedigen Herrn und Senior fürstliche gnaden Erben die gemelte Kirch zu den Brüdern sambt dem Iure patronatus inmassen solche zuvor St. Ulrich gewesen, Doch zukommen und dagegen dem Rathe Sanct Ulrichs Platz Ires gefallens mit demselben Ingebawen uberlassen sein soll". Die Stadt Braunschweig mußte also 1569 den gesamtwelfischen Patronat über St. Ulrich wieder anerkennen und hatte somit in dieser Hinsicht durch den Abbruch von 1544 nichts gewonnen. Allenfalls eine unbequeme Baulast für eine halb erneuerte Kirche konnte als entfallen gelten[53].

„Altes und „neues" Gebäude ab 1494

Nach den Skizzen von der St.-Ulrichs-Kirche im Braunschweigischen Kalender von 1861 und in *K. W. Sacks* Festgabe von 1861 (Abb. 4) soll die Kirche auf dem Kohlmarkt eine dreischiffige Hallenkirche mit einer Zweiturmfront gewesen sein[54]. Diese Vorstellung beruht auf Analogieschlüssen bzw. auf reiner Phantasie[55], abgeleitet möglicherweise aus den von *H. Dürre* 1861 (teilweise schon von *P. J. Rehtmeyer* 1707–1720) veröffentlichten Einzelnachrichten, insbesondere über die Altarstiftungen. Diese Einzelnachrichten sind auch hier, mangels anderer archivalischer Quellen, die einzige Erkenntnisquelle; sie bedürfen aber einer sorgfältigeren und auf einen Kontext zielenden Interpretation. Eine entscheidende Hilfe bietet die Urkunde von 1544, in der deutlich ein „altes" und ein „neues" Gebäude unterschieden wird, was Rehtmeyer in seine Schilderung einbezieht[56], während Dürre dies nicht ernsthaft zur Kenntnis nimmt und die Hinweise auf eine Kirchenerneuerung im Zeitraum 1494 bis 1511 als „Reparatur" herabstuft[57]. Die Passage der Urkunde von 1544 lautet:

„Deweile befunden dat in dussen Lufften (= Zeitläuften) nicht woll mogelich geweßen, dat nie angefangen gebew tho fullenfoirenn, und dan dat olde so noch an dersulven kerken vorhanden so bwfellig geweßen, dat idt lenger nicht stand unnd in wesende beholden werden mogen, sunder degelicher den fahl gedrawet (der Fall droht), wo idt dan ock an itligen orden dy nechtliger wile ingeschoten Dat ane forcht dat parrecht darinne lengete nicht hat verhopet werden mogen, so se uns dat olde und nie gebow ock den thurm abgetragen, der kirchhof gepflastert, und zu einem Markt der stadt zu Ehren gemacht werden ...[58]."

Es bestanden 1544 danach deutlich drei Gebäudeteile: altes und neues Gebäude sowie der Turm. Von „einem" Turm, also nicht etwa einer Zweiturmfront, ist in der Urkunde mehrfach die Rede. Das neue Gebäude war also nicht fertig geworden. Im alten Gebäude, „so noch an dersulven kerken vorhanden", hatte es nächtliche Einstürze gegeben. Die 1544 abgebrochene Kirche war mit Sicherheit weder ein einheitlicher Bau noch besaß sie offenbar damals eine Zweiturmfront.

Die neuen Gebäudeteile wurden in den Jahren 1494/1511 errichtet. Ein Vertrag von 1494, eine herzogliche Urkunde und mehrere Altarstiftungen beweisen dies. Im Jahre 1494 schlossen der Rat im Sack und die Alterleute von St. Ulrich mit „mester Vincencius Kock" einen Vertrag, wobei es heißt, der Baumeister sei angenommen, ihre Kirche zu erbauen („anghenomen ... to buwende unse kerken")[59], was doch wohl nur als Neubau verstanden werden kann. Leider enthält der Vertrag von 1494 keine hier sonst verwertbaren

Die St. Ulricikirche
in der Mitte der Stadt auf dem jetzigen Kohlmarkte belegen

Abb. 4: nach *K. W. Sack,* Festgabe 1861

Angaben, sondern nur sehr umfangreiche Details über die Entlöhnung und die Arbeitsbedingungen des Meisters und seiner Mitarbeiter – immerhin lassen diese Einzelheiten auf eine länger andauernde Bautätigkeit schließen. Herzog Heinrich der Ältere urkundete am Montag nach Misericordia 1496 (17. April), kurz nach der großen Stadtfehde von 1492–1495[60], daß ihm die ,,Olderlude zu S. Olrike" in Braunschweig angezeigt hätten, Gott, Maria und St. Ulrich zu Ehren ,,der genannten Kerken von Nygen to buwende". Obwohl Bürgermeister, Rat und die ganze Gemeinde zu Braunschweig seine Untertanen seien, so wolle er doch aus Geneigtheit gegen die Gotteshäuser in diesem Falle den von St. Ulrich geschickten Wagen, Pferde und Knechte ,,so steine holen und steine brechen" seinen besonderen Schutz, Geleit und Verteidigung angedeihen lassen[61]. Ein größeres Bauvorhaben der St.-Ulrichs-Gemeinde kann also schwerlich bezweifelt werden.

Leider fehlt ein eindeutiger Hinweis, ob die Erneuerung des Kirchengebäudes – wie zumeist – am Chorteil begonnen wurde, oder am Langhaustrakt. Eine gewisse Häufung von Altarstiftungen sowie Veränderungen bei den Altären 1505–1511 deuten aber auf einen erneuerten Osttrakt[62].

Zusammenfassung

1. Die Braunschweiger St.-Ulrichs-Kirche wurde vom Hildesheimer Diözesanbischof Godehard (1022 bis 1038) im Rahmen der schon von seinem Vorgänger Bernward betriebenen Verbesserung der Pfarrorganisation geweiht, nicht ,,um 1036", sondern ,,um 1030", nämlich in Zusammenhang mit der Gründung des brunonischen Kollegiatstiftes in der Burg Dankwarderode.

2. Die St.-Ulrichs-Pfarrei entstand in Zusammenhang mit der Entwicklung der Bürgerstadt westlich der Oker in Zusammenwirken mit dem brunonischen Grafen Ludolf (1010–1038). Das Patrozinium des hl. Ulrich ist zum einen als schwäbischer Einfluß zu verstehen: Mutter des Grafen Ludolf war die Schwäbin Gisela (die Kaiserin) – zum anderen wurde die Tätigkeit und die Intentionen des Bischofs von Augsburg offenbar als Modell einer dem aufsteigenden Bürgertum angemessenen kirchlichen Versorgung angesehen. Die Einschaltung des brunonischen Stiftes als Inhaber des Patronates war im Sinne der kirchlichen Reformbewegung eine für die Zeit ,,progressive" Maßnahme.

3. Die St.-Ulrichs-Kirche ist offenbar zeitweilig die bevorrechtigte Volkskirche und Taufkirche gewesen (unter dem Patronat der Propstei des Kollegiatstiftes St. Blasius); diese Sonderstellung endete mit dem Aufstieg der Pfarrei St. Martini (bis 1204 unter dem Patronat des Dechanten von St. Blasius). Seitdem umfaßte das Kirchspiel den östlichen Teil der Altstadt sowie das Weichbild Sack.
4. Der Patronat des St.-Blasius-Stiftes über St. Ulrich (bis 1398 der Propst, danach der Dechant des Kapitels) endete 1420/25 mit der Vertauschung des Patronates an die Herzöge von Braunschweig-Lüneburg (deren Rechte 1569 wieder bekräftigt wurden).
5. Die Braunschweiger Bürger hatten sich 1420/25 erfolgreich gegen die Inkorporation der Pfarrstelle gewehrt; die nach 1420/25 wieder selbständige Pfarrei unterlag allerdings nicht wie St. Martini einer wie auch immer gearteten, rechtlichen Einwirkung des Gesamtrates oder des Rates der Weichbilder Altstadt und Sack. Betätigungsfeld der Bürger war das Institut der Alterleute (procuratores, olderlude), nachweisbar seit 1287, und die Möglichkeit zur Stiftung von Altarkommenden.
6. Die bauliche Erneuerung ab 1494 intendierte einen völligen Neubau. Die Bauarbeiten wurden wohl um 1510 eingestellt. Durch die Baumaßnahmen entsteht das ungleiche Nebeneinander von alten und neuen Gebäudeteilen.
7. Statische Probleme, auch ästhetische, mögen zum Abbruch von 1544 beigetragen haben. Der Wille zu einem Weiterbau bestand erklärtermaßen nicht. Dazu kam in der Bürgerschaft der Unwille über das lästige Patronatsrecht der Herzöge: Die St.-Ulrichs-Kirche hätte aus dieser Rechtslage heraus zudem leicht ein katholischer Stützpunkt werden können, wie der Vorstoß von 1533 und auch spätere Einwirkungsversuche des katholischen Landesherrn zeigen. Die auch den Lutheranern unangenehmen zwinglianischen Tendenzen in der St.-Ulrichs-Gemeinde wären geeignet gewesen, die Durchschlagskraft herzoglicher Maßnahmen zu erhöhen. So nahm die Stadt Braunschweig die erstbeste Gelegenheit wahr, das Kirchengebäude abzureißen. Allerdings verblieb die Gemeinde St. Ulrici-Brüdern unter herzoglichem Patronat.

Anmerkungen

1 Die Braunschweiger Kirche St. Ulrich wird in der Literatur sehr häufig genannt, aber nicht eigentlich erörtert. Kalenderartikel u.ä. bleiben daher im folgenden durchweg unerwähnt.
Die Geschichte der St.-Ulrichskirche ist bisher am ausführlichsten behandelt bei *H. Dürre:* Die Geschichte der Stadt Braunschweig im Mittelalter. Braunschweig 1861, S. 483–490.

2 Braunschweigische Reimchronik. Hg. von *L. Weiland.* In: Deutsche Chroniken und andere Geschichtsbücher des Mittelalters, 2. Bd. Hannover 1877 (= Monumenta Germaniae Historica, Scriptorum qui vernacula lingua usi sunt, tomus II), S. 430–585, dort S. 439, V. 1615–1618.

3 *W. Herderhorst:* Die Braunschweigische Reimchronik als ritterlich-höfische Geschichtsdichtung. In: Niedersächsisches Jahrbuch für Landesgeschichte 37, 1965, S. 1–34.

4 Vgl. die Einleitung des Herausgebers der Reimchronik, *L. Weiland* (s. Anm. 2), S. 432ff., Zitat S. 432f. – Ferner: *K. Kohlmann:* Die Braunschweigische Reimchronik auf ihre Quellen geprüft. Diss. Phil. Kiel. Kiel 1876. – *O. Holger-Egger:* Ueber die Braunschweiger und Sächsische Fürstenchronik und verwandte Quellen. In: Neues Archiv der Gesellschaft für ältere Geschichtskunde 17, 1892, S. 159–184.

5 *H. Bünting:* Newe vollständige Braunschweigische und Lüneburgische Chronica ... Magdeburg 1620, S. 112.

6 *Ph. J. Rehtmeyer:* Der berühmten Stadt Braunschweig Kirchenhistorie. Braunschweig 1707, 1. Teil, Kap. II, S. 25. – Supplementband: Der fünfte Teil der „Kirchen-Historie", Braunschweig 1720, 1. Teil, Kap. II, S. 5–7.

7 *Rehtmeyer* (s. Anm. 6), S. 25f., Zitat S. 25. – Vgl. Anm. 58 (*Rehtmeyer* hat also die betr. Urkunde benutzt).

8 Stadtarchiv Braunschweig (künftig: StA Br.): A III 2, Nr. 1–11, 13–51d, 52–78a, 79–80.

9 StA Br.: B I 14, Nr. 11, auch Nr. 4; G II 7, Nr. 1–4 und Nr. 27. – Die kopiale Überlieferung des Niedersächsischen Staatsarchivs Wolfenbüttel (künftig: Nds StA Wo.), etwa 32 Slg 71, St. Ulrich, ist überwiegend sekundär, ebenso VII B Hs 134, Bd 1, Bll. 330ff.

10 Urkunden der Stifte und Klöster überwiegend im Nds StA Wo., die der Pfarrkirchen zumeist im StA Br. – Im Nds StA Wo. z. B. die Urkundenfonds 7 Urk (St. Blasius Braunschweig), 8 Urk (St. Cyriacus Braunschweig), 42 Urk (Stadt Helmstedt, zum Jahr 1421), 139 Urk (Varia Brunsvicensia Nr. 26).

11 StA Br.: B I 14, Nr. 14; G II 7 („Sonderarchive": Pfarrkirche St. Ulrici"), Nr. 1–5 (Kopialbücher usw.), Nr. 6–21 (Personalia), Nr. 22–57 (Vermögenssachen usw.), Nr. 58–90 (Sonstiges). – Weiterhin, ebd.: B IV 11, Nr. 3, 5, 14, 16, 23, 28, 49, 104, 129 und 144. – Ebd.: B IV 2, Nr. 9. – Praktisch unergiebig für die Zeit vor 1544: ebd. F I 7 (Kirchenrechnungen von St. Ulrici-Brüdern) sowie auch das Landeskirchliche Archiv in Braunschweig. Im Nds StA Wo. kann u. a. 11 Alt St. Blasius Nr. 1006, 1172, 1242 herangezogen werden. Reformationsgeschichtliche Akten im StA Br.: B III 1, Nr. 6; B III 15, Nr. 1a und Nr. 3. Materialien und Rechnungen des Braunschweiger Officials Johann Kerckener (1511–1541): StA Br.: B I 14, Nr. 6 und Nr. 16.

12 Urkundenbuch der Stadt Braunschweig, hg. von Hänselmann, Ludwig und Heinrich Mack. Bd 1. 2. 3. Braunschweig usw. 1873, 1900, 1905 (nur wenig zusätzliche Nachrichten). Beachtenswert ist ferner unter den gedruckten Quellen: Die Vizedominatsrechnungen des Domstifts St. Blasii zu Braunschweig 1299–1450. Hg. von *H. Goetting* und *H. Kleinau.* Göttingen 1958 (= Veröffentlichungen der Niedersächsischen Archivverwaltung H. 8), siehe das Register.

13 S. o. Anm. 2.

14 *A. Bertram:* Geschichte des Bisthums Hildesheim. Bd. 1. Hildesheim 1899, S. 88–99. – *K. Algermissen:* Herkunft, Entwicklung und Wirken Godehards. In: Bernward und Godehard von Hildesheim. Hg. von *K. Algermissen.* Hildesheim 1960, S. 216–230. – *W. Heinemann:* Das Bistum Hildesheim im Kräftespiel der Reichs- und Territorialpolitik vornehmlich des 12. Jahrhunderts. Hildesheim 1968 (= Quellen und Darstellungen zur Geschichte Niedersachsens 72), S. 34f.

15 *E. Döll:* Die Kollegiatstifte St. Blasius und St. Cyriacus zu Braunschweig. Braunschweig 1967 (= Braunschweiger Werkstücke 36), S. 17ff.

16 *M. R. W. Garzmann:* Stadtherr und Gemeinde in Braunschweig im 13. und 14. Jahrhundert. Braunschweig 1976 (= Braunschweiger Werkstücke 53), S. 19ff.

17 Ebd., S. 20. – Archidiakonatsprobleme, vgl. *M. Erbe:* Studien zur Entwicklung des Niederkirchenwesens in Ostsachsen vom 8. bis zum 12. Jahrhundert, Göttingen 1969 (= Veröffentlichungen des Max-Planck-Instituts für Geschichte 26), sollen ausgeklammert bleiben.

18 Nds StA Wo.: 7 Urk 6. – *D. Kurze:* Pfarrerwahlen im Mittelalter.

Köln/Graz 1966 (= Forschungen zur kirchlichen Rechtsgeschichte und zum Kirchenrecht 6), S. 395–401, bes. S. 397. – *J. A. H. Schmidt:* Die St. Martinskirche in Braunschweig ... Braunschweig 1846. – Erbe (s. Anm. 17), erwähnt St. Ulrich nicht.

19 *R. Dorn:* Mittelalterliche Kirchen in Braunschweig. Hameln 1978, Abb. 65–73 bzw. 181.

20 *Dürre* (s. Anm. 1), S. 487f. und Anm. 44. – *Fr. Knoll:* Die kirchliche Einteilung der Stadt Braunschweig im Mittelalter. In: Braunschweigische Landeszeitung, Jg. 1886, Nr. 286, 289, 297, 304. – Vgl. die Karte „Braunschweig um 1400" bei Dürre (s. Anm. 1) und die weiterentwickelte, gleichbezeichnete Karte als Beilage von Bd. 3 des Urkundenbuches der Stadt Braunschweig (s. Anm. 12), 1:6000 „entworfen vom Geometer W. Schadt im Jahre 1903".

21 S. o. Anm. 14.

22 Vgl. Anm. 2.

23 *H.-J. Querfurth:* Beziehungen zwischen Braunschweig und den Nordseegebieten im 11. Jahrhundert und die Errichtung der St.-Magnikirche. In: Braunschweigisches Jahrbuch 52, 1971, S. 9–18. – *M. R. W. Garzmann:* Die Bedeutung der St. Magni-Urkunde für die Geschichte der Stadt Braunschweig. In: Festschrift zum 950jährigen Jubiläum der St.-Magni-Kirche in Braunschweig. Braunschweig 1981, S. 7–13.

24 *G. W. Leibniz* (Hg.): Scriptores rerum Brunsvicensium. Tomus II. Hannover 1709, S. 788; MGH (vgl. Anm. 2) SS 7. 1846, S. 845–873, hg. von *Wilhelm Wattenbach.*

25 *Döll* (s. Anm. 15), S. 117. – *Garzmann* (s. Anm. 16), S. 193, bes. Anm. 22.

26 *Garzmann* (s. Anm. 16), S. 193.

27 *Döll* (s. Anm. 15), S. 17f.

28 *Erbes* (s. Anm. 17), S. 107, als Entledigung von Pfarrpflichten seitens der Domkirche gedeutete Beobachtungen der Hildesheimer Pfarrverhältnisse unterstützen die hier vorgetragene Auslegung der Maßnahmen Bischof Godehards.
Auf Literaturangaben zur kirchenrechtlichen Situation Anfang des 11. Jahrhunderts muß hier verzichtet werden.

29 *A. Cohausz:* St. Ulrich in Paderborn. In: Zeitschrift des Historischen Vereins für Schwaben 61, 1955, S. 201–210.

30 Ebd., S. 207 (Hinweise neben Goslar u. a. auf Braunschweig, Halle und Magdeburg). Vgl. auch die „Beiträge zum Ulrichsjahr 1973" (= Zeitschrift des Historischen Vereins für Schwaben 67, 1973).

31 Vgl. *Cohausz* (s. Anm. 29).

32 Vgl. z. B. die „Tafel 1" bei *Döll* (s. Anm. 15), ferner: *R. Schöllkopf:* Die Sächsischen Grafen 919–1024. Göttingen 1957.

33 Urkundenbuch der Stadt Goslar, Bd. I, Halle 1893 (= Geschichtsquellen der Provinz Sachsen ... Bd. 29), Einleitung *(G. Bode)*, S. 6., betr. die Kapellen, wobei die Datierung der St. Ulrichs-Kapelle nur erschlossen und dementsprechend umstritten ist, zumal die architekturgeschichtliche Analyse auf den Anfang des 12. Jahrhunderts weist.

34 *Heinemann* (s. Anm. 14), S. 35.

35 *H. Jakobs:* Der Adel in der Klosterreform von St. Blasien. Köln/Graz 1968 (= Kölner historische Abhandlungen 16), S. 305.

36 Altäre in der St.-Ulrichskirche: *Dürre* (s. Anm. 1), S. 484–486. – Nach Dürre ist die Übersicht erstellt in: *E. Hennecke/H.-W. Krumwiede:* Die mittelalterlichen Kirchen- und Altarpatrozinien Niedersachsens. Göttingen 1960, S. 86.

37 *W. Artelt:* Kosmas und Damian, die Schutzpatrone der Ärzte und Apotheker. Darmstadt 1953. – *Dürre* (s. Anm. 1), S. 485 und ihm folgend *Hennecke/Krumwiede* (s. Anm. 36), S. 86, haben dieses Nebenpatrozinium nicht erkannt.

38 Übersicht über Altäre in St. Ulrich (künftig: „Altäre") in: StA Br.: B I 14, Bd. 11 (Deckelinnenseite vorn). Abschrift dazu: Nds StA Wo.: 32 Slg 71, St. Ulrich, S. 42–44.

39 *D. Kötzschke:* Der Welfenschatz im Berliner Kunstgewerbemuseum. Berlin 1973 (= Bilderhefte der Staatlichen Museen Preußischer Kulturbesitz H. 20/21), Nr. 28 auf S. 76 (mit Literaturhinweisen).

40 *Bertram* (s. Anm. 14), S. 38. – Verbreitung speziell in Niedersachsen: *Griep, Hans-Günther:* Südniedersachsen. Eine medizinische Topographie. Hameln 1960, S. 7.

41 *H. Rötting:* Archäologische Befunde zu prae-städtischen Siedlungsformen Braunschweigs vor Heinrich dem Löwen. Erster Teil eines Arbeitsberichtes. In: Festschrift Brunswiek 1031 – Braunschweig 1981, Hrsg. v. *G. Spies,* Braunschweig 1981, 695–723.

42 *Dürre* (s. Anm. 1), S. 483f., 486f. bzw. 488f. – *R. Piekarek:* Die Braunschweiger Ablaßbriefe. In: Braunschweigisches Jahrbuch 54, 1973, S. 74–137, bes. S. 120.

43 Alterleute (provisores): *Dürre* (s. Anm. 1), S. 489. Laut *Dürre* wurden die Alterleute vom Rat des Weichbildes Sack ernannt, was angezweifelt werden muß. Ersterwähnung der procuratores: Urkundenbuch der Stadt Braunschweig (s. Anm. 12), Nr. 347 auf S. 160.

44 Nds StA Wo.: 7 Urk 410–415, 439a, 458, 481. Der Schiedsspruch aus dem Degedingebuch, zitiert in Nds StA Wo.: VII B Hs 134, f. 161–165. Urkunde über den Tausch 1425: Nds StA Wo.: 7 Urk 481, vgl. dazu *Döll* (s. Anm. 15), S. 113 und S. 206. – *Dürre* (s. Anm. 1), S. 488f. – Zur Konfliktsituation und zum „Papenkrich" 1413–1420 vgl.: *B.-U. Hergemöller:* Krisenerscheinungen kirchlicher Machtpositionen in hansischen Städten des 15. Jahrhunderts. In: Städtische Führungsgruppen und Gemeinde in der werdenden Neuzeit. Köln/Graz 1980, S. 313–348, bes. S. 318 ff.

45 Der Schiedsspruch von 1420 (s. Anm. 44) läßt keinerlei Teilhabe einer bürgerlichen Gewalt am Patronatsrecht erkennen: *H. Rellers* Behauptung eines Pfarrwahlrechtes ist unverständlich *(H. Reller:* Vorreformatorische und reformatorische Kirchenverfassung im Fürstentum Braunschweig-Wolfenbüttel. Göttingen 1959, S. 46); *Kurze* (s. Anm. 18), S. 399, übernimmt irrig diese Behauptung. – Unterlaufen des Hauptpatronats durch Altarstiftungen: *Dürre* (s. Anm. 1), S. 488.

46 Vgl. StA Br.: A III 2; B I 14, Nr. 11; G II 7, Nr. 2 und Nr. 27. – Weitere Nachrichten über Wenzel Kock fehlen einstweilen.

47 Jahre 1528/1529: vgl. die einschlägigen Akten im StA Br. Recherchen speziell zur St.-Ulrichskirche bleiben einstweilen erfolglos. – *Rehtmeyer* (s. Anm. 6), III. Teil, bes. S. 61ff., Zitat über Platzmangel in der Vierung ebd. S. 64. – Ansonsten: Die Reformation in der Stadt Braunschweig. Festschrift 1528 – 1978. Hg. vom Stadtkirchenverband. Braunschweig 1978. – Zum Zwinglianismus: *W. A. Jünke:* Bugenhagens Einwirken auf die Festigung der Reformation in Braunschweig (1528–1532), ebd. S. 71–82, bes. S. 76ff. – Abbruch St. Ulrich: ebd. S. 75 und S. 78. – Zur Frage der Bilderstürmerei: *M. Wandersleb:* Luthertum und Bilderfrage im Fürstentum Braunschweig-Wolfenbüttel und in der Stadt Braunschweig im Reformationsjahrhundert. In: Jahrbuch der Gesellschaft für niedersächsische Kirchengeschichte 1968, S. 18–80; 1969, S. 24–90; 1970, S. 208–272. – Altarstiftungen: vgl. Anm. 38.

48 StA Br.: A III 2, Nr. 75 und Nr. 74. – Vgl. ebd. G II 7, Nr. 2f. 49–49v (28. 7. 1533, Aussteller: Burchard v. Oberg), f. 49v (25. 7. 1533, Aussteller: Herzog Heinrich d. J.). – Einsetzung: StA Br.: A III 2, Nr. 76. – Vgl. ebd.: G II 7, Nr. 2, f. 49–50v (2. 8. 1533). – Official J. Kerckener: s. o. Anm. 11; StA Br.: B III 15, Nr. 1a, f. 11ff.

49 Vgl. StA Br.: A III 2, Nr. 79. – Vgl. G II 7, Nr. 2, f51v (24. 11. 1544). Ketterlen wurde also nicht „abgesetzt", entgegen *W. Spieß:* Braunschweig im Nachmittelalter. Bd. 1. Braunschweig 1966, S. 82.

50 StA Br.: A III 2, Nr. 80. – Vgl. ebd.: G II 7, f. 52f.

51 Vgl. StA Br.: G II 7, Nr. 2, f. 53ff.

52 StA Br.: A I 1, Nr. 1624. – „Senior": der älteste Fürst des Welfenhauses.

53 Über die Jahre 1544–1689 vgl.: *Spieß* (s. Anm. 49), Bd. 2, S. 649f.

54 Zusammenfassend über diese Zeichnungen, mit Abbildungen: *P. J. Meier:* Wie sah die ehemalige Ulrichskirche in Braunschweig aus? In: Braunschweigisches Magazin 14, 1908, S. 152–154.

55 Würdigung bzw. Kritik: *P. J. Meier:* Untersuchungen über die Anfänge der Stadt Braunschweig. In: Jahrbuch des Geschichtsvereins für das Herzogtum Braunschweig 11, 1912, S.

1–47. Dort S. 22 kurze, aber einleuchtende Abwägung der historiographischen Situation 1861. – *T. Knauf:* Die Architektur der Braunschweiger Stadtpfarrkirchen in der ersten Hälfte des 13. Jahrhunderts. Braunschweig 1974 (= Quellen und Forschungen zur Braunschweigischen Geschichte 21), S. 245, Anm. 883 (nur analogische Behandlung). – *Dorn* (s. Anm. 19), S. 253 (Kritik an den bisherigen Rekonstruktionsmodellen wegen mangelnder Begründetheit).

56 *Dürre* (s. Anm. 1), S. 484, behauptet, es sei „1494 und 1511 eine Reparatur" vorgenommen worden. – *Dorn* (s. Anm. 19), S. 253, hat diese oberflächliche Behauptung Dürres leider adaptiert.

57 *Rehtmeyer* (s. Anm. 6), S. 25f., Anm. auf S. 26. Die dort genannte Urkunde („In Archiv. Senat. Casp. G. num. 10") ist die im StA Br. im Fonds A III 2 als Nr. 80 verwahrte Urkunde.

58 StA Br.: A III 2, Nr. 80 –. Zur Verdeutlichung sei die zitierte Urkundenpassage in modernisierter sprachlicher Form zusätzlich wiedergegeben:
Da befunden wurde, daß in diesen (sich verändernden) Zeitläuften es nicht möglich gewesen sei, den neu angefangenen Bau zu vollenden, und da der alte Bau – der noch in Verbindung mit dem erneuerten Teil der Kirche stand –, so baufällig sei, daß er nicht länger baulich gepflegt werden könne, vielmehr täglich der Einsturz drohte – an etlichen Stellen wäre es zu nächtlicher Zeit schon zu Herabstürzungen gekommen –, so daß ohne Furcht die pfarrlichen Amtshandlungen (in diesem Kirchengebäude) nicht länger vorgenommen werden könnten, und so sei deswegen der ältere und der neuere Teil der Kirche samt dem Turm (Singular!) abzutragen; der Kirchhof soll gepflastert und in einen Markt umgewandelt werden, der Stadt zur Ehre.

59 StA Br.: A III 2, Nr. 45.

60 Zum Verhältnis Herzog Heinrichs des Älteren zu Braunschweig vgl. *F. Pribatsch:* Die große Braunschweiger Stadtfehde (1492–1495). (Braunschweig) 1890.

61 StA Br.: A III 2, Nr. 46. – Vgl. ebd. G II 7, Nr. 1, f. 16v – 17 = G II 7, Nr. 2, f. 38.

62 *Dürre* (s. Anm. 1), S. 484–486. – Zu baulichen Hinweisen aufgrund der Altarstiftungen wird ein besonderer Beitrag veröffentlicht werden.

Das Pfarrhaus St. Ulrici und die Heiligen Kosmas und Damian

Rudolf Fricke

Wegen angeblicher Baufälligkeit wurde 1544 die Ulrichskirche auf dem Kohlmarkt zu Braunschweig abgebrochen, die ihr zugehörige Gemeinde in die Brüdernkirche verlegt, welche im Zuge der Reformationsereignisse von den Barfüßermönchen geräumt worden war. Eine über ein halbes Jahrtausend währende Tradition schien an dieser Stätte ausgelöscht. Dennoch blieb ein Zubehör des alten Gotteshauses über weitere 300 Jahre ortsnah erhalten: das 1514 errichtete, mit Schnitzwerk wohl verzierte Pfarrhaus. Als Hofgebäude, in einigem Abstand von der Randbebauung der Marktfläche, durchquerte das zweigeschossige Fachwerkgebäude mit einer Länge von 20 Spann (ca. 28 m) seine später in zwei Besitztümer geteilte Standfläche. Diese umfaßte die heutigen Grundstücke Kohlmarkt Nr. 4 und 5 (ass. Nr. 271 u. 272, vgl. Abb. 1). Als in den ,,Gründerjahren" ein zeitgemäßes Bauwerk errichtet werden sollte, wurde der dort befindliche Teil des alten Pfarrhauses niedergelegt. Sachkundige Männer retteten den zugehörigen Schwellbalkenanteil in Museumsobhut. Im Sommer 1954 schlug dem restlichen Teil des historischen Bauwerks auf Nr. 5 die Stunde (Abb. 2). Auch diesmal griffen Beauftragte der behördlichen Denkmalpflege ein. Das sorgsam abgetragene Balkenwerk sollte helfen, eine im Bombenkrieg entstandene Baulücke zu schließen. Unter Hinzufügen der einst ins Museum geretteten Bestandteile entstand das Haus ,,Hinter der Magnikirche 4" (Abb. 3). Sinngemäß über dessen Front verteilt, bietet sich die herrliche ornamentale Inschrift des alten Ulricipfarrhauses dem Beschauer dar. Unter Auflösung der Abkürzungen liest sie sich wie folgt.

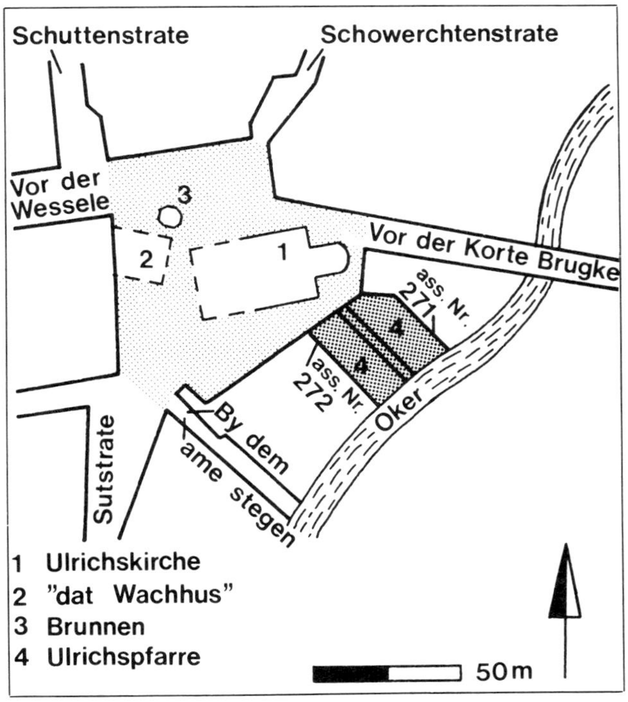

Abb. 1: Kohlmarkt mit jüngster Ulrichskirche (Anfang 16. Jh.) nach den fragmentarischen Grabungsbefunden und Ulrichspfarre (1514) lokalisiert auf dem Plan ,,Braunschweig um 1400" nach *Sander* et al., 1930

Anno · domini · millesimo · quingentesimo · decimo · quarto · Georgius · Irrenberch · brunovicensis · rector · huius · ecclesie · in · honorem · divi · Udalrici · episcopi · et · sanctorum · compatronorum · cosme · et · damiani · hanc · domum · fieri · fecit ·

Zu deutsch: Im Jahre des Herrn 1514 ließ Georg Irrenberch, Rektor dieser Kirche, zu Ehren des verehrungswürdigen Bischofs Ulrich und der heiligen Mitpatrone Kosmas und Damian dieses Haus erbauen.

Außer dem Namen des Bauherrn sind hier auch mit dem St. Ulrichs die der Heiligen Kosmas und Damian als Mitpatrone genannt; an einer Knagge ist letzterer figürlich dargestellt (Abb. 4). Ohne Frage waren an anderen Konsolen ebenso die Gestalten des Damian und St. Ulrichs angebracht, die wohl beim ersten Teilabbruch verlorengingen. Unversehrt und an ursprünglicher Stelle befinden sie sich jedoch beieinander in der langen Reihe der Figurenknaggen des Hauses Damm 4 (vgl. Beitrag *Römer,* Abb. 2–4, in diesem Band).

Genau in deren Mitte sieht man den heiligen Ulrich. In der Rechten den Krummstab, hält er in der anderen Hand einen Fisch, sein Attribut. Daneben beschaut St. Damian das hocherhobene Uringlas (,,Mijenkieker"), auf der anderen Seite aber zeigt St. Kosmas seinen Arzneikasten. Die heilkundigen Brüder Kosmas und Damian erlitten um 303 n. Chr. den Märtyrertod.

Abb. 2: Bis zum Sommer 1954 befand sich dieser Gebäudeteil der Ulrichspfarre noch am Kohlmarkt 5 (ass. Nr. *272*)

Abb. 3: ,,Hinter der Magnikirche 4" – die in nahezu unveränderter Form 1954/55 hierher versetzte und wiedererrichtete Ulrichspfarre aus dem Jahre 1514 vom Kohlmarkt

Abb. 4: Figurenknagge des Hl. Damian mit Uringlas, Höhe insgesamt 46 cm, farbig gefaßt, 1514. Ehemalige Ulrichspfarre Kohlmarkt, heute ,,Hinter der Magnikirche 4"

Sie sind die Schutzherren der früher auf allen Märkten (meist ambulant) anwesenden Ärzte, Apotheker und Barbiere und so der Goslarer Marktkirche alleinige Patrone. In Braunschweig wohnte 1309 nahe der Schuhstraße, also am Kohlmarkt, Claus der Apotheker, und 1360 wird ,,dat hus dat de apoteke het bi sente olrike" urkundlich genannt.

Hauptschirmherr der alten Pfarrkirche war freilich St. Ulrich, Bischof von Augsburg (890–973). Er galt als Helfer gegen Ratten und Mäuse. An einem Fastentage verwandelte er verbotene Fleischspeise in erlaubten Fisch, daher sein Attribut.

Von Bruno (1006–1029), einem Verwandten des ,,Braunschweiger" Grafen Ludolf (1010–1038) und Nachfolger St. Ulrichs im Augsburger Amte, mag Ludolf jene Reliquie erhalten haben, ohne welche die neue Kirchengründung gar nicht denkbar ist. Diese dürfte um 1025 erfolgt sein (hierzu vgl. Beitrag *Römer*).

Die Grabungen an der Stätte der alten Pfarrkirche aber erbrachten Hinweise auf Kirchenbauten in einer Zeit, in der Ulrich, der Bischof von Augsburg, noch gar nicht gelebt hatte bzw. heiliggesprochen worden war und in der Kosmas und Damian alleinige Patrone eines älteren Gotteshauses gewesen sein dürften.

Sozialdaten über Anwohner der Jöddenstraße im 14. bis 15. Jahrhundert

Karsten Kablitz

I. Die Parzellen ass. Nr. 1362–64 (Jöddenstr. 2, 3, 4) und 1371–73 (Jöddenstr. 7, 8, 9)

Über die Lage der Parzellen ass. Nr. 1362–64 und 1371–73 werden wir durch die Kartenwerke des 18. und 19. Jhs. ins Bild gesetzt[1]. Versucht man, die für das 18. Jh. festgehaltenen Gegebenheiten auf die Baugrund- und Bebauungsverhältnisse des 14. und 15. Jhs. zu übertragen, so ergeben sich zwei Fragen:

1. Entsprechen die im 18. Jh. aufgenommenen Grundstücksgrenzen denen des späten Mittelalters?

2. Darf davon ausgegangen werden, daß die mittelalterliche Bebauung der Grundstücke der des 18. Jhs. vergleichbar ist?

1. Über die Lage und Größe der Baugrundstücke, die 1754 die Brandversicherungsnummern 1362–64 und 1371–73 erhielten, ist für das 14. und 15. Jh. in den Schriftquellen wenig überliefert. Dennoch wird man aus den spärlichen Hinweisen schließen dürfen, daß sich die Grundstücksverhältnisse im Verlauf der Jahrhunderte nur unwesentlich verändert haben können.

Von den Parzellen mit den ass. Nrn. 1371–73 können wir mit großer Sicherheit sagen, daß sie bereits im frühen 14. Jh. in der Weise bestanden haben, wie sie dann im 18. Jh. kartiert wurden: Offenkundig nicht jede für sich, sondern alle drei en bloc von den beiden ursprünglich bis an die Jöddenstraße grenzenden Grundstücken ass. Nr. 1383 und 84 abgetrennt, werden die drei neuen

Abb. 1: Stadtgrabung 10, Jöddenstraße und Meinhardshof der Neustadt. Parzellen und Brandnummern nach *Culemann* 1798; Bebauung nach *Allers* 1885 bzw. nach *Haacke* 1764 (ass. 1362)
Im Ausschnitt: Wohnbereich der Juden und Christen im Umfeld Rathaus, Ratsküche und Gewandhaus der Neustadt (15. Jh.)

Parzellen zur selben Zeit entstanden sein, als mit der Errichtung der Gebäude an der Rückseite der Grundstücke Küchenstraße 6 und 7 begonnen wurde. Bei dieser noch im 18. Jh. als planvoll zu erkennenden Grundstücksausteilung ist mit einer spätmittelalterlichen oder frühneuzeitlichen Verschiebung der Parzellengrenzen wegen der großen Regelmäßigkeit des Grundstücksblocks nicht zu rechnen. Spätester Zeitpunkt für diese Grundstücksaufgliederung ist das Jahr 1320, in dem vom Neustädter Rat ein Zins „van dem orthuse" gegeben wird, „dat lit uppe der Joden strate in der norderen half bi dem Membernshove"[2].

Auch was die Parzellen ass. Nr. 1362–64 anbetrifft, kann angenommen werden, daß die Gegebenheiten des 18. mit denen des 14. und 15. Jhs. im wesentlichen übereinstimmen.

Im Jahr 1401 zählt eines der Zinsbücher der Neustadt zwischen dem an der Südseite der Jöddenstraße an der Ecke zum Meinhardshof gelegenen Haus (ass. Nr. 1366) und der Synagoge (ass. Nr. 1357) bereits wie später das 18. Jh. acht selbständige Häuser und Buden, und man darf erwarten, daß zu diesen Häusern und Buden entsprechende Grundstücke gehörten[3], die zur Straße hin sicherlich schon damals mit der noch im 18. Jh. sichtbaren Regelmäßigkeit angeordnet lagen.

Aber nicht nur der Breite, sondern auch der Tiefe der Grundstücke nach bestanden im 15. Jh. bereits Verhältnisse, die denen des 18. Jhs. vergleichbar sind.

1436 wird über das Grundstück ass. Nr. 1361 berichtet, David der Jude solle sein dort gelegenes „hus in beteringhe holdn... vn schal in den hoffe buwn stalle vn hinderhuse gelijk den stallen un buwe so Jorden sin vader gebuwen hefft"[4]. Jorden von Helmstedt, Davids Vater, der seit 1401 das Haus „to de grone bome" ass. Nr. 1360 als Mieter bewohnt[5], hat dieser Nachricht zufolge den Hof hinter dem von ihm gemieteten Haus mit Stall und Hinterhaus gebaut; 1434 kauft „Jorden sumeken de Jodde . . . dat hus to dem gronen bome . . . vnde schal darto hebben den stal gelik dem huse"[6].

Wie die gleichartige Bebauung der Parzellen ass. Nr. 1360 und 1361 zeigt, finden David, Jorden Sumeke und Jorden von Helmstedt zwei Grundstücke mit ähnlichen Größenverhältnissen vor. Geht man davon aus, daß bei der mittelalterlichen Parzellenaufteilung an der Jöddenstraße Grundstücke vergleichbarer Breite und Länge entstanden sind – wofür sowohl die Karten des 18. Jhs. als auch die herangezogenen Quellenhinweise sprechen[7] –, dann darf damit gerechnet werden, daß auch die Grundstücke ass. Nr. 1362–64 hinter dem Vorderhaus Raum für einen Hof ließen, der im Laufe der Zeit in ähnlicher Weise mit rückwärtigen Gebäuden besetzt werden konnte, wie dies auf den beiden Nachbargrundstücken im Verlauf des 15. Jhs. geschehen ist.

Diese Grundstücksaufteilung scheint auch schon im 14. Jh. bestanden zu haben. Wenn auch letztlich nicht auszuschließen ist, daß die Bebauung an der Südseite der Jöddenstraße zwischen Synagoge und Meinhardshof zu Anfang noch Lücken aufwies und daß deshalb ursprünglich breiter angelegte Parzellen im Rahmen einer vollständigen baulichen Erschließung des Straßenzuges im Verlauf des 14. Jhs. der Länge nach geteilt worden sein mögen, so ist dies jedoch bei der auffällig gleichmäßigen Breite der Baugrundstücke, wie wir sie aus den Karten des 18. Jhs. kennen, nicht wahrscheinlich[8].

2. Mit dem im vorangegangenen Abschnitt Gesagten ist die Problematik der Bebauung der Grundstücke schon angesprochen und die Antwort auf die Frage nach der Vergleichbarkeit bereits gegeben, die zwischen den Verhältnissen des 18. und des 14. und 15. Jhs. im Bereich der Parzellen mit den Brandversicherungsnummern 1362–64 und 1371–73 bestehen: Allem Anschein nach war die Parzellenaufteilung an der Jöddenstraße auf eine von Anfang an engräumige Bebauung ausgelegt und eine zur Straße hin weitgehend geschlossene Nutzung der Baugrundstücke von Beginn an ins Auge gefaßt[9]. Für die rückwärtigen, hofseitigen Baulichkeiten gilt aber, daß die zunächst noch offene Bebauung erst spät zu dem Bild des 18. Jhs. zusammenwuchs; für das 15. Jh. konnten hierfür zwei Beispiele gegeben werden.

Wie der Fall der Parzelle ass. Nr. 1371 zeigt, ist bei aller Kontinuität in den Bebauungs- und Grundstücksverhältnissen an der Jöddenstraße im einzelnen jedoch mit Entwicklungen zu rechnen, die sich in kurzlebigen Veränderungen an Bausubstanz und Grundstücksverteilung niederschlugen. Vorgänge solcher Art werden in den Schriftquellen nicht immer Erwähnung gefunden haben; sie verändern das Gesamtbild nicht, ergänzen es aber im Detail.

1401 weisen die beiden Zinsbücher der Neustadt auf der genannten Parzelle ein Haus aus[10]. Im Jahr 1477 dann hat der Neustädter Rat davon Kenntnis genommen, daß Hening Papenborger dort „van sine huse an de orde in der Jodd(en)strate so vele genomen heft, dat he aue maket laten heft eyne bonde vn om orlouet de wedder to sine huse tonemede wan ome edder dem besater des hus dat beq(ue)me were"[11].

Daß es sich hierbei nicht darum gehandelt hat, lediglich das Erdgeschoß des Hauses auf der Parzelle ass. Nr. 1371 in eine Bude zu verwandeln, Haus und Bude also als Einheit bestehen zu lassen, geht aus einem Hinweis des Jahres 1497 hervor[12]:

„... hening papenborger vorb(e)n(omt) syn husfruwe vn hans or Soene Schullen un willen sek gebruke de dage ores leuendes der Bouwde vp der Joddestrate sampt dem houe Na dem Meymershofe wordt... wan auer de vorbenomede dre p(er)sone alle dodeshalue vorfalle sin alsedenne schal sodan bouwde wedderkome to dem huse dar lambert cleyne itzunt Inne wonet“[13].

Offensichtlich stellten Haus und Bude seit 1477 zwei getrennte und als solche auch verschieden bezeichnete Baulichkeiten dar, die, wenn sie auch ursprünglich aus einem Haus und damit unter einem Dach entstanden sind, mit einer vorübergehenden Teilung des Grundstücks einhergingen.

Zwischenzeitliche Grundstücks- und Gebäudeteilungen dieser Art liegen – auch wenn die Quellen hierüber weithin schweigen – für alle Parzellen an der Jöddenstraße im Bereich des Möglichen[14].

II. Die Besitzverhältnisse an Häusern und Grundstücken

Im Rechtsbuch der Neustadt von 1320 wird die Jöddenstraße erstmals in den Quellen erwähnt; zweiundzwanzig jüdische Familien erscheinen dort im Abschnitt „uppe der Jodhen strate“ als zinspflichtige Bürger der Neustadt[15]. Offen bleiben muß allerdings, ob diese zweiundzwanzig jüdischen Familien tatsächlich Eigentümer der von ihnen bewohnten Häuser und Grundstücke waren, wie es ihr gleichberechtigtes Auftreten neben den Zinspflichtigen der anderen Neustädter Straßenzüge nahelegt – oder ob 1320 noch ein allgemeinerer Begriff des Zinses den der Miete unter der gemeinsamen Überschrift „Van des Rades tinsse“ umfaßte[16]: 1401 jedenfalls (in den Zinsbüchern der Neustadt) werden Zins und Miete begrifflich deutlich voneinander geschieden; sämtliche Anwohner der Jöddenstraße, Juden wie Christen[17], werden in den Zinsbüchern in einem besonderen Abschnitt mit dem Titel „Dit is hure in der burscop vor der haghebrucghe“ aufgeführt[18].

Spätestens mit Beginn des 15. Jhs. tritt also der Neustädter Rat als Eigentümer der Häuser und Grundstücke in der Jöddenstraße auf. Was die im Mittelpunkt dieser Arbeit stehenden Parzellen ass. 1362–64 und 1371–73 anbetrifft, behält der Rat dieses Weichbildes seine Besitzrechte während des gesamten 15. Jhs. aufrecht[19].

Erstmals 1401 geben die Zinsbücher der Neustadt genaue Auskunft über die Besitzverhältnisse an der Jöddenstraße: In der Südreihe der Straße werden von der „Judenschule“, der Synagoge, die die ass. Nr. 1357 trägt, zunächst vier Häuser und Buden gezählt; dann heißt es:

„Item achteyn sol. van dem hus dar negest in der sulven reghe. leneke

Ite(m) twe punt va de hus dar negest. manno

Ite(m) verde halue ferding van dem hus dar negest in der sulven reghe“[20].

Angesprochen sind hier die Parzellen ass. Nr. 1362–64. Die beiden erwähnten Mieter Leneke und Manno werden bereits im Neustädter Zinsbuch von 1398 genannt; möglicherweise haben beide zu der Zeit schon die 1401 ausgewiesenen Parzellen bewohnt[20a]. Haus und Grundstück ass. Nr. 1364 scheinen nicht bewohnt gewesen zu sein.

In der ebenfalls im Jahr 1401 entstandenen zweiten Fassung des Neustädter Zinsbuches, die jedoch offenbar einen aktuelleren Zustand widerspiegelt als die erste Niederschrift[21], findet man dieselben drei Parzellen betreffend folgende Eintragung.

„Item Twe mark va deme huse dar negest. Manasse va nuwenborch

Item Twe mark va deme huse dar by. Jacob sumeken“[22].

Die Eintragung, die die Parzelle ass. Nr. 1364 hätte berühren müssen, ist durch Rasur getilgt; da an anderer Stelle dieses Zinsbuches lediglich unbewohnte Gebäude mit der von ihnen geforderten Mietlast notiert werden und nur der Name eines Mieters fortgelassen ist[23], muß man annehmen, daß die Parzelle zu Anfang des 15. Jhs. entweder nicht bebaut oder aus anderen Gründen nicht bewohnbar gewesen ist.

Für die an der Nordseite der Jöddenstraße gelegenen Parzellen ass. Nr. 1371–73 weisen die Zinsbücher von 1401 übereinstimmend und nahezu gleichlautend folgende drei Bewohner als Mieter aus:

„Item ɉ m(a)rk van dem orthuse in der norderen reghe to dem meynbernshoue wort. Grete bademoder

Item ɉ m(a)rk van dem hus dar by in der sulue reghe. hintze van dem ryne

Item x sol. van der bode dar negest. henig grunte“[24].

Hintze van dem Ryne wird bereits 1397 im Schoßregister der Neustadt erwähnt[25], 1399 wird Hening Grunte als Neubürger in das Neustädter Weichbild aufgenommen[26]. Es ist denkbar, daß diese beiden Neustädter Bürger bereits 1397 bzw. 1399 die in den Zinsbüchern von 1401 bezeichneten Liegenschaften bewohnt haben.

Das Schoßregister der Neustadt des Jahres 1403 kennt nur noch Hening Grunte und Grete Bademoder als Anwohner der Jöddenstraße[27]. Hintze van dem Ryne muß also in der Zwischenzeit aus der Straße ausgezogen sein.

Für den weiteren Verlauf des 15. Jhs. finden sich nur noch spärliche Hinweise auf die Bewohner der Parzellen ass. Nr. 1362–64 und 1371–73.

Noch zweimal, 1419 und 1423, wird Manasse van Nuwenborch genannt[28]. Die nächste Nachricht stammt dann aus dem Jahre 1426:

„It(em) de Rand hefft sek verdragen mit de Jacobeschen der Joddeschen alse vme dat hus negest memoringhe vp der Joddenstrate“[29].

Hinrick Memoringhe wird in den Schoßregistern der Neustadt von 1420, 1422, 1426, 1428, 1429 und 1431 aufgeführt[30]; den Angaben *Heinrich Meiers* zufolge bewohnte er die Parzelle ass. Nr. 1383[31]. Bei dem Miethaus der Witwe des Juden Jacob[32], das dem Hinrick Memoringhes benachbart liegt, wird es sich also um das Haus auf der Parzelle ass. Nr. 1373 gehandelt haben.

1442 dann bezieht Nathemann das Haus auf der Parzelle ass. Nr. 1364:

„De Rad hefft nathemane vormedet dat dridde hus van dem orde uppe der Jodenstrate vor twe m(a)r(k) alle Jar[33].

Aus den Jahren 1477 und 1497 datieren schließlich die letzten Eintragungen des 15. Jhs. im Gedenkbuch der Neustadt, die auf die hier im Zentrum des Interesses stehenden Parzellen Bezug nehmen. Im Jahr 1477 trifft der Rat der Neustadt mit Hening Papenborger die bereits im vorangegangenen Kapitel zitierte Vereinbarung, dessen Haus „an de orde in der Jodd(en)strate“ betreffend[34], die diesem gestattet, dort eine Bude einzurichten. Noch 1497 bewohnt Hening Papenborger die hier angesprochene Parzelle ass. Nr. 1371[35], doch ist in der Zwischenzeit – vermutlich bereits vor 1492 – Lambert Cleyne auf dieselbe Parzelle gezogen[36]: Er soll, wie 1497 überliefert wird, die „Bouwde up der Joddestrate sampt dem houe Na dem Meymershofe wordt“ nach dem Tod Hening Papenborgers, seiner Ehefrau und ihres Sohnes wieder mit dem Haus, von dem sie ursprünglich abgetrennt wurde, vereinigen[37].

Aus den herangezogenen Quellen im StA BS ergibt sich folgende Zusammenstellung der Mieter der Häuser/Grundstücke ass. Nr. 1362–64 u. 1371–73 in der Jöddenstraße:

Tabelle 1[37a]

ass. Nr./ Jahr	1362	1363	1364	1371	1372	1373
1397	–	–	–	–	(Hintze van dem Ryne)	–
1398	(Leneke)	(Manno)	–	–	–	–
1399	–	–	–	–	–	(Hening Grunte)
1401	Leneke	Manno	–	Grete Bade- moder	Hintze van dem Ryne	Hening Grunte
seit 1401	Manasse van Nuwen- borch	Jacob Sumeke	–	Grete Bade- moder	Hintze van dem Ryne	Hening Grunte
1403	–	–	–	Grete Bade- moder	–	Hening Grunte
1419/23	Manasse van Nuwen- borch	–	–	–	–	–
1426	–	–	–	–	–	de Jaco- besche
1442	–	–	Nathe- mann	–	–	–
1477	–	–	–	Hening Papen- borger	–	–
1492/97	–	–	–	Hening Papen- borger und Lambert Cleyne	–	–

III. Die wirtschaftlichen Verhältnisse

Für die Beurteilung der wirtschaftlichen Verhältnisse, wie sie in der Jöddenstraße im 14. und 15. Jh. herrschten, ist die Beobachtung von maßgeblicher Bedeutung, daß in dieser Straße Juden und Christen in unmittelbarer Nähe lebten[38]. Während der christlichen Bevölkerung der Stadt ein nahezu uneingeschränktes wirtschaftliches Betätigungsfeld offenstand, wirkten sich auf die Braunschweiger Juden, denen „der Eintritt in alle Korporationen des Handels und Handwerks... verwehrt war“[39], Beschränkungen aus, die es mit sich brachten, daß sie sich weitgehend auf den Geldverleih und auf den Kleinhandel mit den uneingelösten Pfandgütern konzentrierten, die sie beim Ausleihen der Geldsummen gewöhnlich einforderten[40].

Bei näherer Betrachtung läßt sich erkennen, wo im einzelnen die jüdischen Bewohner der Jöddenstraße und wo die christlichen Bürger ansässig waren; ein Vergleich der Schoßregister der Neustadt mit den verschiedenen Zinsverzeichnissen des Weichbildes gibt darüber Auskunft[41].

An der Südseite der Jöddenstraße finden wir 1401 ausschließlich jüdische Mieter; die Nordseite der Straße ist, abgesehen von der Parzelle ass. Nr. 1377 in der unmittelbaren Nähe des Rathauses, mit christlichen Bürgern besetzt[42].

Diese Verteilung von christlicher und jüdischer Anwohnerschaft an der Jöddenstraße scheint mit zwei Ausnahmen das gesamte 15. Jh. hindurch gegolten zu haben: Im Jahr 1426 mietet, wie bereits einmal erwähnt, „de Jacobessche... dat hus up de Jodd(en)st(ra)te negest hinr(ick) memoringe", noch im gleichen Jahr erwirkt sie beim Neustädter Rat eine dasselbe Haus ass. Nr. 1373[43] betreffende Vereinbarung über die Höhe des Mietzinses[45].

In der ersten Hälfte des 15. Jhs. finden wir also an der Nordseite der Straße in der „Jacobeschen der Joddeschen"[45] eine jüdische Bewohnerin.

Hingegen bringt das Jahr 1482 für das „hus by der scherbonde", das neben dem Marstall an der Südseite der Jöddenstraße liegt[46], einen christlichen Käufer: Euert Kok übernimmt Haus und Hof vom Neustädter Rat und scheint dort nach Ausweis des Schoßregisters dieses Weichbildes noch 1492 zu leben[47].

Sonst aber bewegen sich die für das 15. Jh. herangezogenen Quellen ausnahmslos im Rahmen jener Verhältnisse, die schon 1401 vorzufinden waren[48].

Für das 14. Jh. läßt sich eine vergleichbare Angabe über die Verteilung der jüdischen und christlichen Bevölkerung in der Jöddenstraße nicht vornehmen. Es kann aber die Vermutung geäußert werden, daß die Verhältnisse des 14. Jhs. von denen des 15. Jhs. durchaus verschieden waren. Die Zahl der in der Jöddenstraße ansässigen jüdischen Familien, die 1320 noch zweiundzwanzig betrug, lag zu Beginn des 15. Jhs. nur noch bei etwa zehn, nachdem 1394 immerhin noch achtzehn und 1398 sechzehn Haushalte gezählt werden können[49]. Denkbar ist, daß im Verlauf des 14. Jhs. mit der abnehmenden Anzahl jüdischer Bewohner in der Jöddenstraße deren allmähliche Abdrängung von den Grundstücken an der Nordseite der Straße einherging.

Über die wirtschaftliche Tätigkeit der christlichen Bewohner, die für das 15. Jh. auf den drei Parzellen ass. Nr. 1371–73 namhaft gemacht werden konnten, geben die Schriftquellen keine weitere Auskunft. Es bleibt als Hinweis auf die wirtschaftliche Nutzung dieser Parzellen daher nur die in den Quellen vorgenommene Unterscheidung zwischen (Wohn- oder Handwerker-) Häusern und (Verkaufs-) Buden[50]:

Tabelle 2

Jahr/ ass. Nr.	1401	1426	1477/97
1371	Haus	–	Haus/Bude
1372	Haus	–	–
1373	Bude	Haus	–

Was das wirtschaftliche Leben in den drei Häusern ass. Nr. 1362–64 sowohl im 14. als auch im 15. Jh. anbetrifft, lassen uns die Schriftquellen auch hierüber im einzelnen im Unklaren. Vergleicht man jedoch die Wirtschaftsverhältnisse, in denen sich die Juden anderer niedersächsischer Städte des Spätmittelalters bewegten, kann davon ausgegangen werden, daß sich auch die jüdischen Bewohner der Neustadt in ihrer Mehrheit dem Geldverleih und dem Pfandleihgeschäft gewidmet haben[51]; mithin ist also recht wahrscheinlich, daß unter den Bewohnern der drei angesprochenen Parzellen Geldverleiher zu finden sind.

Der erste Hinweis auf Pfandleihgeschäfte, an denen mit Sicherheit Juden aus der Neustädter Jöddenstraße beteiligt waren, fällt in das erste Viertel des 14. Jhs.[52]. Die Lakenmacher der Neustadt, des Hagens und der Altenwiek treffen eine Übereinkunft mit den Juden der Stadt über die Inpfandnahme Braunschweigischer Tuche:

„De mestere der inninghe der lakemekere ut deme Haghen unde ut dere Nyenstad unde ut der Oldenwik hebbet ghedeghedinghet mit den joden over alle de stad also, dat se nicht scolen nemen to pande lakene, de to Brunswic sin ghemaket, sunder allene stucke moghen se wol nemen, noch nene lakenschere noch nene wulle noch nen garn. Neme aver en jode garn, dat scal he to losene don vor dat spinnelon unde nicht durere. Unde swe aldusdan ding wel utsetten, dat scal he don mit wettene sines neybures, unde de jode scal ok to sik nemen enen anderen joden ut siner neyburscap, unde alsodan ding scal me van eme losen"[53].

Diese Übereinkunft nennt nun als Zeugen drei Juden, von denen zwei 1320 im Rechtsbuch der Neustadt als Anwohner der Jöddenstraße erscheinen:

„Disser dinghe sint tughe... Copsin unde Nathan van Meghedeborch, Ysaac van Goslere, de joden"[54].

Ysaac de Goslaria bewohnt 1320 ein Haus in der Jöddenstraße; Copsin, 1320 bereits verstorben, muß dort ebenfalls ansässig gewesen sein, wie die Anwesenheit seiner Witwe und seiner Tochter unter den Zinspflichtigen der Jöddenstraße zeigt[55].

In diesen drei Juden, die möglicherweise lediglich eine Vertretung für die gesamte Judengemeinde darstellten, sehen wir Geldverleiher vor uns, die ihre Kredite gegen Sicherheiten in Gestalt Braunschweiger und auswärtiger Tuche oder im Lakenmacherhandwerk verwandter Rohstoffe (Wolle und Garn) ausgaben.

Leihgeschäfte dieser Art, die von Neustädter Juden abgewickelt wurden, sind in den Quellen des 14. Jhs. gelegentlich und in denen des 15 Jhs. recht zahlreich zu finden; nicht immer allerdings wird über versetztes Pfandgut berichtet, so daß angenommen werden kann, daß an die Stelle eines Pfandes als Sicherheit auch der bloße Schuldbrief treten konnte.

Unter den Schuldverschreibungen, die für die Jahre 1347, 1387, 1417, 1436, 1446 bis 1451, 1459, 1464, 1479 und 1487 vorliegen[56], befinden sich drei Beispiele, die die Vielzahl und die Verschiedenartigkeit der Pfandsachen andeuten, die den Juden versetzt wurden.

1417 behält ,,Brande de yode" – sehr wahrscheinlich identisch mit jenem ,,brand de yode van gosler", der 1401 als Bewohner der Jöddenstraße genannt wird[57] – ,,xliij kupperne kettele de schullet weghen iij syntener" ein und bringt sie in seinem Haus unter, offenbar, um seinem Anspruch auf die Geldschuld eines Goslarer Bürgers Nachdruck zu verleihen[58].

1449 erscheinen Abraham aus Lutter und Meister Bertold, der Goldschmied aus der Altenwiek, vor dem Neustädter Rat und schließen einen Leihvertrag, der die Rückzahlung einer an Meister Bertold vergebenen Geldsumme regelt und ihm die baldige Tilgung der Schuld auferlegt: Sollte es sich zutragen,

,,... dat des nicht enschege so mochte Abraha(m) sin gelt an mest(er) bertold pande soken"[59].

1464 schließlich vereinbart vermutlich derselbe Abraham:

,,vor de Rade is gewesen Agate vt prutze und heft beka(n)t dat se abrahame de Jodden gesat hebbe to pande... eyne rode manes rock vn eyne swarte fruwe hoyke"[60].

Als Pfandstücke in den Händen Neustädter Juden finden wir neben den eingangs erwähnten Tuchen verschiedener Herkunft so unterschiedliche Gegenstände wie kupferne Kessel, Gold oder Goldschmiedearbeiten und Kleidungsstücke; alle diese Pfandgüter – neben den hier genannten gelangten sicher noch eine große Anzahl anderer in den Besitz der Juden – mußten in den Häusern der Juden gelagert und gegebenenfalls von ihnen zum Verkauf angeboten werden können.

Die Leihgeschäfte der Neustädter Juden waren mitunter von beträchtlichem Umfang. Kann es durchaus als im Rahmen des in jenen Jahren üblichen gewertet werden, wenn 1436 zwei Juden zusammen dem Neustädter Rat zwanzig Mark leihen, so werden gegen Ende des 15. Jhs. erheblich höhere Beträge gehandelt; 1436 heißt es:

,,Smol de Jodde hefft dem Rade gelegen twelff mark un de schal om de Rad affreknen Jn vern Jaren hir negest na volgende va sine tinsse...

Jorden Jodde va helmstidde hefft de Rade gelegen Achte mark. Unde de schal om de Rad affreknen In twen Jaren va de tinsse den he de Rade gifft un va de tinsse de sin sone va sine huse de Rade gifft"[61].

Auf die verliehene Geldsumme, so bestimmen hier die Vertragsklauseln, sollen bei ihrer Rückerstattung die von den Juden an Mietzinsen zu entrichtenden Beträge angerechnet werden.

1479 jedoch erscheint als alleiniger Gläubiger einer Geldsumme von einhundertundvierzehn Mark der Jude Israel, der im selben Jahr auch noch einen Schuldbrief über einen Betrag von einhundertundsiebenunddreißig Mark ausfertigen läßt[62]:

,,Vor de Rade is gewesen de Ersame hinr(ick) fredema(n) nutortijd borg(er)mest(er) to Gosler vn heft vor de Rade myt gude frige willen vn wolbedachte mode openbar beka(n)t dat he Israhel de Joden hir wonhaftich schuldich sij xiiij m(a)r(k) fynes suluers van eynes breueswege un noch hu(n)dert m(a)r(k) fynes suluers van eynes and(er)n breues wege de he in vortiden Isr(ahe)l vppe dusse schult vorsegelt hebbe"[63].

Das Geldleihgeschäft war aber wohl nicht die ausschließliche Erwerbsquelle der Neustädter Juden des Spätmittelalters. Während des 14. und womöglich auch während des 15. Jhs. scheinen einige in der Jöddenstraße ansässigen Juden als Knochenhauer tätig gewesen zu sein. Es ist also denkbar, daß sich unter den Bewohnern der Parzellen ass. Nr. 1362–64 Fleischer befunden haben.

1339 untersagt eine Entscheidung des Gemeinen Rates der Stadt Braunschweig den Juden, weiterhin wie bisher Fleisch an Christen zu verkaufen:

,,De Knokenhowere beclagheden sek, dat de joden vlesch verkoften den kerstenen luden. Des is de Rad also vordere berichtet, dat de joden des to rechte nicht don moghet noch en scholet. Wes aver de joden silven behovet, dat moten se silven wol sniden unde under sek verkopen... Disses heft de ghemeyne Rad to den broderen over eyn ghedraghen, dat de joden dit aldus holden scholet..."[64].

Von dieser Bestimmung war in der Neustadt nicht zuletzt auch die Jöddenstraße betroffen, in der ein Teil der Fleischbänke des Weichbildes stand; im Rechtsbuch der Neustadt von 1320 heißt es:

,,Jowelk vleschscherne ghilt deme Rade to dem jare viij sol., de binnen den doren sint. De lutken schernen in der Joden strate jowelk vj sol."[65].

Die hier angesprochenen Fleischscharren lagen in der Neustadt auch 1401 noch[66] größtenteils im Hof westlich des Neustadtrathauses, anderenteils ,,bute den doren in der iodenstraten"[67] und gehörten zum Marktbereich der Neustadt, der in der Umgebung des Neustadtrathauses, in der Straße ,,Auf der Höhe", in der Jöddenstraße und dort wiederum besonders in der Nähe des Gewandhauses zu suchen ist.

Nichts spricht dagegen, unter den Besitzern etwa der vier kleinen Fleischscharren auf der Jöddenstraße schon 1320 auch Juden anzunehmen, die dort dann nach 1339 den nach wie vor erlaubten Verkauf an ihre Glaubensgenossen betrieben.

Auch für das 15. Jh. gibt es Hinweise, die eine Tätigkeit der Juden im Fleischerhandwerk nicht ausgeschlossen erscheinen lassen.

1434 erwirbt „Jorden sumeken de Jodde... dat hus to dem gronen bome... vnde schal dar to hebben den stal gelik dem huse"[68].

1436 bezieht David der Jude „dat hus by de grone bome... vn schal In den hoffe buwen stalle un hinderhuse"[69].

Noch 1436 wird neben einem bereits errichteten ein weiterer Stall angelegt; die darin betriebene Viehhaltung kann durchaus zum Zweck des gewerblichen Fleischverkaufs erfolgt sein.

IV. Die Vermögensverhältnisse

Über die Vermögensverhältnisse der einzelnen Bewohner der Parzellen ass. Nr. 1362–64 und 1371–73 ist sowohl für das 14. wie für das 15. Jh. Greifbares nur schwer zu ermitteln.

Aus der Zusammenstellung der Abgaben, wie sie seit 1401 von den verschiedenen Bewohnern der genannten Parzellen an den Rat der Neustadt zu entrichten waren, ergeben sich jedoch zwei erwähnenswerte Beobachtungen[70]:

Tabelle 3

Jahr/ ass. Nr.	1401	seit 1401	1419	1423	1426	1442
1362	18	60	30	45	–	–
1363	40	60	–	–	–	–
1364	26.25	–	–	–	–	60
1371	15	15	–	–	–	–
1372	15	15	–	–	–	–
1373	8	10	–	–	37.50	–

(Beträge in Schilling; die Mark gerechnet zu 30 Schilling)

1. Auffallend ist die fast durchweg deutlich höhere Belastung der Parzellen an der Südseite der Jöddenstraße, verglichen mit den Grundstücken und Gebäuden der Nordseite. Möglicherweise trug die unterschiedliche Abgabenhöhe dem Umstand Rechnung, daß die Liegenschaften ass. Nr. 1371–73 doch erheblich kleiner ausfielen, als die drei Parzellen ass. Nr. 1362–64. Denkbar ist jedoch auch, daß die in der Jöddenstraße ansässigen Juden im 15. Jh. allgemein zu höheren Leistungen verpflichtet waren als die dortige christliche Bevölkerung: 1401 jedenfalls zahlten die Juden an der Südseite der Straße fast alle zwei, die christlichen Anwohner auf der gegenüberliegenden Straßenseite aber nur durchschnittlich eine halbe Mark Miete[71] – ein Unterschied der Mietbelastung zwischen Juden und Christen, der sich bis zur Mitte des Jhs. verfolgen läßt und seinen vielleicht deutlichsten Ausdruck darin findet, daß die 1426 auf die Parzelle ass. Nr. 1373 gezogene Witwe des Juden Jacob einen erheblich höheren Mietzins zu begleichen hatte als ihr Vormieter Hening Grunte 1401[72].

Nicht zuletzt kann daher die Vermutung formuliert werden, daß die Finanzkraft der jüdischen Anwohnerschaft aufs Ganze gesehen doch stets höher lag als die ihrer christlichen Nachbarn.

Ein Moment, das diese Annahme stützen kann, liegt darin, daß die Neustädter Juden neben ihren Mietzinsleistungen an das Weichbild „der gemeinen Stadt zu Pfingsten ein für kurze Zeit im voraus vereinbartes Schutzgeld" zu bezahlen hatten[73]. Dieses jährliche Schutzgeld, das ursprünglich von den Braunschweiger Juden an die welfischen Herzöge entrichtet wurde und im Laufe des 14. Jhs. durch Verpfändung seitens der Herzöge an die gemeine Stadt gelangt war, wurde von allen Braunschweiger Juden (also auch von den in der Gördelingerstraße ansässigen Juden) erhoben[74]. 1351 erstmals als städtische Einnahme erwähnt, weist die Höhe des Judenschutzgeldes zwar mitunter beträchtliche Schwankungen auf; die zu entrichtende Summe blieb jedoch bis zum Ablauf des 15. Jhs. stets beachtlich und weist auf eine im großen und ganzen durch die Jahrzehnte hindurch ungeschwächte Finanzkraft der Juden[75]:

Tabelle 4

Jahr		Jahr		Jahr	
1351	80	1400	45	1412–15	15
1354	30	1401	45	1416–19	20
1358	24	1403	20	1420	16
1360	13	1406	20	1422	22
1397–99	50	1411	14	1423	16

(Beträge in Mark)

Ende des 15. Jhs. scheinen die Zahlungen der Juden an die Stadt nach ihrem Absinken im ersten Vierteljahrhundert dann wieder ein erhebliches Niveau erreicht zu haben. 1499 nimmt die Neustadt zwei jüdische Familien für die Dauer von zwanzig Jahren auf und trifft folgende Entscheidung:

„Ok schulle de vorgemelten Jodden den anderen Jodden hijr wonende to dem jarliken Schote vnd anderen vmplichten vertich rinsche guld(en) an golde offte gelde jarlikes to hülpe geuen"[76].

Man darf annehmen, daß der Gesamtbetrag des von den Juden zu entrichtenden Schutzgeldes die genannten vierzig rheinischen Gulden um einiges überstieg, war doch diese Summe nur als Beitrag zu den Leistungen gedacht, die die anderen Neustädter Juden bereits zu entrichten hatten.

2. Auffallend ist weiterhin, daß sich trotz der allgemein doch als sehr erheblich einzuschätzenden Finanzkraft der Neustädter Juden dort ein Mitglied der jüdischen Gemeinde findet, dessen finanzielle Mittel im Vergleich zu denen seiner Glaubensgenossen als eher bescheiden zu bezeichnen sind: Manasse van Nuwenborch, seit 1401 Mieter des Hauses auf der Parzelle ass. Nr. 1364 spricht 1419 beim Neustädter Rat vor und erzielt eine Minderung der von ihm geforderten Miete; der 1401 veranschlagte Mietsatz konnte 1419 von ihm nicht mehr getragen werden.

,,monasse de yode hefft dem rade opgesecht dat hus dar he ynne wonede up der yodenstrate alzo dat he des tynses nicht enber mochte leng togeuende alze he vore gedan hadde. des hefft sek de rad myt monassen verdragen dat he eder syn husfruwe willem dem rade ut dem huse nu mer geuen eyne mark des iares"[77].

Nachdem Monasse zunächst zwei Mark Miete zu zahlen hatte, vermag er den Neustädter Rat unter Hinweis darauf, daß er ,,des Zinses nicht länger entbehren könne" dazu zu bewegen, ihm die Hälfte der Mietsumme zu erlassen. Erst 1423 scheint sich seine finanzielle Lage so weit (und so offensichtlich) gebessert zu haben, daß der Rat von sich aus eine Anhebung der Miete vornimmt:

,,Monasse de Jodde de schal nu mer ij mr to tinsse gheuen va sine huse de wile id dem Rade behaget"[78].

Liegt das Mietniveau 1419 und 1423 auch höher als bei den christlichen Nachbarn auf den gegenüberliegenden Grundstücken, offenbart sich doch eine finanzielle Schwäche, die nur schrittweise abgebaut wird.

Bei der Beurteilung der Vermögenslage, in der sich die jüdischen Anwohner der Jöddenstraße im 15 Jh. befanden, kann so von einer auffallenden sozialen Gliederung der Judengemeinde ausgegangen werden. Während sich die soziale Lage Manasses van Nuwenborch nämlich nur allmählich und nicht einmal soweit bessert, daß er die 1401 festgelegten zwei Mark Miete zahlen konnte, verfügen andere Juden etwa zur selben Zeit sogar über ausreichende Geldmittel, dem Rat der Neustadt die von ihnen bewohnten Häuser abzukaufen. Ein Beispiel:

,,de Rad hefft vorkofft Smole dem Jodden dat hus by der scherboden vor seuen mark"[79].

Dieser Kaufvertrag aus dem Jahr 1436 dokumentiert ein deutliches soziales Gefälle innerhalb der Neustädter Judenschaft. Ob jedoch der erheblich jüngere Vertrag um die Erbmasse des vor 1481 verstorbenen Juden Israel, dessen Sohn aus dem väterlichen Erbe die gewaltige Summe von 750 rheinischen Gulden an seinen Bruder anweist[80], ebenso als Hinweis auf eine soziale Differenzierung gegen Ende des Jahrhunderts gedeutet werden kann, muß in Anbetracht der ungünstigen Quellenlage offen bleiben.

Anmerkungen

1 Vgl. Stadt Braunschweig (Hrsg.): Historischer Atlas der Stadt Braunschweig. Braunschweig 1958. Darin:
Plan des Districts F in der Stadt Braunschweig *(Haacke* 1764);
Plan der Stadt Braunschweig *(Culemann* 1798);
Karte des innerhalb der Umfluthgräben belegenen Theiles der Stadt Braunschweig *(C. Allers* 1876–1881).

2 UB BS II Nr. 872; S. 510.

3 Zinsbuch der Neustadt von 1401 StA BS B I 9 Bd. 10; Bl. 32.

4 2. Gedenkbuch der Neustadt StA BS B I 2 Bd. 18; Bl. 70.

5 Vgl. das Zinsbuch der Neustadt StA BS B I 9 Bd. 6; Bl. 15.

6 Vgl. das 2. Gedenkbuch der Neustadt StA BS B I 2 Bd. 18; Bl. 67.

7 Vgl. Anm. 1 sowie die Anm. 3 bis 6.

8 Bereits 1320 hat übrigens in der Südreihe der Jöddenstraße ein Eckhaus zum Meinhardshof gestanden: Damals gibt der Rat der Neustadt ,,Ghereken Pawele v sol. to paschen unde v sol. to sunte Micheles daghe van deme hornhus an dem sudenen der Joden strate bi hern Emberns hove" (UB BS Nr. 872; S. 510).

9 Selbstverständlich muß dies nicht so verstanden werden, daß die Baugrundstücke sofort nach ihrer Aufteilung bebaut wurden; die Bebauung kann schrittweise erfolgt sein.
Hinzu kommt, daß einzelne Gebäude mitunter abgerissen und dann ersetzt worden sein werden. Für das Jahr 1334 ist ein solcher Fall überliefert. Zwei Neustädter Bürger werden wegen der Plünderung eines abgebrannten Judenhauses vor das Vehmgericht geladen:
,,Duve Underkopere citatus pro furto facto judeis, quando domus eorum incendebatur.... Swartepape citatus, quod eisdem judeis res deportavit" (UB BS III Nr. 440; S. 325).
Es wird sich hierbei wohl um ein Haus in der Jöddenstraße gehandelt haben, an dessen Stelle sicherlich später ein neues Haus errichtet wurde.

10 Vgl. die Zinsbücher der Neustadt StA BS (künftig nur StA) B I 9 Bd. 6; Bl. 16 und Bd. 10; Bl. 32'.

11 2. Gedenkbuch der Neustadt StA B I 2 Bd. 18; Bl. 139.

12 Vgl. Anm. 35.

13 2. Gedenkbuch der Neustadt StA B I 2 Bd. 18; Bl. 217.

14 Daß eine Parzelle aufgeteilt ist, um mehreren zusammenstehenden, aber getrennt vermieteten Gebäuden Platz zu bieten, ist auch an einer anderen Stelle in der Jöddenstraße zu finden. 1398 wird in den Zinsbüchern aller fünf Weichbilde von einem Bauvorhaben in der Jöddenstraße berichtet: ,,De nyenhus dre uppe der Jodenstrate ensynd nicht rede" (StA B I 9 Bd. 2; Bl. 33'). 1401 erfahren wir aus den Zinsbüchern der Neustadt, daß es sich hierbei nicht um drei einzelnstehende, sondern um drei zusammenhängende Gebäude handelt, die zu einem Baukomplex gezählt werden und damit zu einer Parzelle gehören, aber getrennt an verschiedene Mieter ausgegeben wurden; es wird Miete entrichtet:
,,van dem ersten hus dat to deme nyenhuse hord achter deme houe de to der kokene hord...
van dem andere hus dat to deme nyenhuse hord...
van dem dridden hus dat to dem suluen nyenhuse hord by der schernen" (StA B I 9 Bd. 10; Bl. 32').

15 UB BS II Nr. 872; S. 510.

16 1. Gedenkbuch der Neustadt StA B I 2 Bd. 17; Bl. j.

17 Zur Frage der Unterscheidung von christlicher und jüdischer Anwohnerschaft in der Jöddenstraße s. Kap. 3.

18 Vgl. die Zinsbücher der Neustadt von 1401 StA B I 9 Bd. 6; Bll. 15–17 und Bd. 10; Bll. 31'–32'.

19 Vgl. *Meier, Heinrich:* Die Straßennamen der Stadt Braunschweig. Wolfenbüttel 1904; S. 52f.

20 StA B I 9 Bd. 10; Bl. 32.

20a StA B I 9 Bd. 2; Bl. 27 und Bl. 32'.

21 Die beiden, jeweils 1401 niedergeschriebenen Zinsbücher der Neustadt spiegeln offensichtlich nicht nur die Verhältnisse wider, die im Jahr ihrer Abfassung bestanden. Die eine, erste Niederschrift des Zinsbuches (StA B I 9 Bd. 10) nimmt auch die Gegebenheiten auf, wie sie kurz vor und bis in das Jahr 1401 Geltung besaßen; die andere, zweite Abfassung (StA B I 9 Bd. 6) weist über das Jahr 1401 hinaus: Sie übernimmt die Zusätze und Nachträge der ersten Niederschrift, ohne jedoch das noch einmal aufzugreifen, was dort durch Streichung oder Rasur als überholt ausgewiesen wurde; überdies erweitert sie ihrerseits das Bild um spätere Korrekturen und Ergänzungen.

22 StA B I 9 Bd. 6; Bl. 16.

23 Vgl. ebd. Bl. 15.

24 StA B I 9 Bd. 6; Bll. 16 und 17 sowie Bd. 10; Bl. 32'. Hier zitiert: Bd. 6; Bll. 16 u. 17.

25 Vgl. das Schoßregister der Neustadt von 1397 StA B II 5 Bd. 165; Bl. 124.

26 Vgl. das Neubürger- und Verfestungsbuch der Neustadt StA B I 7 Bd. 2; Bl. 38.

27 Vgl. das Schoßregister der Neustadt von 1403 StA B II 5 Bd. 166; Bl. 1.

28 Vgl. das 2. Gedenkbuch der Neustadt StA B I 2 Bd. 18; Bl. 29 und 32.

29 Ebd. Bl. 46.

30 Vgl. die Schoßregister der Neustadt aus den genannten Jahren: StA B II 5 Bd. 168; Bl. 3'. Bd. 169; Bl. 5'. Bd. 170; Bl. 3'. Bd. 171; Bl. 3'. Bd. 172; Bl. 4'. Bd. 174; Bl. 3.

31 Vgl. *Meier, Heinrich:* Häuserbuch der Stadt Braunschweig. StA H III 1 Bd. 17; Notiz zu ass. Nr. 1383.

32 Daß es sich um ein Miethaus handelte, zeigt folgende Eintragung im 2. Gedenkbuch der Neustadt StA B I 2 Bd. 18; Bl. 45: „de Jacobessche hefft gemydet dat hus vp de Jodd(en)st(ra)te negest hinr(ick) memoringe" (Eintragung aus dem Jahr 1426).

33 2. Gedenkbuch der Neustadt StA B I 2 Bd. 18; Bl. 85. Aus der Festlegung einer Jahresmiete von 2 Mark geht hervor, daß es sich hier tatsächlich sehr sicher um eine Parzelle auf der Südseite der Jöddenstraße und damit um die Parzelle mit der ass. Nr. 1364 handelt: Schon 1401 wird von den Häusern in der Südreihe der Straße allgemein ein Mietsatz von 2 Mark erhoben, während die Beträge an der Nordseite zumeist wenig höher als eine halbe Mark liegen (vgl. das Zinsbuch der Neustadt StA B I 9 Bd. 6; Bll. 14–17). Vgl. auch Anm. 72.

34 2. Gedenkbuch der Neustadt StA B I 2 Bd. 18; Bl. 139.

35 In der angeführten Quelle ist sicher nicht die Parzelle ass. Nr. 1366, das südliche Eckhaus der Jöddenstraße am Meinhardshof, gemeint: Eine Eintragung im Neustädter Gedenkbuch aus dem Jahr 1497 spricht mit Bezug auf die genannten Liegenschaften Hening Papenborgers von einem Hof, der zum Meinhardshof führt (StA B I 2 Bd. 18; Bl. 217); der Hofteil des Eckgrundstückes ass. Nr. 1366 ist aber durch die Baulichkeiten auf der im Südwesten angrenzenden Parzelle ass. Nr. 1367 vollständig vom Meinhardshof abgetrennt. Vgl. die entsprechenden Angaben im Gedenkbuch der Neustadt BII. 1 und 49 sowie im Zinsbuch des Weichbildes von 1401 StA B I 9 Bd. 10; Bl. 32'.

36 In diesem Jahr nennt das Schoßregister der Neustadt neben Hening Papenborger bereits Lambert Cleyne: StA B II 5 Bd. 176; Bl. 3'.

37 2. Gedenkbuch der Neustadt StA B I 2 Bd. 18; Bl. 217.

37a Obwohl für die Jahre 1320, 1394 und 1398 (Miet-) Zinslisten der Jöddenstraße für die dortige jüdische Gemeinde vorliegen (vgl. UB BS II Nr. 872; S. 510. Schoßregister der Neustadt StA B II 5 Bd. 165; Bl. 99'. Zinsbuch aller fünf Weichbilde StA B I 9 Bd. 2; Bl. 27 und Bl. 32'), ist eine Zuordnung der dort genannten Juden zu den vergebenen Parzellen, wie dies für das Jahr 1401 ganz und für die folgenden Jahre zum Teil möglich ist, nicht zu leisten.

38 Das Beieinanderwohnen von Christen und Juden in unmittelbarer Nähe ist im mittelalterlichen Braunschweig nichts Ungewöhnliches.
– 1312 ist von einer Reihe von Häusern die Rede, die auf dem Straßenzug „Hinter den Brüdern" zwischen Petrikirche und Brüdernkirche gelegen haben müssen und ehemals von jüdischen Bürgern bewohnt waren:
„Dhe Rat heft vorkoft Santberghe dhat hus bi sunte Petere mittere stenkamere, dhar dhe jodhen inne wesen hadden...
Dhe Rat hebbet laten Beteken scolemekere dhat endelste jodhenhus to dhen brodheren wort" (UB BS II Nr. 685; S. 375 und 376).
– 1338 übernimmt ein namentlich nicht bezeichneter Jude das Haus des Schmiedes Conred van deme Lote „uppe dem Meynbernshove" (UB BS III Nr. 552; S. 423).
– Im 14. und 15. Jh. beherbergten einige Häuser in der Gördelingerstraße mehrere jüdische Familien (vgl. *Meier, Heinrich:* Straßennamen... a. a. O., S. 19; *Ballin, Oscar:* Eine mittelalterliche Beamten-Kurie der Stadt Braunschweig. In: Braunschweigisches Magazin 21/1915; S. 91–99. Dort auch die Erwiderung auf Ballins Aufsatz von *Heinrich Mack:* Berichtigung. S. 107–108).

39 *Spiess, Werner:* Geschichte der Stadt Braunschweig im Nachmittelalter. Braunschweig 1966. 2. Halbband; S. 507.

40 Vgl. ebd. 1. Halbband Kap. VI und 2. Halbband Kap. VII sowie *Riemer, A.:* Die Juden in den niedersächsischen Städten des Mittelalters. In: Zeitschrift des Historischen Vereins für Niedersachsen 1907; S. 303–364 und 1908; S. 1–57. Hier: S. 338–341.

41 1394 und 1397/98 liegen für die Neustadt gleichzeitig geführte Zinseinnahmeverzeichnisse und Schoßregister vor (Schoßregister der Neustadt StA B II 5 Bd. 165; Bll. 99' und 102ff [1394]. Ders. Band Bll. 123'ff [1397]. Zinsbuch aller fünf Weichbilde StA B I 9 Bd. 2; Bll. 27 und 32' [1398]). In ihnen finden wir die Zinsleistungen der Juden an das Neustädter Weichbild einerseits und die Schoßabgaben der christlichen Bewohnerschaft in der Neustadt, die in die Kasse der gemeinen Stadt flossen, andererseits verzeichnet. Wichtig hieran ist, daß die Juden in der Neustadt in den Schoßregistern keine Aufnahme fanden und gegen Ende des 14. Jhs. offensichtlich nicht zur Abgabe von Vorschoß und Schoß verpflichtet waren; zu diesen beiden Leistungen wurden also ausschließlich die christlichen Bürger der Stadt herangezogen.
Wenn wir also beispielsweise für das Jahr 1401 angeben können, welche Braunschweiger Bürger in der Jöddenstraße ansässig waren, so geben die Schoßregister der Jahre 1397 und 1403 die Möglichkeit, diese Anwohner nach Christen und Juden zu unterscheiden.

42 Vgl. das Zinsbuch der Neustadt StA B I 9 Bd. 10; Bll. 31'–32' sowie die Schoßregister des Weichbildes aus den Jahren 1397 (StA B II 5 Bd. 165) und 1403 (StA B II 5 Bd. 166).

43 S. Kap. 2.

44 2. Gedenkbuch der Neustadt StA B I 2 Bd. 18; Bll. 45 und 46.

45 Vgl. ebd. Bl. 46.

46 Ebd. Bl. 158; vgl. das Schoßregister der Neustadt zum Jahr 1492 StA B II 5 Bd. 176; Bl. 3'.

47 Vgl. das Zinsbuch der Neustadt 1401 StA B I 9 Bd. 6; Bl. 14.

48 Im 2. Gedenkbuch der Neustadt nennen die Jahre 1413, 1423, 1424, 1432, 1434, 1436 und 1442 verschiedene Juden, die Grundstücke der Jöddenstraße bewohnen. Es handelt sich dabei einesteils um die drei Häuser auf der Parzelle ass. Nr. 1377, sonst aber um Häuser auf der Südseite der Straße:
– Das Haus „to dem gronen bome";
– das Steinhaus, das an der Ecke zum Straßenzug „Auf der Höhe" lag;
– das Eckhaus zum Meinhardshof und
– zwei weitere Häuser „in dere suderen Reghe"
(StA B I 2 Bd. 18; Bll. 17, 38, 41, 60, 67, 70, 71 und 85. Zur Bestimmung der Örtlichkeiten vgl. das Zinsbuch der Neustadt von 1401 StA B I 9 Bd. 6; Bll. 14–17). Als Mieter bzw. Eigner der bezeichneten Liegenschaften erscheinen:

1413: Motze, 1423: Ysaac aus Halberstadt und David aus Jena, 1424: Moyse van Kotzen, 1432: Smol, 1434: Jorden Sumeken, 1436: David, Sohn Jordens aus Helmstedt sowie Katzemann, 1442: Jurgen Mortechey.
Neben diesen jüdischen Bewohnern werden eine Reihe christlicher Neustädter Bürger erwähnt, die im Laufe des 15. Jhs. in die Jöddenstraße ziehen:
1424: Gheuerd van Brunsrode, 1426: Ludeke Wyningestede und Hans Goddeken, 1429: Hermen Haghen, 1442: Herme Burmester und Ludeke Menken.
Von diesen christlichen Anliegern der Jöddenstraße (vgl. hierzu die Schoßregister der Neustadt aus den Jahren 1422 bis 31 StA B II 5 Bd. 169; Bl. 4'. Bd. 170; Bl. 2. Bd. 171; Bl. 3. Bd. 172; Bl. 3 u. 4. Bd. 173; Bl. 1. Bd. 174; Bl. 3) ist bekannt, wo sich die von ihnen belegten Häuser befanden; sie haben ausnahmslos auf der Nordseite der Straße gelegen. Bezogen wurden:
– „dat orthus uppe de joddenstrate by dem wanthuse" (2. Gedenkbuch StA B I 2 Bd. 18; Bl. 41 [1424]), noch einmal
– „dat orthus" sowie „dat hus dar negest" (ebd. Bl. 46 [1426]); es handelt sich hierbei um das in den Zinsbüchern der Neustadt bereits 1401 aufgeführte Eckhaus nahe dem Rathaus (vgl. StA B I 9 Bd. 6; Bl. 17);
– das Haus „by dem boddel" (2. Gedenkbuch StA B I 2 Bd. 18; Bl. 56 [1429]), das nach Ausweis der Zinsbücher „beneuen den brodschernen achter dem radhuse" liegt (StA B I 9 Bd. 6; Bl. 6);
– „dat hus by den scherne uppe der Joddenstrate" (2. Gedenkbuch StA B I 2 Bd. 18; Bl. 85 [1442]);
hier ist die Parzelle ass. Nr. 1377 angesprochen (vgl. das Zinsbuch von 1401 StA B I 9 Bd. 6; Bl. 17);
– „dat lutke hus acht(er) der tollenbode uppe der Jodenstrate" (2. Gedenkbuch StA B I 2 Bd. 18; Bl. 85 [1442]).

49 Vgl. UB BS II Nr. 872; S. 510 (1320). Schoßregister der Neustadt StA B II 5 Bd. 165; Bl. 99' (1394). Zinsbuch aller fünf Weichbilde StA B I 9 Bd. 2; Bll. 27 u. 32' (1398). Zinsbuch der Neustadt StA B I 9 Bd. 10; Bll. 31' – 32' (1401).

50 Vgl. das Zinsbuch der Neustadt 1401 StA B I 9 Bd. 6; Bl. 16 u 17 sowie das 2. Gedenkbuch des Weichbildes StA B I 2 Bd. 18; Bl. 46, 139 u. 217.

51 Vgl. *Riemer, A.:* Die Juden... a. a. O., S. 338–341.

52 Die im UB BS II Nr. 705; S. 388 vorgenommene Datierung der folgenden Quelle auf das Jahr 1312 ist nicht unumstritten. Vgl. UB BS III; S. X.

53 UB BS II Nr. 705; S. 388.

54 Ebd. S. 389.

55 UB BS II Nr. 872; S. 510.

56 Vgl. UB BS III Nr. 238; S. 254. Schoßregister der Neustadt StA B II 5 Bd. 165; Bl. 22' und 35. 2. Gedenkbuch der Neustadt StA B I 2 Bd. 18; Bll. 21, 71, 93, 95, 96, 99, 102, 114, 119, 142, 144, 145, 171.

57 Zinsbuch der Neustadt StA B I 9 Bd. 6; Bl. 15.

58 2. Gedenkbuch der Neustadt StA B I 2 Bd. 18; Bl 21.

59 Ebd. Bl. 99.

60 Ebd. Bl. 119.

61 Ebd. Bl. 71. Smol wird zuvor in Eintragungen von 1432 und 1436 des Gedenkbuches (Bl. 60 und 70) als Mieter der Jöddenstraße erwähnt; Jorden van Helmstedde erscheint bereits 1401 im Zinsbuch der Neustadt als Bewohner der Jöddenstraße (StA B I 9 Bd. 6; Bl. 15).

62 2. Gedenkbuch der Neustadt StA B I 2 Bd. 18; Bl. 142 u. 144.

63 Ebd. Bl. 142.

64 UB BS III Nr. 575; S. 455f.

65 UB BS II Nr. 872; S. 510.

66 Zinsbuch der Neustadt 1401 StA B I 9 Bd. 10; Bl. 31.

67 Ebd.

68 2. Gedenkbuch der Neustadt StA B I 2 Bd. 18; Bl. 67.

69 Ebd. Bl. 70.

70 Dieser Zusammenstellung liegen folgende Quellen zugrunde: Die Zinsbücher der Neustadt von 1401 StA B I 9 Bd. 6; Bll. 16 und 17 sowie Bd. 10; Bll. 32 und 32'.
Das 2. Gedenkbuch der Neustadt StA B I 2 Bd. 18; Bll. 29, 32, 46 und 85.

71 Vgl. Das Zinsbuch der Neustadt StA B I 9 Bd. 6; Bl. 14–17.

72 Vgl. das 2. Gedenkbuch der Neustadt StA B I 2 Bd. 18; Bd. 46. Die Höherbelastung der jüdischen gegenüber der christlichen Bewohnerschaft während des 15. Jhs. betrifft die gesamte Jöddenstraße: Die in der Anm. 48 aufgeführten jüdischen Anlieger entrichteten im Durchschnitt pro Haushalt etwa zwei Mark jährlich an den Neustädter Rat, die dort genannten christlichen Bewohner hingegen nur etwa eine halbe Mark pro Haushalt. Vgl. im 2. Neustädter Gedenkbuch StA B I 2 Bd. 18 die Bll. 17, 38, 41, 46, 56, 60, 67, 70, 71, 85.

73 *Fahlbusch, O.:* Die Finanzverwaltung der Stadt Braunschweig 1374–1425. 1913; S. 132.

74 *Mack, Heinrich:* Die Finanzverwaltung der Stadt Braunschweig bis zum Jahre 1374. Breslau 1889; S. 45.

75 Ebd. sowie *Fahlbusch, O.:* Finanzverwaltung... a. a. O.

76 2. Gedenkbuch der Neustadt StA B I 2 Bd. 18; Bl. 222.

77 Ebd. Bl. 29.

78 Ebd. Bl. 32.

79 Ebd. Bl. 70. Ein weiteres Beispiel findet sich im Gedenkbuch auf Bl. 67 (1434).

80 Vgl. das 2. Gedenkbuch StA B I 2 Bd. 18; Bl. 153.

2. Naturwissenschaftliche und kulturwissenschaftliche Beiträge zur materiellen Kultur des Mittelalters und der frühen Neuzeit

Mineralogische Untersuchungen an gelbtoniger Irdenware des 12. bis 13. Jahrhunderts in Braunschweig und Goslar

Martin Okrusch und Regina Wilke-Schiegries

Inhalt

1. Problemstellung

Bei Grabungen in den Altstadt-Gebieten von Braunschweig und Goslar wurden seit 1976 vereinzelt Scherben und Scherbchen von äußerlich grauweißer, mittelgrauer (im Bruch ockerfarbener), ockergrauer (im Bruch grauweißer), ockergelber und hellgelber Irdenware gefunden – im folgenden kurz „gelbtonige Irdenware" genannt, die allgemein in das 12./13. Jahrhundert einzuordnen sind. Für die Herkunft dieser Keramik bieten sich im wesentlichen zwei Möglichkeiten an. Zum einen kommen Importe aus dem Niederrhein-Gebiet in Frage, wo u. a. in den Töpferorten Badorf, Walberberg und Pingsdorf im Kölner Vorgebirgsraum vom 8. Jahrhundert an gelbtonige Irdenware – mit roter Bemalung etwa seit der Mitte des 9. Jahrhunderts – hergestellt wurde, die eine weite Verbreitung fand (*Böhner,* 1950; *Lobbedey,* 1968.).

Andererseits könnte es sich aber auch um Importe (Derivate) aus dem niedersächsischen Raum handeln, besonders aus dem Gebiet von Duingen bei Alfeld (*Plath,* 1959).

Für die Unterscheidung der gelbtonigen Irdenware aus Badorf-Pingsdorf und aus den verschiedenen niedersächsischen Töpfereiorten hat *Frechen* (1959) auf Grund mikroskopischer Untersuchungen eine Reihe von Kriterien erarbeitet, die als Leitlinien für die Beurteilung des hier vorliegenden Scherbenmaterials dienten. Hierfür stellte uns Herr Professor Frechen in dankenswerter Weise Dünnschliffe von Duinger und von Badorf-Pingsdorfer Keramik aus seiner Sammlung zur Verfügung. Aber gerade das Studium dieses Vergleichsmaterials zeigte, wie schwierig die mikroskopische Unterscheidung im Einzelfall sein kann. Wir versuchten daher, durch rasterelektronen-mikroskopische, röntgenographische und chemische Analysen zusätzliche Kriterien zu gewinnen. Trotzdem ist es uns mit den Untersuchungsergebnissen, die wir in diesem vorläufigen Bericht vorlegen, noch nicht möglich, die Herkunftsfrage eindeutig zu klären, da die Probenzahl für eine statistisch gesicherte Aussage bislang noch zu gering ist. Außer drei aus Duingen stammenden Scherben, die als Vergleichsmaterial dienten, wurden bisher drei in Goslar und fünf in Braunschweig gefundene Scherben untersucht. Es ist geplant, die Arbeiten an einem größeren Probenmaterial fortzusetzen.

Neben der Diskussion der Herkunft gestatten unsere Untersuchungen vorläufige Aussagen über den technologischen Entwicklungsstand der mittelalterlichen Töpfer, wie er sich in der Qualität der gelbtonigen Irdenware dokumentiert.

Die untersuchten Proben sind in Tabelle 1 aufgelistet und in Abb. 1 (Farbtafel 15) dargestellt. Archäologische Aspekte einschließlich der Scherbenbeschreibung wird H. Rötting in einer späteren Arbeit vorlegen.

2. Aufbau eines keramischen Scherbens

Schon mit dem freien Auge, besonders aber unter dem Mikroskop läßt ein keramischer Scherben drei wesentliche Bauelemente erkennen: 1. Matrix, 2. Magerung, 3. Poren und Risse (Farbtafel 15, Abb. 2a–d). Dazu kommen in manchen Fällen noch eine Glasur, eine Engobe oder eine Malschicht auf der Oberfläche des Scherbens.

1. Die feinkörnige *Matrix* des keramischen Scherbens geht auf die ehemalige Tonsubstanz der Rohmasse zurück. Sie läßt sich mikroskopisch nur schlecht oder gar nicht auflösen. Ihr Gefüge wird daher besser mit dem Raster-Elektronen-Mikroskop untersucht; die erhaltenen Bilder geben qualitative Hinweise auf die Verdichtung des Scherbens beim Brand und damit auf die Höhe der Brenntemperatur. Der Mineralbestand der Matrix kann mit dem Röntgen-Pulverdiffraktometer ermittelt werden, sofern die Einzelminerale hinreichend gut durchkristallisiert und in einer gewissen Mindestmenge (ca. 5–10 Gew.-%) vorhanden sind. Grundsätzlich lassen sich zwei Arten kristalliner Substanzen in der Matrix unterscheiden:

- Minerale, die noch aus der ehemaligen Rohmasse stammen und den Brand mehr oder weniger unbeschadet überstanden haben; ihre Anwesenheit bietet in günstigen Fällen einen Anhaltspunkt für die maximal erreichte Brenntemperatur.
- Kristalline Substanzen, die beim Brennvorgang neu gebildet wurden; sie geben Hinweise auf die beim Brand erreichten Mindesttemperaturen.

2. *Mineralische Magerungskörner* sind Bruchstücke von Einzelmineralen und von Gesteinen, die entweder in der Rohmasse bereits ursprünglich als ,,natürliche Magerung" vorhanden waren oder ihr als künstliche Magerung zugesetzt wurden, um das Schwinden des plastischen Tons beim Brand herabzusetzen und die Bildung von Schwundrissen möglichst zu vermeiden. Im Vergleich zur Matrix ist die Magerung durch ein deutlich gröberes Korn gekennzeichnet, wobei allerdings nicht immer ein deutlicher Hiatus, sondern häufig ein serialer Übergang besteht. Wie in der Keramik üblich (vgl. *Salmang u. Scholze*, 1968, S. 300 f.), wollen wir die Grenze zwischen Matrix und Magerung bei einer Korngröße von 0,02 mm festlegen. Aus Art, Korngrößenverteilung und Rundungsgrad der Magerungskörner läßt sich oft bereits schließen, ob natürliche oder künstliche Magerung vorliegt. Da die gröberen Körner den Brand praktisch unbeschadet überstanden haben, lassen sie Rückschlüsse auf Art und Herkunft des Rohmaterials zu und geben in günstigen Fällen Hinweise auf den Ort der Töpferei-Produktion (z.B. *Frechen*, 1959, 1969; *Okrusch* et al., 1973; *Strunk-Lichtenberg* et al., 1973; *Maggetti*, 1979). Neben mineralischer ist bisweilen auch eine Magerung durch *Altton* (s.u.) mikroskopisch nachweisbar.

3. Die *Porosität* des keramischen Scherbens ist ein wesentliches Maß für seine technische Qualität; denn sorgfältige Vorbereitung der Rohmasse, vorsichtige Brandführung und hohe Brenntemperaturen setzen die Gesamtporosität und vor allem den Anteil der offenen Poren herab (z.B. *Beckmann* et al., 1971; *Strunk-Lichtenberg* et al., 1973; *Heide u. Strunk-Lichtenberg*, 1975).

3. Untersuchungsergebnisse

Mineralische Magerung

Die drei aus *Duingen* stammenden Scherben enthalten jeweils einen Magerungsanteil von etwa 30 Vol.-%, der relativ gleichmäßig über den Scherben verteilt ist. Die Magerungskörner sind vorwiegend kantengerundet, bisweilen konkav-konvex ausgebildet, während splittrige oder aber vollrunde Körner zurücktreten (Farbtafel 15, Abb. 2a). Die Korngrößenverteilung zeigt einen deutlichen Hiatus gegenüber der Matrix und ein ausgeprägtes Maximum bei 0,15 bis 0,20 mm; der maximale Korndurchmesser liegt in allen drei Scherben bei 0,35 mm. Das weitaus vorherrschende Magerungsmineral der Duinger Scherben ist Quarz, und zwar überwiegend in Form von Einzelkörnern, zurücktretend von grob- bis feinkristallinen Aggregaten, vereinzelt als Chalcedon (Tabelle 1, Abb. 2a). Alle Scherben enthalten einen geringen Opak-Anteil in der Magerung. Unsere Beobachtungen bestätigen im wesentlichen die von *Frechen* (1959) herausgestellten Merkmale der Duinger Irdenware, aber auch die große Ähnlichkeit mit der Badorf-Pingsdorfer Keramik.

Die in *Goslar* und *Braunschweig* gefundenen gelbtonigen Scherben sind in ihrer mineralischen Magerung dem Duinger Material sehr ähnlich. In einem Teil der Scherben, insbesondere in denen aus der Braunschweiger Weberstraße, ist der Rundungsgrad der Magerungskörner noch besser als in der Duinger Ware. Damit handelt es sich mit größter Wahrscheinlichkeit nicht um Badorf-Pingsdorfer Import-Keramik, die nach *Frechen* (1959) vorwiegend eckige Magerungskörner besitzt. Mehr als die Hälfte der Goslarer und Braunschweiger Scherben unterscheidet sich von Duingern durch eine etwas stärkere Variation in der Korngröße (Tabelle 1, Abb. 2b), wobei der maximale Korndurchmesser bis auf 1 mm ansteigen kann.

In diesem Zusammenhang sei darauf hingewiesen, daß *Frechen* (1959) eine Gruppe ,,Keramik von Duingen mit gröberer Magerung" ausscheidet, die nach *Plath* (1959) möglicherweise in dem südlich von Duingen gelegenen Dorf Coppengrave hergestellt wurde. – In ihrem Mineralbestand sind auch die in Goslar und Braunschweig gefundenen gelbtonigen Scherben durch einen weit vorherrschenden Gehalt an Quarz und Quarz-Aggregaten in der Magerung gekennzeichnet. Mit Ausnahme von zwei Proben führen sie aber zusätzlich in geringer Menge Feldspäte, und zwar sowohl Kalifeldspat als auch Plagioklas, die in den Duinger Scherben fehlen. Daneben treten auch Bruchstücke von Graniten und Gneisen auf, die aus Quarz, Feldspäten und Glimmern in wechselnden Mengenverhältnissen bestehen, besonders häufig in der vom Braunschweiger Kohlmarkt stammenden Probe 79 : 11 / 1541 (Tabelle 1,

Tabelle 1: Mineralbestand von gelbtoniger Irdenware

Fundstelle	Duingen Sippscher Feld			Goslar-Neuwerk		Goslar-Kaiserpfalz	Braunschweig Packhof (10)		BS-Kohlmarkt (21)	Braunschweig-Weberstraße (19)	
Probe	Dui 1	Dui 2	Dui 3	79: 3/4	79: 3/14	77: 12/412	78: 3/504	78: 3/510	79: 11/1541	79: 8/89	79: 8/158
Mineralische Magerung, mikroskopisch sichtbar (Vol%)	30	30	30	30	20	20	20	30	25	35	25
(max. Größe in mm)	(0.35)	(0.3)	(0.35)	(0.4)	(0.6)	(0.4)	(0.4)	(0.8)	(0.85)	(1.0)	(0.55)
Quarz	●	●	●	●	●	●	●	●	●	●	●
Quarz-Aggregate	○	+	○	○	○	○	○	○	○	○	○
Chalcedon	+	+	+	–	–	–	–	–	+	–	–
Feldspäte	–	–	–	+	+	–	–	○	+	○	○
Gneis, Granit u. ä.	+	–	–	–	–	–	–	–	○	+	+
Opak	+	+	+	+	+	+	+	+	+	+	+
Zirkon	–	–	–	+	–	–	–	+	–	–	–
Turmalin	+	–	–	–	–	–	–	–	+	–	–
Anderes	–	–	–	–	+	–	–	–	–	+	–
Röntgen-Befund											
Quarz	○	○	○	○	○	○	○	○	○		
Feldspat	+	+	+	+	–	+	?	+	+		
Mullit	+	?	–	–	+	–	–	–	–		
Illit	–	–	–	–	–	–	–	–	?		
Altton-Magerung	○	○	○	+(?)	○	○	○	–	–	–	+
(max. Größe in mm)	(0.4)	(0.6)	(0.8)	(0.5)	(0.75)	(1.5)	(2.5)	–	–	–	(0.85)
Wasseraufnahme (Vol%)											
ungebrannt	5.6	3.4	8.4	12.1	5.4	14.0	–	9.8	10.9	–	9.7
bei 800° C gebrannt	5.9	13.5	11.0	12.8	6.6	14.5	–	11.1	12.8	–	11.6
Grobe offene Poren (max. Größe in mm)	(1.7)	(3.0)	(1.0)	(2.0)	(0.75)	(1.0)	(1.4)	(0.9)	(1.3)	(0.6)	(0.45)

● weit überwiegend   ○ untergeordnet   + zurücktretend   – nicht nachweisbar   ? fraglich

Abb. 2d). *Frechen* (1959) erwähnt das Auftreten von Feldspäten in seiner Gruppe „Keramik mit Moränenmaterial“, die nach *Plath* (1959) möglicherweise in der Stadt Hannover hergestellt wurde. Indessen fehlen in unseren Scherben eine Reihe von Magerungs-Komponenten, die nach *Frechen* für diese Gruppe charakteristisch sind.

Altton-Magerung

In den von uns untersuchten Duinger sowie in einem Teil der Braunschweiger und Goslarer Scherben konnte die Magerung mit Altton nachgewiesen werden: Der ungebrannten Rohmasse wurde bereits getrockneter Ton zugesetzt, z. B. von Gefäßen, die auf der Töpferscheibe mißraten waren, oder aus den angetrockneten Tonkrusten in den Anmachgefäßen. *Noll* (1982a, b) zieht diese Technik bereits für die minoische Keramik Kretas in Betracht; er konnte sie auch bei den modernen kretischen Töpfern beobachten. Wesentlich aufwendiger wäre eine Schamottierungs-Technik, d. h. der Zusatz von bereits gebranntem Ton, etwa zerschlagener und zerstampfter Töpferware. Gegen eine solche Deutung, wie sie z. B. *Maggetti* (1979) für die urnenfelderzeitliche Keramik der Siedlung Elchinger Kreuz vorschlägt, spricht in unserem Falle vor allem die gute Rundung der Alttonkörner. Diese besitzen eine wechselnde Korngröße mit Maximalwerten zwischen 0,4 und 2,2 mm (Tabelle 1, Abb. 2a, c). Die Alttonkörner lassen sich nicht immer eindeutig identifizieren, da sie sich nur dann von der Matrix abheben, wenn sie anders gefärbt sind (z.B. fast schwarz durch Überbrennen?), einen unterschiedlichen Anteil an mineralischer Magerung besitzen, ihre Poren abweichende Orientierung zeigen oder wenn sie von Rissen umgeben sind.

Matrix

In allen Scherben läßt sich *mikroskopisch* ein wechselnd hoher, aber stets merklicher Anteil an eckigen bis splittrigen Quarzkörnchen in der Matrix nachweisen. Dieses gemeinsame Merkmal der „sandreichen“ Tonmasse ist nach *Frechen* (1959) typisch für die Duinger Keramik, tritt allerdings auch in einigen Vergleichsschliffen der Badorf-Pingsdorfer Ware auf. Für die Abgrenzung von den beiden Gruppen „Keramik mit Quarz-Quarzit-Magerung“ und „Keramik mit Moränenmaterial“ ist die Tatsache wichtig, daß in der Duinger Keramik kein serialer Übergang, sondern ein deutlicher Korngrößen-Hiatus zwischen den Matrix-Quarzen und den Magerungskörnern beobachtet wird. Das ist auch in allen von uns untersuchten Scherben der Fall.

Bei der *röntgenographischen* Untersuchung des Scherbenmaterials wurden in fast allen Proben neben dem weitaus vorherrschenden Quarz auch Feldspäte, vor allem Kalifeldspat nachgewiesen, und zwar auch dann, wenn diese nicht in der Magerung vorkommen. Sie sind somit Bestandteil der Matrix und waren vermutlich bereits in der ehemaligen Tonmasse vorhanden.

Erwartungsgemäß ist in keinem der untersuchten Scherben das Tonmineral Kaolinit röntgenographisch nachweisbar, das nach den chemischen Analysen (s. u.) neben Quarz einen wesentlichen Bestandteil des Rohtons gebildet haben muß. Je nach Korngröße, Kristallinität und Aufheizgeschwindigkeit gibt Kaolinit beim Brand zwischen 500 und 600° C sein Kristallwasser ab; es entsteht Metakaolin, der so stark fehlgeordnet ist, daß er sich röntgenographisch meist nicht nachweisen läßt *(Grim,* 1968; *Salmang* u. *Scholze,* 1968). Auch das Tonmineral Illit war sehr wahrscheinlich im Rohton der gelbtonigen Irdenware vorhanden, ist aber höchstens in Probe 79:11/1541 röntgenographisch noch schwach erkennbar. In allen anderen Scherben dürften beim Brand die Zerfallstemperaturen von Illit, d.h. mindestens 850° C *(Grim,* 1968; *Salmang* u. *Scholze,* 1968) überschritten worden sein. Einen unabhängigen Hinweis auf Brenntemperaturen über 900° C bieten die Scherben 79:3/14 (Goslar Neuwerk), Duingen 1 und (nicht ganz sicher) Duingen 2, in denen röntgenographisch die Neubildung von Mullit nachgewiesen werden konnte. Andererseits lassen die Aufnahmen mit dem *Raster-Elektronen-Mikroskop* in keinem der untersuchten Scherben eine Versinterung erkennen. Die Brenntemperaturen reichten somit für die Bildung einer Schmelzphase nicht aus und haben sicher unter 1000° C gelegen.

Poren und Risse

Bereits bei makroskopischer, besonders aber bei mikroskopischer und raster-elektronen-mikroskopischer Betrachtung sind in allen Scherben Poren und Risse erkennbar, die durch die Entwässerung der Tonminerale beim Brand oder durch Spannungen beim Brennprozeß und bei der Abkühlung entstanden. Besonders auffällig sind die groben offenen Poren, langgestreckte, flammenförmige Hohlräume, die bis 3 mm lang und bis 0,4 mm breit werden (Tabelle 1, Abb. 2). Sie sind meist subparallel zur Gefäßwandung angeordnet, bilden also eine Textur ab, die der keramischen Masse bei der Formung des Gefäßes vor dem Brand aufgeprägt wurde. Der Mengenanteil von groben offenen Poren läßt sich durch die Wasseraufnahme des Scherbens quantitativ bestimmen. Um organische Substanzen, die beim Gebrauch des Gefäßes in die Poren gelangt sind, zu entfernen, wurden die Scherben jeweils 2 Stunden bei 800°C gebrannt. Erwartungsgemäß lag die Wasseraufnahme dann höher als vor dem Nachbrennen. Wie aus Tabelle 1 hervorgeht, variiert der Anteil an groben offenen Poren der nachgebrannten Scherben zwischen 5,9 und 14,5 Vol.-%, wobei zwischen dem Duinger, dem Goslarer und dem Braunschweiger Keramik-Material keine systematischen Unterschiede erkennbar sind. Die Bestimmung des Anteils an offenen und geschlossenen Mikroporen ist experimentell wesentlich aufwendiger und steht bislang noch aus.

Malschichten

Wie aus der Beschreibung des untersuchten Scherbenmaterials hervorgeht (s. o.), weist die gelbtonige Irdenware häufig eine rötliche bis bräunliche Bemalung auf. An zwei Scherben wurden diese Malschichten mit dem Raster-Elektronen-Mikroskop untersucht und ihre chemische Zusammensetzung mittels eines energiedispersiven Analysensystems halbquantitativ ermittelt.

Probe 79:11/1541 weist eine rötliche Bemalung auf. Gegenüber dem Scherbenmaterial zeigt die Malschicht eine deutliche Zunahme der Kalium- und der Eisengehalte, was darauf schließen läßt, daß ein Eisenoxid-haltiger, illitischer Ton als Malschlicker verwendet wurde. Dieses Ergebnis war nicht unerwartet.

Probe 78:3/510 mit bräunlicher Bemalung brachte dagegen eine Überraschung: Neben untergeordnetem Eisen war in der Malschicht nämlich nur noch Calcium nachweisbar. Daraus läßt sich folgern, daß die Bemalung mit einem Schlicker aus aufgeschlämmtem eisenhaltigen Kalkstein (Ockerkalk) erfolgte.

Chemische Zusammensetzung der Scherben

Wie wir gesehen haben, läßt sich die Herkunft der in Goslar und Braunschweig gefundenen gelbtonigen Irdenware allein über die mikroskopische Ansprache der mineralischen Magerung nicht sicher ermitteln. Die quantitative chemische Analyse der Scherben sollte daher zusätzliche Argumente für die Herkunftsbestimmung liefern. Durch den Einsatz moderner Meßgeräte wie Röntgenfluoreszenz- und Atomabsorptions-Spektrometer können heute auch die geringen Probenmengen, die uns zur Verfügung standen, zuverlässig und rasch analysiert werden. Lediglich die Scherben aus der Braunschweiger Weberstraße waren für die chemische Analyse zu klein (vgl. Beitrag *Rötting* Kurzberichte: Stadtgrabung 19, in diesem Band).

Wie Tabelle 2 erkennen läßt, ist die chemische Zusammensetzung der 9 analysierten Proben grundsätzlich sehr ähnlich. Kennzeichnend sind hohe Gehalte an SiO_2 und Al_2O_3, die zusammen stets mehr als 90 Gew.-% ausmachen, und entsprechend geringe Ge-

Tabelle 2: Chemische Analysen von gelbtoniger Irdenware

Fundstelle	Duingen Sippscher Feld			Goslar-Kaiser-pfalz	Braunschweig Packhof (10)		BS-Kohlmarkt (21)	Goslar-Neuwerk				Duingen	
Analyse	1	2	3	4	5	6	7	8	9	Mittelwert 1–3	Mittelwert 4–9		
Probe	Dui 1	Dui 2	Dui 3	77: 12/412	78: 3/504	78: 3/510	79: 11/1541	79: 3/4	79: 3/14			Roh-ton	Rohton H_2O-frei
SiO_2	69.4	69.4	69.9	68.0	68.6	73.9	73.8	74.8	71.7	69.6 ±0.3	71.8 ±2.9	59.6	65.4
TiO_2	1.09	1.14	1.17	1.32	1.48	1.26	1.46	1.10	1.37	1.13±0.04	1.33±0.14	1.37	1.50
Al_2O_3	24.1	22.7	21.8	22.6	23.2	18.5	18.9	18.5	20.9	22.9 ±1.2	20.4 ±2.1	24.3	26.7
Fe_2O_3	1.64	2.96	2.45	2.65	2.47	1.60	1.88	2.48	2.53	2.35±0.67	2.27±0.42	2.44	2.68
MnO	<0.02	<0.02	<0.02	<0.02	0.02	0.02	0.03	<0.02	<0.02	<0.02	<0.02	<0.01	<0.01
MgO	0.96	0.93	0.88	0.84	0.84	0.48	0.54	0.71	0.89	0.92±0.04	0.72±0.17	1.00	1.10
CaO	0.19	0.18	0.15	0.29	0.26	0.56	0.46	0.23	0.32	0.17±0.02	0.35±0.13	0.25	0.27
Na_2O	0.31	0.29	0.24	0.30	0.34	0.34	0.38	0.19	0.26	0.28±0.04	0.30±0.07	0.42	0.46
K_2O	1.46	1.58	1.74	1.77	1.88	1.32	1.54	1.35	1.31	1.59±0.14	1.53±0.25	1.65	1.81
P_2O_5	0.08	0.06	0.06	0.09	0.13	0.13	0.14	0.07	0.08	0.07±0.01	0.11±0.03	0.07	0.08
GV*	0.54	1.27	1.21	1.22	1.12	1.17	1.17	1.00	0.83	1.01±0.41	1.09±0.15	8.33	
Summe	99.77	100.51	99.60	99.08	100.34	99.28	100.30	100.43	100.19			99.43	100

* Glühverlust, im wesentlichen H_2O

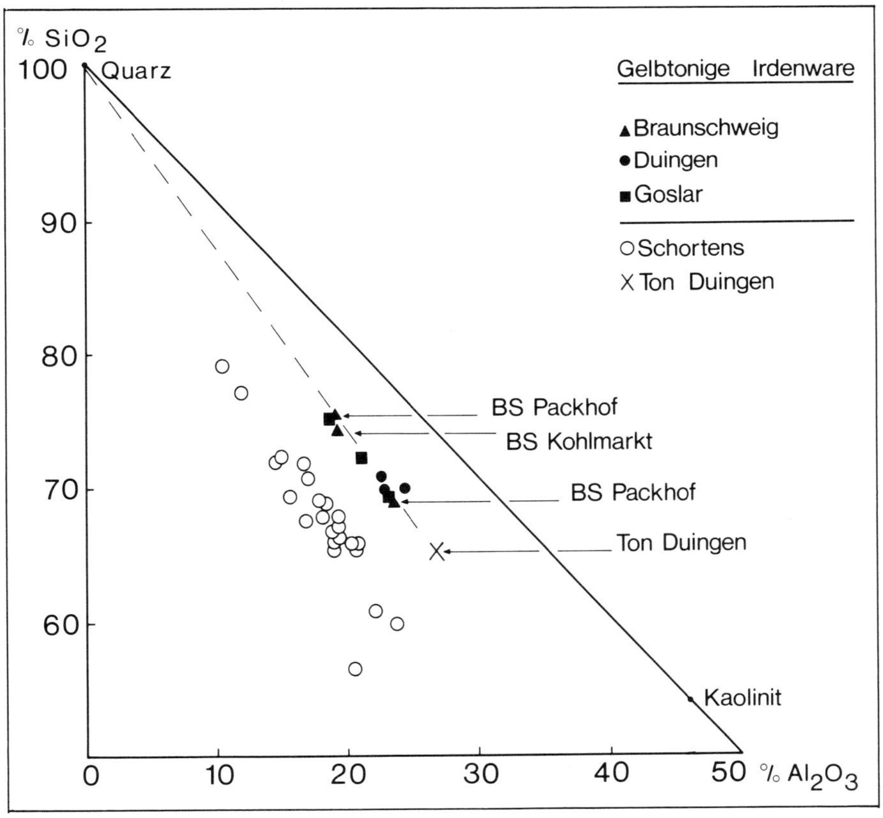

Abb. 3: Darstellung der chemisch analysierten Proben von gelbtoniger Irdenware im Diagramm Al_2O_3 gegen SiO_2 (Gewichts-% auf H_2O- und C-freier Basis). Zum Vergleich sind die entsprechenden Analysenwerte für die frühmittelalterliche Keramik aus dem Gräberfeld Schortens, Kreis Friesland, eingetragen (offene Kreise). Die Analyse der Tonprobe aus der Gemarkung „Auf der Heide" südwestlich Duingen ist als Kreuz dargestellt. Die Analysenpunkte der gelbtonigen Scherben liegen auf der Verbindungslinie zwischen dem Analysenpunkt für den Duinger Ton und für reinen Quarz.

halte an Fe_2O_3, MgO, CaO, Na_2O und K_2O. Das bedeutet, daß die Rohmasse einen hohen Anteil an Quarz (ca. 35–45 Gew.-%), der allerdings teilweise als künstliche Magerung zugesetzt worden sein kann, und an Kaolinit (ca. 30–45 Gew.-%) enthalten haben muß, während der Illit-Anteil wohl kaum über 20 Gew.-% gelegen hat. Vergleicht man die Mittelwerte der einzelnen chemischen Komponenten für die drei Duinger Scherben einerseits und die Goslarer und Braunschweiger Scherben andererseits, so ergeben sich für Fe_2O_3, MnO, MgO, Na_2O, K_2O und den Glühverlust (hauptsächlich H_2O) keine signifikanten Unterschiede, d. h., die jeweiligen Mittelwerte stimmen innerhalb der berechneten Standardabweichungen überein (Tab. 2).

Das gleiche gilt scheinbar für SiO_2 und Al_2O_3, doch ist hier zu beachten, daß die Werte für die Goslarer und Braunschweiger Scherben erheblich stärker streuen als für die Duinger. Dabei läßt sich eine deutliche Gruppenbildung erkennen (Abb. 3): Die Proben 77:12/412 (Goslar Kaiserpfalz) und 78:3/504 (Braunschweig Packhof) stimmen gut mit den Duinger Scherben überein, während die 4 anderen durch deutlich höhere SiO_2- und niedrigere Al_2O_3-Gehalte gekennzeichnet sind, d. h., das Quarz/Kaolin-Verhältnis in der Rohmasse war höher. Auch bezüglich der Komponenten TiO_2, CaO und P_2O_5 sind gewisse Unterschiede erkennbar (Tabelle 2). Allerdings ist die Zahl der bisher analysierten Proben noch zu klein, um zu entscheiden, ob diese geringen chemischen Unterschiede wirklich auf unterschiedliche Tonlagerstätten zurückgehen und damit auf verschiedene Herstellungsorte der gelbtonigen Irdenware hinweisen.

Die enge chemische Verwandtschaft der gelbtonigen Scherben kommt besonders deutlich zum Ausdruck, wenn man sie mit anderer mittelalterlicher Keramik vergleicht. So zeigt die früh- bis hochmittelalterliche Keramik aus dem Gräberfeld Schortens (Kreis Friesland) stark variierende, aber meist merklich geringere Gehalte an SiO_2 und Al_2O_3 (Abb. 3), während die Werte für Fe_2O_3, MnO, MgO, Na_2O, K_2O und P_2O_5 ohne Ausnahme höher liegen, z. T. sogar merklich.

Auffallend hoch sind die H_2O-Gehalte der Schortenser Keramik, die zwischen 4 und 12 Gew.-% variieren. Im Gegensatz zur gelbtonigen Irdenware lagen die Brenntemperaturen offenbar niedriger, so daß H_2O in viel geringerem Maße ausgetrieben wurde. Dazu paßt, daß in den meisten Schortenser Scherben röntgenographisch Illit nachgewiesen wurde *(Wilke,* 1979). Auch die grautonige Irdenware des 13. bis 16. Jahrhunderts, über die *Hennicke* (1983) in diesem Band berichtet, zeigt gegenüber unseren Scherben deutliche chemische Unterschiede.

4. Diskussion

Herkunft des Rohmaterials

Nach den bisherigen durchgeführten Untersuchungen zeigt die gelbtonige Irdenware, die bei Ausgrabungen in Goslar und Braunschweig gefunden wurde, große Ähnlichkeit mit den drei Duinger Vergleichsproben. Zwar sind gewisse Unterschiede, z. B. bezüglich der Magerung und in der chemischen Zusammensetzung, vorhanden, doch reichen diese nicht aus, um unterschiedliche Herstellungsorte zu fordern. Ebensogut ist es möglich, daß das Rohmaterial aus verschiedenen Gruben einer Tonlagerstätte im Duinger Gebiet oder aus unterschiedlichen Horizonten einer Tongrube stammt. Es könnten auch sehr ähnliche Tone verschieden stark mit Quarz gemagert worden sein. Daher ist es nicht abwegig, im Duinger Raum anstehende Tone zum Vergleich heranzuziehen.

Wir entnahmen eine repräsentative Tonprobe aus einer alten Tongrube in der Gemarkung ,,Auf der Heide" südwestlich von Duingen. Nach dem röntgenographischen Befund besteht dieser Ton überwiegend aus Kaolinit und Quarz, darüber hinaus lassen sich untergeordnet Kalifeldspat und Illit sowie etwas Chlorit nachweisen. In der feinsten Fraktion $\leqq 2$ µm war der Quarz-Anteil deutlich geringer, und es trat kein Kalifeldspat mehr auf. Beim Brennen behielt der Ton seine hellgraue bis weiße Färbung. Rechnet man die chemische Analyse (Tabelle 2) auf eine wasserfreie Zusammensetzung um, so ergeben sich für die Summe von $SiO_2 + Al_2O_3$ und für die anderen chemischen Komponenten Werte, die in der Größenordnung der entsprechenden Analysenwerte für die gelbtonige Irdenware liegen. Lediglich das Al_2O_3/SiO_2-Verhältnis ist bei der analysierten Rohtonprobe deutlich höher. In Abb. 3 liegen die Analysenpunkte der gelbtonigen Scherben sehr nahe der Verbindungslinie zwischen den Punkten für den Rohton und für reinen Quarz. Daraus folgt, daß man die chemischen Zusammensetzungen der verschiedenen gelbtonigen Scherben erhalten könnte, wenn man einen Ton der von uns analysierten Art mit etwa 10 bis 30 Gew.-% Quarzsand magert. Damit erfährt die Vermutung, daß die in den Stadtgebieten von Braunschweig und Goslar gefundene gelbtonige Irdenware in den Duinger Töpferei-Werkstätten hergestellt wurde, eine weitere Stütze.

Eine zweite Tonprobe aus der noch im Abbau befindlichen Tongrube Dr. Bock erbrachte eine stark abweichende chemische Zusammensetzung und kommt als Ausgangsmaterial für die gelbtonige Irdenware nicht in Frage, zumal sich dieser Ton beim Brennen dunkel verfärbt.

Technologischer Entwicklungsstand

Unsere bisherigen Untersuchungen führen zu dem Schluß, daß die Töpfer, die die gelbtonige Irdenware herstellten, einen recht hohen Stand der Fertigungstechnik erreicht hatten. Das dokumentiert sich bereits in der Auswahl eines hochwertigen, kaolinitreichen und hellbrennenden Rohtones, der sehr wahrscheinlich durch eine künstliche Magerung mit Quarzsand, teilweise auch mit Altton in seinen Schwindungseigenschaften günstig beeinflußt wurde. Vermutlich siebte man – zumindest in einigen Werkstätten – den Quarzsand ab, um zu grobe Kornfraktionen auszuscheiden. Der verhältnismäßig geringe Anteil an groben offenen Poren spricht für eine sorgfältige Verdichtung der ungebrannten Rohmasse durch Mauken, Walken und Kneten. Die gelegentliche Neubildung von Mullit und das Fehlen von Illit lassen erkennen, daß bei der Herstellung der gelbtonigen Irdenware Brenntemperaturen um 900°C erreicht wurden.

Danksagung. Unser besonderer Dank gilt Herrn *H. Rötting M. A.* für eingehende Diskussionen und die kritische Durchsicht des Manuskripts, Herrn *Prof. Dr. J. Frechen* für die Überlassung von Vergleichs-Dünnschliffen, Herrn *PD Dr. E. Seidel* und Herrn *O. Ewald* danken wir für Beratung und Hilfe bei der analytischen Arbeit, Herrn *F. Sackmann* für seine Betreuung am Raster-Elektronen-Mikroskop und Herrn *W. Hau* (IfD) für das Foto, Abb. 1. Die verwendeten Analysengeräte wurden durch die Deutsche Forschungsgemeinschaft zur Verfügung gestellt.

Literatur

Beckmann, B., G. Strunk-Lichtenberg u. *H. Heide,* Die frühe Siegburger Keramik und ihre Entwicklung zum Steinzeug. Naturwissenschaftliche Analysen zur Geschichte der mittelalterlichen Keramik. Keram. ZS. 23, 1971, 656-659.

Böhner, K., P. J. Tholen, R. v. Uslar u. *J. Frechen,* Ausgrabungen in den Kirchen von Breberen und Doveren, Reg. Bez. Aachen. Bonner Jb. 150, 1950, 192–228, bes. 207–220.

Frechen, J., briefliche Mitteilungen in: *Plath,* 1959.

ders., Petrographische Untersuchung von Keramik-Proben aus Manching und anderen mitteleuropäischen Fundstellen. In: I. Kappel, Die Graphittonkeramik von Manching. Die Ausgrabungen in Manching 2, Wiesbaden 1969, 127–137.

Grim, R. E., Clay mineralogy. McGraw Hill, New York 1968.

Heide, H. u. G. Strunk-Lichtenberg, Die Technik des Materials, seine Entwicklung und Beschaffenheit. In: *B. Beckmann,* Der Scherbenhügel in der Siegburger Aulgasse 1, Rheinische Ausgrabungen 16, 1975, 340–349.

Hennicke, H. W., u. *I. Huismann,* Keramographische Untersuchungen an grautoniger Irdenware des 13.–16 Jhs. In: Stadtarchäologie in Braunschweig, Forschungen der Denkmalpflege in Niedersachsen, Bd. 3, 1985.

Lobbedey, U., Untersuchungen mittelalterlicher Keramik vornehmlich aus Südwestdeutschland. Arbeiten zur Frühmittelalterforschung 3, Berlin 1968, 73 ff.

Maggetti, M., Mineralogisch-petrographische Untersuchungen des Scherbenmaterials der urnenfelderzeitlichen Siedlung Elchinger Kreuz, Ldkr. Neu-Ulm/Donau. Kataloge der Prähist. Staatssamml. München 19, 1979, 141–168.

Noll, W., (1982a), Mineralogie und Technik der Keramik Alt-Kretas. Neues Jahrb. Mineralogie Abhandl. 143, 150–199.

ders., (1982b), briefl. Mitt.

Okrusch, M., G. Strunk-Lichtenberg u. *B. Gabriel,* Vorgeschichtliche Keramik aus dem Tibesti (Sahara). I. Das Rohmaterial. Ber. Deutsche Keram. Ges. 50, 1973, 261–267.

Plath, H., Mittelalterliche Keramik vom 12. bis zum 15. Jahrhundert in Hannover. Hannoversche Geschichtsblätter (N. F.) 12, 1959, 1–39.

Salmang, H. u. H. Scholze, Die physikalischen und chemischen Grundlagen der Keramik. Springer, Berlin – Heidelberg – New York, 1968.

Strunk-Lichtenberg, G., B. Gabriel u. *M. Okrusch,* Vorgeschichtliche Keramik aus dem Tibesti (Sahara). II. Technologischer Entwicklungsstand. Ber. Deutsche Keram. Ges. 50, 1973, 294–299.

Wilke, R., Archäometrie frühmittelalterlicher Keramik der Grabung Schortens, Kr. Friesland. Unveröffentlichte Diplom-Arbeit, Mineralogisch-Petrographisches Institut der Technischen Universität Braunschweig, 1979.

Keramische Untersuchungen an grautoniger Irdenware des 13. bis 16. Jahrhunderts

Hans Walter Hennicke und Ingrid Huismann

1. Einleitung

In der Auffassung, daß keramisch-chemische Untersuchungen mit archäometrischer Zielsetzung über Herkunft und Herstellungstechnik weitergehende Aufschlüsse liefern können, wurden einleitend 7 Gefäß- bzw. Scherbenfunde von verschiedenen Ausgrabungen der Stadtarchäologie Braunschweigs (1976–1982) mit Scherbenproben aus Salzgitter-Gebhardshagen, der Ausgrabung einer Töpferwerkstatt aus dem 13. Jh.[1], zu

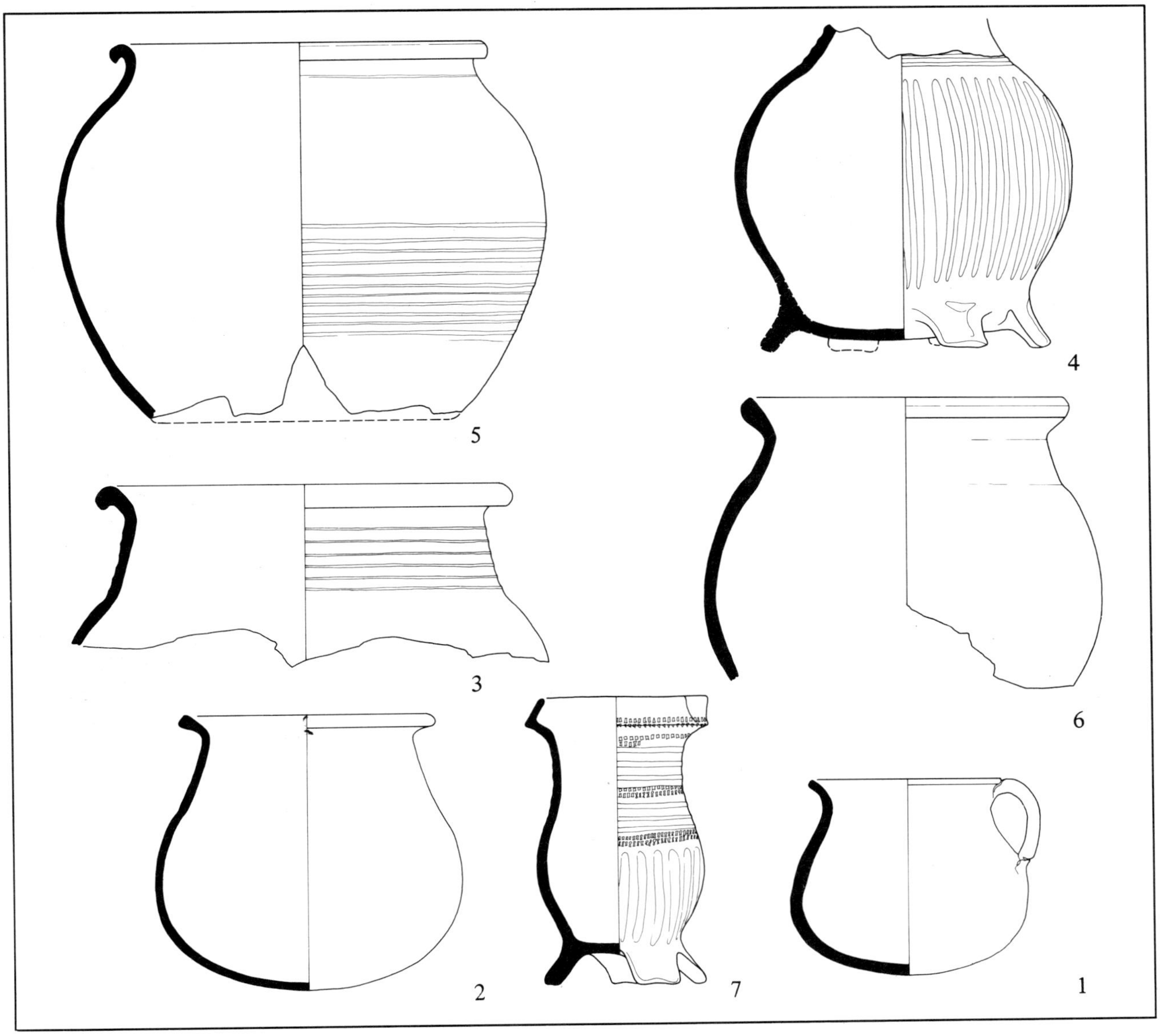

Bild 1: Grautonige Irdenware: Gefäße bzw. Gefäßscherben, an denen Probeentnahme erfolgte M. 1:4

Tabelle 1:

Proben-nummer	Scherben-Farbe	Gefäßtyp/ Datierung	Grabungskennziffer/ Fundnummer
1	durchgehend grau	Kugeltopf mit Henkel, Mitte 13. Jh.	19–79:8/138, St. 5
2	durchgehend hellgrau	Kugeltopf mit Metallglanz, 2. Hälfte 13. Jh.	23–79:13/65 (D), St. 1
3	durchgehend hellgrau	Kugeltopf, 15. Jh.	12–78:2/62, St. 10
4	grau, an dickwandigeren Gefäßstellen mit rötlich-grauem Kern (Farbtafel 16; *Hennicke* Bild 5)	Krug, 14./15. Jh.	12–78:2/73, St. 10
5	durchgehend hellgrau	Standbodentopf, 16. Jh.	10–78:3/792, St. 32
6	durchgehend grau	Kugeltopf, 2. Hälfte 14. Jh.	18–79:5/204
7	grau, an dickwandigeren Gefäßstellen mit rotem Kern (Farbtafel 16; *Hennicke* Bild 5)	Braunschweiger Mündelbecher, 2. Hälfte 14. Jh.	18–79:5/851

einer Untersuchungsreihe zusammengefaßt. Die Proben aus Braunschweig waren herkunftsmäßig wie folgt gekennzeichnet (s. Bild 1 und Tabelle 1).

2. Angewandte Untersuchungsmethoden

Mit Hilfe der Röntgenfluoreszenzanalyse wurden die Proben auf ihre chemische Bruttozusammensetzung analysiert. Weiterhin wurden 40 mm lange Probenstäbchen auf ihr thermisches Ausdehnungsverhalten mit dem Dilatometer bis 1100° C untersucht, besonders um daraus die originäre Brenntemperatur und aus dem Aussehen der oxydierend nachgebrannten Probe Schlüsse über die Ofenatmosphäre des Produktionsbrandes zu ziehen. Aus Anschliffen wurde außerdem das Scherbengefüge mit dem Lichtmikroskop erfaßt.

3. Ergebnisse

3.1 Chemische Analyse

Die chemischen Analysenergebnisse sind in Tabelle 2 zusammengestellt. Mit „SZ-Gebhardshagen" ist ein Mittelwert mit Schwankungsbreite (Aussagewahrscheinlichkeit besser 95 %) aus 15 verschiedenen Einzelanalysen von Scherben eines Fundortes[1] aufgeführt. Vergleicht man mit diesen Mittelwerten die Ergebnisse der Proben 1 bis 7, so ist festzustellen daß diese in den Bereich der Schwankungen von Gebhardshagen hineinpassen, ohne damit jedoch zugleich eine scharfe Identität zu konstatieren. Immerhin erscheint damit der Zusammensetzungsbereich der grautonigen (blaugrauen) Irdenware umrissen zu sein, auch unter den beachtlich großen Schwankungen im Gehalt an Fe_2O_3.

3.2 Dilatometermessungen

Die aus den Scherbenproben mittels Diamantsäge gewonnenen Probenstäbchen (5 x 5 x 40 mm) werden im Dilatometer nach *Bollenrath* in Luftatmosphäre bis 1100° C erhitzt. Empfindliche Kieselglastaster übertragen die Endmaße auf ein mechanisch-elektronisches System, welches als x-y-Schreiber die jeweilige Ofentemperatur (x) und zugehörige Probenlängenänderung (y) aus elektrischen Werten aufzeichnet (Bild 2). Wird im Falle poröser Scherben die originäre Brenntemperatur überschritten, überlagert sich der thermischen Längenzunahme eine Längenschwindung, so daß ein Umkehrmaximum in den Kurven entsteht. Nach *Tite*[2] und *Heimann*[3] gibt die Temperatur dieses Umkehrmaximums die originäre Brenntemperatur im abgekürzten Verfahren ungefähr an. Befaßt man sich mit den oft erheblich differenzierenden Temperaturverteilungen in Töpferöfen, so dürften genauere Auswertungsmethoden der Brenntemperatur an Einzelstücken wenig sinnvoll sein[4].

Wir fanden außerdem, daß bei Brenntemperaturen unter 1000° C der keramische Scherben ein zweites Dehnungsmaximum aufwies, das wir auf die Auswirkung der durch Bodenlagerung erfolgten Feuchtigkeitsdehnung zurückführen. Ein unterhalb 1000° C gebrannter

Scherben dieser Zusammensetzungsgruppe nimmt unter Dehnung in mehr oder weniger langen Zeiträumen Wasser über seine innere Oberfläche des Porengefüges in nichtkristallinen Phasen auf, die im Fall von glasierter Ware zu Glasurrissen führt. Beim zweiten Erhitzen wird diese Dehnung rückgängig gemacht und ein zweites Maximum um 200° C erscheint in den Dilatometerkurven[5]. Bei 32 Proben von SZ-Gebhardshagen zeigten 20 den Feuchtigkeitsdehnungseffekt und von diesen waren 18 unterhalb 1000° C bei der Herstellung gebrannt. Zwei typische Dilatometerkurven zeigt Bild 3. In der Tabelle 3 haben wir wegen des ersten Maximums auf die Berechnung des Wärmeausdehnungskoeffizienten verzichtet.

3.3 Beurteilung der Scherbenfarbe vor und nach dem Dilatometerversuch

Die Scherbenfarbe ist besonders von der Rohstoffzusammensetzung, speziell vom Gehalt an färbenden Eisenoxiden und von den Brennbedingungen abhängig. Wird im Ofen mit stetem Luftüberschuß (also oxydierend) gebrannt, entsteht ein rosa bis ziegelroter Scherben. Wird dagegen ein Luftunterschuß (praktisch durch Brennstoffüberschuß erzielt, „qualmendes" Feuer!) eingesetzt, so senkt dieser den Sauerstoffgehalt (Partialdruck) im Ofenraum und die roten Eisen(III)verbindungen (z. B. Hämatit Fe_2O_3) werden zu Eisen(II)verbindungen (Magnetit $FeO.Fe_2O_3$ oder Wüstit FeO) unter Grau- bis Schwarzfärbung des Scherbens reduziert. Ab etwa 1100° C wandelt sich auch bei oxydierender Atmosphäre Hämatit unter Zerfall in schwarzes Fe_3O_4 um.

Treten Scherben mit einer andersfarbigen Kernbildung auf, so fand während des Brandes ein Wechsel des Sauerstoffgehaltes der Ofenatmosphäre statt, die je nach Zeit und Temperatur in das Gefüge des Scherbens nur unvollkommen hineinwirkte. Die äußere Scherbenfarbe der untersuchten Proben war durchweg grau-blau bis metallisch glänzend. Wie Bild 4 (bzw. 5) zeigt (Farbtafel 16), wies Probe 7 ein vorwiegend rötliches Kerngefüge auf. Wir schließen daraus, daß der Brand gegen Ende reduzierend, also schmauchend, rauchig geführt wurde und die Kernbildung aus der vorletzten Brennphase erhalten blieb. Der Sauerstoffgehalt der Brennatmosphäre des Dilatometerversuches wirkt oxydierend, so daß man auf Bild 4 recht gut die zum Teil erhebliche Farbänderung beobachten kann. Für uns ist dies ein klarer Hinweis dafür, daß die „grau-tonige (blau-graue)" Irdenware ihre eigenartige Färbung

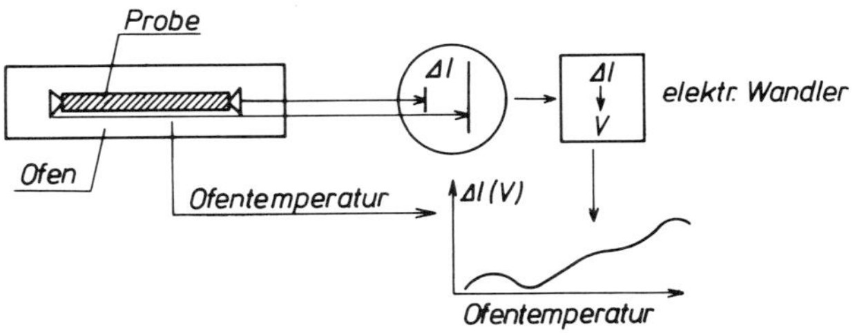

Bild 2: Schemazeichnung eines Dilatometers zur Messung der Längenänderung von Proben im Aufheizversuch. Die Probenverlängerung △ 1 wird in einem elektronischen Wandler in eine elektrische Spannung V umgesetzt, die in Abhängigkeit von der Ofentemperatur aufgetragen wird.

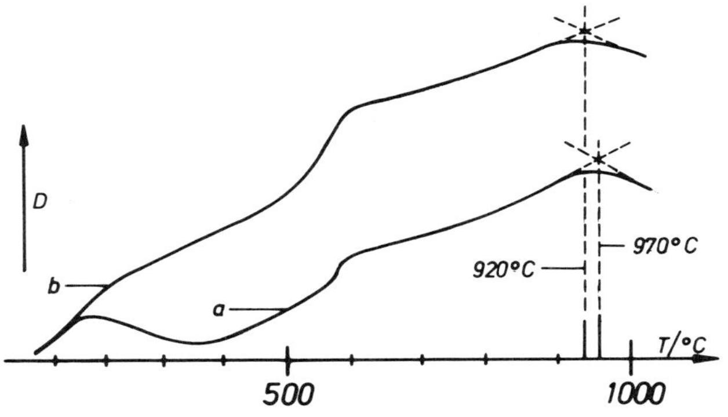

Bild 3: Dehnungs-Schwindungsverhalten eines Scherbens mit Feuchtigkeitsdehnungseffekt (Kurve a), ohne Feuchtigkeitsdehnungseffekt (Kurve b) und Bestimmung der originären Brenntemperatur (a: = 970° C, b: = 920° C)

Tabelle 2: Chemische Zusammensetzung von Kugeltopfscherben

SZ-Gebhardshagen: Mittelwert aus 15 verschiedenen Analysen, Aussagewahrscheinlichkeit 95%

Probe	SZ-Gebhardshagen	1	2	3	4	5	6	7
SiO_2	68,28±4,25	70,9	74,1	70,1	70,9	70,2	69,9	67,8
Al_2O_3	18,82±2,41	17,6	15,9	22,3	18,9	23,1	17,3	18,0
Fe_2O_3	6,13±0,98	5,28	4,21	2,50	5,31	1,85	5,71	5,92
K_2O	3,16±1,69	3,31	3,06	2,42	2,64	1,87	2,63	3,51
Na_2O	0,26±0,13	0,41	0,31	0,23	0,16	0,30	0,37	0,31
MgO	1,19±0,23	1,32	0,97	0,70	0,92	0,63	0,85	1,06
CaO	1,13±0,96	0,24	0,58	0,46	0,27	0,56	1,44	2,56
TiO_2	1,00±0,20	0,91	0,83	1,27	0,87	1,37	0,82	0,84

Angaben in Gewichts% bezogen auf geglühte Substanz

Tabelle 3: Ergebnisse der Bestimmung der originären Brenntemperatur

Probennummer	Orig. Brenntemperatur in °C	Feuchtigkeitsdehnungsmaximum vorhanden?	Wärmeausdehnungskoeff. in 10^{-6} [K^{-1}] zwischen 20/500° C	700/900° C
2	920	ja	nb	nb
4	>1000	nein	6.5	4.6
5	970	ja	nb	nb
6	>1000	nein	6.0	3.9
7	>1000	nein	4.9	4.9

durch eine ihr eigentümliche Ofenbrenntechnik erhalten hat.

Ihre technologische Begründung liegt in der langsameren, aber auch gleichmäßigeren Temperatursteigerung der sauerstoffarmen, brennstoffreichen Reduktionsflamme (Verbrennung mit CO-Bildung). Diese sichert besonders für größere Ofenräume bei primitiveren Töpferöfen weniger Brennrisse und Verzug der Ware.

Die grautonige Irdenware muß aber auch zur Schwarzfärbung vom Scherben des Typs „terra nigra" abgegrenzt werden bzw. von der einfach oxydierend gebrannten gelbtonigen Irdenware. Terra-nigra-Ware entsteht durch reduzierendes Brennen in Auswirkung des CO-Zerfalls unterhalb 700° C nach der Gleichung $2CO = C+CO_2$, dem Bouduard-Gleichgewicht. Aus den chemischen Analysen der Tabelle 2 und Bild 4 ergibt sich, daß grautonige Irdenware aus Rohstoffen mit unterschiedlichem Gehalt an färbenden Eisenoxiden hergestellt werden kann. Ein empfindlicher optischer Vergleich der Scherbenfarbe nach färbenden Eisenverbindungen ist offenbar aus den Proben nach oxydierendem Nachbrand möglich. Der beobachtete lüsterähnliche Metallglanz steht ebenfalls mit der reduzierenden Ofenatmosphäre im letzten Brennstadium in Zusammenhang, was in weiteren Untersuchungen geklärt werden soll.

3.4 Gefügeuntersuchungen

Die lichtoptischen Aufnahmen von Anschliffen der Proben 4 und 7 (Bild 5, Farbtafel 16) zeigen deutlich, daß bei der Herstellung der Gefäße als Magerungsmittel Quarzsand benutzt wurde. Dafür sprechen auch die Dilatometerkurven und die erniedrigten Wärmeausdehnungskoeffizienten im Temperaturbereich zwischen 700 und 900° C durch die Eigenart des α-Quarzes. Das Magerungsmittel ist unterschiedlich im Scherben verteilt, was auf schlechte Durchmischung vor/oder Entmischung bei der Formgebung schließen läßt. Ein Teil der Poren ist rund (Auswirkung einer Schmelzphase?), andere längliche (Schwindungs-)Poren zeigen eine Orientierung zur Wand, die im Zusammenhang mit dem Formgebungsverfahren stehen kann.

4. Zur Formgebungstechnologie der grautonigen Irdenware

Da sich unter den Proben ein erheblicher Anteil von Kugeltöpfen befand, seien an dieser Stelle einige Fragestellungen zu deren Herstellungsweise aufgeführt. *Stoll*[6] gibt eine Zusammenfassung über die von verschiedenen Autoren vertretenen Meinungen zur Herstellungstechnik, deren wesentliche in Bild 6 in vier Reihen untereinander skizziert sind:

1. Unterteil in einer Formschüssel aufbauen
2. Treiben aus Tonklumpen
3. Unterteil aus angetrocknetem Ton treiben und dann (nach 1 bis 3) einen auf der Scheibe gedrehten Rand angarnieren
4. Als Möglichkeit muß auch eine „Sacktechnik" nach *Löbert* und *Nippa*[5] diskutiert werden, die in der unteren Reihe von Bild 6 dargestellt ist. Gegen alle diese Vorschläge lassen sich Gegengründe anführen.

Eine heute in Burma und auch offenbar in anderen Ländern noch bekannte Primitivtechnik ist auf Bild 7 dargestellt. Sie führt einfacher und leichter durch Auftreiben eines erst auf der Scheibe gedrehten, dann angetrockneten Hohlzylinders zu einem bauchigen Gefäß und vermeidet die schwierige Garniertechnik mit hohen Anforderungen an die Rohstoffqualität. In Bild 6 sind allerdings auch die Folgerungen aufgeführt, die als Prüfung zur Richtigkeit der Anwendung dieses Verfahrens dienen können.

Auf Bild 8 bilden wir die funktionell mögliche Garnierstelle nach den Verfahren 1 bis 3 im Vergleich zu einer „sicheren" Garnierstelle einer Ausgußtülle bei grautoniger Irdenware ab. Danach ist unter Bewertung des Riß- und Kerngefüges eine Garnierstelle am Kugeltopfhals unwahrscheinlich.

Die Auswirkung des Treibprozesses auf die Feinheiten der Porentextur soll einer späteren Arbeit vorbehalten bleiben. Wir erhoffen uns von den Ergebnissen den Zugang zu Informationen mindestens über bei uns vergessene Formgebungstechniken, die mit dem Vordringen der Töpferscheibe und Verbesserung der Masseaufbereitung und Rohstoffauswahl verlorengingen.

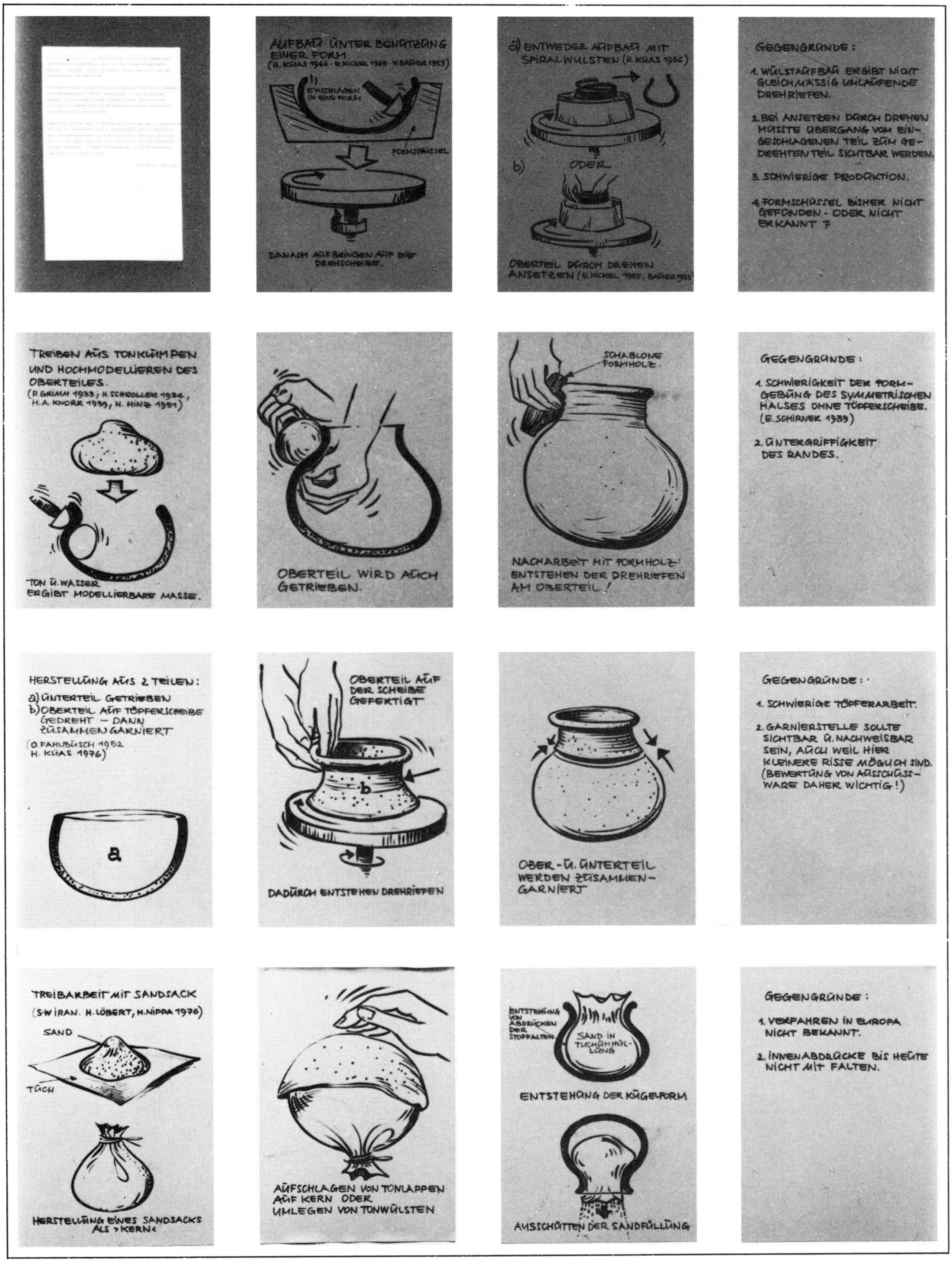

Bild 6: Darstellung von 4 verschiedenen Formgebungsmöglichkeiten für die Herstellung eines Kugeltopfes nach *Stoll*[6] und *Löbert* und *Nippa*[7].(Entwurf H. W. Hennicke, Ausführung W. Hau für die Ausstellung ,,Brunswiek 1031 – Braunschweig 1981'', Städtisches Museum Braunschweig)

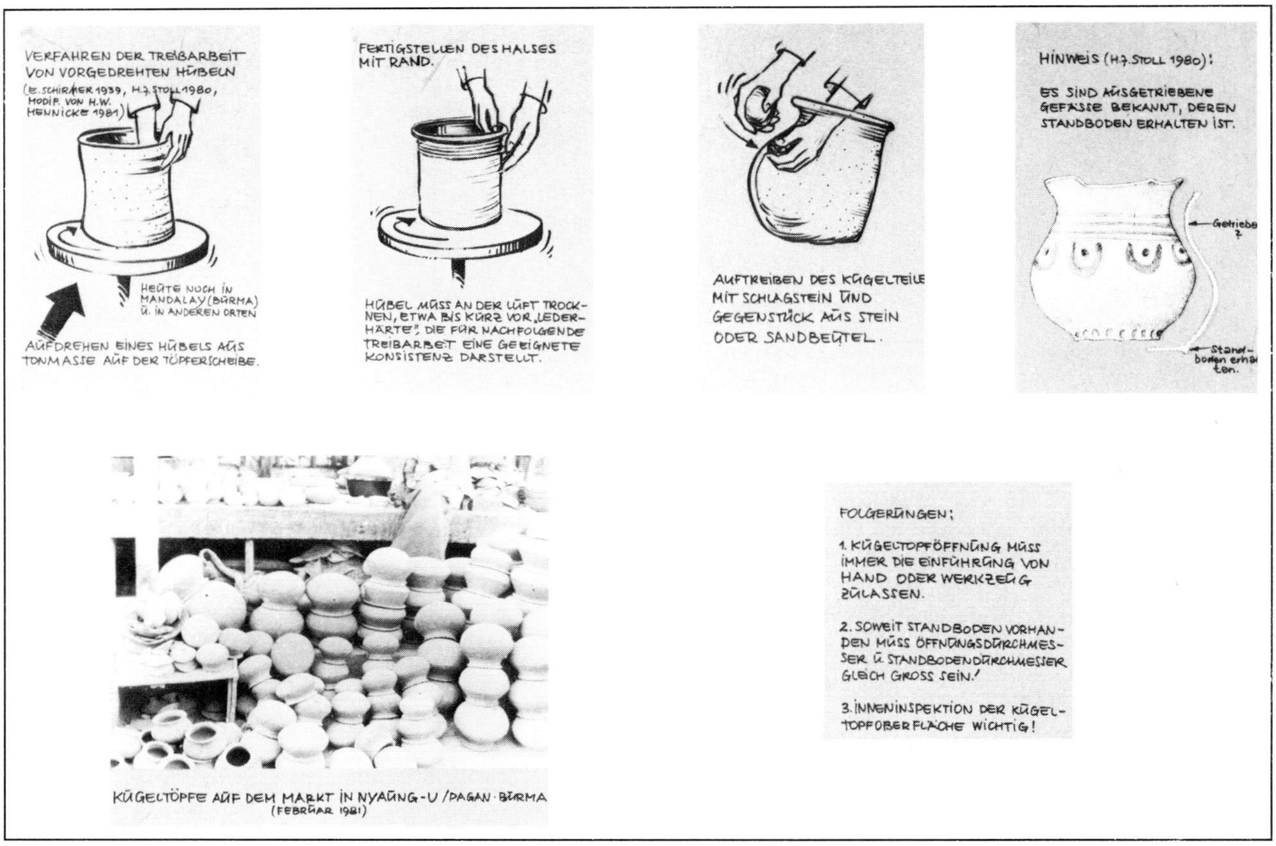

Bild 7: Auftreibtechnik zur Herstellung von Kugeltöpfen aus einem Stück nach burmesischem Vorbild. (Entwurf H. W. Hennicke, Ausführung W. Hau für die Ausstellung ,,Brunswiek 1031 – Braunschweig 1981", Städtisches Museum Braunschweig)

Anmerkungen

1 *H. Rötting,* Grabungsbericht 76:11, Salzgitter-Gebhardshagen, Töpferplatz. In: Archäologische Denkmalpflege Braunschweig 1976/77, Grabungsergebnisse 1976, 60 ff.

2 *M. S. Tite,* Determination of the firing temperature of ancient ceramics by measurement of thermal expansion: a reassessment. In: Archäometry 11, 1969, 131–143.

3 *R. Heimann,* Methoden zur Ermittlung der Original-Brenntemperatur von antiker Keramik. In: Inf. Nachbarwiss. Ur- und Frühgesch., INW 7, 1976, Petrographie 5,1.

4 *H. W. Hennicke,* Temperaturabhängige mechanische Eigenschaften von keramischen Rohmassen in ihrem Bezug zur Setztechnik im Ofen. In: Acta Praehistorica et Archäologica 9/10, 1978/79, 103–106.

5 *H. Salmang* u. *H. Scholze,* Die physikalischen und chemischen Grundlagen der Keramik, 5. Aufl. Berlin 1968, Kap. Feuchtigkeitsdehnung, 307 ff.

6 *H. J. Stoll,* Neue Aspekte zur Herstellungstechnik der mittelalterlichen Kugelbodengefäße, dargestellt an Funden aus der Stadtkerngrabung Magdeburg. In: Zeitschrift für Archäologie 14, 1980, 61–66.

7 *H. Löbert* u. *A. Nippa,* Sackkeramik, eine vergessene Methode der Tongefäßherstellung aus SW-Iran. In: Keram. Zeitschr. 28, 1976, 252–253.

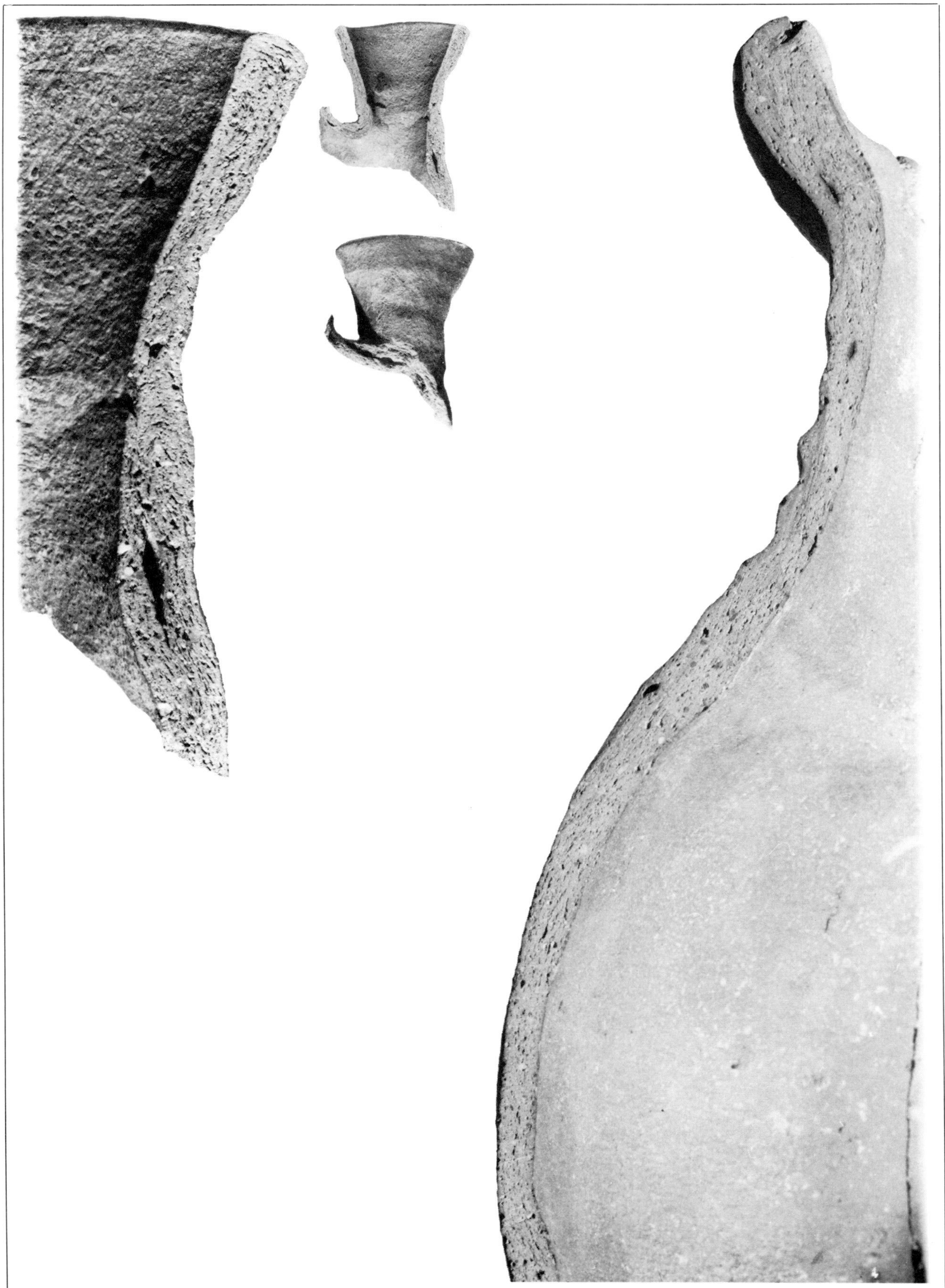

Bild 8: Teilquerschnitt durch einen grautonigen Kugeltopf zum Vergleich des Überganges vom Hals- zum Bauchteil (rechts). Gegenübergestellt eine Tüllengarnierstelle an einer grautonigen Kanne mit Tüllenausguß. M. 2:1

Blau bemalte Fayence-Scherben aus Stelle 32 der Packhofgrabung in Braunschweig

Ralf Busch

Das Auftreten von einigen charakteristischen Fayence-Scherben in einer Kloake, Stelle 32, der Packhofgrabung erfordert eine gesonderte Behandlung, losgelöst von den Begleitfunden. Dabei ist auffällig, daß alle Fayence-Scherben mit blauer Bemalung im Material, Dekor und in der Technik so gleichförmig sind, daß die gemeinsame Provenienz und gleiche Zeitstellung außer Frage steht.

Blau gemalte Fayence auf weißem Grund charakterisieren die frühdeutschen Fayencen (*A. Klein* 1975, 3ff.), stellen aber eine allgemeine, europäische Modeerscheinung dar, die bis in das 18. Jh. anhält. Zur regionalen und zeitlichen Differenzierung müssen daher neben produktionstechnischen Merkmalen besonders stilistische Eigenarten der Bemalung herangezogen werden.

Die hier zu betrachtenden Braunschweiger Neufunde[1] sind dem Dekor nach ohne Schwierigkeit an die Gruppe der sog. Creußener Fayencen anzuschließen, die in der kunstgeschichtlichen Literatur seit Jahrzehnten (ohne abschließende Bearbeitung) diskutiert werden, in der archäologischen Literatur dagegen seit ihrer Erwähnung durch *E. Grohne* 1940 als fest definiert gelten.

Die Zuweisung dieser blau bemalten Fayencen nach Creußen beruht neben einigen früheren Studien[2] auf einer ausführlichen Behandlung einiger Gefäße, die überwiegend mit der Signatur L.S. versehen sind, durch *R. Stettiner* 1923. Er wies sie der Werkstatt des Lorenz Speckner zu und datierte sie zwischen 1618 und 1629 – dies umreißt allerdings nicht die umfangreiche Tätigkeit der Werkstatt.

Die mit der Werkstatt des Lorenz Speckner verbundenen Arbeiten sind durch stark stilisierte Pflanzenornamente gekennzeichnet, z.T. aber auch durch plastischen Dekor. Die Malerei ist recht locker gehalten[3]. Andere Arbeiten dagegen sind nicht plastisch verziert, in der Malerei zwar verwandt, aber viel stärker verdichtet und schematisiert. Schon aus diesen stilistischen Gründen erscheint es als wahrscheinlich, daß hier mehrere Hände tätig waren, entweder in anderen Werkstätten oder aber zu späterer Zeit. Auch die nun in wachsender Anzahl bekanntwerdenden Arbeiten legen es nahe, in ihnen nicht nur Produkte einer einzigen Werkstatt zu erkennen[4].

Aus der Grabung am Packhof in Braunschweig (Stadtgrabung 10, 78:3, Stelle 32) stammen Fragmente von zwei Tellern (Kat. Nr. 1 u. 2, Farbtafel 13 u. Taf. 1,1), fünf Scherben eines weiteren Tellers (Kat. Nr. 3, Taf. 1,2) und die Scherbe eines Tellers (Kat. Nr. 4, Taf. 1,3), die dem vorstehenden nicht sicher zugeordnet werden kann. Der Scherben ist weiß, die Glasur schwach, auf der Unterseite oft noch schwächer, gelegentlich sind Fehlstellen erkennbar. Allen, auch den nachfolgenden Bodenfunden, ist gemeinsam, daß die Glasur mangelhaft ausgeführt ist, manchmal fehlt sie auf der Unterseite von Tellern. Die Ornamente sind dominierend floral, überwiegend in Spiralen aufgelöst. Einzelne Flächen sind kariert ausgefüllt oder flächendeckend koloriert (letzteres deutlich im Gegensatz zu den signierten Arbeiten der Werkstatt des Lorenz Speckner). Der Braunschweiger Teller Kat. Nr. 1 zeigt im Spiegel eine Fischdarstellung.

Fayencen dieser Art sind aus Braunschweig keineswegs unbekannt. Aus dem Brunnen 2 auf dem Grundstück der einstigen Ratsapotheke stammen mehrere Albarelli und eine Röhrenkanne (Kat. Nr. 6 u. 7, Taf. 2), wobei allerdings zwei völlig abweichende Scherben eines Tellers anderer Herkunft aus dem 18. Jh. (Kat. Nr. 5, Taf. 1) belegen, daß der Brunnen längerfristig genutzt wurde und somit die Funde archäologisch nicht eng datiert werden können. Aus stilistischen Gründen ist für die Creußener Funde eine Datierung in die Zeit um 1670 vorgeschlagen worden[5].

Weitere Funde aus Braunschweig belegen die häufige Verbreitung dieser Fayencen (Kat. Nr. 8 u. 9, Taf. 2), geben zwar keine Datierungshilfen, zeigen jedoch, wie häufig Gefäßformen aus Apothekeninventaren vorkommen, wenn auch nicht ausschließlich.

Sucht man nach weiteren Parallelen aus Bodenfunden, dann wirkt zunächst erschwerend, daß diese bisher

Taf. 1: 1–3: Kat. Nr. 2–4, Braunschweig, Packhof. 4: Kat. Nr. 5, Braunschweig, Jakobstr. 2. M. 1:3 (1); M. 1:2 (2–4)

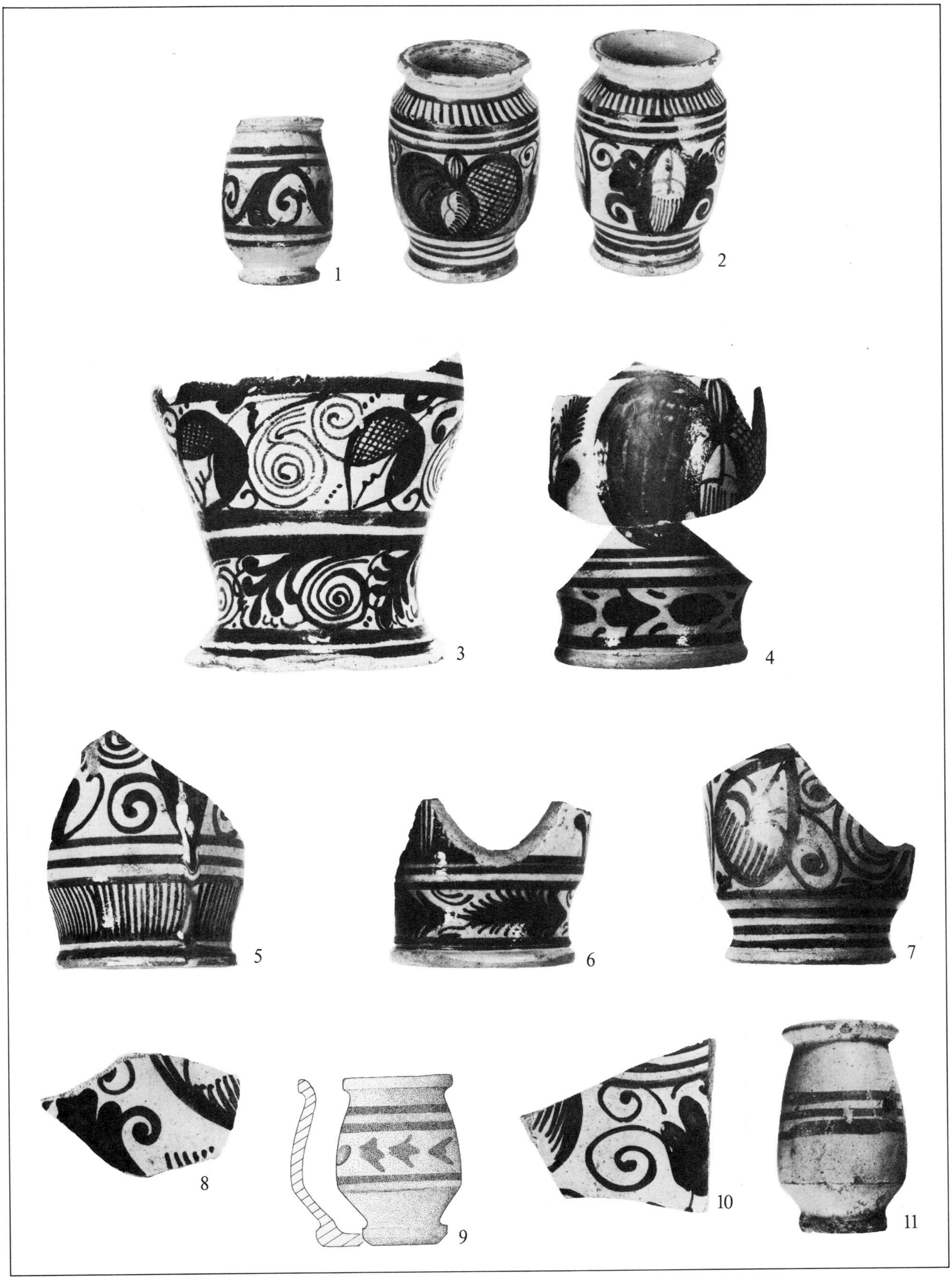

Taf. 2: 1–2: Kat. Nr. 6–7, Braunschweig, Jakobstr. 2. 3–7: Kat. Nr. 8, Braunschweig, Windmühlenberg. 8–9: Kat. Nr. 9, Braunschweig, Zwinger am Aegidien-Tor. 10: Kat. Nr. 10, Celle, Großer Plan 25. 11: Kat. Nr. 11, Celle, Zöllnerstr. 46. M. 1:2 (1,4–11)

nicht systematisch erfaßt sind. Es können daher nur zufällige Beobachtungen herangezogen werden, die sicher noch zu erweitern sind. Einige Exemplare stammen aus Bremen, wo sie von *E. Grohne* (1940, 127–131) aufgrund des damaligen Forschungsstandes in das 17. Jh. (bis ca. 1670) und nach Creußen eingeordnet wurden. Allerdings hat *E. Grohne* dabei nicht ausreichend berücksichtigt, daß weiße Fayencen mit blauer Bemalung auch aus den Niederlanden zu gleicher Zeit in Norddeutschland bekannt sind, die sich stilistisch aussondern lassen[6].

Zwei kleinen Salbengefäßen ähnlich, die *E. Grohne* (1940, Abb. 89) vorgestellt hat, ist ein weiteres aus Lüneburg (*G. Rau* 1978, 32, Nr. 11–13). Auch ein Salbengefäß aus Celle ordnet sich diesen zu (Kat. Nr. 11, Taf. 2), das in seiner schlichten Ausführung sogar eine Datierung in die erste Hälfte des 18. Jhs. ermöglicht. Eine Scherbe eines Tellers aus Celle (Kat. Nr. 10, Taf. 2) läßt sich dagegen eher an die Braunschweiger Teller anschließen.

Die hier vorgelegten Funde lassen zwar eine weite Verbreitung dieser Fayence-Gruppe erkennen, weniger klar ist jedoch deren Herkunft und zeitliche Einordnung darzustellen. Sicher ist jedenfalls, daß sie aus stilistischen Gründen nicht allein auf die ersten Jahrzehnte des 17. Jhs. zu beschränken sind. *G. Schiedlausky* 1960 hat diese Objekte noch an die Werkstatt L. Speckners angeschlossen, deren Wirken er bis 1668 in Creußen ansetzt[7].

Neue archäologische Funde lassen allerdings vermuten, daß eine Neubewertung der Gruppe erforderlich wird. Dazu sind die Funde aus der Ausgrabung der Burg Neideck in Arnstadt heranzuziehen (*U. Lappe* 1972, 1978a, 1978b). Diese belegen in ihrer Reichhaltigkeit des Dekors und der Gefäßformen das weite Produktionsspektrum; die Menge der Arnstädter Funde hat *U. Lappe* sogar veranlaßt, die Herkunft in Arnstadt selbst anzunehmen. Eher möchte man jedoch mehrere Produktionszentren in Südostdeutschland und Thüringen vermuten, die im Verlauf des 17. Jhs. gearbeitet haben. Nach *U. Lappe* (1978b, 141) sind diese zwischen 1611 und 1688 einzustufen, doch weist er in Arnstadt archivalisch Blautöpfer bis um 1700 nach. Dem entspricht auch ein Fund aus Celle (Kat. Nr. 11, Taf. 2).

Nach dem allgemeinen Forschungsstand fällt eine Einordnung der Braunschweiger Funde schwer. Sicher ist, daß sie nicht direkt mit der Werkstatt des Meisters L. S. zu verbinden sind, sondern jünger eingestuft werden müssen. Nach allen bekannten Parallelen möchte man für die Braunschweiger Neufunde ungefähr die Mitte des 17. Jhs. in Anspruch nehmen. Doch erwarten wir eine präzisere Bestimmung durch eine verbreiterte Materialaufnahme. Diese wird vermutlich zu belegen haben, daß eine Zuschreibung an einen einzigen Töpferort heute nicht mehr gerechtfertigt ist, sondern daß mit mehreren Zentren zu rechnen ist, von denen sich diese Modeerscheinung ausbreitete.

Auch ein Salbengefäß aus Braunschweig – der Form nach sicher in die erste Hälfte des 18. Jhs. zu stellen – muß als ein Hinweis auf mehrere Produktionsorte gewertet werden, aus denen weiße Fayencen mit Blaumalerei stammen. Bei diesem Gefäß (Kat. Nr. 9, Taf. 2) handelt es sich um einen Fehlbrand. Fehlbrände sind jedenfalls keine Objekte des Fernhandels, werden gemeinhin nur an den Produktionsorten oder in deren unmittelbarer Nähe angetroffen. Da zudem der Scherben dieses Braunschweiger Stückes gelb und nicht wie sonst weiß ist, sind regional unterschiedliche Entstehungsorte kaum in Frage zu stellen. Da in Braunschweig zwischen 1707 und 1808 Fayence produziert wurde, ist diese Beobachtung nicht überraschend. Dennoch möchten wir jetzt nur das Salbengefäß aus Braunschweig (Kat. Nr. 9, Taf. 2) der hiesigen Herkunft zuweisen, bei den anderen Braunschweiger Funden ist aus stilistischen und chronologischen Gründen süddeutsche oder Thüringer Herkunft für wahrscheinlich zu halten.

Nach Abschluß des Manuskriptes erschien eine neue Untersuchung über Creußener Steinzeug: *J. Kröll*, Creußener Steinzeug. Braunschweig 1980. Darin wird die Frage der Creußener Fayencen (S. 25 ff.) ausführlich behandelt, ihre bisherige Lokalisierung aber vollständig in Frage gestellt. Der Verfasser geht dabei von der nicht unbestritten gebliebenen Zuschreibung der mit L. S. signierten Gefäße an Lorenz Speckner oder Leonhard Schmidt aus. Er deckt Widersprüche auf, führt aber auch Argumente an, die als weniger stichhaltig gelten müssen. So bleiben Überlegungen zu den Produktionsmengen unklar (S. 28). Auch der Befund weniger Werkstattabfallfunde, die zudem nur Steinzeug geliefert haben (S. 29), rechtfertigt eine Leugnung der Fayence-Produktion in Creußen noch nicht. Der Hinweis auf Fayence-Funde in Diessen am Ammersee (S. 31) hilft nicht weiter, da ein Nachweis von Werkstätten erst dann als gesichert gelten darf, wenn produktionstechnisch bedingte Funde vorliegen, ein Problem, auf das auch im Zusammenhang mit den sog. Arnstädter Fayencen hingewiesen wurde (*U. Lappe* 1978b).

Im Anschluß an archivalische Belege von Weißtöpferei (unter der nur Fayence zu verstehen ist) in Creußen (*R. Stettiner* 1923, 56) hält dagegen *E. Klinge* 1977 an der Fayenceherstellung in Creußen fest.

So muß man auch nach der Untersuchung von *J. Kröll* die Frage der Herkunft der hier beschriebenen Fayencen unter Einschluß von Creußen weiterhin offenlassen.

Anmerkungen

1 Die Bearbeitung hat mir freundlicherweise Herr H. Rötting M.A. überlassen in Kenntnis des eigenen längeren Interesses an dieser Fundgruppe.

2 Die ältere Literatur ist ausgeführt bei *R. Stettiner* 1923, 61. Außerdem ist ergänzend hinzuzuziehen *R. Stettiner* 1925. Nicht zu verwechseln sind diese Fayencen mit dem Steinzeug aus Creußen, über das zuletzt ausführlich *E. Klinge* 1977 berichtet hat, wobei allerdings naheliegend ist, daß in einigen Werkstätten Fayencen und Steinzeug gefertigt wurden, wie das *R. Stettiner* 1923 für Lorenz Speckner behandelt hat.

3 Hierfür könnte ein Apothekenfund aus dem Germanischen Nationalmuseum Nürnberg als repräsentativ gelten; vgl. Abb. S. 34 bei *W.-H. Hein* u. *D. A. Wittop Koning* 1977.

4 Die datierten Fayencen von Lorenz Speckner stammen von 1618 bis 1629, aus den Anfängen seiner Werkstatt. Er ist 1598 geboren, 1621 Bürger in Creußen und stirbt nach 1669.

5 *W.-H. Hein* u. *D. A. Wittop Koning* 1977, 44; hier ist richtig vermerkt, daß Anregungen zur Bemalung der frühen deutschen Fayencen aus Italien stammen, doch möchten wir die späten Creußener Objekte damit nicht mehr direkt verbinden.

6 Man vergleiche die Abb. 87 u. 88 bei *E. Grohne* 1940 mit den Abb. 145–148 bei *D. Korf* 1973 mit gesichert aus den Nord-Niederlanden stammendem Material der ersten Hälfte des 17. Jhs. Vgl. auch *D. Zoller* 1975, Taf. 9.

7 Diese Zuweisung ist nicht unbestritten geblieben, sondern es ist versucht worden, auch den Meister Leonhard Schmidt für die signierten Werke in Anspruch zu nehmen (Werkstatt 1612–1665), vgl. *G. Weiss* 1970, 102–103.

Fundkatalog

1 Braunschweig, Packhof, Stelle 32, Stadtgrabung 10, 1978. Teller mit Fischdarstellung im Spiegel, beschädigt.
Stumpfe Glasur, auf der Unterseite unglasiert.
Durchmesser 26,7 cm.
Inv.-Nr.: IfD-BS, 78:3/766.
Farbtafel 13

2 Braunschweig, Packhof, Stelle 32, Stadtgrabung 10, 1978.
Teller, beschädigt.
Stumpfe Glasur, auf der Unterseite unglasiert.
Durchmesser 25,8 cm.
Inv.-Nr.: IfD-BS, 78:3/767.
Taf. 1,1 (M. 1:3).

3 Braunschweig, Packhof, Stelle 32, Stadtgrabung 10, 1978.
5 Scherben eines Tellers.
Stumpf glasiert, auf der Unterseite schwächere Glasur.
Inv.-Nr.: IfD-BS, 78:3/764.
Taf. 1,2 (M. 1:2).

4 Braunschweig, Packhof, Stelle 32, Stadtgrabung 10, 1978.
Scherbe eines Tellers.
Stumpf glasiert, auf der Unterseite schwächere Glasur.
Gehört vielleicht zu Kat. Nr. 3.
Inv.-Nr.: IfD-BS, 78:3/767.
Taf. 1,3 (M. 1:2).

5 Braunschweig, Jakobstr. 2 (Ratsapotheke), Grabung 1964.
2 Fayence-Scherben eines Tellers.
Stark glänzende Glasur. Im Vergleich zu den Funden Kat. Nr. 1–4 dünnwandiger; Ornament dunkelblau, völlig abweichend von der Maltechnik der hier sonst behandelten Fayencen. Auf der Baustelle in Brunnen 2 gefunden zusammen mit sehr verschiedenartigem Material, darunter älteres rheinisches Steinzeug. Diese Fayence sicher erst aus dem 18. Jh.
Lit.: Vgl. Kat. Nr. 7.
Inv.-Nr.: Braunschweigisches Landesmuseum, Abt. Vor- u. Frühgeschichte Wolfenbüttel, o. Inv.-Nr.
Taf. 1,4 (M. 1:2).

6 Braunschweig, Jakobstr. 2 (Ratsapotheke), Grabung 1964.
Ein Albarello, stark glänzende Glasur.
Vermutlich aus Brunnen 2 (Grabungsbericht liegt nicht vor).
Lit.: Vgl. Kat. Nr. 7.
Höhe 6,2 cm.
Inv.-Nr.: Braunschweigisches Landesmuseum, Abt. Vor- und Frühgeschichte Wolfenbüttel, o. Inv.-Nr.
Taf. 2,1.

7 Braunschweig, Jakobstr. 2 (Ratsapotheke), Grabung 1964.
2 Albarelli, stark glänzende Glasur.
Vermutlich aus Brunnen 2, zusammen gefunden mit einer Röhrenkanne (hier nicht behandelt, abgebildet bei *W. H. Hein* u. *D. A. Wittop Koning* 1977, S. 44–45). Grabungsbericht liegt nicht vor.
Lit.: Braunschweiger Zeitung 24. 04. 1964.
H.-A. Schultz 1966, 74.
W.-H. Hein u. *D. A. Wittop Koning* 1977, S. 44–45.
Höhe 12,1 cm (links) und 11,8 cm (rechts).
Inv.-Nr.: Braunschweigisches Landesmuseum, Abt. Vor- u. Frühgeschichte Wolfenbüttel, o. Inv.-Nr.
Taf. 2,2.

8 Braunschweig, Windmühlenberg, Baustellenbeobachtung 1959.
23 Fayence-Scherben mehrerer Albarelli verschiedener Größen. Über die Fundsituation ist nichts bekannt. Die Scherben wurden mit zahlreichen anderen gefunden, darunter Fragment einer Frankfurter Fayence der Zeit um 1680/90, Scherben Duinger Salbengefäße des 18. Jhs., Fragment eines Hanauer Fayence-Tellers im chin. Stil, Teil einer Meißener Untertasse der Zeit um 1725 und Bauernkeramik aus dem 18. Jh. Der Fundbestand läßt sich in das ausgehende 17. Jh. und in die ersten Jahrzehnte des 18. Jhs. einordnen; vermutlich ältere Funde lassen sich nicht feststellen. Die Fundsituation trägt zur Datierung nichts bei. Der Windmühlenberg geht auf eine Bastion der Wallbefestigung zurück, die um 1809 weitgehend abgetragen wurde. 1870/71 wurde der Berg erhöht. Von den Scherben sind nur die Fußteile abgebildet. Abb. Taf. 2,3 ist 12,2 cm hoch, alle anderen Stücke (Taf. 2,4–7) sind im M. 1:2 abgebildet.
Inv.-Nr.: Braunschweigisches Landesmuseum, Abt. Vor- u. Frühgeschichte Wolfenbüttel, o. Inv.-Nr.
Taf. 2,3–7.

9 Braunschweig, Zwinger am Aegidien-Tor, Fundstelle 1959.
Scherbe eines Albarellos.
Innen glasiert, außen schwach glasiert.
Fundumstände unbekannt.
Salbengefäß, Höhe 5,7 cm, ein Stück aus der Wandung rezent herausgebrochen; dadurch wird ein gelber Scherben sichtbar. Unvollkommener Brand mit verfärbter Oberfläche (braun) und angebackener Teil eines Nachbargefäßes aus dem Ofenbrand. Nur an einer kleinen Partie ist der weiße Untergrund mit blauer Bemalung erkennbar. In der Zeichnung Taf. 2 ist die Dekoration, die schwach durch die braune Verfärbung durchscheint, stärker hervorgehoben.
Inv.-Nr.: Braunschweigisches Landesmuseum, Abt. Vor- u. Frühgeschichte Wolfenbüttel, o. Inv.-Nr.
Taf. 2,8–9 (M. 1:2).

10 Celle, Großer Plan 25 (Brunnen), Grabung 1961.
Scherbe eines Tellers.
Innen glasiert, außen schwach glasiert.
Aus einem Brunnen, der nach den daraus geborgenen Funden vom 15. bis zum frühen 20. Jh. in Benutzung war.
Lit.: *R. Busch* 1963.
Inv.-Nr.: Bomann-Museum Celle, GP 25/265.
Taf. 2,10 (M. 1:2).

11 Celle, Zöllnerstraße 46, Baustelle Kepa 1960.
Ein Albarello, innen und außen stumpf glasiert.
Auf dem Grundstück wurden mehrere Salbengefäße gefunden, darunter eines aus Duingen mit Salbenresten. Da das Haus 1731 von dem Stadtphysicus Dr. Johannes Conradi gekauft wurde (der 1751 starb), ist es naheliegend, diesen Fund mit seinem Wirken zu verbinden.

Lit.: *R. Busch* 1962, 118.
Höhe 7,5 cm.
Inv.-Nr.: Bomann-Museum Celle, K. 248.
Taf. 2,11.

Literatur

Busch, R., (1962): Bodenfunde und Hausgeschichte. Heimatkalender für die Lüneburger Heide, 118–119.

Busch, R., (1963): Mittelalterliche Trinkwasserbrunnen der Celler Altstadt. Cellesche Zeitungen, 29. November.

Grohne, E. (1940): Tongefäße in Bremen seit dem Mittelalter. Jahresschrift des Focke-Museums Bremen.

Hein, W. H., u. *Wittop Koning, D. A.* (1977): Deutsche Apotheken-Fayencen. Frankfurt am Main.

Klein, A., (1975): Deutsche Fayencen. Braunschweig.

Klinge, E., (1977): Creußener Steinzeug aus dem Besitz der Kunstsammlung der Veste Coburg. Kataloge der Kunstsammlung der Veste Coburg 6.

Korf, D., (1973): Nederlandse Majolica, Bussum.

Lappe, U., (1972): Eine nachmittelalterliche Abfallgrube in der Ruine Neideck in Arnstadt. Ausgrabungen und Funde 17, 267–273.

Lappe, U., (1978a): Eine Kloake des 17. Jhs. aus der Altstadt Jena. Ausgrabungen und Funde 23, 249–256.

Lappe, U., (1978b): Ruine Neideck in Arnstadt. Alt-Thüringen 15, 114–158.

Rau, G., (1978): Altstadtfunde in Lüneburg. Archäologie des Mittelalters in Niedersachsen, Hannover, 30–35.

Schiedlausky, G., (1960): Deutsche Apothekengefäße aus Fayence. Alte Apothekengefäße, Biberach, 21–36.

Schultz, H.-A., (1966): Das Landesmuseum als landesgeschichtliche Sammel- und Forschungsstätte. Braunschweigische Heimat 52, 72–79.

Stettiner, R., (1923): Der Fayencemeister L. S. und seine Werkstätte. Cicerone 15, 47–62.

Stettiner, R., (1925): Ein Creußener Krug als Palimpsest. Cicerone 17, 181–191.

Weiss, G., (1970): Ullsteins Fayencenbuch. Frankfurt/Main.

Zoller, D., (1975): Keramische Bodenfunde vom frühen Mittelalter bis zum 17. Jahrhundert im Nordoldenburger Geestgebiet. Töpferei in Nordwestdeutschland. Beiträge zur Volkskultur in Nordwestdeutschland, herausgegeben von der volkskundlichen Kommission für Westfalen, Münster, 9–66.

Die Emailscheibenfibeln vom Kohlmarkt in Braunschweig, ihre Zeitstellung und Verbreitung

Karl Dinklage

Im Rahmen meiner Arbeiten zur Fertigstellung meines Werkes „Die merowingischen, karolingischen und ottonischen Emails Europas" habe ich mich auch mit den drei runden Emailscheibenfibeln befaßt, die in dem Gräberfeld am Kohlmarkt zu Braunschweig innerhalb seines ältesten Teils in bevorzugter Lage im Halbkreis nördlich, östlich und südlich vom Altarraum der Holzkirche in den Gräbern 42, 48 und 97 zutage kamen[1]. Alle sind grubenschmelzverziert gewesen. Doch ist nur noch bei der Fibel aus Grab 97, wie auch das Farbfoto zeigt[2], das ursprünglich einfarbig rote Email erhalten, bei den anderen beiden aber ausgefallen. Die Zeitstellung der drei Stücke ist dadurch eindeutig gegeben, daß sich im Gräberfeld Wulfsen, Ldkr. Harburg, gut datierbare Vergleichsstücke finden[3]. Die Rundfibel aus Grab 97 vom Kohlmarkt (vgl. Abb. *Beitrag Völker* in diesem Band) mit rechteckiger, aus je vier länglichen und hakenförmigen Gruben um eine runde Mittelgrube gebildeten Kreuzfigur mit vier kleinen Eckzwickelgruben hat in der ebenfalls rot emaillierten Fibel aus Grab 654 des Reihengräberfeldes Wulfsen ihre vollkommene Entsprechung. Dies gilt ebenso für das Braunschweiger Stück aus Grab 48 mit einer aus vier zum Fibelrand offenen Halbkreisstegen gebildeten Kreuzfigur, das mit den Stücken aus den Gräbern 656 und 694 von Wulfsen übereinstimmt, wie auch für die Fibel aus Grab 42 vom Kohlmarkt mit eingerollten Enden an den Halbkreisstegen, die im Fibelfund aus Grab 649 von Wulfsen ihre Parallele findet. Die reichen Bestände des nahezu tausend Fundstellen und über 750 Gräber umfassenden Reihengräberfeldes Wulfsen, das in seiner West- und Mittelpartie über dreißig nord-südlich orientierte Gräber mit Perlenketten der Zeit zwischen 780 und 820 (nach *Andrae)*[4] enthält, ferner ganz im Westen (Grab 976) und ganz im Osten (Grab 714) zwei geostete Gräber mit späten Perlenbeigaben und Münzen Ludwigs des Frommen, womit sie in das zweite Viertel des 9. Jhs. gerückt werden, erlauben eine gute Datierung unserer Emails. Denn in nächster Nähe des Münzgrabes 714 liegt das geostete Grab 720 mit einer Grubenemailfibel mit Heiligendarstellung, und aus dem nördlich anstoßenden Bereich im Ostteil des Gräberfeldes stammen weitere sechs Emailscheibenfibeln. Damit erfassen wir nahezu den gesamten Bestand aus Wulfsen: alle aus geosteten Gräbern, die im östlichen Drittel die Regel darstellen; alle ohne Perlenbeigaben, die nun aufgehört haben; sämtlich der zweiten Hälfte des 9. Jhs. zuzuweisen, darunter die oben genannten Gräber 649, 654, 656 und 694.

In die gleiche Zeit sind auch die Emailscheibenfibeln vom Kohlmarkt in Braunschweig zu stellen.
Wenn die mit der Fibel aus Grab 97 vom Kohlmarkt in Braunschweig eng zusammengehörige, ebenfalls rot emaillierte Fibel aus Grab 76 des zu einer alten Kleinsiedlung gehörigen Reihengräberfeldes Altenmedingen, Ldkr. Uelzen[5], von *Friedrich Laux* nur unter Berücksichtigung des Generationswechsels in dessen vierte Periode gesetzt wird, während das durch eine grubenschmelzverzierte Nabelbrosche mit festoniertem Rand sicher in die zweite Hälfte des 8. Jhs. gehörende Grab 56a in der dritten Periode vorausgeht, so ist die Datierungsmöglichkeit in dem bis ins 7. Jh. zurückreichenden Altenmedinger Gräberfeld angesichts der äußerst geringen Gräberzahl doch zu klein, als daß man deshalb den Ansatz „zweite Hälfte 9. Jh." für die Emailscheibenfibeln vom Kohlmarkt verlassen könnte.

In dieselbe Zeit, nämlich in die Belegungsphase V, Mitte bis zweite Hälfte des 9. Jhs., datiert *Claus Ahrens* übrigens auch die mit unserem Stück übereinstimmende Emailscheibenfibel aus Grab 113 von Ketzendorf, Ldkr. Stade[6].
Weitere Parallelen zur Rundfibel mit rechteckiger, aus je vier länglichen und hakenförmigen Gruben um eine runde Mittelgrube gebildeten Kreuzfigur mit vier kleinen Eckzwickelgruben aus Grab 97 vom Kohlmarkt in Braunschweig kennen wir aus Braunschweig-Querum[7] mit roten und glasgrünen Emailresten, Tangeln (Kr. Klötze, DDR)[8], deren jetzt braunes Email gleich nach der Ausgrabung rot gewesen sein soll, Herten (Kr. Recklinghausen)[9] mit weißen Emaillierungsresten, Dortmund-Wickede[10] mit rotem Email, Schloß Broich[11] zu Mülheim/Ruhr mit rotbraunen Emailresten, Schouwen (Niederlande)[12] mit voller roter Emaillierung, dazu ein weiteres Stück[13], dessen

Email fehlt, ferner von Haamstede[14], aus Friesland[15] und aus der Gegend von Trier[16].

Sehr weit verbreitet ist der Typ der runden Grubenschmelzfibel mit einer aus vier zum Fibelrand offenen Halbkreisstegen gebildeten Kreuzfigur aus Grab 48 vom Braunschweiger Kohlmarkt. Das ersieht man schon aus der Tatsache, daß aus dem Reihengräberfeld Wulfsen zwei von den dort zutage gekommenen acht Emailscheibenfibeln diesem Typ angehören. Wir kennen ihn weiter aus der Mainzer Gegend[17] (elf Stück)[18], Wiesbaden [19], Wörth am Main[20] und Hohestadt bei Würzburg[21], der Gegend von Frankfurt[22] und der Simeonstraße in Trier[23], von Hontheim (zwei Stück)[23a], dann Schouwen[24] (fünf Stück, davon eine mit roten Emailresten), Haamstede[25] (zwei Stück), Maren[26], Deventer (Stroomarkt)[27] mit gelblich weißem Email in den Niederlanden, ferner Schloß Broich[28] in Mülheim/Ruhr, Gemen-Krückling[29], Warendorf[30], Bielefeld-Sicker[31], Minden[32], Burg Elmendorf[33], Pfalz Grona[34] mit hellgrünem Email, Emden[34a], Helfta[35] mit weißem Email, Borstel (Kr. Stendal, DDR)[36], Oberbösa (Kr. Sondershausen, DDR)[37], Plön[38] mit rotem Email, Haithabu[39] bei Schleswig (vier Stück), ferner Roskilde (Seeland, Dänemark)[40] mit weißem Email und der schwedischen Insel Gotland[41] im Norden, Little Cressingham[41a], Thetford[41b] und Hilgay[41c] in England im Nordwesten, dem Oberleiserberg in Niederösterreich[42] im Südosten und als Beweis der Handelsbeziehungen des Reiches nach dem Süden Achmim in Ägypten[43].

Viel seltener sind die runden Grubenschmelzbroschen, bei denen die Enden der das Kreuz bildenden zum Fibelrand hin offenen Halbkreisstege eingerollt sind wie bei dem Stück aus Grab 42 vom Braunschweiger Kohlmarkt. Dazu kennen wir außer der datierenden Parallele aus Grab 649 von Wulfsen nur noch solche von Minden[44] mit weißem Email und Stadt Borken (Wohnplatz Marbeck)[45] sowie Castle Acre in England[46].

Mit diesen Ausführungen konnten wir eine Vorstellung von den Weiten des Karolingerreiches und seiner Außenhandelsgebiete geben, zu denen Braunschweig durch seine Emails vor elfhundert Jahren in Beziehung gesetzt werden kann.

Anmerkungen

1 *H. Rötting,* Archäologische Befunde zu prae-städtischen Siedlungsformen Braunschweigs vor Heinrich dem Löwen: Brunswiek 1031 – Braunschweig 1981, Festschrift hrsg. v. G. Spies, Braunschweig 1981, S. 701 f., 717.

2 Ebenda, Seite 717 unten.

3 Das große sächsische Reihengräberfeld Wulfsen setzt uns seit dem Abschluß der Grabungen im Jahre 1982 endlich in die Lage, die wichtigsten karolingischen Emailscheibenfibeln gut und sicher zu datieren. Für alle liebenswürdige Hilfe bei der Durcharbeitung der Wulfsener Bestände habe ich den Herren Direktor Prof. Dr. Claus Ahrens, Dr. Friedrich Laux und Wulf Thieme M. A. vom Helms-Museum in Hamburg-Harburg herzlich zu danken, insbesondere für den genauen Einblick in das noch unpublizierte Material, dessen umfassende Veröffentlichung nun Wulf Thieme vorbereitet. Ihm bin ich besonders verbunden, da ich in meinem zu Eingang dieses Aufsatzes genannten Werke die Wulfsener Emails bereits abbilden und besprechen kann, so daß von meinem Werke abhängige Veröffentlichungen wie die vorliegende auch davon partizipieren. Direktor Claus Ahrens hat mich zusammen mit seinen Mitarbeitern 1983/84 mit den für meine Forschung und Publikation einschlägigen Einzelheiten des Wulfsener Gräberfeldes in einer Weise bekannt gemacht, daß es zwischen uns zur Übereinstimmung in der Chronologie der Emails kam, so daß die Gründe dafür hier kurz erwähnt werden können. Alles Nähere, namentlich die Einzelheiten der Stratigraphie, ist der Gesamtveröffentlichung durch Wulf Thieme vorbehalten, die viele interessante Feststellungen bringen wird. Auch in Ketzendorf, Ldkr. Stade, und in Maschen, Ldkr. Harburg, liegen die Gräber mit den Emails weitab von den Gräbern mit den Perlenketten der Zeit um 800. (Hammaburg NF 5, Neumünster 1983, Taf. A–D; *W. Wegewitz,* Reihengräberfriedhöfe und Funde aus spätsächsischer Zeit im Kreis Harburg, Neumünster 1968, Taf. A–C).

4 *R. Andrae,* Mosaikaugenperlen. Untersuchungen zur Verbreitung und Datierung karolingerzeitlicher Millefiori-Glasperlen in Europa: Acta Praehistorica et Archaeologica 4, 1973, S. 101 ff. Er hat durch seine überaus wichtige Arbeit die Grundlage für die genaue Datierung karolingerzeitlicher Materialien gelegt. Erst auf dieser läßt sich auch die Datierung der Emailscheibenfibeln festigen.

5 *R. Manger,* Der frühmittelalterliche Körpergräberfriedhof von Altenmedingen, Kreis Uelzen: Uelzener Beiträge 2, 1968, hier S. 25. Meine auf S. 26 zitierten Angaben über Parallelen sind im Hinblick auf Hallum nicht zutreffend; dort handelt es sich um einen anderen Typ. – *F. Laux,* Der Reihengräberfriedhof in Oldendorf, Beitrag zu den frühgeschichtlichen Gräberfeldern im Bardengau: Hammaburg NF 5, Neumünster 1983, Abb. 33–35 und S. 144 sowie Dr. Laux' persönliche Erklärungen zu Altenmedingen.

6 *C. Ahrens,* Die Befunde des spätsächsischen Gräberfeldes Ketzendorf bei Buxtehude: Hammaburg 5, 1983, hier S. 17 und Abb. 4; ders., Die Belegungsgruppen im Ketzendorfer Gräberfeld: Hammaburg 3/4, 1978, hier S. 107, Abb. 9. – *B. Thieme,* Ausgewählte Metallbeigaben aus dem Gräberfeld Ketzendorf, Kreis Stade: Hammaburg 5, S. 67, Abb. 4.

7 Frühgeschichtliche Funde aus dem Braunschweiger Land *(R. Busch)*, 1976, S. 56 mit Abb. 79. – *F. Niquet:* Braunschweigische Heimat 40, 1954, S. 130.

8 *J. Schneider* (Halle) und *H. Bock* (Jübar), Ein frühmittelalterliches Gräberfeld bei Tangeln, Kr. Klötze: Ausgrabungen und Funde 26, Berlin 1976, hier S. 52 f. u. Abb. 2. – *J. Schneider,* Ein Beitrag zur fränkischen Besiedlung der nordwestlichen Altmark: Symbolae Praehistoricae, Festschrift Schlette, Berlin 1975, hier S. 189, und freundliche Mitteilung von Direktor Dr. Dieter Kaufmann, Landesmuseum für Vor- und Frühgeschichte, Halle.

9 *D. Kaufmann* (Halle) und *G. Wetzel* (Cottbus), Eine frühmittelalterliche Emailscheibenfibel von Herten, Kreis Reckling-

hausen (Westfalen): Staatliche Museen zu Berlin, Forschungen und Berichte 10, Berlin 1968, S. 227ff.

10 Ehedem Museum Hamm.

11 *W. Janssen,* Zwei mittelalterliche Scheibenfibeln mit Kreuzdarstellung aus Schloß Broich, Stadt Mülheim a. d. Ruhr: Bonner Hefte zur Vorgeschichte 18, 1978, S. 453f. und S. 456, Abb. 1.

12 *T. Capelle,* Die karolingischen Funde von Schouwen: ROB, Nederlandse Oudheden 7, 2, S. 9 und Taf. 8, Nr. 12.

13 Ebenda, Nr. 20.

14 Archief Ypey 263, Nr. 38; freundliche Mitteilung von Herrn Ypey, dem für gütige Übergabe seiner Unterlagen vielmals gedankt sei.

15 Museum Leeuwarden.

16 Rheinisches Landesmuseum Trier.

17 Mittelrheinisches Landesmuseum Mainz.

18 Es ist bedauerlich, daß von den 1940 in den Museen von Mainz und Wiesbaden vorhandenen karolingischen Emailscheibenfibeln heute mehrere fehlen, in Wiesbaden sogar mehr als 90%.

19 Ehedem Museum Wiesbaden.

20 Frankenland NF 32, 1980, S. 90, Nr. 8032, Abb. 7 (Wamser).

21 Ebenda, S. 158, Nr. 8210, Abb. 49, 10.

22 Museum für Vor- und Frühgeschichte Frankfurt/Main.

23 *K. Böhner,* Die fränkischen Altertümer des Trierer Landes 2, Berlin 1958, S. 163 und Taf. 18, 13.

23a *K.-J. Gilles,* Die Entersburg bei Hontheim: Funde und Ausgrabungen im Bezirk Trier, Heft 16 (Kurtrierisches Jahrbuch 24), 1984, S. 46 und Abb. 6, Nr. 1 u. 3. Die hier versuchte Datierung eines Halbdenars Kaiser Ottos III. (983–1002) und dreier Emailscheibenfibeln in die erste Hälfte des 12. Jhs.(!), weil dort ein Gebäude, von dem man nicht weiß, ob es das erste an dieser Stelle war, dendrochronologisch in die Zeit nach 1096 gesetzt werden muß, ist abzulehnen und kann den Kenner des europäischen Gesamtmaterials keineswegs irritieren. Die oben genannten beiden Stücke gehören in die zweite Hälfte des 9. Jhs., die rot emaillierte Zellenschmelzfibel Abb. 6, Nr. 2 wie anderwärts ins 10. Jh., und da sind wir dann auch am Ende bei dem Halbdenar Ottos III.

24 *T. Capelle,* Die karolingischen Funde von Schouwen, a. a. O., Tafel 8 und S. 9f., Nr. 9, 15, 16, 17 und 21.

25 Archief Ypey 263, Nr. 40, 41; 264, Nr. 45.

26 Archief Ypey 282, Nr. 8403.

27 Museum Deventer: Freundliche Mitteilung von Herrn Ypey, für die vielmals gedankt sei.

28 *Janssen,* a. a. O., S. 456, Abb. 2, und S. 457f.

29 Germania 1937, S. 199f. und Abb. 6.

30 Westfälisches Museum für Archäologie, Münster i. W.: Freundliche Mitteilung von Professor Winkelmann, für die vielmals gedankt sei.

31 Westfälisches Museum für Archäologie, Münster i. W. (Fund vom 9. 11. 1983): Freundliche Mitteilung von Herrn Doms, Bielefeld, für die vielmals gedankt sei.

32 *K. Günther,* Ausgrabungen auf dem Domhof in Minden: Hans Nordsiek, Zwischen Dom und Rathaus, Minden 1977, S. 28f. und Abb. 6, Nr. 1.

33 *D. Zoller,* Burg Elmendorf, eine Dreihügelmotte im Landkreis Ammerland: Neue Ausgrabungen und Forschungen in Niedersachsen 4, 1969, hier S. 380, Abb. 4, Nr. 3; Janssen, a. a. O., S. 463, Abb. 5, S. 459 u. 461.

34 *H.-G. Peters.* Ur- und frühgeschichtliche Befestigungen zwischen Oberweser und Leine: Neue Ausgrabungen und Forschungen in Niedersachsen 5, 1970, S. 137, Abb. 35.

34a *W. Haarnagel,* Friesisches Jahrbuch 1955, Taf. XVII, 2.

35 *W. Schulz,* Frühmittelalterliche Broschen aus Mitteldeutschland: Jahresschrift für mitteldeutsche Vorgeschichte 44, 1960, Taf. 65f.

36 Symbolae Praehistoricae, a. a. O., S. 189, Abb. 3a.

37 *W. Müller,* Der ur- und frühgeschichtliche Besiedlungsablauf im Bereich der Gemarkung Oberbösa, Kreis Sondershausen: Alt-Thüringen 13, 1975, hier S. 174 u. Taf. LI, 3.

38 Museum Plön. Die Angabe verdanke ich dem freundlichen Hinweis von Dr. Hayo Vierck, Münster i. W.

39 *T. Capelle,* Der Metallschmuck von Haithabu, Neumünster 1968, S. 106, Nr. 81–83 u. Taf. 30, 9, sowie ein weiteres seitdem gefundenes Stück, dessen Kenntnis ich Dr. W. M. Werner vom Schleswig-holsteinischen Landesmuseum für Vor- und Frühgeschichte in Schleswig verdanke.

40 Dänisches Nationalmuseum Kopenhagen, D 11652.

41 Musée d'art et d'histoire, Genf.

41a *M. W. Atkin,* Saxon bronze brooch from Threxton, Little Cressingham: Norfolk Archaeology, XXXVII, 1978, p. 134.

41b *A. Rogerson* and *C. Dallas,* Excavations in Thetford 1948–80: East Anglian Archaeology Report No. 22, Norwich 1984, p. 68 and Fig. 109, 7.

41c King's Lynn Museum (gefunden 1978).

42 *H. Mitscha-Märheim,* Oberleis, Niederleis von der Urzeit bis zum Mittelalter: Jahrbuch für Landeskunde von Niederösterreich 1957, hier Taf. 2, Nr. 9 u. S. 61.

43 *R. Forrer,* Die frühchristlichen Altertümer aus dem Gräberfeld Achmim-Panopolis, 1893.

44 Westfälisches Museum für Archäologie, Münster i. W.

45 Ebenda. Die Kenntnis der in Anmerkung 45 und 46 genannten Stücke verdanke ich Herrn Doms, Bielefeld.

46 Norwich Castle Museum. *V. Evison,* An Enamelled Disc from Great Saxham: Proceedings of the Suffolk Institute of Archaeology, XXXIV, p. 9.

Stadtgrabung 21

Technische Beobachtungen an den Emailscheibenfibeln vom Kohlmarkt

Jürgen Völker

Emailscheibenfibel 79:11/919, Grab 42 (Abb. 1)

Die Emailscheibenfibel wurde im Bronzegußverfahren mit Nadelhalter- und Nadelrastlasche hergestellt. Kreuzmotiv und peltenförmige Verzierungen zwischen den Kreuzarmen sind in der Gußform eingearbeitet. Die Fertigstellung der Fibel erfolgte in Grubenschmelztechnik. Nur die Punkte an den Kreuzarmenden wurden wohl nach dem Guß eingepunzt. Gegen die Zellentechnik sprechen die unterschiedlichen Tiefen von Bronzestegoberfläche zur Emailoberfläche und zur Bronzegrubentiefe.

Die Fibel wurde wahrscheinlich ohne Rücken- oder Konteremail gebrannt. Darauf deutet die starke Verspannung der Scheibe. Durch diese Verspannung hat das Email die Risse bekommen und ist teilweise herausgebrochen (Farbtafel 16, Abb. 4). Das Email hat eine grünlich-beige Färbung, die Oberflächen sind glatt und gut zerflossen. Die Rückseite der Fibel zeigt vielfältige Bearbeitungsspuren: Der Nadelhalter und die Nadelrast wurden durchbohrt (∅ 1,8 mm), die Nadelrast eingesägt und zurechtgefeilt. Auf der Bronze sind deutliche Feilriefen zu sehen, die die Bearbeitungsrichtung zwischen Nadelhalter und -rast zeigen, und eine andere quer dazu.

Maße: ∅ 22,0 bzw. 22,1 mm; Dicke 1,1 mm

Abb. 1, M. 2:1

Emailscheibenfibel 79:11/1946, Grab 97 (Abb. 2)

Herstellung im Bronzegußverfahren. Die Grubenvertiefungen sind grob gegossen. Auf der Rückseite der Fibel erkennt man noch Randabdrücke der Gußform. Das über die Form geflossene Material ist nicht abgearbeitet worden. Damit hat die Fibel an einer Stelle statt 22,5 mm ein Maß von 24,5 mm im Durchmesser.

Die Emailoberfläche ist zu 75 % aufgerauht, wellig und blasig, zu erkennen sind dunkelbraune bis hellbraune Flecken. Unter dem Mikroskop ist folgendes zu beobachten:

Abb. 2, M. 2:1

Abb. 3, M. 5:1

Über einem grünen Grundemail liegen
a) schwarze, längliche Partikel, d. h. nichtgelöste Pulverteile
b) braune Nadelpartikel, d. h. leicht aufgelöste Pulverteile
c) braune oder rote längliche Farbpigmente oder Farbflecken, d. h. geschmolzene Pulverpartikel.

Blasiges Email entsteht, wenn Schmutzteile im Email waren oder gemischte Emails mehr oder weniger miteinander reagieren. Das ist hier der Fall.

An Bearbeitungsspuren sind auf der Rückseite zahlreiche Feilspuren zu erkennen. Reste von Konteremail sind nicht zu finden. Der Nadelhalter wurde zusammen mit der Scheibe gegossen. Die Achse der Bohrung des Nadelhalters liegt nicht parallel zur Grundplatte, sondern ist um etwa 10° geneigt.

An der Stelle der Nadelrast sind deutliche Feilspuren zu sehen (Farbtafel 16, Abb. 5). Am Nadelhalter sind ebenfalls Absätze vom Feilen zu erkennen. Ob die Vertiefung an der jetzt fehlenden Nadelrast gegossen oder gebohrt wurde, läßt sich nicht klären.

Maße: ∅ 15,5 bzw. 15,0 mm; Dicke 1,1 mm

Emailscheibenfibel 79:11/2407, Grab 48 (Abb. 3)

Auch diese Fibel ist stark verzogen. Emailreste grünlicher und opaler Färbung sind in kleinen Spuren im Kreuz und innerhalb der Bogen noch vorhanden. Die Rückseite zeigt grobe Bearbeitungsspuren zwischen Nadelhalter und Nadelrast. An der Nadelrast ist ein Absatz auch quer dazu zu erkennen.

Die Durchbohrungen der Bronzelaschen wurden nicht mittig durchgeführt, die Öffnung der Nadelrast wahrscheinlich aufgefeilt.

Maße: ∅ 24,5 bzw. 22,5 mm; Dicke 1,1 mm

Pilgerzeichen und Ampullen

Zu neuen Braunschweiger Bodenfunden

Kurt Köster

Mittelalterliche Pilgerzeichen[1] werden für uns erstmals in der zweiten Hälfte des 12. Jahrhunderts faßbar. Aus dieser Zeit stammen die ältesten aus dem Boden und aus Flüssen geborgenen originalen Stücke; fast gleichzeitig erscheinen Pilgerzeichen in Abgüssen auf kirchlichem Gerät (Glocken, Erztaufen), in Darstellungen der bildenden Kunst und in schriftlichen und literarischen Zeugnissen. *Signa,* deutsch *Zeichen,* nannten die Pilger damals diese kleinen Objekte, die sie von ihren weiten und gefahrvollen Reisen zu den großen abendländischen Pilgerzielen (Santiago de Compostela, Rom, Heiliges Land), im späteren Mittelalter dann auch von den inzwischen zahlreich gewordenen kleinen, nähergelegenen Gnadenorten mit nach Hause brachten.

Im 12. und 13. Jahrhundert waren diese Zeichen meist plakettenartige Flachgüsse, seit dem 14. Jahrhundert zunehmend durchbrochen gestaltete „Gittergüsse", die den oder die an dem besuchten Kultort verehrten Heiligen oder die dort bewahrten Heiltümer abbildeten. Der Billigkeit und leichteren Fertigung halber wurden sie vorzugsweise aus wohlfeilen Metallen (Blei oder Blei-Zinn-Legierungen mit möglichst niedrigem Schmelzpunkt[2]) gegossen und am Wallfahrtsort selber – und zwar rechtmäßig nur dort – hergestellt und vertrieben. Man goß sie in Modeln (Hohlformen) aus Schiefer oder Speckstein, seltener aus Metall, in die ein, manchmal auch mehrere Zeichen zugleich[3], negativ eingeschnitten waren. Neben schlichter „Volkskunst" und tüchtiger Handwerksarbeit (die Modelschneider waren meist Goldschmiede) finden sich auch künstlerisch hervorragende Gestaltungen darunter.

Die meisten Zeichen hatten nur eine Schauseite, bei ihnen wurde der Gußmodel mit einer glatten, manchmal auch einer gerieften oder schraffierten Platte abgedeckt, deren Muster sich dann auf der Rückseite des Gußstücks wiederfindet[4]. Durch Gußkanäle, die sich zur Außenkante des Models hin trichterförmig erweitern, wurde das flüssige Metall zugeführt.

Diese billigen Blei-Zinn-Güsse waren echte Massenartikel: in Maria Einsiedeln wurden 1466 innerhalb von 14 Tagen 130000(!) Zeichen abgesetzt[5].

Charakteristisch für die meisten mittelalterlichen Wallfahrtszeichen sind die seitlichen Ösen, seltener rückwärtige Anstecknadeln, mit denen sie an Hut, Obergewand oder Pilgertasche befestigt wurden. Als sichtbare Zeichen des „Pilgrimstandes" halfen sie ihren Trägern, Beschwernisse und Gefahren der Reise besser zu bestehen. Sie wendeten ihnen zuverlässiger die allen „Elenden" gegenüber gebotenen Werke der Barmherzigkeit – vor allem Speise, Trank und Herberge – zu und boten ihnen in Fehdezeiten und auf unsicheren Straßen einen gewissen (wenn auch nicht immer wirksamen) Schutz.

Ihre Bedeutung reichte jedoch weit über die Pilgerfahrt selbst hinaus. Durch „Anrühren" an den Heiltümern des Gnadenortes waren die bescheidenen Metallgüsse selbst gleichsam Stellvertreter dieser Heiltümer *(reliques représentatives)* und damit Träger ihrer Wirk- und Segenskräfte geworden. Zu vielerlei volksfrommen und volksmedizinischen, auch zauberischen und abergläubischen Praktiken benutzt, wurden sie meist lebenslang sorglich bewahrt, oft auch dem Pilger bei seinem Tode mit ins Grab gegeben[6].

Bis heute erhalten gebliebene originale mittelalterliche Pilgerzeichen wurden meist aus Flüssen oder feuchten Erdschichten geborgen, die für die Konservierung der dünnen Zinn-Blei-Güsse besonders gute Voraussetzungen bieten. Die leichte Zerbrechlichkeit, die spätere Geringschätzung dieser materiell „wertlosen" Objekte, auch mangelnde Kenntnis haben die meisten untergehen lassen.

Ein durch reiche Flußfunde in Frankreich und England um die Mitte des vorigen Jahrhunderts vorübergehend entstandener, von cleveren Fälschern sogleich korrumpierter Pilgerzeichen-Boom machte rasch wieder snobistisch gefärbtem Desinteresse Platz. Ganz allmählich, kräftiger erst nach dem Zweiten Weltkrieg, ist dieses vernachlässigte Feld mittelalterlicher archäologischer Forschung wieder in Bewegung geraten. Als Schrittmacher und wichtiger Helfer erwies sich dabei insbesondere die Glockenforschung[7]. Dem Abguß vieler Pilgerzeichen auf (meist datierten oder einigermaßen genau datierbaren) mittelalterlichen Kirchenglokken verdanken wir ein zuverlässiges ,,Gerüst“ für die Einordnung und zeitliche Bestimmung der Bodenfunde. Wie erfreulich zahlreich diese Bodenfunde gerade in den letzten Jahren geworden sind, dokumentieren – um nur *einen* für die Erforschung des mittelalterlichen Pilgerwesens ertragreichen Sektor archäologischer Feldarbeit herauszugreifen – die Stadtkernforschungen (u. a. in Amsterdam, Dordrecht, Dublin, Lund, Lübeck und Schleswig) mit ihren wichtigen, z. T. überraschenden Ergebnissen. Zu ihnen treten nun die im letzten Jahrzehnt in der Braunschweiger Altstadt gemachten Funde, die uns im folgenden näher beschäftigen sollen.

*

I. Pilgerzeichen eines unbekannten (norddeutschen?) Marien-Wallfahrtsortes: Thronende Muttergottes mit Kind. Frühes 13. Jh. (Abb. 1)

Hochrechteckige Plakette, oben mit einem links wenig, rechts stärker eingerückten Segmentbogen abschließend; mit 4 (2 × 2) gerundeten seitlichen Ösen. In der Bogenmitte oben Reste eines Gußstutzens. – Rückseite glatt, die Ösen hier (durch entsprechende Eintiefungen in der Abdeckplatte) leicht verstärkt. – Vorzüglich erhaltenes Exemplar.

Maße: Höhe 45,8 mm, Breite 35,1/27,7 mm (mit/ohne Ösen). Dicke 0,65–1,1 mm, die Ösen 1,4 mm. Gewicht 7,7 g. – Material: Zinn-Blei (69 % Zinn, 31 % Blei).

Im randlos-glatten Felde thront in streng frontaler, hieratischer Haltung die gekrönte Muttergottes mit birnenförmigem, von einer Strichelborte eingefaßtem Nimbus. Als Sitz dient ein kissenbelegter Ringpfostenstuhl mit senkrechten Seitenständern, die je drei kuglige Knäufe und nach auswärts gerundete Armstützen aufweisen, über denen beiderseits die spitzen Enden des Sitzkissens sichtbar werden. Die Füße ruhen auf einem querrechteckigen, unten mit einem diagonalen Liniengitter gezierten Piedestal. Die Rechte hält ein Lilienzepter, dessen robuste Gestaltung kaum mehr an ein florales Gebilde erinnert. Auf dem linken Knie der Madonna sitzt aufrecht das bekleidete Kind mit scheibenförmigem Kreuznimbus. Oberkörper und Antlitz sind frontal dem Besucher zugewandt, die Rechte ist vor der Brust der Mutter im Segensgestus erhoben. Beiden Gestalten gemeinsam sind dünne, z. T. überlängte und bewegte Extremitäten.

Gefunden 1981 in Braunschweig am Hagenmarkt/Casparistraße (Stadtgrabung 27) in einer Abfallschicht des frühen 13. Jhs. Der stilistische Befund widerspricht dieser Datierung nicht[8]. – Verbleib: z. Z. Niedersächsisches Landesverwaltungsamt, Institut für Denkmalpflege, Außenstelle Braunschweig. Fund-Nr. 80:12/536. Später Landesmuseum Braunschweig mit gleicher Inventarnummer.

Lit. Stark vergrößerte Abb. in: Berichte zur Denkmalpflege in Niedersachsen 2 (1982), H. 1, Titelblatt.

Offensichtliche Zusammenhänge bestehen mit den beiden folgenden, ebenfalls in Norddeutschland gefundenen, etwa gleichzeitigen Stücken.

I A. Pilgerzeichen eines unbekannten (norddeutschen?) Marienwallfahrtsortes: Thronende Muttergottes mit Kind. 13. Jh. (Abb. 2)

Hochrechteckige, oben giebelförmig abschließende Plakette mit ursprünglich 4 (2 × 2) gerundeten seitlichen Ösen. – Rückseite glatt. – Leicht beschädigtes Stück: am rechten oberen Rand ausgebrochen, ein Riß führt von da rechts am Gesichtsrand der Madonna entlang bis unter das Kinn; die linke obere Öse fehlt.

Abb. 1: Fundort Braunschweig, Hagenmarkt (rechts Rückseite) M. 2:1

Abb. 2: Fund aus der Weser bei Bremen M. 2:1

Abb. 3: Fundort Lübeck M. 2:1

Maße: H. 37 mm, B. 30/20 mm (mit/ohne Ösen). Mittlere Dicke unter 1 mm. Gewicht nicht ermittelt. – Material: Zinn-Blei-Legierung von ähnlicher Zusammensetzung wie I (vgl. Beitrag *Ruge u. Thomas* in diesem Band).

Gefunden im Baggerschlamm der Weser bei Bremen. – Verbleib: Bremer Landesmuseum für Kunst und Kulturgeschichte, Focke-Museum. Inv.-Nr. 75/424.

Unveröffentlicht. Freundl. Auskünfte verdanke ich *Jürgen Wittstock*, Bremen.

I B. Pilgerzeichen eines unbekannten (norddeutschen?) Marienwallfahrtsortes: Thronende Muttergottes mit Kind (Fragment). 13. Jh.? (Abb. 3)

Hochrechteckige Plakette mit giebelförmigem oberen Abschluß und ursprünglich 4 (2 × 2) gerundeten seitlichen Ösen. – Rückseite: Diagonalliniengitter (Waffelmuster). – Stark beschädigtes Stück in schlechtem Erhaltungszustand: es fehlen größere Teile der rechten Seite mitsamt den beiden rechten Befestigungsösen.

Maße: H. 41 mm, B. 20 mm, Dicke und Gewicht nicht mitgeteilt. – Material: Zinn-Blei-Legierung mit höherem Zinnanteil als bei I und I A (vgl. Beitrag *Ruge u. Thomas* in diesem Band).

Gefunden 1892 in Lübeck, Marlesgrube 4, bei Ausschachtungsarbeiten für einen Hausbau. – Verbleib: Lübeck, St.-Annen-Museum. Inv.-Nr. 1893/112.

Lit. *Johannes Warncke:* Mittelalterliche Pilgerzeichen aus Lübeck und Lauenburg. In: Nordelbingen 8 (1930/31), S. 170f., Nr. 2 m. Abb. 7. – Museum für Kunst u. Kulturgeschichte der Hansestadt Lübeck: Kirchliche Kunst des Mittelalters u. d. Reformationszeit. Die Sammlung im St.-Annen-Museum, bearb. v. *Jürgen Wittstock*. Lübeck 1981, S. 290 Nr. 287.

Beide Vergleichsstücke – das einigermaßen intakte Bremer und das sehr viel schlechter erhaltene Lübecker Madonnen-Zeichen – sind bei aller Tendenz zu stärkerer Vereinfachung und flächig-graphischer Gestaltung in ihren Grundmerkmalen dem Braunschweiger Bodenfund unverkennbar ähnlich. Sie gehören nicht nur der gleichen Stilphase an, sie geben vermutlich das gleiche, örtlich einstweilen nicht näher bestimmbare Kultbild wieder. Angesichts der Fundorte Braunschweig, Bremen und Lübeck liegt in der Tat der Gedanke an eine Kultstätte im norddeutschen Umkreis nahe.

Doch führt uns der folgende, in Details zwar abweichende, jedoch typologisch nahe verwandte und der gleichen Zeit angehörende Bodenfund aus Graubünden vor Augen, wie problematisch bei diesen frühen Pilgerzeichen noch alle Versuche regionaler, erst recht örtlicher Zuweisungen sind.

I C. Pilgerzeichen einer unbekannten (schweizerischen?) Marienkultstätte: Thronende Muttergottes mit Kind. Frühes 13. Jh. (Abb. 4)

Hochrechteckige Plakette, oben mit einem beiderseits leicht eingerückten Segmentbogen abschließend; mit ursprünglich 4 (2 × 2) gerundeten seitlichen Ösen. – Rückseite unregelmäßig, mit Spuren eines weitmaschigen Diagonallinien-Musters; die Ösen auch hier (durch entsprechende Eintiefungen in der Abdeckplatte) verstärkt. – Leichte Defekte an den Rändern, besonders rechts, wo auch die beiden Ösen fehlen. Sonst leidlich gut erhalten.

Maße: H. 44 mm, B. 32/28 mm (mit/ohne Ösen), mittlere Dicke 1 mm. Gewicht 7,9g. – Material: „Zinn mit viel Blei" (genaue Zusammensetzung nicht untersucht).

In dem ringsum von einer Strichelborte umrahmten Felde thront frontal die Muttergottes mit flacher Krone und dreifach gerandetem Scheibennimbus auf einem kissenbelegten Ringpfostenstuhl; ihre

Füße ruhen auf einem querrechteckigen Piedestal mit Diagonalliniengitter. Abweichend von dem in der romanischen Kunst vorherrschenden Kanon sitzt das Kind hier auf dem *rechten* Knie der Mutter, wogegen diese das (im oberen Teil ährenförmig ausgestaltete) Lilienzepter in ihrer *Linken* hält. Diese Seitenverkehrung wertet *Erwin Poeschel* zu Recht als reines Versehen des Modelschneiders, wie solches bei spiegelverkehrt auszuführenden Arbeiten leicht und öfter vorkommt. Auffallend auch hier die überlängten und bewegten Beinchen des Kindes. – Den Fond des Bildfeldes zieren vier sechsstrahlige Sterne.

Poeschel hat – nicht ohne Vorbehalt – dieses „älteste auf dem Boden der Schweiz gefundene Pilgerzeichen" mit Maria Einsiedeln in Verbindung bringen, also gleichsam als Vorgänger der späteren Einsiedler „Engelweih-Zeichen"[9] auffassen wollen; ob zu Recht, steht dahin. Ganz unbegründet ist die Behauptung *P. Iso Müllers,* es handele sich um ein Pilgerzeichen der Bischofskirche in Chur, obwohl für diese weder eine mittelalterliche Marienwallfahrt noch ein älteres marianisches Gnadenbild bezeugt sind. Das bloße Vorkommen des Topos STELLA MARIS in der Legende eines Siegelstempels der Churer Kathedrale von 1253 genügt *Müller,* um die bogenförmigen Gewandfalten über den Beinen der Madonna auf dem Graubündner Fund in „Wellenberge" (sic) umzudeuten, die gänzlich unspezifischen Ziersterne des Bildhintergrundes ebenfalls als „redende" Attribute einer Meerstern-Darstellung anzusprechen, um dann den kleinen Metallguß als (wie er zugibt) „*einzigen* Beleg" eines mittelalterlichen Marien-Wallfahrtskultes in der Churer Bischofskirche apodiktisch für Chur in Anspruch zu nehmen.

Gefunden 1961 bei Ausgrabungen auf dem Burghügel von Nieder-Realta am linken Ufer des Hinterrheins, Gemeinde Cazis, Kanton Graubünden, Schweiz. – Verbleib: Chur, Rätisches Museum. Inv.-Nr. H 1962/257 (Neg.-Nr. 1970.4167).

Lit. *Erwin Poeschel:* Miszellen zum romanischen Kunstgewerbe 2. Ein Pilgerzeichen. In: Zeitschr. f. schweizerische Archäologie u. Kunstgeschichte 22 (1962), S. 216–219 m. Tfl. 77 a/b (Vorder- u. Rückseite). – *P. Iso Müller,* ebd. S. 219–224. – *Ders.:* Zum Churer Pilgerzeichen, ebd. 24 (1965/66), S. 245–247 m. Tfl. 94 a. – *Ders.:* Das Pilgerzeichen der Churer Bischofskirche. In: Schriftenreihe des Rätischen Museums in Chur, H. 9. Chur 1970, S. 34 f.

Abb. 4: Fundort Nieder-Realta, Kanton Graubünden, Schweiz M. 2:1

Ob die vier hier behandelten frühen Madonnen-Pilgerzeichen – die drei norddeutschen Funde einerseits und der Graubündner andererseits – das gleiche Gnadenbild wiedergeben, also von ein und derselben Wallfahrtsstätte stammen, oder ob sie – was wir eher anzunehmen geneigt sind – unterschiedliche, an verschiedenen Plätzen verehrte, jedoch auf ein gemeinsames Vorbild zurückgehende Gnadenbilder wiedergeben, bleibt eine offene Frage. Vollends aussichtslos wäre es beim gegenwärtigen Stande der Forschung, Zuweisungen dieser frühen Objekte an bestimmte Marienkultstätten des Hochmittelalters versuchen zu wollen.

*

II. Pilgerzeichen einer unbekannten (norddeutschen?) Wallfahrt: Stehender Petrus mit Mitra, Krummstab und Schlüssel. Frühes 13. Jh. (Abb. 5)

Hochrechteckige Plakette, oben mit beiderseits leicht eingerücktem Segmentbogen abschließend, der auf nach innen abgeschrägten „Widerlagern" aufsitzt. An den Seiten 4 (2 × 2) gerundete Befestigungsösen. – Rückseite: engmaschiges Diagonalliniengitter (Waffelmuster), die Ösen (durch entsprechende Eintiefungen in der Abdeckplatte) leicht verstärkt. Beim Guß dieses Stückes war die Abdeckplatte versehentlich nicht bündig, sondern leicht seitlich versetzt dem Model aufgelegt worden, so daß nicht nur das „Waffelmuster", sondern auch die rückwärtigen Hälften der Befestigungsösen nach rechts verschoben wurden, wodurch letztere doppelte Konturen zeigen. – Vorzüglich erhaltenes Exemplar.

Maße: H. 45,6 mm, B. 35,8/27,9 mm (mit/ohne Ösen), Dicke 0,75–1,1 mm, die Ösen 1,2–1,4 mm. Gewicht 6,95 g. – Material: Zinn-Blei (69 % Zinn, 31 % Blei).

In dem von einer leicht vorstehenden glatten Kante gesäumten Felde steht in stark stilisierter Darstellung der hl. Petrus mit nach auswärts gestellten Füßen und kurzen, in der Hüfte ansetzenden stockartigen Armen. Seine Bekleidung, aus einfachen Linien und leiterförmigen Strichelborten aufgebaut, läßt gleichwohl deutlich den Gewandschnitt des 13. Jahrhunderts erkennen, ebenso die kegelförmige Mitra mit den beiden charakteristischen „spitzen Hörnern" seitlich über den Schläfen[10]. Seine Rechte hält einen auffällig kurzen (oben nur bis zur Schulter, unten nicht bis zum Standgrund reichenden) Stab mit eingerollter Krümme, seine Linke einen riesigen Schlüssel mit großem, dem Körper zugewandtem Bart und auf dem Boden aufstehendem ovalen Griff.

Gefunden zusammen mit Pilgerzeichen I 1981 am Hagenmarkt/Casparistr. in Braunschweig (Stadtgrabung 27) in einer Abfallschicht des frühen 13. Jhs. – Verbleib: z. Z. Niedersächsisches Landesverwaltungsamt, Institut für Denkmalpflege, Außenstelle Braunschweig. Fund-Nr. 80:12/536. Später Landesmuseum Braunschweig mit gleicher Inventarnummer.

Unveröffentlicht.

Die gut bekannte Typologie gleichzeitiger römischer Pilgerplaketten – die Petrus stets zusammen mit Paulus zeigen und umlaufende oder darübergestellte Majuskelinschriften aufweisen[11] – schließt jegliche Verbindung

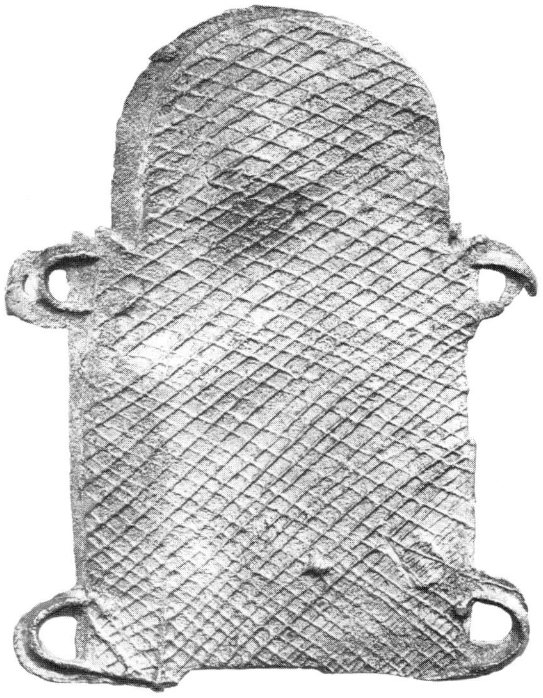

Abb. 5: Fundort Braunschweig, Hagenmarkt (rechts Rückseite) M. 2:1

des Braunschweiger Fundstücks zur Rom-Wallfahrt mit Sicherheit aus. Dagegen bestehen nahe Zusammenhänge mit dem nachstehend behandelten, ebenfalls in Norddeutschland gefundenen Pilgerzeichen etwa gleicher Zeitstellung.

II A. Pilgerzeichen eines unbekannten (norddeutschen?) Wallfahrtsortes: Stehender Petrus mit Mitra, Krummstab und Schlüssel. 13. Jh. (Abb. 6)

Hochrechteckige Plakette, oben im Segmentbogen abschließend; mit ursprünglich 4 (2 × 2) gerundeten seitlichen Ösen. – Rückseite glatt. – Nicht sehr sauberer Guß mit z. T. überstehenden Gußrändern, in der Bogenmitte oben Reste eines Gußstutzens(?). Die beiden Ösen links weggebrochen.

Maße: H. 50 mm, B. 32/27 mm (mit/ohne Ösen), mittlere Dicke 1 mm (wobei das Gesicht des Heiligen stark plastisch aus dem Grunde hervortritt). Gewicht nicht ermittelt. – Material: Zinn-Blei-Legierung von angeblich ähnlicher Zusammensetzung wie I u. II.

In dem (nur innerhalb des Segmentbogens von einer Strichelborte gesäumten) Felde steht der hl. Petrus, hier noch stärker stilisiert als bei II. Der Körper mit Ausnahme des Kopfes und die Gewandung sind ganz aus leiterförmigen Strichelleisten „aufgebaut", also rein ornamental. Die kegelförmige Mitra hat nach oben aufgebogene seitliche „Hörner"[10]. Gegenüber dem Braunschweiger Stück sind die beiden Attribute seitenvertauscht: die *Rechte* hält den auf dem Boden aufstehenden Schlüssel mit riesigem Bart und undeutlichem (runden?) Griff, die *Linke* den Stab mit mächtiger, zum Körper hin eingerollter Krümme. – Über die Bewertung der Seitenverkehrung bei den Attributen vgl. Nr. I C.

Gefunden im Baggerschlamm der Weser bei Bremen. – Verbleib: Bremer Landesmuseum für Kunst und Kulturgeschichte, Focke-Museum. Inv.-Nr. 75.423.

Abb. 6: Fund aus der Weser bei Bremen M. 2:1

Unveröffentlicht. Freundl. Auskünfte verdanke ich *Jürgen Wittstock*, Bremen.

Trotz geringer formaler und stilistischer Divergenzen sind die Ähnlichkeiten des Bremer Weserfundes mit dem Petruszeichen vom Braunschweiger Hagenmarkt frappierend. Man wird für beide Stücke die Herkunft von dem gleichen – leider einstweilen nicht zu identifizierenden – Petrus-Kultort annehmen dürfen. Ob dieser in Norddeutschland zu suchen ist, bleibt – ebenso wie bei den zuvor beschriebenen frühen Marien-Zeichen aus norddeutschen Fundstätten – einstweilen nur eine Vermutung.

Abschließend bleibt anzumerken, daß wir Petrus-Darstellungen auf Pilgerzeichen nicht-römischer Herkunft nicht nur in dieser frühen Zeit, sondern auch noch im späten Mittelalter mit seinem so viel dichteren Netz von Kult- und Wallfahrtsstätten auffallend selten begegnen.

*

III. Pilgerzeichen von Rom(?): Christuskopf *(Vera icon)*. 1. Hälfte 15. Jh. (Abb. 7)

Kleiner, annähernd runder Flachguß. – Rückseite glatt. – Beschädigt: ausgebrochene Stelle am Nimbus oben und leicht schräg verlaufende Bruchkante in der Kinn-Bart-Zone unten, wenig darüber ein Riß. Vielleicht Fragment einer größeren Darstellung?

Maße: H. 19,5 mm, B. 21 mm, D. 0,45–0,8 mm. Gewicht 2,55 g. – Material: fast reines Blei.

Bärtiger Christuskopf in frontaler Darstellung mit stilisierten Gesichtszügen und einer das Antlitz umrahmenden, tauartig gedrehten Haarkappe, umgeben von einem scheibenförmigen Kreuznimbus mit einfacher Randleiste; die drei sichtbaren Kreuzbalken durch je drei glatte Linien markiert (die mittlere gerade, die beiden äußeren zum Rand hin aufgebogen).

Abb. 7: Fundort Braunschweig, Kohlmarkt M. 2:1

Gefunden 1979 am Kohlmarkt in Braunschweig (Stadtgrabung 21), Streufund aus dem Baggeraushub. – Verbleib: z. Z. Niedersächsisches Landesverwaltungsamt, Institut für Denkmalpflege, Außenstelle Braunschweig. Fund-Nr. 79:11/516. Später Landesmuseum Braunschweig unter gleicher Inventarnummer.

Unveröffentlicht.

Am nächsten liegt die Zuordnung des beschädigten Fundstückes zu einer großen, mindestens seit dem 13. Jahrhundert bezeugten und bis ins frühe 16. Jahrhundert weit verbreiteten römischen Devotionaliengruppe: den „Zeichen" mit Abbildungen des in St. Peter verehrten und gezeigten sog. Schweißtuchs der hl. Veronika. Es gibt davon zwei große Formkreise. Der eine zeigt die das Schweißtuch haltende Veronika (allein oder mit unterschiedlichen Assistenzfiguren), der andere *nur* das nimbierte Antlitz Christi *(Vera icon)*. Von beiden Formkreisen gibt es ein differenziertes Angebot sowohl textiler als auch metallener Ausführungen. Die in originalen Stücken begreiflicherweise kaum erhaltenen, auf Pilgerdarstellungen in der mittelalterlichen Kunst dagegen vielhundertfach abgebildeten textilen Zeichen waren auf Seide, Stoff, Leder, Pergament oder Papier gemalt[12]. Unter den metallenen waren weitaus am stärksten verbreitet Flachgüsse mit dem von einem Scheibennimbus umgebenen bärtigen Antlitz Christi. Unter deren Varianten treten zahlenmäßig zwei besonders hervor: die eine mit drei außen am Nimbus ansitzenden Ösen (eine in der Mitte oben, zwei an den Seiten), die andere mit nur zwei (je einer in der Mitte oben und unten).

Von beiden Varianten kennen wir eine Reihe originaler Stücke des 13.–15. Jahrhunderts[13], die sich entsprechend ihrer ganz unterschiedlichen Fundstellen heute in z. T. weit auseinanderliegenden Sammlungen Europas befinden. Dazu kommen über 40 bisher bekanntgewordene Abgüsse auf mittelalterlichen Kirchenglokken und Erztaufen des 14., 15. und 16. Jahrhunderts, auch diese in weiter geographischer Streuung[14].

Die meisten dieser Belegstücke sind allerdings größer als die Braunschweiger *Vera icon*. Die Mehrzahl mißt zwischen 25 und 40 mm in der Höhe, auch 50 mm und mehr kommen vor. Nur vereinzelt und nur aus dem 15. und frühen 16. Jh. sind Exemplare unter 20 mm Durchmesser bekannt[15].

Die späten Stücke sind teilweise nicht mehr in der Ewigen Stadt, sondern massenhaft auch außerhalb Roms gefertigt worden. Dies bezeugen eindrucksvoll die Wienhausener Funde[16], dazu ein in Nordhessen gefundener Model (15. Jh.?) zum gleichzeitigen Guß mehrerer Devotionalobjekte[17], darunter einer *Vera icon* mit je einer Öse oben und unten (H. 24 mm mit, 17 mm ohne Ösen), also von fast gleichen Abmessungen wie der Fund vom Braunschweiger Kohlmarkt, freilich in ungleich primitiverer Ausführung (Abb. 8). Dem Zwei-Ösen-Typus wäre jedenfalls das Braunschweiger Stück am ehesten zuzuordnen, denn seine defekten Stellen finden sich eben dort, wo bei intakten Exemplaren die beiden Befestigungsösen sitzen.

Allerdings läßt die schräge Bruchkante in der Kinnzone des Braunschweiger Christuskopfes nicht nur die *eine* Vermutung zu, daß hier die – für den klassischen *Vera-icon*-Typus charakteristischen – unten überstehenden Partien des Kinnbartes, evtl. mitsamt einer Öse wegge-

Abb. 8: Gußmodel aus Nordhessen, u.a. mit einer *Vera-icon*-Darstellung M. 1:1

brochen wären. Man muß durchaus auch die Möglichkeit einräumen, daß das kleine Objekt einer vollständigeren Christusdarstellung zugehört haben könnte.

Eine solche liegt uns aus dem norddeutschen Raum etwa in mehreren Pilgerzeichen der zweiten Hälfte des 15. Jahrhunderts vor, die Christus in voller Gestalt, auf dem Palmesel reitend, mit einem dem Beschauer frontal zugewandten, vom Kreuznimbus umgebenen Antlitz zeigen. Varianten dieses vielleicht auf Bremen weisenden Zeichens sind in Bremen, in Lübeck und in Wienhausen zutage gekommen[18]. Beim Vergleich wird freilich deutlich, daß das Braunschweiger Bruchstück vom Typus her eher den *Vera-icon*-Plaketten als den Köpfen des Palmesel-Christus zuzuordnen ist.

*

Bei einer Rettungsgrabung 1978 (Stadtgrabung 10) bzw. bei Tiefbaumaßnahmen 1972 auf dem Gelände des Packhofes in der Braunschweiger Neustadt wurden u.a. zwei kleine Blei- bzw. Zinnfläschchen (Ampullen) gefunden, deren Zusammenhang mit dem religiös-kultischen Bereich zwar fraglich, aber aus noch darzulegenden Gründen auch nicht ganz abzuweisen ist.

IV. Kleine beutelförmige Ampulle mit unspezifischem ornamentalen Dekor. 2. Hälfte 14. Jh. (Abb. 9)

Zweischaliger, verlöteter Guß mit rundem Gefäßkörper und hohem, breitem, nach oben leicht erweitertem Hals. Beiderseits zwischen Gefäßschulter und Halsansatz kleine gerundete Trageösen. – Heute durch Zusammendrücken deformiert, der obere Halsrand rundum ausgebrochen.

Maße: H. 63 mm, B. 37,5 mm, größte Tiefe 11,2 mm. Gewicht 57,61 g. Material: Blei. – Die Untersuchung auf etwa vorhandene Restspuren des Inhalts steht noch aus.

Die kleine Ampulle zeigt auf dem Gefäßkörper der stärker gewölbten (Vorder-)Seite ein flächendeckendes Schuppenmuster; die flacher gewölbte (Hinter-)Seite zeigt im Zentrum des Gefäßkörpers in einem Kreis eine achtblättrige Blütenrosette.

Gefunden 1978 in einer Abfallgrube auf der Parzelle Jöddenstraße 9 (Stadtgrabung 10). – Verbleib: z.Z. Niedersächsisches Landesverwaltungsamt, Institut für Denkmalpflege, Außenstelle Braunschweig. Fund-Nr. 78:3/416. Später Landesmuseum Braunschweig unter gleicher Inventarnummer.

Lit. *Hartmut Rötting:* Anmerkungen zu Miniatur-Feldflaschen. In: Braunschweigische Heimat 64 (1978), S. 65f. m. Abb. 2. – *Ders.* in: 800 Jahre St. Aegidien. Hrsg. v. Ute Römer-Johannsen und Christof Römer. Braunschweig 1979, S. 34f. Nr. 104.

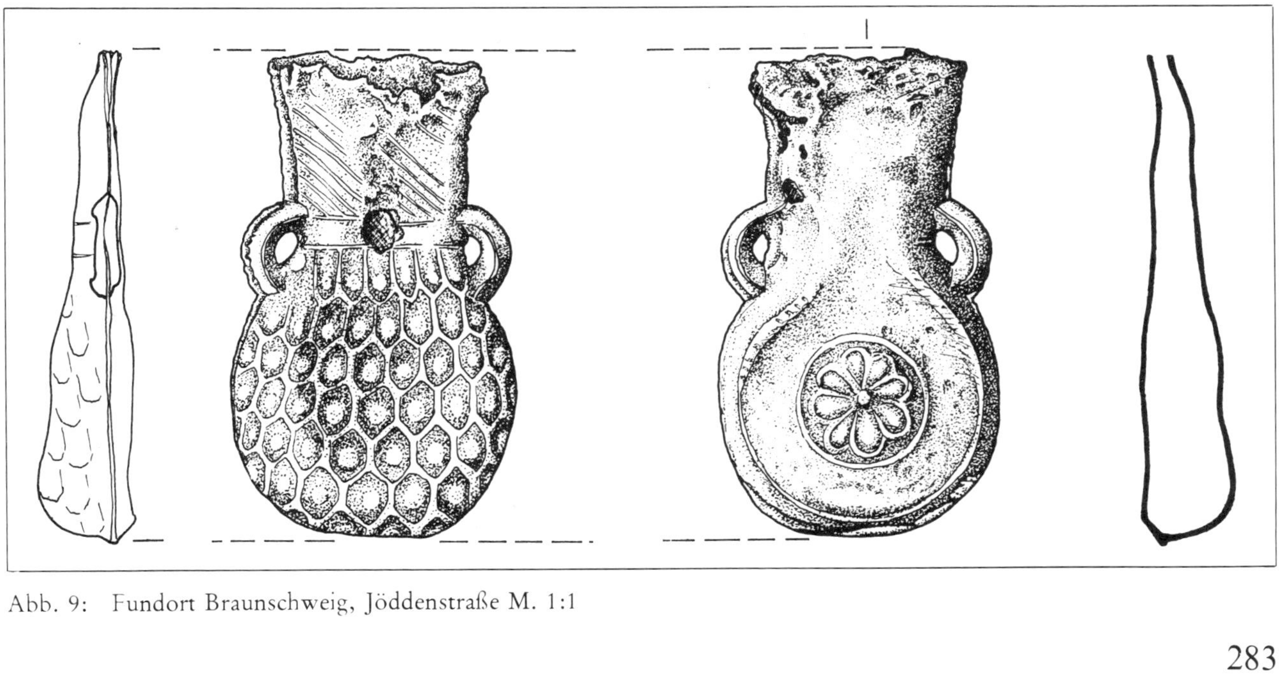

Abb. 9: Fundort Braunschweig, Jöddenstraße M. 1:1

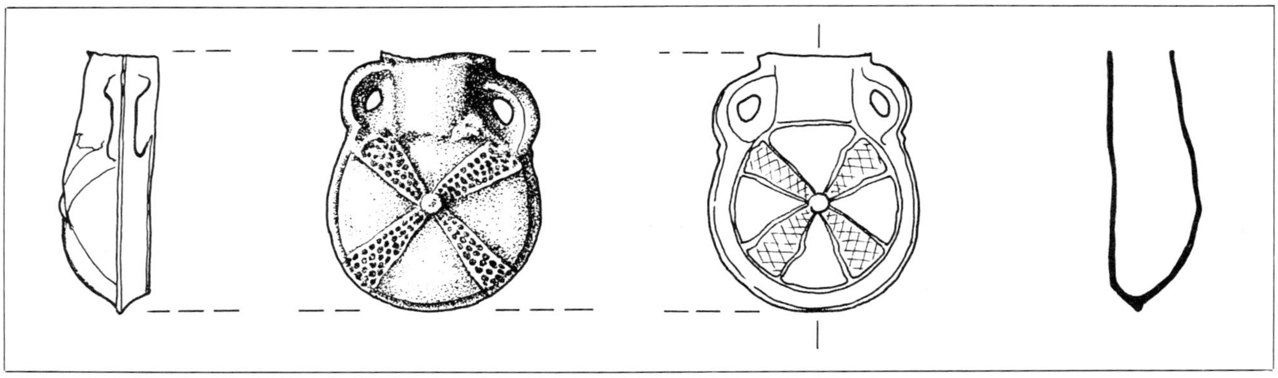

Abb. 10: Fundort Braunschweig, Jöddenstraße M. 1:1

V. Miniaturflasche („Feldfläschchen") mit unspezifischem ornamentalen Dekor. 14./15. Jh. (Abb. 10)

Zweischaliger, verlöteter Guß mit rundem Gefäßkörper und kurzem, weitem Hals. Beiderseits des Halses auf dem Gefäßkörper aufsitzende gerundete Trageösen. – Heute leicht deformiert.

Maße: H. 33 mm, B. 28 mm, größte Tiefe 12 mm. – Material: Zinn. – Die Untersuchung auf etwa vorhandene Restspuren des Inhalts steht noch aus.

Die stärker gewölbte Vorder- und die eher platte Rückhälfte des Gefäßkörpers zeigen die gleiche ornamentale Verzierung: eine vierflügelige Rosette in Diagonallage mit nach außen breiter werdenden Flügeln. Das schließt den Gedanken an ein stilisiertes „Andreaskreuz" mit einiger Sicherheit aus.

Gefunden 1973 in Braunschweig bei Tiefbaumaßnahmen auf dem Gelände des ehemaligen Packhofes (spätere Stadtgrabung 10) in einer Kloake zusammen mit grauer Irdenware des 14./15. Jhs.

Verbleib: Braunschweig, Privatbesitz W. Bentzer.

Lit. *Rötting* 1978 (s. o. Nr. IV, Lit.), S. 66 m. Abb. 1.

Miniaturfläschchen (Ampullen) der hier beschriebenen Art sind – nicht nur aus den mittelalterlichen Jahrhunderten – in zahlreichen Stücken von z. T. recht unterschiedlicher Gestalt auf uns gekommen. Neben Miniatur-Feldflaschen, winzigen Nachbildungen der seit über 3000 Jahren bezeugten „klassischen" Rundform der Feld- oder Plattflaschen, stehen Ampullen und Kleinbehältnisse mit ovalen, tropfen-, beutel-, röhren-, fäßchen- oder kreuzförmigen, auch kofferartigkantigen Gefäßkörpern[19]. Sogar Nachbildungen von Jakobsmuscheln in Ampullenform begegnen häufiger; hier weist schon die äußere Form auf das mittelalterliche Pilgerwesen[20]. – Der Hals, von sehr unterschiedlicher Länge und Weite, ist oft nach oben trichterförmig erweitert, so daß nicht nur Flüssigkeiten, sondern auch Trockensubstanzen leicht eingefüllt und entnommen werden konnten. Je nach Inhalt wurde der Hals entweder durch bloßes Zusammenkneifen oder mit Wachs, Pech oder ähnlichem verschlossen.

Fast durchweg sind diese Ampullen als Tragefläschchen gestaltet; zu diesem Zweck haben sie – meist im Winkel zwischen Hals und Gefäßschulter ansitzend – paarige Ösen unterschiedlicher Größe und Formgebung, die es erlauben, die kleinen Behältnisse mittels Schnur oder Kette am Hals oder vor der Brust zu tragen.

Solche Miniaturfläschchen dienten sehr unterschiedlichen, vielfältigen Verwendungszwecken, für die uns ihr oft unspezifischer Dekor nur selten Anhaltspunkte liefert. Im weltlichen Bereich mittelalterlichen Lebens mögen sie für aromatische Wässer, alkoholische und andere Flüssigkeiten, Arzneien und Spezereien in flüssiger und pulveriger Form u. a. m. benutzt worden sein. Auch eigens als Spielzeug für Kinder wurden sie angefertigt[21].

Nun haben uns gerade jüngere Funde und Publikationen immer deutlicher vor Augen geführt, daß ein nicht geringer Teil dieser Kleingefäße kultisch-religiösen Zwecken gedient hat, dem Bereich der mittelalterlichen Devotionalien zuzurechnen ist, also unmittelbar oder mittelbar mit dem Pilgerwesen dieser wallfahrtsfreudigen Zeit zusammenhängt.

Allerdings lassen sich nur verhältnismäßig wenige Stücke durch Inschriften, Initialen, bildliche Darstellungen oder sonstige ikonographische Merkmale bestimmten mittelalterlichen Pilgerzielen schlüssig zuweisen. Solche eindeutig lokalisierbaren Ampullen kennen wir aus dem Heiligen Land[22], aus Rom, Santiago de Compostela, Boulogne-sur-Mer, vom Mont Saint-Michel und aus Vendôme. Englische Ampullenfunde konnten – insbesondere dank der Forschungen *Brian W. Spencers* – in stattlicher Zahl insularen Pilgerorten des Mittelalters wie Burton-on-Trent, Canterbury, Evesham, Norwich, Walsingham, Waltham u. a. m. zugewiesen werden[23].

Solche Ampullen dienten vorzugsweise der Mitnahme von geweihtem, heilkräftigem Wasser aus den mit den meisten Wallfahrtskulten verbundenen „heiligen" Quellen und Brunnen. (Eine neuerdings in England unbeschädigt aufgefundene mittelalterliche Pilgerampulle enthielt, dank ihres intakt gebliebenen Pechverschlusses, noch ihren ursprünglichen Inhalt: mit [Heil?-]Kräutern und Gewürzen leicht aromatisiertes Wasser[24].) Aus Canterbury wissen wir, daß in der Frühzeit des Thomaskultes den Pilgern am Grabe des heiligen Märtyrers Wasser ausgegeben wurde, das mit Spuren vom Blut des Ermordeten versetzt war[24a]. Fast ebenso oft wie mit Wasser füllte man diese Ampullen am Gnadenorte mit hier – besonders an Heiligengräbern – aufgesammelter Erde. Daher die oft auffällig weiten, auch trichterförmig erweiterten Halsöffnungen, die das Einfüllen und die Entnahme dieses „Gnadenstaubes" erleichterten; wie das benedizierte Wasser wurde auch er zu vielfältigen volksmedizinischen und abergläubischen Praktiken benutzt. Auch heiliges Öl, das aus vielen mittelalterlichen Heiligengräbern austrat und sich aus den gleichen Gründen hoher Wertschätzung erfreute, wurde von den Pilgern in solchen Miniaturfläschchen mitgeführt.

Kleinere, weniger bedeutende Kultorte von eher lokaler Bedeutung oder zeitlich begrenzter Anziehungskraft – wie es sie im spätmittelalterlichen Europa zu vielen Hunderten gegeben hat – haben in aller Regel zwar eigene Pilgerzeichen, aber kaum je ortsspezifische Ampullen als Devotionalien angeboten. So blieb den Pilgern nichts anderes übrig, als zur Mitnahme von geweihtem Wasser, heilkräftigem Öl oder heiliger Erde unspezifische Behältnisse zu benutzen[25].

Bestenfalls fanden sich unter den erreichbaren wohlfeilen Ampullen Stücke mit allgemeinen religiösen Symbolen: den Initialen Christi oder Mariä, der Taube des Heiligen Geistes, einem Crucifixus, einem Tau-Zeichen, den Evangelistensymbolen oder der A-Ω-Formel. Vielerorts mußten sich die Pilger jedoch mit der allgemein gängigen, keineswegs nur für religiös-kultische Zwecke gefertigten Massenware zufriedengeben[26], deren Zier aus stilisierten floralen oder tierischen Motiven, heraldischen oder quasi-heraldischen Emblemen, den Abzeichen und Devisen dynastischer oder politischer Gruppierungen oder schlicht und einfach aus reinem Ornament (Schuppen-, Waben-, Rauten- oder Strichmuster) bestand[27].

Zu dieser unspezifischen Gruppe gehören auch die beiden Braunschweiger Packhof-Funde, über deren ursprüngliche Zweckbestimmung ebensowenig ausgesagt werden kann wie über ihre reale – vielleicht mehrfache und unterschiedliche – Verwendung. Ob sie – wie viele andere Miniaturampullen des Spätmittelalters – jemals in irgendeiner Beziehung zum Kult- und Pilgerwesen gestanden haben, bleibt demnach eine nicht zu beantwortende Frage.

Anmerkungen

1 Vgl. darüber eingehender *Kurt Köster:* Pilgerzeichen-Studien. Neue Beiträge zur Kenntnis eines mittelalterlichen Massenartikels und seiner Überlieferungsformen. In: Biblioteca docet. Festgabe für *Carl Wehmer.* Amsterdam 1963, S. 77–100. – *Brian W. Spencer:* Medieval Pilgrim Badges. Some General Observations Illustrated mainly from English Sources. In: Rotterdam Papers: a Contribution to Medieval Archaelogy. Rotterdam 1968, S. 137–153. – *K. Köster:* Mittelalterliche Pilgerzeichen und Wallfahrtsdevotionalien. In: Rhein und Maas. Kunst und Kultur 800–1400 [Ausstellungskatalog]. Köln 1972, S. 146–160 (dasselbe auch in franz. und niederländ. Ausgabe).

2 Die für die Braunschweiger Fundstücke I u. II (s. u.) benutzte Legierung hatte nach den Untersuchungen von *J. Ruge* u. *K. Thomas* einen Schmelzpunkt von 183° C.

3 In einen ma. Model zum Guß von Pilgerzeichen für Königslutter (heute in Braunschweig, Herzog-Anton-Ulrich-Museum, Inv.-Nr. MA 254 ZLI 377. – Abb. in: Braunschweigisches Magazin 13 (1907), S. 34) waren zur Beschleunigung der Herstellung nebeneinander zwei gleiche Zeichen eingeschnitten.

4 S. Nr. II m. Abb. 5, wo an dem Gußstück eine leichte Verschiebung der mit einem Diagonalliniengitter verzierten Abdeckplatte zu erkennen ist.

5 Nach den Stiftsrechnungen des Einsiedler „Zeichenamts", abgedr. bei *F.J. Mone:* Quellen-Sammlung der badischen Landesgeschichte 1. Karlsruhe 1848, S. 349.

6 Fast regelmäßig geschah dies – wie wir aus zahlreichen ma. Grabfunden wissen – mit den natürlichen Pilgermuscheln *(Pecten maximus L.),* welche die Pilger vor allem aus Santiago de Compostela mitbrachten. Vgl. u.a. *Günter P. Fehring:* Die Ausgrabungen in der Stadtkirche St. Dionysius zu Eßlingen am Nekkar. In: Zeitschr. d. Vereins f. Kunstwissenschaft 19 (1965), S. 15f. m. Abb. 12.

7 Vgl. *K. Köster:* Meister Tilman von Hachenburg. Studien z. Werk eines mittelrhein. Glockengießers d. 15. Jhs. In: Jahrbuch d. Hessischen Kirchengeschichtl. Vereinigung 8 (1957), S. 53–92; ebd. 10 (1959), S. 77–91; ebd. 31 (1980), S. 7–21.

8 *Herrn Dr. Herbert Beck,* Frankfurt a.M., habe ich für seinen freundl. Rat bei der Datierung der Fundstücke nach kunstwissenschaftlichen Kriterien herzlich zu danken.

9 Diese stellen figurenreich die legendäre Weihe der Einsiedler Gnadenkapelle durch Christus in einer Ädikula mit umlaufender gotischer Minuskel-Inschrift dar. Vgl. die Abb. bei *Köster,* Tilman (s. Anm. 7), 8 Tfl. IV 21 u. V 27. – Über ihren massenhaften Absatz im 15. Jh. s. Anm. 5.

10 Vgl. *Joseph Braun:* Tracht und Attribute der Heiligen in der deutschen Kunst. Stuttgart 1943 (Reprint ebd. 1974), Sp. 788f.

11 Beispiele in: Frühchristliche Kunst aus Rom. Ausstellung i.d. Villa Hügel, Essen [Katalog]. Essen 1962, S. 154f. Nrn. 293–296. – Sankt Elisabeth. Fürstin, Dienerin, Heilige [Katalog der Marburger Ausstellung]. Sigmaringen 1981, S. 456f. Nrn. 97–99.

12 Bsp. auf einem Gemälde von Quenten Massys 1519, abgebildet bei *Horst Appuhn:* Kloster Wienhausen, Bd. 4: Die Funde vom Nonnenchor. Wienhausen 1973, S. 20.

13 Belege bieten u.a. *Ernst Grohne:* Bremische Boden- u. Baggerfunde. In: Jahresschrift des Focke-Museums Bremen 1929, S. 97 Nr. 11 m. Abb. 31 u. 100 Nr. 6 m. Abb. 32. – Kunstgewerbemuseum der Stadt Köln: Katalog Zinn, bearb. v. *Hanns-Ulrich Haedeke.* Köln 1968, 2. Aufl. 1976, S. 58–60 Nrn. 17–22. – Opgravingen in Amsterdam. 20 jaar stadskernonderzoek, hrsg. v. *Jan Baart* u.a. Amsterdam 1977, S. 391 Nr. 740 m. Abb. – *Brian W. Spencer:* Medieval Pilgrim Badges from Norfolk. Norfolk 1980, S. 23 Nrn. 99–101.

14 Nach bisher ungedrucktem Material in der Pilgerzeichen-Kartei *Köster,* Frankfurt a.M.

15 So kleine Stücke u.a. bei *Frederik Uldall:* Danmarks middelalderlige kirkeklokker. Kjøbenhavn 1906 (Reprint Højbjerg 1982), S. 230 (H. 18 mm, B. 15 mm; Abguß auf einer Glocke v. 1493 für Odense, Vor Frue-Kirke); *Spencer* (s. Anm. 13), S. 23 Nr. 100 (orig. Stück, Dm. 13 mm).

16 Vgl. *Horst Appuhn* u. *Christian v. Heusinger:* Der Fund kleiner Andachtsbilder des 13.–17. Jahrhunderts in Kloster Wienhausen.

In: Niederdeutsche Beiträge z. Kunstgeschichte 4 (1965), S. 199–201 Nrn. 32–38 u. S. 208 Nr. 50. – *Appuhn* (s. Anm. 12) passim, bes. S. 21 u. 43.

17 Gefunden um 1850 in der Gemarkung von Wabern-Umshausen, heute im Museum Homberg a. d. Efze. Freundl. Auskünfte und ein Foto des Stückes (nach einem Kunststoffabguß im Museum Fritzlar) verdanke ich der Freundlichkeit von *Hans Heintel*, Fritzlar.

18 Bremer Stück: *Grohne* (s. Anm. 13), S. 97 Nr. 14 m. Abb. 31 (mit der gotischen Minuskel-Unterschrift *bremensis*). – Lübecker Stück: *Warncke* a. a. O. (Lit. zu I B), S. 172 Nr. 3 m. Abb. 6; *Wittstock* a. a. O. (Lit. zu I B), S. 290 Nr. 286. – Wienhausener Stück: *Appuhn* (s. Anm. 12), S. 6.

19 Ganze Reihen unterschiedlicher Ampullenformen zeigen die englischen Fundübersichten bei *B. W. Spencer:* A Scallop-shell Ampulla from Caistor and comparable Pilgrim Souvenirs. In: Lincolnshire History and Archaeology 1 (1971), Fig. XXI/XXII.

20 Solche muschelförmigen *Ampullae* gibt es außer in Metallgüssen auch in aus Gagat geschnittenen Exemplaren (mehrere solche Stücke im Museo de Pontevedra); hier ist der Zusammenhang mit der Santiago-Pilgerfahrt offenkundig.

21 Vgl. *Rötting:* Anmerkungen etc. (s. o. Nr. IV, Lit.), passim.

22 Ein bei Altencelle gefundenes Exemplar (angeblich 12. Jh.), beschrieben u. abgebildet in: Die Kunstdenkmale des Landes Niedersachsen, Bd. 34: Krs. Celle. Hannover 1970, S. 15f. m. Abb. 11.

23 Vgl. die hier Anm. 1, 13 u. 19 zitierten Publikationen *Spencers*, ferner *ders.:* An Ampulla of St. Egwin and St. Edwin. In: The Antiquaries Journal 51 (1971), Tl. II, S. 316–318. *Ders.:* The Ampullae from Cuckoo Lane. In: Excavations in Medieval Southampton 1953–1969. Vol. 2. Leicester 1975, S. 242–249.

24 Freundl. briefl. Mitteilung *Brian W. Spencers* an den Verf. v. 21. Jan. 1966. – Vgl. auch *Spencer*, Rotterdam Papers (s. Anm. 1), S. 139A.

24a Vgl. *Otto Lehmann-Brockhaus:* Lateinische Schriftquellen zur Kunst in England, Wales und Schottland vom Jahre 901 bis zum Jahre 1307. Bd. 3. München 1956, S. 552 Nr. 6054.

25 Diese unspezifischen Stücke machen die Masse der Funde und der in Sammlungen und Museen gelangten Objekte aus. Hierfür beispielhaft die im Kölner Zinn-Katalog (s. Anm. 13), S. 56 Nrn. 10–14 verzeichneten Ampullen.

26 Ähnliches beobachten wir bei den an spätma. Wallfahrtsorten vielgebrauchten Spiegel-Devotionalien: Wo ortsspezifische „Spiegelzeichen“ nicht oder noch nicht angeboten wurden, griffen die Pilger zu unspezifischen, für weltlichen Gebrauch gedachten Spiegeln, um darin die Gnadenstrahlen der von ferne gewiesenen Heiltümer einzufangen. Vgl. *Köster*, Rhein u. Maas (s. o. Anm. 1), S. 148–151.

27 Von den beiden 1979/80 auf der Marktenroute in Leiden ausgegrabenen Ampullen hat die eine quasi-heraldischen Dekor, bei der anderen ist der Gefäßkörper in Form einer Muschel stilisiert. Vgl. *H. Suurmond-van Leeuwen u. H. H. Vos:* Bedevaartsampullen. In: Bodemonderzoek in Leiden. Jaarverslag 1979, S. 26–29 m. Abb. 18 u. 19.

Nachtrag

Das Manuskript dieses Beitrages war bereits abgesetzt, als Anfang 1983 *Jos Koldeweij* (Utrecht) mich freundlicherweise auf einen älteren Fund aufmerksam machte, der interessante Parallelen zu den hier unter II und II A beschriebenen Pilgerplaketten aufweist.

Eine hochrechteckige, oben mit leicht eingerücktem Segmentbogen abschließende und mit Strichelborte eingefaßte Plakette (46 x 32 mm) mit weggebrochenen Ösen zeigt einen stehenden Bischof im Ornat mit „zweispitziger“ Mitra; rechts hält er den Stab mit auswärts gewandter Krümme, links einen kurzen (!) Schlüssel mit rhombenförmigem Griff. Die verzierte Rückseite bietet ein von Gitterlinien umgebenes einfaches (lateinisches) Kreuz. Das wohl dem 13. Jh. zuzurechnende „Zeichen“ wurde um 1850 an der alten Maasbrücke in Maastricht gefunden und ist leider verschollen, doch hat es der Maastrichter *Joannes Brabant* († 1886) in Zeichnung und Durchreibung mehrfach exakt festgehalten (Gemeentelijke Archiefdienst Maastricht, Coll. C 909: Potloodteekeningen ect., Bd. 8, S. 52 u. 56). – *Koldeweij* vermutet in dem Stück ein Maastrichter Servatius-Zeichen, wofür der Fundort ein beachtliches Indiz, wenn auch keinen schlüssigen Beweis liefert.

In seinem inzwischen erschienenen Beitrag „Pilgerzeichen und andere Wallfahrtsdevotionalien in Norddeutschland“ (Hefte des Focke-Museums 82, Bremen 1982/83, S. 193) hat *Jürgen Wittstock* den hier unter II A behandelten Bremer Weserfund ebenfalls „wahrscheinlich (als) Andenken an die Servatiuswallfahrt nach Maastricht“ angesprochen.

Ich selber hatte 1972 (vgl. Rhein u. Maas, s. hier Anm. 1, S. 155 Nr. 33) einen anderen Weserfund aus Bremen, eine ins Hamburger Museum für Kunst und Gewerbe gelangte giebelförmige Plakette mit einem Stab und Schlüssel haltenden Bischof, gleichfalls mit S. Servatius in Verbindung gebracht. (Das Stück, damals im Museum unauffindbar, war mir bisher nur in einem unzulänglichen Foto zugänglich.)

Der verschollene Maastrichter Bodenfund und die Hamburger Plakette unterscheiden sich in Stil, Tracht und ikonographischen Details sowohl untereinander als auch von den hier unter II u. II A behandelten, stilistisch enger zusammengehörigen Plaketten. Die beiden letzteren habe ich „einer unbekannten (norddeutschen?) Petrus-Wallfahrt“ zugeschrieben. Was mich hinderte, sie als Servatius-Darstellungen anzusprechen, waren typologische Bedenken: alle mir bisher bekannten und mit Sicherheit dem Maastrichter Servatiuskult zuweisbaren Stücke (auch solche aus dem 13. Jh.!) zeigten zusätzlich immer den Drachen als Suppedaneum, dem der Heilige seinen Stab in den offenen Rachen stößt.

Natürlich läßt sich nicht ausschließen, daß es neben Servatius-Pilgerzeichen mit auch solche ohne Drachen gegeben haben kann; einiges deutet in der Tat in diese Richtung. Doch klare Zuweisungen – hie Petrus, hie Servatius – lassen die ikonographischen Befunde des bis heute bekanntgewordenen Materials m. E. nicht zu. Wir tun deshalb gut daran, mit aufmerksamem Blick auf neue Funde die Diskussion dieser Frage einstweilen offenzuhalten.

Metallkundliche Untersuchung einiger Braunschweiger Pilgerzeichen-Funde

Jürgen Ruge und Karl Thomas

Die Fundstücke wurden vom Institut für Denkmalpflege, Außenstelle Braunschweig, mit der Bitte vorgelegt, die darin enthaltenen Hauptlegierungsbestandteile zu bestimmen. Die historisch und künstlerisch wertvollen Teile durften nicht substantiell eingreifend bearbeitet werden. Es war jedoch erlaubt, sehr kleine Proben von etwa 3 mm^3 Volumen aus größeren Fundstükken zu entnehmen, sofern diese an den betreffenden Stellen bereits Korrosionsschäden besaßen.

Für die vorgenannte Aufgabe eignet sich insbesondere das Rasterelektronenmikroskop mit dem energiedispersiven Analysator, weil damit Messungen auch an nichtbearbeiteten Oberflächen vorgenommen werden können. Nachteilig ist dabei jedoch, daß sich keine quantitativen Ergebnisse gewinnen lassen, wie dies beispielsweise mit der Spektralanalyse oder mit naßchemischen Untersuchungsverfahren möglich ist.

Im Rasterelektronenmikroskop wird ein Elektronenstrahl von etwa 0,01 µm Durchmesser auf die Probe gerichtet. Die Elektronen dringen bis etwa 2 µm tief in die Probe ein. Von den verschiedenen Signalen, die aufgrund der Wechselwirkung der eingefallenen Elektronen mit den Atomen der untersuchten Probe entstehen, wird das der Sekundärelektronen verstärkt und zur Abbildung der Topographie herangezogen. Die von der Auftreffstelle des Elektronenstrahls ausgesandte Röntgenstrahlung läßt sich mit Hilfe eines Halbleiterdetektors erfassen. In einem nachgeschalteten Analysator wird sie nach Höhe der Impulse und Lage im Energieband sortiert, so daß man als Ergebnis das Energiespektrum der Röntgenstrahlung der untersuchten Werkstoffstelle erhält, das sich mit der Werkstoffzusammensetzung korrelieren läßt. Auf diese Weise lassen sich alle Elemente nachweisen, deren Ordnungszahl größer als die des Fluors ist. Die Nachweisgrenze schwankt zwischen 0,1 und 0,5 Masseprozent. Sie hängt von der Ordnungszahl des gesuchten Elementes und vom Energieübergang der Atome des Elements ab, der zur Aussendung der charakteristischen Röntgenstrahlung führt.

Der bei *Köster*[1] aus Abb. 7 (vgl. Beitrag in diesem Band, zukünftig *Köster*) ersichtliche Fund, ein gegossener Christuskopf (Vera icon), konnte nach dem Reinigen durch Alkohol in die Kammer des Mikroskops eingeführt werden. Das Ergebnis der Messung mit dem Analysator zeigt Bild 1. Es wurden nur Wellenlängen festgestellt, die zur charakteristischen Röntgenstrahlung des Elements Blei gehören.

Vom oberen, durch Korrosion angegriffenen Rand der Ampulle, eines ,,Pilgerfläschchens"[1] (*Köster*, Abb. 9), wurde eine kleine Probe entnommen, an der ein dem Christuskopf identisches Ergebnis ermittelt werden konnte. Das Pilgerfläschchen besteht ebenfalls aus Blei. Hinweise auf weitere Elemente waren aus dem aufgezeichneten Spektrum der Röntgenstrahlung nicht zu entnehmen.

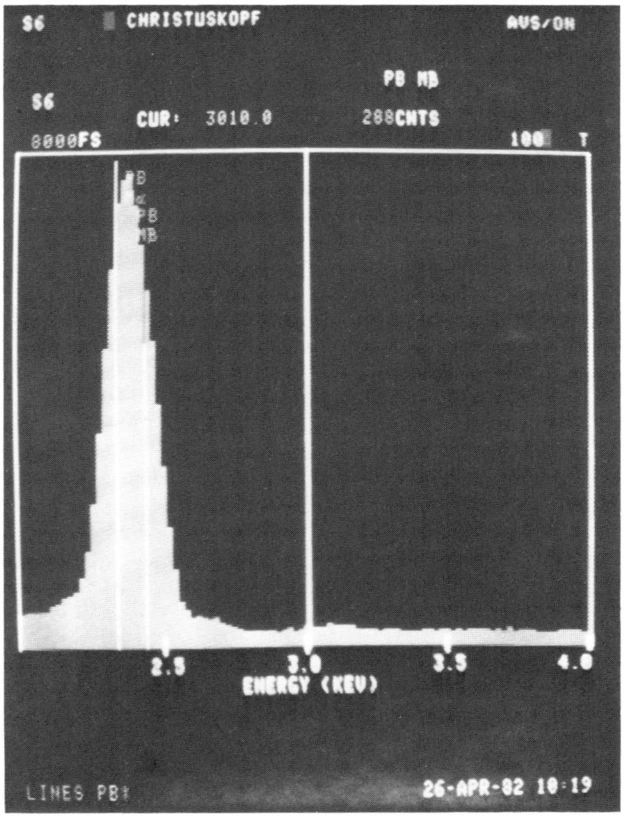

Bild 1: Energiedispersives Röntgenspektrum des Christuskopfes

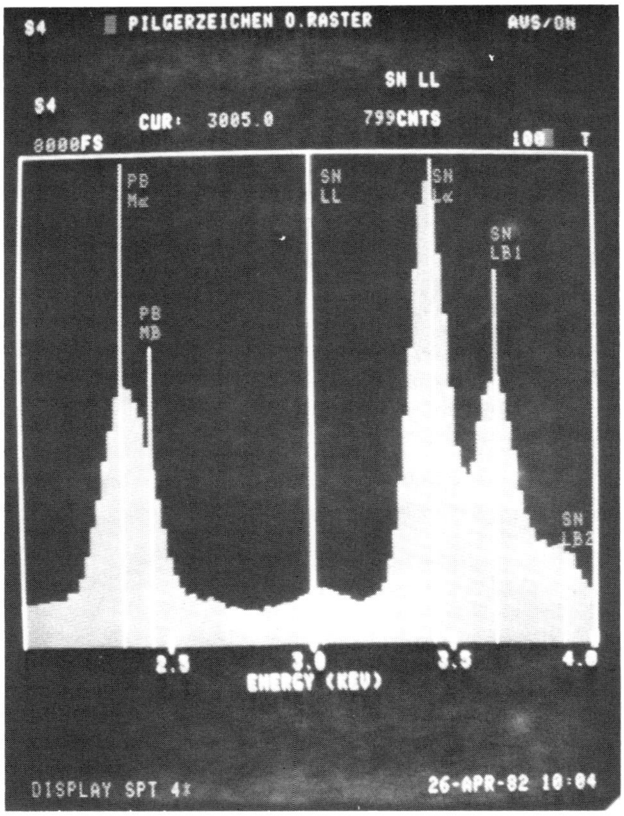

Bild 2: Energiedispersives Röntgenspektrum des Braunschweiger Petrus-Pilgerzeichens

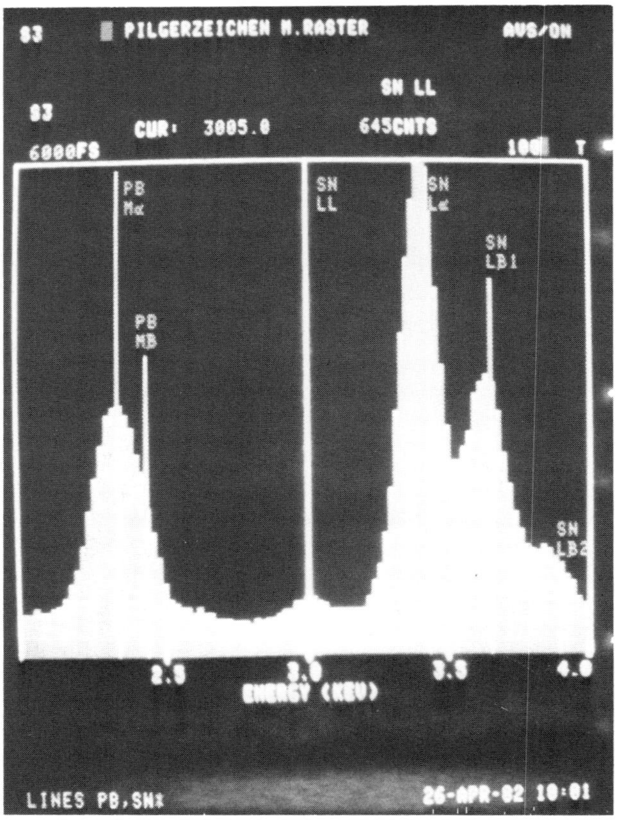

Bild 3: Energiedispersives Röntgenspektrum des Braunschweiger Marien-Pilgerzeichens

Auch von den beiden Pilgerzeichen[1] (*Köster,* Abb. 1 u. 5) mußten keine Proben entnommen werden, da sie vollständig in die Kammer des Mikroskops eingelegt werden konnten. Mit dem energiedispersiven Analysator ergaben sich die aus den Bildern 2 und 3 ersichtlichen Spektren der Röntgenstrahlung. Danach bestehen die Zeichen aus einer Blei-Zinn-Legierung. Wie aus der Beschriftung der Spektren abzulesen ist, sind auch die Nebenmaxima den Elementen Blei und Zinn zuzuordnen. Es handelt sich dabei um Energiebeträge, die durch weitere Elektronenübergänge der vorgenannten Elemente entstanden sind. Beispielsweise ist neben der Blei-M_α-Strahlung auch die Blei-M_β-Strahlung zu verzeichnen.

Da sich aus den Spektren der Pilgerzeichen die Massegehalte nicht ermitteln ließen, wurden durch mehrere Messungen die Dichten der Werkstoffe bestimmt. Für das Petrus-Pilgerzeichen ergab sich die Dichte $\varrho =$ 8,193 g/cm³ und für das Marien-Pilgerzeichen 8,202 g/cm³. Da für Blei-Zinn-Legierungen keine Funktion vorlag, die die Dichte in Abhängigkeit der chemischen Zusammensetzung beschreibt, wurde zum Vergleich die Dichte einiger Blei-Zinn-Lote nach DIN 1707[2,3] herangezogen. Darin ist die Dichte 8,2 g/cm³ der Zusammensetzung 69 Masseprozent Zinn und 31 Masseprozent Blei zugeordnet. Es gibt Lote, die nicht nur aus den Hauptlegierungsbestandteilen bestehen, sondern noch bis zu 1,5% weitere Metalle aufweisen können. Da diese nahezu die gleiche Dichte wie die vorliegende Legierung besitzen, ergibt sich daraus kein nennenswerter Fehler für die Beurteilung der untersuchten Blei-Zinn-Legierung.

Ferner wurden drei sehr kleine Späne von jeweils etwa 1 mg Masse des Lübecker[1] (*Köster,* Abb. 3) und der beiden Bremer Pilgerzeichen[1] (*Köster,* Abb. 2 u. 6) mit dem energiedispersiven Analysator untersucht. Die von den Bremer Petrus- und Marien-Pilgerzeichen angesetzten Spektren enthalten Signale der Elemente Blei und Zinn. Das Lübecker Marien-Pilgerzeichen besteht insbesondere aus Zinn und einem sehr geringen Anteil des Elements Blei. Da die Späne sehr klein waren, gelang es nicht, das Masseverhältnis der Legierungselemente zu ermitteln.

An den Braunschweiger Pilgerzeichen war zu erkennen, daß sie wahrscheinlich in mehrfach verwendbaren Formen gegossen wurden.

Bild 4 zeigt das Zweistoffschaubild Blei-Zinn[4]. Daraus geht hervor, daß die eutektische Zusammensetzung bei 61,9 Masseprozent Zinn und 38,1 Masseprozent Blei liegt. Der zugehörige Schmelzpunkt ist mit 183° C sehr niedrig. Eutektische Legierungen zeichnen sich durch gutes Fließvermögen aus und erstarren feinkörniger als andere Legierungen aus den gleichen Komponenten. Sie besitzen den niedrigsten Schmelzpunkt aller Legierungen ihres Zweistoffsystems.

Die mittelalterlichen Handwerker kannten offenbar die günstigen Gießeigenschaften der eutektischen Legierung und verwendeten ähnliche Zusammensetzungen. Dies läßt auf den hohen Stand ihres Wissens und ihrer handwerklichen Fertigkeiten schließen.

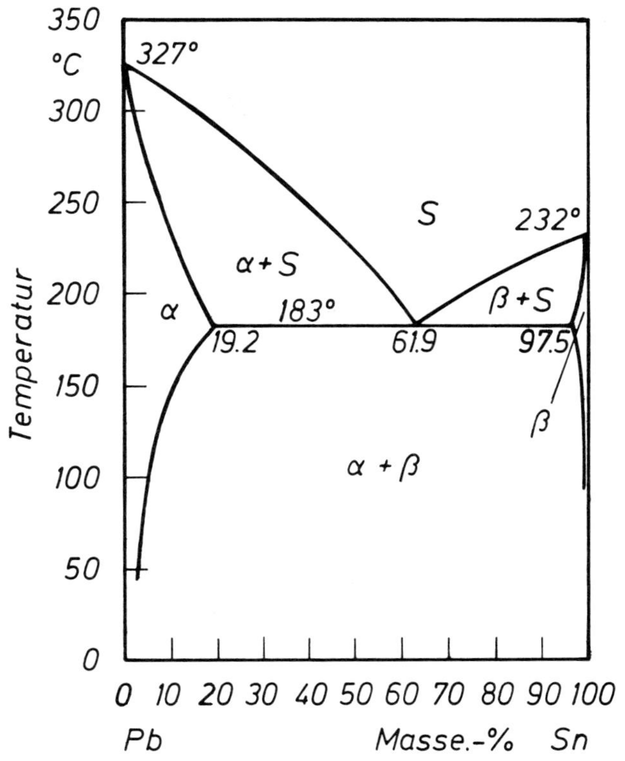

Bild 4: Zweistoffschaubild Blei-Zinn. S = Schmelze, α = bleireiches Mischkristallgebiet, β = zinnreiches Mischkristallgebiet

Anmerkungen

1 vgl. *Köster, K.,* Pilgerzeichen und Ampullen. Zu neuen Braunschweiger Bodenfunden. Forschungen der Denkmalpflege in Niedersachen 3, 1985.

2 vgl. *Hütte I,* S. 1147, 28. Aufl., Berlin 1955.

3 DIN 1707, DIN-Taschenbuch 65, Schweißtechnik 2, 3. Aufl., Berlin 1980.

4 vgl. *Hofmann, W.,* Blei und Bleilegierungen, 2. Aufl., Berlin 1962.

Ausgewählte Braunschweiger Münzfunde

Bert Bilzer

I. Stadtgrabung 5, St.-Jakobs-Kapelle

1. 77:13/311
   Stadt Braunschweig, Münzstätte noch im Besitz aller welfischen Linien, die Stadt hatte aber seit 1296 ein Mitspracherecht, im 14. Jh. war die Münze zeitweise an die Stadt verpfändet.
   Einseitiger Löwenpfennig (Brakteat) ca. *1378:86.*
   Zerstörter, in Plexiglas eingeschmolzener Pfennig mit kaum noch erkennbarem, stilisierten Löwen nach rechts und unbestimmbarem Beizeichen oben links. Gehört vielleicht in die Gruppe Ia G (nach *Fink)* = 1378–86.
   Dm.: 16,50 mm geschätzt.
   Gw.: ?
   Lit.: *August Fink,* Die zeitliche Folge der Braunschweiger Löwenpfennige im 14. Jahrhundert. In: Jahrbuch des Braunschweigischen Geschichtsvereins, Band I, Braunschweig 1927.

2. 77:13/70 (Abb. 1)
   Unbekannte Herkunft
   vielleicht Bistum Minden
   Heinrich III., Graf von Schaumburg, 1473–1508.
   Leichter (einseitiger) *Hohlpfennig* (Brakteat).
   Im Wulstrand: 𝔪 .
   Dm.: 12,50 mm.
   Gw.: 0,16 g.
   Lit.: *Stange,* 75 (dort aber zweiseitiges Gepräge).

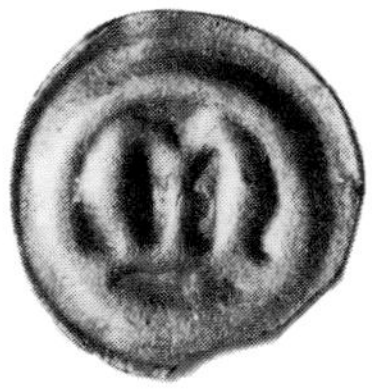

Abb. 1, M. 2:1 (und alle folg. Abb.)

3. 77:13/40 (Abb. 2)
   Stadt Hildesheim
   3-Pfennig 1676.
   Vs.: Verzierter quergeteilter Hildesheim'scher Schild, darüber Aufschrift: .HILDES.
   Rs.: Reichsapfel mit Kreuz, darin Wertzahl 3, neben dem Kreuz Jahreszahl 16–76.
   Dm.: 14,80 mm.
   Gw.: 0,54 g.
   Lit.: *Knyphausen* 5842 f.; *H. Buck* u. *M. v. Bahrfeldt,* 282.

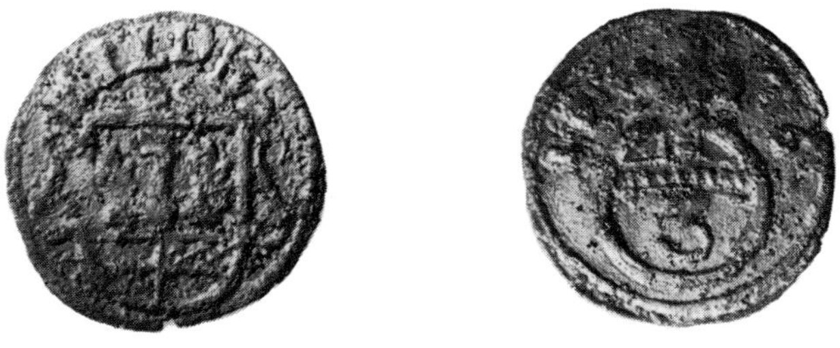

Abb. 2

4. 77:13/80
Herzogtum Braunschweig-Lüneburg, Neues Haus Lüneburg
Georg (Ludwig) I., 1660–1727, regierte seit 1698, König von England seit 1714.
3-Pfennig Silber (1717?) der Münzstätte Clausthal.
Vs.: Gekröntes ligiertes Monogramm GL, darunter Münzmeistermonogramm nicht lesbar, wahrscheinlich HCB = Heinrich Christian Bonhorst, tätig 1711–25.
Rs.: Reichsapfel mit Kreuz, darin Wertzahl 3, neben dem Kreuz Jahreszahl nicht mehr lesbar, wahrscheinlich 17–17.
Dm.: 14,20 mm; reduziert, sonst Dm.: ca. 15,70 mm.
Gw.: 0,40 g; reduziert, sonst Gw.: ca. 0,73 g.
Lit.: *Fiala* 3424.

II. Stadtgrabung 8, Brüdernkirche – St. Ulrici

1. 77:19/12 (Abb. 3)
Reichsstadt Goslar.
Hohlpfennig (Brakteat), *2. Jahrzehnt 16. Jahrhundert.*
Breiter Außenrand, im inneren Wulstrand Adlerkopf nach links und oberer Teil der Brust; aus dem geöffneten Schnabel hängt s-förmige Zunge; links und rechts Halsfedern.
Dm.: 18,50 mm.
Gw.: 0,40 g.
Lit.: *Cappe* Tf. VI, Nr. 78; *P.J. Meier,* Der Münzfund von Riddagshausen (Nov. 1899). In: Numismat. Anzeiger 1900, S. 1 ff.

Abb. 3

2. 77:19/66 (Abb. 4)
Herzogtum Braunschweig-Lüneburg, Neues Haus Lüneburg
Georg Wilhelm, 1624–1705, regierte in Calenberg seit 1648 und in Lüneburg seit 1665.
1 1/2-Pfennig Kupfer 1680.
Vs.: Gekröntes ligiertes Monogramm GW.
Rs.: In drei Zeilen: 1 1/2 / PFEN / 1680.
Dm.: 13,50 mm.
Gw.: 0,43 g.
Lit.: *Knyphausen* –; *Fiala* –; *Welter* –.

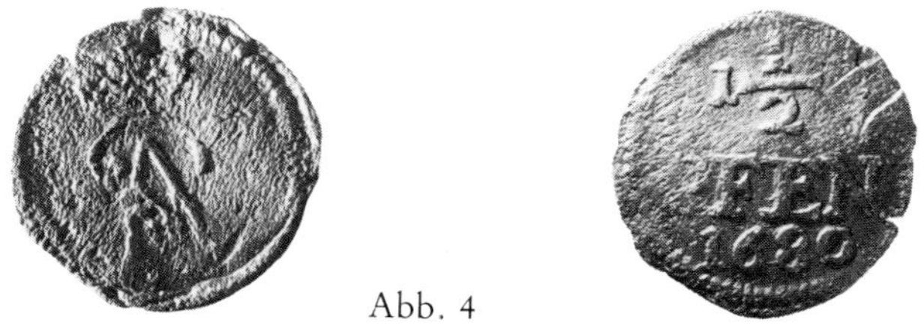

Abb. 4

3. 77:19/74 (Abb. 5)
Stadt Hildesheim
4-Stadtpfennig 1691.
Vs.: Quergeteilter Hildesheim'scher Schild in Umschrift: Rosette MO:NO:CIV: HILDES (= Moneta nova civitas Hildesheim).
Rs.: In drei Zeilen: +IIII+ / STADT / 16 PF 91.
Dm.: 16,40 mm.
Gw.: 0,75 g.
Lit.: *H. Buck* u. *M. v. Bahrfeldt* 318.

Abb. 5

III. Stadtgrabung 9,
An der Martinikirche – Eiermarkt – Steinstraße

1. 77:20/12
Stadt Göttingen.
Körtling 1497.
Vs.: Gotisches G im Achtpaß. Umschrift: in gotischen Majuskeln +MONETA: NOVA: GOTTIN.
Rs.: Gotisches G über Krückenkreuz. Umschrift: in gotischen Majuskeln +ANO: DNI: M: CCCC: XCVII.
Dm.: 19,80 mm, Rand ausgebrochen.
Gw.: 0,49 g, reduziert, sonst ca. 1,30 g.
Lit.: *Knyphausen* 5509 [für 1501].

2. 77:20/13
Wahrscheinlich *Nürnberger oder Harzer Rechenpfennig,* 2. Hälfte 16. Jahrhundert/ 1. Hälfte 17. Jahrhundert.
Vs.: nicht deutbar.
Rs.: nicht deutbar.
Dm.: 25,00 mm.
Gw.: 2,71 g.
Lit.: *F. Frhr. v. Schrötter,* Wörterbuch der Münzkunde, Berlin u. Leipzig 1930, S. 551ff.

IV. Stadtgrabung 10, Jöddenstraße 7,8,9

78:3/7 (Abb.6)
Königreich Preußen
Friedrich Wilhelm III., 1770–1840, König seit 1797.
1-Pfennig Kupfer 1828 der Münzstätte Berlin.
Vs.: Gekrönter preußischer Adlerschild in Umschrift: 360 EINEN THALER.
Rs.: In drei Zeilen: 1/Pfenning/1828, darüber halbrund SCHEIDE MÜNZE, im unteren Abschnitt A (= Münzstätte Berlin).
Dm.: 17,40 mm.
Gw.: 1,34 g.
Lit.: *Schwalbach* 337; *Jäger* 42.

Abb. 6

V. Stadtgrabung 18,
Hagenbrücke 8, 9 und Hagenmarkt 12, 13

79:5/826 (Abb.7)
Abtei Corvey
Graf Christoph von Bellinghausen, Abt 1678–96.
Dreier 1683.
Vs.: Sechsfeldiger Wappenschild, darüber: I:C: B:L:M.
Rs.: Reichsapfel mit Kreuz, innen Wertzahl 3, neben dem Kreuz Jahreszahl 16 – 83.
Dm.: 16,30 mm.
Gw.: 0,64 g.
Lit.: *Weingärtner* 168 var.

Abb. 7

Stadtgrabung 36

Textilkundliche Anmerkungen zur Datierung von Grab 5, St. Aegidien

Leonie von Wilckens

Weder für das 13. noch weniger für das 12. Jahrhundert läßt sich eine Regel erkennen, ob Tote – sogar hochgestellte und verehrte Persönlichkeiten – in ihren eigenen, oder zumindest zeitgenössischen Kleidern, oder aber – wenigstens teilweise – älteren begraben wurden. Auch im letzteren Fall kann es sich einerseits – um der Würde des Verstorbenen gerecht zu werden – um besonders kostbare alte Gewänder gehandelt haben, andererseits um solche, die man wegen ihres Alters nicht mehr verwendete, indessen als Kleid des Toten noch für angemessen hielt.

Papst Clemens II. wurde 1047 offensichtlich in seinen liturgischen Kleidern im Bamberger Dom beigesetzt[1]. Das gleiche gilt für den 1159 verstorbenen, dort als Heiligen verehrten Bischof Amadeus von Hauterive in der Kathedrale von Lausanne[2]. Sowohl Kaiser Heinrich VI. 1197 im Dom von Palermo[3] als auch 1208 König Philipp von Schwaben im Speyerer Dom[4] scheinen ganz in Kleidern, die sie getragen haben oder die ihnen zeitgenössisch zukamen, beigesetzt worden zu sein. Doch fand man im gleichen Speyerer Dom, im Grabe des Bischofs I[5], Bischofsstab, Kelch und Patene vom Ende des 12. oder aus dem 13. Jahrhundert, die also ein Begräbnis nicht vor dieser Zeit bezeugen, aber von mehreren Gewändern Seidengewebereste vielleicht noch des späten 10., gewiß des 11. Jahrhunderts, neben weiteren des 12. Der Basler Bischof Johann II. Senn von Münsingen (1335–65)[6] trug in seinem Grabe im Münster u. a. Mitra, Stola und Manipel aus Goldborten des späten 12. Jahrhunderts, Pontifikalschuhe mit englischer Goldstickerei des frühen 13. Selbst noch im Jahre 1500 wurde der Passauer Bischof Christoph Schachner in Dalmatik und Tunicella aus einem Seidengewebe des späten 12. Jhs. beigesetzt[7].

Diese herausgegriffenen Beispiele mögen zunächst ganz allgemein andeuten, daß die Mitra aus dem Abtsgrab in St. Aegidien in Braunschweig (Abb. 1) mit ihren Goldbändern und in einer Form, die in das 4. Viertel des 12. Jhs. weisen, noch nicht bezeugen kann, ob tatsächlich die Bestattung in das letzte Viertel des 12. Jhs. zu datieren und möglicherweise in dem Grab der erste infulierte Abt des Benediktinerklosters beigesetzt worden ist[8].

Auf dem Widmungsbild Heinrichs des Löwen, in seinem um 1175, jedenfalls nach 1173 in Helmarshausen geschaffenen Evangeliar[9] trägt der Hl. Bischof Blasius über der bodenlangen Albe die Dalmatik und darüber eine Kasel mit einem großen Palmettenmuster sowie das bischöfliche Pallium. Während er mit seiner Rechten die Hand Heinrichs des Löwen faßt, trägt er über dem erhobenen linken Arm das Manipel und auf dem dem Herzog zugeneigten Haupt die Mitra. Dagegen ist neben ihm der Hl. Abt Aegidius unter der Kasel offenbar nur mit der Albe bekleidet, über der, unten – nur bei ihm – die beiden Enden der Stola sichtbar werden. Links trägt er ebenfalls das Manipel und greift zugleich mit dieser Hand die Rechte der Herzogin Mathilde; aber er ist barhäuptig. Wenn also der Patron des Aegidienklosters hier als Abt ohne Mitra gezeigt wird, mag man annehmen, daß um die gleiche Zeit der Abt des Benediktinerklosters noch nicht das Recht hatte, die Mitra zu tragen; allerdings ist der Heilige auch auf dem großen Konventssiegel des Klosters von 1235/37[10] ohne Mitra dargestellt. Aus zahlreichen Siegel- und Münzbildern des 12. Jhs. läßt sich zweifelsfrei ablesen, daß der Krummstab den Abt eines Klosters stets auszeichnete, daß dieser aber erst dann mit einer Mitra auftreten konnte, wenn ihm eine solche offiziell verliehen worden war[11]. So lassen sich etwa Pfennige der Münzstätte Lorsch vor bzw. nach 1160 dadurch datieren, je nachdem ob der Abt barhäuptig oder mit der Mitra wiedergegeben worden ist[12].

Bisher haben nur *Joseph Braun*[13] und *Michèle Beaulieu* in Zusammenarbeit mit *Jeanne Baylé*[14] der Abtsmitra und ihrem Gebrauch größere Aufmerksamkeit geschenkt. Wenn letztere dann zwei Abtsmitren des 13. Jhs. im Musée Historique des Tissus in Lyon[15] vorstellen, erklären sie jedoch nicht, warum dies Abtsmitren seien; man erfährt weder etwas zu ihrer Provenienz, noch werden die von Bischofsmitren unterscheidenden Merkmale angegeben. Allerdings bestehen bei der Lyoner Mitra, Inv.-Nr. 23916, die beiden herabfallenden Bänder (Infeln oder Fanones) nicht wie bei den anderen erhaltenen aus einem breiten Goldband oder einer Brettchenborte, sie sind nicht mit Stickerei versehen oder mit schmalen Goldborten eingefaßt (falls es

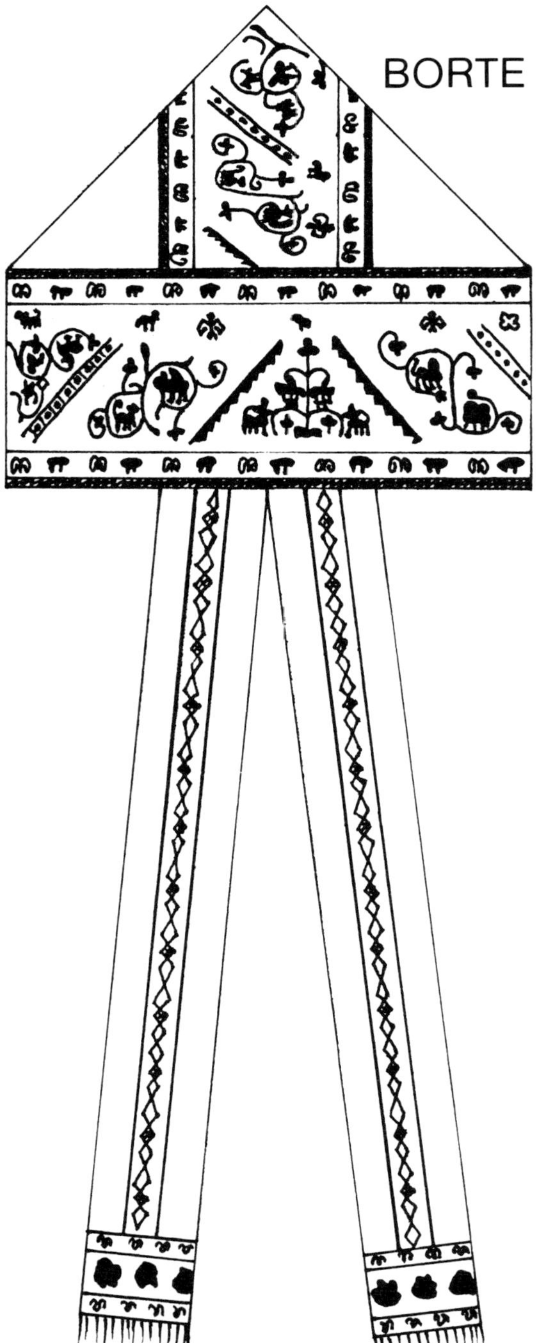

Abb. 1: Rekonstruktion der Mitra mit Borten A–C aus Grab 5 (Arbeitsstand Oktober 1979) M. 1:25

sich nicht wie in Florenz und Anagni um eine schlichte mitra simplex aus Leinen handelt[16]), sondern nur die Mitte eines Seiden- oder Leinenstreifens ist mit einem Goldbörtchen besetzt – wie bei der Braunschweiger Mitra aus Grab 5 von St. Aegidien.

Um uns auf die frühe Zeit der Abtsmitren zu beschränken, möchten wir nur die drei aus St. Peter in Salzburg[17] nennen, möglicherweise auch die sogenannte Wolfgangsmitra in St. Emmeram in Regensburg, die wir allerdings erst in das frühe 14. Jh. datiert haben[18]; schließlich die, deren Goldbortenfragmente in einem Steinsarkophag im Westchorumgang der Ratgarbasilika in Fulda gefunden worden sind[19].

Nachdem unsere Kenntnisse von Halbseidengeweben – trotz verschiedener ermutigender Ansätze – einstweilen recht bruchstückhaft sind[20], kann hier einstweilen nur festgehalten werden, daß der Trägerstoff der Infeln der Braunschweiger Mitra eine Halbseide ist, und zwar der Technik nach ein Samittum.

Da für die erste Veröffentlichung der textilen Funde[21] nur ein kleiner Teil des vorhandenen Materials hatte untersucht werden können, nahmen wir zunächst als Obergewand des Toten eine Leinenkasel an. Inzwischen steht aber einwandfrei fest, daß die Kasel aus einem Wollköper mit vermutlich rotbrauner Kette und grau-blauem Schuß bestand (vgl. Beitrag *Streiter-Wirth*, Abb. 9, in diesem Band).

Obwohl offenbar mit der seit dem 13./14. Jh. wachsenden europäischen Seidenproduktion seidene Kaseln an Zahl die leinenen und wollenen im späten Mittelalter zu überragen scheinen und von den letzteren als den einfacheren wohl noch weniger erhalten sind, besaßen doch – wenigstens bis zum 16. Jh. – auch die größeren und reicher ausgestatteten Kirchen überall, vor allem für die täglichen Meßfeiern, wollene (und leinene) Kaseln.

Aus der Braunschweiger Martinikirche bewahrt das Herzog Anton Ulrich-Museum noch mehrere des 15. Jhs. auf[22]. Das Inventarkonzept der Nürnberger Lorenzkirche von 1466 führt 24 ganze Ornate auf, außerdem 73 einzelne Kaseln und 56 Chormäntel. Von den 73 Kaseln waren vier aus schwarzem Bursat, je eine aus rotem bzw. blauem Bursat (gröberes Wollgewebe), eine aus rotem Schamlot (feineres Wollgewebe). Neben vier roten, wollenen Chormänteln gab es neun mit aufgedruckten Mustern, die wahrscheinlich aus Leinen oder Barchent waren[23].

Der Wollköper der Abtskasel aus Grab 5 von St. Aegidien in Braunschweig dürfte am ehesten ein einheimisches Produkt gewesen sein. Sein rückwärtiges Gabelkreuz setzt sich bemerkenswerterweise aus zwei unterschiedlichen Seidengeweben mit Metallmusterschuß zusammen: Während der breitere senkrechte Streifen sowohl für Binde- als auch für Hauptkette Seide verwendet, ist bei den schmäleren Schrägbalken die Hauptkette aus gezwirntem Leinen. Es handelt sich also um eine zweite Halbseide.

Aus einer Halbseide ist gleichfalls die Stola, deren Untersuchung jedoch noch nicht abgeschlossen ist. Ihr Muster mit der großen Rosette aus vier Herzblättern, den Kreuzen, Winkelhaken, Quadern, läßt sich kaum vor der Mitte des 13. Jhs. datieren[24] (vgl. Beitrag *Streiter-Wirth*, Abb. 8, in diesem Band). Damit wäre ein Indiz für eine Bestattung frühestens kurz vor dem großen Brand von 1278 gegeben.

Anmerkungen

1 *Müller-Christensen, Sigrid:* Das Grab des Papstes Clemens II. im Dom zu Bamberg. München 1960.

2 Cathédrale de Lausanne. 700e anniversaire de la consécration solennelle. Ausst. Mus. Hist. de l'ancien évêché. Lausanne 1975, S. 128–34 Kat.-Nr. 91–97.

3 *Schramm, Percy-Ernst – Mütherich, Florentine:* Denkmale der deutschen Kaiser und Könige. Ein Beitrag zur Herrschergeschichte von Karl dem Großen bis Friedrich II. 768–1250. München 1962, S. 185/86 Nr. 186, 424/25 m. Abb.

4 *Müller-Christensen, S.:* Die Gräber im Königschor. In: Der Dom zu Speyer. Die Kunstdenkmäler von Rheinland-Pfalz 5. München–Berlin 1972, S. 958–66.

5 Ebda, S. 971–80.

6 *Peter-Müller, Irmgard:* Ein rätselhaftes Bischofsgrab. In: Bericht d. Hist. Mus. Basel über d. Jahr 1978, S. 33–57.

7 *Müller-Christensen, S.:* Sakrale Gewänder. Ausst. Bayer. Nationalmuseum München 1955, S. 28 Kat.-Nr. 49.

8 St. Aegidien (Anm. 10), S. 10, 56/57 und S. 30/31. Anm. 7.

9 Vgl. u. a. *Boeckler, Albert:* Deutsche Buchmalerei vorgotischer Zeit. Königstein i. Ts. 1959, Abb. S. 55.

10 Die Zeit der Staufer. Geschichte–Kunst–Kultur. Ausst. Württ. Landesmus. Stuttgart 1977; 1, S. 82 Kat.-Nr. 122; 2, Abb. 52 – St. Aegidien zu Braunschweig 1115–1979. Festschrift. Hrsg. v. *Ute Römer-Johannsen.* Hildesheim 1979, S. 10 Abb. 2.

11 Die Zeit der Staufer (Anm. 10); 1, S. 74–188 passim; 2, Abb. 40–127 passim.

12 Ebda; 1, S. 159/60 Kat.-Nr. 196. 12; 2, Abb. 116.9.

13 *Braun, Joseph:* Die liturgische Gewandung im Occident und Orient. Nach Ursprung und Entwicklung, Verwendung und Symbolik. Freiburg i. Br. 1907 (Reprint Darmstadt 1964), S. 452–55.

14 *Beaulieu, Michèle – Baylé, Jeanne:* La mitre épiscopale en France. In: Bull. archéol. du Comité des travaux historiques et scientifiques NS 9, 1973 (Paris 1976), Fasc. A, S. 41–97, bes. 92–95.

15 Ebda, S. 94/95 mit Abb. 40.

16 *Braun, J.* (Anm. 13), Abb. 222/23.

17 *Tietze, Hans:* Die Denkmale des Benediktinerstiftes St. Peter in Salzburg. Österreichische Kunsttopographie 12. Wien 1913, S. 78–83, Taf. XII/XIII. Heute: 1. New York, The Cloisters. The Metropolitan Museum of Art. Bull. 1953, Abb. S. 277. 2. Boston/Mass., Mus. of Fine Arts. Illustrated Handbook. Museum of Fine Arts. 2 Aufl. Boston 1976, S. 402/03. 3. Bern, Abegg-Stiftung. *Flury-Lemberg, Mechthild – Schmedding, Brigitta:* Abegg-Stiftung Bern in Riggisberg 2. Textilien. Schweizer Heimatbücher 173/74. Bern 1973, Taf. 15. *v. Wilckens, L.:* Überlegungen zu den fünf Salzburger Mitren des hohen Mittelalters. In: Anzeiger des Germanischen Nationalmuseums 1984, S. 13–20.

18 *v. Wilckens, L.:* Zur Datierung der Wolfgangsmitra. In: Jb. d. Bayer. Denkmalpflege 32, 1978, S. 88–90. Vgl. auch *Herrmann, Hannelore:* Die Restaurierung der Mitra des Hl. Wolfgang aus St. Emmeram in Regensburg. Ebda, S. 73–87.

19 *Pralle, Ludwig:* Das Dom-Museum zu Fulda. 5. Aufl. Fulda 1976, S. 38.

20 Vgl. *v. Wilckens, L.:* Seidengewebe in Zusammenhang mit der heiligen Elisabeth. In: Sankt Elisabeth. Fürstin – Dienerin – Heilige. Sigmaringen 1981, S. 285–302, bes. 297–99, 301/02 Anm. 63–76 (m. der älteren Lit.).

21 St. Aegidien (Anm. 10), S. 34–39.

22 *Riegel, Herman:* Die Sammlung mittelalterlicher und verwandter Gegenstände. Herzogliches Museum. Braunschweig 1879, Nr. 2/3, 5/6, 9–11, 14–16, 19, 21.

23 *v. Wilckens, L.:* Die textilen Schätze der Lorenzkirche. In: 500 Jahre Hallenchor St. Lorenz zu Nürnberg 1477–1977. Nürnberger Forschungen 20. Nürnberg 1977, S. 139–66, bes. 144.

24 Vgl. von den – bisher nicht sehr zahlreich abgebildeten – nahverwandten Textilien mit solchen großen Rosetten: Halbseide auf der Unterseite des Reliquienkästchens des frühen 14. Jhs. im Regensburger Domschatz (*Hubel, Achim:* Der Regensburger Domschatz. München–Zürich 1976, S. 154–59 Kat.-Nr. 64, Abb. 101); die halbseidene Kölner Borte mit Signatur auf der Rückseite der Tochter Gertrud (gest. 1296), der Hl. Elisabeth in Nürnberg, German. Nationalmus. Inv.-Nr.: T 1214 (*v. Wilckens, L.*, Anm. 18, S. 89, 90 Anm. 17); ein gesticktes Band in Sarnen (Schweiz), Frauenkloster St. Andreas (*Schmedding, B.:* Mittelalterliche Textilien in Kirchen und Klöstern der Schweiz. Katalog. Schriften der Abegg-Stiftung 3. Bern 1978, S. 228/29 Nr. 212).

Stadtgrabung 36

Zum Arbeitsstand der Textilkonservierung von Grab 5, St. Aegidien*

Anneliese Streiter und Sibylle Wirth

I Mitra

Alle zugehörigen Fragmente wurden gereinigt. Um die übereinanderliegenden Schichten von Fragmenten A IV (s. u. I 1.) sichtbar zu machen, wurde vor dem Reinigen eine Röntgenaufnahme angefertigt. Durch Feuchthalten unter einer Plexiglashaube konnte dieses Mitrenteil nach und nach vorsichtig entfaltet werden. Die technischen Daten (I 1.–I 12.) der Mitra sind weitgehend ermittelt worden. Endgültige Aussagen aber können erst nach vollständiger Beendigung der Konservierung gemacht werden (vgl. Beitrag *L. v. Wilkkens*, Abb. 1, in diesem Band).

Die Fragmente des Stirnbandes A III und A IV (Abb. 2) ergeben zusammen eine Länge von 53,5 cm. Der Kopfumfang der Mitra beträgt jedoch nur 53 cm, da beide Endkanten des Stirnbandes sich in einer Naht in der Mitte zwischen den Ansatzstellen der rückwärtigen Bänder (Infeln) um 0,5 cm überlappen.

An der unteren Kante des Stirnbandes finden sich stellenweise Reste von zwei übereinanderliegenden Einfassungen. Die unterste (I 5.), ein leinwandbindiges Seidengewebe, war verstürzt um den ca. 0,3 cm breiten Randstreifen genäht und auf der Innenseite mit Überwendlingsstichen entlang der Begrenzungslinie zwischen Mittelfeld und Randstreifen befestigt.

Ein Flechtbörtchen (I 6.) war als wulstartige Verstärkung für die Kante mit eingefügt. Darüber liegt ein schwereres Seidengewebe als 2. Einfassung (I 7.), die untere überdeckend. Es ist mit groben Stichen ebenfalls verstürzt angenäht. Innen ist es in unterschiedlicher Breite (1,4–4,0 cm) und in grober Nähweise, die sich auf der Vorderseite im Mittelfeld des Stirnbandes abzeichnet, befestigt. Es scheint sich hier um eine spätere Veränderung zu handeln, die möglicherweise vorgenommen wurde, um den Kopfumfang zu verkleinern.

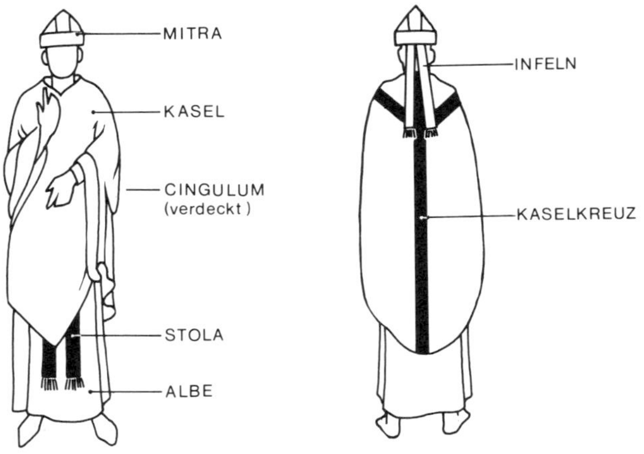

Abb. 1: Bekleidungsschema

Diese zweite Einfassung endete innen auslaufend jeweils am Ansatz der Infeln, d. h. an der Naht des Stirnbandes.

Etwa 13 cm von der Ansatzstelle der rechten Infel entfernt (Fragment A IV), haben sich Reste der goldenen Fassung – vermutlich von der Curva des Abtsstabes – auf der Einfassung (I 7.) und der Borte (A) des Stirnbandes erhalten. Die Infeln setzen beidseitig der Stirnbandnaht in der Mitte der Mitrenrückseite an. Sie waren ebenfalls zweimal eingefaßt, wobei die unterste ca. 0,6 cm breite Einfassung identisch ist mit der unteren Einfassung (I 5.) des Stirnbandes. Sie ist überdeckt von einem leinwandbindigen Seidengewebe (I 10.). Beide Einfassungen der Infeln sind etwa gleich breit.

Die Borte C überdeckt die Naht des doppelt liegenden Trägerstoffes aus ungemusterter Halbseide (I 8.). Den Abschluß der Infeln bildet die Borte B, jeweils doppelt liegend mit Naht an der inneren Seitenkante und mit langen Seidenfransen (I 11.), die zwischen den übereinanderliegenden Rändern der Borte B angenäht sind. Die Seidenfransen sind nur an einem Band fast vollständig erhalten.

Die Rückseite der Borten A, B und C waren ursprünglich gesteift durch leichte Verleimung (Warmleim).

* Vgl. Bericht über den Arbeitsstand 1979. In: St. Aegidien zu Braunschweig 1115–1979, hrsg. v. *U. Römer-Johannsen*, Hildesheim 1979, 34 ff.

Abb. 2: Mitra, rechte Infel mit Stirnband. Fragment A IV nach dem Reinigen. o. M.

Maße der Mitra:
Höhe: 24 cm
Kopfumfang: 53 cm
Länge der Infeln: 42–42,5 cm ohne Fransen, ca. 52,5 cm incl. Fransen
Breite der Infeln: 5,8–6,2 cm.

I 1. Borte A, Mitra

Fragmente A I und A II, Hörner
Fragment A III, Teil des Stirnbandes
Fragment A IV, Teil des Stirnbandes mit Infeln (Abb. 2, vgl. auch Beitrag *L. v. Wilckens,* Abb. 1: Borten A–C)
Breite: 10,7 cm
Material: Kette = Seide, wohl mehrfarbig, S-gezwirnt ca. 36 Brettchen à 4 Fäden/cm
Schuß 1 = Seide, wohl einfarbig, S-gezwirnt (gleiche Stärke wie Kette)
Schluß 2 = Metallfaden, Goldlahn um Seidenseele, S-gedreht (Goldlahn in dichter Umwicklung)
Schuß 1 und 2 zusammen 76 F/cm.
Technik: Brettchenweberei, Metallfaden broschiert bis Randstreifen.
Muster: Sehr differenziert, einzelne Musterelemente wiederholen sich (Tiere, Ranken, Schrägbalken).

I 2. Borte B, Infelenden

Breite: 4,75 cm
Material: s. Borte A
Technik: s. Borte A
Muster: Ähnlich wie Borte A, vereinfacht (Abb. 3).

I 3. Borte C, Infeln

Breite: 2 cm
Material: s. Borten A und B
Technik: s. Borten A und B
Muster: geometrisch = Rauten, Würfel, Winkel (Abb. 4).

I 4. Futter der Fragmente A I und A II

Gewebe in Schußköper ½ S-Grat
Material: Kette = Seide, Farbe braun, leicht S-gezwirnt, 17 F/cm
Schuß = Seide, Farbe braun, ungedreht, 34 F/cm.
(Farbangaben im jetzigen Zustand).

I 5. Unterste Einfassung des Stirnbandes (A III und A IV)

Seidenes Gewebe in Leinwandbindung
Material: Kette und Schuß = Seide, Farbe hellbraun, ungedreht, ca. 30 bzw. 40 F/cm.

Abb. 3: Mitra, Borte B des Infelendes. Umzeichnung des Musters (s. Beitrag *L. v. Wilckens*, Abb. 1, in diesem Band). M. 1:1

I 6. Flechtbörtchen (unter I 5. liegend)

Material: Seide, Farbe hellbraun
Technik: Geflochten mit 4 Strängen à 2 Fäden S-gezwirnt.

I 7. Besatzstreifen (über I 5. liegend)

Seidengewebe mit „geritztem Muster" (Musterung nicht zu identifizieren)
Material: Kette = Seide, Farbe hellbraun, S-gedreht, 46 F/cm insgesamt
Schuß = Seide, Farbe rötlich, ungedreht 108–120 F/cm
Technik: Samittum, Köper 1/2 S-Grat
Kettverhältnis 1 Bindekettfaden: 2 Hauptkettfäden.

I 8. Trägerstoff der rückwärtigen Bänder (Infeln) mit Borten B und C

Halbseide, ungemustert
Material: Bindekette = Seide, Farbe braun, S-gezwirnt, 15 F/cm
Hauptkette = Leinen, Farbe schwarz-braun, S-gezwirnt, 30 F/cm (nur noch in Spuren vorhanden), insgesamt 45 F/cm
Schuß 1 = Seide, Farbe braun, ungedreht, 32 F/cm
Schuß 2 = Leinen, Farbe schwarz-braun, Drehung nicht erkennbar, 32 F/cm (nur noch in Spuren vorhanden)
Technik: Samittum, Köper 1/2 Z-Grat
Kettverhältnis 1 Bindekettfaden: 2 Hauptkettfäden
Schußverhältnis Schuß 1 und Schuß 2 im Wechsel.

I 9. Unterste Einfassung der Infeln identisch mit der untersten Einfassung des Stirnbandes (I 5.)

I 10. Oberste Einfassung der Infeln

Seidenes Gewebe in Leinwandbindung
Material: Kette und Schuß = Seide, Farbe bläulich
Kette? = Z-gedreht, 36–40 F/cm
Schuß? = ungedreht, ca. 30 F/cm.

I 11. Fransen der Infeln
s. u. II

Seidenfäden, Farbe braun, S-gezwirnt unterschiedlich dick
Technik: Jede Franse besteht aus mehreren Seidenfäden, die jeweils um 2 gespannte Fäden geschlungen sind (Abb. 5).

I 12. Der Grundstoff bzw. Trägerstoff des Kopfteiles der Mitra, auf den die Borten aufgenäht waren, konnte bisher noch nicht sicher definiert werden.

II Stola

Halbseidene Bortenfragmente mit Musterung konnten eindeutig als Teile der Stola bestimmt werden. Sie waren mit dem Cingulum verschlungen und durch Schmutz und Verkrustung zusammengeklebt (Abb. 7).

Abb. 4: Mitra, Borte C der Infel. Umzeichnung des Musters. M. ca. 3:4

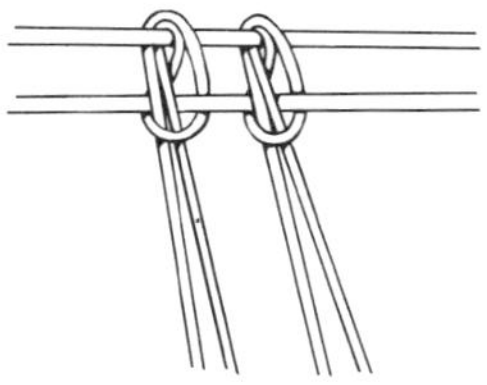

Abb. 5: Mitra, Fransen der Infeln (zu I 11.), Schlingtechnik

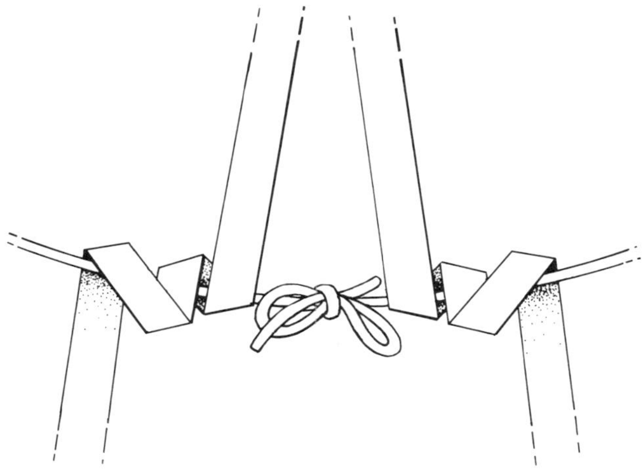

Abb. 6: Rekonstruktion der Trageweise von Stola und Cingulum in Höhe der Taille. o. M.

Abb. 7: Verschlungene Teile von Stola (weiße Linie) und Cingulum (Punkte), Fragment der Albe (Strichpunkt). Dokumentation des Befundes vor der Restaurierung (zu II). o. M.

Abb. 8: Musterung der Stola mit großer Rosette in Häutchengold auf seidenem Grund, Kreuze und geometrische Motive in farbiger Seide. Ausschnitt, Motive weiß umrandet. o. M.

Das in der rechten Körperhälfte liegende Bortenfragment konnte nach vorausgehender Befeuchtung vom Cingulum gelöst werden, wobei die Art der Verschlingung deutlich sichtbar wurde (Abb. 6). Das in der linken Körperhälfte liegende Stolenteil ist z.Z. noch mit dem Cingulum verschlungen. (Ein weiteres Teilstück der Stola aus dem Schulterbereich ließ sich bei vorsichtigen, mechanischen Reinigungsmaßnahmen vom Mitrenfragment A IV – Stirnband mit Infel – trennen).

Bisher wurde nur das erstgenannte Stolenfragment gereinigt.

Maße des Stolenfragments (rechte Körperhälfte) nach dem Reinigen:
Länge: 42 cm
Breite: 4,8–5,5 cm
Halbseidenborte:
Material: Bindekette = Seide, Farbe mittelbraun, S-gezwirnt, 10 F/cm
Hauptkette = Leinen, Farbe schwarz-braun, S-gezwirnt, 20 F/cm, insgesamt 30 F/cm
Schuß 1 und 2 = Seide, mehrfarbig, ungedreht, 24–30 F/cm
Schuß 3 = Metallfaden, vermutlich Häutchengold um Leinenseele, S-gezwirnt, 24–30 F/cm
Technik: Samittum, Köper ½ Z-Grat
Kettverhältnis = 1 Bindekettfaden: 2 Hauptkettfäden
Schußverhältnis = Schuß 1 und Schuß 2 im Wechsel oder Schuß 1 und Schuß 3 im Wechsel, je nach Musterung.
Musterung: Rosetten, Kreuze und geometrische Motive in Streifen (Abb. 8).

III Cingulum

Es liegen erste, gesicherte Befunde vor.

Zwischen Cingulum und Stola fanden sich mehrere leinwandbindige Leinenstoff-Fragmente, die mit Sicherheit als Reste der Albe (V) angesehen werden können (Abb. 7). Bei vorsichtigen, mechanischen Reinigungsversuchen konnten ferner anhaftende Reste eines groben Wollgewebes (VI, Abb. 12) bestimmt werden, die wohl von dem unter der Albe getragenen Untergewand (Kutte?) stammen dürften. Nach Entfernung dieser Fragmente wurde die geometrische Musterung (Rauten) des Cingulums stellenweise sichtbar (Abb. 7, links oben). Es ist in einfacher Schleife gebunden. Weitere Einzelheiten werden die noch anstehenden Konservierungsarbeiten erbringen.

Maße vor dem Reinigen:
Vorhandene Länge: ca. 150 cm
Breite: 1,2–2,2 cm.

IV Kasel

IV 1. Kasel

Feiner Wollköper fand sich in kleinen Fragmenten auf der linken Seite des Kaselkreuzes und unter Nodus bzw. Pedum des Abtsstabes ein ca. 14 × 2–5 cm großes Fragment; außerdem in Spuren auf den Stolenfragmenten über dem Cingulum.

Die kleinen Fragmente sind trocken und sehr brüchig. Das große Fragment unter dem Abtsstab ist ebenfalls trocken und an den Rändern brüchig und eingerissen. An der Stelle, an der der Nodus lag, ist das Gewebe vollständig mit Grünspan bedeckt. In diesem Bereich sind kreisrunde Abdrücke zu erkennen, die sich bisher nicht eindeutig definieren und zuordnen ließen (Abb. 9).

Material: feiner, zweifarbiger Wollköper
eine Richtung (vermutlich Kette): rotbraun, Z-gedreht, ca. 24 F/cm
eine Richtung (vermutlich Schuß): grau-blau, leicht Z-gedreht, ca. 40 F/cm
Technik: Köper $^2/_2$ Z-Grat.

Maßnahmen: der Grünspanstaub wurde vorsichtig entfernt; ein Ablösen der einzelnen Fragmente steht noch aus.

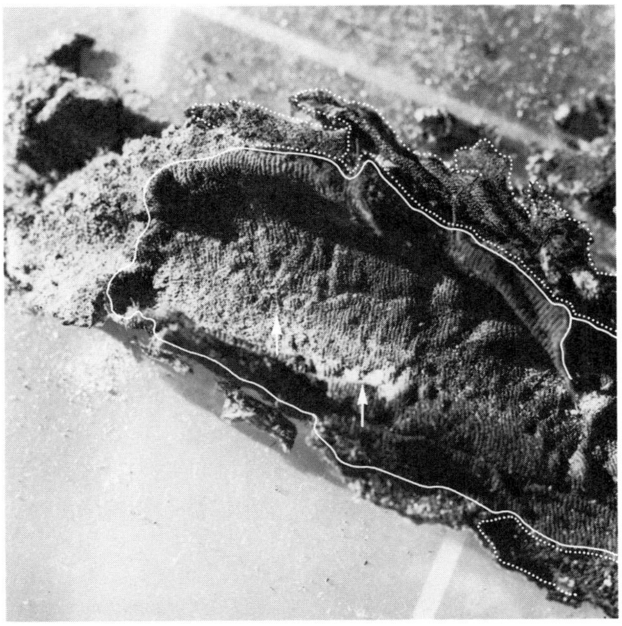

Abb. 9: Fragment von Kasel (weiße Linie) und Kutte (Punkte) sowie Abdrücke von Metallteilen (Pfeil), erhaltengebliebenen unter dem kupfernen Nodus des Abtsstabes. Dokumentation des Befundes vor der Restaurierung (zu IV 1.). o. M.

Alle übrigen kleinen Fragmente auf der Rückseite des Kaselkreuzes wurden nach vorhergehendem Befeuchten vorsichtig abgehoben und verwahrt.

IV 2. Kaselkreuz

Es besteht aus einem Längsstreifen (Seide, Samittum) und zwei Schrägbalken (Halbseide, Samittum). Längs- und Querstreifen sind keine abgepaßten Borten, sondern geschnittene Stoffstreifen.

Der Längsstreifen war so auf die Kasel aufgenäht, daß der Schuß senkrecht verläuft. (An den Längskanten sind noch die Einstichlöcher zu erkennen, das Nähmaterial ist jedoch nicht feststellbar). Die Schnittkanten (Längskanten) sind ca. 0,7–1,0 cm nach innen umgebückt. Das Muster in Metallschuß hebt sich dunkel vom jetzt braunen Seidengrund ab, ist aber nicht zu identifizieren.

Die Schrägbalken, von denen nur noch der rechte am Längsbalken befestigt ist (genaue Art der Befestigung ist nicht auszumachen), setzen etwa 35 cm von oben an; über den Winkel zwischen Längs- und Schrägbalken kann noch keine Aussage gemacht werden. Der linke Schrägbalken befand sich in dem großen ,,Gewebeklumpen", der im linken Schulterbereich gelegen hatte.

In den beiden Schrägbalken verläuft der Schuß ebenfalls in Längsrichtung. Die Schnittkanten sind 0,7–1,0 cm

Abb. 10: Längsstreifen des Kaselkreuzes. Fragment IV 2. Gemusterter Samittum. o. M.

nach innen umgebückt. Der rechte Schrägbalken ist am oberen Ende ebenfalls umgebückt, damit steht seine ursprüngliche Gesamtlänge fest. Am Ende des linken Schrägbalkens war eine Webekante, von der nur noch die Schußschlingen vorhanden sind.

Die einzelnen Teile sind trocken, brüchig und stark verkrustet. Sie liegen über- und ineinandergefaltet, teilweise zwischen Schichten von braunem und krümelig vergangenem textilen Material. Die beiden Schrägbalken bestehen fast nur noch aus einem schütteren Gitter, da das Leinen (von der Hauptkette) bzw. der Metallfaden des Schusses nahezu vollständig vergangen ist.

Der Längsstreifen ist an einigen Stellen ebenfalls sehr schütter. Zum unteren Ende zu vermehren sich auf der rechten Seite Auflagen von Holzspänen bzw. kleinen Holzteilen vom Sargholz.

Längsstreifen (Abb. 10)
Maße (vor dem Reinigen):
Länge: ca. 112 cm (oben und unten abgerissen, also keine originale Länge)
Breite: ca. 4,5 cm
Material: Bindekette: Seide ungedreht, 10 F/cm
Hauptkette: Seide ungedreht, 20 F/cm
Grundschuß: Seide ungedreht, 25 F/cm
Musterschuß: Metallfaden (vermutlich Häutchenmetall um Leinenseele, S-gezwirnt), 25 F/cm
Technik: gemusterter Samittum, Köper 1/2 S-Grat
Kettverhältnis 1 Bindekettfaden: 2 Hauptkettfäden
Schußverhältnis 1 Grundschuß: 1 Musterschuß.

Schrägbalken
Maße: rechter Schrägbalken (vor dem Reinigen):
Länge: ca. 20 cm
Breite: ca. 3–3,5 cm
linker Schrägbalken (nach dem Reinigen).
Länge: ca. 17 cm
Breite: 3,5–4 cm
Material: Bindekette: Seide ungedreht, 9 F/cm
Hauptkette: Leinen S-gezwirnt, 18 F/cm
Grundschuß: Seide ungedreht, 14 F/cm
Musterschuß: Metallfaden (nähere Angaben nicht möglich)
Technik: Gemusterter Samittum, Köper 1/2 S-Grat
Kettverhältnis 1 Bindekettfaden: 2 Hauptkettfäden
Schußverhältnis 1 Grundschuß: 1 Musterschuß
Bindung und Muster sind aufgrund des geringen vorhandenen Materials und des schlechten Zustands nicht festzustellen.

Maßnahmen: Die Bänder wurden befeuchtet und vorsichtig nacheinander ausgefaltet. Dabei stellte sich heraus, daß der Längsstreifen auf der Unterseite des ,,Gewebeklumpens" – aus dem linken Schulterbereich – umkehrt und parallel zurückläuft. Darunter fand sich das ebenfalls gefaltete Fragment des linken Schrägbalkens. Es wurde befeuchtet und abgehoben, Auflagen (z. B. Fragmente von der Kasel V) wurden entfernt und das Fragment mechanisch gereinigt. Es wurde in entmineralisiertem Wasser mit einem Zusatz von Nekanil W (10 g/100 l) behandelt. Nach dreimaligem Spülen in entmineralisiertem Wasser wurde das Fragment auf einer Glasplatte ausgelegt. Die überflüssige Feuchtigkeit und der gelöste bröselige Schmutz konnten mit kleinen Schwämmchen abgenommen werden. Gleichzeitig wurde das Gewebe leicht in Kett- und Schußrichtung ausgerichtet. An einigen Stellen konnten Reste der Leinenkettfäden im Gewebeverbund erhalten werden.

V Albe

Die winzigen, sehr brüchigen Leinenstoffteilchen fanden sich auf den Fragmenten des Untergewandes VI, auf dem Cingulum III und unter den Schlaufen der Stola II. Aus der Lage der vielen leinenen Fragmente ist zu entnehmen, daß es sich um Reste der Albe handeln muß (Abb. 11).

Material: Kette und Schuß Leinen, Z-gezwirnt, jeweils 18–20 F/cm, Farbe braun
Technik: Leinwandbindung.

VI Untergewand, vermutlich Kutte

Auf dem rechten Oberarmknochen, in mehreren Schichten unter dem großen Kaselfragment (Abtsstab), im ,,Gewebeklumpen" aus dem linken Schulterbereich und in winzigen Resten auf der Innenseite des Cingulums befanden sich sehr trockene und brüchige Fragmente, die im ,,Gewebeklumpen" zum Teil schon fast vergangen waren.

Material: Wolle, wahrscheinlich einfarbig (Abb. 12)
eine Richtung (vermutlich Kette): stark Z-gedreht, 20 F/cm
eine Richtung (vermutlich Schuß): schwach Z-gedreht, 14 F/cm
Technik: Köper $^2/_1$ S-Grat

Maßnahmen: bis jetzt nur vorsichtige, mechanische Reinigung.

VII Schuhe

Fragmente von Oberleder und Sohle, noch nicht untersucht.

Verschiedene Perlen, noch nicht zuzuordnen

In einer Gewebeschicht (vermutlich Halbseide) an der Oberfläche des ,,Gewebeklumpens" aus dem linken Schulterbereich wurden sehr kleine, verschiedenartige Perlen gefunden: 2 grüne, ringförmige Glasperlen (Dm. 2 mm) – in einer konnte eine winzige Spur eines Leinenfadens festgestellt werden – außerdem Teile von Metallperlen. Von einer Metallperle wurden Grünspanreste und daneben ein winziges Teil einer hauchdünnen Goldfolie gefunden. Es kann daraus geschlossen werden, daß die Metallperlen ursprünglich vergoldet waren. Die Bedeutung der Perlen im Zusammenhang mit den gefundenen Textilien konnte bisher noch nicht geklärt werden.

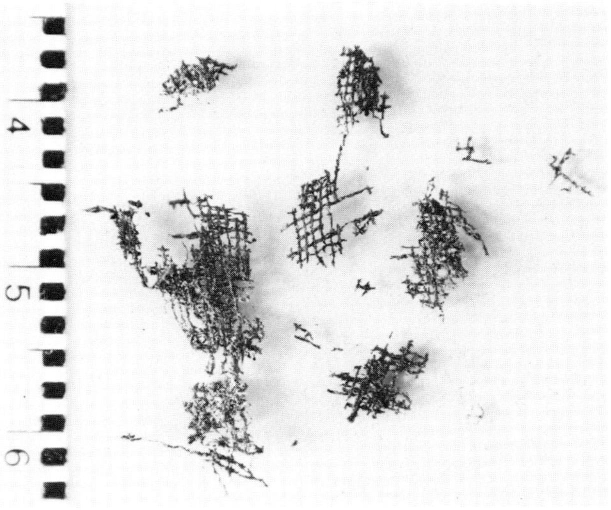

Abb. 11: Gewebereste der Albe (V)

Abb. 12: Gewebereste der Kutte (VI), ca. 4 cm²

Stadtgrabung 10

Zu den Tierknochenresten aus mittelalterlichen Grabungskomplexen der Packhofgrabung in Braunschweig

Eberhard May

Bei umfangreichen Grabungen im Stadtkerngebiet Braunschweigs (vgl. Beitrag *Rötting*, Kurzberichte: Stadtgrabung 10, in diesem Band) sind als Siedlungsreste u.a. auch zahlreiche Tierknochen bzw. Tierknochenfragmente geborgen worden. Die hier behandelten Funde der Packhofgrabung (10) lassen sich archäologisch wie folgt gruppieren:

1. Kloakenfunde, 13. Jh.
2. Kloakenfunde, 14.–15. Jh.
3. Kloakenfunde, 15.–16. Jh.
4. Tierknochenfunde von der Oberfläche einer mittelalterlichen Straße, 13. Jh.
5. Abfälle aus der Werkstatt eines Feinschmiedes u. Knochenschnitzers, 16. Jh.

In erster Linie haben wir für diese Gruppierungen – soweit möglich – die Skelettreste den entsprechenden Tierarten zugeordnet, aber auch der Häufigkeit des Auftretens bestimmter Skelettelemente besondere Beachtung geschenkt.

Die artlichen und körperregionalen Verteilungen der Abfälle aus der Werkstatt eines Feinschmiedes und Knochenschnitzers wurden anschließend mit Kloaken- bzw. Streufunden verglichen. Es erscheint auf der Basis derartiger Untersuchungen als denkbar, auch ohne die Auffindung eindeutiger Artefakte in der Verteilung der Arten und Skelettelemente, Hinweise auf das Vorliegen einer Werkstatt zu gewinnen (s. Tab. 1a u. b).

Die Tabelle 1a belegt in den beschriebenen Gruppierungen die Häufigkeit der bestimmbaren Tierarten. Jagdbares Wild tritt in kaum nennenswerten Zahlen auf und dürfte, wie auch zu erwarten, für die Ernährung der hiesigen mittelalterlichen Durchschnittsmenschen von untergeordneter Bedeutung gewesen sein. Dies trifft im ganzen auch für das Geflügel zu, jedoch steht

Tabelle 1 a: Packhofgrabung, Häufigkeitsverteilung der bestimmbaren Tierknochen in %

Gruppierung nach Fundstellentyp und Datierung	Rind	Schwein	Schaf/ Ziege	Pferd	Hund	Reh	Hirsch	Wildschwein	Geflügel	Katze	Fisch	Skelettelemente (Anzahl)
1. Kloaken 13. Jh.	19,5	18,6	24,8	–	29,2	0,9	0,9	–	5,3	0,9	–	113
2. Kloaken 14.–15. Jh.	22,9	13,2	38,8	12,3	6,2	0,9	–	–	4,4	1,3	–	227
3. Kloaken 15.–16. Jh.	41,9	27,9	11,6	–	9,3	–	–	–	9,3	–	–	43
1.–3. Kloaken 13.–16. Jh.	24	16,4	31,6	7,3	13,3	0,8	0,3	–	5,2	1,0	–	383
4. Oberflächenfunde einer Straße 13. Jh.	23	16,4	34,4	8,2	9,8	–	–	–	6,6	–	–	61
5. Werkstattabfall 16. Jh.	67,2	10,9	10,9	–	1,6	3,1	–	–	4,7	0,8	0,8	128

eine genauere Artbestimmung für diese Tiergruppe noch aus.

Von den Fleischnutztieren stehen Schaf und Ziege (eine Artentrennung ist aus bekannten Gründen bei vielen Knochenfragmenten kaum möglich, beide Arten kommen sicher vor, wurden jedoch für diese Statistik gemeinsam behandelt) für die Gruppierungen 1, 2 u. 4 deutlich an erster Stelle. Lediglich bei Kloakenfunden aus dem 15.–16. Jh. (Gruppe 3) überwiegen Reste des Rindes, wenn auch nicht so eindeutig, wie dies für die Abfälle aus der Werkstatt eines Feinschmiedes und Knochenschnitzers (Gruppe 5) aus dem 16. Jh. zutrifft. Hier interessiert schließlich, inwieweit die beobachtete Artenverteilung etwas mit der handwerklichen Nutzung der Knochen zu tun haben könnte. Selbstverständlich gilt dies nicht automatisch, denn auch in einer Werkstatt finden sich ebenso Nahrungsabfälle, wie in Kloaken oder als Streufunde auf Straßen Artefakte vorkommen. Daher erscheint es als zweckmäßig, die beobachteten Unterschiede der Verteilung zunächst hinsichtlich ihrer statistischen Relevanz zu überprüfen. Dazu führte ich einige Tests mit Hilfe der $\varkappa^2$-Methode durch. Es ergibt sich danach ein relevanter Unterschied der Verteilungen Rind/Schwein/Schaf-Ziege lediglich für

a) die Kloakenfunde 14.–15. Jh./15.–16. Jh. ($\varkappa^2 =$ 16,6, Signifikanzniveau) $p \lessapprox 0{,}01$
b) die Kloakenfunde 15.–16. Jh./Werkstatt 16. Jh. $p \lessapprox 0{,}05$
c) alle Kloakenfunde gegenüber den Funden aus der Werkstatt eines Feinschmiedes und Knochenschnitzers mit hoher Signifikanz $p \lessapprox 0{,}001$.

Überhaupt nicht relevant unterscheiden sich die Verteilungen der Oberflächenfunde mittelalterlicher Straßen von den Verteilungen der Kloakenfunde.

Die Signifikanz der Unterschiede der Verteilung für die Haustierarten Rind, Schwein und Schaf/Ziege ergibt sich aus der Tabelle 1b.

Die Artenverteilung belegt also einwandfreie Unterschiede der Werkstattfunde gegenüber allen übrigen Gruppierungen bei deutlichem Überwiegen des Rindes.

Mindestindividuenzahlen (*Reichstein* 1972, *May* 1972) oder die Angabe von Knochengewichten für jede Tierart (*May*, 1964) könnten das Bild der Artenverteilung verändern. Hier wurde wegen zu geringer Relevanzerwartung auf diese Methoden verzichtet. Die entscheidende Aussage bezieht sich hier auf die *Unterschiede* zwischen den Verteilungen.

Vor allem um zu erfassen, welche speziellen Skelettelemente am ehesten als Rohstoffe für Artefakte in Frage kommen, wurden deren relative Häufigkeiten für die wichtigsten Haustierarten in den verschiedenen Fundkomplexen verglichen. Die Tabelle 2 dokumentiert diese %-Häufigkeiten.

Eine Relevanzprüfung der beobachteten Unterschiede erfolgte ebenfalls mit der $\varkappa^2$-Methode und ergab eine beinahe überall mindestens auf dem 5%-Niveau signifikante Verschiedenheit. Ausgenommen sind vor allem einige schwach besetzte Gruppierungen (z. B. Rind/Schwein/Schaf-Ziege; Straße 13. Jh.; Kloaken 15.–16. Jh.; Rind: Kloaken 14.–15. / 15.–16. Jh.).

Die Befunde für Abfallplätze aus Werkstätten von Feinschmieden und Knochenschnitzern heben sich hier nicht besonders heraus. Auffällig erscheint lediglich dabei der hohe Extremitätenanteil des Rindes. Dies dürfte auch mit dem Auftreten der häufigsten Artefakte zusammenhängen, die – wie im folgenden belegt wird – Extremitätenfragmente des Rindes sind.

Die Abb. 1 zeigt einige solche Extremitätenfragmente aus der Werkstatt eines Knochenschnitzers und Feinschmiedes, die wohl handwerkliche Abfälle darstellen dürften (s.u.). Es handelt sich um distale (körperferne) und proximale (körpernahe) Endstücke von Metapodien (Mittelfußknochen) des Rindes, die offensichtlich abgesägt worden sind. Gerade an diesen Endstücken lassen sich aber einige Kriterien zur Beurteilung des Alters, der „Wuchsform" sowie der Körpergröße der Tiere gewinnen. Man erkennt auf der Abb. 1 sowohl Endstücke mit verwachsenen Epiphysenfugen (adulte Tiere) als auch solche mit teilweise verwachsenen (subadulte Tiere) oder sogar völlig abgetrennte Epiphysen (juvenile, nicht völlig ausgewachsene Tiere). Damit steht fest, daß die Knochen von Tieren verschiedener Altersgruppen als Werkstoffe Verwendung fanden. Ein

Tabelle 1 b

Gruppierung	1	2	3	1–3	4	5
1	–					
2	–					
3	–	+				
1–3	–	–	–			
4	–	–	–	–		
5	+++	+++	+	+++	+++	

Packhofgrabung,
Signifikanz:
+ : $p \lessapprox 0{,}05$
++ : $p \lessapprox 0{,}01$
+++: $p \lessapprox 0{,}001$
– : nicht signifikant

Tabelle 2: Packhofgrabung, Verteilung der Skelettelemente auf Körperregionen und Arten in %

Gruppierung nach Fundstellentyp und Datierung	Rind				Schwein				Schaf/Ziege				Pferd			
	a	b	c	n	a	b	c	n	a	b	c	n	a	b	c	n
1. Kloaken 13. Jh.	18,2	31,8	50	22	81	14,3	4,8	21	25	60,7	14,3	28	–	–	–	–
2. Kloaken 14.–15. Jh.	36,5	26,9	36,5	52	96,7	3,3	0,0	30	71,6	15,9	12,5	88	89,3	10,7	–	28
3. Kloaken 15.–16. Jh.	55,6	33,3	11,1	18	83,3	16,7	0,0	12	40	60	0,0	5	–	–	–	–
1.–3. Kloaken 13.–16. Jh.	35,9	29,3	34,8	92	88,9	9,5	1,6	63	59,5	28,1	12,4	121	–	–	–	–
4. Oberflächenfunde einer Straße 13. Jh.	7,1	64,3	28,6	14	10	70	20	10	28,6	38,1	33,3	21	–	100	–	5
5. Werkstattabfall 16. Jh.	0	89,5	10,5	86	78,6	21,4	0	14	7,1	42,9	50,0	14	–	–	–	–

a = Schädel und Zähne b = Extremitäten c = Wirbel und Rippen n = Anzahl der Skelettelemente

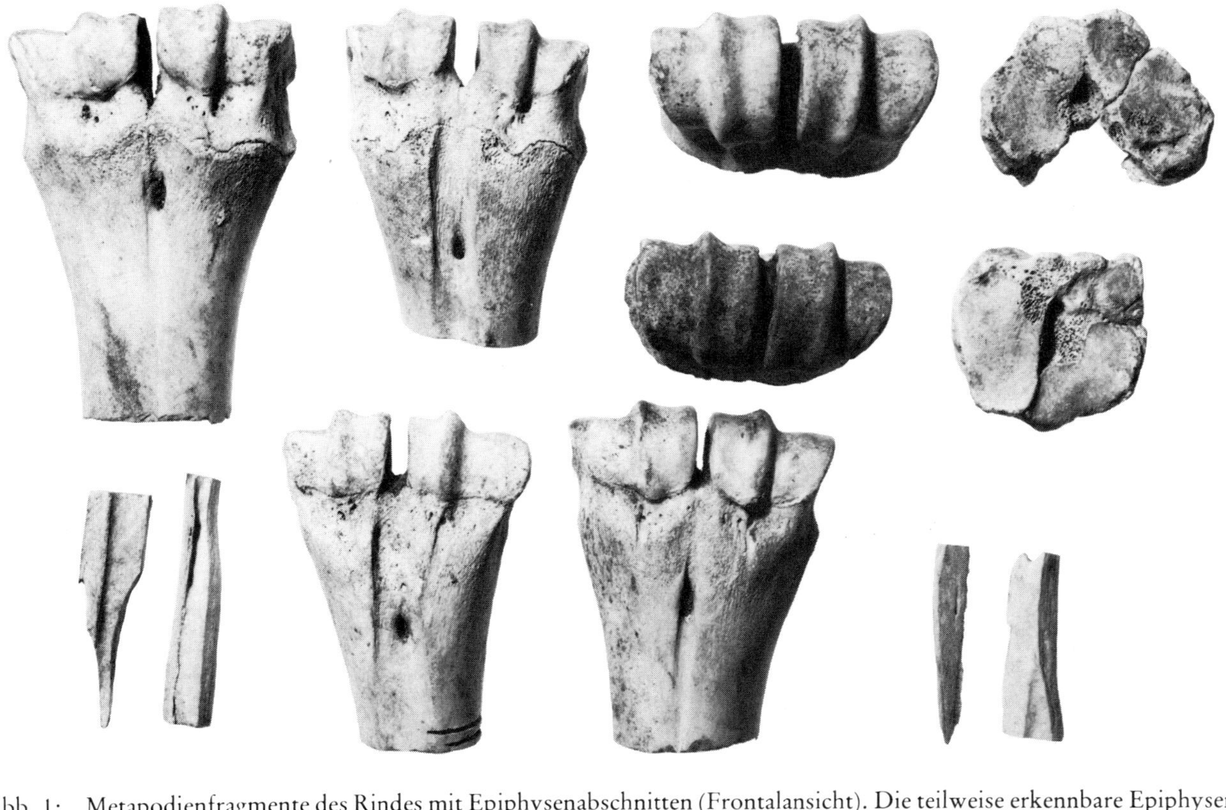

Abb. 1: Metapodienfragmente des Rindes mit Epiphysenabschnitten (Frontalansicht). Die teilweise erkennbare Epiphysenfuge belegt ein subadultes bzw. juveniles Schlachtalter. (Gruppe 5, Werkstattabfall, 16. Jh.; FNr. 78:3/708, UA I, A 2, PG 1) M. 1:2

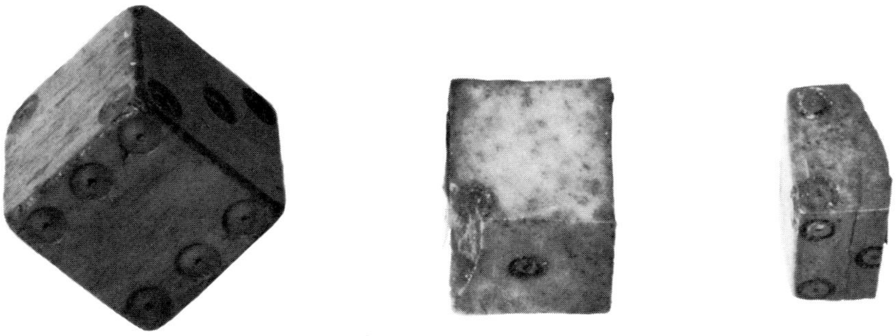

Abb. 2: Spielwürfel aus kompaktem Knochenmaterial großer Röhrenknochen des Rindes. (Gruppe 4, Straßenfunde, 13. Jh.; FNr. 78:3/57, UA I, A 5, P 2) M. 3:1

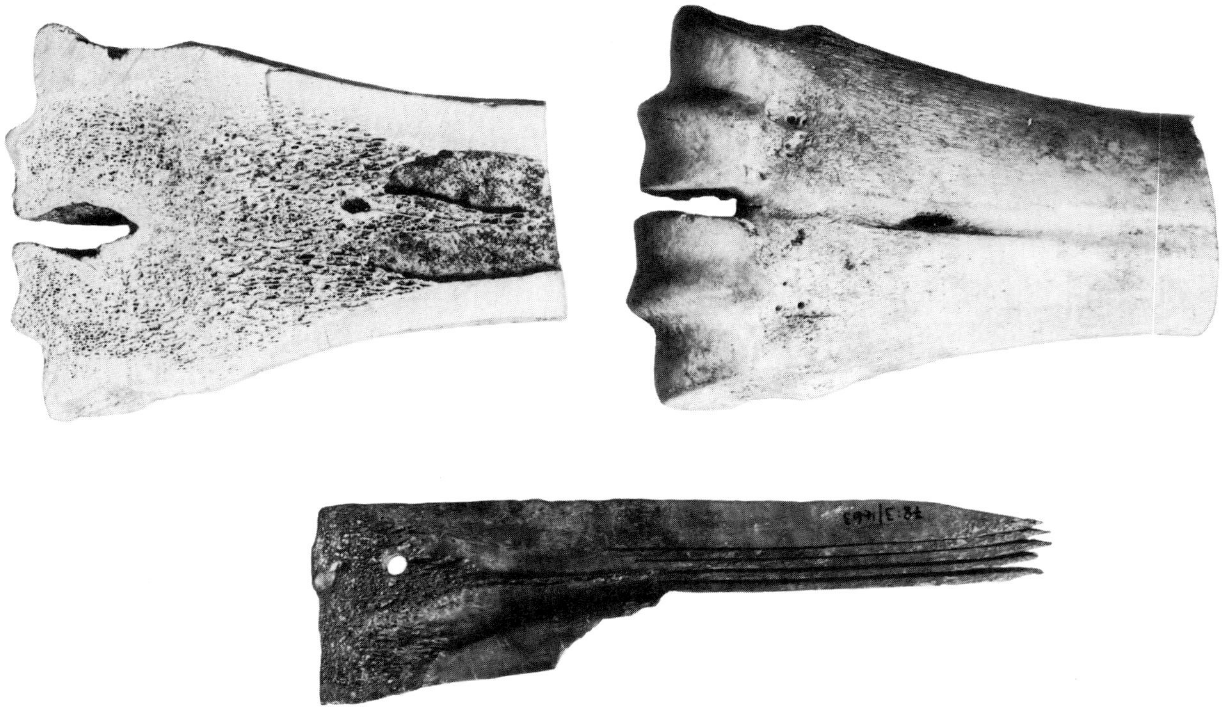

Abb. 3: Webkamm (beschädigt), herausgearbeitet aus Frontalschnitthälften distaler Rindermetapodien. (Gruppe 5, Werkstattabfall, 16. Jh. Webkamm FNr. 78:3/463, UA I, A 5, P 23) M. 3:4

Rückschluß auf die Häufigkeit der einzelnen Schlachtalter kann jedoch aus diesen Erstbefunden nicht repräsentativ abgeleitet werden. Die durchschnittliche Größe und Robustizität der Gelenkenden verweisen im Mittel auf relativ kleine, schlankwüchsige Rinder bei allerdings beachtlicher individueller Variation, die ja auch den Geschlechtsmorphismus einbezieht.

Die Diaphysen der Röhrenknochen, vor allem diejenigen der sehr stark gebauten großen Huftiere, zeichnen sich durch eine besondere Härte (lamellärer Knochen, Havers'sche Systeme) und Zug-Druck-Festigkeit aus. Daher eignet sich dieses Material auch für die Herstellung von Gegenständen entsprechender Beanspruchungsgruppen. Entweder wurden zunächst kleinere Knochenstäbchen für die weitere Bearbeitung gewonnen (Abb. 1, unten links; aus kompakten Röhrenknochen) oder Gegenstände aus solchen Stäbchen herausgearbeitet (Abb. 2, Würfel). Das Beispiel eines Streufundes, eines aus einem Rindermetapodium hergestellten Webkammes, von einer Straße aus dem 13. Jh. stammend, zeigt die Abb. 3.

Zur Herstellung dieses Webkammes wurde das Metapodium nach den horizontalen Teilen zunächst frontal etwa halbiert. Danach konnten die Zinken gesägt werden und schließlich Feinarbeiten mit dem Messer erfolgen. Weitere Beispiele für Artefakte aus Rinderknochen sind ein Femurfragment, das als zugearbeitetes Rohmaterial für die Herstellung von Perlen diente (Abb. 4) sowie ein Schlittknochen mit funktionsgerechten Ausbohrungen, der aus einem Metapodium ohne distale Epiphyse (juvenil) gefertigt war und einen mittelalterlichen Streufund darstellt (Abb. 5).

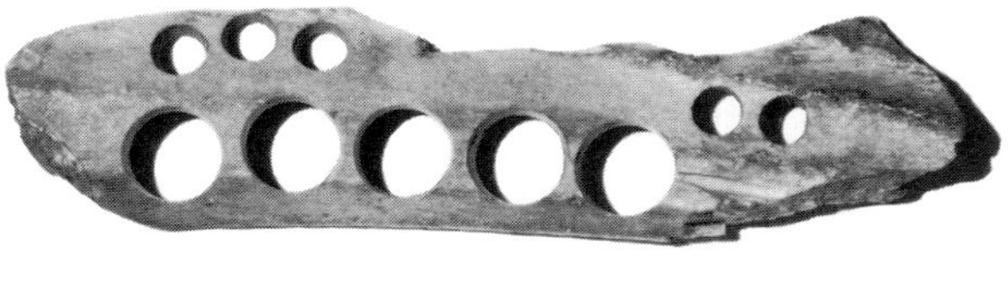

Abb. 4: Rinderfemurfragment, Werkstoffabfall, nach Ausbohrung von Rohlingen zur Perlenherstellung. (Gruppe 5, Werkstattabfall, 16. Jh.) M. 3:4

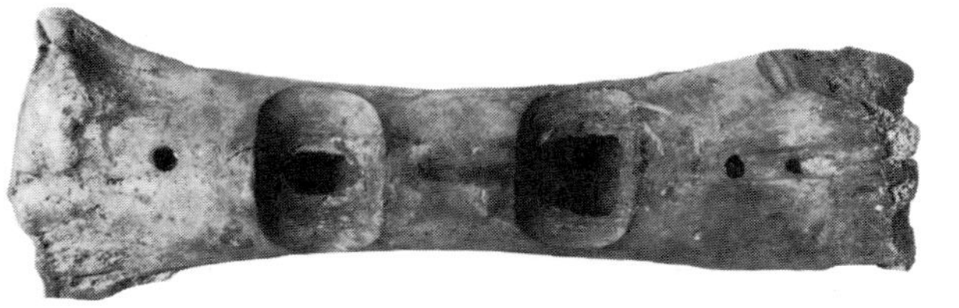

Abb. 5: Schlittknochen aus einem Rindermetapodium (nicht voll erwachsenes Tier) mit Bohrungen und geschnittenen Öffnungen. (FNr. 78:3/812, UA II) M. 1:3

Andere Skelettelemente, die Artefakte lieferten, sind abgesägte oder durchgesägte Geweihreste vom Hirsch (Abb. 6). Das Geweih ist durch seine spezielle Kombination von dichtem, spongiösen und an der Peripherie kompakten Knochen allseitigen Biegebeanspruchungen, aber auch Zug-Druck-Einwirkungen in hervorragender Weise gewachsen. Die Abb. 6 zeigt u.a. einen Messergriff aus diesem Material. Kenntnisse solcher Materialeigenschaften hatten bereits die Steinzeitmenschen, wenn man an die Verwendung von Geweihhakken denkt. Auch das Gehörn von Ziegen hatte offensichtlich im Mittelalter im Braunschweiger Raum eine handwerkliche Bedeutung (Abb. 7, Kloakenfund aus dem 14.–15. Jh.).

Abschließend soll noch eine Kernspaltflöte, die aus einem Ellenknochen einer mittelgroßen Gans gearbeitet wurde, vorgestellt werden (Abb. 8). Die Gelenkenden dieser Ulna wurden abgesägt. Danach dürften die notwendigen Bohrungen vorgenommen worden sein.

Zusammenfassung

Überblickend ergibt sich also, daß die bei der Packhof-Grabung geborgenen Tierknochenfunde teils als Nahrungsreste, teils als handwerkliche Fabrikate bzw. Halbfabrikate angesprochen werden können.

Die beschriebenen statistischen Unterschiede der Häufigkeitsverteilung der Arten und speziellen Skelettelemente gelten unter der Voraussetzung, daß tatsächlich zufällige Stichproben untersucht werden konnten. Um die Erfüllung dieser Voraussetzung haben wir uns zusammen mit dem Grabungsleiter bemüht.

Die Halbfabrikate und Fabrikate erinnern neben den bisher vielerorts bekanntgewordenen mittelalterlichen Funden (beispielsweise von Göttingen, Lüneburg, Lübeck, Erfurt) vielfach auch an sehr viel ältere Fundstükke, z.B. aus dem römischen Augst (*Schmid*, 1968). Dies betrifft abgesägte Rindermetapodienenden besonders, aber auch rechteckig abgesägte Knochenstäbe. Die genannten Rindermetapodien dürften hier eindeutig nicht als Geräte, sondern als Abfälle aufzufassen sein, da jede weitere Bearbeitung fehlt. Auf eine mögliche weitere Bearbeitung solcher Knochenenden zu Untersätzen oder Leuchtern haben für andere Fundorte und frühere Zeiten jedoch *Jacobi* (1924) und *Schmid* (1968) hingewiesen. Einen dem hier beschriebenen sehr ähnlichen, aus Knochenstäben gesägten Würfel beschreibt *Schmid* (1968) ebenfalls aus dem römischen Augst. – Unsere abgesägten oder abgehackten Hornteile lassen auf eine Hornmanufaktur schließen, in der mit der Herstellung von Trinkhörnern, Blashörnern und vielfältigen Gefäßen aus der Hornscheide gerechnet werden muß. Die Erhaltungswahrscheinlichkeit der Geräte aus Horn-

Abb. 6: Hirschgeweihreste (Halbfabrikate) und Messergriff aus Hirschgeweihschalen. (Gruppe 5, Werkstattfunde, 16. Jh.; FNr. 78:3/708, UA I, A 2, PG 1) M. 3:4

Abb. 7: Gehörnreste von Ziegen mit Bearbeitungsspuren. (Gruppe 2, Kloakenfunde, 14./15. Jh.; FNr. 78:3/377, UA II, St. 22–28) M. 1:1

scheiden ist jedoch für diesen Fundkomplex äußerst gering. – Zahlreiche kleinzerhackte Röhrenknochenfragmente lassen vermuten, daß aus ihnen Knochenleim (Glutin) gewonnen wurde. Eine Überprüfung, ob diese diaphysären Röhrenknochenfragmente weniger Leimsubstanz enthalten als die sicheren Mahlzeitreste, steht für diese Untersuchung allerdings noch ebenso aus wie die morphologisch-metrische Analyse. Darüber soll in einer weiteren Publikation berichtet werden, um Aussagen über Größe und Wuchs sowie detaillierter über Alters- und Geschlechtsverteilung vorzustellen.

Literatur

Jacobi, L., In Hilzheimer, S. 145–146, (1924)

Knecht, G., Mittelalterlich-neuzeitliche Tierknochenfunde aus Oberösterreich (Linz und Ems). Naturkundl. Jb. d. Stadt Linz, S. 1–64, (1966)

May, E., Ursprung und Entwicklung der frühesten Haustiere. In: H. Jankuhn, Vor- und Frühgeschichte vom Neolithikum bis zur Völkerwanderungszeit, Stuttgart (1969)

–, Möglichkeiten und Aussagegrenzen bei der metrischen Bearbeitung von Tierknochen aus prähistorischer und historischer Zeit. – Informationsblätter zu Nachbarwissenschaften der Ur- und Frühgeschichte (INW) 3, (1972)

Reichstein, H., Knochenreste der urnenfelder- und späthallstattzeitlichen Ringwallanlage Dommelberg bei Koblenz. – Z. f. Tierzücht. u. Züchtungsbiol., Bd. 89, H. 3, S. 256–263, (1972)

Sachs, L., Statistische Methoden, 3. Aufl., Springer Berlin, Heidelberg, New York (1976)

Schatz, H., Die Tierknochenfunde aus einer mittelalterlichen Siedlung Württembergs. Inaug. Diss., München (1963)

Schmid, E., Beindrechsler, Hornschnitzer und Leimsieder im römischen Augst. – Provincialia, Festschrift für *Rudolf Laur-Belart,* S. 185–197, Basel/Stuttgart (1968)

Abb. 8: Kernspaltflöte aus dem Flügelknochen (Ulna) einer mittelgroßen Gans. Zum Vergleich die komplette Ulna einer rezenten Gans. (Gruppe 1, Kloakenfund, 13. Jh.; FNr. 78:3/600, UA II, St. 25) M. 1:1

Nachwort

Herrn Professor Dr. Hans-Herbert Möller, seit den Jahren seiner Tätigkeit in Braunschweig der Stadt auf besonders enge Weise verbunden, möchte ich sehr herzlich für die Herausgabe des ersten zusammenfassenden stadtarchäologischen Arbeitsberichtes danken. Seine Herausforderung und seine vorwärtsdrängende Geduld haben die Arbeit entschieden vorangebracht.
Allen Mitautorinnen und Mitautoren und dem Verlag danke ich sehr für das Einverständnis mit der Verzögerung in der Veröffentlichung, die mit der längeren Arbeitszeit an meinem Beitrag verbunden war.
Herzlich danke ich Herrn Dr. Klemens Wilhelmi, Hannover, für manchen guten Ratschlag.
Herrn Dr. Hans-Georg Stephan, Göttingen, und Herrn Wolfgang Erdmann, Lübeck, danke ich sehr für die kollegiale, fachliche Diskussion. Für ein richtungsweisendes Lübecker Lehrjahr 1975 bin ich Herrn Professor Dr. Günter P. Fehring dankbar verbunden.
Meinen Mitarbeiterinnen und Mitarbeitern im Amt danke ich herzlich für die engagierte, konstruktive Zusammenarbeit.
Ich danke meiner Frau. Sie half uns in jeder Arbeitssituation.

Braunschweig, auf der Grabung an der Turnierstraße im Juli 1985

Hartmut Rötting

Abbildungsnachweis

Wenn nicht anders angegeben:
Fotodokumentation: Christa Fuchs, Institut für Denkmalpflege Hannover; Doris Fraatz, Wolfgang Hau und Lutz Pape, Institut für Denkmalpflege, Außenstelle Braunschweig; Hartmut Rosen, Braunschweig (Abb. 34).
Offsetreproduktionen: Heinz Kastner, Wolfenbüttel
Für den Beitrag: A. Burkhardt: Institut für Humanbiologie, Abteilung Anthropologie der TU Braunschweig
R. Busch: Braunschweigisches Landesmuseum, Abteilung Archäologie, Wolfenbüttel
H. W. Hennicke: Institut für Nichtmetallische Werkstoffe der TU Clausthal
B. Herrmann: Institut für Anthropologie der Georg-August-Universität, Göttingen
E. May: Institut für Humanbiologie, Abteilung Anthropologie der TU Braunschweig
M. Okrusch: Institut für Mineralogie der TU Braunschweig
J. Ruge: Institut für Schweißtechnik und Werkstofftechnologie der TU Braunschweig
W. Schneider: Institut für Geologie und Paläontologie der TU Braunschweig
A. Streiter: Germanisches Nationalmuseum Nürnberg
G. Weimann: Institut für Photogrammetrie und Kartographie der TU Braunschweig

Anschriften der Verfasser

Angelika Burkhardt,
Institut für Humanbiologie, Abteilung Anthropologie der TU Braunschweig,
Konstantin-Uhde-Str. 3, 3300 Braunschweig.

Dr. Ralf Busch,
Oberkustos, Leiter der Abteilung Archäologie im Braunschweigischen Landesmuseum,
Kanzleistr. 3, 3340 Wolfenbüttel.

Prof. Dr. Karl Dinklage,
Paulinenstr. 16, A-9020 Klagenfurt.

Prof. Dr. Hans Walter Hennicke,
Institut für Nichtmetallische Werkstoffe der TU Clausthal,
Zehntnerstr. 2a, 3392 Clausthal-Zellerfeld.

Prof. Dr. Bernd Herrmann,
Institut für Anthropologie, Georg-August-Universität,
Bürgerstr. 50, 3400 Göttingen.

Dr.-Ing. Ingrid Huismann,
Jenfelder Allee 3, 2000 Hamburg 70.

Karsten Kablitz,
Steinbrecherstr. 12, 3300 Braunschweig.

Prof. Dr. phil. habil. Kurt Köster,
Hansa-Allee 9, 6000 Frankfurt/Main 1.

Dipl.-Biol. Maren Matthies,
Botanische Anstalten der Universität, Untere Karspüle 2, 3400 Göttingen.

Dr. rer. nat. habil. Eberhard May,
Institut für Humanbiologie, Abteilung Anthropologie der TU Braunschweig,
Konstantin-Uhde-Str. 3, 3300 Braunschweig.

Prof. Dr. Martin Okrusch,
Institut für Mineralogie der Universität Würzburg,
Am Hubland, 8700 Würzburg.

Dr. Christof Römer,
Kustos, Leiter der Abteilung Landesgeschichte am Braunschweigischen Landesmuseum,
Mönchstr. 1, 3300 Braunschweig.

Hartmut Rötting M.A.,
Archäologieoberrat, Bezirksarchäologe im Niedersächsischen Landesverwaltungsamt
– Institut für Denkmalpflege – Außenstelle Braunschweig,
Wilhelmstr. 62–69, 3300 Braunschweig.

Prof. Dr.-Ing. Jürgen Ruge,
Institut für Schweißtechnik und Werkstofftechnologie der TU Braunschweig,
Langer Kamp 8, 3300 Braunschweig.

Prof. Dr. Werner Schneider,
Institut für Geologie und Paläontologie der TU Braunschweig,
Pockelsstr. 4 (Hochhaus), 3300 Braunschweig.

Anneliese Streiter,
Textilrestauratorin, Germanisches Nationalmuseum Nürnberg,
Kartäusergasse 1, 8500 Nürnberg 1.

Dipl.-Ing. Karl Thomas,
Oberingenieur, Institut für Schweißtechnik und Werkstofftechnologie der TU Braunschweig,
Langer Kamp 8, 3300 Braunschweig.

Ing. (grad.) Jürgen Völker,
Restaurator, Niedersächsisches Landesverwaltungsamt Hannover – Institut für Denkmalpflege,
Scharnhorststr. 1, 3000 Hannover 1.

Prof. Dr.-Ing. Günter Weimann,
Institut für Photogrammetrie und Kartographie an der TU Braunschweig,
Gaußstr. 22, 3300 Braunschweig.

Dr. Leonie von Wilckens,
Landeskonservatorin, Germanisches Nationalmuseum Nürnberg,
Kartäusergasse 1, 8500 Nürnberg 1.

Dipl.-Mineralogin Regina Wilke-Schiegries,
Dorfstr. 5, 3152 Ilsede.

Prof. Dr. Ulrich Willerding,
Calsowstr. 60, 3400 Göttingen.

Sibylle Wirth,
Textilrestauratorin, Germanisches Nationalmuseum Nürnberg,
Kartäusergasse 1, 8500 Nürnberg 1.